吴兴年鉴

WUXING YEARBOOK

（2017）

吴兴区地方志办公室 编

方志出版社
Publishing House of Local Records

图书在版编目（CIP）数据

吴兴年鉴.2017/ 吴兴区地方志办公室编. -- 北京：方志出版社, 2018.9
ISBN 978-7-5144-3347-0

Ⅰ.①吴… Ⅱ.①吴… Ⅲ.①区（城市）—湖州—2017—年鉴 Ⅳ.①Z525.54

中国版本图书馆CIP数据核字(2018)第227091号

吴兴年鉴（2017）

编　　者：吴兴区地方志办公室
责任编辑：朱　姝
出 版 人：冀祥德
出 版 者：方志出版社
地址　北京市朝阳区潘家园东里9号（国家方志馆4层）
邮编　100021
网址　http：//www.fzph.org
发　　行：方志出版社图书经销中心
电话（010）67110500
经　　销：各地新华书店
印　　刷：浙江德清县新市彩虹印刷有限公司
开　　本：889×1194　1/16
印　　张：29.25
字　　数：885千字
版　　次：2018年9月第1版　2018年9月第1次印刷
印　　数：001～220册
ISBN 978-7-5144-3347-0　定价：260.00元

12月28日，中国共产党湖州市吴兴区第四次代表大会开幕　（吴兴传媒中心 提供）

3月24日，中国工程院副院长、院士刘旭（前右三）率中国工程院“农业发展方式转变与美丽乡村建设”课题组实地考察八里店现代农业综合区公共服务中心建设情况

（吴兴传媒中心 提供）

2月18日，省委副书记、省长李强（前左三）调研美妆小镇建设情况

（吴兴传媒中心 提供）

2月24日，市委书记裘东耀（前左二）考察西山漾真空固结预压法淤泥固结处置工程现场

（吴兴传媒中心 提供）

7月7日，市委副书记、市长陈伟俊（前左三）实地考察西塞山旅游度假区建设情况

（吴兴传媒中心 提供）

5月10日，市人大常委会党组书记、主任朱坤民（前左二）带领市人大常委会调研组到吴兴区调研工作

（吴兴传媒中心 提供）

9月28日，市政协主席吴水霖（前左三）一行考察西塞山旅游度假区项目建设情况

（吴兴传媒中心 提供）

8月2日，区委书记蔡旭昶（前左二）到高新区大钱古村、杨溇村，织里镇义皋村调研溇港水利文化风景区规划建设工作

（吴兴传媒中心 提供）

10月11日，区委副书记、区长吴智勇（前左三）一行到妙西镇
调研西塞山旅游度假区建设情况
（吴兴传媒中心 提供）

8月10日，区人大常委会主任吴旭（前右一）到环渚街道调研环织砂洗厂、
明日照明科技有限公司等企业安全生产情况
（吴兴传媒中心 提供）

10月18日，区政协主席潘华（前左二）对省淡水所综合试验基地进行视察

（吴兴传媒中心 提供）

8月4日，区委副书记、区政法委书记陈江（前左二）到妙西镇平安烟花爆竹经营有限公司了解企业落实安全生产工作情况

（吴兴传媒中心 提供）

（吴兴传媒中心 提供）

| 1 | 3 |
| 2 | 4 |

1. 1月20日，2016年吴兴区工业大会现场，区委副书记、区长吴智勇讲话
2. 2016年吴兴区工业大会表彰先进企业
3. 2月18日，全市重大工业项目集中开工暨湖州老恒和古法酿造生态化产业基地开工仪式现场
4. 3月11日，2016年东部新城项目集中开工仪式暨“湖城向东看”年度系列活动启动仪式现场

（吴兴传媒中心 提供）

（吴兴传媒中心 提供）

（吴兴传媒中心 提供）

（吴兴传媒中心 提供）

1. 3月28日，吴兴美妆小镇首批重点项目集中开工仪式现场
2. 3月29日，绿水青山主题电影《千溪》在吴兴区举行启动仪式
3. 7月29日，湖州丝绸小镇规划发布会暨合作签约项目签约仪式现场
4. 湖州丝绸小镇规划发布会签约仪式现场，市委副书记、市长陈伟俊讲话
5. 湖州丝绸小镇规划发布会签约仪式现场，区委副书记、区长吴智勇讲话

（吴兴传媒中心 提供）

（吴兴传媒中心 提供）

（吴兴传媒中心 提供）

（吴兴传媒中心 提供）

（吴兴传媒中心 提供）

（吴兴传媒中心 提供）

（吴兴传媒中心 提供）

1	4
2 3	5

1. 9月28日，第七届全国汽车后市场物流发展大会在吴兴区召开
2. 第七届全国汽车后市场物流发展大会现场，区委副书记、区长吴智勇讲话
3. 第七届全国汽车后市场物流发展大会现场，中国物流与采购联合会副会长蔡进讲话
4. 9月29日，吴兴区召开2016年中国吴兴经贸科技洽谈会
5. 经贸科技洽谈会签约仪式现场

（吴兴传媒中心 提供）

（吴兴传媒中心 提供）

◆ 9月29日，中国吴兴·2016机器人技术高峰论坛在吴兴区举行

（吴兴传媒中心 提供）

1 3
2 4

1. 中国吴兴·2016机器人技术高峰论坛现场
2. 参会人员
3. 常州正选软件科技有限公司总经理、国家“千人计划”专家彭秀东讲话
4. 机器人现场表演

（吴兴传媒中心 提供）

（吴兴传媒中心 提供）

（吴兴传媒中心 提供）

10月28日，“清韵吴兴”吴兴区廉政文艺宣讲在湖州市大剧院举行

（吴兴传媒中心 提供）

“六一”国际儿童节文艺汇演暨知礼校园文化节在织里镇举行　（织里镇 提供）

6月30日，“吴兴县农民协会纪念馆”在吴兴区八里店镇南片潞村古村开馆　（八里店镇 提供）

10月29日，道场乡举办“美丽乡村、古今道场”荧光夜跑活动　（道场乡 提供）

大师智慧谷 · 廿一农旅综合体启动仪式在妙西镇举行 （妙西镇 提供）

编 辑 说 明

一、《吴兴年鉴》以马克思列宁主义、毛泽东思想、邓小平理论、“三个代表”重要思想、科学发展观、习近平新时代中国特色社会主义思想为指导，坚持辨证唯物主义和历史唯物主义的立场、观点和方法。由中共湖州市吴兴区委、湖州市吴兴区人民政府主办，湖州市吴兴区档案局承办的大型地方性年度资料性文献。旨在逐年全面、系统地记述吴兴区行政区域中自然、政治、经济、文化和社会等各方面的情况，记载吴兴区改革开放和现代化建设的历史进程。力求内容丰富翔实，为宣传吴兴、总结吴兴、研究吴兴、建设吴兴提供必要的服务。

二、《吴兴年鉴》采用国内外通行的年号编年法，即封面上标明的是编辑年份，而内容记载的却是上一年的资料。采用分类法编辑，主体部分采用类目、分目、条目三个结构层次，以条目为记载资料的基本单位。

三、《吴兴年鉴（2017）》共设24个类目，包括特载、大事记、区情总述、政党·政权、社会团体、农村经济、工业经济、经济管理与监督、商贸·服务业、对外开放·旅游业、城乡建设·环境保护·交通·通信、财政·税务、金融业、法治、国防建设、科学技术、教育、文化·卫生·体育·广电、社会·民生、产业园区·高新区·乡镇·街道、人物·名录、统计资料、文件选编、光荣榜。

四、《吴兴年鉴（2017）》编辑工作在《吴兴年鉴》编纂委员会指导下，按《吴兴年鉴》编辑部的组稿计划和撰稿要求，由区级机关各部门、单位和高新区、各乡镇街道确定专人负责撰写或提供稿件，并经单位主要领导审核。凡涉及区内国民经济和社会发展全局性的数据，均以区统计局的数据为准。为尊重撰稿部门的意见，条目中保留由撰稿部门提供的数据。数据若有出入，均以“统计资料”所刊数据为准。

《吴兴年鉴》编辑部

二〇一七年十二月

《吴兴年鉴》编纂委员会

主 任 委 员：吴智勇　陈　江

副主任委员：石一婷　潘永锋

委　　　员：（以姓氏笔画为序）

丁春雷　王　祎　王　勇　王开成　王宝龙　王学峰

石一婷　石建民　厉云燕　包永良　田立新　卢晓华

孙　益　朱文泉　朱平学　朱宝东　朱建祥　朱剑梁

朱新民　汤益培　沈　冰　沈旭荣　沈忠明　沈海明

陈　杰　陈　彬　陈　燕　陈建良　陈新娣　陈鑫林

杨　斌　杨卫华　杨元江　邱国强　何锋峰　邹德明

宋建方　张　麒　张志宏　张国英　张惠新　张新华

陆元昶　陆安华　陆宝根　罗　英　周　李　周文霞

周建良　周雪芬　范丽华　郁培荣　金斌斌　胡　放

费学梅　赵健鸣　姜新明　谈　波　郭士忠　唐于建

徐进磊　徐滟燕　黄海兵　戚斌斌　蒋　挺　蒋章有

温建飞　简芬芳　蔡滨斌　滕　辉　戴立新

《吴兴年鉴》编辑部

主　　　编：陆安华

副　主　编：严晓娅

编　　　辑：胡理人　叶亚芬　凌　夫　潘　安

汤飞飞　卞兰兰　潘亚雄　裴璐雯

目 录

第四篇　政党·政权

第五篇　社会团体

第九篇 商贸·服务业

第十篇 对外开放·旅游业

第十一篇 城乡建设·环境保护·交通·通信

第十六篇　科学技术

第十七篇　教　育

第十八篇　文化·卫生·体育·广电

第十九篇　社会·民生

第二十篇 产业园区·高新区·乡镇·街道

第二十一篇　人物·名录

第二十二篇　统计资料

第二十三篇　文件选编

第二十四篇　光荣榜

第一篇 特 载

打造增长极 提高首位度 争当排头兵
率先实现高质量赶超发展高水平全面建成小康社会

——在中国共产党湖州市吴兴区第四次代表大会上的报告

吴智勇

2016 年 12 月 28 日

同志们：

现在，我代表中国共产党湖州市吴兴区第三届委员会向大会作工作报告。

一、五年奋斗见成效

区第三次党代会以来，我们在省市委的坚强领导下，全面贯彻党的十八大和十八届三中、四中、五中、六中全会精神，深入贯彻习近平总书记系列重要讲话精神和治国理政新理念新思想新战略，积极应对复杂的宏观形势，解放思想、攻坚克难，全力以赴建设“经济强区、科技新城、生态家园、幸福吴兴”，圆满完成了区第三次党代会确定的各项目标任务。

五年奋斗，综合实力跃上新台阶。预计 2016 年地区生产总值 475 亿元，年均增长 9.1%；财政总收入 43.6 亿元，年均增长 10.8%，其中地方财政收入 26.3 亿元，年均增长 13.5%；固定资产投资 297 亿元，年均增长 13.5%，其中工业性投入 110 亿元，年均增长 12%；累计完成合同外资 14 亿美元，实到外资 10 亿美元，浙（湖）商回归省外到位资金 151 亿元，自营出口 319 亿元；城镇居民人均可支配收入和农村居民人均可支配收入分别达到 47200 元和 27400 元，年均分别增长 9.8%和 11.5%。节能减排各项指标完成省市下达的目标任务。跻身全国百强市辖区、创新创业百强区、新型城镇化质量百强区。

五年接力，转型升级跑出新速度。三次产业结构由 2011 年的 5.7：50：44.3 调整到 2016 年的 4.2：43.3：52.5，在全市率先形成“三二一”产业结构。以两大“国字号”试点为龙头，现代农业加快发展，农业增加值年均增长 2.4%、达 20.5 亿元，六大特色主导产业占比达 75%。工业发展质效双提，吴兴工业园区列入国家级园区循环化改造示范试点，高新区、吴兴经济开发区分别列入省级高新园区和省级开发区，丝绸小镇列入全省首批特色小镇，美妆小镇入选省级示范特色小镇、行业标杆小镇，全区规模以上工业企业达 350 家，上市挂牌企业达 14 家，战略性新兴产业、高新技术产业、装备制造业占规上工业比重分别达 42%、33%、30%，跻身全省工业大县（区）。服务业发展扩量提质，累计实施重大服务业项目 111 个，完成投入 196 亿元，成功创建浙江省电子商务示范区、西塞山省级旅游度假区。

五年拼搏，城乡发展呈现新格局。城市化率从 61%提高至 67%。东部新城加速崛起，大公建、大公园、大社区基本成型，西山漾景区、钱山漾遗址分别命名为国家城市湿地公园、世界丝绸之源，太湖溇港列入世界水利工程遗产，总部自由港开园启用。织里镇连续三年小城市培育试点考核优秀，入围全国综合实力百强镇，入选国家第三批新型城镇化综合试点。小城镇、美丽乡村建设扎实推进，成功创建省级美丽乡村先进县区。全面承接城市管理重心下移，城市精细化管理水平不断提升，成功创建省示范文明城区。加快城乡交通建设，交通运输网络不断优化。持续攻坚“五水共治”“三改一拆”

“四边三化”等工作，砂洗印花全面整治，取得重大突破，温室龟鳖、直排生猪养殖场、座家船实现“清零”，成功创建国家级生态区。

五年不懈，社会民生彰显新温度。每年新增财力的 80%以上用于改善民生，滚动实施十大民生实事，倾力办好各类民心工程。优化整合教育资源，成功创建全国义务教育发展基本均衡区、全国安全教育实验区。医药卫生体制综合改革全面推进，医疗卫生服务能力显著提升，基本公共卫生服务惠及全民。城乡居民医疗保险、养老保险参保率均在 98%以上，城镇登记失业率控制在 4%以内，区社会福利中心建成启用，城乡社区居家养老照料中心实现全覆盖。大力推进农村文化新“八有”工程建设，高标准建成农村文化礼堂 54 个，获批省农村文化礼堂建设先进县（市、区）、特色县（市、区）。用法治思维和法治方式创新社会治理，建成全省首家矛盾纠纷多元化解中心，连续开展“护卫平安”系列行动，圆满完成 G 20 杭州峰会安保任务，安全生产形势总体稳定，实现法治吴兴“三连冠”、平安吴兴“四连冠”。

五年攻坚，改革创新激活新动能。深入实施“四张清单一张网”改革，清理各类权力事项 2235 项，精简率达 44%。在全市率先推进商事登记制度改革，全面落实“营改增”等惠企政策。加快资源要素市场化配置综合配套改革，探索亩产效益综合评价、政府产业基金等新机制，成功列入省“坡地村镇”建设用地试点。深化农村“三权”改革，创新“四票”机制，努力让群众得到更多实惠。试点推进二级街道管理制度，推动工作力量下沉。有序推进户籍制度改革，出台农业转移人口市民化相关政策，启动流动人口积分制管理和 IC 卡居住证试点。大力实施创新驱动战略，培育国家和省“千人计划”项目 20 个，R&D 投入占 GDP 比重由 2011 年的 1.64%提升到 2.42%，获评国家火炬特色产业基地、国家知识产权强县区工程示范区、国家科技进步考核先进县区。

五年砥砺，党的建设焕发新气象。以党的群众路线教育实践活动、“三严三实”专题教育、“两学一做”学习教育为引领，逐层压实全面从严治党政治责任。广泛开展社会主义核心价值观宣传教育，在全社会形成奋发向上、崇德向善的强大力量。坚持大抓基层导向，形成“局长驻点工作室”等一批在全省有影响力的党建品牌，锤炼出吴兴干部“五不”精神。认真落实“两个责任”，严格落实中央八项规定精神，从严从实纠“四风”，持之以恒反腐败。加强对人大、政府、政协工作的领导和支持，统战、工青妇、残联、各民主党派、工商联、无党派人士作用充分发挥。坚持党管武装，加强国防后备力量建设。老干部、人防、档案等各项工作都取得新进展。

成绩来之不易，发展鼓舞人心。这是上级党委、政府正确领导、关心支持的结果，是历届区委接力奋斗的结果，是全区各级党组织、共产党员和广大干部群众团结一心、奋力拼搏的结果，是社会各界人士和离退休老同志大力支持、积极参与的结果。在此，我代表中共湖州市吴兴区第三届委员会，向付出辛勤劳动的党员干部群众，向关心支持吴兴发展的各级领导和社会各界人士，表示衷心的感谢，并致以崇高的敬意！

回顾奋斗历程，经验弥足珍贵：

第一，思路决定出路，必须坚定方向、科学发展。五年来，我们牢牢把握发展第一要务，牢固树立科学发展理念，从无到有建立高新区，推进织里镇“十化”改革，持续唱响“湖城向东”品牌，彻底整治温室龟鳖养殖，建设低小散产业集中园区，提出全域旅游发展等新思路。实践证明，科学发展才能赶超发展。只有始终坚持科学的方向，积极创新工作思路，大胆探索工作路径，保持定力、持续发力、久久为功，才能构筑赶超发展的新优势。

第二，敢为才能有为，必须解放思想、创新实干。五年来，面对建区晚、底子薄的现实和体制机制上的障碍，我们坚持实干为先，敢于自我革新、自我突破，创新了“三位一体”工作机制和“五步”工作法，探索了“战区”机制、“四票”改革、二级街道、“局长驻点工作室”等一系列举措，攻克了一个又一个难题，打赢了一场又一场硬仗，连续两年在市对区综合考核中获得一等奖，以实干实绩赢得了口碑，赢得了地位。实践证明，只有敢想敢干才能有为有位。只有坚持解放思想、创新实干，才能在严峻的挑战中厚植发展新优势，闯出一条符合吴兴实际的发展之路。

第三，民生决定民心，必须以人为本、民生优先。五年来，我们始终把群众幸福作为第一目标，聚力聚焦民生短板，从群众最关心、最迫切、最现实的问题入手，深入推进创业富民、就业惠民、社保利民、稳定安民，持之以恒办实事、解难事，努力让发展成果更多惠及全区人民，有力提升了百姓的幸福感和满意度。实践证明，民生是最大的政治，人民是最大的靠山。必须始终坚持以人民为中心的发展思想，时刻把群众当亲人，才能赢得群众的信任和拥护，形成万众一心、共建共享的大好局面。

第四，同心方能同向，必须坚定信仰、旗帜鲜明。五年来，区委总揽全局，围绕共同的事业、共同的目标，人大、政府、政协同心同向、齐心协力、攻坚克难、共推发展，全区上下风清气正、团结干事，在实践中锤炼吴兴干部“五不”精神，着力打造“吴兴铁军”干部队伍。实践证明，团结就是生产力、就是战斗力。必须充分发挥党的政治优势、组织优势，凝聚各方力量，才能做到上下同心、条块合力，谱写出吴兴赶超发展新篇章。

在充分肯定成绩的同时，我们也要清醒地看到发展中存在的问题与不足：一是新常态下经济下行压力仍然较大，持续增长的基础尚不稳固，发展质量和效益还需进一步提高；二是新旧动能转换进入“窗口期”，传统产业拉动力逐步减弱，新兴产业带动力尚未形成，依靠创新推动转型升级的步伐还需进一步加快；三是影响发展的体制机制性障碍尚未根本消除，一些改革举措落地见效还不够快，全面深化改革还需进一步深入；四是维护社会和谐稳定的压力加大，发展民生事业、保护生态环境等方面与群众新期待还有差距，社会治理能力还需进一步增强；五是少数党员干部纪律意识、责任意识、担当意识还不够强，能力素质还不能完全适应新形势的要求，全面从严治党还需进一步加强。对这些问题，我们一定要高度重视，认真解决。

二、科学谋划绘蓝图

未来五年，是高水平全面建成小康社会的决胜期，是吴兴经济社会实现跨越赶超的关键期。从外部环境看，当前世界经济正在深度调整中曲折复苏，中国经济长期向好的基本面没有改变，新的增长动力正在孕育形成。随着国家“一带一路”、长江经济带、长三角一体化等重大战略深入实施，省委省政府四大都市区建设、七大万亿产业培育等推进力度持续加大，特别是市委市政府空前重视本级发展，对吴兴高度关注、充满期待，都将为吴兴赶超发展创造更好条件。从吴兴实际看，经过历年来的持续发展，当前吴兴正处在后发赶超、加速起飞的新方位、新阶段。“湖城向东”的区位优势、“东西联动”的产业优势、“山水呼应”的生态优势、“内联外达”的交通优势不断彰显；尤为可贵的是，目前全区上下奋力赶超的信心坚定，干事创业的氛围浓厚。总体来看，机遇大于挑战，信心大于困难，未来大有可为。全区上下要以时不我待、只争朝夕的使命感、责任感和紧迫感，牢牢抓住难得的战略机遇期，锐意进取、埋头实干，再创吴兴发展新局面。

今后五年，全区经济社会发展的指导思想是：**高举中国特色社会主义伟大旗帜，以马克思列宁主义、毛泽东思想、邓小平理论、“三个代表”重要思想、科学发展观为指导，深入贯彻习近平总书记系列重要讲话精神和治国理政新理念新思想新战略，紧紧围绕“五位一体”总体布局和“四个全面”战略布局，以创新、协调、绿色、开放、共享五大发展理念引领赶超发展，打好转型升级系列组合拳，坚持“生态吴兴、经济强区、科技新城、幸福家园”一张蓝图绘到底，加快创新驱动、产城互动、改革推动、开放带动，厚植增长优势、补齐发展短板，着力打造增长极、提高首位度、争当排头兵，率先实现高质量赶超发展、高水平全面建成小康社会。**

立足“打造增长极、提高首位度、争当排头兵”总定位，是区委深刻领会市委市政府加快发展市本级的决心与信心，立足吴兴作为中心城区、主城区区域位置，主动担当、自我加压提出的发展定位。立足这个总定位，就是要积极把握国内外发展新形势，努力抢抓发展新机遇，立足吴兴当前新优势，大力构筑经济增长新极点，蓄积全面赶超新动能；就是要准确把握县域经济向都市圈经济发展的大趋势，持续提升吴兴在市本级的能级和占比、影响力和带动力；就是要清醒认识当前存在的生态、科技、交通等短板，整合资源、集中力量补齐拉长，使发展更协调、更全面、更持续，始终走在全市赶超发展前列，为全省全面建成小康社会标杆省份、全市加快建设高质量现代化生态型滨湖大城市作出应有的更大贡献。

坚持“生态吴兴、经济强区、科技新城、幸福家园”总战略，是在区第三次党代会上提出的“经济强区、科技新城、生态家园、幸福吴兴”基础上，根据“五大发展理念”要求，结合吴兴当前发展新形势、新阶段、新要求，作出的一些新的调整，既一脉相承又与时俱进，体现了区委一张蓝图绘到底的决心和实事求是的态度。把“生态吴兴”放在首位，就是要把生态摆在更加突出的位置，结合湖州全国首个生态文明先行示范区建设要求，力争通过五年的努力，探索出一条生态保护与美丽经济共赢的吴兴特色发展之路，切实把“绿水青山”变成“金山银山”。建设“经济强区”，就是要牢牢把握经济发展新常态，把转型作为经济发展的战略支点，努力实现经济增长中高速、产业结构中高端，千方百计扩大总量、优化存量、提升质量，持续推动经济又好又快发展。建设“科技新城”，就是要更加强化科技创新在全面创新中的引领作用，抢抓新一轮科技革命和产业革命的历史新机遇，全面提升科技新城建设水平，努力形成创新要素充分集聚、高端项目快速成长、科技创新与产业发展加速融合的良好格局，使科技创新成为吴兴赶超发展的强劲新动力。建设“幸福家园”，就是要牢记宗旨、不忘初心，把改善社会民生、提升幸福指数作为一切工作出发点和落脚点，让群众收入更多、生活更好、获得感更强，让吴兴的发展更有“温度”、让群众的幸福更有“质感”。

锁定“两个翻番、三个确保、四个创建”总目标，即到2021年，地区生产总值和城乡居民收入比2011年“翻一番”，地区生产总值增幅在全市争第一、达 800 亿元；城乡居民人均可支配收入年均分别增长9%和10%、达73000元和44000元。确保规模工业产值超1000亿、固定资产投资超500亿、财政收入超70亿。创建国家级经济开发区、国家级旅游度假区、国家级高新技术园区、国家新型城镇化样板区。

三、同心奋力创大业

实现新发展，一切在于干。全区上下要紧紧围绕总体思路和奋斗目标，吹响奋力赶超的集结号，以更加昂扬饱满的姿态、奋发有为的精神，再续一部红红火火、干事创业的奋斗史。重点抓好四大关键举措：

1.始终坚持“两山”理论，建设更高品质“生态吴兴”

把生态文明作为高水平全面建成小康社会的重要标志，“像保护眼睛一样保护生态，像对待生命一样对待生态”，坚定不移走生产发展、生活富裕、生态良好的绿色发展道路，不断拓宽“绿水青山就是金山银山”的实践路径。

持续推进生态治理。以不歇气、不停步的态度，深入推进“五水共治”“四边三化”和治气治霾，打造青山常在、绿水长流、空气常新的“美丽吴兴”。到2021年，主要水功能区水质全面达标、交接断面水质稳定保持在Ⅲ类标准以上，PM2.5 指数降幅超全市平均，城市环境空气质量优良天数比例达到73%。持续抓好“三改一拆”和“无违建区创建”，打响“治违除危”攻坚战，实现城中村危房“清零”。深化公众参与的生态建设和保护机制，严厉打击环境违法行为，持续推进自然生态保护和修复，最大限度调亮生态主色调。

大力发展绿色经济。坚持绿色增长根本导向，构建绿色低碳循环发展的产业体系。到2021年，创建省绿色企业 5 家以上，绿色产业体系基本形成。强化用能管理，推进用能权交易，加快天然气、太阳能、地热等清洁能源和可再生能源发展，建设国家级分布式光伏应用示范区，不断提高清洁能源使用比重。持续推进污染物总量减排，优化总量控制目标，开展排污权有偿使用和交易改革，完善环境资源市场化配置政策，倒逼企业节能减排。坚决关停淘汰一批落后产能企业，有效稳妥处置“僵尸企业”，推进土地、资金等资源要素节约集约利用。

全面提升城乡品质。坚持城乡统筹、产城融合，进一步补齐基础设施短板，推动中心城区、东部新城、织里镇一体化发展和西部山区组团式提升。中心城区街道坚持优化管理服务、助推经济发展并重，打造“美丽街道、幸福社区、和谐家园”。东部新城建设快马加鞭，着力打造高新技术、高端服务和高品质人居环境相融合的城市新区。高新区加速打造滨湖溇港文化美丽乡村示范带，争创平原水乡美丽乡村建设示范样板。织里镇加快推进国家新型城镇化综合试点建设，率先实现由镇向城转变。加强中心镇规划建设，提升承载能力和城镇品位。埭溪镇加快美妆小镇建设，全力争创省级中心镇。东林镇围绕“特色产业园、生态示范带、和谐新城镇”目标，全力争创市级中心镇。妙西镇全面融入西塞山旅游度假区建设，争创AAAAA级景区、国家级旅游度假区。道场乡坚持扮靓“南大门”，积极创建省级美丽乡村示范样板镇。到2018年，创建成为省级美丽乡村示范县区。扎实开展小城镇环境综合整治，确保两年出形象、三年显特色。

2.始终坚持“转型”主题，建设更高质量“经济强区”

坚定不移打好转型升级系列组合拳，敏锐把握经济转型期新机遇，顺应产业发展新趋势，加快形成经济发展新动能，构筑经济发展新优势。

厚植产业新优势。以四大百亿产业为引领，加快构建具有核心竞争力的现代产业体系。壮大工业经济，深入实施“金象金牛”龙头企业培育行动，大力发展智能装备、节能环保、健康时尚等战略性新兴产业，改造提升金属新材、现代纺织两大传统产业。到2021年，实现规上工业产值破千亿。做优农业经济，按照“两区两镇三带百园”布局，大力发展六大农业主导产业。到2021年，全区实现农业增加值22亿元以上，在全省率先实现农业现代化。繁荣服务业经济，深耕生态优势和主城区优势，按照“一核两区多点”布局，以生态旅游、总部楼宇经济为突破口，加速发展现代商贸、文化创意、服务外包、金融服务等产业，大力培育云计算、大数据、物联网、智能芯片等新兴服务业。到2021年，服务业增加值占GDP比重达55%，实现由“服务大区”向“服务强区”转变，成为全省区域性现代服务业中心。

提升平台新能级。全面对接省“万亿综合交通工程”，推进区域城乡综合交通一体化发展，形成快速“交通圈”，到2021年基本形成“三铁三高”“七横七纵”交通干线大框架。大力推动“3+2”五大省级平台提质升级，打造全区转型升级主战场、产业发展新高地。高新区坚定不移“举物流旗、打太湖牌、走产城路”，争创国家级高新区。吴兴经济开发区聚焦高端装备制造、时尚产业、特种新材和电子信息四大新兴产业，强化产业链和产业集群打造，争创国家级开发区。西塞山旅游度假区多元发展休闲旅游、文化体验等新业态，争创国家级旅游度假区。坚持“产、城、人、文、生”五位一体建设特色小镇，丝绸小镇建成集丝绸产业、历史遗存、生态旅游为一体的“复合型小镇”；美妆小镇聚力打造中国美妆产业集聚中心、中国美妆文化体验中心、国际时尚美妆博览中心。原乡蝴蝶小镇、临港产业园、童装电商小镇等其他园区结合自身优势，走特色化、差异化发展之路，全力构筑“五大平台龙头引领、特色园区竞相发展”的蓬勃态势。

推动项目新突破。坚定不移实施项目双进“一号工程”，以四大百亿产业为重点，紧盯世界500强、央企和上市公司，加快引进一批投资强度大、科技含量高、带动能力强的龙头项目。强化项目推进力度，每年排定100个左右重大产业项目集中攻坚，确保每年新开工10亿元以上产业项目10个、亿元以上产业项目60个。着力构建“亲、清”政企关系，持续加大企业帮扶力度，加强中青年企业家培养，打造一支高素质的企业家队伍。深化领导联系项目机制，确保项目建设无障碍、快推进、早见效。健全落实项目准入、绩效“双评估”制度，到2021年，重大项目亩均税收达15万元以上。

3.始终坚持“创新”思维，建设更高层次“科技新城”

始终坚持问题导向，以更大的决心勇气，全面深化改革，强化创新驱动，不断为经济社会发展增添强劲动力。

提升自主创新能力。把创新作为引领发展的第一动力，完善以企业为主体、市场为导向、政产学研金介用紧密结合的技术创新体系。到2021年，全区R&D支出占GDP比重达2.85%。以“5+3”科创平台为重点，强化区域公共创新平台建设，营造优质创业创新环境。到2021年，实现全区科技孵化平台、孵化面积和孵化企业“三个倍增”。强化企业创新主体地位，鼓励企业设立企业研究院、院士工作站和创新团队。到2021年，国家重点扶持高新技术企业160家，科技型中小微企业450家。发挥区级创业投资引导资金“四两拨千斤”作用，撬动多元资本进入创新领域。全面推动大众创业、万众创新，大力培育企业家精神和创客文化，形成活力迸发、财富涌流的生动局面。

构筑人才发展高地。坚持以产业聚人才、人才兴产业，全面实施“智汇吴兴”工程，加大“南太湖精英计划”推进力度，五年累计引进培育国家、省“千人计划”专家30个、各类紧缺急需人才700人以上。打造高层次人才“一站式”综合服务平台，构建体制健全、政策配套、功能完善、服务规范的人才服务体系，建立科学有效的人才引进培育、使用评价、分配激励机制。推动高校、企业合作共建人才培养基地，营造有利于创业创新、成长成才的政策制度环境，让人才“引得进、留得住、用得上”。

深化体制机制改革。全面实施县（区）域经济体制综合改革，务实推进供给侧结构性改革，着力提升发展质效。坚持债券融资和股权融资双轮驱动，到2021年新增上市挂牌企业20家以上，直接融资达250亿元。继续做好政府性债务置换化解工作，加快投融资体制改革步伐，增强国有资本活力。深化民间融资长效管理机制，创新发展地方金融产业，引导更多资金进入实体经济。深化“四张清单一张网”改革，持续深入推进简政放权、放管结合、优化服务，加快政府职能转变。全面推进“三权到人、权随人走”改革，继续深化户籍制度改革，稳妥推进农村土地制度改革，逐步形成有利于城镇化健康发展的体制机制。

4.始终坚持“为民”导向，建设更高水平“幸福家园”

始终坚持以人民为中心的发展思想，积极顺应人民群众对美好生活的新期待，全力增进民生福祉，让全区人民共享有滋有味幸福生活。

织密社会保障网。围绕“人人有保障、年年有增长”的目标，全力扩大社会保障覆盖面。实施更加积极的就业创业扶持政策，统筹推进重点群体就业创业。到2021年，城镇登记失业率控制在4%以内，零就业家庭保持动态归零，群众工资性、经营性和转移性收入不断增加。加快完善城乡居民基本养老、医疗等各类保险体系，继续扩大社保覆盖面，努力实现参保人群全覆盖，不断提高保障标准。进一步完善社会福利体系、社会慈善体系和社会救助体系，做好特殊人群和困难群众的基本生活保障工作，撑好民生“保护伞”。创新养老服务模式，构建多元化、社会化养老服务体系，更好地满足老年人多层次、多样化的服务需求。

优化公共服务网。统筹布局各类公共服务设施建设，切实增强公共服务供给能力。持续扩大优质教育资源覆盖，大力发展普惠优质学前教育，规范提升民办义务教育，全面推进社区终身教育，积极争创省级教育现代化区、全国课改实验区、全国安全教育示范区和全国社区教育示范区。深入推进医药卫生体制改革，全面构建分级诊疗体系，优化城乡15分钟医疗服务圈，建成更高水平城乡医疗卫生服务体系。鼓励社会资本兴办高端化、特色化的医疗服务机构，全面提升医疗卫生服务水平。不断提升计划生育管理服务水平。深入实施体育惠民工程，群众性体育健身设施达到全省上游水平，全民身体素质和竞技体育水平不断提升。围绕“文化强区”建设，着力提升公共文化服务供给能力，让人民群众物质富裕、精神富有。

筑牢平安和谐网。深化“法治吴兴”建设，争创全国法治先进县区。扎实推进“七五”普法，不断提高依法执政、依法行政、公正司法、依法办事的能力水平，健全覆盖城乡居民的公共法律服务体系。深化“平安吴兴”建设，不断完善矛盾纠纷多元化解、立体化社会治安防控、社会应急联动、新居民服务管理、基层社会治理等工作体系，推进社会稳定风险评估，深化信访工作制度改革，完成重大活动安保任务。全面落实安全生产责任，严厉打击各类违法犯罪，不断提升应急处置能力，确保社会大局和谐稳定。深化“最美吴兴”建设，实施最美风尚培育行动，培树正面典型，激励全社会见贤思齐、崇德向善。大力弘扬社会主义核心价值观，讲好吴兴好故事，传播吴兴好声音，推动形成引领吴兴赶超发展的强大正能量。

四、全面从严治党强保障

事业发展，关键在党，关键在人。区委要担当和落实好全面从严治党主体责任，充分发挥党委总揽全局、协调各方的领导核心作用，积极推进人大、政府、政协依法依章履行职能，切实加强党对人民武装、统一战线和群团工作的领导，凝聚各方力量，为推进吴兴赶超发展提供坚强保证。

1.强化思想政治引领，牢固树立“四个意识”。把学习宣传贯彻习近平总书记系列重要讲话精神作为最重要政治任务，切实增强党员干部的政治意识、大局意识、核心意识、看齐意识，拧紧理想信念“总开关”。扎实推进学习型党组织、学习型领导班子和领导干部建设，完善党委中心组学习机制，坚持用中国特色社会主义理论体系武装党员干部，用党的理论创新成果引领吴兴改革发展实践。落实党委（党组）意识形态工作责任制，牢牢掌握意识形态工作的领导权、主动权。深入开展理想信念、党章党规党纪和社会主义核心价值观教育，保持奋发有为的精神状态。广泛开展选树“最美吴兴人”“吴兴好干部”等身边典型活动，引导各级党员干部讲党性、重品行、作表率。

2.加强干部队伍建设，全力锻造“吴兴铁军”。牢固树立“重品行、重实绩、重公认、重基层”的用人导向，把政治强、懂专业、善治理、敢担当、作风正的优秀干部选好用好。严格执行《干部选拔任用工作条例》，防止带病提拔、带病上岗。重视和加强干部培养，注重实绩导向、实践历练，深化“亮相、点评、排名、奖惩、比拼”五步工作法，传递压力、推动落实。大力弘扬吴兴干部“五不”精神，把能干事、干成事、不出事作为检验能力的标准，形成广纳贤才、能上能下、充满活力的用人机制。健全干部预警提醒、干部监督联席会议等制度，提高选人用人的准确度和可信度。建立干部容错免责、懒政追责机制，激励干部敢于担当、主动作为。

3.着力夯实基层基础，筑起党建“红色堡垒”。牢固树立大抓基层的鲜明导向，高标准落实农村基层党建“浙江二十条”经验。按照“整乡推进、整县提升”的思路，推动吴兴在全市率先实现“双整”目标。结合“局长驻点工作室”“社区四走”等工作，打通为民服务“最后一纳米”。抓好乡镇街道党组织建设，切实发挥党组织在基层建设中的核心作用。落实基层组织建设“四项保障”，加强村干部队伍建设，增强村级基层党组织战斗力。加强两新组织党建，增强政治引领作用，全面提升社会组织党建工作水平。深化党代会常任制改革，扩大党内基层民主，充分发挥党代表作用。严把党员进出口关，开展问题查摆和教育转化，及时稳妥处置不合格党员。加强外来、外出党员关爱服务，切实完善流动党员动态管理。

4.深化反腐倡廉建设，营造良好“政治生态”。坚决贯彻习近平总书记“四不”刚性要求，旗帜鲜明反对腐败，把优良政治生态巩固好发展好。按照上级部署要求，积极稳妥推进监察体制改革。认真落实“两个责任”，把党风廉政建设纳入经济社会发展和党的建设总体布局，列入领导班子、领导干部目标管理。认真贯彻执行廉政自律准则、纪律处分条例、问责条例、党内政治生活若干准则和党内监督条例，突出抓早抓小、重在平时，运用好监督执纪“四种形态”。加强对重点岗位、重要事项、关键环节的监督，确保权力在阳光下运行。强化教育预防，巩固深化作风建设成果，引导党员干部筑牢拒腐防变的思想防线。充分发挥区委巡察和派驻监督作用，依规依纪进行执纪审查，严肃查办腐败案件，以“零容忍”态度惩治腐败，着力完善不敢腐、不能腐、不想腐的有效机制。

五、以优异成绩迎接党的十九大胜利召开

2017 年，是党的十九大召开之年，是区委区政府新一届领导班子履职的第一年，也是实施“十三五”规划承上启下的重要一年。总体要求是：**深入贯彻党的十八大、十八届三中、四中、五中、六中全会和省市委全会精神，立足总定位、坚持总战略、锁定总目标，促发展、保民生、强稳定，坚决打好转型升级系列组合拳，全力推进“八大行动”，不断深化“战区”机制，大力发扬“五不”精神，着力打造增长极、提高首位度、争当排头兵，奋力推进吴兴经济社会赶超发展，以优异成绩迎接党的十九大胜利召开。**

主要指标是：地区生产总值确保增长 8.5%、力争 9%；财政总收入和地方财政收入确保增长 8.5%、力争 9%；固定资产投资确保增长 12%、力争 13%，其中工业性投入确保增长 10%、力争 12%；规模以上工业增加值确保增长 8%、力争 8.5%；社会消费品零售总额确保增长 9%、力争 10%；合同外资 3 亿美元以上，实到外资 2.1 亿美元以上；城镇居民人均可支配收入确保增长 8%、力争 8.5%，农村居民人均可支配收入确保增长 8.5%、力争 9%。节能减排等各项约束性指标完成省市下达目标任务。重点工作是：

1.一以贯之推进“八大行动”

项目双进突破行动。坚持把项目作为推动发展的第一支撑，营造大招商、招大商浓厚氛围。聚力打造“万亩大平台”，采取多种方式推动招商引资，确保引进总投资 10 亿元以上项目 10 个，其中工业项目 5 个以上，总投资 20 亿元以上项目 3 个、50 亿元以上项目 1 个，全力突破百亿级大项目。坚持对上争取和对内盘活并举，加强土地、资金等要素保障，进一步强化“店小二”意识，千方百计抓开工、齐心协力促竣工，确保 5000 万元以上重点工业项目新开工 30 个、竣工 21 个、投产 14 个。鼓励企业进军多层次资本市场，做大吴兴上市板块，加快区域经济转型升级。

美丽吴兴攻坚行动。持续发力“五水共治”，坚持水岸同步、多措并举、区域治理，大力提升“六大片区”水环境质量，扎实推进防洪排涝工程建设，巩固“清三河”创建成果，进一步深化“河长制”责任落实。强势推进“三改一拆”“治违除危”，坚决遏制新增违建，全力争创“无违建区”。突出“烟、尘、气”抓治气治霾，全面完成市下达的 PM2.5 下降任务。启动 16 个小集镇环境综合整治，确保第一批 5 个集镇通过整治验收，着力打造各具特色的活力小镇、风情小镇。深化“两路两侧”“四边三化”，积极推进美丽乡村建设，加快省级美丽宜居示范村、市级美丽乡村精品村、市级美丽乡村扩面提质，大力提升道场乡美丽乡村升级示范样板区、滨湖溇港文化美丽乡村示范带。

现代农业引领行动。以两大国家级试点为引领，全力打造“两区两镇三带百园”，带动全区农业提档升级，擦亮吴兴农业“金字招牌”。深化南太湖省级现代农业产业集聚区建设，加快新型经营主体集聚，提升八里店、道场、埭溪 3 个千亩粮食功能区，启动建设妙西、东林 2 个特色农业强镇。从供给和需求两端发力，推进农产品品牌和质量安全体系建设，

争创省级农产品质量安全放心县（区）。围绕“都市农业、休闲观光、品牌特色”发展导向，以太湖溇港文化景区核心区打造为重点，加快农业“接二连三”步伐。

全域旅游打造行动。以西塞山省级旅游度假区建设为龙头，围绕“乡村旅游见成效、滨湖一体出形象”总目标，重点推进旅游集散中心、道路交通、景区景点等基础设施建设，全力构建“西部乡村休闲度假、东部历史文化体验、滨湖溇港风情观光、中心城区城市旅游”的全域旅游发展大格局。组建区旅游发展委员会，理顺发展体制，充实工作力量。整合区域旅游资源，大力招引一批特色鲜明、竞争力强的优质项目，全面提升旅游发展水平。大力发展乡村休闲旅游，建设一批高端民宿，提升一批精品线路，打造特色美丽经济带。注重旅游推广与营销，举办系列品牌节庆和推介活动，唱响吴兴“原乡”品牌。

高新产业集聚行动。把高新区作为高新产业集聚的主阵地，积极创建“国家新型工业化产业示范基地”。聚焦现代物流、智能装备、信息经济等高新技术产业，依托行业龙头，快速推进企业集聚。实施“八个一批”计划，力争全年招引5亿元以上项目4个、10亿元以上项目3个、50亿元以上项目1个。整合“5+3”科创平台，以人才引领高新产业集聚，健全普惠性创新支持体系，引导资源要素向创新链各环节集聚。充分发挥企业创新主体作用，引导企业加大科技研发和技术改造投入力度，加快省级以上研究院、研发中心建设，全力打造创新发展核心区、新兴产业先导区、人才引进示范区、体制机制创新区。

织里国家试点行动。坚持“以产兴城、以城促产、产城聚人、产城人融合”发展路径，全力推进国家新型城镇化综合试点。改造提升金属新材、现代纺织等传统产业，做大做强智能装备、电子信息等新兴产业，培育一批行业龙头企业，打造织里经济增长“主力军”。以“三进三提”为重点，鼓励童装企业在品质品牌上下功夫，确保童装产业示范园区一期集聚运营，二期启动建设。优化空间布局、推动城市更新，加快吴兴人民医院、吴兴实验小学等重点工程建设，不断提升城市能级。进一步创新管理模式，推动街道办事处力量下沉、事权下放，强化城市综合治理，促进新老居民和谐融合，全面提升城乡面貌和人居品质。

东部新城提速行动。坚持“一张图”规划、“一盘棋”建设、“一体化”发展，推进各区域合理布局、协调共进、竞相发展。围绕“丝绸小镇、湖东西区、商业开发、公建配套、基础设施”，实施37个重点项目，确保启动一批、建成一批、储备一批。突出丝绸小镇主引擎作用，强化高端要素集聚和核心项目支撑，力争浪漫丝艺园、丝绸创意文化村、婚庆文创园片区早日建成运营。持续推进“湖城向东看”系列品牌营销活动，推动新城人气不断攀升。完善智慧城管、智慧社区等智慧化集成系统建设，提升新城一体化、精细化、智能化管理水平，不断彰显城市形象品位。

中心城区提质行动。全面打响“湖城中央、最美风光”品牌，助推高质量现代化生态型滨湖大城市建设。坚定不移抓经济，加大高端服务业企业项目招引，促进月光经济与城市旅游深度融合，推动城区经济繁荣发展。牢固树立城市有机更新理念，不断优化教育、医疗、养老等公共设施功能布局，加快危旧房改造，优化物业管理，全面提升城市品质内涵。围绕城市管理“六化”目标，开展市容市貌、农贸市场、餐饮卫生、城郊环境“四大整治攻坚”，全力打造美丽街道、美丽城区。全面营造和谐文明社会风尚，积极开展核心价值观“五进”、“四大最美”评选、“四大文明细胞”培育，持续开展“同做志愿者共建文明城”系列活动，积极争创全国文明城市。

2.一如既往抓好社会治理

激活深化改革最强动力。坚持以推进供给侧结构性改革为重点，突出抓好经济领域一批“牛鼻子”改革项目，推动资源要素高效化、市场化配置。持续深化政府投融资改革，构建多元化投融资体系。大力推行电子政务模式和网上审批制度，健全中介服务目录管理和公平准入制度，不断提升行政审批效率。以综合行政执法体制改革为契机，探索建立权责统一、权威高效的行政执法体制，推进政府治理体系和治理能力现代化。全面深化农村改革，建立常态化确权登记制度，规范农合联组织体系，全面完成农村土地承包经营权确权登记颁证工作，探索完善涉农纯信用贷款、新农直报试点等金融支农新机制。

奏响幸福民生最美音符。顺应群众对美好生活的新期待，让发展既有“颜值”更有“担当”。扎实推进新吴兴实验中学等学校新扩建工程和织里镇中学等第三批乡镇学校综合改造，启动实施第三轮学前教育发展行动计划，深入推进省社区教育实验区创建，全面争创省级教育基本现代化区。有序推进基层医疗卫生服务阵地建设，完善分级诊疗制度，推动优质医疗资源“双下沉、两提升”。稳步推进社会保障扩面提档，确保城镇职工社会保险、城乡居民养老、医疗保险覆盖率保持在98%以上。大力繁荣文化事业，加快区文体中心、农村文化礼堂建设。积极发展养老事业，加大关心关爱力度，健全扶老、助残、救孤、济困等社会救助和社会福利体系。

筑牢平安稳定最密防线。持续巩固G20峰会维稳安保战果，进一步健全维稳安保体制机制，确保实现“平安吴兴”六连冠、夺铜鼎。完善平安建设评价体系，开展“平安指数发布”成果运用，巩固平安建设“1+N”组合拳成果。强化基层社会治理创新，推动大数据与社会治理深度融合，完成“四个平台”建设，提升社会治理现代化水平。健全多元矛盾纠纷排查化解机制，确保调解成功率95%以上。强化底线思维，加大社会治安综合治理力度，严厉打击各种违法犯罪，圆满完成十九大、互联网大会安保任务。落实最严格的安全生产、食品药品安全、生态环境安全责任和管理制度，确保人民群众生命财产安全。

3.一刻不放松全面从严治党

激发“想干事”的精气神。深入学习贯彻习近平总书记系列重要讲话精神，引导全体党员干部坚定理想信念，激发干事创业热情。探索具有吴兴特色的“学习+”模式，提高党员干部的政治素质和理论水平。旗帜鲜明褒扬有担当、有作为的先进典型，在全社会营造争当一流、甘于奉献的干事创业氛围。深化“三城联创”，全力争创国家级文明城市，提升城市品位内涵。大力弘扬社会主义核心价值观，培育崇善向上的公民道德。充分发挥统战、工青妇、科协、残联、各民主党派、工商联、无党派人士的作用。

打造“能干事”的好干部。大力弘扬“五不”精神，全面锻造“吴兴铁军”。围绕“好班长、好班子、好梯队”目标，加大干部教育、培养、选拔、监督力度，确保各级领导班子健康运转，战斗力和凝聚力进一步增强。强化干部绩效考评，探索建立鼓励创新、激励担当、允许试错、宽容失误的新机制。完善干部选任全程纪实，坚决把“带病”干部挡在门外。深化“整乡提升、百村晋位”，着力抓好村社换届，选优配强村社区领导班子。持续推进“局长驻点工作室”建设，让干部力量走出去、沉下去，能力水平提上来。

守住“不出事”的铁规矩。深入开展党性党风党纪教育，严格执行党章党规党纪，促进党员干部恪守纪律规矩底线。加强党委、纪委联动协作，互促共推“两个责任”落到实处。锲而不舍落实中央八项规定精神，严格正风肃纪，弛而不息纠正“四风”。综合运用“四种形态”，完善“四级谈话”，严肃查处违反党的政治纪律、组织纪律、廉洁纪律等“六项纪律”的行为和各类违纪案件。深化纪检体制改革，推进监察体制改革试点，切实发挥区委巡察和派驻机构监督作用。

各位代表、同志们，不忘初心，继续前进。站在新的历史起点上，让我们更加紧密地团结在以习近平同志为核心的党中央周围，高举中国特色社会主义伟大旗帜，解放思想，凝心聚力，奋发进取，全力建设“生态吴兴、经济强区、科技新城、幸福家园”，率先实现高质量赶超发展、高水平全面建成小康社会，创造出无愧于人民、无愧于时代的新业绩！

湖州市吴兴区人民代表大会常务委员会工作报告

——在湖州市吴兴区第四届人民代表大会第一次会议上

湖州市吴兴区人大常委会主任 吴 旭

2017年2月19日

各位代表：我受区第三届人民代表大会常务委员会的委托，向大会报告工作，请予审议，并请列席会议的同志提出意见。

一、过去五年工作回顾

过去的五年，是全区上下团结奋进攻坚克难、经济社会各项事业取得显著成就的五年，也是人大工作传承创新积极作为、社会主义民主法制建设加快推进的五年。五年来，区人大常委会在中共吴兴区委的正确领导下，深入贯彻习近平总书记系列重要讲话和委员长张德江在我区调研乡镇人大工作时的重要指示精神，牢固树立一线意识，自觉践行“五同”理念，坚持责任担当、创新实干、服务发展，全面有效履行宪法和法律赋予的各项职责，顺利完成了本届人大各项工作任务，为实现“十二五”胜利收官、“十三五”良好开局，加快建设“生态吴兴、经济强区、科技新城、幸福家园”做出了积极贡献。

五年来，我们不断强化政治定力，始终坚定正确方向。

牢固树立政治意识、大局意识、核心意识、看齐意识，坚持和依靠党的领导，全力推进人民代表大会制度在吴兴的生动实践。

一是坚决贯彻区委决策部署。自觉加强党对人大工作的领导，坚持在区委“总揽全局、协调各方”的领导格局中发挥人大作用。积极争取区委对人大工作的重视和支持，区人大常委会每年至少4次向区委汇报人大工作，把牢政治方向，及时会商解决重要问题。区人大常委会深入领会中央和省市区委关于加强基层人大工作和建设的文件精神，配套出台责任分解，落实工作任务书、时间表和责任人，谋划提升“十三五”人大工作的法治化水平。着眼区委重大决策部署，区人代会就“五水共治”、深化改革、“法治吴兴”建设作出重要决定，批准“十三五”发展规划，及时将区委决策依法转化为全区人民的共同意志。

二是坚定履行人大法定职责。深入贯彻中央新要求，自觉在工作上保持一线作为、在实践中发挥一线作用，切实为吴兴发展用好法定之权。五年来，累计依法召开常委会会议40次、主任会议60次，听取和审议专项工作报告77项，作出决议决定、审议意见85项，组织执法检查、专项视察和调研活动200余次。依法行使人事任免权，不断完善拟任干部任前法律考试、供职发言、颁发任命书等制度，严格落实向宪法宣誓制度，依法任免国家机关工作人员456人次；持续加强任后监督，对21名政府部门一把手和30名法检“两官”全面开展履职评议，激励和教育任命干部依法履职、担当使命。

三是坚持助推重大中心工作。围绕区委“六大战区”“八大行动”的各项决策部署，持续开展“区委抓落实、人大督落实”活动。采取代表专题视察、会议专项审议、持续跟踪监督等形式，积极发动各级人大和广大代表，参与助推“五水共治”“四边三化”“三改一拆”“护航G20”、项目双进等重点工作，组织开展“八大行动”季度督查，全力助推区委重大中心工作。联动开展“查找基层群众办事审批难事项”主题监督、“四张清单一张网”改革专项督查，有力助推全区重点改革项目。专门出台《“一府两院”专项工作满意度测评暂行办法》，实行代表当场询问、现场测评，有效倒逼工作落实。

五年来，我们不断加大监督合力，有效助推科学发展。

牢牢把握主题主线，精选监督议题、健全监督机制，组合运用多种监督方式，积极助推全区经济社会又好又快发展。

一是力推经济转型升级。密切关注新常态下的经济运行，专题审议政情通报、计划执行、招商引资、电子商务、小微企业发展等议题，开展“进项目、推进度，进企业、推转型”主题活动和“十二五”规划中期评估、土地节约集约利用、两化融合、企业上市等视察调研，督促支持政府做好破解要素制约、扩大有效投资、加强科技创新等工作。围绕现代农业发展，先后审议调研两个国家级农业试点、畜牧业转型升级等情况，专题督查农村“三权”确权登记工作，支持政府深化农村改革、增强农村发展活力。

二是督促财政预算管理。认真审议预算编制、执行、调整及决算、政府性资金收支、审计工作等情况，审查批准地方政府债务限额，促进公共财政体系规范化建设，推动财政收支平稳运行。先后出台《关于政府性融资审查监督暂行办法》《关于政府重大投资项目监督暂行办法》，通过专题审议、专项视察，对每年的政府性重大投资项目、平台融资事宜等开展审查监督，累计对30项总投资75.6亿元的政府重大投资项目计划进行审查。实行区、乡镇两级联动助推“阳光预算”，在区三届人大五次会议上实现政府部门预算提交区人代会审查的全覆盖，进一步推进政府依法用财、科学理财。

三是促进生态文明建设。自觉践行“两山理论”，上下联动助推“生态吴兴”建设。围绕治水治气，先后开展贯彻防洪法、大气污染防治等执法检查和“五水共治”专项监督，组织代表对“三河”清理、龟鳖产业整治、畜禽养殖污染整治、无违建创建、治霾318行动等进行视察，推动PM 2.5监测点的科学设置，支持督促政府打好转型升级组合拳。围绕城乡环境保护，先后开展湿地保护条例、城乡环境卫生等执法检查，监督助推生态资源保护开发工作，进一步提升全区生态环境吸引力。

五年来，我们不断注重精准发力，尽心维护群众利益。

坚持民意导向、问题导向，把体察民情、改善民生作为人大工作的出发点和落脚点，不断顺应新时期人民群众的呼声和愿望。

一是助推民生实事落实。坚持重大民生问题连续抓、反复抓、一抓到底，对区政府年度十大民生实事项目共93个子项目，实行“年初问安排、年中督进度、年底看结果”，打出了现场视察、专题审议、代表质询和满意度测评“四合一”的监督组合拳，有力督促项目建设进度不拖延、质量不降格、安全不放松，有效保障民生实事项目的顺利推进。

二是助推民情热点解决。密切关注食品安全、安全生产、教育医疗等群众关注的热点难点问题，跟进监督、跟踪问效。特别是将食品安全列为“一督五年、每年必督”的重大议题，持续开展执法检查和专项视察，有力保障群众“舌尖上的安全”。围绕扶贫开发，组织代表进村入户，核查家庭人均年收入4600元以下贫困人口脱贫情况，为政府精准扶贫提供依据。紧扣素质教育，开展贯彻义务教育法、减负提质、学前教育等执法检查，为我区顺利通过全国义务教育发展基本均衡区复评发挥积极作用。针对城市社区卫生服务市权下放我区的实际，开展深化医药卫生体制改革情况调研，支持政府提升城乡卫生服务水平。同时，对实施就业促进法、宗教场所管理、渔民上岸、侨台工作等开展监督视察，积极回应群众期盼。

三是助推民主法制建设。持续监督“六五”普法情况，审议通过“七五”普法规划。强化司法监督，出台《关于监督司法机关工作办法》，专题审议公检法司贯彻执行新刑事诉讼法、行政诉讼法、劳动合同法及民商事审判、执行工作等情况，全力助推“法治吴兴”建设。先后开展“法制工作进社区”“关注公正司法、代表一线视察”等系列活动，在区人大常委会上就存在问题的整改落实情况进行满意度测评，着力促进依法行政、维护司法公正。严格规范性文件备案审查。依法做好人大信访工作，累计受理来信来访230余件（人）次，切实维护社会稳定。

五年来，我们不断激发主体活力，充分发挥代表作用。

强化主体意识，紧紧抓住联系服务代表这个关键，不断创设载体、健全机制，全力支持各级代表积极参政、科学议政、依法督政。

一是持续开展代表主题活动。在全市率先开展“履职作表率、代表在行动”主题实践活动，并贯穿本届任期，引导各级代表立足本职，争当“人民群众代言人、经济发展带头人、平安和谐维护人、公益事业热心人”。坚持每年召开会议动员部署，每季召开例会交流经验。五年来，围绕上级党委政府和区委的工作重点，先后开展“关爱母亲河”“查找大气污染源”“已治理的河流”“五进五查五访”“合力找短板、聚力促发展”等专项活动，累计梳理出各类问题2000余个、提出意见建议5500条，有力助推各项工作的落实。每年都评选出一批活动先进个人和优秀代表建议件，在《湖州日报》刊登光荣榜，在区人代会上进行表彰，有效激发代表履职热情。主题实践活动的经验做法得到省、市人大充分肯定和推广。

二是积极搭建代表联络平台。围绕打通代表联系服务群众“最后一纳米”的要求，按照“统一规划布局、统一设施设备、统一上墙内容、统一组织管理”的标准，于2014年率先建成40家实体代表联络站，2015年实现高新区和乡镇街道19家网上代表联络站全覆盖，其中织里镇、爱山街道2家网上联络站被省人大确定为示范联络站，基本形成覆盖城镇乡村、联结网上网下的联系格局。实行“月月有活动、季季有接待、年年有述职”的制度，累计有975人次各级代表进站接待选民242次、2248人次，17名区领导干部代表连续三年带头进站接待选民，编印《民情通报》186期，形成问题交办单1117件，解决746件、解决率达66.8%，同时实现区、乡镇两级代表向选民述职的全覆盖。

三是认真督办代表建议意见。对在区人代会上提出的代表建议，实行区政府领导领衔办理、区人大常委会领导领衔督办机制，每年对办结情况开展“回头看”，坚持建议不办结不放过、问题不落实不放松，5次区人代会上代表提出的329件建议均办理完成，问题解决率在70%以上，代表满意率高达99%。在全市率先建立闭会期间代表建议交办和督办制度，扎实开展“建议意见督办月”活动，探索建立代表建议办理工作满意度评议机制，有效推动建议办理从“答复满意”向“结果满意”转变。

四是圆满完成代表换届选举。按照中央和省市区委的部署要求，坚持党的领导、严格依法办事和充分发扬民主有机统一，专题部署抓推进、周密有序抓登记、严把标准抓联审、依法规范抓选举、严肃纪律抓风气，圆满完成区、乡镇两级人大代表换届选举工作，共选举产生区四届人大代表252名、新一届乡镇人大代表505名。特别是认真学习领会中央关于辽宁拉票贿选案查处情况的通报精神，警醒反思、汲取教训，严格换届选举纪律和规矩，确保了整个代表换届选举依法有序、风清气正。

五年来，我们不断增强素质能力，切实提升履职水平。

坚持把人大自身建设摆在重要位置，着力加强思想、作风、制度和廉政建设，不断提高依法履行职责的能力水平。

一是强化思想政治素质。以群众路线教育实践活动、“三严三实”专题教育、“两学一做”学习教育为引领，持续加强思想教育，牢固树立“四个意识”，坚决同以习近平同志为核心的党中央保持高度一致，做到思想上拥护核心、政治上维护核心、行动上紧跟核心。强化理论武装，完善区人大常委会和人大机关集体学习、党校培训、法制专题讲座等制度，陆续开展习总书记系列重要讲话、人民代表大会制度建立60周年、国家宪法日、新预算法和行政诉讼法等专题学习，促使人大干部坚定理想信念、强化制度自信、提升理论素养。

二是提升依法履职水平。狠抓制度建设，先后制定修订区人大常委会组成人员守则及党组会议、主任会议、常委会会议议事规则等30余项制度，建立健全重大事项报告、议案提请、审议表决、干部任免等规章，完善内部监督制约机制，切实做到议事有规可依、管理有章可循。注重调查研究，每年坚持开展“基层调研月”活动，常委会领导带班，带着议题、带着问题，深入走访代表群众，广泛征求意见建议，不断完善人大工作制度、规范人大履职行为。落实全面从严治党主体责任，严肃党内政治生活，认真开展“党纪教育一刻钟”学习，督促党员干部廉洁自律、树好形象。

三是形成上下联动合力。注重联系指导，坚持并完善人大常委会联系高新区和乡镇街道人大、联系代表小组、联系代表“三联系”制度，加强工作指导。注重发挥各级人大、各级代表优势，对经济转型、生态建设、民生改善、司法公正等重点工作、重大事项，开展联动检查、联动审议、联动督查，形成合力督大事的良好氛围。积极推行基层经验做法，在全市率先实现乡镇民主参与式预算审查监督和民生实事代表票决制两项创新工作的全覆盖，实行两年来，累计征集民生实事项目260项，提交人代会票决134项，票决产生116项，预算安排37.7亿元，经审查调增预算1.3亿元、调减预算3.3亿元，促进乡镇预算安排更合民意、实事安排更加民主。

各位代表，本届常委会五年来所取得的成绩，离不开中共吴兴区委的坚强领导，离不开全体人大代表和常委会组成人员的共同努力，离不开区政府、政协、“两院”及开发区、度假区的大力支持，离不开高新区、乡镇街道和区级各部门的积极配合，离不开全区人民、社会各界的充分信任。在此，我谨代表本届区人大常委会，向所有关心和支持人大工作的同志们，表示衷心的感谢和崇高的敬意！

二、主要工作体会

各位代表，成绩来之不易，经验弥足珍贵。回顾过去五年，我们深切地体会到，要做好新形势下的人大工作，必须始终坚持“五同”理念：

1.始终坚持与党委同向是人大履职之魂。坚持和依靠党的领导，是做好人大工作的根本政治保证。五年来，我们坚持思想和行动并重，自觉把党的领导贯穿于人大工作的全过程，紧紧围绕区委总体要求来思考、定位人大目标，对区委重大决策部署不犹豫、不含糊。实践证明，只有思想上坚持区委领导、思路上贯彻区委意图、行动上体现区委决策，才能保证人大工作始终沿着正确的方向前进。

2.始终坚持与政府同力是人大履职之要。依法监督政府、助推科学发展，是做好人大工作的题中要义。五年来，我们坚持监督与支持并重，按照“少而精、精而实”的思路，聚焦大事要事，选择人大关注、政府所急、群众所盼的内容作为工作重心和监督重点，针对性开展审议、视察、调研，真正做到“寓支持于监督之中”。实践证明，只有围绕中心、服务大局，与政府同频共振，才能在履职中展现作为、在作为中赢得地位。

3.始终坚持与代表同心是人大履职之本。人大代表，是做好人大工作的主体和根本。五年来，我们坚持联系和服务并重，不断丰富代表活动形式，为代表履职提供保障，有效发挥代表贴近民生、了解民情、反映民意的优势作用。实践证明，只有牢固树立代表主体意识，加强和改进代表工作，服务和支持代表履职，才能更好地凝聚力量、集聚智慧、促进发展。

4.始终坚持与法律同轨是人大履职之责。依法依规办事、维护法律权威，是做好人大工作的职责所在。五年来，我们坚持规范与提升并重，坚决贯彻“社会主义民主法制建设第一线”要求，自觉加强法律学习，不断提升依法履职能力，有力推进“法治吴兴”建设。实践证明，只有在宪法和法律的框架内依法行使职权，人大工作才会更有实效、更具权威。

5.始终坚持与时代同步是人大履职之基。坚持与时俱进、创新发展，是做好人大工作的基本要求。五年来，我们坚持传承与创新并重，在坚守政治性、法律性、程序性要求的前提下，立足基层实际，坚持问题导向，积极探索人大及其常委会依法行使职权的新机制、代表发挥作用的新形式，使人大工作得到不断发展。实践证明，只有主动顺应形势、推进改革创新，人大工作才会更具时代特色、更加充满生机活力。

回顾过去五年，我们清醒地认识到，对照宪法和法律的规定，对照社会主义法制建设的要求，对照党和人民群众的期盼，常委会的工作还存在一些差距和不足，主要是：对重大事项决定权的行使还需进一步规范，依法监督的刚性和实效性还需进一步增强，服务保障代表履职的举措还需进一步强化，常委会开展工作的能力水平还需进一步提升，人大系统党的建设还需进一步加强。对这些问题，我们一定要高度重视，认真解决。

三、今后五年工作建议

各位代表，本届区人大常委会任期将满，本次大会将选举产生区四届人大常委会。新一届人大常委会任期的五年，是高水平全面建成小康社会的决胜期，是吴兴经济社会实现跨越赶超的关键期。区第四次党代会作出了“生态吴兴、经济强区、科技新城、幸福家园”一张蓝图绘到底的战略部署，提出了“打造增长极、提高首位度、争当排头兵”的宏伟目标，这对做好新一届人大工作提出了新的更高的要求。为此，我们建议新一届人大常委会工作的指导思想是：**高举中国特色社会主义伟大旗帜，以马克思列宁主义、毛泽东思想、邓小平理论、“三个代表”重要思想、科学发展观为指导，深入贯彻习近平总书记系列重要讲话精神和治国理政新理念新思想新战略，紧紧围绕“五位一体”总体布局和“四个全面”战略布局，按照区第四次党代会的部署要求，顺应广大人民群众的关切期待，始终坚持“五同”理念，依法有效履职，着力服务发展大局，着力推动深化改革，着力建设“法治吴兴”，着力保障民生改善，为率先实现高质量赶超发展、高水平全面建成小康社会提供有力保障。**具体有五个方面的工作建议：

1.强化担当意识，着力在推动吴兴发展上有新作为。以助推“十三五”发展为目标，以推进供给侧结构性改革为主线，选准角度、掌握尺度、把握力度，增强监督刚性、强化跟踪问效，全力助推“八大行动”。围绕“生态吴兴”建设，持续开展对以治水治气为突破口、以“拆治归”为基本招法的转型升级系列组合拳的视察调研，今年重点对市生态文明先行示范区建设条例、市容和环境卫生管理条例等进行执法检查，全力助推省级无违建区、美丽乡村示范区创建。围绕“经济强区”建设，开展龙头企业培育、现代农业发展、五大省级平台提质升级等视察调研，今年重点对加快发展现代服务业、培育经济增长新动能、农产品质量安全监管体系建设等进行调研，对省人大促进畜牧转型升级的决定等进行执法检查，全力助推优化民营经济发展环境、构建经济发展新优势。围绕“科技新城”建设，适时开展创新平台建设、高层次人才引育、高新技术产业发展等视察调研，今年重点对高新产业集聚等工作进行调研，全力助推创新驱动发展战略。围绕“幸福家园”建设，密切关注民生改善，开展食品安全、就业创业、养老服务、分级诊疗、优质教育等视察调研，今年重点对中心城社区卫生服务体系建设进行专题调研，全力助推政府加快发展社会事业、提高群众获得感。

2.强化法治意识，着力在推进依法治理上有新进展。强化一线意识，坚持运用法治思维和法治方式谋划开展人大工作。支持法治政府建设，深化政府重大投资项目专项审议，推进全口径预算审查提质增效，强化执行监督，今年重点对政府投资项目进行现场视察，对乡镇人大预算审查进行专题调研，进一步促进政府依法、科学、阳光理财；支持诚信政府建设，助推“老赖”治理；关注行政执法体制改革及基层实践情况，督促规范行政执法行为。关注配合区委做好国家监察体制改革试点工作，监督和支持区监察委员会依法履职；跟踪司法体制改革，督促完善案件质量评估、司法业绩考核、错案责任倒查等机制，优化司法职权配置，重点开展“百名代表听百案”五年行动，对破解执行难、劳动法律监督条例执行情况等进行视察，推动法律法规落实，提高司法公信力。跟踪推进“七五”普法，联动开展“法治监督在一线”活动，进一步助推完善公共法律服务体系，促进全社会学法用法守法。

3.强化创新意识，着力在彰显人大特色上有新突破。坚持问题导向，以改革创新精神推进基层人大工作不断发展。着力创新监督模式，在本次区人代会上首次开展区政府民生实事代表票决工作，进一步深化乡镇民主参与式预算审查监督，并加强对基层人大工作新情况的调查研究，积极探索实践。着力创新监督方法，重点围绕重大事项决定权的行使，不断扩大内容范围、规范行使程序，促进人大履职行权更到位、更有效。着力创新监督品牌，进一步加强基层人大工作示范点的培育，打造“一乡镇街道一特色品牌”，并及时总结提升，积极加以推广，切实以点上突破带动面上的工作。

4.强化主体意识，着力在支持代表履职上有新成效。根据新一届代表的特点，不断强化代表履职服务保障，充分发挥代表主体作用。加强对代表的教育培训，大力实施代表培训三年计划，通过集中轮训、定向培训等方式，确保所有代表培训全覆盖，切实增强代表职务意识、提高履职能力。完善各级代表联系人民群众制度，深化代表联络站“两网融合”，并大力实施代表述职四年计划，每年安排四分之一的基层代表向选民述职，确保代表述职全覆盖。深化代表主题实践活动，畅通社情民意的汇集分析和采纳反馈渠道，提高代表建议办理质量，并大力实施代表活动五年计划，确保一届内每一位代表至少参加一次区人大常委会会议或重要活动，引导激励代表更好地为民代言、为民履职。

5.强化责任意识，着力在加强自身建设上有新提升。深入贯彻中央和省市区委意见精神，自觉担当起加强基层人大工作和建设的新使命。加强政治建设，着力加大对常委会组成人员尤其是兼职组成人员、专委会成员的教育培训力度，以党的十八届六中全会精神武装思想、指导工作，进一步增强“四个意识”，积极通过人大法定程序，保证区委的决策部署转化为全区人民的共同意志。加强制度建设，进一步完善人大工作运行机制，规范制度程序，强化对基层人大工作的联系指导，坚持上下联动，织密各级人大合力督大事的工作网络。加强党的建设，认真落实区人大常委会党组从严治党主体责任，严格遵循新形势下党内政治生活准则，不断强化党内监督，持续优化作风，营造人大系统良好的政治生态，着力打造一支高素质、专业化、敢担当、守纪律的人大干部队伍。

各位代表，新的形势、新的任务赋予我们新的使命。让我们更加紧密地团结在以习近平同志为核心的党中央周围，高举中国特色社会主义伟大旗帜，在中共吴兴区委的坚强领导下，在全区人民的大力支持下，振奋精神、锐意进取，依法履职、扎实工作，不忘初心、继续前进，为实现“十三五”宏伟蓝图，率先实现高质量赶超发展、高水平全面建成小康社会做出新的更大的贡献！

政府工作报告

——在湖州市吴兴区第四届人民代表大会第一次会议上

湖州市吴兴区代区长 陈 江

2017年2月19日

各位代表：

现在，我代表吴兴区人民政府向大会作工作报告，请予审议，并请各位政协委员和其他列席人员提出意见。

一、过去五年的主要工作和成效

区三届人大一次会议以来，区政府在市委、市政府和区委的坚强领导下，在区人大和区政协的监督支持下，紧紧依靠全区人民，主动适应发展新常态，围绕建设“经济强区、科技新城、生态家园、幸福吴兴”，攻坚克难，拼搏奋进，圆满完成各项目标任务，全区经济社会发展迈上新台阶。

五年来，我们坚定不移推动赶超发展，综合实力显著增强。2016年地区生产总值476.5亿元，五年年均增长9%；财政总收入43.7亿元，年均增长10.1%，其中地方财政收入26.4亿元，年均增长11.9%；社会消费品零售总额305.2亿元，年均增长15.7%；城镇居民人均可支配收入和农村居民人均可支配收入分别达47170元和27391元，年均分别增长9.6%和10.2%；城乡居民收入比缩小到1.72：1。五年累计完成固定资产投资1162.3亿元，其中工业性投入481.5亿元；累计完成合同外资14.6亿美元，实到外资9.97亿美元，浙（湖）商回归省外到位资金132.9亿元，自营出口319亿元；节能减排等各项约束性指标完成省市下达的目标任务。2014—2016年连续三年获全市县（区）综合考核一等奖。跻身全国百强市辖区、创新创业百强区、新型城镇化质量百强区。

五年来，我们坚定不移优化产业结构，发展质量不断提高。三次产业结构由2011年的5.7：50：44.3调整到2016年的4.3：42：53.7，在全市率先形成“三二一”产业结构。工业扩量提质，实现规上工业增加值112.1亿元，年均增长9%，战略性新兴产业、高新技术产业、装备制造业占规上工业比重分别达42%、33.8%、30%，跻身全省工业大县（区）。累计完成“个转企”2559家、“小升规”134家，全区规上工业企业达350家，上市及新三板挂牌企业达14家，税收超千万企业达29家，其中超亿元6家。成功创建“两化”深度融合国家示范区、省级信息经济发展示范区。织里童装被列入全国产业集群区域品牌建设试点，吴兴工业园区列入园区循环化改造国家重点支持园区，高新区、吴兴经济开发区分别列入省级高新园区和省级开发区，丝绸小镇列入全省首批特色小镇，美妆小镇入选省级示范特色小镇、行业标杆小镇。服务业加速引领，实现服务业增加值256亿元，年均增长9.5%。累计实施重大服务业项目111个，完成投入196亿元。旅游总收入由41亿元增加到147亿元，年均增长32%，入选省级休闲农业与乡村旅游示范县（区）。成功创建西塞山省级旅游度假区。农业彰显特色，坚持以两大“国字号”试点为引领，实现农业增加值20.5亿元，六大特色主导产业占比达75%，新建粮食生产功能区10万亩、现代农业园区核心区2.14万亩，成功创建省级现代农业综合区2个。全国培育新型经营主体发展农业适度规模经营座谈会等重要会议在吴兴成功举办。

五年来，我们坚定不移统筹城乡发展，区域面貌明显改善。城市化率从61%提高到67%，累计完成基础设施投入188.5亿元，城乡规划、建设和管理水平全面提升。交通基础设施加快建设，开工重点工程49个，滨湖大道、妙新线等道路通车，建成农村联网公路115公里。东部新城加速崛起，总部自由港入驻企业19家，万达广场、碧桂园、富力城等一批品牌项目落地，西山漾景区被命名为国家城市湿地公园。织里小城市培育成效显著，“十化”改革深入推进，连续四年获全省小城市培育试点考核优秀，列入国家第三批新型城镇化综合试点。中心城区管理不断提质，成功创建省示范文明城区、省文明区。小城镇综合治理全面启动，市级“美丽乡村”

建成率达 67.7%，成功创建省级美丽乡村先进县（区）。统筹推进“五水共治”“三改一拆”“四边三化”等工作，累计实施治水重点项目 700 个、完成投资 62 亿元，全面消灭 94 条“垃圾河、黑臭河”，完成河道清淤 913 万立方米，新建污水管网 149.55 公里，农村生活污水治理实现行政村全覆盖；累计完成“三改一拆”2616 万平方米，其中拆违 576.6 万平方米；累计拆除改造小锅炉 1040 台、黑烟囱 1600 个，整治商业餐饮油烟 809 家，秸秆综合利用率达 93%以上。砂洗印花整治取得重大突破，温室龟鳖、直排生猪养殖场、座家船实现“清零”。成功创建国家生态区。

五年来，我们坚定不移增进民生福祉，社会保持和谐稳定。坚持每年新增财力的 75%以上用于改善民生，滚动实施十大民生实事。优化整合教育资源，累计完成教育投入 52.9 亿元。大力实施城乡校园综合改造，新建湖师附小西山漾校区、东林中学、织里中心幼儿园等 22 所校园。成功创建全国义务教育发展基本均衡县（区）、全国中小学心理健康教育示范区。医疗卫生体制综合改革全面推进，积极承接中心城区卫生服务职能，城市社区卫生服务中心和服务站扩面提质，区人民医院主体完工。公共文化服务体系不断完善，高标准建成农村文化礼堂 54 个，获批省农村文化礼堂建设先进县（区）。区文体中心加快建设。钱山漾遗址被命名为“世界丝绸之源”，太湖溇港入选世界灌溉工程遗产名录。加大就业创业帮扶力度，累计新增城镇就业 6.2 万人，登记失业率控制在 4%以内。社会保障水平逐年提高，区社会福利中心建成启用，城乡社区居家养老照料中心实现全覆盖。城中村改造和保障房建设走在全市前列。加强基层社会治理，安全生产各项控制指标连续五年实现负增长。成功创建省级药品安全示范县（区）。圆满完成 G20 峰会安保任务，实现“法治吴兴”三连冠、“平安吴兴”四连冠。

五年来，我们坚定不移深化改革创新，内在活力持续释放。深入推进“四张清单一张网”改革，累计清理各类权力事项 2235 项，精简率达 44%。在全市率先推进商事登记制度改革，全面落实“营改增”等惠企政策，新增市场主体 2.2 万户、增长 53%。大力推进综合行政执法体制改革，试点推行二级街道管理制度。资源要素市场化配置综合配套改革稳步推进，亩产效益综合评价机制初步建立，6 个项目列入省“坡地村镇”建设用地试点。投融资体制改革不断加快，积极推广 PPP 模式，成立政府产业基金 5 支，基金规模达 13 亿元；金融机构存贷款余额分别达 450 亿元和 366 亿元。创新实施“四票”机制，农村“三权”改革有序推进。户籍制度改革全面完成。大力实施创新驱动战略，研究与试验发展经费支出占地区生产总值比重从 1.64%提升到 2.42%，每万人发明专利拥有量达 19.3 件；累计培育国家和省“千人计划”项目 20 个、“南太湖精英计划”创业创新项目 79 个，成功获评国家知识产权强县（区）工程示范区、国家科技进步考核先进县（区）。

五年来，全区国防教育、民兵预备役、人民防空、征兵和双拥优抚等工作扎实推进，民族、宗教、外事、侨务、港澳和对台等工作有序开展，妇女、儿童、老龄、残疾人、红十字、慈善事业等取得新进展，统计、物价、科协、档案、新居民等工作得到新加强。

各位代表，过去五年，是吴兴综合实力提升最快、城乡面貌变化最大、人民群众受益最多的五年。五年来，高新区“举物流旗、打太湖牌、走产城路”，拉开平台框架 1.5 万亩，成功创建国家火炬现代物流装备特色产业基地，充分发挥了经济发展主阵地、主引擎作用；织里镇深入推进小城市综合改革，童装转型升级步伐不断提速，位列全国综合实力百强镇 76 位，“稳压器”“加速器”的作用更加凸显；八里店镇致力“产城融合”，拓展了大平台、构建了大格局，逐步树立了“湖城向东看”品牌；道场乡加快“南大门”建设，南郊风景区形象初显；妙西镇以西塞山为品牌，打开了原乡旅游新局面；埭溪镇以美妆产业为龙头，实现工业经济再腾飞，全新开创了“美丽经济”；东林镇彻底整治温室龟鳖，全域转型步伐不断加快；环渚街道加快市北分区建设，现代服务业集聚区成效初显；月河、朝阳、爱山、飞英、龙泉五个街道和湖州开发区、度假区六个街道始终坚持惠民生、优环境、创特色、保稳定，有效助推了高质量现代化生态型滨湖大城市建设。

五年艰苦奋斗，成绩来之不易。这是全区上下认真贯彻落实上级党委、政府和区委决策部署，齐心协力、奋发拼搏的结果。在此，我代表区人民政府，向全区人民和投资者、创业者、建设者，向人大代表、政协委员、离退休老同志，向各民主党派、工商联、人民团体和社会各界人士，向驻吴人民解放军和武警部队官兵，向所有关心和支持吴兴发展的海内外朋友们，表示衷心的感谢，致以崇高的敬意！

我们清醒地认识到，我区的经济社会发展还存在不少困难和问题，政府工作还存在一些不足。主要是：经济下行压力仍然较大，一些企业生产经营存在困难；带动力强的大项目不够多，集聚科技、人才等创新要素的能力还不强，新旧动能接续转换还需要付出更大努力；城乡规划建设管理和交通仍存在一些短板，优质教育、医疗等资源供给与群众的期待仍有差距；网络安全、安全生产、社会治安等公共安全方面还存在一些薄弱环节；一些政府工作人员能力素质还不能完全适应新形势的要求，作风建设长效机制需要不断完善。对此，我们一定高度重视，采取更加有力的措施认真加以解决。

二、今后五年的总体思路和目标任务

今后五年，是吴兴加速起飞、赶超发展的关键时期和决胜阶段，我们必须牢牢把握当前所处的历史方位，保持定力、精准发力、深处着力，奋力开创新常态下吴兴发展新境界。

按照区第四次党代会作出的部署，今后五年政府工作的总体思路是：**高举中国特色社会主义伟大旗帜，以马克思列宁主义、毛泽东思想、邓小平理论、“三个代表”重要思想、科学发展观为指导，深入贯彻习近平总书记系列重要讲话精神，紧紧围绕“五位一体”总体布局和“四个全面”战略布局，以创新、协调、绿色、开放、共享的发展理念引领赶超发展，打好转型升级系列组合拳，坚持“生态吴兴、经济强区、科技新城、幸福家园”一张蓝图绘到底，加快创新驱动、产城互动、改革推动、开放带动，厚植增长优势、补齐发展短板，着力打造增长极、提高首位度、争当排头兵，率先实现高质量赶超发展、高水平全面建成小康社会。**

今后五年，全区经济社会发展的总定位是：打造增长极、提高首位度、争当排头兵；总战略是：生态吴兴、经济强区、科技新城、幸福家园。区第四次党代会作出了“两个翻番、三个确保、四个创建”的决策部署，区政府要紧扣目标定位，切实抓好落实。力争经过五年努力，2021年地区生产总值达到800亿元以上，城乡居民人均可支配收入分别达73000元和44000元；实现规模工业产值超1000亿元、固定资产投资超500亿元、财政收入超70亿元。

——建设更高品质的“生态吴兴”。生态环境和资源利用全面向好，所有区控以上监测断面全面消灭Ⅳ类水；PM 2.5浓度下降幅度超过全省平均水平，城市环境空气质量优良天数比例达75%以上；森林覆盖率达40.3%以上；单位地区生产总值综合能耗和主要污染物排放总量大幅下降。

——建设更高质量的“经济强区”。现代产业体系基本形成，开放型经济竞争力不断提升，经济增长速度高于省、市平均水平。实现规上工业产值破千亿，加快建设“智造强区”；服务业增加值占GDP比重达55%，成为浙北金融中心、现代服务业中心；农业特色产业产值占比提高到77%，从农业基本实现现代化加速迈向农业全面现代化。

——建设更高层次的“科技新城”。创新能力显著增强，大众创业、万众创新的氛围更加浓厚。全社会研究与试验发展经费支出占地区生产总值比重达2.8%；国家重点扶持高新技术企业达160家；新增国家级企业技术（研发）中心3家；新增发明专利授权1500件以上；引进培育国家、省“千人计划”专家30人以上；创建浙北区域性科技中心。

——建设更高水平的“幸福家园”。城乡基本公共服务均等化水平明显提高，城镇社区形成15分钟医疗、文化、健身、养老等服务圈。全区户籍法定人员基本养老保险参保率达95%以上，城乡基本医疗保险参保率保持在98%以上；建成省级教育现代化区；形成更高水平城乡医疗卫生服务体系；文体事业进一步繁荣发展；居民道德素质、文化素质和健康素质明显提高。“平安吴兴”深入推进，群众安全感保持在98%以上。

今后五年，要着力做好以下四方面工作：

1.致力于生态优先，彰显美丽吴兴新面貌。全面提升城乡品质，进一步补齐基础设施短板，推动中心城区、东部新城、织里镇一体化发展和西部山区组团式提升。推进区域城乡综合交通一体化发展，总投资150亿元，基本形成“三铁三高”“七横七纵”交通干线大框架。加强小城镇环境综合整治，大力提升生产、生活、生态环境质量，决不把脏乱差环境带入全面小康社会。持续深化“五水共治”，确保主要水环境功能区水质达到或优于Ⅲ类水。纵深推进“三改一拆”“治危拆违”，全面清理违法建筑，全面整治城乡危旧房，全面改造城中村。大力推进雾霾治理，确保PM2.5浓度持续下降。深入开展“四边三化”工作，全面实施垃圾分类处置，积极创建省级美丽乡村示范县（区）。

2.致力于动能转换，构建现代产业新体系。顺应产业跨界发展和融合发展新趋势，加快新旧动能接续转换，实现业态多元化、产业融合化、组织网络化、发展个性化、要素成果分享化。大力发展智能装备、信息经济、健康时尚、休闲旅游四大“双百亿”产业，改造提升金属新材、现代纺织两大传统优势产业。积极对接中国制造“2025”，加快“四换三名”“两化”深度融合，争创国家级经济开发区、国家级高新区。支持和帮扶中小微企业健康发展，扶持培育一批企业入选“金象金牛”行列，新增上市及新三板挂牌企业20家。发挥区位优势和生态优势，加快发展楼宇总部经济和现代服务业，大力培育金融服务、文化创意、服务外包、现代物流等新兴产业，全力争创国家级旅游度假区。加快推进农业供给侧结构性改革，坚持走“集聚、融合、创新、绿色、品质”的都市型农业发展道路，提高农业全产业链发展水平。

3.致力于改革创新，打造科学发展新优势。全面开展区域经济体制综合改革，切实提升综合效应。以“最多跑一次”改革为重点，进一步激发市场活力和社会创造力，打造创业创新环境最优区。强化“非禁即入、亩产效益”导向，完善宽进严管的审批监管制度、集聚集约的要素配置制度、扶优助强的服务保障制度。深化科技体制改革，完善以企业为主体、市场为导向、政产学研金深度合作的区域创新体系。巩固拓展“5+3”科创平台，实现高新技术企业、科技型中小微企业数量双提升。充分发挥区级创业投资引导基金作用，带动更多社会资本助推创业创新。持续深化“智汇吴兴”工程，大力实施“南太湖精英计划”，引进各类紧缺急需人才700人以上。

4.致力于民生和谐，共享全面小康新成果。深化教育领域综合改革，持续扩大优质教育资源覆盖，大力发展普惠优质学前教育，规范提升民办教育，全面推进社区教育、终身教育。深化医药卫生体制改革，大力推进分级诊疗体系建设，鼓励社会资本兴办高端化、特色化、紧缺型医疗服务机构，持续提升基层医疗服务能力。深入推进体育惠民工程，强化公共文化服务供给。实施更加积极的就业创业扶持政策，加快完善城乡居民基本养老、医疗等社会保险体系。积极应对人口老龄化，构建多元化、社会化养老服务体系。创新完善社会治理体系，加强防灾减灾能力建设，优化食品药品安全环境，提高公共安全保障水平，全面打造“平安吴兴”。

三、2017年工作安排

2017年是实施“十三五”规划的重要一年，是新一届政府履职尽责的开局之年，也将迎来党的十九大、省第十四次党代会和市第八次党代会的胜利召开。做好今年工作，意义重大、影响深远。今年工作的总体要求是：**深入贯彻党的十八大、十八届三中、四中、五中、六中全会、省市委全会和区第四次党代会精神，立足总定位、坚持总战略、锁定总目标，促发展、保民生、强稳定，坚决打好“拆治归”转型升级组合拳，深入开展“四个年”活动，持续深化“六重”工作，全力推进“八大行动”，切实强化“战区”机制，大力发扬“五不”精神，着力打造增长极、提高首位度、争当排头兵，奋力推进吴兴经济社会赶超发展。**

根据上述总体要求，建议全区经济社会发展主要预期目标为：地区生产总值增长8%；财政总收入和地方财政收入分别增长8%和8.5%；固定资产投资增长12%，其中工业性投入增长10%；规模以上工业增加值增长8%；社会消费品零售总额增长9%；合同外资2.85亿美元以上，实到外资1.8亿美元以上；城镇居民人均可支配收入增长8%左右，农村居民人均可支配收入增长8.5%左右。节能减排等各项约束性指标完成省市下达目标任务。

为实现上述目标，今年将着力做好以下六方面工作：

1.聚焦改革创新，增强发展动力

加快实施“最多跑一次”改革。按照“群众和企业到政府办事，一事最多跑一次”的理念和目标，进一步深化“简政放权、放管结合、优化服务”各项改革。巩固和扩大“先照后证”改革成果，推动“区域能评、环评+区块能耗、环境标准”逐步取代项目能评、环评，全面形成投资项目高效审批机制。深化“互联网+政务服务”，逐步形成各项便民服务“在线咨询、网上办理、证照快递送达”的运行机制。全面推行“双随机一公开”，制定实施统一市场准入标准，形成“部门联合、随机抽查、按标检查、一次到位”的监管机制，杜绝多头执法、重复检查。

扎实推进要素配置改革。以企业分类评价结果为依据，建立健全差别化用地、用能等制度体系，引导企业提高资源要素产出效率。扎实推进工矿废弃地复垦利用、坡地村镇建设项目等工作，力争新增用地指标1500亩。促进金融与实体经济更好融合发展，全年新增贷款23亿元。加快处置“僵尸企业”，积极盘活不良资产，不断优化金融生态环境。

全面深化农业农村改革。基本完成农村土地承包经营权确权登记颁证工作，持续推动农村“三权”活权，进一步完善农村综合产权交易平台，促进“三位一体”农民合作经济组织有效发挥作用。加大金融支农力度，新增涉农信用贷款4亿元，建立新农直报试点10家。全面消除集体经济薄弱村，让农民群众有更多的获得感。扎实开展第三次农业普查工作。

2.聚焦项目双进，提升发展后劲

精准高效抓选商择资。大力实施“项目双进突破行动”，坚持谋划大产业、招引大项目，突出智能装备、信息经济、健康时尚、休闲旅游等重点产业，组建12个招商分局，开展定向、精准、链式招商，确保引进总投资10亿元或1亿美元以上项目10个，总投资20亿元以上项目3个、50亿元以上项目1个，力争突破百亿级大项目，制造业项目引进占50%。

全力以赴抓项目建设。全面实施“443”大会战工程，完善项目储备、跟踪、落地、建设等机制，倒排计划、明确责任、挂图作战，确保60个5000万元以上重点工业项目，新开工32个、开工率100%，竣工18个，当年完成投资58亿元以上。

巩固提升抓平台打造。推进“多规融合”，加快空间拓展，完善基础配套，完成拆迁1360户，聚力打造“万亩大平台”。巩固提升“3+2”五大省级平台，差异化发展临港产业园、原乡蝴蝶小镇、童装电商小镇等特色园区，加快打造主导产业突出、集聚效应明显、产城融合发展的产业高地。突出抓好318国道、湖山大道、湖织大道改建等重点工程建设，改善提升农村公路管理养护工作，完成交通基础设施投入30.45亿元。

3.聚焦转型升级，振兴实体经济

培育发展新兴产业。做高做新智能装备，以高新区为主阵地，深入实施“高新产业集聚行动”，以物流装备、高端制造为主导，依托行业龙头，大力发展智慧制造技术，积极培育自主高端品牌，不断完善产业链和产业集群，全力打造“中国物流谷”。做大做强信息经济，围绕高端光伏、智能电子线材等产业，加快发展电子信息制造业，以云计算、软件研发、芯片开发为重点，加快培育软件和信息服务业，打造智能样板工程5项以上，努力实现电子商务规上企业全覆盖。做优做深健康时尚产业，以“美妆小镇”为重点，招引化妆品及配套项目8个，开工建设项目20个，加速构建化妆品产业核、产业服务区、旅游休闲区、创意体验区“一核三区”。做精做特休闲旅游产业，扎实开展“全域旅游打造行动”，以西塞山旅游度假区为龙头，构建“西部乡村休闲度假、东部历史文化体验、滨湖溇港风情观光、中心城区城市旅游”的全域发展大格局。全年确保5000万元以上旅游项目开工22个、运营3个，完成投资19.9亿元。

改造提升传统产业。加大“四换三名”力度，继续推进细分区域、细分行业动能提升。支持制造业通过技术改造向中高端迈进，新增工业机器人150台以上；严格执行能耗和限排标准，淘汰落后产能企业10家，腾出用能空间1.8万吨标煤。加大对实体经济支持服务力度，在促进“六个有”上下功夫。深入开展“个转企、小升规、规改股、股上市”，滚动实施小微企业三年成长计划，培育“金象金牛”大企业2家、“隐形冠军”2家，新增上市及新三板挂牌企业5家。大力实施“现代农业引领行动”，六大特色主导产业产值增加4亿元，完成粮食生产功能区提标改造2万亩。深化两大国家级试点，全力打造南太湖省级农业产业集聚区，争创妙西、东林2个省级现代特色农业强镇。坚持绿色农业品牌化发展，确保农产品质量安全抽检合格率达98.5%以上。

始终坚持创新驱动。聚集人才等核心要素资源，加大科技投入力度，研究与试验发展经费支出占地区生产总值比重达2.45%。突出“5+3”科创平台，加快营造优质创业创新环境，确保全年引进科技项目20个以上，培育国家重点扶持高新技术企业10家以上，省级以上企业研究院、研发中心4家。全面实施“智汇吴兴”工程，全年引进省级以上“千人计划”6名、“南太湖精英计划”领军人才10名，新建院士专家工作站3家、博士后工作站2家。加强企业家队伍和企业经营管理人才建设，全年培训2500人次以上。

4.聚焦产城融合，推进新型城市化

加快建设东部新城。坚持“一张图”规划、“一盘棋”建设、“一体化”发展，纵深推进“东部新城提速行动”。实施4大类25个建设项目，全年完成投资63.2亿元。实验幼儿园、枫叶国际学校等项目年内投入运营。围绕打造集丝绸产业、历史遗存、生态旅游为一体的“复合型小镇”，狠抓丝绸小镇建设，力争浪漫丝艺园、丝绸创意文化村、婚庆文创园片区早日建成运营，新入驻丝绸文创企业20家。深化“湖城向东看”系列活动，不断集聚新城人气。积极开展智慧城市和海绵城市试点建设，努力提升新城品味。

全力推进小城市改革。大力实施“织里国家试点行动”，全力争创国家新型城镇化样板区。立足大项目、大企业，培大育强镇域产业。以“一城一园三中心”为抓手，加快童装产业转型升级。推进城市更新，加快织里路、珍贝路、利济路等一批样板路、示范街改造建设。狠抓环境整治，完善轧村、漾西两个集镇基础设施，进一步发挥晟舍街道副中心辐射作用。持续推进力量下沉、事权下放，不断优化街道办事处功能。

提升中心城区发展品质。大力开展“中心城区提质行动”，围绕精细管理，打好街巷环境、市场、小餐饮、城郊卫生、违章建筑“五大整治攻坚战”，全力打造美丽街区。围绕城市更新，持续优化教育、医疗、养老等公共设施功能布局，新增便民服务设施9个、小区停车位改造1000个以上。围绕特色活动开展，积极组织“四大最美”评选、“四大文明细胞”培育等活动，新增各级文明社区10个，争创全国文明城市。围绕经济发展，引进服务业项目及企业40个以上，确保中心城区服务业增加值增长9%以上。

5.聚焦环境优化，打造美丽家园

全面建设美丽村镇。扎实开展“美丽吴兴攻坚行动”，统筹推进美丽城镇、美丽乡村、美丽田园、美丽庭院建设。全面启动15个小城镇环境综合整治，确保第一批施家桥、紫金桥等6个小城镇通过验收。加快打造滨湖溇港文化、妙新陆羽茶径、104国道苕上风情、外环南路八里水乡等四条“美丽乡村示范带”，太湖沿线美丽乡村先导区建设力争初具形象，串点成带、打造全景。启动国家级美丽宜居示范村创建，创成省级美丽宜居示范村3个、市级美丽乡村精品村4个、市级美丽乡村10个。

深入攻坚“五水共治”。巩固“清三河”整治成果，大力实施“Ⅳ类水体剿灭行动”，强化源头把控，深化末端治理，全面管控小江小河小溪，实现全域水质提标晋级。投资15.5亿元，实施108个治水项目，完成河道清淤150万立方米，生态护岸建设50千米，创建示范河道30条，启动太嘉河、环湖河道整治后续工程。严格落实“河长制”，不断完善长效监管机制。

强势推进治违治气。持续发力“三改一拆”“治危拆违”，完成“三改”140万平方米、拆违100万平方米，坚决遏制新增违建，全力争创“无违建县（区）”；完成城镇危险住宅房屋治理改造，完成农村D级自住危房和涉及公共安全的C级、D级危房治理。打好治气治霾攻坚战，深入开展城市扬尘治理，创建绿色施工工地10家，完成5家工业企业挥发性有机废气收集治理，完成热电企业烟气清洁排放技术改造。纵深推进“两路两侧”“四边三化”，加快精品道路打造力度，确保整治点位不反弹。

6.聚焦民生改善，增强群众获得感

完善社会保障提水平。加大就业创业服务指导，确保城镇登记失业率控制在4%以内。深入实施全民参保登记计划，全面推进城乡居民社保参保精准扩面。完善新型社会救助体系，强化低保动态管理，加大支出型贫困家庭救助力度。完善养老服务体系，新增机构养老床位数450张以上。继续做好妇女、儿童、残联、慈善等工作。

发展社会事业创品牌。紧贴群众需求，统筹推进城乡社会事业发展。打造“优学吴兴”品牌，优化城乡教育资源配置，启用吴兴实验中学新校园、爱山小学教育集团高新区校区。启动实施发展学前教育第三轮三年行动计划，深入推进省级社区教育实验区创建，全力争创省级教育基本现代化区。打造“健康吴兴”品牌，完善城乡基层医疗卫生服务体系，加快区公共卫生服务中心建设，力推优质医疗资源“双下沉、两提升”。深化计划生育服务管理改革。打造“文体吴兴”品牌，实现可建村农村文化礼堂全覆盖，健全常态化“建管用”机制。区文体中心主体工程完成建设。

加强社会治理促和谐。强化基层社会治理创新，完成“四个平台”建设。健全完善社会治安防控体系，严厉打击各类犯罪活动，全面完成党的十九大、世界互联网大会安保任务，确保“平安吴兴”六连冠。健全多元矛盾纠纷排查化解机制，确保调解成功率达95%以上。强化安全生产隐患排查治理和事故预防控制体系建设，提升灾害防范和应对能力。加快建立食品药品质量追溯制度，确保食品药品安全。扎实做好国防动员教育、“双拥”、军民融合发展和港澳、侨台、宗教等工作。

各位代表，今年我们将继续实施人民群众普遍关心的民生实事项目。本次大会将首次开展政府民生实事代表票决，共12项候选项目，现提请全体代表票决确定10项。

（1）污水整治项目。建设污水收集管网项目20项、25公里；全面剿灭Ⅳ类水。

（2）保障性住房项目。竣工9个保障性安居工程项目，共6870套。

（3）危旧房治理改造项目。完成全部D级危房和涉及公共安全的C级危房治理。

（4）垃圾分类处置项目。中心城市生活垃圾分类处置全面实施；农村生活垃圾集中收集处理基本实现全覆盖。

（5）交通设施提升项目。新建农村联网公路10.9公里，完成大中修15公里，实施5座农村公路危桥维修改造；新增优化东部新城公交线路7条，配置公交车20辆。

（6）政府购买居家养老服务项目。为3500名困难老人提供政府购买居家养老服务。

（7）残疾人两项补贴项目。为2300名残疾人发放困难残疾人生活补贴，为1700名残疾人发放重度残疾人护理补贴。

（8）社区卫生服务项目。新建（改建）中心城区社区卫生服务中心2家、服务站3家。

（9）学校校园综合改造项目。完成7所乡镇学校校园综合改造。

（10）文体设施建设项目。新建农村文化礼堂6个、中心村健身广场6个、多功能运动场地10个；实施小康体育村提升工程20个。

（11）就业帮扶项目。新增城镇就业10000人，其中包括失业人员再就业4000人，帮扶困难人员实现就业600人。

（12）渔民转产转业项目。完成渔民转产转业275户以上。

四、全面从严加强政府自身建设

切实强化政治意识、大局意识、核心意识、看齐意识，坚决贯彻落实中央和省市区委的各项决策部署。始终坚持改革创新、敢于担当，真正做到政府过“紧日子”“严日子”，让群众和企业过“好日子”，努力使政府工作赢得人民群众更大信任和支持。

坚持以人民为中心，全力打造服务政府。加快政府职能转变，统筹抓好向社会组织转移职能、向社会购买服务等工作。充分发挥“12345”政府阳光热线等服务平台作用，健全完善联系服务各项制度，深入开展“局长驻点工作室”“机关干部驻企服务”等活动，当好企业和群众的“店小二”。

坚持以实干为导向，全力打造责任政府。大力弘扬“五不”铁军精神，始终把狠抓落实作为政府工作的“生命线”。围绕项目双进、美丽吴兴、平安创建等重点，明确任务书、作战图、时间表，领导率先垂范、压力层层传递，真正做到“靠前站、马上办、讲实效”。强化督查问责、跟踪问效，不断提升政府执行力和公信力。

坚持以依法为保障，全力打造法治政府。按照授予有据、行使有规、监督有效的原则，切实规范行政行为。坚持依法决策、民主决策、科学决策，完善重大事项公众参与、专家论证、合法性审查等制度。深化行政执法体制改革和行政复议体制改革。健全行政权力监督制约机制，自觉接受人大依法监督、政协民主监督和监察监督、司法监督，加强政府内部层级监督和审计监督，主动接受社会监督、舆论监督。

坚持以从严为要求，全力打造廉洁政府。严格落实主体责任，深入推进廉政建设和作风建设，推动中央“八项规定”精神风化俗成，坚决防止“四风”反弹回潮。健全公共资源交易、公共基金监管、国有资本运作等制度体系，全方位扎紧织密制度笼子。不断优化公共财政支出结构、严格财政预算管理，切实加强政府债务管理。全力支持纪委监督执纪问责和监察体制改革，以零容忍的态度坚决惩治腐败。

各位代表，今年政府工作各项目标任务已经确定，全区上下必须狠抓落实、确保完成。高新区要积极争创“国家新型工业化产业示范基地”，大力推动“产业兴区、创业驱动”，全年财政收入确保6.26亿元，完成固定资产投资44.5亿元，其中工业性投入32.3亿元。织里镇要加快推进国家新型城镇化综合试点建设，率先实现由镇向城转变，全年财政收入确保13.55亿元，完成固定资产投资75.5亿元，其中工业性投入31.5亿元。八里店镇要着力打造高新产业、高端服务和高品质人居环境相融合的城市新区，全年财政收入确保15亿元，完成固定资产投资62.2亿元。道场乡要坚持扮靓“南大门”，积极创建省级美丽乡村示范乡镇，全年财政收入确保1亿元，完成固定资产投资10.7亿元。妙西镇要全面融入西塞山旅游度假区建设，争创AAAA级景区、旅游特色小镇，全年财政收入确保6600万元，完成固定资产投资20亿元。埭溪镇要以“聚焦美丽产业、发展生态旅游、建设新型城镇”为主抓手，加快美妆小镇建设，全年财政收入确保4.5亿元，完成固定资产投资28.3亿元，其中工业性投入18.7亿元。东林镇要围绕“特色产业园、生态示范带、和谐新城镇”目标，全力争创市级中心镇，全年财政收入确保2.65亿元，完成固定资产投资20.2亿元，其中工业性投入17.5亿元。环渚街道要全力打造“北大门”，建设现代服务业集聚区，加快推进城中村改造，全年财政收入确保2.28亿元，完成固定资产投资19.2亿元。月河、朝阳、爱山、飞英、龙泉5个街道要全面推进环境秩序打造、基础设施建设、特色活动开展、楼宇经济发展等工作，建设“美丽街道、和谐社区、幸福家园”，打响“湖城中央、最美风光”品牌。

各位代表，新的蓝图催人奋进，新的征程任重道远。让我们更加紧密地团结在以习近平同志为核心的党中央周围，在市委、市政府和区委的坚强领导下，扛起担子抓紧干、甩开膀子放手干、撸起袖子加油干，为加快建设“生态吴兴、经济强区、科技新城、幸福家园”，率先实现高质量赶超发展、高水平全面建成小康社会而努力奋斗！

附件1：

2016年区政府民生实事项目完成情况说明

1.教育设施方面

目标任务：完成8所乡镇学校（幼儿园）校园综合改造提升工程。

牵头部门：区教育局。

完成情况：完成太湖小学、塘甸小学、戴山学校等11所乡镇学校综合改造，完成目标任务的137.5%。

2.医疗服务方面

目标任务：新建或改扩建城乡社区卫生服务中心1家、服务站2家，并全部投入使用。完成红十字现场救护培训1.1万人次。

牵头部门：区卫计局。

完成情况：完成改扩建社区卫生服务中心1家（埭溪镇社区卫生服务中心）和社区卫生服务站2家（环渚龙泉街道市陌新村社区卫生服务站、织里镇王母兜社区卫生服务站），并已全部投入使用。开展救护员培训154期、14338人次，完成目标任务的130.3%。

3.文体生活方面

目标任务：区文体中心主体结构完成60%。新建文化礼堂21个、中心村健身广场6个。全年举办文体活动1000场。

牵头部门：区住建局、区文体局。

完成情况：区文体中心主体结构完成80%，完成目标任务的133.3%。完成新建文化礼堂21个、中心村健身广场6个。举办文体活动1130场，完成目标任务的113%。

4.就业帮扶方面

目标任务：新增城镇就业10000人，其中帮扶失业人员再就业4000人，困难人员再就业600人。

牵头部门：区人力社保局。

完成情况：新增城镇就业20614人，其中帮扶失业人员再就业6621人，困难人员再就业836人，分别完成目标任务的206.1%、165.5%和139.3%。

5.社会保障方面

目标任务：新增城乡居民基本养老保险参保2000人。城乡居民基本医疗保险参保率达96%以上。

牵头部门：区人力社保局。

完成情况：新增参保2347人，完成全年目标的117.4%；城乡居民医保共参保33.06万人，参保率达98.7%。

6.敬老养老方面

目标任务：新建城乡社区居家养老服务照料中心30个。为3000名城乡困难老人提供政府购买居家养老服务。

牵头部门：区民政局。

完成情况：新建城乡社区居家养老服务照料中心54个，完成目标任务的180%。为全区3324名城乡困难老人提供政府购买居家养老服务，占全区老年人口的2.87%，完成目标任务的110.8%。

7.环境治理方面

目标任务：淘汰高污染燃料小锅炉80台。完成5座山塘综合整治。完成河道生态护岸20公里。新增农村生活污水治理受益农户4912户。

牵头部门：区发改委、区水利局、区农林局。

完成情况：淘汰高污染燃料小锅炉 80 台。完成 5 座山塘综合整治。完成河道生态护岸 22 公里，完成目标任务的 110%。新增农村生活污水治理受益农户 5373 户，完成目标任务的 109.4%。

8.食品安全方面

目标任务：创建省放心农贸市场 3 家。创建“阳光厨房”15 家。创建省级农产品质量安全放心示范县（区）。

牵头部门：区农林局、区市场监管局。

完成情况：碧浪湖、三合家园、戴山共 3 家农贸市场均通过省政府放心市场考核验收。创建大型以上餐馆、学校食堂等“阳光厨房”19 家，完成目标任务的 126.7%。制定出台《吴兴区创建省级农产品质量安全放心县（区）实施方案》，启动省级农产品质量安全放心县（区）创建工作，完成年度创建任务（创建时间为 2016—2018 年，2018 年验收）。

9.公共交通方面

目标任务：新改建城市道路 7.8 公里。新建成农村联网公路 10 公里、完成大中修 15 公里。新增专用停车位 1700 个。

牵头部门：区交通旅游局。

完成情况：新改建城市道路 7.8 公里。新建成农村联网公路 11.3 公里，完成目标任务的 113%；完成大中修 16.7 公里，完成目标任务的 111.3%。完成常溪社区专用停车位建设 1700 个。

10.普法惠民方面

目标任务：新增法律服务产品 15 个。健全“12348”公共法律服务平台，统一整合司法行政服务功能。

牵头部门：区司法局。

完成情况：新增公共法律服务产品 15 个，总数达到 46 个，涵盖政府决策服务、群众普惠服务、村居自治服务等五大类。区、乡镇、村（社区）建立三级公共法律服务实体平台，建成率均达到 100%；吴兴公共法律服务网正式上线运行，整合扩容“12348”公共法律服务专线，并入“12345”政府阳光热线，引导、解决涉法问题。

附件 2：

《政府工作报告》有关名词解释

1.“个转企”：将原来的个体工商户转为各种公司制、合伙制企业类型，是省委、省人民政府的重点工作之一。

2.“小升规”：将规模以下小微企业（年主营业务收入 2000 万元以下的企业）转型升级为规模以上企业，是省委、省人民政府的重点工作之一。

3.“两化”：信息化和工业化。

4.农业两大“国字号”试点：“国家现代农业示范区农业改革与建设试点”和“国家农业综合开发现代农业园试点”。

5.农业六大特色主导产业：优质粮油、瓜果蔬菜、特种水产、花卉苗木、生态笋竹、绿色湖羊六大特色主导产业。

6.“十化”：规划建设一体化、确权赋能明晰化、土地整治全域化、户籍制度一元化、社会保障统一化、公共投资混合化、资源配置市场化、金融创新多元化、生态建设社会化、社会治理现代化。

7.“五水共治”：省委十三届四次全会提出，要以治污水、防洪水、排涝水、保供水、抓节水为突破口倒逼转型升级，是省委、省人民政府的重点工作之一。

8.“三改一拆”：改造旧厂区、改造旧住宅区、改造城中村、拆除违法建筑，是省委、省人民政府的重点工作之一。

9.“四边三化”：公路边、铁路边、河边、山边等区域的洁化、绿化、美化行动。

10.“四张清单一张网”：“四张清单”即政府权力清单、政府责任清单、企业投资项目负面清单、财政专项资金管理清单；“一张网”即政务服务网。

11.“营改增”：营业税改增值税，指以前缴纳营业税的应税项目改成缴纳增值税，增值税只对产品或者服务的增值部分纳税，减少重复纳税环节。

12.“坡地村镇”：将具备开发建设条件的山坡地块开发为城镇建设用地、农村建设用地、旅游观光建设用地及绿色产业建设用地，减少各类建设对平原优质耕地的占用，建设一批生态型村镇和产业园区，促进新型城镇化、新农村建设和城乡统筹发展，探索一条“保护与保障并举”的土地利用管理路子。

13.PPP 模式：公私合营模式，指部分政府责任以特许经营权方式转移给社会主体（企业），政府与社会主体建立起“利益共享、风险共担、全程合作”的共同体关系。通过公私合营，政府的财政负担减轻，社会主体的投资风险减小。

14.“四票”：米票、房票、股票、地票。

15.农村“三权”：农民土地承包经营权、农户宅基地用益物权、集体资产股权。

16.“千人计划”：中央人才工作协调小组关于实施“海外高层次人才引进计划”的简称，主要是围绕国家发展战略目标，从 2008 年开始，在国家重点创新项目、学科、实验室以及中央企业和国有商业金融机构、以高新技术产业开发区为主的各类园区等，引进 2000 名左右人才并有重点地支持一批能够突破关键技术、发展高新产业、带动新兴学科的战略科学家和领军人才回国（来华）创新创业。同时，浙江省也相应制定实施了海外高层人才引进“千人计划”。

17.“南太湖精英计划”：从 2008 年开始，湖州市计划 5 年内选拔 50 名左右的领军人才，建设 50 个左右的优秀创新团队。

18.“两个翻番”、三个确保“四个创建”：“两个翻番”，即到 2021 年，地区生产总值和城乡居民收入比 2011 年“翻一番”。“三个确保”，即到 2021 年，确保规模工业产值超 1000 亿、固定资产投资超 500 亿元、财政收入超 70 亿元。“四个创建”，即创建国家级经济开发区、国家级旅游度假区、国家级高新技术园区、国家新型城镇化样板区。

19.“三铁三高”：湖苏沪高铁、杭宁高铁、宣杭铁路和申苏浙皖高速、申嘉湖高速、杭宁高速。

20.“七横七纵”：以新老 318 国道、吴兴大道、中兴大道、湖织大道、滨湖大道、306 省道为主的东西向“七横”快速通道和以 104 国道李家巷至施家桥段、湖山大道、申申连接线（三环东路）、三汤线、南太湖大道、晟太线、老 104 国道形成南北向“七纵”的快速干线公路。

21.“双百亿”：按照“突出重点、融合发展”原则，依托产业发展基础，主动对接国家产业发展导向和省七大万亿级产业（信息、环保、健康、旅游、时尚、金融、高端装备制造），明确吴兴区“十三五”期间要加快发展信息经济、智能装备、健康时尚和休闲旅游四大重点主导产业，到 2020 年每个重点产业产值均达到 200 亿元。

22.“四换三名”：“四换”即腾笼换鸟、机器换人、空间换地、电商换市；“三名”即知名企业、知名品牌、知名企业家。

23.“金象金牛”：重点培育的一批发展速度快、质量效益好、核心竞争力强、带动作用明显、文化内涵深的大企业。

24.“5+3”科创平台：吴兴区科创园、高新区科创园、总部自由港、工业设计中心、财富广场金融服务业产业园和多媒体产业园、中节能产业园、联创谷。

25.“拆治归”转型升级组合拳：以“三改一拆”“五水共治”“浙商回归”为主的转型升级组合拳。

26.“四个年”活动：转型升级会战年、城乡一体提升年、文明创建攻坚年、基层组织加强年。

27.“六重”工作：重大项目、重点工程、重大平台、重点产业、重大政策和重点要素。

28.“八大行动”：项目双进突破行动、美丽吴兴攻坚行动、现代农业引领行动、全域旅游打造行动、高新产业集聚行动、织里国家试点行动、东部新城提速行动、中心城区提质行动。

29.“五不”精神：辛苦不心苦、流汗不流泪、压力不压抑、掉肉不掉队、干事不出事。

30.“先照后证”：从事后置许可经营项目的市场主体，先向工商部门申请办理营业执照，再到许可审批部门办理许可审批手续。

31.“双随机一公开”：在监管过程中，随机抽取检查对象，随机选派执法检查人员，抽查情况及查处结果及时向社会公开。

32.“僵尸企业”：已停产、半停产、连年亏损、资不抵债，主要靠政府补贴和银行续贷维持经营的企业。

33.“三位一体”农民合作经济组织：通过构建具有生产、供销、信用“三位一体”服务功能的农民合作经济组织联合会。

34.项目双进：项目引进、项目推进。

35.“443”大会战工程：全年抓好项目签约、开工、竣工和闲置工业用地盘活一条主线，突出“阳春大开局行动、仲夏大攻坚行动、金秋大冲刺行动、暖冬大储备行动”四个季度行动，大力推进每季三项重点特色工作。

36.多规融合：将经济社会发展规划、城乡规划、土地利用规划、生态环境保护规划进行“多规融合”，形成一个县（区）、一本规划、一张蓝图。

37.“3+2”五大省级平台：高新区、吴兴经济开发区、西塞山省级旅游度假区和丝绸小镇、美妆小镇。

38.“六个有”：投资有回报、产品有市场、企业有利润、员工有收入、政府有税收、环境有改善。

39.海绵城市：新一代城市雨洪管理概念，是指城市在适应环境变化和应对雨水带来的自然灾害等方面具有良好的“弹性”，也可称之为“水弹性城市”。

40.“一城一园三中心”：“一城”即中国童装城，“一园”即童装产业示范园，“三中心”即电商孵化、设计研发、质量检测三大公共服务中心。

41.“清三河”：清理垃圾河、黑河、臭河。

42.“两路两侧”：公路、铁路的左右两侧。

43.“双下沉、两提升”：城市优质医院资源下沉、医学人才下沉；提升县域医疗卫生机构服务能力、提升群众满意率。

44.“四个平台”：综治工作平台、市场监管平台、综合执法平台、便民服务平台。

45.“四风”：形式主义、官僚主义、享乐主义和奢靡之风。

中国人民政治协商会议
第二届湖州市吴兴区委员会常务委员会
工 作 报 告

——在政协第三届湖州市吴兴区委员会第一次会议上

湖州市吴兴区政协主席 潘 华

2017年2月18日

各位委员：

我受中国人民政治协商会议第二届湖州市吴兴区委员会常务委员会的委托，向大会作工作报告，请予审议，并请列席会议的同志提出意见。

五年工作回顾

过去五年，是我区综合实力跃上新台阶、转型升级跑出新速度、城乡发展呈现新格局、社会民生彰显新温度、改革创新激活新动能的五年，也是我区政协事业开拓创新、蓬勃发展的五年。五年来，在中共吴兴区委的坚强领导和上级政协的指导下，在区人大、区政府的大力支持和积极配合下，二届区政协常委会深入贯彻中共十八大、十八届历次全会和习近平总书记系列重要讲话精神，牢牢把握团结和民主两大主题，紧紧依靠全体政协委员和各参加单位，坚持“维护核心、围绕中心、突出重心、凝聚人心”工作思路，认真履行政治协商、民主监督、参政议政三大职能，各项工作取得新进展，为促进我区经济社会发展做出了积极贡献。

一、服务改革发展，政治协商拓宽新渠道

加强协商制度建设。认真学习贯彻中共十八大、十八届三中全会关于推进社会主义协商民主建设的新要求和省、市委政协工作会议精神，协助区委制定《关于加强人民政协协商民主建设的意见》，对协商的指导思想、基本原则、主要内容、形式程序和组织保障等作了明确规定；出台了《加强区级机关党政部门同区政协专门委员会和界别对口联系工作的意见》《政协吴兴区委员会提案办理协商细则》，建立了专门委员会与党政部门的对口界别协商机制，健全了职责分明、协商到位、督办有力的提案办理工作新格局。认真贯彻落实《中共中央关于加强社会主义协商民主建设的意见》，每年都与区委、区政府联合制定《年度协商工作计划》，围绕全区经济社会发展的重点热点问题和人民群众关心关注的切身利益问题，组织各民主党派、工商联、各人民团体和广大政协委员开展广泛多层的协商议政，使协商有章可依、有规可守、有序可循。

打响协商特色品牌。积极探索协商新形式新载体，创新建立“三长制”面对面协商品牌。先后就区委全委会报告、政府工作报告和全区治水工作、法治吴兴建设、养老服务体系建设、加快小微企业培育发展等重大议题，组织委员与区委区政府领导开展专题协商；围绕农村产权制度改革与农业生产规模经营、电子商务发展、生态环境保护、群团组织建设等课题，组织委员与相关职能部门主要领导开展对口协商；选择征地拆迁、社区建设、食品安全等民生热点问题，组织辖区委员与高新区、乡镇街道主要领导开展基层协商。累计开展“三长制”面对面协商活动89次，为各级党委政府和有关部门科学民主决策提供了民意支撑、民利协调和民智参考。省政协《联谊报》以《基层政协“面对面”专题协商的实践与思考》为题进行了深度报道。

促进协商成果转化。精心选择“加快推进我区西部山区乡镇生态文明建设的对策研究”“加快推进新型城镇化，构建吴兴跨越发展新优势”“加快水环境综合整治，促进经济转型升级”“培育发展中心城区月光经济”等课题，深入调查研究，开展专题协商，提出对策举措，不少意见建议被区委区政府采纳吸收。特别是专门成立课题调研组，就织里童装如何转型升级深入调研，形成的《关于织里童装产业转型升级做优做强的调研报告》得到了省、市主要领导的肯定，并被充分吸收到市委制定下发的《关于加快推进童装产业转型升级的若干意见》中，报告成果在织里童装转型升级进程中得到了有效转化落实。该报告还荣获本届全省政协系统优秀调研成

果评比二等奖。

二、致力民生改善，民主监督开创新局面

多形式开展专项监督。基层政协工作联络组围绕“三改一拆”“四边三化”等中心工作开展就近就地跟踪监督，由区政协领导带队民主监督小组对美丽吴兴推进行动和“五水共治”长效机制建设实施联动监督，委派2个专题民主监督小组就旧厂区改造、污水供水管网建设等问题，进驻区发改委、区建设交通局等部门进行重点监督。特别是自2013年全省大力开展“五水共治”活动以来，连续四年积极组织广大政协委员参加三级政协联动“五水共治”专项集体民主监督，全区累计有217名政协委员担任河道监督员，实地视察河道2658.3公里，就农村生活污水治理、河道清淤、“河长制”落实等问题，分组分项监督、聚智聚力议政、一事一策建言，提出的199条意见建议被党政部门采纳，该做法得到了省政协陈加元、王建满副主席的肯定。选派政协领导、政协机关干部积极参与全区“六大战区”“八大行动”专项督查活动，有力推动了区委区政府重大决策的贯彻落实。

多举措抓好提案督办。进一步完善提案收集、立案、办理、落实及评议机制，创新提案办理“三协商三公开三满意”办法，坚持政协常委会听取提案办理工作汇报、提案办理通报会、民主评议会等制度，健全重点提案区委区政府领导领办、政协领导督办、各部门合力会办机制，开展提案办理跟踪问效“回头看”等活动，提案整体质量和协商办理水平全面提升。五年来，共收到全区各民主党派、工商联、各人民团体和广大政协委员以提案形式提出的意见建议386件，立案312件，提案办复率达100%，提案所提意见和建议得到采纳或部分采纳的有221件，占提案总数的70.8%。特别是《关于加快东部新城发展的建议》《加快我区产业转型升级，促进现代服务业持续增长》《关于加快打造中国美妆小镇的建议》等重点提案，通过区委区政府领导的领办，有效推动了一批问题的解决落实。

多渠道反映社情民意。坚持将传递民声民愿作为一项重要工作，进一步健全政协信息工作网络，不断提高社情民意信息质量。五年来，共收到事关教育文化、医疗卫生、环境保护、就业创业、贫困救助、社会保障、公平正义等一大批社情民意信息，编发《社情专报》92期，其中《关于适时开征房产税的建议》《建议完善法官职业安全保障的关怀、警示、隔离、兜底机制》等被全国政协采用，《关于食品安全监管存诸多领域空白亟需加强监管》《关于配合全面放开“二孩”政策，适时调整我国最低婚育年龄的建议》等20余篇被省政协录用；《警惕农村信息化建设“各自为政”，建议建立统分结合的全省农村电子商务平台》等12期信息得到省、市、区领导的批示，较好地发挥了政协社情民意信息在协助党委政府了解民情、集中民智、科学决策上的积极作用。

三、发挥委员作用，参政议政取得新实效

深入一线助发展。按照区委区政府要求，区政协领导班子成员担任总指挥或副总指挥，积极投身“6+30”重点改革、美妆小镇建设、砂洗印花产业园区规划建设和治水治违攻坚、精准招商攻坚、高新区提升及小城市综合改革等行动；选派2名专委会主任分别兼任区“五水共治”和“三改一拆”工作领导小组办公室常务副主任；高新区、各乡镇街道政协工作联络组分别就辖区内古村落保护、住家船拆解、污水治理、溇港文化保护等组织委员进行视察调研和监督协商。带领政协机关干部和广大政协委员积极参与全区重点拆迁、民间信仰点整治和宗教标志物整改、道场浮玉社区建设、埭溪特高压线路建设、环渚大东村集体经济股份制改革等工作，帮助破解工作难题，平稳化解社会矛盾；联合其他单位部门共同推进“四边三化”“两路两侧”、水环境综合治理、东林龟鳖产业整治和大气污染防治等专项行动。认真做好联系乡镇的指导协调和联系村的换届指导工作，深入开展“进村入企”活动，积极争取政策资金支持，协调解决发展瓶颈。扎实开展“五送下乡”活动，并动员政协委员和政协机关干部参与慈善捐赠、结对帮扶、“五水共治”等公益性事业，仅2014年“五水共治”捐款达456.86万元，树立了政协良好形象。

广集众智献良策。充分发挥政协人才荟萃、智力密集的优势，在全国政协系统首创委员开放式“招标”调研活动。通过采取自主领题、深入做题、专家评审、成果转化等举措，扩大了委员的参与，广集了委员的智慧，有效提高了课题调研的质量。活动开展3年来，共收到开放式“招标”调研报告113篇，其中《浙商回归面临问题及建议》《大力发展村级协商民主的思考与建议》《经济社会转型时期劳资纠纷解决机制研究》等35篇被评为区政协优秀开放式“招标”调研报告，《重振民族丝绸产业，再造湖州丝绸名城》《关于建立农村土地流转风险防控机制的建议》《关于推进医疗机构医师多点执业的建议》等 7 篇被选为市政协大会发言，为各级党委政府科学决策、解决实际问题提供了大量参考依据。

专题视察建诤言。常委会将专题视察作为推动区委区政府重大决策贯彻落实、促进部门科学履职、协助解决群众困难的重要途径。五年来，先后就节约集约利用土地、农村“三资”管理、依法规范宗教活动场所、新居民服务与管理、农村社区服务、中心城区智慧社区建设、全区“六五”普法、中小学素质教育、食品药品安全监管体系建设、农村文化礼堂建设、旅游产业发展、村（居）法律顾问工作、基层医疗卫生服务能力提升、文体惠民工程、行政执法和司法体制改革等一系列问题，深入一线，开展视察，为助推我区经济社会发展，建睿智之言、献务实之策、谋管用之计。

四、弘扬两大主题，和谐发展增添新动力

团结联合各界人士。充分发挥人民政协大团结、大联合的组织优势，努力加强与各民主党派、工商联、无党派人士的沟通交流，营造民主协商、联合议政的氛围。制定区政协党组、主席会议成员联系政协常委、乡镇街道政协工作联络组、民主党派和企业委员的“四联”制度，指导其履行职能、发挥作用、体现作为。加强与民族和宗教界人士沟通协作，促进交流、交往、交融。注重与工会、共青团、妇联等团体界别的沟通，密切与非公有制经济人士和其他新社会阶层人士的联系，凝聚各方共识，汇聚各方力量，努力为吴兴经济发展和社会稳定献智出力。

深化对外联络联谊。切实加强联络联谊工作，密切与港澳台同胞和海外侨胞及社会各界人士的联系。重视发挥政协之友社、陆羽茶文化研究会等组织作用，开展形式多样的学习交流活动。认真做好上级政协领导来我区开展“十三五”发展规划、特色小镇建设、培育健康产业、加快市本级经济发展、美丽乡村民宿旅游、燃煤小锅炉淘汰提升、农村困难群众危房改造等视察调研的服务保障工作。加强与省内外、周边县区政协的横向联系，开展对外联谊和学习考察活动，交流工作经验，拓宽工作视野，提升工作水平。

扩大文史宣传影响。认真做好“纪念抗战胜利 70 周年”“专业市场发展史”和“委员一事——治水故事”等资料征集汇编工作，充分彰显文史资料“存史、资政、团结、育人”的作用。加强对新闻宣传工作的组织领导，运用报刊、电视、网络等媒体，及时报道政协重要会议、重大活动和履职亮点成效，如《委员自主“命题”，政协开放“招标”，委员深入“做题”》《吴兴区重点提案“面对面”办理协商》《吴兴委员“五水共治”在一线》等在《联谊报》《湖州政协》省、市媒体刊登，进一步扩大了我区政协工作的社会影响力。

五、加强自身建设，履职水平得到新提升

夯实思想政治基础。坚持把理论武装放在重要位置，通过班子成员带头学、政协常委集中学、机关干部例会学、政协委员培训学等方式，组织政协各参加单位和广大政协委员认真学习习总书记系列重要讲话精神和省、市、区委作出的重大决策部署，坚决同以习近平同志为核心的中共中央保持高度一致。注重总结提炼理论实践成果，《以“三长制”面对面为重点，推进基层政协协商民主建设》《适应新形势，拓展政协“面对面”协商民主新局面》在省政协理论研讨征文中分别获二、三等奖。扎实开展党的群众路线教育实践活动、“三严三实”专题教育和“两学一做”学习教育。深入推进党风廉政建设，严格遵守中央八项规定精神、省委“28 条办法”和市委“24 条办法”等规定，层层压实主体责任，牢固树立党章、党规、党纪意识，自觉做到思想上不松懈、标准上不松动、纪律上不松弛。

健全完善制度体系。坚持以制度建设为核心、以规范运作为基础、以程序建设为抓手，先后制定了专门委员会报告工作、提案办理协商、建立健全履职工作链、机关管理和公务接待等一系列制度，形成了上下配套、内外衔接、科学完备、合理管用的制度体系，有力促进了区政协各项工作的制度化、规范化和程序化建设。创新建立了政协综合管理与互动平台，完善“一库一网”建设，着力打造政协宣传平台、委员知情平台、履职服务平台、网络互动平台，实现了委员履职情况全面登记管理和提案、社情民意信息全过程网络办理，进一步提高了政协履职水平和服务保障效能。

激发委员履职活力。为进一步发挥委员主体作用，增设区政协委员工作委员会，制定出台《委员管理办法》《委员履职考评办法》等制度，建立政协委员任期内退出、增补机制。实施委员积分制考核，开展“岗位建功、为民建言”履职大比拼活动，引导委员在本职岗位上建功立业，在政协履职中尽心

尽责，在界别群众中示范引领。开展“创示范争三优”工作，共评选出示范政协联络组20个、优秀政协委员83名、优秀提案36件、优秀社情民意信息员14名，该做法被省政协列入2013年“十大创新案例”。总结提炼本届政协的工作经验和成果，汇编了《二届区政协文选》《二届区政协委员风采录》。五年来，广大政协委员积极参与、无私奉献，汇聚了改革发展的正能量，唱响了履职为民的好声音。

各位委员、同志们，回顾本届政协的五年，我们充分发挥政协自身优势，努力履行政协职能，特别是准确把握各级党委政府对政协工作的新期待新要求，积极顺应协商民主发展的新趋势新特点，创新打响了“三长制”面对面协商、“13+3+2”三级民主监督、开放式“招标”调研、提案办理工作链、“岗位建功、为民建言”履职大比拼等五大特色品牌，使我区政协工作体现时代性、把握规律性、富有创造性、更具实效性。这些成绩的取得是中共吴兴区委正确领导的结果，是区人大、区政府、湖州经济技术开发区、太湖旅游度假区大力支持的结果，是高新区、各乡镇街道和各部门密切配合的结果，是政协各参加单位、全体政协委员和政协工作者努力创新的结果，也是各位老领导、老同志、老委员关心帮助的结果，同时也离不开上届政协奠定的良好基础，离不开社会各界的关心、支持和帮助。在此，我谨代表二届区政协常委会，向所有为政协事业发展辛勤付出、努力奉献和所有关心、支持我区政协工作的同志们、朋友们，表示崇高的敬意和衷心的感谢！

在肯定成绩的同时，我们也清醒地认识到工作中还存在着需要加强和改进的方面。主要是：建言献策的成果转化还有待进一步加强；委员主体作用的发挥还有待进一步深化；发挥界别作用的途径和方法还有待进一步完善；履职现代化水平还有待进一步提升等等。对于这些问题和不足，建议新一届区政协在工作中加以关注，认真研究，着力改进，努力把政协工作做得更细更实更有成效。同时也真诚希望大家对常委会工作提出宝贵意见，共同推动我区政协工作迈上新台阶。

五年工作体会

各位委员，回顾五年来的探索实践和取得成绩，我们感到有以下几点体会：

必须坚持党的领导、维护核心。始终同以习近平同志为核心的中共中央保持高度一致，始终坚持中国共产党的领导，是政协履职尽责、发挥作用的根本保证。只有坚决贯彻党的路线、方针、政策，自觉维护和接受区委的领导，认真执行区委的决定，与区委区政府政治上同向、思想上同心、工作上同步，才能使全区政协工作呈现党委重视、政府支持、政协主动、部门配合、社会认同的良好局面。

必须坚持服务发展、围绕中心。服务发展是人民政协履行职能的第一要务。只有把政协工作放到全区工作大局中去谋划、去思考、去推进，自觉融入大局、紧紧围绕大局、主动服务大局，充分履行好政治协商、民主监督、参政议政三大职能，政协的作用才能充分发挥、政协的优势才能充分展示、政协的地位才能充分体现。

必须坚持群众路线、突出重心。履职为民是政协坚持人民性的本质要求。只有把群众利益放在第一位，把群众呼声作为第一信号，把群众满意作为第一标准，着眼于群众所想所盼所需，切实做到政为民所议、言为民所建、策为民所献，使政协履职的过程成为推动改善民生的过程，才能彰显人民政协为人民的政治本色。

必须坚持团结民主、凝聚人心。人民政协是团结的象征、民主的产物，团结和民主是政协工作的两大主题。只有充分发挥政协地位独特的组织优势、联系广泛的渠道优势、协商民主的平台优势，才能寻求最大公约数、达成最大共识度、汇聚最大正能量，为推进改革发展、维护社会稳定提供有力保障。

必须坚持与时俱进、开拓创新。创新是推动政协工作的不竭动力。人民政协只有解放思想、与时俱进，充分认识和深刻把握新时期、新阶段政协工作的新特点、新规律，不断研究新问题、总结新经验、探索新途径，坚持推动工作创新、理论创新、制度创新，才能使人民政协工作激发活力、有所作为、永葆生机。

今后工作建议

各位委员，二届区政协常委会已经圆满完成了历史任务，新一届区政协即将肩负起承前启后、继往开来的光荣使命。去年闭幕的中共湖州市吴兴区第四次代表大会，确定了我区今后五年“打造增长极、提高首位度、争当排头兵”总定位，坚持“生态吴兴、经济强区、科技新城、幸福家园”总战略，锁定“两个翻番、三个确保、四个创建”总目标，率先实现高质量赶超发展、高水平全面建成小康社会。新的时期、新的目标、新的任务，为人民政协事业的发展提供了新的机遇，也提出了新的要求。为此建议：

一、把握政治方向，在坚守理想信念上保持定力

始终不渝地坚持党的领导是政协工作把握正确方向的根本保证。要坚定不移地同以习近平同志为核心的中共中央保持高度一致，认真学习贯彻中共十八届六中全会、十九大和省、市、区党代会精神，进一步树牢“四个意识”、增强“四个自信”，确保在任何时候、任何情况下，政治信仰不变、政治立场不移、政治方向不偏。要坚定不移地在区委的领导下开展工作，坚决维护党委核心权威，切实做到“区委有号召、政协有行动”，真正把思想和行动统一到区委的决策部署上来，把智慧和力量凝聚到实现区委确定的各项目标任务上来。要坚定不移地遵守宪法法律和政协章程，准确把握政协的地位、深刻认识政协的性质、充分发挥政协的作用，自觉弘扬忠诚履职、担当干事、求实创新、团结协作的作风，始终与党委政府方向一致、目标一致、工作一致。

二、围绕中心大局，在助推改革发展上积极有为

牢固树立中心意识，紧紧围绕发展大局，自觉主动地做好助推全区经济社会赶超发展的实践者、参与者和促进者。要注重特色彰显政治协商优势。在继续完善“三长制”面对面协商品牌的基础上，不断拓展协商的新方法、新途径、新载体，厚植协商文化、营造协商氛围、完善协商制度。要健全机制增强民主监督实效。着力聚焦全区“八大行动”等重点工作，进一步深化三级民主监督机制，组织开展一线监督、重点部门监督和提案办理监督；加强政协民主监督与党内监督、人大监督、监察监督、行政监督和社会监督等有机结合，提高监督实效。要做好调研视察发挥参政议政作用。精心选择事关吴兴发展的具有综合性、全局性、前瞻性的重大课题，深入调查研究，积极提出有针对性和可操作性的意见和建议；继续深入开展委员开放式“招标”调研活动，凝聚集体智慧，努力形成一批高质量的参政议政成果。

三、牢记履职为民，在维护和谐稳定上凝心聚力

以人为本、履职为民，是人民政协的重要政治责任。要把履职为民的理念落实到政协工作的各个方面，积极协助党委政府做好惠民生、谋民利、解民忧的工作。要围绕民生献良策。紧紧抓住人民群众最关心、最直接、最现实的问题，通过专题调研、议政协商、视察监督、政协提案、社情民意等形式，反映群众诉求，提出意见建议，为党委政府科学决策提供依据。要拓宽领域解民困。继续组织和引导广大政协委员和专家走进基层、服务群众，广泛开展科技助民、医疗惠民、法律护民、文化利民、扶贫济民等活动，使政协履职的过程成为促进民生福祉改善的过程。要发挥优势促和谐。充分发挥政协作为党和政府联系群众的桥梁纽带作用，积极协助党委政府多做解疑释惑、化解矛盾、理顺情绪、增进共识的工作，最大限度地增加助力、减少阻力、形成合力，为我区实现高质量赶超发展聚合正能量。

四、注重强基固本，在加强队伍建设上提质增效

全面加强政协委员和政协机关队伍建设是政协履行职能、发挥作用、有效作为的基础所在。要突出委员主体地位。按照懂政协、会协商、善议政的要求，组织委员学习培训，完善委员履职服务平台建设，健全委员履职考核评价机制，开展以“靠前站、马上办、讲实效”为内容的“争当排头兵实干大比拼岗位建功为民建言”实践活动，着力锻造勤履职、有作为的高素质委员队伍。要加强专委会和界别建设。切实强化专委会工作，充实专委会力量，创新界别工作机制，丰富界别活动内容，让广大委员在界别活动中服务民生、反映民意、集聚民智。要提高政协机关服务水平。强化干部队伍思想建设、作风建设和能力建设，严格党风廉政建设，坚决贯彻执行中央、省、市和区委作风建设要求，打造忠诚干净担当的干部队伍，为政协工作提供坚强的组织保障。

各位委员、同志们，新形势催人奋进，新使命鼓舞人心，新征程任重道远。让我们更加紧密地团结在以习近平同志为核心的中共中央周围，高举中国特色社会主义伟大旗帜，在中共吴兴区委的坚强领导下，同心同向同行，聚心聚智聚力，以坚定的共识，创新的精神，务实的作风，奋发有为，锐意进取，不断开创政协工作新局面，为加快建设“生态吴兴、经济强区、科技新城、幸福家园”，率先实现高质量赶超发展、高水平全面建成小康社会作出新的更大的贡献！

关于湖州市吴兴区2016年国民经济和社会发展计划执行情况及2017年国民经济和社会发展计划草案的报告

——在湖州市吴兴区第四届人民代表大会第一次会议上

吴兴区发展改革和经济委员会主任 杨元江

2017年2月19日

各位代表：

受区人民政府委托，我向大会报告全区2016年国民经济和社会发展计划执行情况及2017年国民经济和社会发展计划草案，请予审议，并请各位政协委员和其他列席人员提出意见。

一、2016年国民经济和社会发展计划执行情况

2016年是新常态下实施“十三五”规划的第一年。一年来，在区委的正确领导和区人大、区政协的监督支持下，全区上下牢牢把握稳中求进总基调、供给侧结构性改革主线，围绕“生态吴兴、经济强区、科技新城、幸福家园”总目标，按照“五位一体”总体布局和“四个全面”战略部署，牢固树立创新、协调、绿色、开放、共享五大发展理念，锁定“六大战区”，推进“八大行动”，依托“六重”载体，凝心聚力、攻坚破难，在全区人民的共同努力下，全区经济运行总体平稳、符合预期，经济社会保持了稳健发展态势。区三届人大五次会议确定的7项约束性指标全面完成，除地区生产总值（增长8.2%，列全市第二，高于全市平均0.7个百分点）、外贸出口等2项指标未能达到预期目标外，其余10项预期性指标均全面完成或基本完成（见表1）。

2016年吴兴区国民经济和社会发展主要预期目标完成情况一览表

表1

指标属性	指 标 名 称	人代会目标	完成情况		
			增幅	绝对值	评价
预期性指标	地区生产总值	9%以上	8.2%	476.5亿元	未完成
	财政总收入	8.5%以上	12.0%	43.7亿元	完成
	其中：地方财政收入	8.5%以上	14.2%	26.4亿元	完成
	全社会研究与试验发展经费支出占生产总值的比例	2.35%	2.42%		完成
	固定资产投资	12%	13.9%	291.9亿元	完成
	社会消费品零售总额	9%	11.2%	305.2亿元	完成
	合同外资（亿美元）	2.8，力争3	—	3.7亿美元	完成
	实到外资（亿美元）	1.8，力争2	—	2.2亿美元	完成
	浙商回归资金（亿元）	30，力争35	—	45.2亿元	完成
	外贸出口	5%	0.9%	68.2亿元	未完成
	城镇居民人均可支配收入	9%左右	8.3%	47170元	基本完成
	农村居民人均可支配收入	9%以上	8.9%	27391元	基本完成

续表 1-1

指标属性	指 标 名 称	人代会目标	完成情况		
			增幅	绝对值	评价
约束性指标	万元 GDP 综合能耗下降率	完成省、市下达目标	完成目标任务		完成
	化学需氧量削减率				完成
	二氧化硫削减率				完成
	氮氧化物削减率				完成
	氨氮削减率				完成
	城镇登记失业率	≤3.5%	2.57%		完成
	新增城镇就业数	10500 人	20614 人		完成

说明：①吴兴区 GDP 增幅列全市第二，高于全市平均 0.7 个百分点；“去产能”对经济增长产生短期影响，新动力尚未形成有力带动，处于经济增长动力的“新旧转换期”；

② 自 2012 年吴兴区外贸出现负增长之后，全区贸易增长始终低于面上经济增长，传统优势产品出口占比下降，与全球经济态势基本一致

2016 年全区经济社会发展主要取得以下成效：

（一）经济运行稳中有进。一是“工业强区”扎实推进。完成规上工业增加值 112.1 亿元，增长 8.0%；其中战略性新兴产业、高新技术产业、装备制造业增加值分别增长 11.7%、7.4%、9.6%，三项指标均居全市前列。在全省 90 个工业强县（市区）综合评价中列第 44 位，两年提升 13 位，创历史新高。列入省第二批“浙江制造”试点县区。培育企业做大做强，老恒和列入全省第三批“三名”培育试点企业，实现全区零的突破。金洲、久立列入省高端装备制造业骨干企业。全区税收超千万元企业达到 29 家，其中超亿元企业达到 6 家。德宏股份主板上市，新增新三板挂牌企业 4 家。二是现代服务业加快发展。以“服务业强区”建设为目标，以“旅游服务业见效行动”为抓手，全力推动服务业加快发展，全区实现服务业增加值 256 亿元，增长 9.5%，占 GDP 比重达 53.7%，对经济增长的贡献率达到 60.8%，拉动 GDP 增长 5 个百分点，三二一产业结构持续巩固。3 个省级现代服务业集聚示范区加快建设，成功创建省软件和信息服务产业创业基地。大力发展休闲旅游业，做强西山漾国家级生态湿地公园、西塞山省级旅游度假区等特色平台。三是现代农业稳步提升。深入推进“南片成型示范行动”，全面深化两大“国字号”农业试点成果，综合开展财政资金撬动金融资金试点，吴兴现代农业改革建设工作继续走在全国前列。全国农业综合开发现场会、全国培育新型经营主体发展适度规模经营座谈会等 5 次全国会议在我区成功召开，我区农业发展多项工作得到上级领导批示肯定。全区实现农业增加值 20.5 亿元，六大特色农业主导产业占比达到 75%。

（二）绿色生态助推转型。一是创新驱动铸造发展新动力。抓创新主体培育，新认定高新技术企业 16 家。金洲管道列入国家级企业技术中心，久立特材成功获选省级优秀院士团队，新增省级企业研究院 2 家，省级研发中心 6 家。抓创新平台打造，2 家众创空间列入国家级备案，金融客吧获评省优秀众创空间。织里镇、八里店镇被评为中国产学研合作创新示范小镇（全省 3 个）。全年专利申请总量 3421 件，同比增长 43.9%，其中发明专利授权 410 件，创历史新高。科技创新环境综合评价列全省第 6，上升 39 位。深入推进“两化”深度融合国家示范区建设，我区信息经济指数、信息化发展指数两项指标均列全市第一。德马科技等 4 家企业列入工信部两化融合管理体系贯标试点企业，美欣达在全市率先通过工信部两化融合管理体系评定。三一装备、布衣草人等 8 家企业分别列入省级两化融合示范和试点企业，均列全市第一。成功创建省级信息经济发展示范区。二是优化存量厚植发展新优势。做精童装、砂洗印花、金属管道三大细分行业，推动从扩产能向提效能转变、从经验管理向科学管理转变，从传统工业向现代工业转变。吴兴工业园区列入国

区循环化改造国家重点支持园区，争取资金 1.1 亿元，全市唯一；童装产业集群列入国家级区域品牌建设试点；成功举办全省“低小散”块状行业整治提升现场会。突出培育 6S 管理先进企业，列入省“小升规”工作深化试点县区，德宏电器成功创建全市唯一的省级管理创新示范企业。三是青山绿水营造发展新环境。开展“美丽吴兴深化行动”，启动小城镇环境综合整治行动，重点打好生态建设组合拳。温室龟鳖、直排生猪养猪场实现“清零”。深入开展砂洗印花等涉污加工户和童装加工户整治提升，“低小散”企业（作坊）搬迁入园 185 家，关停淘汰 418 家。推进治气治霾，全面淘汰高污染燃料小锅炉，禁燃区基本建成。秸秆综合利用率达 93%以上。开展“无违建区”创建，完成旧厂区改造 180.1 万平方米。

（三）平台项目扎实推进。一是狠抓大平台打造。全区工业平台内基础设施完成投入 5.5 亿元，拓展提升面积 5980 亩。实施“高新区提升行动”，坚定不移“开放改革、创新驱动、高位发展”，承办 2016 全球物流技术大会、第七届全国汽车后市场物流发展大会，新增签约项目 16 个，总投资 110 亿元。智慧物流产业列入国家信息经济示范区，物流装备列入省级新型工业化产业示范基地。吴兴经济开发区打造形成“一区两片”发展新格局，成为外资引进新平台。二是狠抓大项目引进。开展“精准招商突破行动”，锁定信息经济、智能装备、健康时尚、休闲旅游四大重点产业，强化精准招商、产业链招商。成果举办经贸科技洽谈会、季度集中签约仪式、专题专场推介会等招商活动 22 次，累计集中签约产业项目 69 个，新认定市“大好高”25 个。三是狠抓大项目推进。以“4+4”工作机制为抓手，扎实有效开展“大项目落地提速行动”，60 个区重点工业项目稳步推进，完成投资 59.9 亿元，完成年度目标的 108.7%。全年举办 6 次集中开工仪式，日创机电、韩佛化妆品等 31 个项目实现新开，汉邦科技、朗奥物流等 15 个项目实现竣工投产，其中老恒和酿造、东尼电子等 5 亿元以上重大项目顺利推进。60 个区重点服务业项目完成投资 79.9 亿元，完成年度目标的 118%。在大项目引领带动下，全年完成固定资产投资 291.9 亿元，增长 13.9%；其中工业性投入 107.1 亿元，增长 12.8%，两项指标增幅均列全市首位。四是狠抓大资源争取。全年争取中央专项建设基金投资资金 11.19 亿元，为企业、项目争取国家、省、市扶持资金 3.13 亿元，争取项目用地指标 1075 亩，资金、用地争取总量列全市第一，发展保障不断增强。汉唐物流等 3 个项目列入省重大产业项目，东尼电子等 44 个项目列入省重点项目，均列全市第一。不断深化“智汇吴兴”引才工程，引进海外高层次人才团队 65 个，入选省“千人计划”6 名，全年引进各类人才 4206 名。

（四）重点改革不断深化。一是“去降补”取得成效。淘汰落后产能企业 10 家，腾出用能空间 1.8 万吨标煤。提高土地资源利用效率，全年盘活闲置用地 1000 亩，新增工业用地亩均投资强度达到 281 万元/亩。切实减轻企业负担，全年减轻企业各类成本近 7 亿元。区委制定《补短板工作方案》，重点补齐五大发展短板、两大民生短板和制度供给短板。二是政府改革深入推进。区行政审批服务中心新大厅正式运行，进驻部门 19 个，进驻事项 193 项，按时办结率达到 100%。制定《关于对企业投资项目部分中介服务实行政府统一补助的实施办法（试行）》和相关评标细则、管理考核办法，“中介超市”正式运营。稳步实施公务用车制度改革，节约资金 302.8 万元，节支率 7.48%。三是特色城镇示范引领。实施“小城市改革攻坚行动”，织里小城市发展迈上新台阶，列入第三批国家新型城镇化试点、省首批低碳城镇试点，多次在全国性会议上作先进经验推广发言。丝绸小镇列入省特色小镇文化建设示范点，钱山漾文化交流中心正式开放。美妆小镇列入省级十大示范特色小镇、行业标杆小镇，全年引进产业项目 22 个。

（五）城乡社会亮点纷呈。一是新城人气加快集聚。锁定“东部战区”目标任务，持续开展“东部新城崛起行动”，坚决打好征迁保障、项目双进和城市管理三大攻坚战。25 个政府性项目全部开工，西山农贸市场主体完成，新城公交首末站基本完成，基础设施加快完善。万达广场正式开业，富力城一期结顶装修、二期部分结顶，东部新城商品房住宅销售增速稳居湖城首位，集聚能力不断提升。二是美丽乡村风采独特。全面实施生态循环“一十百千”工程，八里店现代生态循环农业样板示范区通过省级验收，南太湖现代生态循环农业示范区完成市级创建。妙西镇获评“省级美丽乡村示范乡镇”，新创建市级美丽乡村 7 个。太湖溇港入选世界灌溉工程遗产目录，义皋村完成古村落建设。三是民生保障更加均衡。城乡居民收入比达到 1.72：1。推进城乡文化均衡发展，举办文化巡演活动20余场，吴兴区文体中心完成三层平面。吴兴实验幼儿园主体完成，吴兴实验中学主体结顶，枫叶国际学校部分结顶。全面开展责任医生签约服务，建立治疗—康复—长期护理服务链，区人民医院主楼结顶，区社会福利中心建成启用。实行生育登记制和婚育情况承诺制，上报出生3332人。围绕大健康，推动医、养、游融合发展，引进健康产业项目10个。新增城镇就业2.06万人，“零就业”家庭保持动态归零。安全生产形势总体稳定。法治吴兴实现“三连冠”，平安吴兴“四连冠”，食品药品环境总体稳定。圆满完成G20杭州峰会安保任务。

二、2017年经济形势预判

从国际环境看，美联储宣布加息，重申2017年将会循序渐进紧缩政策。欧盟改革将加速规划欧洲自由贸易，全球贸易或面临减速。同时国际货币基金组织等认为俄罗斯、巴西等部分新兴经济体可能摆脱衰退出现恢复性增长。保护主义、孤立主义和民粹主义盛行，经济发展不稳定因素依然存在。有关机构预测2017年世界GDP增长约为3.0%，将延续温和低速增长态势，将略好于2016年。

从国内环境看，中长期，我国经济走势仍处在增速换挡阶段，进入“L型”走势，经济发展新常态特征更加明显，改革步入落地攻坚期。中央经济工作会议认为，2016年我国经济形势总体缓中趋稳、稳中向好，经济运行保持在合理区间，质量和效益提高。会议尤其强调，2017年要坚持稳中求进工作总基调，以推进供给侧结构性改革为主线，大力振兴实体经济，加快推进国企、财税、金融、社保等基础性关键性改革，更好发挥经济体制改革的牵引作用。2017年是实施“十三五”规划的重要一年，是供给侧结构性改革的深化之年；“三去一降一补”五大任务将取得实质性进展，稳增长、促改革、调结构各项工作稳步推进，经济发展新动能将加快成长。

从区内环境看，“六大战区”建设成效初显，“八大行动”深入推进，主要经济指标稳居全市前列，全区经济社会呈现赶超发展的良好态势。新城核心集聚效应正在显现。新城基础设施、商贸服务等功能不断完善，商品房销售量稳居湖城首位，人口、产业不断集聚；随着织里镇产城人融合国家新型城镇化综合试点建设方案的全面实施，织里小城市与新城互动协调发展水平将进一步提高。“两镇”“三区”承载能力正在提升。2017年是丝绸小镇创建省级特色小镇的最后一年，也是美妆小镇加快建设的关键之年，项目引进、投资总量在全区的地位将进一步提高。高新区、吴兴经济开发区和西塞山旅游度假区等省级平台提质发展，形成产业、科技集聚之平台，为我区引领赶超发展提供强大动力。四大产业质量规模正在提高。智能装备、信息经济、休闲旅游、健康时尚四大产业总量均位居全市前列，增幅均高于全市平均水平，表现出良好发展态势。随着相关产业平台建设加快、接轨上海战略的深入实施，都将为产业发展带来新的机遇。近年我区五水共治、大气和土壤治理、节能减排力度不断加大，政府产业基金建设、行政审批改革、人才股权分红等机制不断建立，发展环境得到有效提升。同时，我们也看到发展中仍面临着一些挑战和困难：一是经济总量不大。二是工业竞争力不强。三是新旧动能转换步伐有待加快。四是周边县区较快增长态势，竞争压力日益加大；五是形势复杂，维稳压力较大。总体判断，2017年宏观经济环境不确定因素仍然较多，但向好因素正逐步积累，挑战中蕴含的机遇不断增多。

三、2017年国民经济和社会发展主要预期目标建议

根据以上经济发展环境分析，结合十八届五中、六中全会精神，按照“积极稳妥、切实可行”原则，与经济发展客观规律相符合、与资源环境承载能力相吻合、各项指标之间相匹配、与周边县区发展态势相适应等要求，建议2017年我区主要经济指标初步安排，详见表2。

在具体指标安排中，一是与经济发展规律相吻合。根据经济发展规律初步判断，“十三五”时期经济增长将呈现“前低后高”的趋势，预计2017年经济增长速度将略快于2016年。二是在工作目标上自我加压。2017年是实施“十三五”规划的关键一年，我区要在“十三五”时期“着力打造增长极、提高首位度、争当排头兵”，实现“高质量全面引领赶超发展，高水平全面建成小康社会”的总体目标，在确保完成人代会目标的同时，要充分考虑周边地区发展的竞争态势，自我加压。三是注重改革任务落地生根。改革任务落实是今年工作重中之重，改革将贯穿于经济社会发展各领域各环节。2017年供给侧结构性改革任务更重、压力更大，从长远看将获取改革红利，但当前需要适当降低经济增速为改革预留空间。四是将社会民生作为出发点和落脚点。十八大提出要努力实现居民收入增长与经济发

展同步、劳动报酬增长与劳动生产率提高同步，在指标安排中必须充分考虑以上指标的相互匹配。

2017 年吴兴区国民经济和社会发展主要预期目标览表

表 2

属性	指 标 名 称	2017 年建议目标
预期性指标	地区生产总值	8%
	财政总收入	8%
	其中：地方财政收入	8.5%
	全社会研究与试验发展经费支出占生产总值的比例	2.45%
	固定资产投资	12%
	社会消费品零售总额	9%
	合同利用外资	2.8 亿美元
	实到外资	1.8 亿美元
	浙商回归资金	30 亿元
	城镇居民可支配收入	8%左右
	农村居民人均纯收入	8.5%左右
约束性指标	新增城镇就业数	1 万人
	城镇登记失业率	≤3.5%
	单位生产总值能耗（吨标准煤/万元）	完成市下达目标
	单位生产总值二氧化碳排放量（吨/万元）	完成市下达目标
	氮氧化物排放量（万吨）	完成市下达目标
	氨氮排放总量（万吨）	完成市下达目标
	化学需氧量（万吨）	完成市下达目标
	二氧化硫排放量（万吨）	完成市下达目标

四、2017 年国民经济和社会发展的主要任务和措施

2017 年是实施“十三五”规划的重要一年，是供给侧结构性改革的深化之年，同时也将迎来党的十九大胜利召开。做好今年全区国民经济和社会发展计划意义重大，总体思路是：**坚持以邓小平理论、“三个代表”重要思想、科学发展观为指导，深入贯彻党的十八大、十八届三中、四中、五中、六中全会和省市区全会精神，牢牢把握稳中求进工作总基调，适应把握引领经济发展新常态，坚持以提高发展质量和效益为中心，坚持以推进供给侧结构性改革为主线，促发展、保民生、强稳定，坚决打好转型升级系列组合拳，全力推进“八大行动”，不断深化“战区”机制，夯实“六重”载体，着力打造增长极、提高首位度、争当排头兵，奋力推进吴兴经济社会赶超发展，加快推进“生态吴兴、经济强区、科技新城、幸福家园”新进程。**着力抓好以下五个方面工作：

一是聚焦项目，在项目招商、实现动能转换上精准发力。将项目招商作为推动发展的第一支撑。开展“项目双进突破行动”，积极抢抓新形势下招商引资新机遇，进一步创新招商理念，强化招商力度，完善招商机制，优化资源整合，提升招商质量。组建 6 个产业招商局及 6 个部门招商分局，形成“6+6”招商组织结构。全年引进总投资 10 亿元或 1 亿美元以上项目 10 个，其中总投资 20 亿元以上项目 3 个，总投资 50 亿元以上项目 1 个，全力突破百亿级大项目，制造业项目引进占 50%。将项目建设作为推动发展的着力点。开展“443”大会战工程，即全年抓好项目开工、竣工、投产和闲置工业用地盘活一条主线，突出四个季度行动（阳春大开局行动、仲夏大攻坚行动、金秋大冲刺行动和暖冬大储备行动），实行挂图作战，确保 60 个 5000 万元以

上重点工业项目新开工32个、竣工18个，完成投资58亿元以上。创新项目推进机制，建立区重点项目分层分类梯度管理体系，建立50个“四个一批”重大前期项目攻坚库。突出国家专项建设基金，省重大产业、省重点项目、省“411”项目等重点项目申报，全力争取政策和土地指标等各类要素支持。将平台打造作为推动发展的坚实载体。突出高新区、吴兴经济开发区等市级“六重”重点平台，全区工业平台拓展提升1万亩，全力打造“万亩大平台”。实施“高新区产业集聚行动”，推进现代物流装备高新技术产业园区集聚发展，创建“国家新型工业化产业示范基地”。吴兴经济开发区工业总产值达到205亿元，完成产业类项目投资30亿元。

二是聚焦供给侧，在转型升级、实现结构调整上精准发力。着力培育四大新兴产业。实施“信息经济登高行动计划”，依托三大众创空间，全力培育云计算和大数据等新兴产业，实现增加值增长11%以上，建设国家级两化融合示范区。深入实施“互联网+”行动计划，实现规上企业电子商务全覆盖。实施“智慧物流装备集聚行动计划”，全年总产值达到120亿元以上，占比提高1个百分点以上。实施“健康时尚提速行动计划”，增加值增长10%以上，实施18个健康产业重点项目，完成年度投资20亿元，打造长三角健康谷示范区。发展休闲旅游，实施“全域旅游拓展行动”，构建“西部乡村休闲度假、东部历史文化体验、滨湖溇港风情观光、中心城区城市旅游”的全域旅游发展大格局，加快形成“四新”经济新动能。改造提升传统优势产业。实施“金属新材智能制造行动计划”，培育一批智能产品和建设一批自动化、智能化生产线。实施“四无”企业和“低小散”行业整治行动计划，以无证无照、无安全保障、无合法场所、无环保措施的“四无”企业（作坊）为重点，全面深化“低小散”块状行业整治提升工作。持续推进童装产业转型，确保童装产业园示范园一期运营、二期启动建设，培育销售超亿元童装企业20家。继续淘汰落后产能，力争全年淘汰落后产能10家，腾出用能空间1.8万吨，加快修复旧动能。大力促进一二三产融合发展。实施“现代农业引领行动”，提升发展现代农业，以两大国家级农业试点为引领，全力打造“两区两镇三带百园”，六大农业特色主导产业产值增加4亿元，积极争创省级农产品质量安全放心县（区）。发展乡村休闲农业，培育市级以上休闲农业园区2个，培育打造高星级精品农家乐。将溇港片区旅游风景资源与农业产业集聚区、休闲农业等紧密结合，有序推进太湖溇港文化风景区建设。

三是聚焦创新，在培大育强、实现实体振兴上精准发力。全力建设科技新城。始终坚持创新驱动，依托“5+3”科创平台，健全普惠性创新支持体系。新增国家重点扶持高新技术企业10家、科技型中小微企业40家，争创省级众创空间。不断发挥企业创新主体作用，新增省级以上研究院、研发中心4家。专利申请3500件以上，其中发明专利申请占比高于25%。大力推进智能制造系统发展，实现生产全流程自动化、网络化和智能化，打造智能制造样板工程5项以上。全力助推企业发展。在促进投资有回报、产品有市场、企业有利润、员工有收入、政府有税收、环境有改善上下功夫，推动吴兴经济朝着更高质量、更有效率、更加公平、更可持续的方向发展。成长提升一批3000万到3个亿的重点企业，以力聚热水机、东达光伏等18家产值1亿元至3亿元企业以及汇大机械、汇能新材料等12家产值3000万元至1亿元企业为重点，开展精准帮扶，力争全年完成产值73.6亿元，较2016年增产20亿元。加快培育“金象金牛”大企业，省“三名”试点企业、市“金象金牛”企业培育实现新的突破。全力加强要素保障。强化人才保障，实施“智汇吴兴”引才工程，推进“政府+创投”十亿元产业基金投资，营造优质创业环境。全年引育省级以上“千人计划”5名、“南太湖精英计划”领军人才10名，新建院士专家工作站3家，博士后工作站2家，引进各类人才3000人。强化土地保障，深入实施低效用地盘活专项行动，全力争创全国土地集约节约模范县（区），盘活闲置低效工业用地1000亩以上。强化资金保障，新成立2支城镇化产业基金；力争新增境内外上市和新三板挂牌企业5家，新增直接融资不少于50亿元。

四是聚焦改革，在政府治理、实现产城融合上精准发力。深化政府治理改革。供给侧改革的核心是制度创新与制度供给，以制度创新激发企业和社会活力，推进产业结构升级，为经济发展提供强劲动力。坚持以“四张清单一张网”为抓手，以政府权力的减法换取市场活力的加法。推行“互联网+政务服务”，健全中介服务目录管理和公平准入机制。深化投融资改革，在公共服务领域推广运用PPP模式，争取更多项目列入省级项目库。不断简化审批降成本，实行工业企业“零土地”技术改造项目审批目录清单管理。推进东部新区产城融合发展。实施“东部新城提速行动”，实施4大类25个新城建设重点项目，当年完成投资63.2亿元。持续推进“湖城向东看”系列品牌营销活动，不断促进新城产业集聚、人口集聚。实施“织里国家试点行动”，全力推进国家新型城镇化综合试点，带动全区城乡一体化改革进程。大力建设特色小镇。坚持科技创新、制度创新“两个轮子一起转”，加快建设特色小镇。丝绸小镇力争新入驻丝绸文创企业20家，完成固定资产投资15亿元；加快建设丝绸产业七大创新平台，打造吴兴区丝绸非遗传承教学基地，打响“世界丝绸之源”品牌。美妆小镇引进优质产业项目5个以上，全年完成固定资产投资15亿元，加快形成美妆产业集群。积极创建原乡蝴蝶小镇，加快西塞山省级旅游度假区建设，完成基础设施建设投入5亿元，培育精品民宿项目10个以上。

五是聚焦民生，在环境改善、实现和谐稳定上精准发力。加快推进生态文明示范区建设。扎实开展“美丽吴兴攻坚行动”，实施小集镇综合环境整治，全面启动16个小集镇环境综合整治。打好五水共治、三改一拆、治危拆违、四边三化、治气治霾等组合拳，实施108个治水项目，完成投资15.5亿元；巩固“清三河”创建成果，抓好“河长制”扩面、体制、创标工作，所有市控以上断面水质保持Ⅲ类；D级危房和涉及公共安全的C级危房全部完成治理，空气环境质量持续提升。加快推进城乡生活品质提升。实施“中心城区提质行动”，围绕城市更新，不断优化教育、医疗、养老等公共设施功能布局。创新管理机制，推进网格化精细管理，深化智慧社区建设，全面提升城市形象。着眼“全域提升、全境美丽、全民获益”，创建省级美丽宜居示范村3个，市级美丽乡村精品村4个，市级美丽乡村9个。加快推进幸福民生建设工程。吴兴实验中学、湖州市实验幼儿园东部园区、枫叶国际学校主体完工，争创省级教育基本现代化区。深化医药卫生体制综合改革，稳步推进基层医疗卫生服务阵地建设，区人民医院部分完工。推行责任医生签约服务，规范签约率达到30%。确保三大基本保险覆盖率继续保持在98%以上。建设“文化强区”、“体育强区”，区文体中心交付使用。不断加大弱势群体扶持力度，推行基本公共服务均等化。建立食品药品质量追溯制度，健全安全生产隐患排查治理和事故预防控制体系，确保实现“平安吴兴”六连冠、夺铜鼎。

各位代表，做好2017年经济社会发展各项工作，任务艰巨，意义重大。在中共吴兴区委的领导下，在区人大及区政协的监督支持下，我们将翻篇归零再出发，撸起袖子加油干，扎实推进经济社会发展各项工作，为迎接党的十九大，加快实现“生态吴兴、经济强区、科技新城、幸福家园”，顺利完成国民经济和社会发展各项目标和任务而努力奋斗！

附件：吴兴区“六重”清单2017年度推进计划

附件

2017年度吴兴区“六重”清单推进计划

根据《吴兴区国民经济和社会发展第十三个五年规划纲要》《吴兴区“十三五”规划和“六重”清单主要目标任务分解落实总体方案》，为进一步推进“六重”清单落地见效，深入实施“十三五”规划，特制定本计划。现将有关情况汇报如下：

一、任务分工

（一）重大项目。共安排重大项目292项，总投资1313.7亿元，其中2017年度计划投资197.3亿元。

（二）重点工程。十大工程2017年度投资合计300亿元，其中信息经济发展工程45亿元，智能装备发展工程35亿元，健康时尚产业发展工程25亿元，休闲旅游发展工程50亿元，传统产业提升工程20亿元，特色小镇建设工程25亿元，滨湖一体化发展工程15亿元，生态文明示范工程30亿元，综合交通建设工程25亿元，幸福民生建设工程30亿元。

（三）重大平台。围绕国家现代农业示范区、现代物流装备高新技术产业园区、西塞山省级旅游度假区、科技城、吴兴经济开发区、特色小镇、信息产业平台、长三角健康谷示范区、浙北金融中心、中心城区“智慧社区”10个重大平台，突出年末总产值、新开发建设面积、等级提升、基础设施配套等重点，逐项提出各平台年度推进计划。

（四）重点产业。突出年度投资、增加值、总产出、项目等要点，明确重点产业培育计划。其中信息经济、智能装备、健康时尚三大产业力争全年总产值分别达到70亿元、120亿元、80亿元；休闲旅游力争实现旅游经济总收入150亿元；金属新材和现代纺织两大传统优势产业力争全年总产值分别达到240亿元和140亿元；金融服务和文化创意两大产业增长点主要立足于完善产业体系、重点工作活动等提出目标任务；现代农业注重优化农业布局，提升农业结构，提高生产水平。

（五）重大政策。围绕推进东部新区产城融合一体化发展、打响“世界丝绸之源”品牌、加快推进生态文明示范区建设、加快浙北金融中心建设、实施东部绿廊保护合理开发、区级体制机制改革、城乡一体化改革、在公共服务领域推广运用PPP模式、资源要素市场化配置改革、深化医药卫生体制改革这十个方面，从方案编制、重大举措、改革任务、预期成效等方面提出具体工作计划，定性为主、定量为辅，力求可量化、可操作。

（六）重点要素。围绕人才、土地、资金、能源四大领域要素保障，突出细分领域，分别提出年度目标任务。人才方面，实施“智汇吴兴”引才工程，计划新招录公务员事业干部60人左右，培训企业经营管理人才2600人次以上；引进各类人才3000人，其中高技能人才1500人。土地方面，深入实施低效用地盘活专项行动，全力争创全国土地集约节约模范县（区），计划争取用地指标约1000亩。资金方面，以吴兴城市化产业基金、吴兴基础设施投资基金为重点，重点推进城镇化基金和资产证券化。新增直接融资不少于50亿元，力争新增境内外上市和新三板挂牌企业5家。能源方面，力争天然气占一次能源比重提高到7.5%左右，煤炭消费比上年下降3.5%，油品保障71万吨以上，全社会用电量52亿千瓦时。

二、工作要求

（一）高度重视。各部门要在思想上高度重视，充分认识到“六重”工作是经济发展新常态下我区推进供给侧结构性改革的有力抓手，是培育新动能、改造旧动力，全面深化改革、致力赶超发展的细化和具体化，把“六重”实施工作摆到重中之重的位置来抓。

（二）落实责任。各部门要树立大局意识、责任意识、创新意识和看齐意识，按照分工精心组织实施。各牵头部门要敢于担责，主动作为，创新推进，其他部门要积极参与，主动配合，形成合力，确保各项工作任务圆满完成。

（三）加强考核。开展“六重”年度计划年中督查工作，8月份，由区委办公室、区政府办公室牵头，对年度计划推进情况进行督查和通报。建立区“六重”工作考核体系，年末在总结评估年度计划完成情况的基础上开展考核。

（四）强化保障。加强绿色通道、要素保障、综合协调和信息跟踪等方面的服务保障，加强“六重”工作重点部门、重点科室的人员保障，加强“六重”工作的经费保障。

关于湖州市吴兴区2016年预算执行情况及2017年预算草案的情况汇报

——在湖州市吴兴区第四届人民代表大会第一次会议上

吴兴区财政局局长 沈国强

2017年2月19日

各位代表：

我受区人民政府的委托，向大会报告2016年全区预算执行情况及2017年预算草案，请予审议，并请各位政协委员和其他列席会议的同志提出意见。

一、2016年预算执行情况

2016年，在区委的正确领导下，在区人大及其常委会的监督指导下，全面贯彻党的十八大、十八届三中、四中、五中、六中全会精神，紧紧围绕“生态吴兴、经济强区、科技新城、幸福家园”总体目标，以服务经济发展、保障民生改善为己任，科学研判财经形势，积极主动承接改革，努力做好“生财”、“聚财”、“理财”三篇文章，发挥财政职能作用，促进全区经济社会平稳健康发展。

（一）公共预算执行情况

1.收入预算执行情况

全区实现财政总收入436966万元，比上年增长11.96%，完成预期目标的103.18%，其中一般公共预算收入263656万元，比上年增长14.21%（比营改增调整基数后增长11.30%），完成预期目标的105.26%，主要科目收入情况如下图。

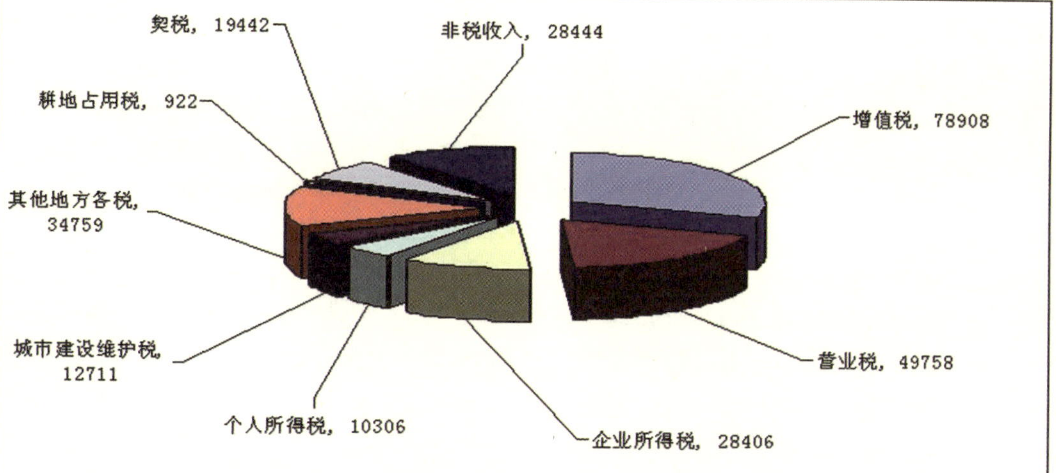

2016年公共预算主要科目收入情况（单位：万元）

2.支出预算执行情况

区三届人大五次会议批准的2016年公共预算支出为232433万元（包括省、市转移支付，不含地方政府债券），区三届人大常委会第37次会议批准调整预算数250300万元，实际执行数为258016万元（其中债务付息和发行费支出4100万元），完成调整预算的103.08%，剔除环保局等部门职能下划、离退休和在职人员增资、债务付息等不可比因素，按可比口径计算比上年增长6.65%。主要科目支出情况如下图：

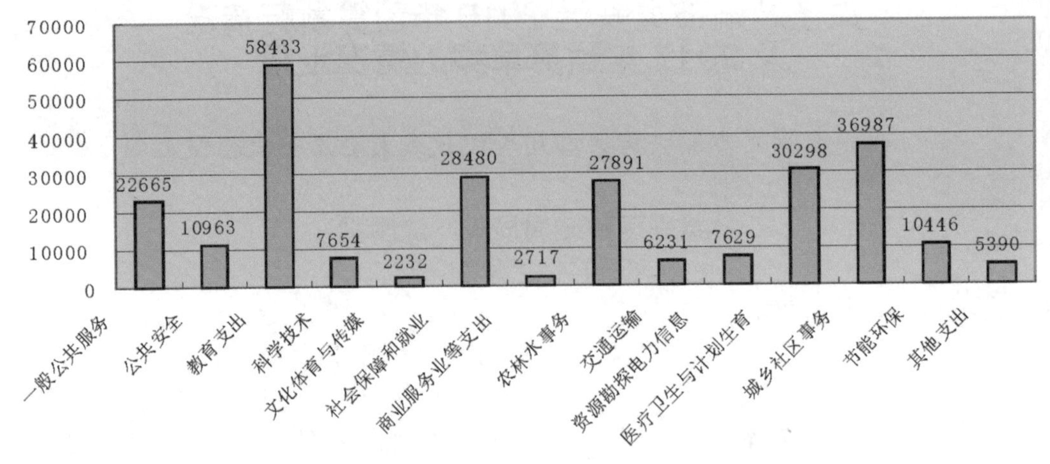

2016年公共预算主要科目支出情况（单位：万元）

2016年我们立足财税改革的大背景，积极谋划财税工作思路，精准把握工作重点，振奋精神，攻坚克难，财政收入实现了稳健的增长，财政支出结构进一步优化，严控一般性支出，保障民生事业支出，尽力实现财政收支平衡。由于市对区体制财力结算尚有一个过程，初步预计，2016年度在统筹整合政府性基金和国有资本财力，积极盘活存量，动用预算稳定调节基金，积极争取省、市财力转移支付以后，有望实现财政收支基本平衡。最终平衡结果待决算会审后再向区人大常委会专题报告。

（二）政府性基金预算执行情况

区三届人大五次会议批准的2016年政府性基金收入预算100046万元，区三届人大常委会第37次会议批准调整预算数137000万元，实际执行数为121238万元，完成调整预算的88.49%，主要是部分土地出让金收入延期缴纳。其中：省专项补助收入5809万元；市专项补助收入100143万元（主要是土地出让金收入区得部分）；非税收入缴库收入7429万元；专项债务付息和发行费7857万元。根据实际收入情况，相应安排政府性基金支出109409万元，其中：城乡社区事务82416万元（其中：国有土地使用权出让金支出79501万元，城市公用事业附加支出1028万元，农业土地开发资金支出299万元，新增建设用地有偿使用费支出1588万元），社会保障和就业1184万元，专项债务付息和发行费支出7857万元，彩票事务支出2510万元，其他支出15442万元（主要是农村土地综合整治、造地改田等省市专项转移支付）。根据项目支出进度，政府性基金结转下年支出11829万元。

（三）社会保险基金预算执行情况

按区三届人大五次会议批准的2016年社会保险基金收支预算和机关事业养老保险基金清算要求，实际社会保险基金收入执行数为76661万元，完成年初预算的97.77%，主要是部分城乡居民基本养老保险参保人员按政策转城镇职工养老保险。其中：保险费收入36989万元、财政补贴39115万元、利息收入557万元。社会保险基金支出执行数为76187万元，完成年初预算的99.55%。其中：社会保险待遇支出72054万元。收支相抵，本年收支结余474万元，累计结余17446万元。

（四）国有资本经营预算执行情况

区三届人大五次会议批准的2016年国有资本经营预算收入454万元，实际执行数为454万元，完成年初预算的100%。2016年国有资本经营预算支出454万元，实际支出454万元，调入公共财政预算，用于社会保障支出。收支相抵，国有资本经营预算收支平衡。

（五）2016年预算执行的主要工作

1.围绕收支管理，确保财政平稳运行

收入方面：做好财政收入运行的预测和分析工作，努力探寻收入中的薄弱环节，尽力促进财政收入的稳健增长。一是积极与国地税部门联合，加强经济税源调研，科学研判经济走势和区域经济实际，全面把握税源变化趋势，依法组织财政收入；二是加强对重点行业、重点企业、重点项目税源的监控分析，及时掌握重点税源动态，研究制定评估机制；

三是注重完善“六位一体”的综合治税体系，组织、协调高新区、各乡镇、街道、区级有关部门等31家单位参与税收征管保障工作，充实税收保障内容，强化信息分析利用，保障税收及时、足额收缴入库；四是依法开展个人出租房产税收征管工作。

在坚持依法依规组织收入的同时，加大各类预算统筹力度：大力抓好土地出让金收入的筹集与管理；进一步激活闲置、沉淀资金，盘活存量资金2580万元；积极主动争取中央、省、市财政政策和资金支持，2016年争取上级财政一般性转移支付和专项转移支付资金7.7亿元；进一步规范政府非税收入管理，2016年上缴罚没收入5619万元，纳入公共财政预算管理的行政事业性收费285万元。从源头上规范政府非税收入执收行为，暂停征收地方水利建设基金，制止乱收费，保证清费减负政策及时落实到位，近三年涉及15个项目的清费减负政策全部落实。整理出台了《吴兴区政府非税收入项目目录》和《吴兴区涉企行政事业性收费目录清单》，深化“四张清单一张网”改革、推进政府职能转变，减轻企业负担，降成本，践行供给侧改革。大力推进浙江政务服务网统一公共支付平台的应用，全部试点单位通过平台缴款成功。

支出方面：努力控制支出规模，优化支出结构，强化财政支出分类管理，实行有保有压。大力压缩会议、接待、培训、因公出国（境）等一般性支出，切实降低行政运行成本，推进节约型政府建设。全区公务用车制度改革全面实施，参与制订《吴兴区公务用车制度改革实施方案》，实行集中管理和社会化提供相结合的公务出行保障方式。进一步做好集中核算转轨的深入工作，在支出动态监控系统试点的基础上，不断加强对公务卡强制结算目录、政府采购等方面进行监控，增强预算执行约束力，提高财政资金使用效益，确保厉行节约各项要求落实到位。2016年全区“三公”经费支出同比下降25.76%。

2.围绕服务发展，促进经济社会转型

调结构，稳增长。落实各项强农惠农政策，统筹建立“美丽吴兴”专项资金34999万元，推进美丽乡村创建，支持农业综合开发、农业基础设施建设、农业科技推广、农业产业化经营和高标准农田建设。加强整合扶持经济政策，统筹建立工业强区专项19560万元，支持工业有效投入；充分发挥财政资金对科技创新的引导作用，鼓励企业技术改造和科技创新；发展战略性新兴产业，大力支持生态文明建设，淘汰落后产能；创建科技创新、特色小镇、股改上市政府产业基金，针对性地推进产业转型；加快服务业发展，发挥财政专项资金的引导作用，促进服务业结构优化、转型提升；完善人才引进培育政策，加快聚集科技领军人才、企业家人才、高技能人才队伍。

促统筹，保重点。坚持建机制、补短板、兜底线、增强民生政策的可持续性。完善义务教育经费保障机制，促进城乡义务教育均衡发展，支持公办民办并举，扩大学前教育资源；深化基层医药卫生体制改革，加大财政对公共卫生事业发展的扶持力度，积极支持卫生强区的创建；支持养老服务体系建设，落实残疾人补贴制度；认真落实城乡居民养老保险、医疗保险、机关事业养老保险等各项社会保障政策，完善新型社会救助体系；支持全面推进农村环境整治，持续攻坚“五水共治”、“三改一拆”、“四边三化”等工作。2016年用于教育、农业、社保、卫生等方面的民生支出达到21.3亿元，新增财力的81%用于民生支出，有力地保障了全区经济社会持续稳定发展。

3.围绕财政改革，深化体制机制创新

推进预算编制管理。改进预算管理，完善全面规范、公开透明的预算制度，注重预算编制的完整性和科学性，努力做到“有预算不超支，无预算不开支”。加大政府性基金预算、国有资本经营预算与一般公共预算的统筹力度，建立将政府性基金预算中应统筹使用的资金列入一般公共预算的机制；建立专项资金清单管理机制；建立财政存量资金动态管理机制和定期清理机制；实施科学合理的预算执行进度考核机制。积极推进政府预决算信息和“三公”经费公开，进一步细化内容，打造“阳光财政”。

推进乡镇财政管理。认真落实农业“三项补贴”政策，建立粮食补贴整合机制，实行补贴申报、核查、发放三分离，做好补贴公示制度，深化农业“三项补贴”改革。将财政涉农补贴逐步纳入乡镇公共财政服务平台统一管理，并通过社保卡“一卡通”发放，确保惠民补贴资金安全、准确、及时兑现到补贴对象手中。加强乡镇财政监督管理，组织开展乡镇财政监管巡查工作，重点检查乡镇财政项目类资金和补贴类资金的监管落实情况，防止违规违纪现象发生。

推进政府投融资改革。努力转变财政扶持经济发展方式，创新机制成立首期规模3亿元的政府产业引导基金（母基金），截至目前母基金出资 2.9 亿元，与社会资本、金融资本合作成立产业子基金 5 个，规模 13 亿元，两个省级特色小镇（美妆小镇为全省示范小镇）采用“基地+基金”推动产业招商的模式取得良好成效，小镇建设突飞猛进。亚商助力基金，助力当地企业上市挂牌；科创基金和银江基金，分别对应科创产业和智慧产业。进一步推动政府和社会资本合作向规范化、优质化、纵深化发展。建立统一的 PPP 项目库，推动 PPP 规范化运营，注重示范项目引领，总投资 15 亿元的区文商综合体项目已列入省级第三批政府和社会资本合作推荐项目。

4.围绕加强监管，提升预算执行绩效

防控政府债务风险。新《预算法》和中央、省、市债务管理新政，对规范政府债务管理提出更高要求，我们结合实际调整思路，提出“依法举债、控制总量、优化结构，规范程序，力求绩效”总体原则。高度重视政府债务问题，建立债务预警监控监测机制，定期汇总全区主要政府融资平台资金运行和债务置换进展情况，准确掌握债务风险的“晴雨表”；优化政府债务结构，积极开展存量债务债券置换。近两年来争取省财政债券资金 65.1 亿元，累计节约财务成本近 6 亿元。

强化国有资产监管。切实加强资产处置管理，严格处置程序，2016 年共审批行政事业单位国有资产处置事项 86 批次，涉及报废、调拨、报损金额 4604 万元，实现国有资产处置的“阳光操作”。同时加强资产评估管理，凡是符合资产评估情形的，规定必须委托具有资质的社会机构进行评估，严防资产使用和处置中造成国有资产流失。依法推进经营性公司国有股权公开转让，尽力实现国有资产保值增值。

加强财政监督管理。推动财政法制建设，依法开展财政监督检查、资金绩效管理工作。强化财政收支监管，加强财政票据、资产与项目资金管理的力度，努力规范财政财务行为、提高财政资金使用效益。注重预算绩效，组织各主管部门对 486 个项目共 2.35 亿元资金进行绩效自评，自评率达 100%。进一步规范政府采购办事程序，努力提高政府采购效率，资金节约率达到 12%。加强会计制度建设，采取分层、分批多点培训的办法，面培和网培等方式做好会计人员继续教育培训工作。

在肯定成绩的同时，我们也清醒地看到，财政运行中还存在一些困难和问题，主要表现在：一是财税新常态下，财政收支进入紧平衡期，财税改革进入攻坚期，财税收入增速放缓、财政支出刚性增长。一方面，新旧动能转换过程中还有不少矛盾和问题，经济下行压力依然较大，中央在减税、降费上继续加大力度，政策性减收压力加大；另一方面，积极财政政策要求适度扩大支出规模，在重点项目建设、民生保障、深化改革等方面支出需求刚性增长；事权下放与区级财力尚不匹配；政策转型期新老政策并存的局面都给财政支出带来更大压力。二是政府债务管理任重道远，扩大投资与严控债务矛盾突出，债务风险有所累积，防范与化解风险的难度不断加大，投融资改革需要突破理念、机制、人才等多重制约。三是财政监管的覆盖面、精准度亟待提升。在全面深化改革中国有公司资本运行、政府性投资项目、政府产业基金、PPP 合作项目等方面，财政监管将面临新的更大挑战。我们将高度重视这些问题，在今后工作中积极采取切实可行的措施，努力加以解决。

二、2017 年预算收支安排（草案）

2017 年是新一届政府的开局之年，全区经济社会发展将在新起点上实现赶超发展。财政作为政府治理的基础和重要支柱，将坚持“主动作为、精准发力、有保有压、力求绩效”的原则，在“稳增长、促改革、调结构、惠民生、防风险”中努力发挥财政职能作用，促进经济社会科学发展。

（一）2017 年财政工作的指导思想

2017 年财政工作的指导思想是：全面贯彻落实党的十八大和十八届三中、四中、五中、六中全会精神，按照区委区政府提出的总定位、总战略、总目标，坚持稳中求进总基调，紧紧围绕建立现代财政制度一个总目标；牢牢把握组织财政收入，加强债务管理二个重点；积极推进预算管理、政府投融资、国资监管三大改革；着力优化财政服务、内部控制、绩效考核、人才培养四项机制；以“一、二、三、四”的总体工作思路，践行“服务发展主线，守住安全底线”的财政改革与发展理念，为全区经济社会平稳健康发展做出新的贡献。

（二）公共预算（草案）

1.公共收入预期

预期 2017 年财政总收入为 472000 万元，比上年增长 8%；其中一般公共预算收入 286040 万元，比上年增长 8.50%，主要科目收入情况如下图。

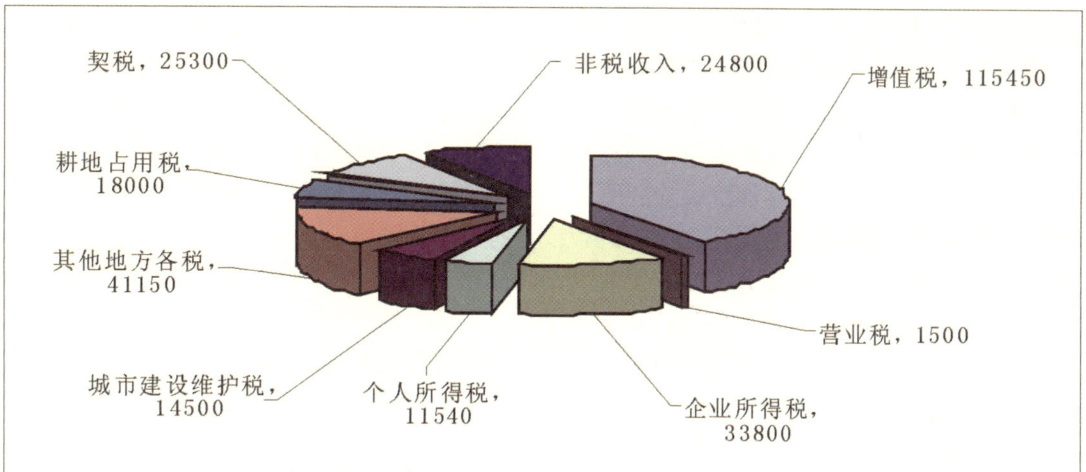

2017 年公共预算主要科目收入预算（单位：万元）

2.公共支出预算

按上述预期收入水平与结构，根据现行市对区的财政体制，在考虑省、市转移支付等相关因素后，预计全区 2017 年公共预算可用财力为 276108 万元（不含地方政府债券），其中：上年结转专项收入 13047 万元(按项目实施进度及指标到达时间必须结转下年的省市专项转移支付)；预估省、市专项转移支付补助 55070 万元;预计体制内可用财力 196313 万元；国有资本经营调入 257 万元；债务付息和发行费调入 11421 万元。相应安排 2017 年全区公共支出预算为 276108 万元(其中区本级支出 156729 万元)，比上年执行数增长 7.01%。主要科目支出安排情况如下图。

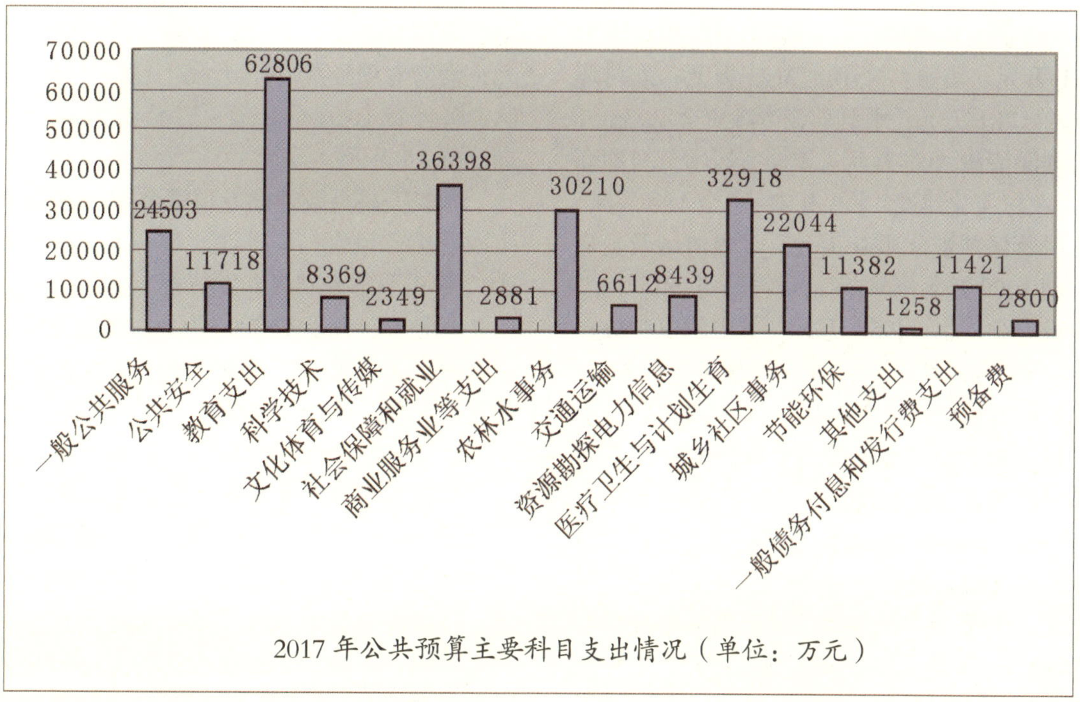

2017 年公共预算主要科目支出情况（单位：万元）

2017 年区级新增财力有限，刚性支出增长迅猛，收支矛盾十分突出，平衡压力较大。因此在支出预算安排中，除首先保障基层政权正常运转以及农业、教育、科技、社保等重点支出以外，按照集中财力、突出重点、统筹安排的原则和保运转、保稳定、保民生、促转型的要求，对区级财力的事业发展专项资金作以下安排：

一是支持社会民生事业，促进共享发展。主要用于：教育专项资金3990万元：校园综合改造和农村中小学建设补助专项资金2800万元，学前教育发展专项500万元，学生接送车财政补助690万元。卫生计生专项资金12669万元：医药卫生体制改革财政补助6113万元，城乡居民基本医疗保险区配套资金4508万元（从人均880元/年提高到1060元/年），公共卫生服务体系建设450万元，城乡公共卫生服务经费区配套资金500万元；计划生育事业费区承担540万元，计划生育奖扶和特扶补助区配套资金558万元。社会保障专项资金22738万元：城乡居民社会养老保险金区配套资金4934万元（基本养老金从人均135元/月提高到150元/月），机关事业单位养老保险9624万元（其中职业年金清算4512万元），最低生活保障金2594万元，居家养老服务经费969万元，残疾人两项补贴和残保金支出1200万元，困难群众慰问及临时救助440万元，困难群众再就业援助资金50万元，医疗救助437万元，殡葬基本服务和生态墓地建设管理250万元，义务兵优待金和退伍兵安置2240万元。文化体育专项资金150万元。

二是支持“美丽吴兴”建设，促进绿色发展。主要用于：生态文明建设专项支出17483万元，其中争取中央、省、市专项资金8462万元，区级财力安排9021万元：美丽乡村建设2125万元；农村环境长效整治1781万元；水利建设专项资金2935万元；五大湖漾清淤200万元；美丽宜居示范村配套400万元；农村文化建设（幸福礼堂）资金180万元；历史文化村落保护资金160万元；垃圾清运及焚烧处理费补助1000万元；农村生活垃圾分类240万元。新农村建设专项支出14958万元，其中争取中央、省、市专项资金6785万元，区级财力安排8173万元：现代农业发展创新资金1900万元；农村公益事业一事一议360万元；农房改造专项区配套185万元；集体经济欠发达村扶持资金335万元（含政府贴息）；农村改革专项330万元（主要用于农村承包土地确权、农房确权发证）；村级社区服务保障、村党组织书记、村委会主任和离任村干部基本报酬等经费1454万元；扶贫及援助资金260万元；农村道路维护及危桥改造资金3349万元。

三是支持实体经济提质增效，促进创新、开放发展。主要用于：工业发展专项资金14592万元，其中争取中央、省、市专项资金6642万元，区级财力安排7950万元：工业发展专项资金2800万元（包括科技三项经费并入的600万元）；工业设计基地专项资金600万元（包括多媒体发展专项资金并入的500万元）；人才建设专项资金2100万元；企业财政政策补助1650万元，耕占税补助支持乡镇工业平台建设800万元。科技发展专项资金2500万元（包括划入工业发展专项600万元、划入多媒体专项300万元、划入人才专项200万元），科学技术普及经费85万元。现代服务业发展专项资金1380万元（包括旅游发展专项资金500万元、农贸市场提升专项资金200万元、电子商务专项350万元），文化产业发展专项资金658万元（包括多媒体发展专项610万元）。选商择资、驻外招商、接轨上海及区重大经贸活动经费1115万元，外贸发展专项资金350万元。

四是支持中心城区管理提升，促进协调发展。主要用于：中心城区管理提升奖补资金300万元；中心城区危旧房治理改造专项1800万元；中心城区生活垃圾分类专项1181万元。

五是支持公共安全和社会治理机制建设，促进安全发展。主要用于：公安地方配套、流动人口协管员及网格化管理配套、协辅警、反恐巡控人员经费等资金2381.5万元（包括禁毒专项178.5万元，织里公安分局350万元），农村交警站经费68万元，动态视频监控916万元；安全生产专项资金180万元；消防专项经费592万元（包括补助织里消防大队业务经费10万元）；征兵工作经费58万元；民兵训练费75万元。

六是安排财政偿债专项资金1000万元，用于防范政府债务风险；安排地方政府债券置换存量债务2017年一般债务利息和发行费11421万元。

七是安排预备费2800万元，用于当年预算执行中的重特大自然灾害救灾开支、重大公共事件应急处置及其他难以预见的费用开支。

（三）政府性基金预算（草案）

拟安排2017年政府性基金收入预算为137315万元，比上年增长13.26%（主要是预计商住用地出让增加），主要收入项目：省专项补助收入3500万元；市专项补助收入（主要是土地出让金市返还收入）106881万元；非税收入缴库收入6000万元；专项债务付息和发行费9105万元，上年结转11829万元。

相应安排2017年政府性基金支出预算为137315万元，主要支出项目是：城乡社区事务支出111430万元；社会保障和就业支出1230万元；其他支出

24655万元（主要是农村土地综合整治、彩票事务、专项债务利息和纳入部门预算政府性基金支出）。

（四）社会保险基金预算（草案）

根据市对区财政体制，预计2017年全区社会保险基金收入61564万元，其中：保险费收入23590万元、财政补贴37321万元、利息收入653万元。2017年社会保险基金支出61447万元，其中：社会保险待遇支出55789万元。收支相抵，本年收支结余117万元。

（五）国有资本经营预算（草案）

2017年国有资本经营预算收入预计257万元，其中：国有控股公司股利、股息收入257万元。国有资本经营预算支出257万元，主要是根据国务院《关于推进财政资金统筹使用方案的通知》，将国有资本经营收益调入公共财政预算，用于社会保障支出。收支相抵，国有资本经营预算收支平衡。

（六）2017年财政工作的主要措施

1.完善组织收入管理体系

改进完善吴兴特色的“六位一体”综合治税机制，即积极发挥财政、国地税部门主力军作用，努力实现“依法征收，依法减免”，应收尽收与不折不扣落实好税费优惠政策并举；充分调动高新区、各乡镇、街道的主体积极性，切实履行好守土有责的主体责任；组织涉税部门及各大主体完善税收征管保障大平台，优化信息比对分析与共享应用；强化重点企业税源监控，完善税收评估和纳税服务体系；加强私房出租等零星税源社会化征管，尽力实现社会税负公平；做好面向全社会的财税宣传，营造依法理财治税的良好氛围，完善组织收入管理体系大格局。重视外来建筑税收社会化征管服务保障机制建设，依法加强外来建筑企业税收征管，在依法治税不加重企业负担前提下，实现财政收入的有效补充。坚持培植税源与引进税源并重，积极开辟新税源，密切关注区域支柱产业、重点企业运行情况，全面落实减轻企业负担各项政策，努力涵养财源；注重发挥总部自由港和浙北金融中心等楼宇平台的引税功能。

2.推进预算管理精细化

认真贯彻落实预算法等各项财政法律法规，强化法治意识和绩效理念，硬化预算约束和刚性。根据部门预算“六化”建设改革，积极探索预算标准体系动态调整机制，实施预算定额管理制度；清理规范重点支出同财政收支增幅或生产总值挂钩事项，增强财政资金统筹能力；根据区级政府性专项资金清单，编制专项资金预算，加快推进项目支出定额标准体系建设，提高专项资金分配的科学性，充分发挥财政专项资金的使用绩效；持续清理盘活存量资金，严格将结余资金以及连续两年未用完的结转资金收回财政统筹使用，避免二次沉淀；完善将资产管理与预算编制相结合的工作机制，对资产配置实行定编管理。加快内控制度体系建设，推进建立预算编制、执行和监督相互制约、相互协调的财政运行机制。完善绩效评价体系，加快绩效评价指标和绩效标准体系建设，强化全过程预算绩效管理。完善政府预决算、部门预决算及“三公”经费预决算等公开工作，提高预算透明度，广泛接受社会监督。

3.持续优化支出结构

继续贯彻落实“八项规定”和“约法三章”，从严从紧控制一般性支出和行政经费，确保“三公”经费只减不增。落实车改后公务交通补贴经费，做好公务交通补贴保障和差旅费保障范围的衔接。坚持量力而行和可持续性，着力保障基本民生，继续做好政府民生实事资金保障工作，确保75%以上的新增财力用于民生。推进中期财政规划管理，对涉及农业、教育、科技等重点支出和医疗卫生、社会保障等重点项目，纳入三年规划统筹考虑。加大对实体经济的财税支持力度，创新财政投入方式，发挥财政资金“四两拨千斤”作用，利用财政资金引导和带动社会资本投入，振兴实体经济。推进政府购买服务改革，结合政府职能转变和事业单位分类改革，建立政府购买服务新机制。

4.加强地方政府债务管理

严格执行预算法以及国务院、省、市、区政府有关债务管理规定，严格区分政府债务与平台公司企业债务，政府举债一律在债务限额内采取发行债券的方式，并实施限额管理和预算管理。健全债务风险预警机制，实施化债计划，重点防范融资平台公司、PPP、政府购买服务等可能形成的隐性债务，努力控制债务规模。认真贯彻《地方政府性债务风险应急处置预案》，规范政府投资项目管理，健全政府项目投资决策机制，依据国民经济和社会发展规划纲要、区级可用财力状况及年度投融资计划，统一编制综合性的年度政府重大投资项目计划，并督促各主体遵循实施。

5.深化政府投融资改革

积极转变财政扶持经济发展方式，深化政府产业基金的投资引导作用。2017 年，将着力落实吴兴城市化产业基金、吴兴基础设施投资基金两支城镇化基金建设。控制基金规模，把重点放在已成立基金的运作绩效监管上，形成财政资金引导社会资本投入战略性产业发展的长效机制，加强产业基金在募集、投资、管理、退出等各个环节的财政监管与风险控制。规范 PPP 项目运作，防止“伪 PPP 项目”带来新的债务风险。扎实推进投融资改革规划，2017 年重点推进城镇化基金和资产证券化，探索融资平台公司市场化转型。加快构建国资监管新格局，加强对区级国有基金对外投资监督管理，规范投资行为及绩效考核，防范投资风险，发挥投资绩效，尽力实现国有资产保值增值，增强国有公司的活力、影响力和防风险能力。

各位代表，2017 年财政改革与发展责任重大，任务艰巨。我们将在区委坚强领导下，在区人大、区政协的监督和支持下，认真落实区人大的各项决议和要求，凝心聚力、锐意进取，努力确保各项任务的完成，为建设“生态吴兴、经济强区、科技新城、幸福家园”做出新的贡献！

湖州市吴兴区人民法院工作报告

——在湖州市吴兴区第四届人民代表大会第一次会议上

吴兴区人民法院院长　周文霞

2017 年 2 月 19 日

各位代表：

现在，我代表区人民法院向大会报告工作，请予审议，并请各位区政协委员及其他列席人员提出意见。

五年工作回顾

2012 年以来，吴兴法院在区委领导、区人大及其常委会的监督和上级法院的指导下，在区政府、区政协和社会各界的关心支持下，深入学习贯彻党的十八届三中、四中、五中、六中全会精神和习近平总书记系列重要讲话精神，始终坚持公正司法、司法为民主线，按照“公信立院、管理强院、人文兴院、科技助院”的工作方针，忠实履行宪法法律赋予的职责，努力让人民群众在每一个司法案件中都感受到公平正义，各项工作取得了新的进展。五年来，共受理各类案件 60448 件，审结 59683 件，收案年均增长 13.14%，一线法官结案数年均增长 22.55%，2016 年一线法官人均结案数达 313.62 件，超过全省平均 53.31 件，再创历史新高，审限内结案率 99.3%，生效裁判息诉率 94.16%，主要办案质量、效率、效果指标居全省前列。

一、主动服务大局，助力吴兴改革发展

坚持以五大发展理念为指引，及时出台司法措施，主动融入“八大行动”，努力为全区经济社会持续健康发展保驾护航。

依法保障治水拆违等重点工作。全面强化环境资源审判工作，成立环境资源审判庭。加大对各种污染水、大气、土壤等行为的打击力度，助力“生态吴兴”建设。审结涉污染环境、破坏环境资源的刑事案件 11 件，判处罪犯 39 人，从严控制缓刑的适用，实刑率达 81.48%。依法支持环保行政执法，审结环保部门申请强制执行污染环境案件 91 件，强制关停违法排污企业 23 家，处罚款 200 余万元。依法支持城乡一体化协调发展，率先推行“裁执分离”工作机制，妥善处理“三改一拆”过程中的重大项目纠纷，审结行政机关申请强制搬迁、拆除违法建筑等案件 21 件，准予执行率 95%，既支持政府依法征迁拆违，又保护相对人的合法权益。

积极维护市场经济秩序。审结商事案件 16320 件，同比上升 14.27%。审结涉证券、保险、股权、实现担保物权等新类型案件 493 件，维护正常交易秩序。重视防范和打击金融恶意逃废债行为，审结金融纠纷 3318 件、民间借贷 6549 件，标的额分别达 95.59 亿元和 73.79 亿元。审结建设施工合同、商品房买卖等涉房地产案件 1036 件，依法保障房地产市场健康发展。设立旅游巡回法庭，化解旅游纠纷，促进旅游业发展。积极推进破产审判工作，力促金泰科技、元隆纺织、佳路利印染等一批“僵尸企业”依法退出市场。稳妥处置“港城置业房地产项目案”，维护了 600 余名购房户的合法权益，有效盘活了资产。

努力促进经济转型升级。运用法治思维和法治方式，对涉企纠纷进行差异化处置，审结涉企案件 9825 件，同比上升 20.18%，通过司法程序化解不良资产 10.2 亿元，盘活企业存量资产 8.5 亿元，释放土地资源 700 余亩，房屋 30.27 万平方米。依法平等保护中小微企业和民营企业的权益，慎用强制措施，严格避免因办案不当对经济运行和企业正常生产经营活动产生负面影响。加强知识产权司法保护力度，审结专利、商标、著作权等纠纷 723 件，“阿迪达斯”、“张小泉”、“银泰”等一批知名商标侵权案得到妥善审理。审结涉外经济纠纷 143 件，平等保护中外当事人合法权益，优化外商投资环境。

二、聚焦矛盾化解，全力维护社会稳定

把护航 G20 峰会等重大活动作为首要政治任务，加强组织领导，层层落实责任，牢牢铸就维护社会稳定的强大司法防线。

宽严相济惩治刑事犯罪。审结刑事案件 6662 件，判处罪犯 9729 人，同比分别上升 15.9%和 56.06%，其中判处五年以上有期徒刑 685 人，同比上升

5.38%。审结故意伤害、抢劫、强奸、涉黑涉毒等严重危害社会治安犯罪946件，审结生产、销售有毒有害食品药品和电信网络诈骗等犯罪91件，保障人民群众生命财产安全。审结贪污、贿赂、渎职等职务犯罪案件113件，判处罪犯119人，其中县处级以上14人，保持反腐高压态势。坚持依法从宽，对3272名符合条件的被告人适用缓刑、单处罚金等非监禁刑。加强刑事附带民事案件的调解和轻微刑事案件的和解工作，审结此类案件156件，刑事受害人获赔1260万元，有效减少社会对立面。

调判结合深化多元解纷。审结民事案件14643件，同比上升6.12%。妥善审理劳动就业、社会保险、教育医疗、交通事故、人身伤害等与群众生产生活密切相关的案件，民事案件调撤率达61.95%。对不宜调解或调解不成的案件，及时依法作出裁判。推进家事审判改革，妥善审理婚姻家庭、继承赡养、扶养抚育等案件3338件，促进家庭和睦。畅通农民工讨薪绿色通道，审结劳动报酬追索类案件3559件，切实维护劳动者合法权益。创新“枫桥经验”，积极参与区矛盾纠纷多元化解中心的建设，设立“李辉法官工作室”，大力推行诉前分流、委托调解、诉调对接、立案调解等工作，在诉前成功化解各类纠纷2891件。

多措并举参与社会治理。全力做好G20峰会、互联网大会等重大活动的维稳安保工作，积极推进涉诉信访改革，认真落实信访工作责任制，加大涉诉信访化解力度，稳妥化解涉诉信访案件548件，依法对25件无理访、重复访案件报备终结。畅通申诉信访渠道，健全律师参与化解和代理涉诉信访案件工作机制，受理申诉和申请再审案件59件，通过再审程序依法纠错22件。加强少年综合审判工作，审结涉未成年人各类案件348件，对62件未成年人犯罪材料依法封存，在10所中小学建立法制教育基地。积极开展司法宣传，在各类媒体发表宣传稿件1026篇，通过拍摄微电影、推送公众号等信息化手段，扩大宣传影响力，增强群众法律意识。

三、践行司法为民，倾力维护民生权益

牢固树立司法为民根本宗旨，丰富便民措施，保障涉案民生权益，不断满足人民群众的多元司法需求。

切实方便群众诉讼保障民生。严格落实立案登记制，探索网上立案、预约立案、巡回立案等方式，打通立案服务的“最后一公里”，当场登记立案率超过95%。签发立案调查令600余份，有效缓解当事人取证难问题。大力推进新型诉讼服务中心建设，为当事人提供从咨询、立案、缴费到人民调解、申请执行、档案查阅等“一站式”线上线下服务。在诉讼服务中心增设法官接待区、自助服务区、律师工作室，方便群众诉讼。强化案件繁简分流，依法适用简易程序、小额诉讼程序审理案件32211件，大大缩短诉讼周期，减轻群众诉累。健全司法救助机制，为生活困难当事人缓、减、免交诉讼费360万元，为151名生活确有困难的当事人发放司法救助款300余万元。

切实保护行政相对人合法权益。认真贯彻落实新行政诉讼法，充分发挥行政审判司法监督职能，有效解决“民告官难”、“告官不见官”等问题。积极参与行政案件跨区域集中管辖，审结吴兴区、安吉县、长兴县辖区内一审行政案件95件，同比下降27%，其中经协调原告主动撤诉32件，行政机关败诉3件，判决案件败诉率为4.8%。推进行政机关负责人出庭应诉制度，开庭案件行政机关负责人出庭应诉率84.62%。审结非诉行政案件683件，准执率100%，保障行政机关依法对社会实施有效治理。加强司法与行政良性互动，定期召开府院联席会议，通报行政审判动态，提出司法建议，共同研究预防和化解行政争议，提升行政机关依法行政能力，助推法治政府建设。

切实推进基本解决执行难工作。执结案件19237件，同比上升16.26%，执行到位38.17亿元，同比上升278.3%。向执行难全面宣战，推动形成由党委主导，全区34家单位和部门参与的综合治理执行难新格局。依托“点对点”网络查控系统，借助公安协控机制，查询到被执行人款项5300余万元、房产536处，抓获被执行人152人。加强信用惩戒力度，曝光失信被执行人名单2198例，让失信被执行人在置产置业、提拔选任、投融资、招投标等方面处处受限。强化执行威慑，不定期开展“保民生”、“打击金融恶意逃废债”等专项行动，严厉打击规避执行、抗拒执行行为，强制腾退房屋516套，司法拘留412人，对46名涉嫌拒执犯罪的被执行人移送公安机关追究刑事责任。

四、坚持改革创新，大力提升司法公信

坚持以问题为导向，以改革创新为驱动，着力破解影响司法公正、制约司法能力的体制性、机制性障碍。

打造司法公开吴兴样本。以司法透明指数研究为抓手，深入推进审判流程、庭审活动、裁判文书、执行信息四大公开平台建设，发布法院系统首个司法公开指数，得到最高院领导批示肯定，工作经验被中国社科院“法治蓝皮书”、《人民日报》等刊物多次介绍推广，成为全国示范样本。全面主动公开依法应当公开的所有司法信息，累计向当事人发送全部审判流程和执行节点信息 2.4 万条，让公正以看得见的方式实现。推动庭审直播常态化，在新浪网上直播庭审 17 次。扩大裁判文书上网范围，公布裁判文书 1.7 万份。深入推进公开透明的司法网络拍卖，649 宗诉讼资产全部通过淘宝网平台完成拍卖变卖，成交率 95.71%，平均溢价率 29.25%，为当事人节省佣金 3636.14 万元。

稳步推进司法体制改革。以司法责任制改革为重点，深入开展法官员额制、人员分类管理等基础性改革，顺利完成首批 33 名员额法官遴选工作。探索建立司法雇员制度，有效缓解审判辅助力量长期短缺问题。切实推进庭审实质化改革，通知证人、鉴定人、侦查人员出庭作证 13 人次，充分发挥庭审在查明事实、认定证据、保护诉权、公正裁判中的决定性作用。严格落实罪刑法定和疑罪从无等法律原则，完善证据裁判规则，对 1 名被告人依法宣告无罪，裁定准予检察机关撤回起诉 5 件，依法改变定性和指控事实 130 余件。开展审判权运行机制改革，对司法人员实行分类考核管理，建立错案责任追究制度，让审理者裁判，由裁判者负责。

加快建设新型智慧法院。拓展信息技术在司法实务中的应用，积极推进庭审记录改革，以录音录像、语音识别代替书记员庭审笔录案件 5398 件，运用远程视频庭审系统开庭审理案件 116 件，庭审质量和效率明显提升。推广网上案款缴退费系统、远程电子诉讼档案查阅系统，方便当事人通过网上银行、手机银行、支付宝等便捷的新渠道及时缴退诉讼费、兑付执行款，为当事人、律师提供异地就近自助查阅案卷服务 1528 人次。加强新大楼信息化建设，建成集执行案件远程指挥、庭审案件评查、安保监控为一体的现代化集控中心，实现所有司法数据的云端存储、无纸化办公办会和数据化内部管理，为法院工作插上了信息化翅膀。

五、加强自身建设，全面提升队伍素质

坚持从严治院，深入开展“队伍建设年”活动，全面查补队伍建设短板，不断提升队伍正规化、专业化、职业化水平。

加强思想政治建设。扎实开展“三严三实”“两学一做”等主题教育活动，加强社会主义核心价值观和法治理念教育。隆重举行员额法官宣誓授职典礼，激发法官职业尊荣感。提炼“尚法致公、求是致远”院训，设计院徽，将法律文化融入新大楼建设，打造吴兴法院文化品牌。广泛开展各类文体活动，组建合唱团、举办文艺会演，展示法官风采，提升队伍凝聚力。大力培育标杆典型，15 个集体、33 名干警获得市级以上荣誉称号。

加强司法能力建设。不断强化教育培训工作，通过集中授课、网络自学等方式，不断提升法官的法律适用、庭审驾驭、裁判文书说理和做群众工作的水平。开展“办案之星”和业务骨干评选、庭审和裁判文书“两评查”、司法警察岗位大练兵等活动，切实提高广大干警的司法能力。加强业务指导和裁判尺度统一，每年确定审判实务调研课题，重视案例研究，有 40 余篇调研文章在省级以上刊物发表，有 2 篇案例被最高法院作为指导性案例发布，数量居全省前列。

加强党风廉政建设。坚决落实中央八项规定精神和省委“七个绝不允许”，严格执行省高院关于《庭审、诉讼服务中心和人民法庭“三大窗口”纪律作风守则》，驰而不息改进司法作风。认真落实党风廉政建设主体责任，建立预警性廉政约谈制度，防患于未然。强化内部制度和审务督查，对明察暗访中发现有问题的 76 人次进行通报批评和处理。开展执行和法警队伍廉政建设专项整顿活动，坚持以零容忍态度惩治司法腐败。五年来，无干警违纪违法情况发生。

各位代表，自觉接受监督是司法权公正行使的重要保障。

五年来，我们主动接受人大、政协监督，认真贯彻历次人大会议决议，及时办结代表、委员建议和提案 22 件，满意率为 100%。先后向区人大常委会专题报告贯彻落实新刑事诉讼法情况、民商事审判和执行工作情况。自觉接受人大对法院和法官依法履职情况的专项督查评议，落实整改措施 20 余项。拓宽与代表、委员的联络渠道，建立中层以上干部定向联系代表、委员制度，邀请代表、委员视察法院法庭、参加会议、旁听庭审、参与执行等 50 余次，向代表、委员寄送专刊 1000 余份。依法接受检察机关法律监督，认真办理检察建议，审结抗诉案件 22 件，改判 2 件，共同维护司法公正。广泛接受社会

监督，对“千名律师评法院”活动中所提意见，逐条对照整改，探索法官与律师良性互动机制。推进司法民主，完成人民陪审员“倍增计划”，人民陪审员参与普通程序案件审理 6106 件，陪审率达 97.28%。积极运用微信、微博等新媒体平台，接受社会各界监督，定期组织“公众开放日”活动，传递司法正能量。

各位代表，过去的五年，是吴兴改革发展取得巨大成效的五年，也是法院工作实现跨越发展的五年。回顾过去，我们深深体会到，坚持党的领导，自觉接受监督是公正司法的根本保证；服务大局，助推发展是公正司法的正确方向；司法为民，维护民生是公正司法的核心宗旨；深化改革，从严治院是公正司法的重要保障。五年来，我院先后荣立集体二等功，被评为省级文明单位、全省优秀法院，并荣膺全国优秀法院。李辉法官被评为“全国法院办案标兵”“全国法院先进个人”“全国法院十大亮点人物”。这是全院干警共同努力的结果，也是党委领导、人大监督、政府支持、政协和社会各界关心帮助的结果。在此，我代表区人民法院，向长期关心、支持和帮助法院工作的人大代表、政协委员和社会各界人士表示诚挚的敬意！

在看到成绩的同时，我们也清醒地认识到，法院工作还存在不少问题和困难：一是服务保障发展大局的职能作用有待进一步发挥，个别法官服务大局的意识不强，司法能力不高，案件审理的效果不好；二是受理案件数量持续高位攀升，而职业保障机制尚不健全，办案压力和难度越来越大；三是执行难问题依然存在，被执行人规避执行、抗拒执行等问题还比较突出，社会公众对“执行难”和“执行不能”的界限还不能正确区分；四是法院深化改革，公正司法的成效与人民群众的期待尚有不少差距。对此，我们将紧紧依靠区委领导，争取各方支持，切实采取有效措施，努力加以解决。

今后五年工作安排

我们的总体工作思路是：全面贯彻党的十八大和历次中央全会精神，深入学习贯彻习近平总书记系列重要讲话精神，在区委的领导下，在区人大及其常委会的监督下，自觉拉高工作标杆，以争创公信法院，争当品质法官为目标，坚持公正司法、司法为民，充分发挥审判职能，深入推进司法体制改革，从严加强队伍建设，全力维护社会公平正义，为我区率先实现高质量赶超发展、高水平全面建成小康社会提供更加有力的司法保障。

一是充分发挥审判职能作用，在服务改革发展上有新作为。弘扬护航 G20 峰会精神，宽严相济惩治犯罪，扎实推进涉诉信访改革，坚决维护国家安全和社会稳定。密切关注我区经济社会发展新常态，围绕深化供给侧结构性改革，依法审理好破产、房地产、金融借款等案件，促进经济转型升级。加强环境审判，依法保障打好治水拆违和环境整治攻坚战。加强行政审判工作，推动行政机关加强和改进行政应诉工作，助推法治政府建设。

二是努力践行司法为民理念，在破解执行难题上有新突破。大力推进“大立案、大服务、大调解”三大机制建设，深化立案登记制，优化诉讼服务，加大诉前和审前的矛盾纠纷化解力度，妥善审理涉民生案件，充分保障人民群众权益。紧紧依靠党政支持，完善执行联动机制，加快推进失信被执行人信用监督、警示和惩戒机制建设，用足用好用尽各种执行强制措施，切实规范执行行为，确保在全省率先基本解决执行难。

三是加快智慧司法建设步伐，在提高审判质效上有新进展。努力建设全面覆盖、移动互联、跨界融合、深度运用、透明便民、安全可控的法院信息化新格局。推广应用“浙江智慧法院”APP 和“浙江法院律师服务平台”，为法官办案、律师代理、当事人诉讼提供更加便捷的服务，让“数据多跑路，让群众少跑腿”。推广应用异地跨域网上立案、在线纠纷调解平台、电子商务网上法庭等系统，实现网上全流程办案和监督，加强司法大数据运用，助推审判质效提高。

四是深入推进司法体制改革，在提升司法公信上有新成效。全面推开司法责任制改革，积极推进以审判为中心的诉讼制度改革，探索试用刑事速裁程序和认罪认罚从宽制度，确保各项改革举措落地见效。以改革带动队伍建设，全面落实从严治党，从严治院。贯彻好《准则》、《条例》，切实改进司法作风，完善廉洁司法风险防控机制，加大对违纪违法行为查处力度，努力建设忠诚、干净、担当的法院队伍，不断提升司法公信力。

各位代表，新的一年，我们将在区委的领导和区人大及其常委会的监督下，以更加强烈的责任感，忠实履行宪法和法律赋予的职责，开拓创新，锐意进取，扎实工作，为我区在新起点上实现新发展，在新常态中实现新跨越提供坚强有力的司法保障！

湖州市吴兴区人民检察院工作报告

——在湖州市吴兴区第四届人民代表大会第一次会议上

吴兴区人民检察院检察长 戴立新

2017 年 2 月 19 日

各位代表：

现在，我代表区人民检察院，向大会报告工作，请予审议，并请政协委员和列席会议的同志提出意见。

2012 年以来，我院在区委和上级院的领导下，在人大及其常委会的监督下，全面贯彻党的十八大和十八届三中、四中、五中、六中全会精神，深入学习领会习近平总书记系列重要讲话精神，以绿色司法理念为指引，紧紧围绕全区改革发展稳定大局，忠实履行法律监督职责，为保障吴兴经济又好又快发展和维护社会和谐稳定做出了积极贡献。五年来，

——服务大局得到新加强。坚持以科学发展观为统领，积极适应经济新常态带来的新变化，出台多项保障和促进吴兴经济社会发展的工作意见，并落实到各项检察工作中，维护了社会和谐稳定，保障了经济社会发展。

——执法办案取得新成效。坚持依法办案、规范司法，五年来共办理各类案件 9283 件，同比增加 20%。注重提升办案质量，实现办案的法律效果、政治效果和社会效果有机统一，办案数量和质量名列全省前茅。

——队伍素质有了新提高。检察官中本科以上学历达 100%，其中研究生和在读研究生 11 人，队伍的整体素质和能力不断提升，涌现出“省级优秀检察官”魏冠卿等先进典型和一批省市有影响的业务尖子。有 18 个集体和 34 名个人受到市级以上记功表彰。

——基础建设实现新跨越。技术装备不断加强，检察信息网不断完善，实现网上办案、远程接访、视频提审。建成现代化办案大楼和“一站式”检察服务大厅，检察工作信息化、智能化水平不断提高。

——争先创优迈上新台阶。以标杆姿态推进吴兴检察工作高水平发展，被评为全国先进基层检察院、全国检察宣传先进单位、省文明单位、省政法系统先进集体，连续 5 年被评为“浙江省先进基层检察院”，荣记集体二等功 1 次。

五年来，区检察院主要抓了以下工作：

一、自觉融入中心工作，切实提升服务保障水平

全力服务经济社会发展。围绕区委中心工作，出台《服务推进全区农业改革与建设全国级试点工作意见》《服务和保障全区“六大战区、八大行动”工作意见》等 6 项服务保障文件，明确具体工作措施，通过案件办理、参与综治、对口联系、法制宣讲等途径，助推大项目落地、新型城市化建设、农业农村发展和法治建设，得到区主要领导批示肯定。依法保障和促进非公企业健康发展，制定《关于服务非公有制企业发展的十二项工作意见》，从优化发展环境、完善帮扶措施、拓展服务渠道、改进办案方式等方面强化司法服务，构建起“亲”“清”检企关系。

积极参与基层社会管理。配合公安等部门开展专项综合整治活动，促进社会治安防控体系建设。坚决打击利用网络实施的危害国家安全、社会稳定的犯罪活动，依法批捕起诉了一新疆籍务工人员通过网络传播涉恐信息煽动分裂国家案等一批重大网络犯罪案件。充分发挥检察建议作用，针对办案中发现的社会管理问题，及时提出检察建议，促进消除隐患、完善制度、强化管理。开展法制宣传进社区、进乡村、进企业、进校园活动，举办法制宣讲 31 场。延伸检察触角，利用基层检察室，加强对不起诉人员特色化帮教，杨家埠检察室被评为 2015 年度湖州市“最美窗口”。立足检察职能，全力护航 G20，2 名干警被评为省级“平安护航 G20 峰会先进个人”。

妥善化解社会矛盾纠纷。积极运用刑事和解程序，使 102 件轻微刑事案件的当事人达成和解，修复受损的社会关系；对民事申诉等案件，坚持抗诉

和息诉并重，努力化解纠纷 11 批 82 人。办理的一件买卖合同纠纷申诉案，因调处得当，获评“全省优秀民行申诉调处案件”。落实涉法涉诉信访改革要求，制定《关于依法处理涉法涉诉信访问题的实施意见》，畅通信访渠道，落实领导包案、督办制度，与相关部门建立“矛盾纠纷多元化解机制”，强化涉法涉诉信访问题的处理。五年来办理各类群众来信 238 件，接待群众来访 545 批 670 人次，5 件重点信访案件全部息诉化解。

二、依法履行检察职能，切实维护社会稳定和司法公正

依法打击刑事犯罪。五年来，批准逮捕犯罪嫌疑人 4012 人，提起公诉 9269 人。工作中，突出打击重点，依法严惩黑恶势力犯罪、严重暴力犯罪以及“两抢一盗”等多发性侵财犯罪，批捕重特大犯罪嫌疑人 1210 人，起诉 1651 人；维护食品药品安全，批捕制售有毒有害食品药品犯罪嫌疑人 54 人，起诉 97 人；强化环保检察，批捕破坏环境资源犯罪 45 人，起诉 61 人；参与整顿市场经济秩序，依法打击金融诈骗、非法集资等犯罪，批捕 88 人，起诉 124 人。贯彻宽严相济刑事政策，对初犯、过失犯和老年犯、未成年犯，依法实行轻缓处理，决定不批捕 495 人，不起诉 421 人。在办案中，坚持提前介入侦查，强化执法办案风险预警，开展司法救助工作，相关做法得到上级领导批示。2015 年办理的市经济技术开发区污染环境系列案件被评为全省“三个效果”有机统一优秀案例。

依法惩防职务犯罪。五年来，共立案查处职务犯罪案件 115 件 120 人，涉及处级干部 17 人，科级干部 41 人。突出打击了医疗卫生、生态环保、工程建设和农村基层组织等行业和领域职务犯罪，查处了市政府副秘书长、矿治办主任李某某受贿案等一系列大要案。其中 2013 年办理的中储粮系列渎职犯罪案件，得到了习近平总书记等中央领导以及省委夏宝龙书记的批示，被评为“全省反渎职侵权十大精品案件”，区院反渎局荣记二等功 2 次。通过办案挽回经济损失 3500 多万元。同时，持续推进职务犯罪预防。结合办案，向发案单位发出检察建议 25 份，协助建章立制 31 项。撰写各类预防文章及专项调研报告共计 105 篇。针对多媒体产业园工程等多个项目开展同步专项预防。加强预防宣传，制作的警示片《腐消廉长》和微电影《痕迹》均在全省获奖。在区国税局等 12 家单位开展警示宣传教育活动。深化行贿犯罪档案查询，为企业和相关单位提供行贿犯罪档案查询 13000 余次。

依法开展诉讼监督。加强侦查监督，监督侦查机关立案 96 件，监督撤案 14 件，追捕 54 人，追诉 87 人。其中，立案监督、追捕、追诉被判处十年以上有期徒刑 10 人。严格证据审查，加强对非法取证、侵犯诉讼权利等行为的监督，对侦查活动中的违法情况提出纠正意见 49 件次。加强审判监督，依法审查法院各类裁判 8000 余件，提出抗诉和建议提请抗诉 35 件，发出再审检察建议 17 件，法院再审改变原判决 36 件。打击虚假诉讼，办理的湖州某公司虚假诉讼监督案被省院评为“全省民行监督十大精品案件”。加强刑罚执行监督，开展羁押必要性审查，提出改变强制措施建议 17 件，均被采纳；监督司法行政机关对 18 名社区矫正对象收监执行。开展“三类犯罪”专项检察活动、集中清理“判实未执”专项活动。严查减刑、假释和日常监管活动背后的职务犯罪，对监狱民警沈某涉嫌受贿罪予以立案查处。

三、积极践行绿色司法，切实构建良好检察生态

深入推进规范司法。严格执行刑事诉讼法和刑事办案规则，认真落实同步录音录像、涉案财物管理、讯问犯罪嫌疑人等制度。规范自侦案件指定居所监视居住措施的运用，出台《实施方案》，与公安建立联动机制，严格规范操作流程。扎实开展规范司法行为专项整治活动、文明办案与保障律师执业权利专项整改活动，依法保障律师行使会见、阅卷等诉讼权利，认真听取律师辩护意见，构建良性检律关系。加强未成年人检察工作，成立未成年人检察科，实行捕诉监防一体化工作模式，规范对涉案未成年人讯问、询问和对被附条件不起诉未成年人考察帮教。

积极开展检察改革。制定《司法体制改革实施方案》和《现任检察官入额实施办法》，完成首批 25 名员额检察官遴选工作。创新公诉阶段讯问犯罪嫌疑人全程同步录音录像机制，将现职副科级以上职务犯罪案件、有重大社会影响的案件以及有可能翻供案件列为全程同步录音录像的对象，不仅规范了讯问工作，而且增强了犯罪嫌疑人口供的稳定性，取得了良好的审讯效果。率先推行以客观性证据为核心的审查逮捕和审查起诉改革，开展公开听证，申请侦查人员、鉴定人出庭作证等工作。建立社区矫正信息化动态监督机制，通过社区矫正管理平台，

实现对被矫正人员实时监管。创新未成年被害人"一站式"取证工作，被省院列为全省试点项目。

全面深化阳光检察。出台《关于推进阳光检察工作的实施方案》，着力构建开放、动态、透明、便民的阳光检察长效机制。完善信息发布制度。五年来，发布案件程序性信息5557件，公开法律文书1776份。加强检察宣传工作，建立门户网站，开通官方微信、微博，共发布微信240条，微博470条，讲好检察故事。设立"检察官说法"专栏，开展以案释法。完善当事人权利义务告知制度，切实保障犯罪嫌疑人及被害人的诉讼权利，增强办案透明度。通过检察开放日、新闻发布会等途径，向社会通报检察工作情况，公开检务信息，加强检民互动，接受社会监督。

四、全面加强队伍建设，切实提高司法办案能力

强化思想政治建设。坚持抓班子带队伍，加强领导干部政治理论学习，健全民主生活会制度，增强班子的凝聚力和战斗力。扎实开展党的群众路线教育实践活动及"三严三实""两学一做"专题教育，组织全体检察干警认真学习习近平总书记系列重要讲话和党章党规，增强"四个意识"，确保检察队伍纯洁。强化先进典型引领，打造以"全省优秀检察官"魏冠卿为代表的优秀公诉团队，并以其先进事迹教育激励全体干警。深化检察文化建设，成立青年干警联谊会，组织各类志愿服务、基层实践、法律宣传、文体竞赛活动，形成团结和谐、生动活泼的氛围。

强化司法能力建设。加大教育培训力度，组织形式多样的岗位练兵和业务培训活动，提升队伍业务素质。开展论辩对抗、庭审观摩、业务能手评比以及各类演讲比赛，提高干警实战水平。加强帮扶带教、挂职锻炼和轮岗交流，建立"导师制"、"1+1"辅岗结对等制度，引领年轻干警快速成长。加强人才选拔，对政治素质过硬、专业能力突出的青年干警，通过"双聘"竞争上岗，优化队伍梯队结构。5年来，先后有6名干警获得全省检察机关业务竞赛标兵称号，有36人次在各种业务竞赛上获奖，有75篇文章在各级刊物发表，12名35周岁以下干警走上中层岗位。

强化纪律作风建设。坚持从严治检不动摇，认真落实"两个责任"，努力在全院营造风清气正、干事创业的良好生态。开展"党纪教育一刻钟"等警示教育活动，组织干警学习《准则》《条例》及各项廉洁从检规定，提高自律意识。加强内部监督，强化对司法办案的检务督查，促进司法作风转变。开展"两看两比，聚力发展"作风建设活动，制定"改进作风21条"，促进工作作风转变。配合区纪委派驻机构改革，积极支持纪检组履行监督职责，5年来，开展正风肃纪专项督查120次。2015年，获评"全市检察机关党风廉政建设先进集体"。

自觉接受党的领导和人大监督是我们把握正确政治方向、做好检察工作的根本保证。为此，我们始终坚持把检察工作置于党的绝对领导之下，坚决贯彻区委的工作部署，认真汇报检察工作的重大问题，围绕区委的工作大局，做好各项检察工作。同时，进一步增强接受人大及其常委会监督的意识，主动向人大常委会汇报工作，认真执行人大对检察工作的决议，对人大交办事项，落实专人，限时办理。认真接受区人大常委会对部分检察员的年度履职评议。密切与人大代表和政协委员的联系，通过召开座谈会、进行走访和组织视察等活动，认真听取代表和委员对检察工作的意见和建议。坚持人民监督员制度，协助司法部门，聘请代表、委员担任人民监督员，加强对司法办案监督，促进了检察权的规范、公正行使。

各位代表，过去五年检察工作的成绩，是在党委领导，人大监督，政府、政协和社会各界支持下取得的。在此，我代表区人民检察院表示衷心的感谢和诚挚的敬意！

回顾五年的检察工作，我们深深地体会到：坚持把检察工作纳入全区工作大局中谋划和推进，是检察机关实现自身发展的基本前提；坚持高标准站位、高水平发展，务实创新，追求卓越，是检察工作始终保持领先的不竭动力；坚持人才强检、从严治检，注重队伍素质提升，是推动检察事业可持续发展的重要基础；坚持司法为民、密切联系群众，在解决群众反映强烈的问题上下功夫、求实效，是提升检察工作满意度的有效途径。

在肯定成绩的同时，我们也清醒地认识到工作中还存在困难和不足，主要体现在：一是检察职能作用发挥得还不充分，服务全区经济社会发展的力度和效果还有待提升。二是随着法治建设推进，法律监督还需进一步加强。三是深化司法体制改革的任务依然艰巨，检察工作将迎来许多挑战和困难。四是检察队伍素质还不能完全适应新形势、新任务

的要求，服务大局、司法为民和规范办案能力还有待进一步提高。对此，我们将在今后的工作中努力加以改进和解决。

未来五年，是吴兴经济社会实现高质量赶超发展的重要时期，也是推进吴兴检察事业创新发展的关键时期。因此，今后五年吴兴检察工作的总体思路是：**全面贯彻党的十八大和十八届三中、四中、五中、六中全会精神，深入贯彻习近平总书记系列重要讲话精神和治国理政新理念、新思想、新战略，按照区四次党代会的部署，依法履行检察职能，全力服务大局，践行绿色司法，深化改革创新，全面从严治检，深入推进"平安吴兴"、"法治吴兴"建设，为我区率先实现高质量赶超发展、高水平全面建成小康社会提供有力的司法保障。**

落实上述总体思路，必须做到：

——牢固树立推动科学发展、促进社会和谐的大局观，更加自觉地把检察工作摆到经济社会发展全局中来谋划和推进，做到司法想到稳定、办案考虑发展；

——牢固树立忠诚、公正、清廉、为民的核心价值观，忠于党、忠于人民、忠于宪法和法律，守护公平正义，保持清正廉洁，坚持司法为民，构筑全体检察人员共同的价值追求；

——牢固树立理性、平和、文明、规范的司法观，坚持绿色司法，规范司法行为，改进司法方式，加强司法管理，使广大人民群众更能感受到法律的尊严和人民检察官的公正；

——牢固树立监督者更要自觉接受监督的权力观，始终把强化自身监督放在与强化法律监督同等重要的位置，坚持职权法定，有权必有责，用权必监督，滥用必追究。

落实在具体工作中，重点抓好：

一是更加注重服务发展大局，着力保障吴兴经济社会赶超发展。紧紧围绕区第四次党代会部署，准确把握五大发展理念，把司法办案作为服务大局的基本途径，充分发挥打击、监督、教育、保护等职能作用，保障和推进"生态吴兴、经济强区、科技新城、幸福家园"建设。进一步加强对民营企业和企业家的司法保护、对群众利益的司法保护和对依法行政的司法保护，努力营造诚信有序的市场环境、和谐稳定的社会环境、廉洁高效的政务环境、公平正义的法治环境。

二是更加注重检察主业，着力强化法律监督。坚持法律监督机关的职责定位，强化审查批捕和起诉工作，依法打击各类犯罪。全面加强对侦查、审判、执行等法律监督，维护司法公正，保障合法人权。围绕"以审判为中心"的诉讼制度改革，提升刑事检察工作品质。突出办案重点，规范司法行为，讲究办案方式方法，真正做到依法敢于监督、善于监督和理性监督，让人民群众在每一个司法案件中感受到公平正义。

三是更加注重改革创新，着力发挥先进院示范作用。积极争取区委、人大的支持，切实加强思想政治工作，稳妥推进司法改革，凝聚检察改革的正能量。特别是当前，从讲政治的高度，坚决拥护国家监察体制改革，不折不扣地按照中央省市区委确定的时间表，完成检察机关反贪、反渎、预防部门人员的转隶，确保思想不乱、队伍不散、工作不断。积极适应诉讼制度改革，狠抓办案机制创新，实行员额检察官办案责任制，大力推进阳光检察，不断提升检察机关的司法公信度。

四是更加注重检察队伍建设，着力打造吴检铁军。加强检察机关党的建设、思想政治建设和检察文化建设，坚持用先进文化提升检察干警的思想境界、职业操守、法律素养。充分发挥教育培训在检察人才、队伍专业化建设中的先导和基础作用，完善岗位练兵、业务竞赛等多元培训模式，加快培养一批检察业务专家和办案能手。坚持全面从严治检，认真落实"两个责任"，强化对队伍的管理和监督，提升检察队伍形象。

各位代表，做好新形势下的检察工作责任重大、使命光荣，我院将认真贯彻本次大会决议，在区委领导、人大和社会各界的广泛监督下，不忘初心，继续前进，"撸起袖子，加油干"，努力开创吴兴检察事业新局面，为我区率先实现高质量赶超发展、高水平全面建成小康社会作出新的更大的贡献！

附：本报告涉及的有关用语说明

1.绿色司法：是浙江省人民检察院检察长汪瀚在2016年3月全国两会期间提出的理念，具有丰富而深刻的内涵：绿色司法是契合"五大发展理念"尤其是绿色发展理念的新型司法理念，以遵循司法规律为导向，以规范、理性、文明司法为核心，以司法公开、司法公正和司法公信力为本质要求。通过绿色司法，实现公平正义所要求的执法动机、方式方法和质量效果的统一，最大限度减少司法办案的负面产出，推进社会善治进程，构建文明健康的法治生态。

2.刑事和解：是指因民间纠纷引起，涉嫌侵犯人身权利民主权利、侵犯财产犯罪，可能判处三年有期徒刑以下刑罚的故意犯罪案件，以及除渎职犯罪以外的可能判处七年有期徒刑以下刑罚的过失犯罪案件（五年以内曾经故意犯罪的除外），通过调停人或其他组织使被害人与犯罪嫌疑人、被告人直接沟通、共同协商，双方达成民事赔偿和解协议后，司法机关根据案件的具体情况对犯罪嫌疑人、被告人不再追究刑事责任或从轻减轻刑事责任的诉讼活动。

3.立案监督：是指检察机关认为侦查机关对应当立案侦查而不立案侦查的，或不应当立案侦查而立案侦查的案件进行监督，督促侦查机关立案或撤案。

4.提请抗诉：是指人民检察院认为同级人民法院已经发生法律效力的判决、裁定认定事实的主要证据不足，或适用法律确有错误，或违反法定程序或审判人员有贪污受贿、徇私舞弊时，提请上级人民检察院按审判监督程序提出抗诉。

5.捕后羁押必要性审查：新《刑事诉讼法》规定：“犯罪嫌疑人、被告人被逮捕后，人民检察院仍应当对羁押的必要性进行审查。对不需要继续羁押的，应当建议予以释放或者变更强制措施。有关机关应当在十日以内将处理情况通知人民检察院。”此项制度，是人权保障理念在刑事诉讼领域的落实和展开，是对权力制衡理论和比例原则的顺应，将有助于防止超期羁押和随意羁押。

6.社区矫正：是与监禁矫正相对的行刑方式，是指将符合社区矫正条件的假释、监（所）外执行、管制、剥夺政治权利、缓刑等罪犯置于社区内，整合政法部门、社区等各方力量，在判决、裁定或决定确定的期限内，矫正其犯罪心理和行为恶习，并促进其顺利回归社会的非监禁刑罚执行活动。

7.“三类犯罪”专项检察活动：2016 年 3 月下旬，最高人民检察院对职务犯罪、金融犯罪和涉黑犯罪“三类”罪犯刑罚变更执行为重点，部署开展减刑、假释、暂予监外执行专项检察活动。

8.“判实未执”专项活动：根据最高人民法院、最高人民检察院、公安部、司法部的统一部署，浙江省高级人民法院、浙江省人民检察院、浙江省公安厅、浙江省司法厅联合下发通知，决定在全省范围内组织开展为期六个月的集中清理判处实刑罪犯未执行刑罚专项活动(简称“判实未执”专项活动)，对审前未羁押判处实刑罪犯未执行刑罚、被判处有期徒刑以上刑罚剩余刑期在三个月以上的罪犯仍羁押在看守所、被撤销假释、撤销缓刑、暂予监外执行条件消失的罪犯尚未收监执行刑罚的情况进行全面清理。

9.“阳光检察”：是指检察机关为加强信息公开，赋予人民群众知情权，让检察工作在阳光下运行，提升人民群众对检察机关的满意度，推行的主动或依当事人申请，公开案件、政务、队伍等检察信息，普遍设立检务公开大厅，全面推行案件流程信息查询、诉讼权利义务告知和办案结果告知等系列制度。

10.非法证据排除：是指在刑事诉讼中，侦查机关及其工作人员采用刑讯逼供等非法方法收集的犯罪嫌疑人、被告人供述和采用暴力、威胁等非法方法收集的证人证言、被害人陈述，应当予以排除。收集物证、书证不符合法定程序，可能严重影响司法公正的，应当予以补正或者作出合理解释；不能补正或者作出合理解释的，对该证据应当予以排除。在侦查、审查起诉、审判时发现有应当排除的证据的，应当依法予以排除，不得作为起诉意见、起诉决定和判决的依据。

11.“一案两卡”制度：是指在办理自侦案件的过程中，制作使用“执法监督卡”和“廉洁自律卡”的规定。“执法监督卡”用于发案单位、涉案当事人对办案人员在执法办案过程中遵守和执行法律法规和办案纪律情况的监督；“廉洁自律卡”用于办案人员对执法办案过程中，处理说情、送礼、请吃情况的记录。

12.“以审判为中心”诉讼制度改革：党的十八届四中全会通过的《中共中央关于全面推进依法治国若干重大问题的决定》提出：“推进以审判为中心的诉讼制度改革，明确侦查、审查起诉的案件事实证据经得起法律的检验。”确立了审判环节的中心地位，要求庭审充分进行交叉询问、辩论，充分发挥举证、质证、认证各环节的作用，真正贯彻直接言词原则、辩论原则、司法中立原则、公开审判原则、集中审理原则，排除庭前预断，使庭审真正成为确认和解决罪、责、刑问题的关键环节。

第二篇　大事记

1月

6日，市委书记裘东耀，市委常委、秘书长高屹，副市长李建平一行检查走访吴兴区红丰农贸市场，看望慰问坚守岗位的基层干部和经营户代表。

8日，吴兴区青少年公共安防教育体验基地启动仪式在湖师附小教育集团西山漾校区举行。基地由区公安分局、区教育局、八里店镇政府和湖师附小教育集团共建，占地面积560平方米。教育基地以安全文化为宗旨、以实体性体验为主要内容，通过参观、情景模拟、互动体验等方式，学习交通、消防、食品、网络、毒品等知识，促进青少年掌握应急处置和避险逃生的基本能力，从源头上预防和减少安全事故的发生。

11日，市委副书记、市长陈伟俊到吴兴区听取吴兴区、南浔区关于丝绸小镇相关情况汇报。

13日，埭溪镇召开2016中国化妆品生产基地·湖州战略研讨会。

16日，市委书记裘东耀到吴兴区调研平安维稳工作，实地走访区公安分局综合情报（合成作战）中心、区青少年公共安全防范教育基地、浙江振兴阿祥集团有限公司、织里镇城市环境综合整治现场。

17日，西塞山旅游文化节暨首届陆羽古道马拉松徒步活动在妙西镇霞幕山景区举办。

20日，吴兴区召开区委常委会"三严三实"专题民主生活会，认真贯彻党章要求和《中国共产党廉洁自律准则》等党内规章，深入贯彻习近平总书记系列重要讲话精神特别是关于"三严三实"专题教育的重要指示。

21日，区委书记蔡旭昶带领相关部门负责人深入妙西镇玲珑湾、知了帐篷露营地等调研重点旅游项目推进情况。

区委书记蔡旭昶带队赴高新区对重点行业领域和劳动密集型企业、人员密集场所开展春节前安全生产（消防）大检查。

23日，"心相聚　成大器"——2016年吴兴区青年企业家交流大会顺利举行，会议由吴兴团区委主办，区青企协承办。

妙西镇被认定为"浙江省休闲农业与乡村旅游示范乡镇"，湖州玲珑生态农业发展有限公司被认定为"浙江省休闲农业与乡村旅游示范点"。

"老恒和"酱油被评为浙江省名牌产品。

27日，埭溪镇长林农庄实现区首家"机器换人"茶企。

28日，浙江省政府批示埭溪美妆小镇列入省第二批特色小镇。

29日，省银监局党委副书记袁亚敏一行到吴兴区调研指导农业金融支农创新工作。

2月

2日，市委副书记、市长陈伟俊一行分别对爱山小学高新区校区工程建设和湖州飞剑杆塔制造有限公司安全生产工作进行检查。

7日，市委书记裘东耀到吴兴区八里店社会福利中心看望和慰问老人、残疾人及残障儿童，并为他们送去慰问品和慰问金。

14日，市委常委、宣传部部长胡菁菁到吴兴区调研妙西镇村组织建设工作。

吴兴区召开"一线比拼勇担当　凝心聚力齐攻坚——六大战区、八大行动誓师大会"。

省人大常委会副主任姒健敏一行到吴兴区调研贯彻落实省委全会和经济工作会议精神及查找经济

社会“短板”情况。

16日，市委书记裘东耀到道场乡调研东苕溪“河长制”工作。

17—18日，市委常委、宣传部部长胡菁菁到吴兴区分别对美妆小镇、珀莱雅、小西街、杭州口腔医院湖州分院进行调研，并召开文明创建座谈会。

18日，全市重大工业项目集中开工仪式在高新区湖州老恒和古法酿造生态化产业基地项目现场举行。

省委副书记、省长李强到吴兴区埭溪镇珀莱雅生产基地，调研珀莱雅的发展情况，考察由珀莱雅牵头打造的“中国化妆品美妆小镇”。

省委政法委副书记、省平安办主任马以，省委政法委副书记、省综治办主任刘树枝率领的省调研组一行到吴兴区调研指导社会治安防控体系建设工作，实地走访圆通快递吴兴分检中心、区矛盾纠纷多元化解中心、区公共法律服务中心。

20日，吴兴区2016年春季人力资源交流大会在湖州师范学院燕英体育馆举办，共有130家企业参会，现场达成意向共1077人。

妙西镇举行梅花节，包含赏梅、祈福、猜灯谜、台湾文化体验、状元糕制作等活动，吸引10万名游客。

22日，“音艺梦想”培训基地授牌仪式暨新春音乐会在湖州大剧院举行。

23日，市人大常委会副主任王勤一行到吴兴区视察水利建设情况。

24日，全市清淤泥治污泥工作现场会在高新区戴北园区举行。

省经信委副主任杜华红带队到吴兴区开展“五帮五助”服务企业集中调研活动。

26日，召开吴兴区“文明创建攻坚年”活动动员大会，深入贯彻落实市委“四个年”活动精神，扎实推进市“文明创建攻坚年”和区“三城联创”工作，着力提升市民文明素质和城市文明程度。

省发改委副主任、省能源局局长吴胜丰到吴兴区调研新能源建设发展情况。

3月

1日，中韩文化交流园暨“茶禅一味”碑奠基仪式在妙西镇妙山村举行。

市委副书记、市长陈伟俊到吴兴区检查全省社会治安防控体系建设现场推进会准备工作，并分别对圆通快递吴兴分检中心、区矛盾纠纷多元化解中心、区公共法律服务中心进行检查。

以中国社会科学院农村发展研究所教授、博士生导师、北京市政协常委朱钢为组长的课题组一行到吴兴区就湖州市与浙江大学市校合作十年发展情况开展调研。

区委副书记、区长吴智勇，副区长汪胜富一行专程赴妙西镇调研西塞山省级旅游度假区交通基础设施建设及旅游项目推进工作。

2日，区人大常委会主任吴旭一行到妙西镇，就人大工作和旅游项目推进开展调研。

省经信委副主任、主任巡视员徐焕明一行到织里镇调研童装产业示范园区一期项目和织里童装产业环境综合整治配套园（砂洗城）项目。

3日，全省社会治安防控体系建设现场推进会在吴兴区召开。

区委常委、宣传部部长茅利荣到月河小学教育集团、湖州十一中教育集团检查指导国家文明城市创建工作。

4日，省公安厅党委委员、纪委书记、副督察长张钢、监察室主任韩丰平一行到八里店派出所调研队伍建设工作。

5日，全区农村土地承包经营权确权登记颁证工作动员大会召开。区委副书记、区长吴智勇，区领导王秀琴、宋建方、甘道民等出席会议。

7日，2016年吴兴西塞山旅游度假区重点项目集中开工暨原乡假日小镇建设启动仪式在妙西镇举行。

省大气污染防治督察组到吴兴区考察指导湖州华为云计算中心产业园一期、湖州现代物流研发创业中心建设项目二期建设工作。

8日，市委副书记、政法委书记金建新到高新区调研人民调解工作。

9—10日，省政协副主席孙文友到吴兴区调研浙江省丝绸产业传承发展的现状、做法和成效，并提出对策建议。

省政法委副书记、省平安办副主任周长甬率队到吴兴区检查指导平安建设（综治）工作。

9—11日，省平安办到吴兴区检查指导富力城开发项目在建工程平安建设工作。

10日，省林业厅副厅长俞坚到吴兴区检查指导森林消防工作。

11日，吴兴区举行2016年东部新城项目集中开工仪式暨“湖城向东看”年度系列活动启动仪式。

12日，“礼让斑马线 文明过马路”吴兴区文明出行暨朝阳街道文明创建启动仪式在朝阳街道举行。

15日，市纪委副书记、市监察局局长何国富一行到吴兴区调研巩固深化纪律检查体制改革和“三转”成果的情况。

市政协副主席钟鸣带队到织里镇视察义皋溇港文化示范工程。

省总工会经审办主任吕美溪一行到吴兴区调研指导经审工作。

湖南省郴州市北湖区委副书记、区长蒋利民率党政考察团一行37人到吴兴区考察原乡旅游工作。

17日，省安委办主任、省安全监管局局长华宣奎调研湖州（吴兴）安全生产监控服务中心暨智慧用电隐患排查系统省试点开展情况。

22日，市政协副主席叶鸣到吴兴区东林镇青山、南山、泉庆村调研美丽乡村创建工作。

市政协副主席曹德平到吴兴区分别对河道整治保洁情况、移沿山村庄、路村村等整治情况进行调研。

23日，副省长梁黎明一行到吴兴区调研旅游工作，先后实地考察西塞山旅游度假区浙北原乡假日小镇、知了国际帐篷露营地等项目，了解吴兴区旅游工作发展情况。

省政协副主席张泽熙到吴兴区分别对南横塘港西山漾段河道整治保洁情况、湖州中环税务有限公司工作、移沿山独市古村落环境长效管理、杭宁高速问题点整治情况进行调研，并实地查看“五水共治”“河长制”“两路两侧”“四边三化”开展落实情况。

24日，由中国工程院副院长、院士刘旭率领的中国工程院“农业发展方式转变与美丽乡村建设”课题组到吴兴区先后调研八里店现代农业综合区公共服务中心、尹家圩粮油植保农机专业合作社、金农瓜果蔬菜精品园、湖州吴兴明锋湖羊专业合作社，了解吴兴区农业经济发展和美丽乡村建设情况。

省高院审判委员会专职委员丁卫强、刑三庭副庭长干金耀一行到吴兴区人民法院，就湖州地区刑事审判工作进行调研，听取各基层法院关于交通肇事犯罪、危险驾驶犯罪等刑事审判工作。

25日，举行吴兴区一季度引进项目集中签约仪式。招商引资先进乡镇埭溪镇、捷星投资有限公司、中世国际有限公司、中国新型房屋集团东方有限公司、上海上美化妆品有限公司负责人作交流发言。共签约22个产业项目、5个科技人才项目，总投资超100亿元。截至3月底，全区累计实到外资达6962万美元，完成市年度目标计划的38.7%，超时序进度13.7个百分点，完成总量及完成进度均位列市三县两区首位，吴兴区一季度实到外资实现开门红。

26日，国家旅游局副司长、红色旅游办公室常务副主任胡呈军，江山多娇规划院院长、教授原群一行5人到吴兴区考察旅游工作。

28日，“文明吴兴走起来”——2016年吴兴区社区文化节在余家漾公园开幕。

28—29日，全省综合安全监管暨智慧式用电安全现场会在吴兴区召开，省安委办主任、省安全监管局局长华宣奎，副市长董立新出席活动。

29日，市人大常委会副主任王勤到吴兴区道场乡、东林镇、八里店镇南片等地调研农业种质资源保护工作。

副市长杨六顺到吴兴区弁山公墓、枫树岭公墓进行森林消防检查。

31日，环保部发布公告，授予吴兴区“国家生态区”称号。

4月

5日，副市长杨六顺带领检查组到吴兴区检查指导清明森林消防工作。

省食药局局长朱志泉一行到吴兴区调研“美妆小镇”建设。

6日，吴兴区总工会举办2016年湖州市吴兴区“高新杯”红色动力立功竞赛暨中节能（湖州）节能环保产业园第一届“中节能杯”砌筑工技能大赛。来自全区10支重点建设立功竞赛项目代表队的32名选手参加。

7日，省经信委陈昌杰副处长、市经信委方安明副主任到吴兴区创盛光能源、今童王、布衣草人调研指导机器换人相关情况。

8日，新疆阿克苏地委书记窦万贵带领的地区党政代表团到吴兴区考察农业产业化项目。

11日，区教育局举办“与文明同行”倡议启动仪式。区领导茅利荣、朱建豪和区相关部门、乡镇、街道的领导，师生代表1000余人参加。

13日，市人大常委会副主任徐嘉华一行到吴兴区居家养老服务照料中心、八里店镇社会福利中心调研社会化养老工作。

区委副书记、政法委书记陈江到移沿山景区调研，主持召开AAAA级景区创建工作协调会。

14日，省军区副政委单秀华率省军区工作组赴吴兴区八里店镇武装部，实地察看各类登记统计和战备库室物资。

15日，国务院农民工办调研组一行在省人力社会保障厅农民工工作处处长郑支跃、副市长李上葵等领导的陪同下到仁皇山小学考察新居民子女就学情况。

16日，吴兴平安学院挂牌成立，并召开吴兴平安学院成立大会暨平安乡镇（街道）考核评审业务培训会。

首届妙西龙山茶笋文化节暨本土文艺家进妙西采风活动在妙西镇龙山村举行。

18日，由吴兴区文明办、区教育局、团区委等部门共同主办的吴兴区“全民悦读 书香吴兴”世界读书日启动仪式在月河小学隆重举行。

20日，市人大常委会副主任周杰带队到吴兴区开展大气污染防治执法检查和“五水共治”专项督查。

21日，河北省委政法委法治建设调研组一行到吴兴区法院考察阳光司法指数体系建设情况。

22—24日，湖州市足球超级联赛在新世纪外国语学校举行，吴兴区代表队以四战全胜的战绩勇夺桂冠。

23日，江西省九江市星子县人民法院院长刘学武、纪检组组长朱德荣等一行到吴兴区法院考察基建工作、法院信息化建设和案件质量管理工作。

农业部农村社会事业发展中心休闲农业处副处长刘辉一行到吴兴区开展游学考察调研。

区委书记蔡旭昶、副区长朱建豪一行到区执法局调研城市管理行政执法工作。

26日，以龙泉街道为背景拍摄的《平安面馆幸福面》在央视四套《走遍中国》栏目播出。

吴兴区社会福利中心开业。该中心是一所集生活、医疗、康复、文化娱乐等多种功能的老年公寓及残疾人养护康复为一体的综合性社会福利机构。

浙江大学院长严力蛟一行在市农业局副局长沈红星等人的陪同下到妙西镇调研休闲观光农业产业发展情况。

27—30日，吴兴区18家特色企业参加第11届中国（义乌）文化产品交易会。

28日，市委副书记、市长陈伟俊到吴兴区国税局新增的办税服务厅就营改增工作开展实地调研，并召开营改增专题调研座谈会。

5月

3日，省农科院园艺所所长谢鸣、副研究员张慧琴，作用与核技术利用研究所研究员张冬青等一行5人组成的专家团队到吴兴区指导现代农业生产工作。

区委书记蔡旭昶一行对318国道吴兴区段、湖织大道“两路两侧”“四边三化”工作进行现场督查指导。

4日，吴兴团区委举办纪念五四运动97周年“青春事业合伙人”集中推进暨“聚力青春　助推发展”主题论坛活动。

区人大常委会主任吴旭、副主任杨华林率领部分区人大代表，专题调研吴兴区“智慧用电”试点工作。

5日，市委副书记、市长陈伟俊到吴兴区分别对苕溪清水入湖工程、东苕溪东林大桥段重点水利工程推进及防汛准备情况，埭溪镇梅峰大冲小流域治理情况进行检查。

市人大常委会副主任王勤到吴兴区分别对埭溪镇大冲村、妙西镇妙山村美丽乡村建设进行调研。

6日，市委常委、人武部部长温永东到环渚街道调研文明城市创建工作。

省农科院、市农业局、区政府现代农业创新发展战略合作签约仪式在吴兴区行政中心举行。

区商务局联合湖州海关召开“赶超发展 政策先行”海关最新政策宣讲会。吴兴区70多家外贸企业，近百名外贸工作者参加了该次宣讲会。

10日，市人大常委会主任朱坤民、市政协主席吴水霖一行到吴兴区分别对织里童装产业示范园区、区人民医院一期工程、织南安置小区、利济文化公园进行调研，督查省委关于加强人大工作意见落实情况，并召开座谈会。

12日，新疆建设兵团第十二师公安局考察团一行在市委常委、公安局局长夏文星，市局党委专职副书记李泽福及市局警令部、反恐支队负责人的陪同下到吴兴区公安分局考察交流，并与分局签订警务战略合作协议，分局领导梅旗华、杨晓东等参加交流。

13日，《中国水利报》总编李先明、《中国水利报》总编办副主任席晶一行到吴兴区考察西山漾水环境治理。

由市总工会、市体育局主办，吴兴区总工会承办，织里镇总工会协办的2016年市职工工间操公益大培训启动仪式在吴兴区织里镇弗兰尼尔（湖州）服饰有限公司隆重举行。

14日，2016吴兴·埭溪首届天字古道驴友节在埭溪镇茅坞村举办，吴兴区及周边60多名资深驴友和户外运动爱好者参加。

15日，移沿山生态景区生态旅游季启动仪式暨盆景中国——2016湖州市杜鹃盆景展开幕。

18日，省人大常委会副主任茅临生到吴兴区调研美妆小镇建设情况。

在省卫计委监专员、委系统工会副主任陶林森的带领下，浙江省卫计委直属单位党政领导、工会领导、工会先进代表等38人到珀莱雅湖州分公司交流学习工会工作。

19日，中国·织里重大项目集中开工暨东尼科技产业园开工仪式在织里镇举行，该次集中开工的12个重大项目，涵盖产业、基础设施、服务民生和社会事业等多方面，总投资88.93亿元。

20日，吴兴区举办“3D打印技术与产业应用大会”，来自海内外知名学界代表出席会议并作精彩报告，共同探讨未来3D打印产业应用的发展路径。

22日，市委书记裘东耀到吴兴区调研道场乡红里山村环境综合整治工程。

22—25日，全国农业综合开发工作会议在吴兴区举行，与会人员实地参观考察常溪农民安置社区、湖州老恒和酿造有限公司、“中科聚禾”中科院农业试验示范基地、湖州太湖湖羊养殖专业合作社、湖州上禾佳农业有限公司、南太湖国家农业综合开发现代农业园区农业公共服务中心。

23日，省淡水所、市水产站专家到吴兴区指导设施化高效循环水养殖新模式。

25日，省民政厅厅长尚清、副厅长余强一行来吴兴区调研养老服务事业发展情况。

25—26日，世界灌溉工程遗产现场考评组组长、国际灌溉与排水委员会原主席高占义先生一行到吴兴区考察太湖溇港工程保护与开发利用情况，先后考察高新区诸溇和织里镇义皋古村。

25—31日，协副主席曹会明、叶鸣在吴兴区开展为期一周的“本地经济发展”专题调研。

26日，市委副书记、政法委书记金建新一行到织里镇调研G20峰会维稳安保情况。

省深化义务教育课程改革第三巡查组到吴兴区进行深化课改的专项巡查。

27日，市委副书记、市长陈伟俊到吴兴区参加东部新城总部自由港首批基础性项目浙江微软IT学院、风雷科技创新基地揭牌仪式，并实地调研区行政审批服务中心。

31日，市委副书记金建新，市委常委、宣传部部长胡菁菁等，在区委副书记、政法委书记陈江，区委常委、宣传部部长茅利荣等陪同下，分别到飞英小学、妇联童星园福丝园区、第一幼儿园凤凰园区、凤凰小学等校，看望慰问少年儿童。

6月

2日，市政协副主席叶鸣、魏明来吴兴区分别对西山漾、大塘圩港进行实地调研，并听取吴兴区海绵城市建设和“五水共治”河长制工作汇报。

“海外高层次人才吴兴行”活动举行，来自外地的5名“国千人才”“省千人才”和9名海外创新创业人才参加考察推介活动，促成合作项目7个。

农业部到吴兴区开展国家产地水产品质量安全督查工作。

3—5日，吴兴区菰城景区、移沿山生态景区、玲珑湾生态园、景明玫瑰园、西塞山旅游度假区、东吴开元名都酒店6家单位参加2016浙江（上海）旅游交易会。

4日，吴兴区召开“小微企业三年成长计划”工作会议，区委副书记、区长吴智勇出席会议并讲话，强调企业、政府、协会要凝聚合力，共同促进小微企业健康发展。

5日，丝绸小镇·西山漾国家湿地公园举行“为爱彩跑”活动，国内外1550余名选手参加。

6日，市人大常委会副主任方新旗一行到道场乡调研人大工作示范点建设。

吴兴区市场监管局会同区公安等部门出动执法

人员300余人，开展打击传销集中统一行动。分别在八里店镇前村及部分城乡接合部连续端掉62个传销窝点，查获涉嫌传销人员156名。

8日，市政协副主席钟鸣一行到吴兴区调研大气污染治理“油烟治理工作”，分别对湖师院西校区食堂餐饮油烟治理、学院路露天烧烤、美食一条街、湖东路餐饮街进行督查，并听取有关工作情况汇报。

10日，在2016中国（宁波）——东欧国家旅游合作交流会上，吴兴区的原乡小镇作为省重大旅游投资项目之一进行现场签约。

12日，浙江大学湖州休闲农业产业研究院成立大会在景明玫瑰园召开。省农业厅副厅长王建跃、湖州市人民政府副市长杨六顺揭牌。

14日，省委副书记、省长李强到吴兴区分别对湖州久鼎电子有限公司、浙江布衣草人服饰有限公司进行调研，强调“四换三名”政策供给。

由吴兴区人民政府主办，八里店镇人民政府、吴兴区农林发展局、吴兴区南太湖建设投资有限公司联合承办的，以“与生态共生、与和谐共行”为主题的渔业增殖放流活动在西山漾景区举行，拉开吴兴区2016年增殖放流的序幕。

15日，国务院教育督导委员会国家督导核查组，到吴兴区进行全国中小学校责任督学挂牌督导创新区创建区实地核查。

15—17日，市委常委、宣传部部长胡菁菁，副市长李建平，市旅委主任干永福，区委副书记、政法委书记陈江等出席“2016海陆联动、相约‘丝绸之旅’——世界丝绸之源走进珠三角”旅游推介会。

16日，安徽省池州市贵池区党政代表团到东林镇调研龟鳖整治工作，并考察湖州新开元碎石有限公司。

17日，副市长杨六顺赴吴兴区调研太湖溇港水利遗产保护利用暨太湖溇港风景区规划建设工作。

19日，住房和城乡建设部等七部门联合下发关于公布2016年列入中央财政支持范围的中国传统村落名单的通知，义皋村位列名单之中。

市委副书记金建新、市农办主任柳国强一行到吴兴区就村集体经济发展情况进行调研。

20日，国家安全生产监督管理总局党组成员、副局长孙华山一行到吴兴区安全生产监控服务中心调研吴兴区“智慧用电”试点工作。

高新区成立社区矫正公益劳动基地“幸福农场”，落实“两个八小时”工作制度。

22—24日，吴兴区民兵重点应急分队参加军分区组织的全市跨区机动演练、突发情况处置、战术基础、警棍盾牌术、体能3000米等技能对抗比武考核。

23日，2016年吴兴区二季度引进项目集中签约仪式举行，共签约项目25个，总投资超100亿元。其中由苏州华乐投资有限公司投资的状元山妙禅谷度假区项目成功签约。

市委常委、组织部部长干武东到龙泉街道调研文明创建工作，分别走访大东农贸市场、市陌二社区、学士府社区。

市人大常委会副主任徐嘉华到八里店镇分别对移沿山村、镇司法所和镇公共法律服务中心视察指导“六五”普法工作。

市政协副主席魏明到吴兴区开展“海绵城市”工作调研。

23—25日，盐城市政府代表团到吴兴区利济文化公园和中国服装协会童装产业示范园区进行考察。

24日，市人大常委会副主任方新旗、市人大教科文卫主任委员郁晓红、市政府副秘书长徐旭萍、市教育局局长潘音等一行到吴兴区对湖州金艺幼儿园、八里店中心幼儿园进行学前教育第二轮三年行动计划工作情况调研，并听取学前教育情况汇报。

省农业厅产业处调研员杨薇副到吴兴区调研指导休闲农业工作。

25日，召开吴兴区庆祝中国共产党成立95周年大会。

28日，省计生协会专职副会长陶竞到吴兴区指导调研计生特殊家庭帮扶工作。

29日，全国妇联发展部副部长郃烈鸿一行到吴兴区调研妇女创业创新工作。

29—30日，国家发改委规划司调研组到吴兴区对织里镇小城市试点进行调研并参加座谈会，国家发展规划司副司长陈亚军主持座谈会并作讲话。

30日，为纪念中国共产党建党95周年，“吴兴县农民协会纪念馆”在八里店镇路村村潞村开馆。市委常委、宣传部部长胡菁菁，区委副书记、区长吴智勇等市、区领导出席该次开馆仪式。

7月

2—6日，2016年浙江省第十三届少年儿童田径冠军赛暨浙江省第十三届少年儿童田径运动会在嘉兴市体育中心举行，吴兴健儿获四金一银。

4日，区委副书记、区长吴智勇走访调研织里镇河西村发展状况。

5日，由省政协科教委副主任沈坚带领的调研组一行到吴兴区开展高新园区建设视察活动。

6日，吴兴区人大常委会主任会议成员调研八里店镇南片新农村建设情况。

嘉兴市南湖区人民法院党组书记、院长朱建宏、纪检组组长刘增标等一行到吴兴区法院考察基建工作，实地参观吴兴法院新审判大楼建设工地。

由省农业厅、环保厅，市农业局、环保局等部门联合督察组，到吴兴区督查畜禽养殖场污染治理情况专项行动，区畜牧局、相关乡镇负责人陪同检查。

江苏省农技推广专家一行 120 人到吴兴区考察现代农业发展情况。

7日，市委副书记、市长陈伟俊一行到吴兴区调研生态旅游项目推进情况，实地走访道场乡南郊旅游景区、西塞山省级旅游度假区、埭溪狮子山庄（本草谷文化养生园）金盖山等地。

副市长董立新来吴兴区调研 G20 峰会安全生产工作，实地走访织里镇浪漫小猪童装厂、区安全生产监控服务中心，并召开全市 G20 峰会安全生产保障行动推进会。

市政协副主席徐克强到吴兴区分别对邦尔骨科医院、文体中心项目进行调研，并听取区健康养老产业汇报。

由吴兴团区委主办，区青少年活动中心承办“喜迎 G20 峰会，科技探索因我而灵动”的“流动少年宫”科技探索体验活动。

8日，省水利厅“千人万项”专家组到吴兴区检查指导防台工作。

9日，水利部部长陈雷，省委副书记、代省长车俊，省防指指挥、副省长黄旭明等领导赴东苕溪吴兴段实地检查指导防汛防台工作。

11日，吴兴区举行“浙大高层次人才吴兴行暨科技交流活动”，市委统战部、浙江大学统战部相关领导，17 名浙大高层次人才以及 15 家区企业代表相关负责人、区级相关部门主要负责人参加会议。会议就浙江大学与吴兴区科技创新平台建立人才交流机制签订合作协议。

12日，省信访局局长周维亮率省委信访工作督查组一行 5 人到吴兴区对领导接访情况、信访事项规范办理和信访积案化解等情况进行现场督查。

市人大常委会方新旗副主任一行到吴兴区督查吴兴文体中心建设情况。

13日，市委常委、秘书长高屹到吴兴区分别对青菱线沿线“三化”整治和环境整治情况进行调研。

省农业厅副厅长叶新才一行到吴兴区调研全国家庭农场现场会参观点相关事宜。

江苏省连云港市政协副主席方韬率考察团到吴兴区考察镇村经济发展情况。

14日，省国土资源厅处长鲁建平到吴兴区指导西塞山旅游度假区坡地村镇试点项目建设。

住建部领导对吴兴区棚户改造和公租房建设推进情况进行调研。

17日，全市 G20 峰会安全生产保障行动推进会暨智慧式用电安全隐患监管服务系统现场会在吴兴区召开，副市长董立新出席活动。

19日，吴兴区巾帼创业就业指导服务中心成立。

省农业厅组织举办的全省农业面源污染监测现场会在八里店镇尹家圩浙江省农业面源污染省控监测点举行。

21日，桐乡市旅游委员会副主任李国东、乌镇国际旅游区管委会副主任陆亚琴一行到妙西镇，考察西塞山省级旅游度假区的项目建设和管理情况。

在海盐县委组织部副部长、两新工委副书记袁迎春的带领下，海盐县机关党员干部考察团一行 116 人到妙西镇，实地考察基层党建工作、西塞山省级旅游度假区建设及旅游项目建设情况。

省旅游局副书记、副局长傅玮到吴兴区督查指导旅游安全工作。

22日，“心之语”公益服务项目启动首次未成年人心理干预评估活动。该次评估，由国家二级心理咨询师胡洁莲对法院少年综合审判庭正在审理的未成年犯罗某进行心理健康、性格、职业能力倾向的心理评估与疏导。

25—29日，吴兴区四套班子领导分别走访 6 个区重点建设项目的施工现场，开展高温慰问活动。

27日，召开吴兴区委三届十次全体（扩大）会议，认真贯彻中共十八届五中全会、省委十三届九次全会和市委七届十一次全会精神，深入学习习近平总书记“七一”重要讲话精神，回顾总结上半年工作，分析当前形势，研究部署下半年任务，动员全区上下牢牢锁定“勇挑重担、争当排头兵”目标，持续聚焦“六大战区”，推进“八大行动”，全力确保“全年红”，实现“十三五”良好开局。

28 日，中国产学研合作促进会执行会长兼秘书长王建华到八里店镇农业公共服务中心进行考察。

吴兴西塞山省级旅游度假区管理委员会在妙西镇政府正式挂牌成立。

湖州天心天思互联网软件有限公司在吴兴区总部自由港成立，市委副书记、市长陈伟俊等出席开业仪式。

29 日，吴兴西塞山旅游度假区管委会成立暨第六站区项目建设百日攻坚行动启动仪式举行。

30 日，举行吴兴区“护航 G20 平安大巡防”启动仪式暨平安志愿者誓师大会。

8 月

1 日，吴兴区召开“美丽吴兴”专题工作推进会，为确保做好 G20 峰会环境质量保障工作，勇夺大禹鼎，加快推进“美丽吴兴”建设，创新载体、补齐短板，不断将“两路两侧”“三改一拆”“四边三化”“五水共治”行动向纵深推进。

2 日，区委书记蔡旭昶，区委副书记、区长吴智勇到织里镇调研溇港文化风景区。

3 日，市委副书记、政法委书记金建新到吴兴区调研美丽乡村精品村，实地走访了妙西镇妙山村、东林镇南山村、埭溪镇大冲村美丽乡村精品村创建工作进行调研。

市委常委、纪委书记陈浩调研原乡小镇、塘里休闲养生村、西塞山前及知了帐篷露营地项目。

副市长闵云到吴兴区分别对湖州市第十一中学中散打训练基地、区文体中心进行调研。

省审计厅厅长徐宇宁一行到吴兴区调研参观丝绸小镇、国家现代农业示范园区改革与建设试点核心区以及美妆小镇。

以省总工会法工部部长吴海瑜为组长的调研组一行到吴兴区织里镇，就工资集体协商和企业工资集体协商工作进行专题调研。

4 日，省政协副主席孙文友到吴兴区浙商回归项目现场，实地察看项目选址，了解项目前期工作，现场协调项目推进中的有关问题。

省政协社法委副主任郑瑶到吴兴区考察文化礼堂建设情况。

副市长闵云到吴兴区调研中心城社区卫生服务体系建设情况。

4—5 日，省人大常委会副主任袁荣祥一行到吴兴区调研污水处理设施建设和饮用水源保护工作，实地走访了埭溪镇污水处理厂、老虎潭水库。

6 日，吴兴区第十三届采桃旅游节在妙西镇肇村四锦黄桃精品园开幕。

八里店镇潞村四桥和妙西镇饮马古道修复建设项目成功通过第二、三批省级历史文化古村落保护利用建设项目实地验收。

9 日，省高院法警总队副总队长曹国平检查组一行到吴兴区法院指导 G20 安保工作。

10 日，区委书记蔡旭昶一行先后考察妙西镇原乡小镇、福坞水库扩容工程、塘里休闲养生村、西塞山前度假木屋等项目，实地察看西塞山旅游度假区项目建设情况。

市人大常委会副主任王勤到妙西镇调研新农村建设情况。

省人力社保厅副厅长蔡国春一行到吴兴区督查 G20 维稳安保和阳关政务建设工作。

11 日，省委政法委办公会议成员、省综治办专职副主任谢小云到吴兴区督查 G20 杭州峰会维稳安保工作。

12 日，区委副书记、区长吴智勇，副区长朱建豪等一行到织里镇中学调研校园综合改造工程情况。

13 日，广东省茂名市委副书记、市长李红军，副市长崔剑率领该市考察团到吴兴区，实地考察西塞山旅游度假区，就旅游项目的引进、建设、运营布局、规模、功能等情况，实地走访西塞山前度假木屋项目和知了国际帐篷露营地。

15 日，省教育厅副厅长鲍学军在市教育局局长潘音、副局长钱旻，副区长朱建豪，区教育局局长陆安华等陪同下，到文苑小学视察吴兴区校园足球工作开展情况。

16 日，市委书记裘东耀一行到吴兴区督导 G20 安保维稳工作，实地检查爱山广场反恐防暴执勤点，看望慰问参与社会面管控的市、区两级专业巡防警力和平安志愿者。

19 日，全市特色小镇培育推进工作座谈会、特色小镇建设座谈会在吴兴埭溪美妆小镇召开。

22 日，副市长李上葵到吴兴区调研残疾人庇护托养机构的安全管理工作，实地走访道场乡洪祥残疾人一体化庇护中心、区慈爱残疾人一体化庇护中心、湖州扬帆特殊青少年发展中心。

23—25 日，市委书记裘东耀到吴兴区分别对湖州天心天思互联网软件有限公司、浙江微软 IT 学院、湖州水务集团城西水厂、中石油湖州苏台山油库、浙江美欣达印染集团股份有限公司进行消防安全检查。

29 日，省信访工作督查组到吴兴区开展护航 G20 峰会信访工作督查，区委副书记、政法委书记陈江汇报有关工作情况。

副省长冯飞调研湖州（吴兴）安全生产监控服务中心暨智慧用电隐患排查系统省试点开展情况。

吴兴区首个创业创新服务站——众创空间创业创新服务站正式挂牌成立。

30 日，省人大常委会副主任厉志海一行到吴兴区调研平安建设工作，分别对吴兴区公共法律服务中心、织里镇“平安大姐”工作室、织里镇平安街区建设进行督查，并听取工作汇报。

9 月

1 日，市委书记裘东耀到吴兴区分别对浙江奥奇食品股份有限公司食品生产、皇冠大酒店餐饮安全进行检查。

6 日，省国土资源厅副厅长张金根到吴兴区指导西塞山旅游度假区坡地村镇试点项目建设。

9 日，由吴兴区检察院提起公诉的李某受贿一案作为全市的“示范观摩庭”在区人民法院公开开庭审理，全市两级检察机关的公诉干警观摩庭审。

第 32 个教师节庆祝大会暨第四届“吴教之声”文艺会演在湖州大剧院举行。全区 200 余名师生参加演出，大会对第三届 10 名“最美教师”、10 名“最美教师”提名奖及 10 个 2016 年“师德先进群体”进行表彰。

吴兴区第三届农家乐烹饪大赛在移沿山景区举行。

11 日，省委副书记、代省长车俊到吴兴区调研产业转型升级工作，实地走访美妆小镇、珀莱雅化妆品股份有限公司湖州分公司。

中华见义勇为基金会常务副理事长李顺桃一行 5 人在省厅党委专职副书记华乃强、省厅副巡视员何建军的陪同下，看望见义勇为公益团队——湖州移沿山越野救援队队员。

2016 年湖州市摄影四季沙龙——秋季沙龙在吴兴区举行，主题是“美在吴兴 · 生态妙西”。

13 日，全国政协妇联界别调研组到吴兴区调研基层养老育幼工作。

14 日，湖州市旅游协会研究分会主办、湖州妙西旅游开发有限公司承办的西塞山省级旅游度假区专题研讨会在西塞山前度假木屋顺利召开。市旅游协会执行会长、市旅委调研员潘再先到会，市旅游协会研究分会会长、《湖州旅游》副主编沈鑫元主持。

副省长孙景淼到吴兴区调研现代农业发展工作，实地走访锋盛家庭农场、八里店农业公共服务中心、尹家圩粮油植保专业合作社等。

15 日，吴兴区金融客吧被评为“2016 年度省级优秀众创空间”。

20 日，湖师附小教育集团举行建校一百周年校庆活动。

吴兴区“核心价值观进校园”暨首届“孝信”文化节启动仪式在吴兴区戴山学校举行。

省政府副秘书长、省禁毒委副主任夏海伟，省公安厅禁毒总队政委、省禁毒办副主任邵金强一行到吴兴区督导禁毒工作。督导组一行实地查看龙泉街道、南太湖热电厂、湖州第十二中学以及龙泉派出所等基层禁毒工作，听取吴兴区 2016 年以来的禁毒工作的情况汇报。

22 日，国务院副总理马凯到吴兴区调研浙江久立集团。

省军区副政委单秀华一行到金洲集团武装工作调研吴兴区企业武装工作开展情况。

全省小微企业三年成长计划“互学互查互促”交流活动嘉兴交流组到吴兴区考察，对吴兴区服务小微企业工作给予肯定。

23 日，省总工会副主席张卫华一行到吴兴区浙江贝盛光伏股份有限公司调研基层班组建设情况。

24 日，公安部治安局副局长钱熊飞一行到吴兴区公安分局调研指导，实地考察合成作战中心和八里店派出所。

26—27 日，省水利厅纪检组组长劳功权一行 6 人赴吴兴区稽查苕溪清水入湖工程东林矿区段。

27 日，由吴兴区总工会主办、吴兴区工会女职工委员会和爱山街道总工会承办的区“物美杯”收银技能大赛在湖州物美百货有限公司举行。

28 日，由市政协主席吴水霖率队的省、市重大决策部署工作督导组到吴兴区督导检查，实地考察和听取有关工作情况，市委常委、宣传部部长胡菁菁，市人大常委会副主任方新旗等参加。

省人民检察院党组成员、纪检组组长王育君，纪检组副组长杨国章在市人民检察院纪检组组长方世民等人的陪同下到吴兴区检察院调研指导检察工作。

29 日，“蝶恋西塞山 原乡在妙西”中国·吴兴西塞山旅游度假区推介会在湖州开元大酒店召开。

吴兴区举办 2016 中国吴兴经贸科技洽谈会，市委书记裘东耀、区委书记蔡旭昶分别致辞，区委副书记、区长吴智勇主持仪式。该次洽谈旨在深入实施“精准招商突破行动”，推动全区战略性新兴产业发展，加快区域经济创新升级，更好地推进资本、产业、技术、人才等各类创新要素的交流、融合与集聚。会上共签约项目 32 个，其中工业项目 10 个、服务业项目 16 个、科技人才项目 4 个、金融项目 2 个。26 个产业项目合计总投资 235 亿元，其中 50 亿元以上项目 2 个，10 亿元以上项目 4 个。

吴兴区成功举办“中国吴兴·2016 机器人技术高峰论坛”，机器人行业国千人才，国内知名科研院所、知名大学负责人，机器人行业国内外知名企业负责人，银行、创投基金等机构负责人齐聚吴兴，进一步推进吴兴机器人与高端智慧装备产业发展。

30 日，市委副书记、市长陈伟俊到吴兴区调研台汛防范和安全生产工作落实情况，分别对市供销社防汛物资仓库、西山圩区邱家漾闸站、儿童公园、沃尔玛超市、状元街进行检查。

省农业厅处长朱勇军，省测绘二院专家及市农业局处长章火根等一行到吴兴区就农村土地承包经营权确权登记颁证工作开展指导。

10 月

8 日，在按时完成人海压力测试、双轨运行等各个环节的准备工作后，金税三期工程在吴兴区国税局成功上线。

9 日，市委副书记、市长陈伟俊到吴兴区道场乡金盖山景区调研文物保护工作，实地走访了古梅花观、万寿寺等。

10 日，中华全国体育基金会理事长吴齐、中国登山中心副主任、国家登山队队长王勇峰、国际休闲体育联合会执行主席胡建国一行到吴兴区西塞山旅游度假区调研考察，实地走访妙山村茶禅一味纪念馆、霞幕山陆羽古道稍康村入口，同时参观了建设中的知了国际帐篷露营地项目，通过考察考察组就进一步丰富度假区旅游业态提出相关建议，双方就加强休闲体育产业开发达成初步合作意向。

11 日，吴兴区档案局完成首个中央预算内投资项目浙江久立特材股份有限公司“石油、天然气开采用耐蚀合金油井管产业化项目”档案专项验收，并完成重点建设项目档案登记备份工作，备份数字化成果 1.84GB。

省经信委副主任岳阳一行到吴兴区调研小微企业创业园。

12 日，吴兴区文商综合体项目入选浙江省第三批政府和社会资本合作（PPP）推荐项目。

13 日，省文化厅厅长金兴盛一行到吴兴区调研钱山漾遗址、丝绸小镇建设。

13—17 日，中国吴兴埭溪美妆小镇亮相罗卢浮宫卡鲁塞尔厅举行的化妆品综合展览会——Cosmetic–360 展览会。

14 日，国家发改委副主任胡祖才到吴兴区织里镇分别对童装产业示范区、行政服务中心进行调研。

16 日，由区人力社保局主办的 2016 年吴兴区职业技能大赛开幕。大赛项目主要有数控车工、车工、机修钳工、电焊、维修电工。

“吴兴区第三届休闲运动节——登山活动”在吴兴西塞山旅游度假区霞幕山陆羽古道举行。

17 日，浙江省畜牧技术推广总站、湖州市畜牧兽医局等单位专家一行 3 人对吴兴区 2016 年创建的国家级畜禽养殖标准化示范场湖州咩咩羊牧业有限公司进行验收。

18 日，市人大常委会副主任周杰一行到吴兴区调研矿产资源管理工作。

19 日，嘉兴市南湖区政协党组书记、主席赵建峰带领南湖区政协系统考察团一行 12 人到吴兴区西塞山旅游度假区进行专题调研，现场参观了解玲珑湾生态园如何从农业转向旅游业的经验做法。

19—20 日，教育部基础教育一司德育处处长朱东斌到吴兴区调研走访漾西小学、织里二中等校，查看了校园文化建设，在湖州十二中、飞英小学等校听取学校特色介绍，并走入课堂开展蹲点听课。

20 日，由金华市浦江县政协副主席黄瑞光率领的浦江县政协部门一行到吴兴区西塞山旅游度假区，考察调研差异化发展旅游的成功经验和做法。

由省教育工会督查组在市总工会党组书记虞伟瑛、市教育工会主席高剑峰的陪同下，到吴兴区就学校教代会制度落实情况开展专项督查。

23日，美国斯坦福大学人类学系荣誉退休教授葛希芝（Hill Gates）、上海大学马丹丹博士及研究生团队参观考察“世界丝绸之源”——钱山漾景区。

24日，教育部基础教育课程教材发展中心办公室主任陈云龙、《基础教育课程》主编韩江萍到吴兴区开展课程改革专项调研。

26日，市委书记裘东耀到吴兴区对市老年大学项目现场进行考察。

吴兴区成功举办“2016长三角科技论坛丝绸分论坛”，中国工程院姚穆院士、中国丝绸协会会长杨永元等5位院士专家做有关专题报告，两省一市40位学会专家与100家企业开展技术交流对接。

省星级规范化司法所考评组一行3人到吴兴区八里店司法所考核验收省五星级规范化司法所创建工作。

28日，“清韵吴兴”廉政文艺宣讲晚会在湖州大剧院上演，晚会由区委、区政府主办，区纪委、区委宣传部、区监察局、区文化体育局承办，通过文艺表演歌颂反腐之举、弘扬廉政之风。

29日，省审计厅副厅长高占江到吴兴区开展“领导干部与经济责任审计”专题讲座。

点亮金盖山国家AAA景区荧光夜走活动在梁希国家森林公园举行，全市300余名运动爱好者参加。

31日，国家食品药品监管总局药化注册司副司长黄敏一行到吴兴区调研了解化妆品注册备案管理、《化妆品安全技术规范》实施等工作开展情况，实地走访埭溪美妆小镇。

省淡水水产研究所专家顾志敏和市农业局专家沈乃峰、胡大雁等组成专家组对吴兴区2016年新创建农业部健康养殖示范场单位进行考核验收。

全国安全生产监管监察系统先进集体和先进工作者表彰大会在北京举行，吴兴区安监局成全省唯一获奖集体。

11月

2日，八里店镇尹家圩粮油植保农机专业合作社承担的国家稻米种植综合标准化项目通过第八批国家农业综合标准化示范项目验收。

5日，浙江省美丽乡村和农村精神文明建设现场会召开，会上公布第一批浙江省美丽乡村示范县和示范乡镇名单，吴兴区妙西镇入选。

8日，在泰国清迈举行的第二届世界灌溉论坛暨国际灌排委员会第67届国际执行理事会上，吴兴太湖溇港水利工程成功入选世界灌溉工程遗产名录。

省旅游局副局长许澎一行赴吴兴区西塞山旅游度假区调研。

市委书记裘东耀到吴兴区调研小城镇环境综合整治、乡镇规划建设和老城区有机更新等工作，对美妆小镇现场办、小西街、勤劳街区块进行现场考察。

吴兴区《甬优538籼粳杂交水稻机插栽培技术规程》和《浙粳88水稻机插栽培技术规程》的相继发布，标志着吴兴区农业合作社从以往的做大做强，逐步向做精做细的轨道中发展。

省旅游局副局长许澎一行赴吴兴西塞山旅游度假区调研。市旅委党委书记、主任干永福，吴兴区相关领导陪同。

10日，市委副书记、政法委书记金建新到吴兴区对全国培育新型农业经营主体研讨交流会考察点进行检查。

11日，市委常委、宣传部部长胡菁菁到吴兴区调研丝绸小镇，并听取2017年吴兴区宣传思想文化工作思路汇报。

市委副书记、市长陈伟俊到吴兴区对全国培育新型农业经营主体研讨交流会考察点进行检查。

吴兴区国安办被国家安全部评定全国一级国安办。

13日，2016年浙江省（湖州·吴兴）第二届国际大力士挑战赛暨健身比基尼小姐邀请赛在湖城东吴银泰城顺利拉下帷幕。

吴兴团区委、区总工会、区妇联联合主办的“东季恋曲，西山漾畔遇见你”主题相亲会顺利举办，近百名单身青年男女相聚在美丽的西山漾畔。

世界休闲组织主席罗杰·科尔斯、中国社科院财经战略研究院副院长夏杰长和休闲竞技研究专家魏翔在湖州休闲农业产业联盟首席专家教授严力蛟陪同下考察指导吴兴休闲农业和乡村旅游发展。

13—15日，吴兴区召开全国培育新型经营主体发展适度规模经营座谈会，会议交流各地在发展家庭农场、农民专业合作社等多元主体中的经验做法，重点聚焦新型主体发展粮食生产、开展社会化服务，形成适度规模经营，提高土地产出效率和农业综合竞争力。

14 日，副省长孙景淼到吴兴区对全国培育新型农业经营主体研讨交流会考察点进行检查。

15 日，市委书记裘东耀到吴兴区分别对“五一大桥”交通建设项目施工情况、儿童公园大型游乐设施公共安全情况进行督导。

省司法厅考核组到东林镇南山村进行省级“民主法治村”创建验收。

15—16 日，国务院副总理汪洋到吴兴区参加全国培育新型经营主体发展农业适度规模经营座谈会，实地考察吴兴区的家庭农场，了解了粮油植保农机专业合作社发展情况和农业公共服务中心服务情况。

15—18 日，省林业厅森林资源监测中心工作组对吴兴区的资源普查工作进行外业检查。

南京市旅游委员会主任金卫东一行 14 人到吴兴考察乡村旅游发展情况，走访精品民宿圣岛 · 莫干、狮子山庄和西塞山前木屋度假村。

17 日，市人大常委会副主任周杰到吴兴区对区人大代表换届选举工作进行督察。

团中央书记处第一书记秦宜智到吴兴区调研从严治团、落实团干部联系青年“1+100”工作制等共青团工作，实地走访湖州市青年社会组织服务中心。

18 日，吴兴西塞山旅游度假区举办第 24 届陆羽茶文化纪念活动，寇丹、嵇发根等老一辈茶文化研究专家和茶文化爱好者集聚妙西。

21 日，省发改委副巡视员曲建国一行到织里镇调研低碳城镇试点工作。

22 日，市政协副主席叶鸣一行围绕河道清淤工作赴吴兴区开展民主监督活动。

省公安厅副总队长王晖带队的省打传考核组对吴兴区“无传销县区”创建工作进行考核验收。

23 日，吴兴区红十字会被列为“浙江省红十字工作示范县（市、区）”。

24 日，市政协副主席曹会明到吴兴区召开座谈会，并对锋盛家庭农场、璞心家庭农场、珅山家庭农场进行调研。

举办“吴兴论坛——省委党的十八届六中全会精神宣讲团吴兴报告会”。

吴兴区山洪灾害群测群防示范乡镇建设通过验收。

第四届南太湖诗会暨“丝绸之路”——丝路与诗路诗会在吴兴区召开，来自全国各地的 40 多名诗人参观吴兴区“五水共治”水生态文明重要成果义皋溇港文化展示馆。

省委组织部副部长邹晓东到吴兴区考察基层党建工作，实地走访八里店镇移沿山村考察基层党建工作及贯彻中共十八届六中全会精神学习情况。

全市油菜（蔬菜）移栽机械现场会在吴兴区召开。

26 日，2016 中国美妆小镇 · 天字古道寻踪探密徒步活动在埭溪镇拉开帷幕，吸引全省各地 400 多名户外爱好者参加。

28 日，八里店镇荣获中国产学研合作创新示范小镇。

中国工程院制造业研究室主任、教授屈贤明一行来吴兴区调研“中国制造 2025”试点示范城市创建工作。

29 日，区文体局组织优秀文艺团队专程赴安徽省宣城市宣州区进行文化走亲交流活动。

吴兴区埭溪镇中心卫生院、环渚龙泉街道社区卫生服务中心成功创建浙江省三星级规范化预防接种门诊。

12 月

1 日，市人大常委会副主任徐嘉华、市人大内司委主任王武良一行率市人大内司委委员到吴兴区法院调研指导工作。

金洲管道被认定为国家知识产权优势企业，吴兴区累计拥有国家知识产权优势企业 3 家。

吴兴区发出首张“两证整合”个体工商户营业执照，个体工商户“两证整合”登记制度正式实施。

1—2 日，第八届全国中小学校长发展论坛在吴兴区举行。国家教育行政学院副院长李五一，国家督学杨国顺，省教育厅副厅长丁天乐等领导专家出席活动。全国各地近 500 名专家、校长到吴兴区进行实地考察。

2 日，吴兴实验中学被认定为“全国中小学知识产权教育试点学校”，为湖州市首个列入该项试点工作的学校。

省建设厅副厅长张奕对吴兴区建筑业异地企业升级特级企业进行调研。

省水利厅厅长陈龙一行到吴兴区考察水利工作。先后考察环湖河道工程罗溇港整治现场、织里镇义皋溇港水利文化展示馆、西山漾国家湿地公园水环境整治现场。

6 日，省农业厅经管处调研员顾剑明带队对吴兴区农村集体“三资”管理规范化县（区）创建工作进行全面考核。市农业局总农艺师许建红、市农业局经管处副处长邵梅陪同。

7 日，省政府放心农贸市场创建工作第四考核组省国土厅总规划师朱先高等一行对吴兴区省放心市场创建工作进行考核验收。

由吴兴团区委主办，区青少年活动中心承办的“科学在心中，创新在手中——吴兴区流动少年宫走进湖师附小”大型活动顺利开展。

8 日，省环保厅副巡视员陈爱民一行到织里镇湖州金能达印染有限公司，现场核实湖州金能达印染有限公司去产能情况。

9 日，国家发改委社会发展司副司长彭福伟一行到吴兴区调研旅游发展项目。省、市、区相关部门领导陪同调研。

市委副书记、市委政法委书记金建新到吴兴区开展安全生产大检查工作督查。

9—11 日，浙江省第十届中学生篮球联赛湖州赛区比赛在安吉举行，吴兴区女子（初中组）篮球队勇夺桂冠。

10 日，国家文化产业规划设计研究院中国创意城市测评中心执行主任周国明到吴兴区西塞山旅游度假区考察原乡旅游文化品牌，实地走访陆羽茶文化景区和原乡小镇景区。

13 日，省旅游局党组成员、副局长叶建国调研考察吴兴西塞山旅游度假区项目建设情况。

15 日，市委书记裘东耀到吴兴区听取 2017 年工作思路汇报，并分别对织里童装产业示范园区、利济路童装精品街进行调研。

省首批学校心理健康教育研究示范区第三次联席会议在萧山举行。吴兴区作为唯一一个全国心理健康教育示范区列席会议并作工作交流。

省水利厅水利标准化管理工作抽查复核组到吴兴区抽查标准化管理工作。

17 日，2016 清华环境华东校友论坛暨生态文明与绿色发展湖州峰会在吴兴区召开。

18 日，妙西镇妙山村成功入选“2016 年度浙江省美丽乡村特色精品村”。

吴兴区综合行政执法局成立。

21 日，埭溪镇消防综合应急救援队通过省消防总队验收，成功升格为一级乡镇消防专职队。

23 日，妙西镇拍摄的大型纪录片《霞幕北飞》，获优秀国产纪录片大奖。

市政协副主席、关工委主任沈祺芳到吴兴区召开全市关工委家庭教育现场会。

27 日，吴兴区成功创建浙江省卫生应急示范县区。

27—30 日，召开中国共产党湖州市吴兴区第四次代表大会，听取和审查中国共产党湖州市吴兴区第三届委员会的工作报告、中国共产党湖州市吴兴区第三届纪律检查委员会的工作报告；选举中国共产党湖州市吴兴区第四届委员会、中国共产党湖州市吴兴区纪律检查委员会；选举产生吴兴区出席中国共产党湖州市第八次代表大会代表。

28 日，省高级人民法院副院长高杰一行在市中级人民法院副院长何新的陪同下到吴兴区人民法院督导检查党风廉政建设和基本解决执行难工作。

吴兴区成功被评为“省级休闲农业与乡村旅游示范县（区）”。

省妇联兼职副主席、省高院副院长高杰一行到吴兴区走访慰问困难妇女群众。

30 日，召开吴兴区委四届一次全体会议，选举产生中国共产党湖州市吴兴区第四届委员会常务委员会委员和书记、副书记；审议通过中国共产党湖州市吴兴区第四届纪律检查委员会第一次全体会议选举结果的报告、《中共湖州市吴兴区委关于加强自身建设的决定》《中共湖州市吴兴区委工作规则》《中共湖州市吴兴区委关于从严加强干部队伍建设打造勇挑重担勇立潮头的吴兴铁军的实施意见》。

全市旅游景区提升现场推进暨 AAA 级旅游景区挂牌仪式上，吴兴龙溪玫瑰园、钱山漾景区获评国家 AAA 级旅游景区。

第三篇 区情总述

·概 况·

【行政区划和沿革】 2003年1月10日，吴兴区撤销城区、南浔、菱湖3个派出区，设立吴兴、南浔2个市属行政区。吴兴区辖乡、镇、街道15个，包括织里、八里店、埭溪、东林、妙西、杨家埠6个镇，环渚、道场、白雀3个乡，月河、朝阳、爱山、飞英、龙泉、凤凰6个街道。其中凤凰街道、杨家埠镇和白雀乡受市人民政府委托，由湖州市经济技术开发区管委会管理。2006年8月，设立康山街道，委托经济技术开发区管理。2009年8月，白雀乡撤乡建街道，以申苏浙皖高速公路为界，南部划为仁皇山街道，北部划为滨湖街道，委托湖州市太湖旅游度假区管委会管理。2012年12月，撤销环渚乡建制，设立环渚街道和南太湖高新技术开发区吴兴区。现辖南太湖高新技术开发区；织里、八里店、妙西、埭溪、东林5个镇；道场1个乡；环渚、月河、朝阳、爱山、飞英、龙泉6个街道。

（凌 夫）

【地理位置】 吴兴区地处北纬30° 37′ ~30° 57′，东经119° 51′ ~120° 29′之间，总面积为871.9千米。位于浙江北部、太湖南岸，东临上海，南接杭州，西近南京，北隔太湖与苏州、无锡相望，地处长三角经济圈、环杭州湾产业带和环太湖经济圈的腹地，经济产业发达，商贸市场繁荣，是承接杭州湾、长三角各地区经济架构重组、产业链延伸、技术资金溢出和产业梯度转移的重要平台。

【地形地貌】 全区有“五山一水四分田”之称，属太湖流域长江三角洲经济区。吴兴地势自西南向东北倾斜，西部为天目山余脉，群山连绵、林木葱郁、风景优美，矿藏、山泉、旅游资源丰富；东部为长江三角洲冲积平原，土壤肥沃、河渠似网、鱼塘棋布，是著名的“鱼米之乡、丝绸之府、文化之邦”，也是湖州市粮油、蚕茧、淡水鱼、笋竹等农副产品的重要产区。

（区国土分局）

【气候】 2016年，受超强厄尔尼诺影响，吴兴区气候异常，极端天气气候事件多，出现了严寒冰雪、暴雨洪涝、高温干旱和台风等气象灾害，给工农业生产和人民生活带来严重影响。湖州本站年降水量2115.6毫米，为建站以来历史最多；大雨日22天，暴雨日4天；6月20日，日雨量达227.6毫米，创历史日雨量新高；平均气温为17.5℃，创历史新高；日照为1651.1小时，为历史第五低值。1—3月，冷空气影响频繁，1月，遭遇严寒冰雪灾害；4—5月，持续多雨，河网水库水位普遍上涨；6—7月中旬，多暴雨过程，河湖水库普遍满蓄，总体承纳能力近临界；7月下旬至8月，持续晴热高温，气象干旱发展；9月，台风带来暴雨大风天气；10—11月，多雨寡照，出现寒潮；12月，晴多雨少，雾、霾偏多。

（市气象局）

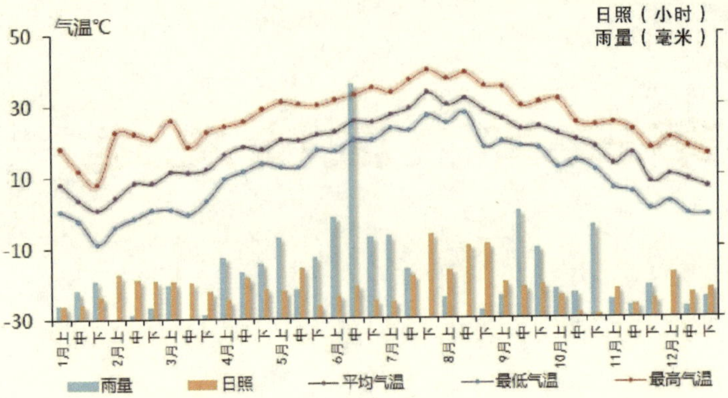

图 3-1　2016 年湖州本站逐旬气温、日照及雨量图

【人口】　全区年末户籍人口 45.59 万人，其中男性 22.44 万人，女性 23.15 万人，分别占总人口的 49.2% 和 50.8%；乡村人口 20.86 万人，城镇人口 24.73 万人，分别占总人口的 45.8%和 54.2%；全年出生人口 4120 人，死亡人口 2792 人，全区人口自然增长率 2.9‰。按照户籍人口，全区 18 周岁以下人口数为 6.37 万人，18～34 周岁人口数为 9.70 万人，35～59 周岁人口数为 18.00 万人，60 岁及以上人口数为 11.52 万人，分别占总人口的 14.0%、21.3%、39.5%、25.2%。

（杨海丽）

【矿产资源】　区内已查明矿产 13 种，包括非金属矿产资源 8 种、金属矿产 4 种、水气矿产 1 种。构成特点：建材及黏土类非金属矿产资源较丰富，金属矿产短缺，水气矿产尚有潜力。其中建筑石料矿产 5 种，资源丰富，资源潜力很大，火山岩类建筑石料主要分布在杨家埠、东林、埭溪等地，花岗岩类建筑石料主要分布在埭溪、妙西等地，沉积岩类建筑石料主要分布在妙西等地。部分区域石料质量良好，初步形成以新开元、康诚、丰华矿山为主的沥青路面用精品石料、高铁用精品石料及高等级普通混凝土骨料生产基地，精品石料产值明显高于一般普通建筑石料。区内建筑石料矿产为主采矿种，在采矿山有 14 家，全年建筑石料开采总量为 1649.03 万吨。

（区国土分局）

【环境】　根据湖州市环境空气质量自动监测站自动监测统计结果和湖州市环境监测站监测数据显示：全年，吴兴区环境空气质量优良率（AQI 指数法评价）为 61.8%，PM 2.5 日均浓度为 46 微克/升，同比下降 17.9%。全年Ⅱ类、Ⅲ类水质断面比例分别为 59.3%、40.7%，满足功能要求断面比例为 100%，水质状况为优，相比上年，水质略有改善。全年区域环境噪声平均声级为 53.7 分贝，与上年持平。

（童　悦）

【交通】　吴兴区位于浙江北部、太湖南岸，东距上海 150 千米，南接杭州 86 千米，西连南京 230 千米，北隔太湖，与苏州、无锡相望，地处长三角经济圈、环杭州湾产业带和环太湖经济圈的腹地，交通发达。杭宁高铁、宣杭铁路穿城而过，湖苏沪高铁即将开工；G25 杭宁高速公路贯穿南北，G50 申苏浙皖高速公路、S12 申嘉湖高速公路横卧东西，104 国道、318 国道、306 省道并辔而行、贯通全境，基本形成长三角核心城市（上海、杭州、南京、苏州）1 小时交通圈。长湖申航线历史悠久、内通外达、风光绮丽，被誉为东方的“莱茵河”。按照“补短板、增优势、添亮点、更全面”的要求，以服务经济发展、推进枢纽建设、加快项目实施、深化城市治堵为重点，全年完成投资 16.71 亿元。全区共有农村公路 670.4 千米，其中县道 153 千米、乡道 133.7 千米、村道约 383.7 千米。

（焦　杰）

【旅游】　吴兴地处长三角的地理中心，素有“鱼米之乡、丝绸之府、文化之邦”的美誉。拥有“世界丝绸之源”“陆羽《茶经》故里”“世界灌溉工程遗产”等一系列靓丽的文化名片。主要有西塞山旅游度假区、菰城景区、移沿山景区、金盖山景区、龙溪玫瑰园景区、钱山漾景区等旅游平台。紧紧围绕“绿水青山就是金山银山”的发展理念，以“旅游服务业见效行动”为主抓手，聚焦“原乡丝韵、水墨吴兴”旅游品牌，全力推进平台建设、项目双进、产业培育、宣传营销等各项工作，全区旅游呈现出蓬勃发展的良好态势，全年接待国内外游客 1624.95 万人次，同比增长 29.72%；实现旅游总收入 147.11 亿元，同比增长 63.93%，跑出了湖州旅游崛起的“吴兴速度”。

（赵晓慧）

·经 济·

【第一产业】 主导产业稳步发展，经济效益保持良好态势。全区种植业、蚕桑业、畜牧业、渔业等主导产业经济收入呈稳定增长态势。全年实现农林牧渔业增加值 21.61 亿元，农民人均可支配收入 27391 元，增长 8.9%。主要呈现以下四大特点：一是粮食面积稳中有增，经济作物结构进一步调整。全区春季农作物播种面积合计 10.11 万亩，春粮面积 4.06 万亩，同比减少 0.1 万亩，其中大（小）麦种植面积 2.86 万亩，减少 0.16 亩；蚕豌豆种植 1.1 万亩，增加 0.12 亩；油菜种植面积 2.35 万亩，比上年减少 0.7 万亩；瓜果蔬菜种植面积 3.1 万亩，增加 0.2 万亩；绿肥和饲料草等种植面积 0.6 万亩，增加 0.1 万亩。晚稻播种面积实现 14.26 万亩，“甬优 538”“春优 84”等优良新品种面积比例进一步扩大。以粮食高产创建为契机，大力推广应用粮食主导品种和先进实用技术，努力提高单产，落实百亩以上超级杂交水稻示范方种植总面积突破 11000 亩，切实提高粮食生产能力，增强农民的种粮积极性。茶叶、水果、蔬菜等经济作物种植总面积达 13.8 万亩，茶叶产量、产值基本保持稳定，湖州吴兴金农生态农业发展有限公司获得育繁推一体化二星级基地。二是蚕桑产业在转型中前行。规模化养蚕示范基地建于 2011 年，投产桑园面积 600 多亩。该基地已成为全省乃至全国独树一帜的规模化养蚕基地。基地加强对外合作繁育雄蚕种，开展桑—菜农作模式、桑技等综合利用，以不断提高经济效益。丝绸小镇初露端倪。吴兴区利用湖州 4700 多年丝绸发展史，打造成为具有文化内涵和商业价值的集丝绸产业、文化遗存、休闲旅游为一体的复合型丝绸小镇。借助绿水青山的生态资源，展现湖州丝绸发源地的历史文化、现代创意、潮流时尚和国际商贸发展，成为现代版“丝绸之府”。三是林业发展态势良好。全年林业产业总产值为 237680 万元，同比增加 4965 万元，增长 2.13%。其中以竹笋、花卉苗木生产等第一产业实现产值 44747 万元；以木竹制品加工等为主的第二产业实现产值 162825 万元，与上年同期基本持平；以林业为依托的“农家乐”林业旅游等为主的第三产业实现收入 30108 万元，较上年增加 8288 万元，增长 37.98%。四是畜牧业发展较稳定。受畜产品市场价格、农业水环境治理、杀白家禽上市以及动物疫情等因素影响，畜牧生产除生猪养殖外，总体延续去年全面下滑的局面。肉类总产量 2.1 万吨，同比减少 28%，牧业产值 5.73 亿元，减少 16.8%。由于全面实施畜禽养殖污染治理拆除工作，猪存栏 5.08 万头，同比减少 32.9%，生猪出栏 8.64 万头，减少 37.5%。家禽总存栏 272.31 万羽，同比减少 36.7%，家禽出栏 933.92 万羽，同比减少 22.95%。受市场影响，湖羊生产效益不佳，养殖规模减小。羊存栏 4.12 万只，同比减少 22.5%，出栏 4.54 万只，同比减少 15.4%。五是渔业生产加快发展，养殖效益和产值实现双增。吴兴区渔业，以建设优质、高效、生态安全渔业为抓手，着力推进现代渔业园区建设，加快渔业转型升级，现代渔业发展取得新成果。养殖面积、水产品产量和产值继续增长。虽然水产品养殖成本增加，饲料和人工工资上涨，常规鱼价格仍稳中有升。全区省级水产园共 14 个（主导产业 3 个、精品园 11 个），面积 25170 亩（主导产业 20780 亩、精品园 4390 亩），其中已经通过验收 9 个，面积 22960 亩，未通过验收 5 个，面积 2210 亩。水产品总产量 66663 吨，比上年增加 1612 吨，同比增长 2.42%；全年渔业经济总产值 154579 万元，比上年增加 2331 万元，同比增长 1.53%。

（陈小芬）

【第二产业】 2016 年是“十三五”开局之年，坚持以“工业强区”为统领，全力以赴稳增长、齐心协力促转型，推动工业经济转型升级迈出新步伐，加快工业强区建设取得新成效。全区完成规上工业增加值 178.77 亿元，同比增长 7.6%；实现利税 45.68 亿元，同比增长 12.5%；完成工业性投入 107.12 亿元，同比增长 12.8%，其中技改投入 87.41 亿元，同比增长 23.3%；完成战略性新兴产业、高新技术产业、装备制造业增加值 47.77 亿元、37.93 亿元、33.43 亿元，同比分别增长 11.7%、7.4%、9.6%。获得国家级、省级荣誉或取得领先 27 项。要素争取方面，累计争取各类资金 14.32 亿元（专项基金 11.19 亿元、其他项目争取资金 3.13 亿元）；累计争取项目用地指标 1075 亩。试点创建方面，吴兴工业园区列入国家级园区循环化改造示范试点，争取资金 1.1 亿元；织里童装产业集群被列入国家级区域品牌建设试点；

金洲管道被列入国家级企业技术中心、2017年省级信息经济发展示范区、美妆小镇入选全省十大示范特色小镇、经信领域省级行业标杆小镇；创建物流装备省级新型工业化产业示范基地；创建省级软件和信息服务业创业基地；老恒和被列入全省第三批“三名”培育试点企业，实现全区零的突破。立足“新平台、新产品、新人才”，引导、支持企业实施创新驱动战略，成功创建国家级企业技术中心1家（金洲）、市级企业技术中心7家（三一、东尼等），已完成省级工业新产品备案178只，成功申报省装备制造业重点领域首台套1项（德马科技）、省优秀工业新产品1项（绿色新材）、浙江“制造精品”2项（晶日照明、佳雪微特）。坚持人才培养与人才引进并重，柔性引进与直接引进并举，引进“南太湖精英计划”创新领军人才10位，其中长期5人、外国专家3人、具有海外学位和海外工作经验5人，完成指标考核基本分和附加分的争取。加快培育“双金”企业、6S管理先进企业、初创型企业，构建合理企业梯队。金洲、久立列入全省高端装备制造业骨干企业。大东吴被认定为“金象”企业，金洲、美欣达被认定为“金牛”企业。积极采用服务券的形式推广企业6S管理，组织开展企业家赴日精细化管理培训，规上工业企业6S管理创建覆盖面达30%以上，德宏电器成为全市唯一一家成功创建省级管理创新示范企业，省级管理创新试点企业4家。积极推进“隐形冠军”“小升规”企业培育认定，加快培育“专精特新”中小企业，欧利亚等4家企业入围全省新上规企业“创业之星”，大东吴电机、华宝油墨被评为全省创新型示范中小企业，奥奇被评为全市“隐形冠军”企业，吴兴区被列入全省2017年度“小升规”工作深化试点单位。大力发展信息经济、高端装备、健康时尚等新兴产业，重点培育物流装备、美妆等新的经济增长点，成功创建物流装备省级新型工业化产业示范基地。突出企业培育、政策扶持，积极打造两化融合示范区、信息经济先行区。信息经济指数96.97、信息化发展指数0.949，均列全市第一；两化融合发展指数77.27，列全市第二。成功创建省级软件和信息服务业创业基地，全市唯一。开展“名家进名校”活动，每季开展企业家、管理团队、技术团队培训，举办各类培训56期，培训经营管理及专业技术人才2756人。

（戚绮霞）

【第三产业】 全区服务业发展继续承担经济增长主引擎作用，主要呈现以下几个特点：一是总量贡献稳步做大。全区实现服务业增加值256.02亿元，同比增长9.5%。服务业增加值占GDP比重达53.7%，较上年同期提高2.4个百分点，高于目标任务（提高1个百分点）1.4个百分点。服务业拉动GDP增长5.0个百分点，对GDP增长的贡献率达到60.8%。二是有效投入增势不减。全区服务业投入持续保持较高增长。1—12月，累计完成服务业固定资产投资184.80亿元，同比增长16.6%，稳居全市第二，高于目标任务（14%）2.6个百分点，且分别高于全部投资和工业投资增速。服务业固定资产投资占全社会固定资产投资的比重达到63.3%，拉动全社会固定资产投资增长10.2个百分点，贡献率达73.8%。三是“大好高”项目引建表现优异。全区新认定天心天思企业信息化公共服务云平台、北航投星空众创空间、原乡假日小镇、奥克斯浙北明州医院等市服务业“大好高”项目共计11个，其中10亿元以上项目3个，分别超额完成9个和1个的年度目标任务。在库的31个项目有14个新开工项目，其中，新引进项目开工9个，项目竣工10个，累计完成投入52.31亿元，半年度各项指标均超额提前完成全年目标任务。四是平台建设稳步推进。织里镇童装生产性服务业集聚区、湖州多媒体产业园、吴兴科技创业园3个省级现代服务业集聚示范区继续做好平台自身建设和企业项目引进培育工作，合计引进项目97个、引进人才632名。全年完成投资13.90亿元，完成年度计划的160.1%。实现营业收入58.77亿元、营业利润3.47亿元，分别完成年度计划的115.9%和102.2%。5.行业发展亮点增多。全区休闲旅游业蓬勃发展，接待旅游人次和门票收入每月均呈两位数增长，全年实现旅游总收入147.11亿元，同比增长63.93%。电子商务领先发展，全年实现网络零售额154.63亿元，占全市比重达50.2%，成功入选省产业集群跨境电子商务试点。金融服务业加快发展，全区18家银行实现存款余额450.07亿元，贷款余额366.31亿元，分别增长14.8%和10.9%，创新金融产品70个，是年新增金融新业态机构120家，累计达到206家，新增8家服务业企业挂牌省股交中心创新板。

（沈婧莹）

【固定资产投资】 坚持把加快重大工业项目建设作为重中之重，围绕省市区重点项目，扎实开展“大项目落地提速”行动，加快项目前期、强化问题协调、主攻项目落地，扎实推进项目建设，全区固定资产投资发展总体实现平稳增长。

一、固定资产投资运行的基本特点。固定资产投资运行总体良好，主要呈现以下特点：一是主要指标完成良好。全区固定资产投资完成 291.92 亿元，同比增长 13.9%，全年度一直保持平稳增长；工业性投资完成 107.12 亿元，同比增长 12.8%，其中工业技术改造投资完成 87.41 亿元，同比增长 23.3%，持续高速增长，基本保持在 20%以上。二是三产服务业项目投资增速明显。全区第三产业固定资产投资完成 184.80 亿元，占全区固定资产投资的 63.31%，三产投资占比进一步提高，中心城区、东部新城及省级小城市一批重点城市综合体项目的加快建设对固定资产投资拉动作用显著，特别是房地产投资，完成投资 83.71 亿元，与上年基本持平。三是基础设施投资持续增长。随着“三改一拆”“五水共治”等重大民生工程的深入推进，基础设施投资快速增长。全区完成基础设施投资 64.77 亿元，增长 48.1%，（比半年度增长 20.4 个百分点）。水利、环境及公共设施管理和电力、燃气及水的生产供应业分别完成投资 40.35 亿元和 6.28 亿元，增长 54.1%和 79.5%，两大行业占基础设施投资比重的 71.9%，促使吴兴区投资软硬环境进一步改善。四是省市区重点项目支撑有力。全区 44 个省重点建设项目完成投资 68.61 亿元，完成年度投资计划的 145.06%；48 个市重点建设项目完成投资 122.04 亿元，完成年度投资额的 137.05%；17 个“411”重大实施类项目全部开工，完成投资 52.97 亿元，完成年度投资额的 138.3%。60 个区重点工业项目中老恒和、精星物流等 31 个重点项目实现新开工，科创园二期、德宏汽车等 6 个项目实现竣工，完成投资 59.91 亿元，完成年度目标的 108.7%，省市区重点项目对投资带动作用明显。

二、所做主要工作及成效。（一）项目前期不断深化。一是以“谋划大产业，招引大项目”目标为引领，加快项目引进。围绕“精准招商攻坚行动”，不断完善体制机制，全面优化服务举措，锁定物流装备、电子信息等新兴产业，以高新区、集聚区和特色生态产业园等为重点，坚持领导招商，强化驻点招商，深化委托招商，开展活动招商。市认定工业“大好高”项目提前一季度完成全年目标任务。二是开展以征地拆迁、前期服务、推进协调为主的“项目开工抢抓早春行动”，按照“属地负责、部门联动”的工作机制，强化属地政府责任，加大难题破解力度，对影响项目推进的各个问题实行领导包案，切实解决项目推进难题，促进工业项目加快开工建设。全区累计完成项目征地 500 亩，做好东尼、飞华等项目的前期服务，完成 15 个项目、26 项前期手续审批，协调解决一力、日创等项目开工的问题。三是建立健全每周高效审批领导联席会议制度，排定全区新引进、新落地重大项目前期进展情况计划表，确定开工时间，倒推时间，明确每项前期审批手续完成节点，绘制吴兴区工业投资备案项目审批服务全流程示意图，对项目前期进展实行挂图作战，倒逼各审批窗口主动对接联系项目业主，压缩项目审批时限。探索优化中介服务，结合吴兴区实际，建立中介超市，出台部分中介服务实行政府统一补助的政策，有提升项目的审批效率和审批质量。17 家相关中介机构已经完成招标或筛选等工作，20 名专业工作人员入驻中介超市，“定人专项服务、定价低额收费、定时快速完成、定位优质成果”的高效中介服务市场正在有序建设中。

（二）项目推进全面提速。一是全区共举行（参与）6 批集中开工仪式，其中 1 月参加全省扩大有效投资集中开工重大项目 20 个，总投资 158.7 亿元；2 月 18 日总投资 88.43 亿元的 10 个重大工业项目在高新区集中开工；3 月 7 日总投资 9.27 亿的 5 个现代旅游项目在妙西镇集中开工；3 月 11 日总投资 24.28 亿元的 10 个造新城基础设施和现代服务业项目在东部新城新地标建筑吴兴区文体中心项目现场集中开工；3 月 28 日总投资 18 亿元的 5 个项目在埭溪省级美妆小镇集中开工，5 月 19 日总投资 88.93 亿元的 12 个项目在织里东尼电子项目现场集中开工；连续 6 次集中开工仪式，累计总投资 376 亿元的 51 个项目的开工建设，营造良好氛围，带动项目建设新高潮。二是每月区委区政府召开乡镇党政“一把手”会议，各乡镇街道主要负责人汇报重大建设项目的进展及存在问题，区主要领导当场研究、当场点评、当场决策。解决问题 43 个，通报督办 9 起推进慢项目。每月由区长召开项目引进推进协调会议，各乡镇主要领导汇报项目引进推进情况，就重大疑难问题与发改、国土、环保、规划、建设等重点部门一把手会商研究，给出具体要求和时限。三是继续加大力度开展内部挖潜工作。采用收储利用、租赁引进、司法拍卖等方式推进工作，集中力量攻坚盘活利用。继续按照“控源头、盘存量、促提升”的要求，大力实施低效用地盘活专项行动，加快收储利用。2016年，各乡镇重点采用协议收回、司法拍卖、整体转让等方式，闲置工业地产盘活工作频传佳讯，累计有金能达纺织等20个企业（地块）共计811.22亩闲置工业用地盘活。

（三）要素保障不断优化。一是紧盯上级资源，细化政策研究，及早做好与省、市有关部门的对接汇报，指导项目业主做好申报工作，在向上争取要素资源上成效明显，特别是在各项资金争取上取得突破。2015年度浙江省工业投资和“机器换人”技术改造考核评价获全省二等奖，获得110亩新增建设用地计划指标和110万元财政专项资金的奖励；湖州现代物流设备研发中心一期二期宿舍楼项目等4个项目列入保障性安居工程配套基础设施2016年中央预算内投资计划，争取投资1.56亿元，遥遥领先其他县区；原乡假日小镇、二环南路棚户区改造等7个项目获得2016年前两批专项建设基金4.79亿元；吴兴东部新城2015污水管网完善工程、高新区污水管网建设2个项目列入太湖流域水污染防治项目2016年中央预算内投资计划，争取投资1460万元；东尼电子、汉唐物流、南山颐养园3个项目列入2016年第一批省重大产业项目，可争取土地指标1075亩。二是紧盯上级资源，细化政策研究，及早做好与省、市有关部门的对接汇报，建立拟申报省级项目库，指导项目业主做好申报工作，3个项目被成功列入2016年第一批省重大产业项目，原乡假日小镇、美妆文化园2个项目正在申报2016年第二批省重大产业项目，下一步将加大对接，全力争取列入省重大项目单子。建立项目储备库机制，依托全区PPP项目储备库和重大项目三年滚动及计划等项目单子，积极申报省重大产业项目，省、市重点建设项目，扩大有效投资411重大项目等，确保上报数量领先。三是2016年以吴兴我区积极搭建政、银、企三方经常性沟通平台，协调解决重点项目融资需求。另外，通过申报专项建设基金积极缓解项目资本金问题，全年累计已取得专项建设基金4.79亿元，取得各类中央预算内投资1.71亿元。

（陈　力）

【经济体制改革】 产业结构调整。产业结构不断优化升级，新旧动能转换步伐加快，“三二一”产业结构进一步巩固。服务业增加值增速持续快于工业增加值，三次产业结构由2015年的4.3∶44.4∶51.3优化为4.3∶42∶53.7，服务业占比提高2.4个百分点，对经济增长的贡献率达到60.8%，拉动GDP增长5个百分点。

（王　丹）

金融改革。一是资本市场多层次发展。企业进军资本市场成效初显，德宏股份于4月12日在上交所主板挂牌上市，成为吴兴区首家在境内主板上市的企业，汉邦科技、爱诺药业、绿色新材、奥奇食品先后于4月25日、8月4日、9月19日、11月18日在新三板挂牌，农道信息等33家小微企业在区域股交中心创新板挂牌。直接融资总量取得突破，企业通过IPO融资、非公发行、公司债、股权私募、资管计划、基金平台融资等方式募集资金总额达101.78亿元，同比增长16.6%，创历史新高。资本市场保障持续完善，新出台《关于推动企业股改上市挂牌二十条的政策意见》，扩大奖励范围、提高奖励额度、前移奖励节点，强化政策保障；按照“储备一批、股改一批、挂牌一批、融资一批”四个一批的梯队培育思路，深入挖掘成长性良好的后备企业资源，公布第一批20家重点培育企业和第二批20家后备企业名单，强化后备资源保障。二是金融产业多元化发展。金融新业态创新突破发展，全年新引进金融新业态机构120家，引进注册资本43.52亿元，强化浙北金融中心新业态集聚平台作用，新入驻金融机构24家，引进注册资本15.49亿元。民间融资规范稳定发展，自获得省民间融资管理创新试点以来，进一步完善“政府部门监管、公共平台服务、信息公司中介、资金公司经营”长效民间融资管理机制建设，通过民间资金管理、撮合等平台，民间融资总额达16.94亿元，民间融资服务中心办理备案登记193笔、3.64亿元。产业基金创新引导发展，强化资源整合，组建5只政府产业引导基金，规模13亿元，涉及上市、科技、化妆品等产业，5只基金投资13个项目、金额2.26亿元。

（杨　莹）

【科技创新】 吴兴区科技创新工作在深入践行创新发展理念，大力激发企业创新主体活力，不断提升区域自主创新能力，努力补齐创新发展中的短板，创新型城区建设步伐进一步加快，各项工作取得长足进展。据科技进步统计监测数据显示，吴兴区科技创新环境列全省第6，成功立项省重点科技计划项目3项，列全市第一；成功备案国家级众创空间2家、省级3家，列全市前列，金融客吧获评省级优秀众创空间；新增省“千人计划”6人，金洲、晨华科技等6家企业成功入选2016年度市级领军型创新团队；久立特材成功获选全国示范院士专家工作站，新建市级院士专家工作站3家，列全市第一；全年专利申请总量 3241 件，其中发明专利占比高达 31.53%；发明专利授权 410 件，创历史新高。

（周敏旭）

【对外经济】 吴兴区对外经济态势良好。全区新批准外商投资企业 16 家，增资企业 13 家，减资 3 家，完成合同外资 36653 万美元，完成市年度目标的 128.6%，总量列全市第二位；完成实到外资 22377 万美元，完成市年度目标 124.3%，总量列全市第一位。

对外贸易发展面临较大挑战。全年完成进出口额 821038 万元，同比下降 8.1%，其中出口 681968 万元，同比增长 0.9%，进口 139070 万元，同比下降 35.8%。全区新增进出口企业主体 48 家，新增进出口额 59341 万元，有进出口实绩的外贸企业 346 家，其中进出口超百万美元的企业 153 家，超千万美元的企业 33 家。

全区完成服务贸易进出口额 15.58 亿元，同比增长 47%，其中服务贸易出口额 10.02 亿元，同比增长 32.5%；完成服务外包执行额 4.51 亿元，同比增长 14.2%，其中离岸外包执行额 2.37 亿元，同比增长 31.8%。

（区商务局）

【主要经济指标】 全区实现地区生产总值（GDP）476.54 亿元，按可比价计算，比上年增长 8.2%。分产业看，第一产业增加值 20.49 亿元，增长 2.5%；第二产业增加值 200.03 亿元，其中工业增加值 178.77 亿元，分别增长 7.1% 和 7.6%；第三产业增加值 256.02 亿元，增长 9.5%，一、二、三产结构为 4.3∶42.0∶53.7。人均生产总值 104199 元（按户籍人口计算），增长 8.6%，折合 15687 美元。全年公共财政预算总收入 43.70 亿元，增长 12.0%，其中地方一般预算收入 26.37 亿元，增长 14.2%，地方财政税收收入 23.52 亿元，增长 12.9%。全年公共财政预算支出 25.81 亿元，增长 13.6%。全区规模以上工业实现总产值 633.77 亿元，增长 6.9%，实现增加值 112.12 亿元，增长 8.0%。完成固定资产投资 291.92 亿元，增长 13.9%。其中：第二产业投资 107.12 亿元，增长 12.8%，其中现代化技改 87.41 亿元，占全部工业性投入的比重为 81.6%；第三产业增长显著，完成投资额 184.80 亿元，增长 16.6%，其中房地产投资 83.71 亿元，增长 0.9%，基础设施投资 64.77 亿元，增长 48.1%。全区外贸进出口总额 82.10 亿元，下降 8.1%，其中自营出口 68.20 亿元，增长 0.9%。城镇居民人均可支配收入 47170 元，增长 8.3%，农村居民人均可支配收入 27391 元，增长 8.9%，农村居民收入增幅高于城镇居民收入增幅 0.6 个百分点，城乡收入差距比进一步缩小。万元工业增加值能耗下降 2.8%。

（杨海丽）

·政　治·

【党建工作】 扎实推进“两学一做”学习教育，按照中央和省、市委关于学习教育部署的要求，做到高站位谋划、高标准要求、高质量落实，确保吴兴区学习教育取得实效。组建基层“小红砖”党校 7 所，充分挖掘区内资源，形成织里镇创业发展、道场乡寻访先烈、东林镇助力转型等 8 个特色课程，为广大党员建立家门口的红色学校，全年累计培训农村党员 9752 人次。针对身体不便老党员、流动党员等特殊党员群体，推动“共学共做”，通过建立“社校共学、驻村送学、跨省同学”三种学习模式，有效覆盖学习盲区，开展各类送学活动 200 余次。对照“四讲四有”和“五个能否”标准，充分发挥党员干部在“温室龟鳖整治”“童装转型升级”“东部新城建设”等重点攻坚任务中的先锋模范作用，对 81 个履职不力的党组织下发整改督办单，对 14 名抓学习教育不力的党组织书记进行约谈。扎实推进九项专项排查整治工作，从严管理党员队伍，找到失联党员 169 人，补办党员档案 1628 份，重新建立党员档案 453 份，59 名失联党员进入组织处置程序，除名 15 人。认真组织开展好区、乡两级党代会，积极做好“两代表一委员”推选考察工作，把“九严禁”换届纪律要求贯穿换届始终，组建 6 个换届风气监督组对所有乡镇开展“一对一”全程监督，组织 19 个部门开展联合审查，严把人选政治关、素质关、结构关。经层层推选全区产生乡镇党代表 467 名，区党代表 280 名，对不宜推荐的 30 名党代表候选人进行及时更换。圆满完成区第四党代会各项任务，选举产生中国共产党湖州市吴兴区第四届委员会委员 39 名、候补委员 7 名，区纪委委员 19 名，出席市第八次党代会代表名额 40 名。坚持强基固本，严格落实“基层组织加强年”活动各项任务。持之以恒推动“浙江基层党建 20 条”落实，不断增强基层党组织整体功能，确保党的基层基础再上新台阶。成功创建市级“先锋示范乡镇”1 个，市级“先锋示范村”8个，区级“先锋示范村”20个。狠抓软弱落后党组织整转，完成14个后进村（社区）党组织整转工作，撤换5名履职不力的村主职干部。强化基层阵地提升、晋位升级工作，按照“整转一批、修缮一批、提升一批”的要求，新建和扩建村（社区）活动场所35个，村和社区组织活动场所平均面积全部达标。落实所有活动场所全部悬挂党徽，党员活动室集中展示党员照片墙，农村、社区党员逐户“挂牌亮身份”。优化基层党员干部管理，科学制定村社干部培训方案，举办3批次集中培训，累计培训基层党组织书记337人次。严格落实村干部待遇保障各项要求，村主职干部平均基本报酬达6.3万元，最高达7.2万元，发放退职村干部补助579万。畅通中共党员志愿服务渠道，组建中共党员志愿者队伍382支，发动中共党员5847人，其中中共党员领导干部366人，示范带动群众3万余人，开展志愿服务842场次，志愿者平均服务时长达34小时。发挥两新组织党组织实质性作用，以有效覆盖和整体提升为重点，全面推进吴兴区两新组织党建工作。加强特色小镇党建工作，两个省级特色小镇均成立党工委，依托高新区、埭溪镇、东林镇3个党群服务中心，建立3个小微企业区域党建联盟，进一步聚集党建合力。根据社会组织发展新态势，组建吴兴区社会组织综合党委，对全区社会组织实行“业务主管单位条线管理+乡镇（街道）属地管理+社会组织综合党委托底管理”的模式，全面理顺管理体系。开展“双强争先、示范创建”“十佳两新组织党组织展评”等活动，全区新增市级“双强”两新组织2家，市五星级两新党组织7家，区级“双强”两新组织18家；阿祥集团、童装商会入选省级“双管”两新组织党组织，12349“微五”行动做法入选全省社会组织党组织特色工作60例，老恒和、大东吴等10家两新组织入选“十佳两新组织党组织展评”。深化“红色动力五项行动”，美欣达被认定为全市首批“金象”企业，积极推广“党员专家工作室”党建品牌，获全市两新组织党建创新奖。优化两新党建责任体系，首次量化35项两新党建工作指标，引导两新党建工作由“软指标”变成“硬任务”。落实工委成员单位工作职责，集中领办16个党建项目，赴乡镇街道集中性督查4次，下发重点问题交办单共计26张。

（吴学丰）

【民主监督】 根据监督法对经常性监督工作的要求和区人大常委会2016年工作要点的安排，按照紧贴中心、依法监督、突出重点、讲求实效的原则，围绕事关转型升级、生态文明、民生改善、民主法治等重大问题，在广泛征求各方面意见的基础上，提出2016年区人大常委会监督工作计划。

一、听取和审议“一府两院”的专项工作报告。一是听取和审议区政府关于2016年政府重大投资项目计划草案的报告。在3月召开的常委会会议上进行。有关准备工作由财经工委负责与区政府联系。二是听取和审议区政府关于“七五”普法规划的报告。在5月召开的常委会会议上进行。有关准备工作由法制工委负责与区政府联系。三是听取和审议区政府关于贯彻执行大气污染防治“一法一条例”《中华人民共和国大气污染防治法》《浙江省大气汽染防治条例》情况的报告。在5月召开的常委会会议上进行。有关准备工作由城建环资工委负责与区政府联系。四是听取和审议区政府政情报告。在7月召开的常委会会议上进行。有关准备工作由办公室负责与区政府联系。五是听取和审议区政府关于全区电子商务发展情况的报告。在9月召开的常委会会议上进行。有关准备工作由财经工委负责与区政府联系。六是听取和审议区政府关于全区生态循环农业建设情况的报告。在9月召开的常委会会议上进行。有关准备工作由农业农村工委负责与区政府联系。七是听取和审议区政府关于全区食品安全工作情况的报告。在9月召开的常委会会议上进行。有关准备工作由教科文卫工委负责与区政府联系。八是听取和审议区政府关于区三届人大五次会议代表建议、意见办理情况的报告。在11月召开的常委会会议上进行。有关准备工作由代表工委负责与区政府联系。九是听取和审议区政府关于2016年十大为民办实事完成情况的报告。在11月召开的常委会会议上进行。有关准备工作由财经工委负责与区政府联系。

二、审查和批准决算，听取和审议计划、预算执行情况及审计工作的报告一是听取和审议2015年财政决算报告。在5月召开的常委会会议上进行。二是听取和审议2015年区本级预算执行和其他财政收支审计报告。在5月召开的常委会会议上进行。三是听取和审议2016年上半年国民经济和社会发展计划执行情况报告。在7月召开的常委会会议上进行。四是听取和审议2016年上半年财政预算执行情况报告。在7月召开的常委会会议上进行。以上报告的有关准备工作由财经工委负责与区政府联系。

三、检查法律法规贯彻实施情况。一是全市人大联动检查贯彻大气污染防治“一法一条例”、改善空气环境质量的情况。在 4 月进行检查。有关准备工作由城建环资工委负责组织和落实。二是全市人大联动检查贯彻行政诉讼法、促进依法行政的情况。在 8 月进行检查。有关准备工作由法制工委负责组织和落实。三是全市人大联动检查贯彻循环经济促进法、加快推进生态循环农业发展的情况。在 8 月进行检查。有关准备工作由农业农村工委负责组织和落实。四是全市人大联动检查贯彻浙江省历史文化名城名镇名村保护条例、加强历史文化名城保护和利用的情况。在10月进行检查。有关准备工作由教科文卫工委负责组织和落实。

四、加强对干部任后监督。一是开展对部分政府工作部门主要负责人述职评议工作。在7月实施。有关准备工作由办公室负责组织和落实。二是开展部分区人民法院审判员、区人民检察院检察员履职评议工作，在 9 月实施。有关准备工作由法制工委负责组织和落实。

五、开展规范性文件备案审查。根据监督法有关规定和《湖州市吴兴区人大常委会规范性文件备案审查办法》，切实做好规范性文件备案审查工作，强化法律监督，维护法制统一。对列入 2016 年监督工作计划的项目，各责任委室要按照常委会的要求，精心组织、依法履职、扎实工作、务求实效，确保各项监督工作如期顺利完成。

（沈欢欢）

【依法行政】 加快法治政府建设推进步伐。制定出台《2016 年吴兴区法治政府建设（依法行政）工作要点》《2016 年度法治政府建设（依法行政）工作责任分解方案》《2016 年度法治政府建设（依法行政）考核评价工作通知》，明确全年法治政府建设主要目标和工作重点，及时调整法治政府建设领导小组成员，完善内部考核评价体系标准，被评为“全市年度法治政府建设（依法行政）先进单位”。认真落实政府常务会议学法制度，安排区政府常务会议专题学习《法治政府建设实施纲要（2015—2020 年）》《湖州市生态文明先行示范区建设条例》等内容。组织 PPP 项目理论及实务培训班。区委组织部、区委政法委、区法制办在华东政法大学联合举办全区领导干部依法行政暨社会风险防控专题培训班，高新区、各乡镇街道、区级各部门相关负责人员参加培训。

深入推进政府职能转变。出台《吴兴区权力清单管理实施办法》《吴兴区部门职责管理办法》《进一步明确区政府部门职责边界的通知》，依法梳理、科学配置政府职权，动态调整权力清单、责任清单。深化行政管理体制改革，全面实现“五证合一、一照一码”。落实“信用浙江”建设，设立公共信用信息服务平台现场查询窗口，初步建立前台登记、后台查询制度，在政府采购、招投标等领域使用信用报告。贯彻落实《中华人民共和国政府信息公开条例》以及省政府关于深化政府信息公开工作的相关文件精神，严格按照“公开为原则、不公开为例外”，健全政府信息公开申请接收、登记、办理、审核、答复、归档等环节的制度规范，促进政府信息依申请公开答复工作依法有序开展。

不断提高依法行政决策水平。进一步加强规范性文件管理，全年累计出台行政规范性文件 35 件，按期向市政府、区人大做好备案工作；开展部门规范性文件备案审查，未发现有与法律、法规、规章及上级文件相抵触或违反法定程序的情形；下发《关于开展 2016 年度行政规范性文件清理评估工作的通知》，及时调整、修改与法律法规规章及上级文件不相一致或与经济社会发展不相适应的行政规范性文件，累计清理行政规范性文件 130 件，其中，继续有效 104 件、废止和宣布失效 26 件。协助市政府开展立法征求意见及调研，对《湖州市政府规章项目年度计划编制和实施规定（征求意见稿）》等提出书面修改意见，组织筹备《湖州市市容和环境卫生管理条例》立法调研座谈会 2 次。出台《吴兴区重大行政决策程序规定》，对决策主体、事项范围、法定程序、法律责任等予以明确，将公众参与、专家论证、风险评估、合法性审查、集体讨论决定作为重大行政决策法定程序内容，将关系全区经济社会发展全局、社会涉及面广、与群众利益密切相关的重大事项纳入决策范围。全面实行合法性审查机制，累计审查行政规范性文件 35 件、行政合同及其他各类专题项目 27 份。

重点开展行政执法监督工作。按期完成区综合行政执法局的更名挂牌，划转首批行政处罚及相关职权共 239 项，涉及环保、公安、工商、规划等部门。转发《浙江省行政执法全过程记录工作办法（试行）》和《浙江省重大行政执法决定法制审核办法（试行）》，部署相关工作，开展行政执法全过程记录试点，促进严格规范公正文明执法。继续推行行政处罚结果网上公开制度，加强事中事后监管。完善行政执法案卷评查制度，组织城市管理、人力社保、环境保护、文化体育等领域的执法案卷集中评查，3份行政处罚文书被评为市级优秀执法案卷。加强行政执法人员资格管理，全区共 112 人参加全省行政执法资格考试，其中 110 人通过考试，合格率达 98%以上。主动接受人大监督和司法监督，共向区人大常委会按时报备行政规范性文件 35 件，并积极落实有关出庭应诉制度，支持人民法院依法审理案件。建立特邀行政执法监督员制度，从新闻媒体工作者、法律工作者、专家学者等社会人士中，公开选聘特邀行政执法监督员 16 名，召开监督员工作会议，审议通过《吴兴区特邀行政执法监督员工作规则》，开设执法监督员网上工作平台。

依法有效化解行政争议。全市首设行政复议听证室、行政调解室，强化行政复议能力建设。积极推进行政复议决定网上公开制度，探索建立行政复议案件审理情况通报机制。加大行政复议对违法行政行为的纠错力度，全年累计办理行政复议案件 15 件，其中维持 1 件、确认违法 1 件、驳回 1 件、撤回 12 件（含行政机关主动纠错 8 件）。大力推行复议听证制度，累计召开复议听证会 5 次，有效提高行政复议申请撤回率。落实行政机关负责人出庭应诉制度，全年发生行政应诉案件 18 起，均由行政机关负责人出庭，其中八里镇政府、区综合执法局、区公安分局、区地税分局等单位主要负责人主动参加庭审、应诉。发挥政府法律顾问和代理律师在协助各行政机关在行政应诉事务方面的智力支撑作用。积极探索行政复议与行政审判工作联席会议制度，府院联合召开法治政府建设工作研讨会，规范集体土地征收有关程序。落实府院联席会议机制，出台《吴兴区非诉行政执行案件“裁执分离”工作机制》，使“裁执分离”涵盖土地管理、市场监管、安全生产、农业林业、环境保护等领域。健全行政调解工作机制，完善交通事故、医患、劳资、消费、校园、物业管理、环境保护、婚姻家庭等专业性、行业性调解组织建设和调处机制。

（黄其峰）

【政法综治】 区委政法委和区公安分局获评“服务保障 G20 杭州峰会省级先进集体”，区法院获评“全省阳光司法优秀法院”，区检察院获评“全国先进基层检察院”，区国安办被评为“全国一级国安办”，全区政法系统获市级及以上荣誉总计200余项。

（一）“平安吴兴”建设。一是提升规范化水平。全面落实《关于对“平安吴兴”工作落实不力实施问责的办法（试行）》，制订《2016 年度吴兴区区级部门平安建设（综合治理）工作考核办法》，将部门平安考核工作纳入区综合考核，形成平安创建合力。修改完善《2016 年度信息系统“以奖代补”考核实施方案》，每月进行在线监测通报，推进工作落实。二是提升信息化水平。严格落实立体化社会治安防控体系要求，投入建设资金 2000 余万元，建设完成项目 15 个。完成区、镇两级社会治理指挥平台建设，“平安通”手机实现全覆盖，累计上报平台信息 4.7 万件，办结率为 99.9%。全面建成区“社会治理综合指挥中心”及乡镇街道“社会治理综合指挥室”，实现省、市、区、镇四级指挥系统互联互通。三是提升社会化水平。持续扩大村居、学校、企事业单位平安巡防队伍，招募平安志愿者 3.5 万余人，重点时段每日超 1000 人参与 24 小时巡逻。加大群众情报信息举报奖励力度，设立奖励金 60 万元，收到群众反映问题 700 余条、协助破案 280 余起。有效培育平安大姐、平安大妈等公益联盟组织。四是提升特色化水平。全力开展白鱼潭路等全区 13 条“平安街区”打造工作，制定《吴兴区“五星级平安示范小区”创建活动实施意见》，11 个小区成功创建“五星级平安示范小区”，新增建设平安示范点 100 个。中心城区各街道均建成平安面馆，有 2 家企业认领平安面馆。建成全省首家矛盾纠纷多元化解中心，实现矛盾纠纷“一站式受理、一条龙服务、一揽子解决”，有效化解各类矛盾纠纷 1200 余件。与湖州师范学院合作发布“平安指数”，完成“两网融合”工程省级试点，有序推进织里镇、道场乡和爱山街道“四个平台”建设全市试点。

（二）维护社会稳定。一是突出大局意识保核心。圆满完成全国两会、G20 杭州峰会、中共十八届六中全会、第三届世界互联网大会等重大活动维稳安保工作，实现重点时段“本地不出事、外地不惹事”目标。严格落实重点时段每日会商研判、一线督查整改、24 小时平安大巡防等机制，全区未发生一例重点人员赴杭州上访滋事及卡点被拦现象，获得 G20“杭州峰会维稳安保工作优秀县区”称号。二是突出底线意识保稳定。牢固树立反恐防暴“一失万无”底线意识，严防死守省、市、区重要反恐目标单位，督查整改问题隐患 32 处。坚持打击处理与人文关怀并重，成功实现重点人员有效管控并妥善处置2起“法轮功”邪教组织人员诬告滥诉事件。三是突出风险意识保平安。扎实开展“保平安”专项行动，强势推进民宿（农家乐）、寄递物流、瓶装液化气、成品油及出租房消防安全整治行动，累计排查各类隐患风险点7562个、整改6837个，全区未发生较大以上公共安全事故。妥善处置五一大桥推进、湖山大道征迁、中心城区危旧房改造等不稳定问题，省、市挂牌督办案件化解率达80%以上。着力事前防范，开展重大项目社会稳定风险评估84件，全区未发生一起因评估不到位引发的重大不稳定事件，第三方稳评工作列入全省试点。

（三）强化服务民生。一是强化专项整治。开展“除黑恶、连根拔”“护卫平安”等专项行动，侦破工程领域涉黑涉恶案件115起、恶意逃废债案件19起，审查批捕各类刑事案件520件，审结涉金融案件726件、解决争议标的17.3亿元，妥善化解因劳资纠纷引起的不安定因素50余起、金额5900余万。二是强化法律服务。累计办理法律援助案件1078件。全力服务东部新城建设，共举办专项法律讲座97场、提供法律援助58件。积极开展普法宣传与务实性研究19次，区委政法委被评为“2011—2015年全区普法与依法治理先进集体”。三是强化民生保障。累计开展专项执行行动8次、执结案件3672件，同比上升13%，法院执行难问题有效破解；打掉传销团伙73个，成功摘掉非法传销重点地区帽子；破获通信网络诈骗案件23起、食药环案件8起，群众满意度有效提升。

（四）促进公平正义。一是有序推进司法改革。认真落实中央、省委关于司法体制改革的统一部署，高度重视干警的思想工作，出台谈心谈话制度，有序推进首批入额法官、检察官遴选工作。二是深化阳光司法。区法院全力打造“吴兴智慧法院”，创新发展“互联网+审判”工作模式，连续三年被评为“全省阳光司法优秀法院”。区人民检察院实现与人大代表点对点联系全覆盖。区公安分局创新公安案管创优机制，搭建办案经验交流平台。三是着力办案监督。强化诉讼、审判和执行监督，监督执行各类案件100余件，发出检查建议14件。推进司法救助规范化建设，实施司法救助30余件、资金80余万元。化解涉法涉诉信访积案28件，有效维护当事人合法权益。

（五）提升队伍素质。一是狠抓理想信念教育。认真学习中共十八届五中、六中全会以及习近平总书记系列重要讲话精神，开展“两学一做”专题学习和“无限忠诚·走在前列”主题教育实践活动，弘扬先进、树立典型，提升队伍整体形象。二是突出能力素质提升。开展领导干部依法行政、基层人民调解员、平安乡镇街道考核评审等各类业务培训及“国家安全法律法规”等各类专题讲座60余场，业务素质有效提升。三是强化纪律作风建设。按照“全面从严治党”的要求，加强纪律作风建设，严格落实“党纪教育一刻钟”制度，认真组织学习《准则》《条例》，层层签订《党风廉政建设责任书》，实现党纪教育常态化。

（周新冰）

【信访工作】　区信访工作以群众工作为统揽，深入贯彻落实中共十八届四中、五中全会和各级信访工作会议精神，以深入推进信访工作制度改革为主线，着力加强法治信访、阳光信访、责任信访建设，全力推进依法及时就地化解信访问题，确保全区信访各项工作平稳有序推进。区信访局共受理群众来信来访368件（批）次，与上年同比下降31.21%；其中来信98件次，同比下降46.45%；来区上访270批1009人次，同比批次下降23.30%，人次下降35.53%；其中，集体访55批、585人次，同比批次下降32.93%，人次下降44.92%；到市集体访24批、369次，同比批次上升140.00%，人次上升37.17%；到省集体访1批、10人次，批次与上年同期持平，人次下降75.00%；进京访41批、67人次，同比批次上升53.85%，人次上升37.5%，其中集体访3批、20人次，同比无进京非访。年度省、市信访工作目标管理考核中均获得优秀等次。

抓责任落实，健全信访工作机制。区委常委会研究全区领导接访、领导领衔督办信访重要事项等工作，每月全区“一把手”会议，区委、区政府主要领导部署全国两会、G20杭州峰会等信访维稳工作；区委、区政府主要领导批阅群众来信46件，占来信总量的44.7%。专项督查压实责任。区委、区政府与13个乡镇街道、17个区级部门签订信访工作目标管理责任书60份，明确对积案化解、重点人员稳控、领导接访件化解等重要信访工作的督查；压实主体责任，在市考核县区的操作细则基础上进一步修订乡镇街道、区级部门的考核办法；建立和完善情况通报制度，以今日来访、要情通报、督查通报等载体，及时通报信访相关情况。全年共编发《今日来访》205 期、《信访要情通报》84 期、《信访督查专报》15 期、《“12345”政府阳光热线督查专报》4 期。

抓重点时段，确保关键时期社会稳定。根据省、市护航 G20 峰会信访工作方案统一部署，及时制定工作方案，成立由区委书记、区长挂帅，3 名区级常委负责，43 名相关单位主要负责人参加的领导小组，统一指挥协调 G20 峰会信访维稳工作。由区联席会议办室牵头，组建 11 人信访劝返小组，确保一旦出现重大突发情况，能够快速果断处置。坚持纵横交叉的排查机制，不断加大滚动排查力度，及时更新重点人员名单。纵向实行区、镇、村三级 24 小时排查机制，切实做到重点地区、重点领域、重点行业、重点群体、重点人员排查全覆盖，确保“守好自己的门、看好自己的人”。横向完善政法、信访、公安、国安协作机制，强化预警性、内幕性、行动性信息互通。G20 期间，通过各类排查，整理录入信访信息系统重点人员 252 人，其中一级管控 29 人、二级管控 29 人、三级管控 194 人，全部实施动态管控。切实做好信访信息情报工作，坚持会商研判。G20 期间，以决战阶段每天一次、重大问题随时会商的频率，由区主要领导牵头，逐项开展会商研判，逐项明确工作措施，确保各类问题和人员始终处于“静止”状态。区信访局启动重点信访人员进杭预警防控机制，安排 3 名信访专干全程配合公安机关做好卡口、车站、高铁站身份查验甄别。

抓力量下沉，精心组织接访下访。制订年度接访下访工作计划，全区四套班子 4 名主要领导和 17 名区领导每人每年公开接下访 6 天，区级有关部门负责人 50 余人定期到区信访局参与接访，按照“定时、定人、定点”原则挂牌公示，方便群众“点名就诊”。继续深入推进各级领导干部接访下访，建立区领导接访下访、科局级领导驻村下访、乡镇领导随时接访、村级干部上门走访的接访常态工作机制。以区级部门领导联合接访、乡镇干部驻夜走访、年轻干部上门家访等方式，做到接访下访无缝隙、全覆盖。对领导接访下访件，仔细分析、落实责任、加强督办力度，对一些事权涉及市级部门的接访件，主动借势借力，巧借上级部门力量，把握联合化解机遇。对需要各个部门协作配合解决的接访件，通过部门联合协商、交办会办的形式，限期解决。区领导共接待群众 56 批、68 人次，区级部门科局级领导共接待群众 88 批、105 人次；化解初信初访问题 256 件，化解率达 98%。

抓专项督查，及时推动积案化解。根据省、市督查工作专项要求，区信访局及时制定下发《全区信访系统“护航 G20”活动实施方案》和《关于在全区“两学一做”学习教育中开展以“补短板、化积案、创标杆”为主题的信访督查专项行动的通知》，进一步压实事权单位和基层信访责任，推进积案依法限时化解。结合督查专项活动，区信访局下派人员对个别乡镇赴省进京越级访、群体访，到市、区缠访闹访实施跟踪督查、反复督查，以“抓铁有痕、踏石留印”决心推动事要解决；对部分乡镇台账资料不健全、整理不规范、归档不及时进行督查指导；对信访事项办理不到位进行指导性督查，规范信访事项处理流程和政策运用能力水平。共缓解解决重点群体 5 个、规范完善台账 250 余份、指导办理问题 11 个。对信访存量进行梳理排摸，确定 83 件信访积案，其中 31 件信访积案由区四套班子领导和乡镇主要领导一对一“包案”化解，通过领导约访下访，亲自参与、靠前指挥、特困救助、专题会议研究等形式，依法依规化解积案，积极推动案结事了。全年共化解信访积案 37 件，化解率为 44.6%，其中化解五年以上积案 12 件。

抓重点工作，全面落实统筹兼顾。积极开展新《浙江省信访条例》宣传活动。新《条例》实施颁布后，及时召开《浙江省信访条例》学习专题会议，组织全区信访办主任以及区信访局全体干部对《浙江省信访条例》进行通读讲解；同时，印发新《浙江省信访条例》单行本 800 册、《解读辅导材料》资料 2000 份；通过王金法广播，用本土方言录制宣传广播节目 2 期；利用《吴兴时讯》2 个版面，全篇刊发《浙江省信访条例》和《解读辅导材料》，引发社会广泛关注。区信访局干部协同街道、社区工作人员走进乡村、社区，分发宣传资料、张贴宣传海报，邀请律师开展法律咨询、参加政策疑难解答等活动。完成重点调研课题的结题工作。落实专人负责重点调研课题，完成调研文章 2 篇。各责任人及时收集社情民意，定期开展分析研判，认真总结，撰写工作信息，为领导决策和工作推进提供参考。全面推进信访队伍建设。以集中讲座、专家授课、政策宣讲答疑的形式，积极组织信访干部参加各类学习活动，增进全区信访干部对信访形势、专业领域政策法规运用的深入理解和全面掌握。

抓信访改革，推动工作回归本位。深入推进信访工作制度改革，全面落实信访改革项目化管理责任。根据市统一部署，区信访局分别召开通过法定途径分类处理信访投诉请求的工作会议，17 家区级部门按要求完成清单制订工作，通过审核。各级信访部门严格按照法定途径分类处理要求开展工作。建立“简单信访马上办，一般信访精准办、疑难信访合力办”工作机制，遵循“以提速为常态、法定时限为例外”的总体要求，积极推行“五个工作日受理、三十日办结”的工作常态。严格落实首办责任制，妥善解决好每一件信访事项，做到信访部门跟踪督办到位、职能部门依法调解处理到位、公安机关依法查处到位、纪检监察机关依法依纪问责到位。不断完善复查工作流程，健全复查工作机制，着力提高信访复查质量。全年收到申请复查件 15 件，均能严格按照复查流程把好“入口、出口关”，其中回复 1 件，不予受理 13 件，撤销申请 1 件，申请人对复查程序满意率达 100%。

（陈芬芬）

【纪检监察】 落实谈话提醒制度，开展提醒谈话 123 人次，实施诫勉谈话 25 人次。启动区委巡察工作，对 6 家区级部门开展巡察，发现 5 大类、147 个问题，实行分类处置，督促落实整改。开展各类督查 48 次，查处违反中央八项规定精神问题 5 起，处理党员干部 7 人，给予党纪处分 5 人，并点名道姓通报曝光。加大对侵害群众利益问题查处力度，扎实开展农村基层作风巡查，巡查行政村 50 个，发现问题 59 个，查处 28 人，给予党纪处分 3 人，推动全面从严治党向基层延伸。坚持以零容忍态度惩治腐败。受理信访举报 213 件次，处置反映问题线索 169 件；初步核实 21 件次；谈话函询 36 人次；了结 18 件次；立案 159 件；给予党纪处分 133 人，其中乡科级 6 人；严重违纪涉嫌违法移送司法机关 2 人。严格依纪依法、安全文明开展执纪审查，规范核实性谈话工作。加强案件剖析和警示教育，发挥执纪审查治本功能。

（王慧琦）

【行政体制改革】 政府机构改革。一是继续推进综合行政执法体制改革。按照省、市综合行政执法体制改革总体安排，联合相关业务主管部门就划转事项、职权名称、实施依据等方面进行梳理，印发《吴兴区综合行政执法工作实施方案》和《关于建立吴兴区综合行政执法部门配合协作机制》等配套文件。将“区城市管理行政执法局”更名为“区综合行政执法局”，增挂“区综合行政执法大队”牌子。完善乡镇（街道）综合行政执法配套机构设置，明确工作职责，配强工作力量，积极发挥派驻机构人员优势，协同推进区域内综合行政执法工作。二是实施供销社体制改革工作。根据省、市委关于调整市区供销合作社管理体制的通知精神，设立区供销社和区农合联，建立区供销社执行管理机构和区农合联执行委员会实行合署办公。按照“老人老办法、新人新办法”的原则，以原区供销合作社企业法人在职人数为基数，适当核定员额，原在职人员纳入员额管理，人员身份、待遇保持不变，实现平稳过渡。原供销合作社企业法人相关职责和业务、在职和离退休人员、资产、财物以及乡镇供销社、社办企业等全部移交至新设立的区供销社执行管理机构，并以区编委名义重新审定下发了新设机构“三定”方案，确保供销社体制改革工作有序推进、落到实处。三是创新功能区运行体制机制。设立吴兴西塞山旅游度假区管理委员会，明确度假区管委会主要负责度假区范围内旅游规划、开发建设管理等职能，与妙西镇人民政府合署办公，度假区范围内党务政务、财务、农林水利、综治司法等职能仍由所在乡镇承担，最大限度发挥机构编制效益。

（卜淑怡）

行政审批制度改革。推进“四张清单一张网”改革。以深化“四张清单一张网”改革为抓手，积极推进简政放权、放管结合和转变政府职能。对全区 23 家政府部门行政权力进行梳理，共梳理公布行政权力事项 3397 项。按照全省深化责任清单的工作要求，全区 23 家政府部门（单位）共公布主要职责 286 项，具体工作事项 1501 项。以政务网建设为核心，积极推进统一的行政审批运行系统建设，实现行政许可事项全部上网运行，完成全省统一电子监察系统、行政处罚结果信息公开系统的部署实施，启动投资项目审批平台建设，实现项目登记赋码、基本信息推送交换，共成功赋码审批类项目 41 个。推进政务服务网向镇（街道）延伸工作，乡镇（街道）平台已全部上线运行。

创新中介市场管理。为进一步规范项目审批中介服务市场，制定出台《关于对企业投资项目部分中介服务实行政府补贴的实施办法（试行）》和相应的管理考核实施细则，对企业投资项目 15 类中介服务内容实行政府补贴，在区行政审批服务中心新大厅设立 600 平方米的中介服务区，通过公开招标，引进17家中介机构入驻，全区中介服务实行专职人员定向入驻，收费价格优惠公开，完成时限普遍缩短，工作对接顺畅有效，审批中介服务“中梗阻”现象得到基本消除。

（蔡 昕）

【财政体制改革】 推进预算编制管理改革，完善全面规范、公开透明的预算制度，努力做到“有预算不超支，无预算不开支”。建立将政府性基金预算中应统筹使用的资金列入一般公共预算的机制、专项资金清单管理、财政存量资金动态管理和定期清理机制；实施科学合理的预算执行进度考核机制。积极推进政府预决算信息和“三公”经费公开，进一步细化内容，打造“阳光财政”。推进乡镇财政管理，将财政涉农补贴逐步纳入乡镇公共财政服务平台统一管理，并通过社保卡“一卡通”发放，确保惠民补贴资金安全、准确、及时兑现到补贴对象手中。推进政府投融资改革，努力转变财政扶持经济发展方式，创新机制成立首期规模3亿元的政府产业引导基金，与社会资本、金融资本合作成立产业子基金5个，规模13亿元，进一步拓宽融资渠道，打造金融平台；推动PPP规范化运营，注重示范项目引领，总投资15亿元的区文商综合体项目被列入省级第三批政府和社会资本合作推荐项目。

（沈 超）

【民主党派】 吴兴区现有民革、民盟、民建、民进、农工党、九三学社共6个民主党派，党派成员297名。民革区总支有党员41人；民盟区基层委有盟员46人；民建区基层委有会员60人；民进区基层委有会员67人；农工党区总支有党员43人；九三学社区支社有社员40人。

【群众团体】 区工商联（总商会），共有会员2107人，其中执委以上企业家104人，下属基层商会15家，7个乡镇全部建立商会，另有新能源、织里童装、电子商务、埭溪经编4个行业商会，平阳、安义、诸暨3个异地商会，观凤商城商会。浙江大港纺织集团有限公司董事长朱新康担任区工商联（总商会）主席。

区党外知识分子联谊会成立于2010年9月，由全区各界有影响的党外知识分子代表人士组成，具有统战性、知识性和民间性的社会团体组织。现有会员50人，有教育、文化、卫生、农业、科技、经济、新闻工作者和新社会阶层等各界人士，其中无党派知识分子38人，占76%；会员平均年龄43周岁，绝大多数是中青年知识分子；女会员23人，占46%；具有副高以上专业技术职称24人，占48%；具有大学以上学历的共44人，占88%，其中研究生5人，占10%。

区归侨侨眷联合会是由归侨、侨眷组成的人民团体，是党和政府联系广大归侨、侨眷和海外侨胞的桥梁和纽带。区侨联第二届委员会设委员21名，占全体代表的37.5%。

区台胞台属联谊会是吴兴区去台人员的眷属、台属（资）企业中的大陆经营管理者、陆资入岛企业代表及从事对台工作的有关人士自愿组成的社团组织。

（黄红梅）

·文 化·

【精神文明建设概况】 组织开展“最美吴兴人”——区第三届道德模范、“最美家庭”、“最美教师”“最美窗口”等各类先进典型选树活动，评选出区第三届道德模范16人，并结合“公民道德宣传日”活动进行隆重表彰。推荐身边好人参加市“道德模范”“浙江好人榜”评选，俞云辉、沈根法等11人入选“浙江好人榜”，霍明泰等3人获评“最美湖州人”——湖州市第二届道德模范，2人获评“最美湖州人”——湖州市第二届道德模范提名奖。深化“道德医院”、社区“道德门诊”建设，成为吴兴公民思想道德建设重要名片。深化乡风评议活动，推进村级好人馆建管用，组织开展乡风文明墙绘评选活动。深化社会主义核心价值观进机关、进学校、进企业、进小区、进广场“五进”行动，推进志愿服务制度化建设。全面开展“迎接G20·人人讲文明”、诚信建设和“我们的节日”等主题活动，王法金入选省迎接G20·浙江代表人物汇编——《浙江人故事》。以全国文明城市和省级文明区创建为目标，“文明创建攻坚年”活动为契机，召开全区“文明创建攻坚年”活动动员大会，成立区“文明创建攻坚年”活动领导小组，建立区领导联系街道工作机制。精心策划启动“同做志愿者共建文明城”等一系列启动仪式和“文明吴兴走起来”2016吴兴区社区文化节开幕式。召开文明创建工作现场会、迎检准备会等各类工作推进会20余次。发挥文明创建示范引领作用，扎实推进“五创”行动，朝阳街道碧浪湖社区文明示范楼道建设在全市率先试点，受到市委常委、宣传部部长胡菁菁及省、市文明办的一致肯定。爱山街道文明示范商圈完成建设，全区文明示范市场建设取得明显成效。积极营造文明创建氛围，对社区宣传橱窗进行专项检查，400 余个被曝光的问题橱窗全部整改到位，新增核心价值观和公益广告宣传提示牌 12000 余处。推进细胞创建，组织召开市级文明单位（村）创建工作培训会，90 个村、115 家单位参加了业务培训，申报创建市级文明单位 14 家、市级文明村 24 个。召开全区“六进六比”（核心价值进校园，经典传承进校园，法制文化进校园，心理辅导进校园，地方（特色）教材进校园，实践基地进校园；评比最有价值的精品课程，评比最有特色的文化墙，评比最有影响的公益团队，评比最有爱心的服务大使，评比学生喜爱的最美教师，评比最具示范的美德少年。）文化校园建设现场会，对湖州十二中等 15 个“最有特色文化墙”进行了表彰，其中湖州十二中“雅正”校园文化在全省未成年人思想道德建设会议上受到肯定。制定出台《吴兴区育人工作实施意见》，开展“与文明同行”倡议、“全民悦读书香吴兴”世界读书日等活动，评选优秀德育项目 37 个、优秀德育案例 42 篇。组织开展“开学第一课、毕业加一课”“网上祭英烈”“向国旗敬礼”等主题活动和区第四届“美德少年”、优秀童谣评选活动，两首童谣被评为省优秀童谣。深化农村“春泥计划”、社区“成长驿站”、乡村学校少年宫建设，飞英街道余家漾社区“三点半学校”等未成年人工作品牌逐步具备一定的影响力和知名度。

【舆论引导】 全年在中央及省级各级媒体刊播各类稿件 900 余篇（条），央视发稿 26 条，其中中央电视台 1 套《新闻联播》5 条、《焦点访谈》3 条；《人民日报》发稿 17 篇，头版综合稿 4 条；新华社原创稿件 42 篇，其中内参 3 篇；浙江日报头版发稿 19 篇，头条 4 篇；浙江卫视新闻联播头条 4 条等；特别是央视新闻联播以《“治国理政新实践 · 浙江特色小镇启示录”打造供给侧改革新平台》为题对吴兴区丝绸小镇建设和发展进行长达 5 分钟的报道和评论，央视 4 套《走遍中国》栏目对吴兴区道德医院等进行专题报道。紧紧围绕市委、市人民政府，区委、区人民政府中心工作，始终坚持团结、稳定、鼓劲、以正面宣传为主，组织开展“绿水青山就是金山银山”“五水共治”等主题新闻外宣。以季度、半年度为单位，组织各乡镇、街道党政“一把手”采用电视访谈、刊发署名文章、网络专题等形式，进行“抓铁有痕大比拼实现首季开门红”“抓铁有痕大比拼亮晒实绩超过半”“奋战一百天勇夺三连冠”等主题新闻报道。开设“美丽吴兴”专栏，对吴兴区治水治气、三改一拆等工作进度和工作亮点进行报道。打好吴兴区生态牌，邀请新华社、中央电视台、浙江日报、浙江卫视等媒体，就“两山”（绿山青山就是金山银山）理论在吴兴的实践进行采访，先后在国家级、省级、境外媒体刊发生态新闻稿件 80 余篇。先后引导处置“美杰公司侵占农用地违建厂房”“高速沿线两万平方米违建”等突发新闻事件十余件。先后接待“今日聚焦”、浙江经视（经视新闻、小强热线）、浙江民生休闲频道（1818 黄金眼）等媒体负面采访 10 余次，通过积极协调部门采访，加强与媒体沟通，竭力争取媒体理解等工作，相关事件均得到有效妥善的引导处置。各乡镇街道基层干部媒体接待能力和应对意识不断增强，稳妥快速处置地方舆论监督事件的能力不断提升。以区属“两网两微”为平台，开设“聚焦吴兴这五年”“经贸洽谈会”“干在实处走前列”等新闻专题 50 余个，发布新闻稿件 4500 余篇，展示吴兴图片 10000 余张，被区外主流网络媒体录用稿件 1500 余篇。组织参与全国“最炫中国节”网络文化作品征集、“助力 G20”全省百人百篇网评文章选拔等系列活动，传播网络正能量，展示吴兴好形象。精心组织开展“最美教师”“最美家庭”“环保达人”等系列网络评选和安全知识、平安知识网络竞答等活动，累计发动 10 万余名粉丝参与互动。进一步提升由 45 个子微博组成的“吴兴发布”政务微博群的发布水平，及时发布信息。“爱上吴兴”政务微信粉丝达 8 万余名，在全省微信影响力排行榜中名列前茅。“吴兴在线”获评全省先进网站。同时运作好“织里城事”“湖城向东看”“吴兴美妆小镇”等一系列微信公众号，得到了干部群众的普遍认可。认真落实 24 小时日常值班制度和 G20 峰会、互联网大会等特殊舆情时间段双人双岗 24 小时值班制度，采用人工和技术手段相结合的形式，积极主动做好网上舆情巡查工作，辖区网络舆情热点做到不遗漏。全年共收集各类负面信息 180 余起，编写《网上信息》106 期，多次获得领导批示，为相关部门开展工作提供重要参考。按照发现、研判、上报、反馈“四步”处置流程，强化网上引导与网下处置联动，针对“三合家园出现鳄鱼”

"织里幼儿园发生爆炸""东郡红树湾业主维权"等突发事件和网络舆情热点，明确职责分工，积极组织应对，确保事件处置平稳有序，2016年辖区未发生因网络炒作引起的重点网络舆情事故。围绕"G20杭州峰会"等大事和重要节点，按照中央、省、市统一部署，认真开展各类网评工作，全年共完成各类网评任务10万余人次，获得上级主管部门好评。实时更新全区网评员数据，建立网评员工作台账，组建一支由核心网评员、骨干网评员和基层网评员组成的400人的网评员队伍，全年组织网评员队伍参与省、市、区各类培训10次。按照中央、省、市加强互联网管理要求，做好辖区重点网站排查、登记，初步建立区域内重点网站台账。做好属地网站、微博信息发布日常指导管理，开展微博月通报制度，督促全区网站、微博日常运行规范有序。按照中央和省市主管部门开展的各类专项行动，大力推进网上专项治理，依法惩治网上淫秽色情和网络谣言等违法信息，全年处置有害违法类信息5484条，落地查人22人。依托市网信办建立和完善网络舆情实时导控平台，实现"勤察"监测到位、"深研"分析到位、"快应"防激化到位、"多疏"消除影响到位，提升技术管网手段，为快速收集处置网络舆情提供技术支撑。

【"干在实处走前列大比拼"活动】 以全面深入推进"八大行动""六大战区""一城两镇三区四业"取得明显实效为目标，以"打造增长极、提高首位度"为标准，在全区开展"干在实处走前列"大比拼活动，高新区、各乡镇街道、区级各部门力争首季开门红、半年度超过半、奋战一百天勇夺三连冠的相关举措在电视新闻、报纸上亮底亮剑。以"用心干、谋在创新发展的前列，铆劲干、站在协调发展的前列，拼命干、走在绿色发展的前列，精准干、争在开放发展的前列，务实干、赢在共享发展的前列"为载体，推动高新区、各乡镇街道精准发力，区级各部门精准服务。全区60个单位积极开展大比拼"八个一"活动，认真思考"标杆怎样定、短板在哪里、如何走前列"，明确补短板的重点和举措，由各单位班子成员领办补短、创新破难。区领导牵头"八大行动"，督考合一，身先士卒，率先推进；按照"亮相、点评、排名、奖惩、比拼"五步工作法，各单位锁定目标、公示承诺、强力推进，努力营造"工作项目化、项目责任化、责任明晰化"和一线服务、主动担当勇落实的氛围。《吴兴新闻》开设"干在实处走前列"主题新闻宣传栏目，每季度播出"一把手"比拼访谈节目;《吴兴时讯》开设"干在实处走前列"专栏，刊发专题文章106篇。

（杨　勇）

【文化产业发展】 文化产业发展进一步提质增效。吴兴区全年实现文化产业增加值21.99亿元，增加值占GDP比重达到4.61%，增速按可比价计算达到12.2%，增速连续三年列全市三县两区第一位。产业结构进一步调优，文化服务业比重首次突破50%，达到56.7%；做好吴兴区文化产业发展"十三五"规划，着重做好文化产业规划与全域规划、服务业、旅游业、广告业等专项规划多规衔接，突出平台建设这一主线，积极谋划"吴兴区EBD·总部自由港"、吴兴文化创业产业园建设，出台《吴兴区人民政府办公室关于进一步加快总部自由港产业发展的若干政策意见（试行）》，规划好文化创意产业等功能区块，制定有针对性、个性化的文化产业扶持政策，提升平台承载能力。发挥西塞山旅游度假区生态优势，做到保护与开发相结合，努力打造具有鲜明特色的生态文化旅游平台；利用"世界丝绸之源"的品牌优势，做好对外推介，加快"丝绸小镇"建设；加快推进吴兴文化综合体建设，争取竣工启用。抓好项目推进，浙江江南影视基地已与东林镇正式签约；钱山漾文化中心与时尚中心落成并投入使用；中国蚕桑丝织技艺（非遗）创意园建设即将结顶；引进风雷文化传媒等大好高项目入驻EBD，寻求吴兴在影视剧本创作领域取得突破；全区三个文化产业重点建设项目获省级、市级文化产业发展专项资金70万元，区级财政配套奖励40万元。湖州万达院线影视娱乐城、美妆文化园、湖州时代德纳国际影城扩建（二期）等6个项目被纳入湖州市文化产业重点建设项目。纪录片《溇港》获全国电视外宣"彩桥"奖一等奖；微电影《小蚂蚁大力量》获全国电视外宣"彩桥"奖微电影类优秀作品；纪录片《霞幕北飞》入选国家新闻出版广电总局第三批优秀国产纪录片。积极组织18家特色企业参加第11届中国（义乌）文化产品交易会，创新设立"世界丝绸之源——中国吴兴精品展"专区，突出非物质文化遗产元素，积极推荐丝绸小镇和美妆小镇，中央、省市主流媒体分别进行深入报道。展出期间，共吸引参观人员2万人次，发放纪念品、宣传册2300余份，达成意向交易78笔。

（区文体局）

·社 会·

【社会事业】 教育。各类教育稳步发展。全区学前三年幼儿入园率达 99.2%,省等级幼儿园在园人数 24149 人，覆盖率达 97.01%；小学适龄儿童入学率达 100%，巩固率达 100%；小学升初中比例 100%，初中毕业生按时毕（结）业率达 100%，初升高比例 99%；三残儿童入学率达 98%，符合条件的外来务工人员随迁子女入学率达 100%；9 所成人文化技术学校共开展各类培训 247370 人次。义务教育主要质量指标均高于省均水平。教育信息化建设持续推进，中小学计算机拥有量共 13645 台(含民工子女学校)，生机比为 4.155∶1。全区中小学班级数 1358 个（含民工子女学校），多媒体 2132 套，班套比达 1∶1.57。公办中小学校园网覆盖率达 100%。图书总藏书量为 171.3 万册（含民工子女学校），生均 30.2 册。

（陈 斌 杨 柳）

文体。区群众文化工作以推进现代公共文化服务体系标准化、均等化建设为原则，不断完善公共文化服务网络，创新转变文化服务模式，逐步实现公共文化服务制度化、常态化和品牌化。文艺精品创作借智借力，充分挖掘新人新作，多渠道、多形式发挥社会文艺创作力量，地域文化影响力更加广泛。“百名文化专家基层行”项目等获得市文化系统专项行动一等奖；第七届湖州市南太湖音舞节获得全市金奖数、奖牌数第一；丝绸小镇文化建设获评浙江省文化厅“特色小镇文化建设示范点”。体育工作围绕创建浙江省体育强区的总体目标，坚持广泛参与，彰显特色，体育事业发展格局更加完备。全年建成 7 个中心村健身广场、体育休闲公园，10 个省级城市体育先进社区，16 个省级村级（社区）体育俱乐部。配套农村体育基础设施，促进城乡健身设施均衡化。

（区文体局）

广电。吴兴广播电视中心，属湖州广播电视总台派出机构。自 2009 年起，吴兴广电中心主要承担新闻宣传职能。吴兴广电中心开办有电视《吴兴新闻》栏目和“村村响”对农广播节目。

电视《吴兴新闻》栏目。秉承“立足菰城本地，记录吴兴发展”的宗旨，围绕和服务区委、区政府中心工作，重点报道吴兴经济社会各个领域的重大事件及动态，生动展现吴兴人民在经济、政治、文化、社会、生态文明等方面建设时的精神风貌。2013 年 1 月 11 日，在吴兴区建区 10 周年之际，实行扩量改版，由原来每周三档增至每周五档。

“村村响”对农广播。2009 年 7 月 1 日，吴兴广电中心借助湖州广电总台的资源优势，正式开播“村村响”对农广播节目。对农村广播节目呼号为“湖州人民广播电台吴兴区对农广播节目”。自办节目板块设置有《吴兴新闻》《王金法广播》《乡村风景线》《百姓生活》《文艺万花筒》等。每天分早中晚 3 次播出，每天自办节目播出为 150 分钟。

2010 年，广电中心在作出实地考察调研后，推出覆盖吴兴全区的《王金法广播》，节目设立“老王讲时事”“老王说农事”“热线传递”“专家务农”4 个小板块。通过培育打造，《王金法广播》获得 2011—2012 年度全市“机关党建工作十佳创新成果奖”；2015 年，广电中心对 5 档自办广播栏目的内容进行创新和调整，进一步强化节目定位，重点品牌栏目《王金法广播》增设“农时贴士”“政策解读”两个板块，从而丰富节目内容，提升信息服务能力。

（卢小媛）

卫生、医疗。卫生事业坚持以建设“健康吴兴”为主线，全力深化医药卫生体制综合改革，有序推动基本公共卫生项目深入实施，逐步建立城乡医疗卫生和区域健康服务体系。开展农民免费健康体检，完成参合农民免费健康体检 17.02 万人，体检率达 55.95%，其中 60 周岁以上老年人体检 6.5 万人，体检率达 71.66%。开展各类项目创建，成功创建浙江省卫生应急示范县区，八里店镇卫生院、东林镇卫生院被评为“全国群众满意乡镇卫生院”，埭溪镇中心卫生院、环渚龙泉街道社区卫生服务中心成功创建浙江省三星级规范化预防接种门诊，埭溪镇中心卫生院被评为“浙江省卫生先进单位”等。区级公立医院实施以药品零差价为核心的综合改革，通过“一调两减一补”建立以公益性为导向的运行管理机制，持续优化公立医院收入结构，药品收入占比下降至 50%以下，群众医疗费用负担有所减轻。加快推进区域共享中心建设，不断提高优质医疗资源集约利用度，区医学影像诊断中心全面升级，成功对接市级平台，实现互联共享，完成基层医疗机构上传的 1.69 万张 X 光片的实时诊断，区血透中心扩建后血透设备达 17 套，开放床位 17 张，为 2537 人次提供诊疗服务。大力推进无偿献血，完成无偿献血3370人次，献血量1018800毫升。积极健全中医药服务网络，依托区中西医结合医院建立区“治未病”中心，逐步构建覆盖全区的中医药“治未病”工作格局。强化“智慧卫生”成果运用，完善区域卫生信息资源中心、电子病历和电子健康档案数据库，实现健康数据的有效衔接和互用共享，在区域HIS系统增加责任医生签约模块，与预约挂号平台有效整合，为分级诊疗制度实施提供信息化支持。投入完成16个为民办实事基本建设项目。依法受理依法受理公共场所卫生许可、放射诊疗许可、集中式供水单位卫生许可等。全面构筑群众安全健康屏障，加大非法行医惩治力度，立案查处率达100%；加强卫生应急管理，突发公共卫生事件报告率、及时处置率达100%。全力推进以护航G20杭州峰会为核心的平安建设工作，不断加强医疗安全监管力度，逐步完善以“人防为保障、物防为基础、技防为核心”的医疗安全防范体系。

（李　颖）

【社会领域改革】　医药卫生体制改革。深化医药卫生体制综合改革。深化吴兴区人民医院与市第一人民医院“医疗联合体”建设，探索建立现代医院管理制度，通过市一院管理团队与专家骨干长期派驻，各项业务指标和医院综合实力显著提升。探索公私股份制合作办医，区中西医结合医院新合作方浙江君宜康医疗投资公司以单方增资形式持股70%，实现医院平稳过渡。通过靠大联大加强全区诊疗水平和科研能力，市级及以上科技项目5项，其中省级3项。不断健全资源下沉协作机制，出台《吴兴区“双下沉、两提升”工作要点》，初步形成《吴兴区分级诊疗实施意见》，稳步推进市、区、乡镇三级联动，同时依托责任医生签约服务制度，逐步构建“小病在基层、大病到医院、康复回基层”的分级诊疗新格局。区人民医院异地迁建项目主体工程全面完工，区中西医结合医院以新增300床位规模启动综合服务大楼扩建项目，完成社区卫生服务中心（站）建设项目16个。“智慧卫生”建设在提高医疗服务水平、提高应对突发公共卫生事件的解决能力、提高居民就医便捷程度等方面取得阶段性成果，区域HIS、PACS、电子病历共享平台、“一号通”等平台均运行良好，各项指标同比均有大幅提升。落实人事制度改革，实行择优选聘、公开招聘、委托培养和事业编制备案管理等制度，有效破除人才瓶颈，累计赴医学院现场择优签约20人，面向社会公开招聘40人，委托医学院培养社区责任医生到岗12人，2家区级医院实行人员编制备案管理。深化绩效考核制度，优绩优酬，增强基层工作活力。主动服务健康产业发展，12家民营医院落户投入正式运营，形成与公立医疗机构优势互补、竞争共赢的良好格局。

（李　颖　吴　舒）

就业和社会保障体制改革。以就业困难人员、4050失业人员、未就业高校毕业生、农村转移劳动力等困难群体为重点帮扶对象，深入开展“三送一扶”行动。加强区、乡镇、街道各级人力资源市场标准化建设，进一步完善人力资源市场各项功能。在都市家园、余家漾、右营基社区开展“智慧就业社区”试点工作。有效落实援企稳岗政策，降低企业用工成本，妥善做好“去产能”企业职工转岗安置工作。进一步完善企业用工监测管理办法，强化政企互通交流，开展监测企业信息填报业务培训，预约招工服务，缓解就业结构性矛盾。全年，全区新增城镇就业20614人；帮扶失业人员再就业6621人，其中困难人员实现再就业836人，农村电商创业1361人，带动就业2042人，开发村（社区）公益性岗位406个；城镇登记失业率控制在2.46%，“零就业”家庭保持动态归零。深入贯彻落实湖州市区城乡居民基本医疗保险制度，进一步加强城乡居民基本医疗保险经办业务管理，规范经办流程。吴兴区共有32.73万人参加城乡居民医保，参保率为98.65%。其中成年人22.17万人、未成年人8.25万人、大学生2.31万人。加强“互联网+”社保服务的运用，在全市率先将电子影像扫描技术运用到社保服务系统，实现社保纸质档案与电子档案的“双备份”，有效形成高速采集、高效流转、安全存储和便捷调阅的社保信息共享模式。加强社保平台建设，统一社保经办服务，制定《居保中心轮岗制度》、健全《档案管理办法》，进一步规范经办操作流程、规范居保档案管理。整合社保卡功能，一卡实现城乡居保、医保个人缴费和待遇支付功能，城乡居民社保卡累计制卡36.2万张，发放率达100%。

（陆惠娣）

教育文化体制改革。深入推进“一区一带一圈多点”教育发展新格局，东部教育高地有力显现，重点区域布局不断完善，学校建设加速推进。聚焦“完善课程体系、加强课程建设、改进课程实施、变革教学方法、深化评价改革”五大课改任务，启动首批课程改革示范学校评选，省义务教育精品课程增至18门。依托“三级”督导队伍，探索“三式”督导方式，实现“三全”督导效果，深入推进学校自主发展、内涵发展、特色发展，顺利通过全国中小学校责任督学挂牌督导创新区国家级实地核查。出台《吴兴区中小学“校园足球”推进工作三年规划》，新增国家级、省级校园足球特色学校8所。

（陈　斌　杨　柳）

【城乡一体化】　新农村建设。按照省、市农村工作的总体部署，以实施“美丽吴兴攻坚”“现代农业引领”两大行动为抓手，吴兴区农业农村工作取得良好成效。一是美丽乡村加快建设。以省级美丽乡村示范县区创建为抓手，顺利开展农业农村工作，延续良好态势，实现“全年红”。按照“一村一景、一村一韵”要求，启动4个市级美丽乡村精品村，完成7个市级美丽乡村、7个区级美丽乡村精品村创建。突出重点乡镇，完成妙西镇省级美丽乡村示范乡镇创建工作，并通过验收。加强历史文化村落保护，完成织里镇义皋村省级历史文化村落保护利用（重点村）及八里店镇路村村、妙西镇妙西村2个省级历史文化村落保护利用（一般村）项目建设内容。完善长效管理机制。大力实施“三改一拆”“四边三化”“双清”行动，狠抓农村环境卫生长效管理，完善“户集+村收+镇运”模式，建立差别化的垃圾清运奖补机制，针对农村环境长效管理重点区域村、难点区域村和一般行政村的不同情况，实行差别化财政补助政策。二是农村生活污水治理。在提前完成省农污治理三年计划基础上，深入攻坚，狠抓新建项目规范施工、狠抓已建项目整改提升，实现圆满收官，完成23个村、5336户农村生活污水治理任务。三是农民收入持续增加。提升培训成效强技能。深入实施农民素质提升工程，发挥现代农业产学研联盟首席专家作用，依托湖州农民学院等平台，加强对农业园区业主、农民专业合作社负责人、家庭农场主等培训，全年开展各类农民培训1.4088万人次。深入推进集体经济欠发达村物业扶持项目，壮大村集体经济，组织开展12个村省级以奖代补资金审核和拨付，第四批欠发达村6个项目（涉及7个村）成功申报立项。落实低收入农户扶贫工作。完成年度低收入农户创业贷款贴息、贷款风险补偿金申请、审核及汇总工作，落实创业贷款贴息15.0046万元，风险补偿金1.5264万元。完善农业金融奖励及补偿机制，对农村创新型贷款进行贴息补助、对农业企业直接融资实行奖励并对民间融资机构涉农业务进行风险补偿，落实补助15.31万元。出台农业金融保险创新工程实施方案，区财政落实补助资金100万元，加大湖羊、养蚕等地方特色险种覆盖面，推出“1元养蚕险”。

（王　凯）

中心镇和小城镇培育。根据各乡镇发展目标和规划定位的趋同性，全面推进吴兴区全域规划、村庄布局规划、生态绿廊概念性规划、东部新城空间发展战略专题研究、东部新城八个控规单元等一批规划的编制工作；深化完善西山景区内各类景观规划设计，完成丝绸小镇丝艺园的施工图设计并指导项目建设，着力彰显城市独有的特色魅力。东部新区组团：围绕“西山景区、社区共建、基础设施”开展的22个政府性投资项目全面开工，中西山农贸市场、实验幼儿园、小镇客厅、创意文化村、非遗博览园等项目主体完成。常溪二期、现代物流二期、西山社区已竣工，上强新村竣工并交付使用，织里镇织西织南城中村改造项目全部完成签约；完成农户安置房屋4282套。

（卢明佳）

土地管理。统筹谋划土地管理工作，全面提升国土资源管理水平，重点在资源配置、保护耕地、要素保障、节约集约、创新发展、生态建设上有所突破。一是扎实推进耕地保护。完成垦造耕地验收1016亩，占任务数的102%；高标准农田建设立项12400亩，占任务数的105%；农村土地综合整治900亩，完成率为100%；划定永久基本农田18.1万亩，示范区6.3万亩；争取各类新增土地指标3302亩。二是节约集约利用土地。完成城镇低效用地再开发462亩，完成率为115%；消化批而未供土地1266亩，完成率为106%；盘活存量土地1001亩，完成率为100%；近五年平均供地率达到70.9%，符合省、市对供地率达到70%以上的要求。三是切实提升服务保障。全年完成征地2560亩，支付征地款14621万元，落实参保人员5353人；供地54宗，总面积2652亩，成交总地价款27.4亿元；完成不动产日常登记7547件（其中不动产权登记1767件，不动产他项权登记5780件），土地日常查询4890余次；完成农村无房户、危房户建房供地222户，完成率为278%。四是深化执法“亮剑行动”。完成18宗违法违规临时用地清理整治；集中整治违法用地未依法处置问题，完成应立案查处未查处19宗；强势推进2015年度卫片及2016年度省级卫片工作，取得明显成效。五是加强矿管保护生态。年度各项任务全面完成：采矿权总量控制到8个，新建成1家省级绿色矿山，全区在产矿山粉尘防治全部实现达标运行，完成2个废弃矿山治理，完成国家地下水监测工程织里轧村中心学校（点）项目，妙西宝峰寺地灾隐患点治理已进场开工。

（区国土分局）

农村经营管理。建立常态化确权登记制度，流转土地经营权确权发证实现应发尽发。全面开展土地承包经营权确权登记颁证工作，出台《吴兴区深化农村土地承包经营权确权登记颁证工作实施方案》，全区共完成15.9万亩的外业测绘，其中妙西镇共完成外业测绘面积1.93万亩，基本完成农户签字确认工作。建立区级林权交易平台，出台《吴兴区林权流转交易实施细则（试行）》，开展林地经营权流转发证工作，发证面积100亩。出台《吴兴区深化供销合作社和农业生产经营管理体制改革、构建“三位一体”农民作经济组织体系实施方案》并成立领导小组，全面完成区、乡镇两级农合联及区农合联执行委员会的组建工作。健全农村综合产权流转交易体系，实现区镇交易互联互动，进一步完善农村土地流转和集体资产资源交易办法，流转交易金额达1022.36万元。

（朱　伟）

【行政服务】 行政审批服务。完善中心大厅服务功能。按照“两集中、两到位”的要求，3月28日，正式完成区行政审批服务中心新大厅搬迁工作，区级审批事项基本都已进入新大厅，共进驻部门19个、窗口100余个、进驻人员130余名，人员实行业务部门和中心的双重管理，彻底改变以往区行政审批服务事项散落分布的局面。其他水务、燃气、华数等便民服务窗口进驻也已基本落实到位。搬迁以来到2016年年底，全区办件量共133573件（平均每天700件以上），按时办结率为100%，满意率在99%以上。

推进企业高效审批服务。为进一步提高企业投资项目审批效率和质量，先后赴省内杭州、温州和市内开发区等地调研学习先进经验，结合吴兴区实际，制定《关于进一步加快企业投资项目高效审批服务的实施意见》，积极探索“谁主张、谁确认”的前置审批，项目前期五大环节的部门服务实行“打包制”，攻坚建设项目的双轨审批等创新审批方式。对企业投资项目审批流程再造优化，项目审批时限控制在50个工作日以内。

规范政府信息公开。建立健全政府信息公开申请接收、登记、办理、审核、答复、归档等各个环节的制度规范，积极做好相关信息资料的收集整理，及时向申请人反映申请公开政府信息办理进展情况，共收到政府信息公开申请5件，均涉及农村集体土地征收，答复办理高效及时，没有发生一件超期情况。

（蔡　昕）

【民生保障】 社会救助。以贯彻落实《社会救助暂行办法》《浙江省社会救助条例》为契机，开展“救急难”试点工作，健全完善各项社会救助制度，建立社会救助窗口，推动社会救助工作的规范管理。全区共有低保户3154户、5490人，其中城镇1026户、1481人，农村2128户、4009人，城乡居民低保标准664元/月，全年共发放低保金2260.18万元。切实做好各类临时救助，全年发放各类临时救助资金382.75万元，惠及群众2699人。加强防灾减灾宣传，区、乡镇（街道）、村（社区）三级应急预案体系初步构建，整体防灾减灾能力得到提升，2个社区被评为国家级减灾示范社区、2个社区被评为省级减灾示范社区。

社会福利。认真抓好养老福利机构建设，全区有各类养老机构16家，总床位数3657张，比上年增加640张，每千名老人拥有机构床位达30张。其中，乡镇养老机构（农村敬老院、综合福利中心）6家，床位1217张；民办养老机构10家，床位2240张。各类养老机构总入住老人891人。全区共有五保户115人，集中供养115人，供养率达100%。全区福利彩票共计完成销量4409.178万元。

双拥优抚安置。积极开展各类双拥共建活动，深入推进“三百两千”行动，加强基层双拥规范化建设。各项优抚政策得到妥善落实，认真做好优抚自然增长机制提标和发放。妥善做好退役士兵接收安置工作，全年共接收安置退役士兵206人（城镇退役士兵85人、农村籍退役士兵108人、转业士官13人），其中13名转业士官安排工作。

社会公共事务管理。认真做好殡葬管理工作，全面落实惠民殡葬政策，免除殡葬基本服务费用250万元，惠及全区3400余户家庭。深化殡葬改革，倡导科学、文明、健康的丧葬方式，保护土地资源和生态环境。审批新建公益性墓地2座，新建墓穴1300余穴。

认真做好移民后扶工作，省核定吴兴区大中型水库移民后期扶持人数11595人，其中直补人口6860人，项目扶持4735人。全年安排后扶资金695.72万元，其中直补资金411.62万元，项目扶持284.1万元。完成省结余资金投入920万元、项目27个。完成小型水库扶持资金投入10万元、项目1个。认真做好区划与地名管理，全区新建社区4个（浮玉社区、亿丰七里亭、龙庭社区、人和家园社区）；深入开展平安边界创建活动，平安创建创优率达100%；启动全国第二次地名普查数据完善工作。认真做好婚姻、收养登记，提升婚姻登记工作服务水平，全年办理结婚登记4784对，办理离婚登记1774对，办理收养登记99件（其中，解除1件），登记合格率达100%。

社区与社会组织管理。以创新社会管理为主线，提升社区服务为重点，加强基层基础为切入点，提高居民满意度和提升幸福感，突出改善人居环境、完善服务设施、深化社会管理创新、推进“三区联创”等重点工作，全面深化幸福社区建设。加快推进农村社区综合服务中心建设，村级社区综合服务中心实现全覆盖。加大社会组织管理力度，全年新登记社会组织37家；创新社会组织评估机制，评估AAAAA级1家，AAAA级3家，AAA级4家，总体参评率达到70.4%；开展社会组织党建工作，实现全区社会组织党建全覆盖，单建党组织33家，联建党组织9家。

（王朝杰）

民族宗教。据第六次人口普查统计，吴兴区共有31个少数民族，少数民族总人数为4448人，其中男性2248人，女性2200人。少数民族分布较为广泛，人数较多的有苗族1464人、壮族674人、土家族664人、布依族410人、彝族241人、回族213人、满族135人、畲族130人、蒙古族79人、藏族55人、侗族53人、水族48人。现有佛教、道教、基督教三大宗教，有少量外来伊斯兰教信徒。经批准开放的宗教活动场所65处，其中佛教29处、道教28处、基督教8处。全区人口中佛、道教信教人数3万人左右，约占总人数的5%；基督教3600人左右，约占总人数的0.6%。宗教团体4个，即区佛教协会、道教协会、基督教三自爱国运动会及基督教协会。共有宗教教职人员43人，其中大专6人、占14.0%，高中9人、占20.9%，初中20人、占46.5%，小学8人、占18.6%；年龄60周岁以上3人、占6.98%，46～60周岁28人、占65.1%，30～45周岁10人、占23.3%，30周岁以下2人、占4.65%。

（黄红梅）

残疾人事业。以制定实施残疾人全面小康相关政策和出台残疾人事业发展“十三五”规划为重点，推进全区残疾人事业加快发展，残疾人惠残政策不断完善，民生保障不断加强，服务能力不断提升，文体事业不断推进，事业基础不断夯实。全面实施残疾人两项补贴，全年2300名残疾人享受困难残疾人生活补贴，1650名残疾人享受重度残疾人护理补贴，发放补贴1117万元；实施残疾人基本生活保障工程，为1400名残疾人发放全额发放低保金、低保补助金844.6万元；为158人次贫困残疾学生和残疾人子女发放助学金；为7974名残疾人购买意外伤害保险；新办理爱心公交卡145张；为163名残疾人免费提供助明、助听、助行等康复服务，为68名残疾儿童实施残疾儿童基本康复服务与补贴，为75户重度残疾人困难家庭实施无障碍设施进家庭活动，落实残疾儿童、精神残疾人和“三瘫一截”等成年重度残疾人纳入基层责任医生签约服务范围；继续深化全省精神残疾康复试点工作，全面推广二代精神病药物和实行二次医疗康复救助，为603名精神残疾人开展免费送医送药，精神残疾人医疗康复救助151人次；全区13家工疗庇护机构共庇护照料轻度精神、智力残疾人及其他重度残疾人181人，为其提供生活照料和康复服务，实现庇护性就业107人。指导民办自闭症儿童康复训练机构——扬帆儿童康健园成为首批残疾儿童省级定点康复机构。为丰富残疾人文体生活，举办区首届残疾人射箭比赛，组建残疾人健身操队参加市残联残疾人健身操比赛；为营造扶残助残氛围，在全国助残日期间，举办残疾人先进事迹报告会暨湖职院助残志愿者联谊活动，承办湖州市暨吴兴区残联庆祝第59届国际聋人节活动、第33届国际盲人节庆祝活动和“追逐梦想情满湖州”——浙江省“中国梦·两美情·残健行”特殊艺术进学校巡回演出暨湖州市庆祝第二十五个“国际残疾人日”活动。

老龄工作。认真抓好养老福利机构建设，全区有各类养老机构16家，总床位数3657张，比上年增加640张，每千名老人拥有机构床位达30张。其中乡镇养老机构（农村敬老院、综合福利中心）6

家，床位1217张；民办养老机构10家，床位2240张。各类养老机构总入住老人891人。全区“五保”户115人，集中供养115人，供养率达100%。

（王朝杰）

计划生育。坚持计划生育基本国策，认真贯彻落实新修订的《中华人民共和国人口与计划生育法》（以下简称《人口与计划生育法》）《浙江省人口与计划生育条例》等法律法规。稳妥实施“全面两孩”生育政策，全区出生人口4927人，政策生育率为99.19%。全区户籍人口出生性别比108.68，基本保持正常。全面推动优生促进工作，国家孕前优生健康检查项目目标人群覆盖率达106.09%。深入推进“幸福家庭”促进计划，整合资源，拓宽领域，提高质量，提升全区计生家庭发展能力。联合区民政局等六部门出台《关于进一步完善计划生育特殊家庭扶助关怀政策的意见》，建立计划生育特殊家庭信息档案和联系人制度，进一步健全特殊计生家庭长效帮扶和经费保障机制。推进流动人口计划生育基本公共服务均等化，流动人口服务管理率达90.48%。辖区群众对计生工作满意率达90%。

（顾国英）

社保、医保。吴兴区（含开发区和度假区）参加城乡居民基本养老保险11.81万人，其中16~60周岁参保缴费人员5.25万人，60周岁以上享受待遇人员6.56万人，本年度新增参保人员2347人，完成参保扣款47871人，缴费到账金额1370.60万元，到账率为97.24%。办理老农保待遇人员个账转入415人，整理归档老农保档案513份。全区各乡镇区保转市保工作共推进3827人，完成审核3827人，同时加强与市社保沟通，协同推进区保人员转职保工作。全区城乡居民基本养老保险养老金支出14100万元（吴兴区11689万元、开发区1544万元、度假区867万元），其中全区发放丧葬费693万元（吴兴区562万元、开发区86万元、度假区45万元）。吴兴区参加城乡居民医保共有32.73万人，参保率为98.65%。包括成年人22.17万人、未成年人8.25万人、大学生2.31万人。按照个人缴费成年人350元/（人·年）、18周岁以下未成年人250元/（人·年）、大学生100元/（人·年），各级政府补助大学生每人每年590元、其他人员每人每年710元，共筹集资金2.77亿元。累计284.18万人次享受城乡居民医疗保险报销，享受金额24509.08万元。其中门诊275.44万人次，补偿6454.91万元；特殊病种门诊4.53万人次，补偿1586.31万元；住院4.21人次，补偿16467.86万元。

（莫小燕　高　敏）

·生　态·

【人民生活环境和质量】　全区坚持从发展高效生态经济、改善整体生态环境、创新生态优先工作机制等方面着手，在经济保持较快发展的基础上，全力打造“生态吴兴”，城乡生态环境得到显著改善。全区16个市控以上断面地表水环境功能区达标率100%，老虎潭水库饮用水源地水质达标率100%，全区PM 2.5日均浓度46微克/立方米，同比下降17.9%，空气质量优良天数为225天，优良率达61.8%。“国家级生态区”创建成功，环保部正式授予“国家生态区”称号。

（童　悦）

【城镇环境管理】　紧紧围绕区委、区政府聚力聚焦“六大战区”、持续推进“八大行动”的战略布局，助力“湖城向东看”，对照“天蓝、路洁、景靓、城美”的城市管理目标，深入贯彻“干在实处走前列”大比拼活动，补短板、走前列，服务吴兴区城市发展和城镇建设。助战“三改一拆”工作，全年拆除违法建筑205.2万平方米，完成年度任务的293.15%；助阵“治霾318”行动，完成餐饮单位和机关、企事业单位食堂油烟净化设备安装276家，完成年度任务的110%；助推“美丽吴兴”建设，完成东部新城绿化移植、补植7万平方米，清除偷倒建筑垃圾、生活垃圾面积约10000余吨，清理“牛皮癣”20000余处，完成172块路牌的日常养护及路牌广告的更新。

（沈　媛）

【村庄环境整治】　开展“美丽吴兴”推进工作，成立环境提升办，对全区106个行政村，1000多个自然村的村庄环境长效管理、农村生活污水运维管理、两路两侧等工作实现全覆盖督查。采集问题照片22000余张，定点定位重点整治任务1919个，村庄环境合格率为100%、一等村达71.7%。完成绿化提升面积487200平方米。拆除县级以上道路、河道两侧可视范围内蓝色彩钢房（棚）2505处，共计183.5万平方米。

（卢明佳）

第四篇　政党·政权

·中国共产党湖州市吴兴区委员会·

【中共湖州市吴兴区第四次代表大会】　12月27—30日，召开中国共产党湖州市吴兴区第四次代表大会，出席大会的党代表280名，列席代表27名。大会听取和审查中国共产党湖州市吴兴区第三届委员会的工作报告；听取和审查中国共产党湖州市吴兴区第三届纪律检查委员会的工作报告；选举中国共产党湖州市吴兴区第四届委员会，王宝龙、王新太、石一婷（女）、卢晓华、包永良、宁云、朱建忠、朱建祥、朱剑梁、杨元江、吴旭（女）、吴金辉、吴智勇、何锋峰、沈冰、沈国强、宋建方、张文斌、张志宏、张国英（女）、陆安华、陈伟、陈江、陈建良、陈新娣（女）、周文霞（女）、胡卫东、费屹巍、徐进磊、郭士忠、唐于建、戚斌斌、温建飞、慎小红（女）、腾辉、潘华、潘永锋、戴立新为中国共产党湖州市吴兴区第四届委员会委员，厉云燕（女）、朱新民、杨斌、吕志荣、邹德明、俞琴芳（女）、王袆（女）为中国共产党湖州市吴兴区第四届委员会候补委员，吴智勇为中国共产党湖州市吴兴区第四届委员会书记，陈江、石一婷（女）为中国共产党湖州市吴兴区第四届委员会副书记，石一婷（女）、朱建祥、朱剑梁、吴智勇、宋建方、张国英（女）、陈江、陈建良、温建飞、潘永锋为中国共产党湖州市吴兴区第四届委员会常务委员会委员；选举中国共产党湖州市吴兴区纪律检查委员会，王芳（女）、王炯明、王新太、方红英（女）、叶熙熙（女）、史彦廷、李艮水、吴吉琴（女）、吴宇昕、余胜奎、宋振强、张国英（女）、陈勇、姜新明、郭荣光、唐国强、陶厦峰、蔡梅建、樊军为中国共产党湖州市吴兴区第四届纪律检查委员会委员，张国英（女）为中国共产党湖州市吴兴区第四届纪律检查委员会书记，王新太、李艮水为中国共产党湖州市吴兴区第四届纪律检查委员会副书记，王新太、叶熙熙（女）、史彦廷、李艮水、张国英（女）、陈勇、唐国强为中国共产党湖州市吴兴区第四届纪律检查委员会常务委员会委员；选举产生吴兴区出席中国共产党湖州市第八次代表大会代表。

【区委全委会】　7月27日，区委召开三届十次全体（扩大）会议。会议认真贯彻中共十八届五中全会、省委十三届九次全会和市委七届十一次全会精神，深入学习习近平总书记“七一”重要讲话精神，回顾总结上半年工作，分析当前形势，研究部署下半年任务，动员全区上下牢牢锁定“勇挑重担、争当排头兵”目标，持续聚焦“六大战区”，推进“八大行动”，全力确保“全年红”，实现“十三五”良好开局。区委书记蔡旭昶作题为《拉长补短、奋力赶超，勇挑重担争当排头兵》工作报告，区委副书记、区长吴智勇作总结讲话。区委委员、区委候补委员；区纪委委员；不是区委委员的人大、政府、政协班子成员，区人民法院院长、人武部政委；曾在区四套班子任职的人员；高新区、各乡镇街道、区级各部门班子成员，区纪委派驻纪检组长、副组长，驻织部门主要负责人，区级部门中层干部；民主党派负责人；重点骨干企业负责人；部分党代表参加会议。

【区委常委会】　1月7日，区委书记蔡旭昶主持召开区委三届第78次常委会会议。关于2016年政府工作报告。会议听取了区人民政府办公室关于《2016年政府工作报告（讨论稿）》的情况汇报。会议认为，政府工作报告是十分重要的法律文书，起草好报告对进一步统一思想、加快发展具有重要意义。报告总体结构合理、内容丰富、重点突出，值得肯定，下一步要以更高标准、更实作风、更大担当抓好报告各项工作落实。会议强调，一要“全”。报告要总揽全局，兼顾好各条线工作，内容上与全会报告、经济社会发展计划报告、财政预算报告等做好衔接，体现报告的统筹性和系统性。二要“实”。说实话、用实招、求实效，做到基调平实、文风朴实、内容充实、数据真实、举措务实。三要“特”。报告要突出吴兴特色，体现差异性。总结部分要提炼好2015年亮点工作，2016年工作安排要符合吴兴实际。四要“准”。文字表述要准确凝练；分析问题要深刻到位、切中要害；目标定位要契合实际、自我加压；任务举措要精准发力、科学可行，发挥报告振奋精神、明确方向、鼓足干劲的作用。关于“十三五”规划纲要。会议听取区发改委关于《湖州市吴兴区国民经济和社会发展第十三个五年规划纲要》的情况汇报。会议认为，规划纲要是吴兴区未来五年经济社会发展的蓝图，是引领全区人民共同奋斗的纲领性文件，科学谋划和制定“十三五”规划，事关吴兴区发展全局和长远。纲要总体科学可行，值得肯定。会议强调，一要体现上级理念。全面贯彻中央、省市委全会和经济工作会议精神，充分体现“五大发展理念”；要在指标体系和考核任务上与省市做好对接，确保在思路上一脉相承、内容上全面落实。二要立足区情实际。坚持问题导向，以项目为抓手，结合市“六重”清单，“十三五”各项目标任务设置要立足实际、自加压力，确保科学合理。三要合理吸收意见。汇总整理、分析研究、合理吸收部门、乡镇、企业、专家和社会各界的意见建议，使纲要更具科学性、前瞻性、针对性和可行性，充分体现全区上下的智慧和意志。四要引领赶超发展。更好发挥纲要指导实践、引领发展的作用，根据上级要求和实际需要，编制、完善、落实好配套专项规划，着力打造增长极、提高首位度，高质量引领赶超发展。关于2016年工业大会、农村工作会议考核结果通报。会议听取了区委办、区人民政府办公室关于2016年全区工业大会、农村工作暨美丽吴兴总结部署会涉及考核结果通报等事项的情况汇报。会议认为，考核结果通报是对企业、乡镇、村工业或农村工作的肯定激励和加压鼓劲，有助于鼓舞士气、推动工作，要组织好、筹备好。会议强调，一要坚持科学公正。坚持公开、公平、公正原则，严格遵循考核规则，立足实绩和成效，选出典型、评出先进。二要有序组织筹备。紧扣会议环节，细而又细、严而又严抓好各项任务落实；要在会务安排、会场秩序、通报流程和交流发言等方面加强对接，确保大会取得实效。三要切实发挥作用。加大宣传力度，做好新闻报道工作，发挥典型引领作用，通过大会召开鼓舞各领域、各行业进一步坚定信心、振奋精神、再创佳绩，推动2016年吴兴区工业经济和农村工作再上新台阶。会议明确，农村工作暨美丽吴兴总结部署会由宋建方和王秀琴牵头负责，工业大会由潘永锋同志牵头负责。关于安全生产（消防安全）工作。会议听取了区安委办、区消安办关于2015年全区安全生产（消防安全）形势及2016年工作安排的情况汇报。会议认为，安全生产和消防工作事关全区社会稳定和发展大局，不能马虎、懈怠。2015年全区安全生产和消防工作思路清晰、举措务实、重点突出，有想法、有办法，值得高度肯定。但当前安全形势不容乐观，要认真贯彻国务院、省、市安全生产电视电话会议精神，以归零心态踏实做好2016年工作。会议强调，一要既深又细抓隐患排查。将排查出的隐患问题逐个分解到各个责任主体，明确任务书、时间表、责任人，全力抓好隐患化解。二要既合又分抓执法监管。整合高新区、各乡镇街道和有关部门资源，健全机制、强化联动、综合施策，在执法上持续用力。要在人、财、物上全力保障安全生产（消防安全）工作，尤其要加强安检员队伍建设。三要既真又严抓责任落实。抓紧、抓牢责任主体，确保“一把手”责任、部门监管责任、企业主体责任和高新区、乡镇街道属地责任落实到位。四要既广又实抓宣传培训。发挥好传统宣传阵地和新兴媒体的舆论监督作用，加强工人安全知识普及和安全操作培训，充分发挥人防、技防作用。关于市第三批“美丽乡村建设优秀带头人”推荐。会议听取了区委组织部关于市级第三批“美丽乡村建设优秀带头人”推荐情况的汇报。会议认为，“美丽乡村建设优秀带头人”推荐，有利于激发广大农村党员干部热情、凝聚工作合力。会议强调，一要以公正求实效。坚持公平公正、公开透明，着力选出凝聚人心、落实工作、推动发展的农村领头雁，确保选准、选对。二要以管理重长效。对三批带头人要加强后续跟踪和监督管理，建立健全长效机制，杜绝一评了之现象。三要以培养增后劲。加强农村后备干部选拔锻炼，着力再培养一批有头脑、有魄力、得民心、能干事的带头人和一支责任心强、工作干劲足的基层干部队伍。四要以宣传强引领。加大宣传力度，注重典型引领，充分发挥带头人凝聚共识、干事创业的模范作用，推动区委、区人民政府各项工作在农村落地生根。会议还书面通报关于《湖州市吴兴区2015年国民经济和社会发展计划执行情况及2016年国民经济和社会发展计划草案报告》的情况汇报、关于《湖州市吴兴区2015年预算执行情况及2016年预算草案》的情况汇报、关于《2016年度区级部门综合预算编制（“二下”方案）》的情况汇报、关于区级机关党工委2015年工作总结及2016年工作思路的情况汇报。

2月3日，区委书记蔡旭昶主持召开区委三届第79次常委会会议。关于2015年度综合考核等次建议。会议听取了区考核办关于2015年度高新区、乡镇街道和区级部门综合考核等次建议的情况汇报。会议认为，年度综合考核是推动区委区政府工作部署的有力抓手，2015年全区上下齐心协力、克难奋进，各项工作取得较好成效，在县区综合考核中获得一等奖。考核办提交的考核结果和等次建议总体客观公正、符合实际。会议强调，一要正确认识对待，强化结果运用。综合考核结果是各单位一年工作成效的全面总结和评价，要深刻认识其重要性，严格与面子、位子、票子挂钩，防止“干与不干一个样、干多干少一个样、干好干坏一个样”。二要深入总结反思，提升工作水平。优秀单位要保持清醒头脑，自加压力，以翻篇归零心态做好今年工作；工作有差距的，要明确努力方向，切实抓好整改、补齐短板。三要坚持与时俱进，完善考核体系。结合省市对吴兴区考核任务，合理吸收乡镇、部门意见，加压鼓劲，增强综合考核与季度、重点工作月度等考核之间的匹配性和协调性，不断丰富、完善考核办法。四要发挥导向作用，引领赶超发展。立足于做、致力于干，自加压力、拉高标杆、勇当标兵，多下真功夫，集中精力抓好各项工作落实，以考核激干劲、推工作、促发展，助力吴兴“打造增长极、提高首位度”。关于区纪委三届六次全会。会议听取区纪委关于区纪委三届六次全体（扩大）会议安排方案及工作报告的情况汇报。会议认为，过去一年，全区各级党组织和纪检监察机关深入贯彻习近平总书记系列重要讲话精神和王岐山同志在浙江考察时的重要指示精神，紧扣“两个责任”落实，强化权力运行制约，严抓作风、严惩腐败，推动吴兴区党风廉政建设和反腐败斗争取得了新进展、新成效。下一步要精心筹备好纪委三届六次全会。会议强调，一要坚定不移抓贯彻落实。将中央和省市从严治党各项要求贯彻到区纪委三届六次全会中去，落实到区纪检监察日常工作中去。二要以上率下抓示范带头。从思想上、行动上严格要求自己，着力营造不敢腐、不能腐、不想腐的政治氛围，为实现“十三五”良好开局提供坚强保障。三要高压态势抓惩贪治腐。清醒认识当前反腐败斗争形势的严峻性和复杂性，增强思想自觉、政治自觉和行动自觉，抓早抓小，推动反腐败向基层延伸、向纵深推进。四要持之以恒抓正风肃纪。巩固提升“三严三实”专题教育活动成果，加大正风肃纪、执纪监督和通报曝光力度，推动全区作风建设常态化、长效化。关于2015年度党风政风行风动态评价结果。会议听取区作风办关于2015年度党风政风行风动态评价结果的情况汇报。会议认为，党风政风行风动态评价实施一年来，成效良好，区纪委提交的评价结果总体公正合理。会议强调，一要高度重视。党风政风行风动态评价有助于巩固提升“三严三实”专题教育成果、深入推进作风建设，事关区委区政府形象，要高度重视，持之以恒抓好、抓实、抓出成效。二要强化运用。排名靠前的单位要再接再厉、持续改进作风；排名靠后的部门，要深入查找原因，以评促改、以评促建，提高作风建设水平和实效。三要探索完善。坚持问题导向，不断探索、大胆创新、调整补充，使评价体系更完善、内容更丰富、成效更鲜明。四要推动工作。评价工作与中心工作、部门重点工作要有机结合，把党风政风行风动态评价，作为推动各项工作的重要动力和主要抓手，营造风清气正、廉洁高效的发展环境。会议原则同意区作风办提交的评价结果和有关建议。关于规范选人用人工作。会议听取区委组织部关于全市从严贯彻《干部任用条例》规范选人用人工作会议精神及吴兴区下一步贯彻落实有关建议意见的情况汇报。会议认为，规范选人用人工作，是认真贯彻中央党要管党从严治党要求在干部工作上的重要体现，是落实省市委好班长好班子好梯队建设的现实要求，也是加快推进吴兴发展的迫切需要。要切实增强政治意识、责任意识和使命意识，抓好贯彻落实。会议强调，一要深入学习、深刻领会。认真学习《干部任用条例》，深入研究省、市委规范选人用人会议和系列文件精神，学懂弄通、领会实质，结合实际抓好落实。二要从严对照、从实贯彻。对照条例、市“1+6”制度文件和工作会议提出的各项要求，提高标准、认真梳理，问题导向、明确责任，做好吴兴区会议筹备、制度文件起草等工作。三要规范有序、强化保障。严把选人用人关，强化管理、规范监督，着力提升吴兴区选人用人工作的科学化、制度化、规范化水平。要抓好换届各项工作。会议原则同意区委组织部提交的建议意见。关于机构设置和领导职数调整。会议听取区编委办关于部分机关部门机构设置和领导职数调整的情况汇报。会议认为，根据新形势、新情况，对部分机关机构和领导职数进行调整，有利于规范机构设置、促进工作开展，要根据上级要求，抓好贯彻落实。会议原则同意区编委办提交的调整方案，要求根据会议意见修改完善后，抓紧对上报批、组织实施。会议传达学习习近平总书记在十八届中央纪委六次全会上的重要讲话精神。会议书面通报关于2016年度在全区开展“干在实处走前列”大比拼活动的实施意见的情况汇报、关于 2016 年度“八大行动”（大项目落地提速行动、精准招商突破行动、高新区提升行动、东部新城崛起行动、小城市改革攻坚行动、美丽吴兴深化行动、南片成型示范行动、旅游服务业见效行动）推进计划的情况汇报、关于2016年度区“八大行动”季度督查评分排名办法的情况汇报。会议还讨论了干部。

2 月 25 日，区委书记蔡旭昶主持召开区委三届第 80 次常委会会议。关于 2016 年度重点工作月度考核。会议听取区金融办、区城管办关于 2016 年度高新区、各乡镇（环渚街道）主要领导和中心城区各街道主要领导重点工作月度考核办法的情况汇报。会议认为，出台考核办法，是导向和评价、也是加压和激励，有助于调动各作战单元和领导干部积极性、形成干事创业的良好氛围。2015 年度吴兴区各项工作取得新成效，充分体现考核推动工作的有效性。会议强调，一要紧贴中心促发展。考核体系要服务“一城两镇三区四业”“六大战区 八大行动”，服务吴兴“打造增长极、提高首位度”，把市委“四个年”活动、市对区考核和我区中心工作分解细化到月度考核指标中，推动举措落到实处。二要精准定位显特色。充分发挥考核“指挥棒”“风向标”作用，因地制宜，科学量化指标，共性与个性结合、激励与约束结合，彰显吴兴特色亮点。三要比拼争先强攻坚。各乡镇街道要深入研究区考核办法，结合实际，进一步分解指标、细化任务，自加压力、责任到人，增强工作主动性，以不甘落后、敢于争先的比拼意识，推动任务完成。四要督查奖惩抓落实。用好四个“三位一体”工作机制和五步工作法，规则在前、奖惩同步，将月度考核结果与年度考核、提拔任用等挂钩，激发干事热情；加强督查、对成绩多肯定、鞭策、鼓励，对问题早发现、提醒、纠正。会议原则同意区金融办、区城管办提交的考核办法，明确由陈江牵头负责，区发改委、区城管办抓好落实。关于2015年度综合考核得失分。会议听取了区考核办关于2015年度吴兴区综合考核得失分的情况汇报。会议认为，2015 年，全区上下克难奋进，发展质量效益不断提升，连续两年获得全市综合考核一等奖，成绩值得肯定。常委会专题研究得失分情况，目的是找准短板、找到方法、找对路径。要进一步统一思想、清醒认识，进一步扬长避短、乘势而上，进一步树立看齐意识，向先进县区学习看齐。会议强调，一要考核明得失。正确对待考核结果，清醒认识竞争压力，正视困难问题，结合区委找短板工作，认真分析、深入反思。二要整改促提升。排名靠后和名次明显下降的单位，要完善机制，努力补齐短板，打好主动仗、攻坚战、翻身仗。三要督查强落实。将综合考核中的主要扣分点和短板作为2016年的督查重点，对整改情况进行持续深入的跟踪，明确时间节点，强化责任落实。四要导向引发展。继续发挥好综合考核“风向标”“指挥棒”作用，主动对接、用好优势、多想办法，谋划好、落实好综合考核工作，引领吴兴赶超发展。会议明确，综合考核工作由区委副书记、政法委书记陈江牵头负责。关于交通工作。会议听取区交通旅游局关于吴兴区交通“十三五”发展规划及 2016 年工作思路的情况汇报。会议认为，做好交通工作是补齐引领赶超发展短板的一项重要举措，符合省、市要求和吴兴发展实际。经区交通旅游局前期深入调研谋划，交通规划和工作思路总体较为完善，体现自我加压，值得肯定。会议强调，一要坚持服务发展。紧抓省委省政府补短板和大力推进交通工作的机遇，乘势而上，突出西塞山省级旅游度假区道路建设等重点，为吴兴“打造增长极、提高首位度”提供有力支撑。二要坚持规划引领。加强向上对接，落实主体责任，以交通“十三五”规划为引领，抓紧实施，加快进度，早出形象，提升区域品质。三要坚持为民惠民。设计方案要科学精细，工程建设要保质保量、节约集约。要坚持为民惠民，树立良好形象，着力提升群众获得感、满意度。四要坚持统筹协调。积极向上争取，加强资源整合，落实时间表、路线图、责任人，以只争朝夕的状态抓好各项交通工作。关于机要保密工作。会议听取区委办关于全区机要保密工作有关情况的汇报。会议认为，机要保密工作是一项重要的经常性工作，保密就是保政治、保大局、保稳定、保发展。2015 年吴兴区机要保密工作取得较好成绩，要结合存在问题，抓好下一步工作。会议强调，一要深化思想认识。认真学习领会批示精神，充分认识新形势下做好机要保密工作的极端重要性，增强忧患意识、安全意识、防范意识。二要坚持关口前移。及时发现、着力解决苗头性、倾向性问题。统筹安排、多管齐下，全面加强机要保密基础性工作，确保万无一失。三要突出关键重点。坚持问题导向，针对吴兴区机要保密工作中的主要短板，抓好涉密人员管理、计算机网络安全管理等关键部位和关键环节。四要加强组织保障。以宣传教育为先导、以制度建设为保障、以督促检查为抓手，建好队伍、配好设备、落实好责任。关于宣传思想工作。会议听取了区委宣传部关于 2016 年全省宣传思想工作会议主要精神及吴兴区贯彻落实情况的汇报。会议认为，2015 年，全区宣传思想工作紧紧围绕区委区政府各项决策部署，大力开展“抓铁有痕”大比拼活动，举旗帜、把方向、聚民心，各项工作取得较好成效。会议强调，一要积极弘扬主旋律。以吴兴传媒中心和广电中心为依托，做好宣传和舆论引导工作；加大对外宣传推介力度，不断提升吴兴知名度、美誉度、开放度。二要持续汇聚正能量。以“最美”选树为重要抓手，不断提升公民素质，为区委、区人民政府决策部署落实凝心聚力；以“文明创建攻坚年”活动为工作重点，全面深化三城联创。三要着力提振精气神。以“五干五前列”活动为载体，大力发扬吴兴干部“五不”精神，深入挖掘报道“六大战区”“八大行动”和各行各业涌现出的先进典型，引导干部群众自觉学先进、赶先进、当先进。四要全面提升软实力。深入推进“文化强区”，加快区文体中心建设，推进文体产业与其他产业融合发展，将文化软实力转变为吴兴发展的硬支撑。会议还书面通报了关于区委统战部、政法委、编委办、人民法院、人民检察院、总工会、团区委、妇联、公安分局 2015 年工作总结和 2016 年工作安排的情况汇报，以及关于 2015 年度全区百村竞赛星级排名情况的汇报。

3 月 31 日，区委书记蔡旭昶主持召开区委三届第 81 次常委会会议。关于省委巡视组反馈意见整改落实。会议听取区委办关于省委第三巡视组反馈意见整改落实工作情况的汇报。会议认为，自省委巡视组反馈意见以来，区级有关部门将整改工作与当前中心工作、部门重点工作有机结合，思想高度重视、组织领导有力、目标任务明确、工作举措扎实、整改成效初显。常委会专题听取整改落实情况，目的是通报进度、进一步加快整改，将整改成果转化为改进作风、推动工作、促进发展的动力。会议强调，一要思想再重视。将持之以恒抓好巡视反馈意见整改落实作为重要政治任务，坚持思想不疲、劲头不松、措施不软，以敬终如始的态度和钉钉子的精神抓好后续整改和巩固提升工作，确保善始善终、善作善成。二要重点再突出。对影响党群干群关系的热点问题、影响改革发展的突出障碍、影响社会和谐稳定的难点、焦点，以及尚未完成、需要长期治理和逐步解决的四项整改任务，要加大工作力度，不解决问题不销账。三要机制再健全。将解决显性问题与隐性问题、当前问题与长远问题相结合，围绕整改工作中的薄弱环节，抓长抓常抓细，建立切实管用的长效机制，防止反弹。四要成果再提升。坚持一手抓改革发展，一手抓从严治党，注重整改成果巩固提升，进一步转变作风，以实实在在的整改成效带动面上工作开展，为中心工作推进增动力、添活力。会议明确，土地违规抵押融资问题由周建新牵头负责；政府债务问题由汪胜富牵头负责；干部超编问题由朱剑梁牵头负责；公务车辆超编问题由周建新牵头负责。关于 2016 年度区级有关部门季度考核。会议听取了区考核办关于 2016 年度区级有关部门季度考核实施办法的情况汇报。会议认为，区级部门季度考核有助于调动部门积极性，形成比拼争先的良好氛围。自去年实施以来，区级有关部门围绕指标任务，主动作为，为吴兴在县区综合考核中取得一等奖作出了积极贡献。会议强调，一要紧扣中心，服务大局。正确认识当前强劲的比拼态势和竞争压力，围绕“打造增长极、提高首位度”目标，服务“六大战区、八大行动”等中心工作，提高标准、自加压力。区级有关部门要加强与市对接，积极作为。二要严格程序，规范操作。注重季度考核与月度考核、综合考核的统筹性和导向性，在原则上一脉相承、内容上协调补充。坚持督考并重、督考结合，准确把握考核原则，严格操作流程，充分体现考核的严肃性和公正性，推动工作开展。三要奖惩同步，形成氛围。及时公开、传达、解释考核办法和考核结果，严格落实奖惩，强化结果应用，进一步激发区级有关部门领导干部干事创业热情，发挥考核的导向和激励作用，形成比拼争先、干事创业的浓厚氛围。常委会原则同意区考核办提交的实施办法，要求根据会议意见进一步修改完善。会议明确，区级有关部门季度考核工作由陈江牵头负责。关于G20峰会维稳安保工作。会议听取区委政法委关于吴兴区G20峰会“环杭护城河”维稳安保工作总体方案的情况汇报。会议认为，G20峰会是省委、省政府压倒一切的头等大事，要全力以赴打赢峰会维稳安保攻坚战。会议强调，一要保持思想紧绷。强化政治意识、大局意识、看齐意识和核心意识，以G20峰会为契机，借势借力，全面化解久拖不决的维稳安保问题隐患。二要注重基础管控。全面落实严查、严打、严管、严控措施，开展矛盾纠纷集中排查化解，强化源头治理，着力把问题解决在内部、化解在基层。三要强化资源整合。整合各类资源、动员一切力量，发动群众参与，上下同欲、协同作战，确保“管好难事、办好急事、防好小事、不出大事”。四要抓好责任落实。紧盯时间节点、倒排工作进度，把任务分解到单位、到科室、到个人，层层推进各阶段安保维稳责任落实；强化组织领导、属地责任、示范带动，确保事事有人管、时时有人管、处处有人管。对责任落实不到位的，要严肃问责。关于2015年党风廉政建设综合评议意见整改。会议听取区纪委关于2015年度党风廉政建设主体责任情况报告综合评议意见整改方案的情况汇报。会议认为，综合评议是对过去一年区委党风廉政建设主体责任落实情况的总结和评价，要确保各项整改任务全面完成。会议强调，一要严明责任抓落实。根据整改责任事项分工，明确责任人、工作要求、时间节点，细化举措、精心组织、严抓落实。牵头单位要充分发挥统筹协调作用，做好衔接；其他单位要强化大局意识，积极配合整改。二要突出重点抓督查。针对整改任务中的重点、难点、关注点，要适时开展督查。对纠而不严、整而不治、治而不改的现象和走过场、搞形式、做变通的情况要严肃问责。三要着眼长效抓机制。坚持解决当前突出问题与建立长效机制并重，问题导向、举一反三，注重实践探索、创新工作方法，在进一步抓好建章立制上用心下力，从根本上堵塞漏洞、解决问题。四要注重统筹抓结合。找准党风廉政建设工作与区委、区人民政府中心工作、与有关部门日常工作的结合点、切入点，统筹兼顾、协同推进，做到两手抓、两不误、两促进，为吴兴发展提供风清气正的环境和坚强保障。关于区领导包案。会议听取了区信访局关于2016年度区领导包案重要信访事项和重大不稳定问题的情况汇报。会议认为，2015年区领导包案工作成效明显，实践证明此项举措务实管用。会议强调，一要坚持依法依规。遵循法律法规，穷尽一切办法，运用法治思维和法治方式抓好包案化解。二要坚持公平公正。对同类区域、同类问题、同类对象的问题处理，要“一碗水”端平，确保公平公正。针对“老大难”和“硬骨头”，不能哄、躲、避、绕、乱开政策口子，防止引发新的矛盾问题。三要坚持分类施策。包案领导要积极做好对上争取和对下指导，针对不同性质和不同类型的信访积案要分类施策，逐个会诊研究、逐个制定解决方案；有关部门要密切配合、积极协作，确保案结事了。四要坚持源头防控。认真总结经验，深刻剖析原因，正确把握信访问题预防处置的特点和规律，着力在工作前移、夯实基础和依法行政上下足功夫，把握工作主动权，把信访维稳各项工作不断引向深入，为G20峰会保驾护航。关于乡镇换届和选人用人工作。会议听取区委组织部关于吴兴区乡镇换届及2015年选人用人工作民主评议结果有关情况的汇报。会议认为，乡镇换届工作政治性、政策性、程序性很强，涉及面广、敏感度高，群众关切、社会关注，是选人用人工作的一项重要内容，牵一发而动全身，要贯彻落实省市要求，确保换出正能量、换出好风气、换出新动力。会议强调，一要严把标准。坚持正确用人导向，拓宽选人用人视野，紧密结合实际，细化标准条件，统筹考虑政治素质、工作能力、道德品质等因素，优中选优、强中选强，选出一批忠诚、干净、有担当的好干部，配出一批结构优、功能强的好班子。二要严格程序。准确把握政策规定，法定程序不变通、规定步骤不减少，使选人用人和换届选举每个环节、每项工作都有法可依、有章可循；坚持公平公开、规范透明，自觉接受党员群众监督。三要严肃纪律。严明工作纪律，强化舆论引导，加强对选举和选人用人工作的全过程监督，将正风肃纪贯彻始终；严肃查处、打击违法违纪行为，营造风清气正的选举环境。四要严抓落实。抓好评议结果问题和薄弱环节的整改工作，补齐短板；要一手抓换届选举、一手抓中心工作，做到人心不散、队伍不乱、工作不断，确保各项工作落到实处。关于2015年区管领导干部年度考核等次。会议听取区委组织部关于2015年区管领导干部年度考核等次建议方案的情况汇报。会议认为，领导干部年度考核是对领导干部一年工作的全面评价，是考核干部实绩的重要标尺，目的是明确用人导向、强化示范带动、持续改进工作。组织部提交的建议方案客观公正、符合实际。会议强调，一要善统筹，强创新。紧贴中心，根据新形势、新任务的要求，不断探索完善，使考核内容更加丰富精准、考核方式更加科学合理、考核结果更加客观公正。要将区管领导干部年度考核与乡镇街道月度考核、区级有关部门季度考核以及综合考核统筹考虑，增强匹配性和协调性。二要明得失，促提升。发挥好考核的“尺子”“镜子”作用，确保考核实效；坚持问题导向，针对考核中暴露出来的薄弱环节，要总结经验教训，加大工作力度，着力补齐短板，真正以考核提升领导干部能力、助推各项工作开展、促进经济社会发展。三要重运用，激动力。将考核结果作为领导干部选拔任用、评先树优、奖励激励的重要依据和参考，真正让有作为的干部得实惠，充分体现吴兴干部“五不”精神。要做好考核不称职和基本称职领导干部的谈心谈话工作。会议书面通报关于2016年区委区政府工作要点的情况汇报，关于2016年全面深化法治吴兴建设工作要点和建设法治吴兴重点项目安排的情况汇报，关于2016年区委全面深化改革领导小组工作要点和年度改革项目安排的情况汇报，关于省、市档案工作会议精神及吴兴区贯彻意见的情况汇报，关于2016年全区防范处理邪教工作要点的情况汇报，关于开展区自然资源资产负债表编制和领导干部自然资源资产离任审计试点实施方案的情况汇报，关于开展“日志式”管理推进机关干部平时考核工作的情况汇报。会议还传达学习中共中央有关文件精神。

4月14日，区委书记蔡旭昶主持召开区委三届第82次常委会会议。会议专题讨论干部事项。

4月29日，区委书记蔡旭昶主持召开区委三届第83次常委会会议。关于“五好”服务型乡镇（街道）创建考评。会议听取区委组织部关于2015年度“五好”服务型乡镇（街道）创建考评情况的汇报。会议认为，“五好”服务型乡镇（街道）建设是市委和区委进一步加强乡镇（街道）领导班子和干部队伍建设的有效抓手。2015年，各乡镇街道围绕“五好”目标，在民生、生态、党建等方面开展大量工作，取得较好成效。会议强调，一要坚持以评促改。正确对待创建结果，逐条对照考评指标得分情况，深入分析失分原因，尤其是一票否决项，要制定、落实好针对性整改举措，着力补齐短板，真正以考评促提升、以创建促发展。二要不断完善机制。及时将中央和省市委对乡镇组织干部队伍建设的新要求、新论断和贯彻落实区委、区人民政府决策部署的新任务、新举措吸收到考评体系中，不断完善机制，提高科学化水平。三要注重统筹结合。将创建考评与乡镇街道领导班子考核相结合，与“六大战区”“八大行动”等中心工作相结合，强化结果运用；要结合“两学一做”学习教育和乡镇换届工作，把创建考评工作做实、做深、做细、做到位。四要形成比拼氛围。善于挖掘创建考评过程中的典型经验，及时总结推广，营造浓厚的创建氛围；各作战单位要强化比拼意识，借鉴先进乡镇的有效做法，形成协同并进的良好态势。关于“两学一做”学习教育。会议听取区委组织部关于中央和省市“两学一做”学习教育部署情况及吴兴区“两学一做”学习教育实施方案的汇报。会议认为，“两学一做”学习教育是群众路线教育实践活动和“三严三实”专题教育的继承和深化，是中央部署的一项重要政治任务，部署好、组织好、落实好学习教育也是增强“四种意识”的具体体现，要提高站位，增强思想自觉和行动自觉，将学习教育抓好、抓实、抓出成效。会议强调，一要坚持以上率下。把“两学一做”作为加强党组织建设的重要抓手，发挥各级各部门党组织书记及领导班子模范带头作用，坚持上级带下级、班长带队伍，层层压实责任、个个争做表率，为全区党员树立标杆，真正形成上行下效、整体联动的总体效应。二要坚持更高标准。把学习教育作为加强自身理论武装和党性修养的有利契机，认真对照“两学一做”的深刻内涵，敢于提高标准、自我加压，从严查找问题，从实抓好整改，真正以严促深入、以严督落实。三要坚持常态长效。“两学一做”要抓在日常、严在经常，持续用力、久久为功，不能搞“一阵风”“运动式”的学习教育；建立健全常态化学习教育制度，推动党性教育、从严治党和创新发展常态化，让党员意识强起来、党员责任扛起来。四要坚持学做结合。坚持以学促做、知行合一、学用结合，将学习教育与“五干五前列”（1、用心干，谋在创新发展的前列；2、卯劲干，站在协调发展的前列；3、拼命干，走在绿色发展的前列；4、精准干，争在开放发展的前列；5、务实干，赢在共享发展的前列。）大比拼活动和“六大战区”（高新区战区、八里店战区、八里店南片战区、吴兴经济开发区织里战区、埭溪战区、妙西西塞山旅游度假区战区）“八大行动”等中心工作结合，落实到具体工作中，避免“两张皮”。关于意识形态工作责任制。会议听取区委宣传部关于吴兴区党委（党组）意识形态工作责任制实施细则的情况汇报。会议认为，意识形态工作是党的一项极端重要的工作，具有思想引领、舆论推动、精神激励等重要作用。2016 年是 G20 峰会的举办之年，对舆论引导、阵地管理、应急处置等提出了新的更高要求，省委出台的实施细则为吴兴区做好新形势下的意识形态工作指明了方向、明确了要求，要认真学习、深刻领会、抓好落实。会议强调，一要明确“着力点”。各级党委（党组）要切实增强抓意识形态工作的履职自觉，把责任放在心上、扛在肩上、抓在手上，吃透文件精神、实化工作举措、接好天线地气，防止以文件落实文件、以会议落实会议，避免意识形态工作责任制落空、落虚。二要找准“关键点”。紧盯学校、企业等主要阵地，紧扣 G20 峰会等重要节点，把好主流媒体舆论导向，切实抓好明责、确责、履责、问责等关键环节，确保意识形态工作责任制硬落实。三要抓好“创新点”。探索建立分工协作、常态化监督和应急管控等机制，推动机制创新；鼓励探索好经验好做法，推动基层创新；掌握新形势下意识形态工作的特点规律，避免模式化、概念化、套路化，推动方式创新。四要夯实“支撑点”。及时传达实施细则的主要内容和精神内涵，层层压实责任，做到心中有责、工作尽责；加强各级宣传部门领导干部培训和部门协作，为意识形态工作责任制落实提供坚强保障。关于省委十三届九次全会精神。会议传达省委十三届九次全会有关精神。会议强调，一要认真学，学深学透。把省委十三届九次全会精神和《中共浙江省委关于补短板的若干意见（草案）》、学习好、领会好、贯彻好。二要仔细找，找精找准。主动与市对接，结合省、市有关文件精神、吴兴实际和中心工作，重点研究吴兴区《意见（草案）》，切实制定有效举措，抓好落实。三要扎实补，补齐补长。坚持“全区一盘棋”，找准补短措施落实落地与“六大战区”“八大行动”等中心工作的结合点，统筹推进。会议明确，该项工作由茅利荣同志牵头负责。会议还书面通报了关于全市“基础组织加强年”暨“百千行动”推进会会议精神及吴兴区贯彻落实建议的情况汇报、关于《干部教育培训工作条例》有关精神和吴兴区贯彻落实建议的情况汇报、关于《进一步加强和改进离退休干部工作的意见》和省市老干部工作会议精神及吴兴区贯彻落实建议的情况汇报。

5 月 21 日上午，中共湖州市吴兴区委举行三届第 84 次常委会会议。关于补短板工作。会议听取区委办关于《中共湖州市吴兴区委关于补短板工作方案》的情况汇报。会议认为，补短板是 2016 年中央经济工作会议提出的五大任务“三去一降一补”（去产能、去库存、去杠杆、降成本、补短板）的重要部分，也是省委省政府和市委、市政府的重点工作。区委补短板工作方案在市委八个方面短板基础上，提出针对性补短举措，目的是集中精力把省市委工作要求落到实处、落到具体。会议强调，一要端正态度抓落实。从讲政治、顾大局、抓发展的高度认识补短工作的重要性，想清楚“越是短板，越具有后发优势”“在短板上发力，能起到‘四两拨千斤’的效果”，全力以赴补短板、破难题、抓落实，打好补短攻坚战、持久战。二要找准关键抓落实。把短板分析得更深一层、更透一些，把举措落实得更早一分、更细一点，精准施策、持续发力；以 2016 年全区补短板二十四项重点工作为抓手，排定时间表、挂出路线图、落实责任人，一个节点、一个节点地抓好推进。三要创新方法抓落实。向标杆县区看齐，借鉴优秀经验做法，并根据吴兴区实际创新完善，不能局限于老思路、依赖于老办法；有关责任单位要结合“两学一做”学习教育，统筹推进，确保两促进、两提升。四要跟踪督查抓落实。围绕 8 个方面、31 条补短举措，紧盯二十四项重点工作，加强督查，跟踪问效，比进度、比实效，在全区形成抓补短板工作的良好氛围。关于 2016 年综合考核。会议听取区考核办关于 2016 年度综合考核工作意见的情况汇报。会议认为，考核既是鞭策，也是激励，我区连续两年荣获全市综合考核一等奖，是全区上下共同努力的结果，要进一步强化责任意识、竞争意识和效率意识，形成心齐劲足、竞相发展的工作氛围。会议强调，一要在导向上看齐对准。紧盯中央和省市委重要决策部署，把发展方向作为考核导向，通过综合考核，明确工作主导方向和着力点，推动“一城两镇三区四业”，将省委转型升级组合拳、市委“四个年”活动、补短板等重点工作，在吴兴区落实落地。二要在内容上协调整合。坚持连续性与创新性并重，协调好综合考核与月度考核，增强考核体系的匹配性；坚持全区“一盘棋”，防止多头考核、交叉考核。三要在落实上自我加压。区级部门要实事求是，充分了解基层实际、积极对接省市要求，研究制定考核细则，分解指标、落实责任，传导压力、激发动力；要处理好“确保”与“力争”的关系，主动加压加力，标准往上提，进度往前赶，既要全面完成考核任务，更要争创特色亮点，努力争取加分。四要在操作上公正规范。坚持一把尺子量到底，严格遵循考核流程，严谨细致做好跟踪、评分等后续工作，确保公平公正，维护考核权威；强化考核结果运用，落实好四个“三位一体”工作机制，以考核锤炼干部、提升工作、推动发展。关于治理为官不为、推进领导干部能上能下工作。会议听取区委组织部关于《激励干部干事创业治理为官不为的若干意见》和《推进领导干部能上能下实施办法（试行）》的情况汇报。会议认为，推进领导干部能上能下是激励干部干事创业、治理为官不为的有效途径，也是干部人事制度改革的重要举措。吴兴区出台意见和办法，既是贯彻落实省市委有关规定和工作要求，也是为了推动形成能者上、庸者下、劣者汰的用人导向和从政环境。会议强调，一要认清常态，把握形势。准确把握在全面从严治党的新形势下干部队伍建设面临的新情况、新问题，充分认识为官不为的消极影响和巨大危害，自觉适应领导干部能上能下新常态，主动摆正位置、担当担责。二要吃透精神，落实要求。结合省市意见办法、干部管理各项制度、“两学一做”学习教育和吴兴干部“五不”精神，认真学习区有关文件规定，确保学深学透、心中有数，内化于心、外化于行。三要明确标准，严格奖惩。将考核作为激励干部履职尽责、担当作为的杠杆，将“六大战区”“八大行动”等重点工作作为检验锤炼领导干部的平台，明确优与劣的标准尺度、上与下的准绳渠道，形成能上能下的干部管理新常态。四要着眼长效，健全机制。探索建立试错免责机制，完善权责平等、责权明晰的标准体系，在领导干部日常监督管理上下功夫，管早、管小，“拧紧螺丝”“上紧发条”，推进能上能下工作规范化、长效化。

6 月 14 日中午，中共湖州市吴兴区委举行三届第 85 次常委会会议。关于司法体制改革。会议听取区人民法院、区人民检察院关于《吴兴区人民法院司法体制改革实施方案》和《吴兴区人民检察院司法体制改革实施方案》的情况汇报。会议认为，近年来，区法、检两院，牢牢把握“公正司法、司法为民”主线，主动服务区委区政府中心工作，履职尽责，为吴兴社会稳定和经济发展提供有力的司法保障，为“平安吴兴”建设做出了较大贡献，工作成效值得肯定。会议指出，开展司法体制改革，是司法领域的一场深刻变革，根据上级工作部署，法、检两院制定了吴兴区的实施方案，目标任务已明确，要抓好推进落实。会议强调，一要上级政策与吴兴实际结合。吃透中央和省市司法体制改革文件精神，把握政策尺度，主动适应任务要求，借鉴、吸收试点地区先进经验做法，从吴兴实际出发，从严从实从细落实实施方案，确保改革目标如期实现。二要积极态度与稳妥步骤结合。法、检两院要在区委领导下，发挥党组凝聚力、核心力和号召力作用，确保思想不乱、工作不断、队伍不散。推进中要严明工作程序，科学把握节奏，精心组织实施，具体事项要一项一项研究、一条一条落实，做到件件有着落、项项有成效，确保司法体制改革蹄疾步稳。三要主体作用与协同作用结合。细化责任分工，强化责任倒逼，对每一项改革任务都要明确时间表、路线图、责任人。法、检两院要切实担负起主体责任，加强对接联系；组织、政法、财政、编办、人力社保等部门要发挥职能作用，全力支持配合，形成工作合力。四要推动改革与提升工作结合。把握改革关键环节，推动各项任务协同共进；坚持改革与业务协调推进，做到衔接有序、相互促进，真正以改革推动工作，用工作成果检验改革成效。要以此次司法体制改革为契机，破解难题，不断提升司法能力、司法公信力及司法工作的群众满意度。关于“两优一先”推荐。会议听取区委组织部关于省、市、区“两优一先”推荐情况的汇报。会议认为，开展“两优一先”评选，目的是弘扬正气、树立标杆，激励各级党组织和广大党员坚定信念、履职尽责、增强荣誉感。会议强调，一要始终坚持公正公开。及时公开获评标准理由、先进事迹，严格按流程要求做好上报工作，将规范透明贯穿始终，真正将好事办好、实事办实，使结果经得起各方、各层面和群众检验。二要注重强化典型引领。加大宣传力度，多形式、多层面报道先进事迹及优秀做法，发挥先进基层党组织的战斗堡垒作用和优秀党务工作者、共产党员的先锋模范作用，形成崇尚先进、学习先进、争当先进的浓厚氛围。三要着力加强培养储备。

注重长效，加强后续监管，引导优秀、先进持续发挥作用；着眼长远，根据“两优一先”评选标准，再培养一批坚强有力的基层党组织和信念坚定的共产党员、党务工作者，确保吴兴区基层组织建设持续迸发活力。四要持续推动工作提升。立足根本，结合正在开展的“两学一做”学习教育，注重发现、总结和推广各个行业、各个领域、各项工作中的典型经验和先进做法，推动吴兴区基层党组织和广大党员争创一流业绩。

7 月 18 日下午，中共湖州市吴兴区委举行三届第 86 次常委会会议。关于 G20 峰会安保公安工作。会议听取区公安分局关于 G20 杭州峰会安保工作公安相关情况及建议的汇报。会议认为，杭州 G20 峰会是一项史无前例的国家任务，也是一场前所未有的安保大仗，是对干部政治觉悟和能力素质的一次大检验，也是“平安吴兴”建设的大赶考。公安机关作为峰会安保的主力军，要全警动员、全警出击，以“最高标准、最硬措施、最佳状态、最实作风”，筑牢峰会安保的铜墙铁壁。会议强调，一要坚持苦干实干。坚持严字当头、实字为要、干字为先，强化主体意识，确保在岗在职，以争分夺秒的紧迫意识、敢打敢拼的顽强作风和不畏艰辛的实干精神，坚决打赢峰会安保攻坚战。二要夯实基层基础。围绕反恐防暴这一重点、社会稳定这一基础，网格化管理、组团式服务，抓好省市暗访问题整改，强化隐患排查、矛盾化解，想一万、防万一，确保形势估计充分、预案制定严密、举措筹划周全；要层层落实责任，层层传导压力，确保每一项工作都有人抓、有人干、有人盯。三要注重合心合力。坚持协同作战，在舆论宣传、信访稳控、安全生产等方面强化联动，增强主动性、掌握主动权、打好主动仗；要强化资源整合，广泛发动群众，动用各种手段，不断提高发现问题、解决问题的实战能力。四要切实关心关爱。关心关爱公安民警，全力以赴理解、支持、配合，强化后勤服务，为做好峰会安保维稳工作提供良好环境与坚强保障。关于总部自由港资产收购。会议听取南太湖公司关于总部自由港资产收购相关事项的情况汇报。会议认为，总部自由港是东部新城的“城市新客厅”和地标性建筑，是发展总部经济和楼宇经济、助推产业升级、品位提升的动力引擎，进行资产收购体现党委政府的责任担当，下一步要更加谨慎细致地做好相关工作。会议强调，一要正确理解。总部自由港资产收购目的在于统一产权、统一运作、统一招商，促进总部自由港按照东部新城总体发展规划“建起来、管起来、旺起来”，要正确理解认识，紧密无缝衔接，避免推诿扯皮，以高度的责任感做深做细后续工作。二要稳妥推进。按照方案要求，进一步深化细化，正确处理政府、南太湖公司、业主和项目公司的关系，强化节点意识，严守法律法规，严明财经纪律，严格手续流程，确保稳妥有序、如期完成。三要加快招商。加快基础设施建设完善，加强产业配套，优化招商环境，让总部自由港成为创新创业的乐土；要以现代信息服务业、科技服务业、文化创意产业等业态为重点，加大推介力度，加快精准招商，推动总部自由港活起来、旺起来。关于 2016 年开放型经济工作考核。会议听取区商务局关于《2016 年吴兴区开放型经济工作考核办法》的情况汇报。会议认为，近年来吴兴区始终坚持招商引资“一号工程”不动摇，经济社会发展取得较好成绩，出台开放型经济工作考核办法十分必要。会议强调，一要细化举措。将开放型经济考核放到整个考核体系中谋划、推进，根据省市要求和形势变化，不断完善考核办法；要根据考核指标，制定细化、具体化措施，明确节点，落实责任，确保圆满完成各项任务。二要深化对接。以“3+2”省级平台为依托，以四大百亿产业为重中之重，以经贸洽谈会、专场推介会、院士专家吴兴行等活动为载体，调动各类资源，加大宣传力度，主动对接、精准对接、持续对接，确保实效。三要优化环境。加大土地指标、资金等要素资源的向上争取力度，建立健全项目审批“一站式”服务体系，主动服务项目业主、外贸主体，保障人才需求，构建“亲、清”新型政商关系。关于设立人大专委会。会议听取了区人大办关于设立区人民代表大会专门委员会的情况汇报。会议认为，设立人大法制、财经专委会，是区人民代表大会制度不断健全、完善、发展的体现，目的是进一步密切人大常委会与代表、代表与群众的联系，推动人大法制与财经工作更加专业高效，为吴兴区人大工作注入新活力、新动力。会议强调，一要选优配强，加强衔接。选优配强，优化专委会组成人员结构，最大程度发挥人大凝心聚力、助推发展的作用；要加强与市人大常委会对接，争取更多支持和指导。二要权责明晰，分工明确。细化规范专委会职责范围、工作方式、议事规则及运作程序，厘清专门委员会与人大常委会、人大工委、人大办、人大代表及政府对口部门之间的关系，在分工明确的基础上，实现法制、财经专委会的专业化、高效化。三要强化履职，助推发展。围绕全区中心工作和民生热点，充分发挥职能作用和专业优势，深入开展专题调研、视察监督等活动，广泛联系群众，积极建言献策，为吴兴法治建设和经济发展更好地担负起应尽职责。关于党风廉政建设和反腐败工作。会议听取区纪委关于《吴兴区2016年度党风廉政建设和反腐败工作组织领导与责任分工》的情况汇报。会议认为，中共十八大以来，党中央持续深入推进党风廉政建设和反腐败工作，决心之大、力度之大、成效之大有目共睹，抓好党风廉政建设既是上级要求，也是吴兴需要。吴兴区认真落实党风廉政建设“两个责任”，创新“三议四查”等机制，成效值得肯定。明确组织领导与责任分工是推进党风廉政建设的有效做法，要进一步抓好落实。会议强调，一要抓紧抓牢。将党风廉政建设牢牢扛在肩上、时时放在心上、紧紧抓在手上；区四套班子领导要以身作则，率先垂范，相互监督，自觉当好党风廉政建设和反腐败斗争的领导者、执行者、推动者。二要抓实抓统。找准工作抓手，创新工作载体，把好重点领域和关键环节，将责任和任务明晰化、具体化；立足分管领域，将党风廉政建设与中心工作同谋划、同部署、同检查、同考核，相互促进、共同提升。三要抓细抓常。将党风廉政建设和反腐败工作作为一项基础性工作来抓，关口前移，注重小节，以久久为功的韧性、一以贯之的恒心，不断健全常态化监管机制，从根本上筑牢反腐倡廉的防线。关于市对区换届考察。会议听取区委组织部关于配合市对区换届考察有关工作情况的汇报。会议认为，此次区领导班子换届，关系到吴兴未来的发展、改革和稳定，关系到吴兴区“十三五”目标能否实现，对区领导班子和全区人民都至关重要。做好换届考察工作，是圆满完成区领导班子换届任务的前提和保障，要主动配合市考察组工作，积极提供支持协助，确保换届考察顺利完成。会议强调，一要思想不散。把换届考察看成是组织和干部群众对自己任期内德、能、勤、绩、廉的检验，是接受监督、提高自己、促进领导班子建设的动力，讲政治、讲大局、讲党性，摆正心态、戒骄戒躁，引导领导干部正确对待组织安排。二要秩序不乱。严格按照市考察组通知要求，本着对组织负责、对干部负责、对自己负责的精神，客观公正、实事求是，自觉接受、主动配合组织考察，确保各考察环节有条不紊、换届圆满成功。三要纪律不松。进一步增强纪律意识、规矩意识、底线意识，严明换届纪律、严肃警示教育、严厉违纪查处，带头严格执行“九严禁”等纪律要求，带头自觉接受干部群众监督。四要重心不变。始终将抓发展放在首位，处理好区换届、乡镇换届与日常工作的关系，统筹推进换届工作和中心工作，确保两手抓、两不误、两促进，为市委决策提供有力参考，为吴兴区“十三五”发展提供人才支撑和组织保证。会议书面通报关于区四套班子本届以来的工作总结和实绩材料的情况汇报、关于《吴兴区2016年度落实党风廉政建设主体责任量化考核办法》的情况汇报、关于《吴兴区工业领域供给侧结构性改革实施方案》的情况汇报。

7月25日下午，中共湖州市吴兴区委举行三届第87次常委会会议。关于安全生产（消防）工作。会议听取了区安委办、消安办关于2016年上半年暨护航G20安全生产（消防）工作和下半年工作打算的情况汇报。会议认为，安全生产和消防工作事关平安吴兴创建、事关全区和谐稳定、事关吴兴赶超发展，不能马虎松懈。上半年安全生产与消防工作形势良好，值得肯定。杭州G20峰会召开在即，要切实强化底线思维，时刻保持思想紧绷，以分秒必争的紧迫意识，落实安全生产和消防工作各项举措，确保不出事，为G20保驾护航。会议强调，一要突出重点，深化隐患排查整治。紧紧围绕护航G20主题，以出租屋、危化企业等为重点，运用技术手段，落实网格责任，开展全方位隐患排查，确保不留盲区、不留死角、不留空白；紧盯24处区域性安全生产隐患，落实时间表、路线图、责任人，重点抓好交通隐患点整治。二要整合力量，加大执法检查力度。发挥乡镇属地优势和部门职能作用，整合资源，把“打非治违”作为安全生产的牛鼻子，长期抓、深入抓、彻底抓、反复抓。三要落实责任，完善工作保障机制。强化安全生产责任制跟踪问效，严格落实党政领导责任、部门监管责任、辖区属地责任和企业主体责任，加大责任追究力度；要抓紧制定下发“一周一重点”区领导督导方案。四要强化宣教，营造良好工作氛围。巩固“安全生产月”活动成果，广泛宣传普及安全生产和消防安全基本常识，充分发挥舆论和群众监督作用，形成群防群治氛围；争取企业理解支持，抓好企业负责人、安全管理人员、特种作业人员培训，提高从业人员安全意识。

关于区委三届十次全会。会议听取了区委办关于区委三届十次全体（扩大）会议安排建议及报告起草情况的汇报。会议认为，区委三届十次全会是在换届之年和“十三五”开局之年召开的一次重要会议，要充分贯彻落实省委十三届九次全会和市委七届十次、十一次全会精神，全面总结吴兴区上半年工作，为下半年工作推进凝聚合力、加压鼓劲，要确保会议圆满成功。会议强调，一要找准兴奋点。深入总结上半年全区经济社会发展成绩和亮点，讲清、讲明、讲全，以成绩鼓舞干劲，以发展凝聚人心。二要找准结合点。深入学习领会省市委全会精神，找准贯彻上级决策部署与推动吴兴特色发展的结合点，突出“一城两镇三区四业”“五不精神”“六大战区”“八大行动”等，文字上精益求精、文风上实而又实。三要找准平衡点。报告要与区委三届九次全会报告、“十三五”规划相互呼应；要统筹各大战区、各个条线工作，确保报告内容与工作实际协调一致。四要找准落脚点。坚持抓落实为导向，立足推动发展这一根本，围绕全会确定的下半年重点工作，责任人格化、目标具体化、任务项目化。会议明确，会后由起草组充分吸收会议意见后对报告作进一步修改完善。关于宗教工作。会议听取区委统战部关于全国和全省宗教工作会议主要精神及吴兴区贯彻落实建议的情况汇报。会议认为，宗教工作范围广、任务重，政治性强、政策性强，在党委政府全局工作中具有特殊重要地位。在区委区政府、宗教工作者及宗教界代表人士的共同努力下，吴兴区宗教领域总体态势平稳良好，下一步要以全国和全省宗教工作会议精神为遵循和方向，全面把握宗教的社会作用，全力抓好贯彻落实。会议强调，一要学习系统化。把学习全国与全省宗教工作会议精神作为重点任务抓好抓紧，结合“两学一做”学习教育深入学，结合党的宗教工作方针政策系统学，结合吴兴区宗教工作现状针对学，做到学深学透、学以致用。二要管理法治化。运用法治思维和法治方式加强宗教人员、场所和事务管理，依法处置涉宗教违章建筑等问题，杜绝法外之地、法外之人、法外之教；深入开展法治教育，引导信教群众强化法律意识、公民意识。三要重心基层化。抓好基础性工作，深入群众，加强调研，做到底数清、情况明、方法准。统战部要负起牵头协调责任，民宗局要负起依法管理责任，工青妇等群团组织要齐抓共管，形成“主体在区、延伸到镇、落实到村、规范到点”的工作格局。四要引导常态化。按照“导之有方、导之有力、导之有效”要求，积极引导信教群众服务吴兴经济社会发展、参与社会公益事业；加强舆情分析研判，建立健全热点引导机制，推动舆情引导从应急化向常态化、制度化转变。关于“两路两侧”（公路、铁路沿线两侧）工作。会议听取区美指办关于开展吴兴区“两路两侧”专项综合整治提升行动的情况汇报。会议强调，一要突出重点，务求行动实效。突出重点路段、共性问题，抓好省市曝光与督查问题点位整治，确保实效；深化自查自纠，层层分解，包片包干、到岗到人。二要三级联动，凝聚工作合力。加强条块协作和工作保障，形成区、镇、村三级无缝衔接、高效运作的联动整治格局。三要宣传造势，浓厚整治氛围。深入镇、村、户，多形式、多方位宣传“两路两侧”工作，广泛宣扬正面典型，严肃曝光反面典型。四要强化督查，完善长效机制。加强明察暗访，针对易反弹问题开展“回头看”，不断巩固深化整治成效；坚持“管治结合”，依托“路长制”等，建立完善“两路两侧”长效管理、考核问责等机制。关于“五水共治”工作。会议听取区治水办关于吴兴区“五水共治”及争夺大禹鼎有关情况的汇报。会议认为，2016年是五水共治“三五七”时间表（三年（2014—2016年）要解决突出问题，明显见效；五年（2014—2018年）要基本解决问题，全面改观；七年（2014—2020年）要基本不出问题，实现质变。）中“三年解决突出问题，明显见效”的决胜之年，要持之以恒抓好治水工作。会议强调，一要再接再厉。清醒认识夺鼎严峻形势，主动担当，战鼓不息、激情不减，持续强势推进。二要查深查实。对“三河”发起新一轮全面排查，做到情况清、底数明、马上改。三要对标对表。坚持一个目标干到底，围绕省考核体系，一项一项研究，一条一条分解，对照作战图、时间表，抓具体、具体抓。四要实干巧干。将“五水共治”与“三改一拆”“四边三化”工作结合推进，与淘汰落后产能结合推进。五要合心合力。区党委、区政府发挥主导作用，人大、政协发挥一线作用，工青妇发挥组织作用，引导企业发挥生力军作用、群众发挥主人翁作用，合力打赢“五水共治”攻坚战。会议还书面通报关于省、市社会组织党建工作推进会主要精神及吴兴区贯彻建议的情况汇报，关于推行党群部门职责清单制度工作的情况汇报，关于加强新形势下中小学党建工作实施意见的情况汇报。

8月8日上午，中共湖州市吴兴区委举行三届第90次常委会会议。关于公车制度改革。会议听取区车改办关于吴兴区公务用车制度改革实施方案及司勤人员安置方案的情况汇报。会议认为，公车制度改革是加强党风廉政建设、推进政府后勤服务社会化的一项重要改革，涉及面广、政策性强、关注度高，事关大局和机关干部、司勤人员切身利益，中央和省市委都作出明确要求。前期车改办积极对接省市和周边县区，摸清区级部门和乡镇实际情况，成效明显，下一步要加大工作力度，确保高标准、高质量、高效率完成。会议强调，一要高度重视，研深研透。充分认识车改工作的重要性、严肃性和紧迫性，自觉服从大局、吃透精神，准确把握、严格遵照上级规定要求，不折不扣贯彻执行。二要从严从紧，应改尽改。坚持全区一盘棋，车改办要加强与财政等相关部门和高新区、乡镇街道的统筹协同，严格落实“六个不得”“八个不准”，把握时间节点，做好财务管理、车辆处置等工作，不搞变通，不出偏差，确保改成、改好、改出成效。三要合理合规，稳妥稳定。提前做好车改过程中各方面风险评估与防控，锁定一线执法执勤岗位认定、涉改与非涉改人员思想引导等关键环节，特别是司勤人员安置，要体现以人为本、保障权益、公平公正，确保平稳推进。四要完善配套，加强保障。把强化配套制度建设、规范后续运行管理作为改革的关键，优化公务用车服务平台和区域、乡镇公交线路设置，加密班次，多措并举保障公务出行；加快行政中心停车场改造，加强停车引导与管理；要采取有效措施，切实防止“没车不办公、钱少不出门”等懒政、怠政现象，真正使车改政策落地生效。会议明确，方案由车改办根据会议意见修改完善后抓紧上报。会议还书面通报关于全区G20杭州峰会宣传工作情况的汇报。

8月23日上午，中共湖州市吴兴区委举行三届第91次常委会会议。关于党风廉政建设巡察工作。会议听取区纪委关于吴兴区党风廉政建设巡察工作实施办法及2016年实施方案的情况汇报。会议认为，巡察是巡视工作向基层延伸的有效形式，开展巡察工作，是强化党内监督的制度性安排，是推进全面从严治党向基层延伸的“尖兵”和“利剑”。吴兴区出台实施办法是对中央、省委巡视工作精神和市委巡察工作实施办法的具体化、本土化。会议强调，一要深化认识，加强对接。站在政治和全局高度认识做好巡察工作的重要性，纪委要主动做好与上级巡视巡察机构的组织对接、制度对接和工作对接，确保贯彻落实不走偏、工作落地不走样。被巡察单位要坚决服从、自觉配合巡察要求和安排；组织、审计、财政等部门要根据巡察工作要求，加强联系沟通、力量整合和工作统筹，形成分工明确、协调高效、上下联动的工作运转机制。二要突出重点，务求实效。紧盯重要事项、重点环节，在巡察方式上有的放矢、机动灵活，在巡察对象上聚焦“关键少数”，在问题查找上深入细致、深挖细查，在整改落实上夯实责任、跟踪督办，做到件件有着落、事事有结果。三要规范程序，严明纪律。根据工作方案和既定程序严格组织，层层传导压力，压实扛牢主体责任，一个环节、一个环节地抓好落实；严明政治纪律、工作纪律、保密纪律，切实维护巡察工作严肃性。配强巡察力量，加强培训，打造一支敢于担当、作风过硬、业务精良的巡察队伍。四要健全机制，服务大局。健全上下联动、协调配合、统筹推进等机制，确保巡察工作有章可循、有序运转；强化结果运用，将巡察结果与干部考察、评价和任用挂钩，对巡察中发现的共性问题和苗头倾向，抓早抓小，营造风清气正的干事环境。关于总部自由港产业发展。会议听取区科创中心关于进一步加快总部自由港产业发展若干政策意见的情况汇报。会议认为，总部自由港是吴兴区大众创业、万众创新的重要基地和发展新业态、培育新动力的主要平台。前阶段对总部自由港进行资产收购，目的在于统一产权、统一运作、统一招商。在吸收周边地区经验、充分结合吴兴区实际的基础上，出台政策意见，非常及时、非常必要，要抓好落实。会议强调，一要做精做优环境。着眼软、硬两个环境的提升，加快东部新城，尤其是总部自由港周边道路交通等公共基础设施建设，加强商业配套，优化内部管理；落实好“一条龙”服务、“一站式办结”等机制，推动企业投资项目审批服务优质化，为总部自由港产业培育和项目招引提供良好环境。二要用活用好政策。抢抓当前总部自由港良好发展态势，充分发挥产业基金引导和政策扶持激励作用，推动资源要素盘活整合，激活创业创新活力，尽快形成人才、资金、项目的集聚叠加效应，推动总部自由港“兴起来、旺起来”，成为吴兴创业创新的“摇篮”。三要抓实抓牢项目。着眼吴兴产业结构优化，紧抓“项目”关键，立足总部自由港的政策、资源和环境优势，严格按照意见明确的产业业态和准入标准，精准招商对接，创新方式方法，紧盯项目落地，将总部自由港打造成为吴兴新动力引擎。会议原则同意区科创中心提交的政策意见，要求抓紧下发实施，并根据会议意见抓好落实。关于2017年区级部门综合财政预算编制。会议听取了区财政局关于2017年度区级部门综合预算编制方案的情况汇报。会议认为，部门预算编制是一项综合性、常规性工作，敏感性强、政策性强，要求越来越高，关系到机关运转效率和吴兴长远发展。前期区财政局根据新形势、新要求，对预算作了调整、补充和完善，要进一步深化认识，不断提高预算编制水平。会议强调，一要更加注重发展与保障。围绕"保民生、保运转、保发展"，突出区委区政府中心任务和民生实事，与社会公共服务投入等结合，优化财政支出结构，权衡轻重缓急，集中财力解决事关群众切身利益的重大事项。二要更加注重统筹与整合。坚持全区一盘棋，加强预算统筹，做到财力统筹考虑、项目统筹保障、管理统筹推进；盘活各领域"沉睡"的财政资金，化"零钱"为"整钱"，避免资金使用"碎片化"。严格落实中央八项规定，量入为出、厉行节约，精打细算安排支出。三要更加注重改革与创新。改进资金投入方式，放大财政资金效应，不断完善预算管理制度；在公共领域大力推广政府与社会资本合作模式，切实发挥财政资金"四两拨千斤"的杠杆作用，实现政治、社会和经济效应相统一。四要更加注重规范与透明。财政部门要加强与预算单位对接，提高预算的科学性和约束性，预算公开要及时、规范、透明。区级部门要严格执行预算，自觉接受人大和审计监督，将绩效管理贯穿始终，做到"没有预算不开支，有了预算不超支"，着力打造阳光财政和高效财政。

9月7日下午，中共湖州市吴兴区委举行三届第92次常委会会议。关于区第四次党代会筹备工作。会议听取区委组织部关于中共吴兴区第四次代表大会筹备工作安排建议的汇报。会议认为，该次党代会是在"十三五"开局之年，加快建设"生态吴兴、经济强区、科技新城、幸福家园"关键时期召开的一次非常重要的会议，事关吴兴长远发展大计和全区人民共同利益，筹备工作程序性、业务性强，要更加仔细严密，做到思想到位、工作到位、纪律到位、责任到位。会议强调，一要思想上高度重视。站在促进吴兴区改革发展稳定、维护全区人民整体利益的高度认识该次党代会的重要意义，把大会筹备工作放到重要日程上来，切实增强责任担当，准确把握任务要求，以饱满的政治热情确保大会圆满成功。二要筹备上严谨周密。时刻保持高度负责的工作态度和严谨细致的工作作风，全面梳理各项程序环节，加强协作，把大会筹备工作做精做细做实，做到环节一个不少、步骤一个不漏，确保万无一失；要统筹安排大会筹备与冲刺"全年红"工作推进，确保"两手抓，两不误"。三要材料上全面客观。及早谋划启动各类材料起草工作，尤其要高质量起草党代会报告，充分调查研究，合理吸收各方意见，做到内容精准到位，文字简洁凝练，真正用发展成就激励人心，用规划目标鼓舞士气。四要氛围上风清气正。深抓正风肃纪，严明换届选举纪律，落实"九严禁"要求，警示在前，强化监督，严格问责，确保风清气正。要通过多种途径，以群众喜闻乐见的形式大力宣传区第三次党代会以来经济社会发展取得的成就，展示吴兴领导干部"五不"精神，通过舆论引导为党代会召开营造良好氛围。会议明确，大会筹备工作由陈江牵头负责，代表资格审查工作由唐华和朱剑梁牵头负责，相关宣传工作由茅利荣牵头负责。

10月11日下午，中共湖州市吴兴区委举行三届第94次常委会会议。关于湖州丝绸小镇进展。会议听取了浙江丝绸小镇建设开发有限公司关于湖州丝绸小镇实施进展情况的汇报。会议认为，特色小镇建设是推动吴兴区转型升级、打造吴兴名片的有效手段，建好丝绸小镇至关重要，要做到对上衔接无缝、对下处理彻底、对外招商精准、对内管理精细。会议强调，一要以科学规划为引领。突出规划的前瞻性、导向性和协调性，以已经通过的丝绸小镇规划为蓝本，明确分工，落实责任，按图施工，协同推进，增强规划吻合度，争取早出形象、早出效益；要加强与市级部门的对接统筹。二要以项目建设为抓手。坚持以项目为支撑，牢牢锁定小镇产业园，积极对接丝绸产业相关协会和有资金、有实力、有愿景、能契合的企业，精准招商、以商引商、加快入驻，实现百姓叫好、专家叫座；要及时梳理纳入计划、已签约或在建项目进展，加强跟踪服务，加快落地见效。三要以精品精细为标准。坚持产城融合、市场化运作、高品质建设的工作思路，积极创新运营、开发和管理模式，尤其要加强西山漾景区的精细化管理，加大巡查力度，发现问题及时整改，确保处处展现自然风景，处处体现管理水平。四要以要素集聚为保障。积极争取、大胆谋划一些有较大影响力的高端活动和宣传论坛，推动高端要素向丝绸小镇集聚；要强化资源统筹，加快做好土地政策处理，确保早出形象、快出形象、出好形象。关于西塞山旅游度假区建设。会议听取吴兴西塞山旅游度假区管理委员会关于吴兴西塞山旅游度假区建设情况的汇报。会议认为，西塞山旅游度假区是吴兴发展布局的重要组成部分，成效值得肯定，要继续咬定“争创国家级旅游度假区”目标，坚定不移向前推进。会议强调，一要选商择资差异化。坚持高端化、集聚化，在借鉴安吉、德清等旅游产业发展经验基础上，探索创新，不断提升优化项目品质；要注重项目之间的差异性与互补性，推动有限生态旅游资源效益最大化。二要景区打造全域化。以国家级旅游度假区为标准，抓好全域环境整治，加快中心集镇、污水管网和通景道路、路牌标识、游步道等旅游配套设施建设。要在乡风文明上下功夫，引导度假区群众转产转型，通过自觉优化服务、美化环境增收致富。三要管理运作精细化。进一步理顺管委会运作机制，优化招商引资等职能，确保招一个、建一个，成一个、亮一个。要从细微处着手，加强精细化管理，健全景区长效化保洁等机制。四要产业发展融合化。统筹融合发展路径，把文化底蕴挖掘、旅游产品开发、旅游交通建设等整合起来，统筹做好村级经济发展等工作，带动高端民宿等产业共同发展。会议明确，人员机构配备工作由朱剑梁牵头负责；特色小镇申报、重点项目建设支持、度假区审批权限下放工作由杨元江牵头负责。关于人才发展新政策。会议听取区委人才办关于制定实施人才发展新政策若干意见的情况汇报。会议认为，前期人才办在充分调研基础上，按照市委要求，参照周边县区做法，结合吴兴实际，出台该项意见，很有必要。会议强调，一要准确把握着力方向。牢固树立“抓人才就是抓转型发展、抓长远发展”的理念，强化人才竞争意识，准确把握吴兴“一城两镇三区四业”发展要求，立足现实基础，以重点人才工程为抓手，找准方向，主动出击，深入对接，精准招引，切实发挥人才作用。二要切实加强统筹整合。坚持全区一盘棋，以中央和省市人才政策为遵循，结合实际进一步完善操作办法；人才办要牵头抓总，整合资源，协调衔接，做好服务。三要严格推动政策落地。严格执行人才分类标准和政策奖励标准，将举措落实到招才引智工作实践中去；要坚持引才、育才、留才结合，确保人岗相适、人尽其才、才尽其用。四要积极营造良好环境。扩大吴兴区人才政策知晓面，真正用事业平台感召人才，用良好环境凝聚人才，用优质服务吸引人才，用合理待遇激励人才。关于区“七五”普法规划。会议听取了区普法办关于吴兴区“七五”普法规划的情况汇报。会议认为，法治宣传教育是推进“法治吴兴”建设的长期性、基础性、先导性工程，抓好该项工作责任重大、意义深远；自2011年以来，全区上下认真贯彻落实“六五”普法规划，连续三年荣获浙江省法治县（市、区）创建先进单位，在服务吴兴经济社会发展中发挥重要作用，为“平安吴兴”建设奠定良好的法治基础。会议指出，“七五”普法在实施“四个全面”战略布局的大背景下开展，要增强责任感和使命感，持之以恒抓好此项工作。会议强调，一要围绕中心，服务发展。总结“六五”普法实践经验，充分衔接我区“十三五”规划，将转型升级组合拳和“六大战区”“八大行动”等作为普法工作实践载体，做到重点工作推进到哪里，普法宣传就跟进到哪里。二要领导带头，干部示范。提升领导干部运用法治思维和法治方式解决问题的能力；发挥领导干部在带头学法、模范守法、严格执法中的示范效应和带动作用，引导群众自觉守法、遇事找法、解决问题靠法。三要积极创新，分类开展。以“七五”普法规划为框架，对每年工作计划作进一步分解细化，并抓好落实；要积极推进法治宣传教育工作理念、方式方法、载体阵地和体制机制创新，区、镇、村三级联动，针对不同普法对象“有的放矢”。四要部门联动，社会参与。严格落实“谁执法谁普法，谁主管谁负责”的普法责任制，健全媒体公益普法等制度，完善部门齐抓共管、全社会共同参与的“大普法”工作格局，推动普法宣教向法制化、常态化、社会化发展。会议原则同意区普法办提交的“七五”普法规划，明确由郑晓红牵头做好后续工作。会议还书面通报了关于深化供销合作社和农村生产经营管理体制改革构建“三位一体”农民合作经济组织体系实施方案的情况汇报、关于全省各市人大常委会主任会议精神及吴兴区贯彻落实建议的汇报。

10月26日下午，中共湖州市吴兴区委举行三届第95次常委会会议。关于区、乡镇两级人大换届选举工作。会议听取区人大办关于做好区、乡镇两级人大换届选举工作有关情况的汇报。会议认为，区、乡镇人大换届是当前非常重要的政治任务，也是影响发展的长久工程。前期，常委会专题研究区、乡镇两级人大换届选举工作意见，区人大办在此基础上积极对接沟通，对下一步工作作出进一步细化明确，很有必要。会议强调，一要严谨依法重规范。坚持党的领导，严格按照法律规定，以认真负责的工作态度、严谨细致的工作作风，把工作做深做细做实，确保法定环节一个不减，规定程序一个不漏。二要严格节点抓推进。深刻认识人大换届选举工作时间紧、任务重、要求高，按照两级人大同步换届选举时间安排和工作要求，落实责任部门，一个节点一个节点、一项工作一项工作抓好推进，避免“一步迟、步步迟，一步错、步步错”。三要严肃纪律正风气。把“九个严禁”“九个一律”规定作为高压线，以“零容忍”态度处置违规违纪问题，发现一起、查处一起，绝不姑息，确保换届风清气正。四要严明职责促落实。换届选举领导小组、选举委员会及下设机构、联席会议和乡镇街道要落实职责，统筹抓好换届工作和日常工作。领导干部和成员单位要强化责任意识、大局意识，对号入座、各司其职、各尽其责，合力抓好落实，确保区、乡镇两级人大换届圆满顺利完成。关于乡镇（街道）“四个平台”建设。会议听取区编委办关于加强乡镇（街道）“四个平台”建设完善基层治理体系实施意见的情况汇报。会议认为，乡镇（街道）“四个平台”建设，是省委、省政府明确的一项重要任务，对于完善基层社会治理的框架体系具有积极意义，吴兴区在执行中要结合实际、务求实效。会议强调，一要统分结合。领导小组要把准方向、强化引领，办公室要切实发挥牵头协调作用，区级有关部门要解放思想、高度重视、摆正位置、配合支持，乡镇（街道）要落实属地责任、发挥主体作用，形成有分有合、高效运转的工作推进机制。二要放管并重。理顺区级部门与乡镇（街道）条块关系，推进重心下移、力量下沉，强化监管、优化服务，要加强对派驻机构的工作指导，注重作用发挥；要强化统筹整合，以最好最优的结构，实现最佳的功能。三要点面兼顾。正确处理示范乡镇、重点乡镇（街道）和一般乡镇（街道）的关系，探索推进，逐步推开，确保任务全面完成；织里镇以及道场乡、爱山街道要坚持问题导向、不断探索实践，逐步完善工作机制、理顺工作职能，为该项工作在全区推开提供宝贵经验。四要两手齐抓。要积极引导、正确对待，按照意见确定的时间节点和工作要求，稳妥实施、稳步推进，确保思想不乱、队伍不散、工作不断；要加强工作统筹，一手抓“四个平台”建设，一手抓日常工作，确保两不误、两促进。会议原则同意区编委办提交的实施意见，要求根据会议意见进一步修改完善。关于区第四次党代会代表候选人预备人选。会议听取了区委组织部关于乡镇推选产生吴兴区第四次党代会代表候选人预备人选的情况汇报。会议认为，选好区第四届党代表，是第四次党代会准备工作的重要组成部分，也是下一步开好大会的重要基础和保证。乡镇推选产生党代表候选人预备人选，业务性强，要统筹兼顾，加强与乡镇对接，充分酝酿沟通，发扬党内民主，广泛听取党组织和党员意见，确保产生程序和各项构成比例符合规定要求。会议强调，一要坚持公正公开。将公平公正、严肃纪律贯穿始终，预备人选初定后，及时通过多种途径向社会公示，畅通监督渠道，广泛接受党员群众和社会媒体监督，确保预备人选的民主性和合法性。二要确保依法依规。充分尊重区委换届选举的严肃性、程序性和规范性，严格按照规定要求和流程步骤，精心指导各乡镇做好党代表选举工作，积极引导好高新区、各街道、区级部门党代表推选工作。及时做好区党代会各项准备工作，确保换届选举各项工作有序、有力、有效。三要做好宣传引导。充分发扬民主，采取有效宣传手段，引导广大党员积极行使权利、参与选举，在全社会形成支持、配合、参与区委换届选举的良好氛围，为第四次党代表成功召开营造有利环境。关于区政协三届委员会人事安排工作。会议听取了区委统战部关于政协吴兴区第三届委员会人事安排工作的情况汇报。会议认为，政协换届政治性强、政策性强，高质量完成人事安排是做好政协换届工作的关键，事关区政协自身建设与发展，事关吴兴区今后五年经济社会发展，要以高度的政治责任感和使命感，科学谋划，精心组织，周密安排，确保政协换届顺利进行。会议强调，一要全面落实责任。准确把握总体要求、工作重点和政策规定，传达压力、压实责任。统战、组织、政协办等部门要发挥职能作用、履职尽责，纪委要强化执纪监督，高新区、各乡镇街道要落实属地责任，确保任务分解到具体事、责任落实到具体人。二要严格审核把关。严格把好政治关、素质关、程序关，把参政议政能力强作为必要条件，把好关卡。

三要确保风清气正。深刻认识换届纪律的极端重要性，严守保密纪律，对违纪行为严肃查处，绝不姑息。四要加强宣传引导。发挥媒体舆论作用，加强正面宣传，充分调动各方面积极因素，积极引导各阶层、各条线支持参与，选出具有广泛性、代表性、统战性、进步性的政协委员，为区政协充分发挥政治协商、民主监督、参政议政等职能打好基础。会议听取了区编委办关于部分机构编制事项调整的情况汇报，强调要认真贯彻上级文件精神和工作要求，在下步工作中抓好落实。会议还书面通报关于表扬服务保障 G20 杭州峰会先进集体和先进个人的情况汇报、关于省、市党委系统办公室工作会议精神及我区贯彻落实建议的情况汇报。

11 月 21 日上午，中共湖州市吴兴区委举行三届第 96 次常委会会议。关于区“两代表一委员”初步人选资格审查。会议听取区委组织部关于区“两代表一委员”初步人选资格审查方案的情况汇报。会议认为，“两代表一委员”初步人选资格审查是做好换届选举工作的基础和重要环节，政治性强、敏感度高、要求严格，要高度重视此项工作。会议原则同意区委组织部提交的审查方案。会议强调，一要领会精神。资格审核工作是上级明确的重要政治任务，也是选优配强吴兴代表、委员队伍的现实需要，要切实增强政治敏锐性，围绕中央和省市委会议精神和文件要求，深入研究、吃透精神，结合吴兴实际，不折不扣贯彻好、执行好。二要协调联动。资格审查工作涉及面广、情况复杂，领导小组要加强组织领导，切实发挥作用，完善落实联审各项机制，避免部门各自为政、联审流于形式。23 个联审部门要仔细对照职责分工，发挥职能优势，联动推进，确保实效。三要严谨细致。明确审查标准、完成时限和工作要求，规范程序、把好尺度、注重均衡，确保审查工作不虚、不空、不漏。联审部门要增强责任意识，加强对上请示，紧扎篱笆、依法审查，精心、细心做好工作，确保审查结果有理有据，防止“带病提名”“带病当选”。要耐心细致做好审查不合格人员的解释工作，争取理解。四要加强监督。初步人选资格审查责任要落实到具体经办人员，面面审查，层层把关，加强过程监督和结果监督；要坚持“谁审查、谁负责”原则，严肃追责失职行为。关于区四届人大代表候选人初步建议人选。会议听取了区委组织部关于区四届人大代表候选人初步建议人选的情况汇报。会议充分肯定了区委组织部、区人大办等单位前期工作，认为建议人选名单实事求是、程序到位，体现了从紧从严的原则。会议原则同意区委组织部提交的建议人选，强调下一步要倒排时间，继续按程序规定做好工作。关于市第八次党代会代表选举。会议听取了区委组织部关于市第八次党代会代表选举工作会议的主要精神及吴兴区贯彻落实安排建议的情况汇报。会议认为，市第八次党代会代表选举是上级的刚性要求，要切实将市委安排部署和工作要求贯彻好、执行好。会议强调，一要高度重视，精心部署。市党代表选举政治性强、敏感度高，要高度重视、立即启动，立足吴兴区作为主城区的特殊情况，精心部署。组织部要发挥牵头作用，统筹考虑选举工作与当前工作，确保圆满完成选举任务。二要严格把关，科学安排。强调纪律性、政策性和程序性，严格政治标准、身份认定，推荐提名和组织考察程序，把好代表人选的政治关、廉洁关、素质关、结构关，确保不出差错。三要加强监督，严肃纪律。严明选举纪律规矩，加强监督，对不正之风和违法违纪问题“零容忍”，确保风清气正。四要部门联动，统筹推进。要立即启动、迅速推进，发挥部门联动作用，统筹做好市党代表选举与区“两代表一委员”〔（中共）党代表、人大代表、政协委员〕选举工作。会议明确该项工作由朱剑梁牵头负责。

11 月 24 日下午，中共湖州市吴兴区委举行三届第 97 次常委会会议。会议专题讨论干部事项。

11 月 29 日上午，中共湖州市吴兴区委举行三届第 98 次常委会会议。关于市、区党代表推选。会议听取区委组织部关于市、区党代表推选有关情况的汇报。会议认为，党代表推选前期工作考虑周到、全面系统，会议原则同意区委组织部提交的方案。会议强调，一要统一思想，服从大局；二要坚持实事求是，严格进行资格联审；三要做好选举引导工作。关于贯彻基本解决执行难要求。会议听取区人民法院关于贯彻基本解决执行难要求的情况汇报。会议认为，区法院坚持问题导向，积极探索、克难攻坚、奋发有为，执行工作成效明显。会议原则同意区法院提交常委会讨论的有关建议。会议强调，一要真正高度重视。执行难是当前法治社会建设的突出问题，要把基本解决执行难作为重要政治任务，围绕在全市率先实现基本解决执行难的目标，深入贯彻上级部署，全力支持、各方配合，不折不扣抓好落实。二要穷尽一切办法。在法律和政策的框架内，创新方法、综合施策，穷尽各种执行手段，用足用活执行措施，着力实现法律效果和社会效果相统一；要进一步完善执行信息化、规范化建设，最大限度提高执行工作质效。三要凝聚一股合力。坚持全区一盘棋和党委统筹，突出法院主体地位，加强执行队伍建设，完善落实部门协作机制；要成立领导小组，及时下发文件，明确细化任务，抓好协调、推动落实；各有关部门要切实增强大局意识和法治意识，真正形成多元化联动格局。四要形成一种声势。对拒执行为开展常态化打击，始终保持强大声势和高压态势；坚持正面引导与反面曝光并举，形成利于执行的社会氛围。要依法依规做好人、财、物保障工作。关于2016年度综合考核。会议听取了区考核办关于2016年度吴兴区综合考核指标完成情况的汇报。会议认为，区考核办提交的情况汇报问题精准、分工明确，各部门要按照会议要求和责任分工抓好落实。会议强调，一要锁定目标。要把冲刺综合考核“三连冠”作为当前重要任务，对照目标找差距，对照问题抓整改，对照任务抓落实，确保圆满完成各项目标任务。二要明确责任。要立足现阶段领导班子换届交接的特殊情况，明确牵头、协助责任，做好工作衔接。各责任领导要切实担当担责，因工作失误造成失分扣分的要向常委会作检查说明。责任部门要服从区分管领导统筹安排，联动协调推动工作。三要工作为本。要紧抓时间，突出重点，拉长补短，推动各项工作，尤其是进度滞后的任务落实到位，为综合考核奠定良好基础，真正以考核促进工作提升。四要对接有效。要精准对接，对吴兴的全市排名和与其他县区的分差心中有数，排名靠后的指标要缩小差距，排名靠前的指标要拉大分差。会议明确，由石一婷牵头抓好综合考核工作。会议研究区委组织部关于吴兴区区级领导班子换届人事安排建议方案。会议传达学习省委十三届十次全体（扩大）会议及市政府工作思路座谈会精神。会议还书面通报了关于全市“红色动力工程”暨创新基层“党建+”现场推进会精神及吴兴区贯彻落实建议的汇报。

12月17日下午，中共湖州市吴兴区委举行三届第99次常委会会议。关于中共湖州市吴兴区第三届委员会工作报告。会议听取了区委办关于中国共产党湖州市吴兴区第三届委员会工作报告的情况汇报。会议认为，区党代会报告是全面总结换届以来发展成就、指导未来五年各项工作的重要纲领性文件。常委会原则同意区委办提交的工作报告。会议强调，一要高度重视。党代会报告是外界了解吴兴、投资吴兴的重要窗口，要把报告的修改完善过程作为理清思路、深化认识的重要途径，高度重视，不断完善。二要精益求精。起草组要合理吸纳会议意见建议，文字再精炼，重点亮点和吴兴特色再突出。要加强对接，确保与上级目标要求相吻合，提升报告规范性。相关人员与部门要明确文字修改的具体意见，并进一步做好数据梳理和内容更新工作。三要注重统筹。党代会报告要跟年度工作安排、政府工作报告等统筹结合，确保在层次、结构、内容上一脉相承、相互呼应，体现权威性和严肃性。关于从严加强干部队伍建设。会议听取区委组织部关于《中共湖州市吴兴区委从严加强干部队伍建设打造勇挑重担赶超发展的吴兴铁军的实施意见》的情况汇报。会议认为，出台该项实施意见十分必要。会议原则同意区委组织部提交的实施意见，要求根据省市最新要求和会议意见进一步精简完善。会议强调，实施意见要在继续弘扬吴兴干部“五不”精神的基础上，对标中央和省市要求，旗帜鲜明地体现中央规范化要求和基层创新精神。会议审议通过出席市第八次党代会代表候选人初步人选、市八届人大代表候选人推荐人选、中国共产党湖州市吴兴区第四次代表大会筹备工作、吴兴区第四届工商联人事安排方案、援疆干部人才选派名单。会议书面通报关于中国共产党湖州市吴兴区第三届纪律检查委员会工作报告的情况汇报。

12月21日下午，中共湖州市吴兴区委举行三届第100次常委会会议。会议审议通过吴兴区出席市第八次党代会代表候选人预备人选圈选建议名单。会议书面通报关于《中国共产党湖州市吴兴区委工作规则》的情况汇报、关于《中国共产党湖州市吴兴区委加强自身建设决定》的情况汇报、关于《规范领导干部操办婚丧喜庆事宜暂行规定》的情况汇报。

12月30日下午，中共湖州市吴兴区委举行四届1次常委会会议。会议由吴智勇主持。会议听取有关工作汇报，并进行研究。会议审议通过第八届湖州市政协委员推荐提名人选。

【区委重要专题会议】 1月11日，召开全区党的建设暨统战群团工作会议。会议由区委副书记、区长吴智勇主持。八里店镇、朝阳街道、吴兴区“12349”社区便民服务中心党支部、爱山小学教育集团作会议交流，区委书记蔡旭昶讲话。区委常委；高新区管委会常务副主任，各乡镇街道党委书记，高新区和各乡镇街道分管党群工作副书记、纪委书记和分管组织、宣传、统战工作的党委委员区级各部门主要负责人；各民主党派主要负责人；区纪委、区委组织部、区委宣传部、区委统战部、区委政法委、区编委办、区总工会、团区委、区妇联班子成员参加会议。

1月18日，召开区委政法工作会议。会议由区委副书记、区长吴智勇主持。通报考核结果；织里镇、月河街道、龙泉街道、区公安分局作会议交流；区委书记蔡旭昶作主题报告；区委副书记、区长吴智勇作会议小结。区委常委，人大、政协主要领导，区法院院长、区检察院检察长；高新区管委会常务副主任，各乡镇街道党政主要负责人，高新区和各乡镇街道分管政法（信访）工作领导、派出所所长、综治办专职副主任、信访办主任、司法所所长、村（社区）党组织书记；区级各部门主要负责人；区金融机构主要负责人；区委政法委、区信访局、区法院、区检察院、区司法局、区公安分局、织里公安分局、区消防大队、织里消防大队中层及以上干部；先进代表在主会场参加会议。高新区、各乡镇街道全体机关干部；下属村、社区全体干部在分会场参加会议。

1月19日，召开全区农村工作会议暨深化“美丽吴兴”建设工作部署会。会议由区委副书记、区长吴智勇主持。观看美丽吴兴“回头看”短片；通报考核结果；东林镇、高新区、龙泉街道、织里镇轧村、妙西镇龙山村、八里店镇作交流发言；部署2016年深化“美丽吴兴”建设工作；区委书记蔡旭昶讲话。区委、区政府领导，人大、政协主要领导及分管领导；高新区、各乡镇和环渚街道党政主要负责人、“美丽吴兴行动”指挥长、分管农业工作领导、农业服务中心主任、国土所所长、村镇建设办主任、行政执法中队队长、村党组织书记，中心城区5个街道党政主要负责人、分管治气和治违工作领导、执法大队大队长、社区党组织书记；区级各部门主要负责人；区金融机构主要负责人；区住建局、区交通旅游局、区水利局、区农林局、区环保局、区执法局、区执法支队、区国土分局中层及以上干部；“美丽吴兴”指挥部集中办公人员在主会场参加会议。高新区、各乡镇和环渚街道全体机关干部、下属村（社区）干部；中心城区5个街道班子成员、治气治违工作人员、下属社区主任在分会场参加会议。

1月20日，召开全区工业大会。会议由区委副书记、区长吴智勇主持。观看宣传片；通报考核结果；“智连吴兴”手机APP启动仪式；主题论坛；区委书记蔡旭昶讲话。区四套班子领导，区法院院长、区检察院检察长、区人武部政委；高新区管委会常务副主任、分管经济工作领导，各乡镇街道党政主要负责人、分管经济工作领导；区委办、区府办、区发改委、区科技局、区财政局、区住建局、区交通旅游局、区水利局、区商务局、区环保局、区安监局、区市场监管局、区国税局、区公安分局、区消防大队、区地税分局、区国土分局、区规划分局、国网湖州供电公司客服中心班子成员；其他区级部门（含人大、政协各委室、分局、金融机构）主要负责人；全区主营业务收入2000万元以上规模企业（含科技型成长企业）主要负责人，自营出口前50名企业主要负责人，投资5000万元以上新建项目主要负责人；领军高层次人才参加会议。

2月14日，召开“一线比拼勇担当 凝心聚力齐攻坚——六大战区、八大行动誓师大会”。主题是认真贯彻落实区委三届九次全体（扩大）会议精神，动员全区机关干部勇于担当、无私奉献、实践一线、合力攻坚，聚力聚焦“六大战区”，全力推进“八大行动”，奋力打赢“十三五”开局之年攻坚战，努力开创吴兴发展新局面。会议由区委副书记、区长吴智勇主持。深入一线攻坚“百名优秀年轻干部”代表、区级部门代表、“战区”负责人代表、“八大行动”指挥长代表分别表态发言；“六大战区”授旗仪式；区委书记蔡旭昶讲话；区委副书记、区长吴智勇小结。区四套班子领导，法院院长、检察院检察长，人武部政委；高新区管委会常务副主任，各乡镇街道党政主要负责人；区级各部门主要负责人；区级部门（在区行政中心办公）中层及以上干部；“六大战区”负责人和区下派干部在主会场参加会议。不在区行政中心办公的区级部门（区法院、区检察院、区住建局、区交通旅游局、区执法局、区执法支队、区国税局、区公安分局、区消防大队、区地税分局、区国土分局、区规划分局、合作银行、国网湖州供电公司客服中心、区供销社）中层及以上干部（主要负责人除外）在区行政会议中心1号会议室参加会议。高新区、各乡镇街道全体机关干部；各行政村（社区）党组织书记、主任在分会场参加会议。

5月3日，召开全区乡镇换届工作和“两学一做”专题党课暨学习教育部署会。区四套班子领导，区法院院长、区检察院检察长、区人武部政委；高新区和各乡镇街道党委书记、组织委员；区级各部门党委（党组）书记，区委办、区人大办、区政协办、区编委办主任，区纪委、区委组织部、区委宣传部、区委统战部、区委政法委、团区委主要负责人；乡镇换届风纪监督组组长、副组长，届末考核考察组全体成员参加会议。

5月14日，举办“吴兴论坛——国家安全法律法规”讲座。内容是对国家安全法、反间谍法、反恐法及案例介绍。区四套班子领导，区法院院长、区检察院检察长、区人武部政委；高新区和各乡镇街道党委或政府主要负责人、政法工作分管领导；区级各部门（含人大、政协各委室、各分局）主要负责人；区委政法委、区法院、区检察院、区司法局、区公安分局、织里公安分局全体班子成员参加讲座。

6月18日，举办“吴兴论坛——政府与社会资本合作（PPP）项目”专题讲座。内容是政府和社会资本合作的政策解读、项目谋划、实务操作培训等，提升PPP工作的实践能力。区四套班子领导，区法院院长、区检察院检察长、区人武部政委；高新区和各乡镇街道党政主要负责人、城建工作分管领导；区级各部门主要负责人，区人大财经工委主要负责人；区法制办、区公共资源交易中心、区发改委、区住建局、区审计局主要负责人、分管领导和相关科室负责人；区财政局中层以上干部；区级平台公司负责人参加讲座。

6月24—25日，召开区四套班子领导读书会。主题是深入学习贯彻落实中共十八届五中全会、省委十三届九次全会和市委七届十次全会精神，专题听取并研究丝绸小镇规划设计工作，扎实推进“六大战区”“八大行动”，加快建设“生态吴兴、经济强区、科技新城、幸福家园”。会议组织赴度假区、开发区做现场考察和交流会；区委书记蔡旭昶主持。听取丝绸小镇规划设计情况介绍；副区长潘永锋就丝绸小镇规划、建设等方面作主题发言；其他区领导针对丝绸小镇规划设计，提出建议和想法；区委副书记、区长吴智勇，区委书记蔡旭昶分别讲话。区四套班子领导，区法院院长、区检察院检察长；高新区、各乡镇街道党政主要负责人；区级各部门主要负责人参加会议。

6月25日，召开吴兴区庆祝中国共产党成立95周年大会。由区委副书记、区长吴智勇主持。区委副书记陈江宣读“两优一先”表彰文件；表彰先进；“两优一先”代表发言（发言时间分别控制在5分钟以内）；区委书记蔡旭昶讲话。区四套班子领导，区法院院长、区检察院检察长；高新区和各乡镇街道党政主要负责人、党群副书记及分管纪检、组织、宣传工作领导；区级各部门（含人大、政协各委室）主要负责人；区纪委、区委办、区委组织部、区委宣传部、区委统战部、区委政法委、区编委办、区总工会、团区委、区妇联全体班子成员；各行政村、社区党组织书记，“双强”企业党组织书记；获得省、市、区表彰的“两优一先”代表；区各民主党派、工商联和无党派人士代表参加会议。

7月8日，开展区委理论学习中心组集中学习会。主题是认真学习《习近平总书记在庆祝中国共产党成立95周年大会上的讲话》全文。区四套班子领导，区法院院长、区检察院检察长；湖州南太湖产业聚集区吴兴分区管委会主任；区纪委、区委办、区府办、区委组织部、区委宣传部主要负责人参加会议。

10月22日，举办“吴兴论坛——领导干部与经济责任”专题讲座。主题是领导干部经济责任审计的理论指导和具体实践，解读当前各级政府（部门）管理运行的风险化解及防控建议，促进依法行政能力水平的提升。区四套班子领导，区法院院长、区检察院检察长、区人武部政委；高新区、各乡镇街道党政主要负责人，高新区、各乡镇、环渚街道财政总会计；区级各部门主要负责人，区人大财经工委主要负责人；区审计局中层以上干部；南太湖公司负责人参加会议。

11月24日，举办“吴兴论坛——省委党的十八届六中全会精神宣讲团吴兴报告会”。主题是中共十八届六中全会精神。区四套班子领导，区法院院长、区检察院检察长、区人武部政委；高新区和各乡镇街道党委书记、乡镇长（主任）、人大常委会主席（人大工委主任）；区级各部门（含人大、政协各委室）主要负责人、机关党组织书记；区纪委派驻纪检组组长（正科级）在主会场参加会议。全体机关干部（参加主会场人员除外）；下属事业单位党组织书记，村（社区）党组织书记，两新组织党组织书记；各乡镇、环渚街道党校专职副校长；“153”百姓宣讲员（来源于湖州市推进“153”基层百姓宣讲网络建设。每个行政村（社区）至少培养1名百姓宣讲员，每个乡镇（街道）选拔培养 5 名左右骨干巡回宣讲员，并与县内 3 个其他乡镇（街道）结对开展“宣讲走亲”活动，逐步形成一个覆盖村镇的宣讲网络体系。）在分会场参加会议。

12 月 9 日，下午召开吴兴区“七五”普法动员大会。会议由副区长郑晓红主持。表扬全区“六五”普法先进集体及先进个人；区教育局、八里店镇、朝阳街道碧浪湖社区作经验交流发言；区普法志愿者分队成立授旗仪式；区领导讲话。区领导石一婷、茅利荣、汤益培、郑晓红、徐滟燕，区法院院长、区检察院检察长；高新区和各乡镇街道分管领导、司法所所长；区级各部门分管领导；区“六五”普法先进集体、个人代表参加会议。

（凌　夫　裴璐雯）

【区委重要文件目录索引】

2016 年吴兴区区委重要文件一览表

表 4-1

序号	文　号	文　件　题　名	发布日期
1	吴委发〔2016〕3 号	关于加强和改进党的群团工作的实施意见	2016-01-15
2	吴委发〔2016〕10 号	关于印发《补短板工作方案》的通知	2016-05-28
3	吴委发〔2016〕11 号	关于吴兴区激励干部干事创业治理为官不为的若干意见	2016-06-03
4	吴委发〔2016〕15 号	关于印发《吴兴区“十三五”规划和“六重”清单主要目标任务分解落实总体方案》《吴兴区“十三五”规划“六重”清单 2016 年度推进计划》的通知	2016-08-24
5	吴委发〔2016〕17 号	印发《关于对拟提拔任用干部实行党风廉政建设“双审”的规定（试行）》的通知	2016-09-25
6	吴委发〔2016〕19 号	转发《吴兴区普法领导小组关于在全区公民中开展法治宣传教育的第七个五年规划（2016—2020 年）》的通知	2016-10-31
7	吴委发〔2016〕22 号	印发《关于深化供销合作社和农业生产经营管理体制改革构建“三位一体”农民合作经济组织体系的实施方案》的通知	2016-12-30
8	吴委办〔2016〕5 号	关于印发《吴兴区深化农村土地承包经营权确权登记颁证工作实施方案》的通知	2016-01-28
9	吴委办〔2016〕6 号	关于加快推进公共法律服务体系建设的意见	2016-02-02
10	吴委办〔2016〕28 号	关于印发《开展吴兴区自然资源资产负债表编制和领导干部自然资源资产离任审计试点实施方案》的通知	2016-04-11
11	吴委办〔2016〕29 号	关于进一步加强和改进单位内部治安保卫工作的意见	2016-04-12
12	吴委办〔2016〕33 号	印发《关于在全区党员中开展“学党章党规、学系列讲话，做合格党员”学习教育实施方案》的通知	2016-04-29
13	吴委办〔2016〕37 号	关于印发《吴兴区推进领导干部能上能下实施办法（试行）》的通知	2016-06-03
14	吴委办〔2016〕43 号	关于推行党群部门职责清单制度工作的通知	2016-08-04
15	吴委办〔2016〕44 号	关于进一步加强新形势下中小学校党建工作的意见	2016-08-04
16	吴委办〔2016〕45 号	关于转发《中共浙江省委办公厅 浙江省人民政府办公厅关于进一步严明公务用车使用管理纪律通知》的通知	2016-08-05
17	吴委办〔2016〕46 号	关于印发《吴兴区“五水共治”争先夺鼎专项行动方案》的通知	2016-08-08
18	吴委办〔2016〕48 号	关于印发《吴兴区公务用车制度改革实施方案》的通知	2016-08-24
19	吴委办〔2016〕49 号	关于印发《吴兴区党风廉政建设巡察工作实施办法》的通知	2016-08-30
20	吴委办〔2016〕51 号	印发《关于加快构建现代公共文化服务体系实施意见》的通知	2016-10-08
21	吴委办〔2016〕54 号	印发《关于加强乡镇（街道）“四个平台”建设完善基层治理体系的实施意见》的通知	2016-11-22
22	吴委办〔2016〕56 号	印发《关于实施人才发展政策的若干意见》的通知	2016-12-21

·中国共产党湖州市吴兴区委员会纪律检查委员会·

【纪委全委会议】 2月17日，召开区纪委三届六次全会，深入学习贯彻十八届中央纪委六次全会、省纪委十三届五次全会和市纪委七届五次全会精神，以习近平总书记系列重要讲话精神为指导，进一步推进新形势下吴兴区党风廉政建设和反腐败工作的重要会议。

会议指出，一年来，全区各级党组织和纪检监察组织坚决贯彻中央和省、市委全面从严治党要求，牢记管党治党的政治责任，严格落实“两个责任”，严明纪律，严纠“四风”，严惩腐败，全面推进党风廉政建设和反腐败斗争，取得明显成效。主要体现在强化主动担当，主体责任进一步夯实；突出纪在法前，纪律权威进一步彰显；坚持抓早抓小，作风建设进一步深入；严肃执纪执法，惩腐力度进一步加大；深化“三转”，纪检体制改革进一步推进。

会议强调，要把思想和认识统一到中共中央对党风廉政建设和反腐斗争的形势判断上来，始终保持坚强的政治定力，切实增强推进党风廉政建设和反腐败工作的思想自觉和行动自觉。要尊崇党章，严格执行准则和条例；弛而不息，坚定不移抓作风建设；有腐必反，保持惩治腐败高压态势；层层传导，推动从严治党向基层延伸；固本强基，着力营造政治上的绿水青山。要深刻把握全面从严治党的新要求，切实肩负起管党治党的政治责任，拧紧管党治党的螺丝，全区各级党委要切实肩负起全面从严治党的责任，把从严管党治党的要求落实到各个方面、各个环节，凝聚党心民心，激发全区上下干事创业的精气神，形成推进吴兴发展的强大动力。要把主体责任放在心上，抓起来、扛起来；把纪律规矩挺在前面，立起来、严起来；把干部队伍管好用好，活起来、干起来。

会议要求，充分发挥党内监督在推进全面从严治党进程中的关键作用，确保党内监督落到实处、见到实效。要把强化党内监督摆上更加重要的位置，突出重点、健全机制，强化落实，努力探索出强化党内监督的有效途径。要抓牢“关键少数”特别是“一把手”这个重点，严格落实党内监督机制，多设一些“探头”，使“一把手”置身于党组织、党员、群众监督之下；要切实用好批评和自我批评这个武器，领导干部要率先垂范，对自己的缺点错误，要敢于正视、主动改正；对别人的缺点错误，要敢于指出、帮助改进；对同志的提醒批评，要闻过则喜、虚心接受。要依托纪委作为党内监督专门机关这个关键，不断增强责任意识、使命意识，敢于担当，敢于红脸，敢于碰硬，更好地履行好党章赋予的监督职责。

【督查】 牢牢抓住全面从严治党政治责任这个“牛鼻子”，认真落实省委关于党委（党组）主体责任和纪委（纪检组）监督责任清单，层层签订个性化责任书，组织开展重点检查考核和专项抽查，党委（党组）主抓直管工作机制全面形成。

加大对侵害群众利益问题的查处力度，扎实开展农村基层作风巡查，巡查行政村50个，发现问题59个，查处28人，给予党纪处分3人，推动全面从严治党向基层延伸。

【作风建设】 以“学深做实我看齐 再创佳绩当先锋”为主题，扎实开展“两学一做”学习教育，坚持问题导向，深入查找补齐“短板”。牢固树立执纪者更要严格守纪、监督者更要接受监督的意识，严明审查、巡察、信访、保密等纪律，规范纪检监察干部问题线索统一管理，健全岗位绩效考核和星级评定办法，落实个人重大事项报告制度，加强内部监督管理，坚决防止“灯下黑”。

【廉政防控】 深化“三议四查”（商议、提议、动议；重点督查、专项巡查、回访核查、随机抽查）工作机制，互促共推“两个责任”（党委负主体责任，纪委负监督责任）落地生根，共向区领导发放《函告书》85份，向单位党委（党组）及主要负责人发放《综合评议意见书》31份、《落实责任制建议书》3份。实施党风廉政建设“双审”制度，对6名拟提拔为正科级领导干部的个人廉洁自律和履行“一岗双责”情况进行审查。落实谈话提醒制度，开展提醒谈话123人次，实施诫勉谈话25人次。启动区委巡察工作，对6家区级部门开展巡察，发现5大类、147个问题，实施分类处置，督促落实整改。

【反腐倡廉宣传】 认真抓好《关于新形势下党内政治生活的若干准则》《中国共产党党内监督条例》等党内法规的学习宣传，深化“党纪一刻钟教育”活动，全区党员干部接受教育2.5万人次。坚持重大节日向党员领导干部发送廉政短信，以“严家风 强自律”为主题，组织“勤廉携行 阳光吴兴”集中宣教月活动，举办“清韵吴兴”文艺晚会，开展“说说我的家风故事”征文比赛，着力营造全面从严治党良好氛围。

【党风廉政建设】 强化换届风气监督，严明“九严禁”等纪律要求，配合相关部门派出督导组，审核各级“两代表一委员”人选4506人次，保障换届工作风清气正。严把干部选拔任用党风廉政意见回复关，区纪委共回复党风廉政意见征求函1162人次。深化“五事阳光”工作机制，完善乡科级领导干部勤廉评价，权力阳光运行体系不断健全。

【执纪办案工作】 从政治和全局的高度把握执纪审查工作，把纪律特点、从严要求体现在审查各环节、全过程。注重抓早抓小，积极实践监督执纪“四种形态”。坚持以零容忍态度惩治腐败，持续保持高压态势。受理信访举报213件次，处置反映问题线索169件；初步核实21件次；谈话函询36人次；了结18件次；立案159件；给予党及政纪处分133人，其中乡科级6人；严重违纪涉嫌违法移送司法机关2人。

【纠风治理】 高标准严格执行中央八项规定精神，紧盯重要节点和隐形“四风”问题，加大正风肃纪力度，驰而不息纠正“四风”，释放越往后执纪越严的强烈信号，开展各类督查48次，查处违反中央八项规定精神问题5起，处理党员干部7人，给予党纪处分5人，并点名道姓通报曝光。深化党风政风行风动态评价，有3万余人参与评价，按季公示评价结果，推动党风政风持续好转。

【监察体制改革】 认真贯彻中央关于开展国家监察体制改革试点的重大决策部署，按照省、市委要求，及时成立以区委主要领导为组长的试点工作小组，制定出台吴兴区监察体制改革试点实施方案，有序推进区检察院反贪等部门的转隶工作，改革试点顺利进行。

（王慧琦）

【区纪委重要文件目录索引】

2016年吴兴区纪委重要文件一览表

表4-2

序号	文 号	文 件 名 称	发布日期
1	吴纪发〔2016〕5号	中共湖州市吴兴区纪委 湖州市吴兴区监察局关于印发《2016年吴兴区党风廉政建设提醒谈话及函询实施办法》的通知	2016-03-08
2	吴纪发〔2016〕6号	关于转发《中共湖州市委办公室 湖州市人民政府办公室关于进一步规范执行公务出差等待遇标准的通知》的通知	2016-03-24
3	吴纪发〔2016〕7号	中共湖州市吴兴区纪委关于印发《吴兴区纪委派驻纪检组工作报告制度》的通知	2016-04-05
4	吴纪发〔2016〕12号	关于印发《2016年吴兴区纪委派驻纪检组与驻在单位工作联系制度》的通知	2016-06-29
5	吴纪发〔2016〕13号	关于印发《2016年吴兴区纪委派驻纪检组工作运行办法》等工作制度的通知	2016-06-29
6	吴纪办〔2016〕2号	中共湖州市吴兴区纪委办公室关于印发《2016年吴兴区纪委监察局机关干部岗位目标绩效考核实施办法》的通知	2016-03-30
7	吴纪办〔2016〕3号	中共湖州市吴兴区纪委办公室关于印发《吴兴区纪检监察干部个人重大事项报告制度》的通知	2016-04-06
8	吴纪办〔2016〕7号	2016年度高新区、乡镇（街道）纪委工作综合考评办法	2016-06-23
9	吴纪办〔2016〕8号	关于印发《中共湖州市吴兴区纪委关于补短板的实施意见》的通知	2016-07-06
10	吴纪办发〔2016〕1号	中共湖州市吴兴区纪委办公室关于印发《吴兴区2016年度纪检监察信访举报工作考核办法》的通知	2016-05-09
11	吴监办〔2016〕1号	关于印发《吴兴区监察局参加区政府督查问责工作流程》的通知	2016-07-07
12	吴纪便〔2016〕1号	关于印发《吴兴区党风廉政建设“四级谈话”实施办法（行）》的通知	2016-03-08
13	吴纪便〔2016〕2号	关于印发《吴兴区党风廉政建设诫勉谈话实施办法（试行）》的通知	2016-03-08
14	吴纪便〔2016〕3号	关于印发《吴兴区纪律审查核实性谈话工作实施办法（试行）》的通知	2016-03-08
15	吴纪便〔2016〕5号	关于在全区全面推进农村基层作风巡查工作的通知	2016-03-18
16	吴纪便〔2016〕12号	关于委局机关及派驻机构纪检干部季度考核有关事项的说明	2016-05-11
17	吴纪便〔2016〕14号	关于实行“三会一报告”工作机制的通知	2016-07-13

·湖州市吴兴区人民代表大会·

【区三届人大五次会议】 区三届人大五次会议于2016年1月12—15日举行。会议应到代表254名，实到代表243名，列席人员145名，并邀请12名公民旁听会议。会议的指导思想是：全面落实中共十八大和十八届三中、四中、五中全会精神，深入贯彻习近平总书记系列重要讲话精神，坚持党的领导、人民当家作主、依法治国有机统一，在中共吴兴区委的坚强领导下，按照“补短板、增优势、添亮点、更全面”的新部署，立足全局、依法履职、主动担当，为全力夺取“十三五”开局之年新胜利做出积极的贡献。会议的主要议程：听取和审查湖州市吴兴区人民政府工作报告，审查、批准湖州市吴兴区国民经济和社会发展第十三个五年规划纲要；审查、批准湖州市吴兴区2015年国民经济和社会发展计划执行情况的报告及2016年国民经济和社会发展计划；审查、批准湖州市吴兴区2015年预算执行情况的报告及2016年预算；听取和审查湖州市吴兴区人民代表大会常务委员会工作报告；听取和审查湖州市吴兴区人民法院工作报告；听取和审查湖州市吴兴区人民检察院工作报告；选举事项。

【区三届人大常委会第33~39次会议】 区三届人大常委会2016年共举行常委会7次，听取和审议19项议题，作出12项决议、决定。

第33次会议于3月10日举行。会议的主要议程是：听取和审议关于2016年度政府重大投资项目计划草案报告；听取和审议湖州市吴兴区人大常委会2016年工作要点（草案）议案；审议有关人事任免事项；听取和审议关于许可对区三届人大代表陈某依法采取刑事强制措施的议案。

第34次会议于5月26日举行。会议的主要议程：听取和审议区人民政府关于全区大气污染防治法律法规执行和“五水共治”工作情况的报告；听取和审议区人民政府关于2015年度财政决算草案的报告；听取和审议区人民政府关于区本级2015年度预算执行和其他财政财务收支的审计工作报告；听取和审议区人民政府关于提请审议批准2015年吴兴区政府债务限额的议案；审议通过《湖州市吴兴区组织宪法宣誓实施细则》；审议关于接受邱柏林辞去区三届人大常委会委员职务的议案；审议有关人事任免事项。

第35次会议于7月28日举行。会议的主要议程：听取和审议区人民政府政情报告；听取和审议区人民政府关于2016年上半年国民经济和社会发展计划执行情况的报告（书面）；听取和审议区人民政府关于2016年上半年预算执行情况的报告（书面）；审议关于接受吴新民辞去市七届、区三届人大代表职务的议案；审议有关人事任免议案；对部分政府部门主要负责人开展述职测评。

第36次会议于9月26日举行。会议的主要议程：听取和审议区人民政府关于全区电子商务发展情况的报告；听取和审议区人大常委会调研组关于全区电子商务发展情况的调研报告（书面）；听取和审议区人民政府关于全区现代生态循环农业工作报告；听取和审议区人民政府关于提请审议批准2016年吴兴区政府债务限额的议案；审议关于接受沈海明辞去区三届人大常委会委员职务的议案；审议有关人事任免事项。

第37次会议于11月8日举行。会议的主要议程：学习传达全国人大和省人大有关会议精神；听取和审议区人民政府关于区三届人大五次会议代表建议、意见办理情况的报告；听取和审议区人大常委会代表工委关于区三届人大五次会议代表建议、意见督办情况的报告（书面）；听取和审议区人民政府关于全区“六五”普法工作开展与“七五”普法规划情况的报告；听取和审议区人民政府关于调整吴兴区2016年度财政支出预算的报告；审议区、乡镇两级人大代表换届选举工作有关事项。

第38次会议于11月22日举行。会议的主要议程：审议关于接受吴智勇辞去湖州市吴兴区人民政府区长职务的议案；审议决定湖州市吴兴区人民政府代理区长；审议有关人事任职事项。

第39次会议于12月22日举行。会议的主要议程：审议关于接受刘突飞辞去湖州市吴兴区人民检察院检察长职务的议案；审议决定湖州市吴兴区人民检察院代理检察长；审议有关人事任免事项。

【创新工作】 始终坚持中国共产党的领导，做到工作思路围绕中心、工作部署突出中心、工作重点紧扣中心。一是助推开局更快一步。自觉以中共十八届五中全会及省市区委全会精神武装头脑、指导实践，以创新、协调、绿色、开放、共享“五大发展理念”为引领，全力助推“十三五”良好开局。

着重根据吴兴区“十三五”规划的战略布局，对创新驱动、智能制造、产城融合、生态文明等今后五年的重点推进领域和群众关注的难点问题，精准选题、逐年深化，抓紧研究制定“一个议题、每年必督、一督五年”的跨年度、跨部门监督体系，全力推动“十三五”规划的顺利实施。二是改革创新更深一步。加强区委人大工作会议精神的学习贯彻，广泛凝聚共识，坚定新常态下人大制度自信。紧紧围绕区委加强人大工作和建设意见的决策部署，明确责任分工，一项一项抓细化抓落实，确保区委加强人大工作和建设的各项政策措施落地生根，以人大自身的改革创新，更好地助推区委全面深化改革各项目标任务的完成。三是法治保障更进一步。密切关注“七五”普法和司法体制改革，保证宪法法律全面正确实施。深化干部任后监督，制定宪法宣誓操作规程，实现人大任免的政府部门主要负责人和法院审判员、检察院检察员履职评议的全覆盖，进一步规范依法履职行为。深入贯彻新《中华人民共和国预算法》（以下简称《预算法》），在本次区人代会上，实现所有部门（街道）预算审查全覆盖，进一步推进政府“阳光预算”。

【监督工作】 把有效监督和有力支持统一起来，议大事、抓要事、促难事，真正使“寓监督于支持之中”落实到人大监督的各个方面。一是开展回头看。对事关长远的“三改一拆”、治水治气等重点工作，以及本届人大就企业上市、农业两区、食品安全、司法监督等重要审议意见的落实情况，开展跟踪监督。围绕G20峰会等重大活动，持续关注生产安全、消防安全等工作落实情况，助推“稳定第一责任”不松懈。二是关注新常态。按照“六大战区”“八大行动”等区委、区政府重点工作安排，密切关注经济发展新常态，有针对性地部署开展系列考察督查活动，审议调研“三个省级平台”、特色小镇、电子商务等工作，助推打造增长极、提高首位度。探索建立提交人大讨论决定重大事项清单，对2016年度政府重大投资项目开展审议视察，切实提高财政资金使用绩效。三是提高共享度。组织开展贯彻大气污染防治“一法一条例”、循环经济促进法、省历史文化名城名镇名村保护条例执法检查；视察调研省社会养老服务促进条例和基本农田保护条例贯彻情况；关注“一港三园”创业创新平台建设，推动大众创业、万众创新；跟踪督查扶贫脱贫、民生实事办理等工作，助推政府加快发展社会事业、提高社会保障水平，让广大群众有更多的获得感。

【人大代表工作】 制定实施《代表联络站建设暂行办法》，开展示范点培育，织里镇、道场乡、龙泉街道、凤凰街道列入市人大示范点培育计划，其中龙泉街道的代表联络站和代表工作室“站室并举”的做法，在全省加强乡镇人大工作和建设会议上作交流发言。扎实推进“两网融合”，高新区和乡镇街道（高新区）网上代表联络站建设实现全覆盖，提前超额完成省定任务。坚持代表个人接待与组团接待相结合，有序推进代表接待选民活动。全年累计有 502 名各级人大代表进站开展接待选民活动120次，共接待选民1165人次。对区三届人大四次会议上提出的81件代表建议，实行区政府领导领衔办理、人大常委会领导领衔督办，坚持建议不办结不放过，问题不落实不放松，代表满意率达到100%，问题解决率达到70.4%。进一步推进闭会期间代表建议意见办理，建立常委会领导联系乡镇街道督办制度，扎实开展“建议意见督办月”活动，跟踪推动代表接待选民活动建议交办单的落实，全年共提交605件，解决401件，解决率达66.3%。

（沈欢欢）

【区人大重要文件目录索引】

2016年吴兴区人大重要文件一览表

表4-3

序号	文 号	文 件 标 题	发布日期
1	吴人大（2016）1号	关于表彰2015年度“履职做表率、代表在行动”主题实践活动先进个人、先进代表小组和优秀代表建议件的通知	2016-01-04
2	吴人大（2016）3号	湖州市吴兴区人大常委会2016年工作要点	2016-03-11
3	吴人大（2016）8号	湖州市吴兴区人民代表大会常务委员会关于批准吴兴区2015年度财政决算的决定	2016-05-26
4	吴人大（2016）9号	湖州市吴兴区人民代表大会常务委员会关于批准《湖州市吴兴区人民政府关于提请审议批准2015年吴兴区政府债务限额的议案》的决议	2016-05-26

续表 4-3

序号	文 号	文 件 标 题	发布日期
5	吴人大〔2016〕11号	关于印发《湖州市吴兴区人民代表大会常务委员会关于我区大气污染防治法律法规执行和“五水共治”工作情况汇报的审议意见》的通知	2016-05-26
6	吴人大〔2016〕12号	湖州市吴兴区组织宪法宣誓实施细则	2016-05-26
7	吴人大〔2016〕19号	关于对区人大常委会任命的十名政府工作部门主要负责人述职测评结果的报告	2016-07-29
8	吴人大〔2016〕25号	湖州市吴兴区人民代表大会常务委员会关于批准《湖州市吴兴区人民政府关于提请审议批准2016年吴兴区政府债务限额的议案》的决议	2016-09-26
9	吴人大〔2016〕26号	关于印发《湖州市吴兴区人民代表大会常务委员会关于全区电子商务发展情况报告的审议意见》的通知	2016-09-26
10	吴人大〔2016〕28号	关于印发《湖州市吴兴区人民代表大会常务委员会关于全区现代生态循环农业工作报告的审议意见》的通知	2016-09-26
11	吴人大〔2016〕30号	湖州市吴兴区人民代表大会常务委员会关于批准调整吴兴区2016年度财政支出预算的决定	2016-11-09
12	吴人大〔2016〕31号	湖州市吴兴区人民代表大会常务委员会关于开展区、乡镇两级人民代表大会换届选举的决定	2016-11-09
13	吴人大〔2016〕32号	湖州市吴兴区人民代表大会常务委员会关于确定吴兴区各乡镇新一届人民代表大会代表名额的决定	2016-11-09
14	吴人大〔2016〕35号	湖州市吴兴区人民代表大会常务委员会关于开展第七个五年法治宣传教育的决议	2016-11-08

·湖州市吴兴区人民政府·

【区政府全体会议】 3月12日，区政府召开2016年区政府全体会议暨廉政工作会议，区委副书记、区长吴智勇出席会议并讲话。会上通报表扬2015年度“两案”办理工作集体；区政府主要领导与高新区、各乡镇街道签订党风廉政建设责任书；区人大常委会、区政协分别就人大代表建议和政协提案办理工作提出要求；区政府分管领导部署财税审计工作。

会议指出，做好“两案”办理工作，是政府义不容辞的责任和义务，是凝聚人心、集聚智慧的有效渠道，也是接受监督、转变作风的重要措施。要认真落实责任，继续实行区政府领导领办制度和承办单位“一把手”责任制度；注重办理质量，严格监督检查，把好法律关、内容关、质量关、程序关、格式关、文字关，确保“零差错”；补齐工作短板，要把办理“两案”作为改进工作、补好短板的重要切入点，创新举措、办法，推动短板问题得到解决。

会议强调，要自觉强化党风廉政建设，“严”字当头、“实”处着力，全面加强党风廉政建设。始终严肃认真地把纪律和规矩挺在前面，真正做到内化于心、外化于行；把落实主体责任作为推进廉政建设的“牛鼻子”，严格、认真、扎实地履行“一岗双责”；全面加强制度建设，加快构建“不敢腐、不能腐、不想腐”的体制机制，切实扎紧制度“笼子”；自觉接受监督，扎实做好政务公开工作，加快推进“互联网+”政务，让行政权力在阳光下运行。

会议认为，财税审计工作事关全区经济社会发展大局。做好财税工作，要进一步加强债务管理，推进融资改革，强化国资管理，提高资金使用绩效，加强部门预算管理，切实加强税收征管工作；做好审计工作，就是要更好地履行保障和监督两大职责，有力支撑全区改革发展。狠抓跟踪审计，推进审计监督高质量全覆盖，紧扣资金安全，守护公共利益，强化审计整改，维护审计权威和政府公信力。

会议要求，要狠抓全年各项工作落实。锁定目标、明确任务，紧紧围绕“六大战区”“八大行动”的工作框架，主攻“一城”、打造“三区”、突破“四业”；牢固树立“有人负责我配合，没人负责我负责”的主体意识，强化战区意识，加强“扁平化”管理；抓牢供给侧改革的具体问题，主要就是“三去一降一补”。同时要正视政府工作中目前的工程管理、土地要素保障、项目落地难、依法行政等薄弱问题，更要积极推动解决问题。

【区政府常务会议】 全年区政府召开10次常务会议。

1月27日，举行第51次常务会议。会议研究关于精准招商突破行动2016年度推进计划的情况；关于大项目落地提速行动2016年度推进计划的情况；关于旅游服务业见效行动2016年度推进计划的情况；关于“美丽吴兴”深化行动2016年度推进计划的情况；关于高新区提升行动2016年度推进计划的情况；关于小城市综合改革攻坚行动2016年度推进计划的情况；关于东部新城崛起行动2016年度推进计划的情况；关于南片成型示范行动2016年度推进计划的情况；关于筹备浙江省第十六届运动会的情况。

2月23日，举行第52次常务会议。会议研究关于交通“十三五”发展规划及2016年工作思路的情况；关于全区公共安全防控体系建设的情况；开展区政府“党纪教育一刻钟”活动。

3月24日，举行第53次常务会议。会议研究关于《开展区自然资源资产负债表编制和领导干部自然资源资产离任审计试点实施方案》的情况；关于开展“河长制”信息化系统建设有关情况的汇报；关于《吴兴区“十三五”河道清淤三年行动方案及2016年度生态护岸建设方案》的情况；关于推动企业股改上市挂牌二十条政策意见的情况；关于开展“日志式”管理推进机关干部平时考核工作及实行乡镇工作补贴政策的情况。

4月20日，举行第54次常务会议。会议研究关于一季度全区安全生产（消防）工作情况汇报；关于全区网格化环境监管体系建设的情况；关于进一步加大力度推进吴兴区浙（湖）商回归工作的情况；关于进一步加快企业投资项目高效审批服务和部分中介服务实行补助的情况；关于加强吴兴区技能人才队伍建设实施意见的情况；关于中学校车购置的情况；关于试点开展部分集中采购业务的情况。

5月27日，举行第55次常务会议。会议研究关于2016年全区禁毒工作的情况；关于加强全区养老机构安全工作的情况；关于进一步加强个人出租（自有）房产协税护税工作的情况。

7月2日，举行第56次常务会议。会议研究张力关于完善吴兴区政府性投资建设工程变更审批流程的情况；关于县道公路保洁属地管理的情况；关于《2016年吴兴区开放型经济工作考核办法》和关于《吴兴区进一步促进外经贸发展的若干意见》起草情况的汇报；关于行政审批服务中心新大厅运行情况的汇报；关于总部自由港资产收购相关事项的情况；关于开展食品安全工作信息平台建设有关情况的汇报。

7月23日，举行第57次常务会议。会议研究关于2016年上半年暨护航G20安全生产（消防）工作和下半年工作打算的情况；关于开展吴兴区“两路两侧”专项综合整治提升行动的情况；关于吴兴区“五水共治”及争夺大禹鼎有关情况的汇报；关于《吴兴区重大行政决策程序规定》的情况；关于做精做强农业产业加快推进农业现代化若干政策意见的情况；关于全面建立耕地保护补偿机制的情况；关于吴兴区居民污水处理费调整方案的情况。

8月8日，举行第58次常务会议。会议研究关于吴兴区公务用车制度改革实施方案及司勤人员安置方案的情况。

8月20日，举行第59次常务会议。会议研究关于创建浙江省食品安全县（区）暨争创国家食品安全城市试点工作实施方案的情况；关于出台《吴兴区人民政府关于进一步加强内部审计工作的意见》及开展重要经济事项内审与整改工作的情况；关于建立吴兴区外来建筑企业税收征管服务保障机制的情况；关于《加快构建现代公共文化服务体系的实施意见》的情况；关于《吴兴区农村公路工程建设管理办法》和《吴兴区农村公路养护管理办法》修订情况的汇报；关于做好国家审计署对湖州市领导干部自然资源资产离任审计试点相关工作安排建议的情况；《关于进一步加快总部自由港产业发展的若干政策意见（试行）》的情况；关于提高普惠性民办幼儿园生均综合补助经费的情况；关于《吴兴区审计整改工作联席会议制度》的情况；关于2017年度区级部门综合预算编制方案的情况。

9月24日，举行第60次常务会议。会议研究关于深化供销合作社和农村生产经营管理体制改革构建“三位一体”农民合作经济组织体系实施方案的情况；关于制定《关于实施人才发展政策的若干意见》的情况；关于吴兴区“七五”普法规划的情况。

10月27日，召开第61次常务会议。会议研究关于三季度全区安全生产（消防）的工作情况和下一步工作安排的情况，关于吴兴区中心城市生活垃圾分类收集处置工作的有关情况。

12月3日，召开第62次常务会议。会议研究关于全国安全生产电视电话会议精神及开展安全生产大检查遏制重特大事故工作安排的情况，关于吴兴区国有公司对外担保管理暂行办法的情况和关于进一步明确中心城街道协税护税激励机制的情况，关于推进吴兴区社区教育工作的情况。

12月31日，召开第63次常务会议。会议研究关于吴兴区第三次农业普查开展的情况，关于惩治非法倾倒垃圾的情况，关于吴兴区渔民转产转业实施方案的情况，关于吴兴区见义勇为奖励保障的情况，关于吴兴区综合行政执法体制改革的情况，关于区供销社员额制人事管理的情况，关于吴兴区经济社会发展主要指标2016年完成情况预计及2017年预期目标安排建议的情况，关于浙江吴兴工业园区循环化改造国家重点支持园区专项资金管理办法及分配方案的情况。

【区政府专题会议】 全年区政府召开如下专题会议。召开关于八里店镇上河漾单元02-02B-1地块、02-03A地块公开出让相关事项的专题会议；关于埭溪镇美妆小镇板庄山区域场平工程施工有关事项的专题会议；吴兴区规划委员会2016年第1次会议；关于《湖州市妙西镇镇域总体规划（2015—2030）》评审的专题会议；关于妙西镇霞幕山东区块控制性详细规划、妙西镇霞幕山北区块控制性详细规划评审的专题会议；关于推进和规范非诉行政执行案件“裁执分离”工作的专题会议；关于浙江久立特材科技股份有限公司相关事宜的专题会议；关于吴兴区社会宽主利中心公建民营有关事项协调专题会议；美妆小镇建设情况汇报会专题会议；关于二环南路棚户区（城中村）改造工程项目的专题会议；关于西塞山省级旅游度假区交通旅游项目推进工作的专题会议；关于核工业二六二大队新建标准厂房相关事宜的会议；关于湖州国际工业设计中心2015年度运行工作的专题会议；关于新凤鸣集团湖州中石科技有限公司一期项目土地复核验收及湖州正通交通工程试验检测有限公司相关事宜的专题会议；关于吴兴东部新城户外广告规划编制单位的专题会议；关于东部新城区域内城市管理经费保障工作的专题会议；关于东湖家园临时疏导点规划建设的专题会议；关于浙江嘉精密机械技术有限公司等工程项目相关事宜的专题会议；关于埭溪镇“美妆小镇”检测研发中心地块规划论证报告的评审会议；关于织里镇织西分区ZX-69-1地块公开出让相关事项的专题会议；关于湖州移沿山生态景区总体规划评审的专题会议；关于吴兴区文商综合体项目的专题会议；关于东部新城浩成物联网项目的专题会议；关于妙西镇霞幕山南区块控制性详细规划的评审会议；关于吴兴区中新房集团PPP合作项目暨乐天天主题乐园等系列项目推进协调服务工作的专题会议；吴兴区规划委员会2016年第2次会议；关于钱山漾文化交流中心布展方案设计招标相关事宜的专题会议；关于东部新城购房业主户口迁移问题的专题会议；关于织里镇腾飞路、高新区树庄路等4条道路用地情况的专题会议；关于敏实生态农业项目土地相关权证办理的专题会议；关于湖州织里童装园区经营管理有限公司和湖州荣强机械有限公司等相关事宜的会议；关于丝绸小镇婚庆文创园项目专题会议；关于湖州慕羽生态农业有限公司和湖州妙品生猪专业合作社养殖场处置工作专题会议；关于湖州第一矿产有限公司和浙江金洲管道科技有限公司等相关事宜的专题会议；关于加快依法处置妙西镇湖州妙品生猪专业合作社养殖场的专题会议；关于妙西原乡小镇AAAA级景区创建的专题会议；关于区政府与区总工会联席会议；关于湖州宏叶铝塑料有限公司和湖州洋西铝业有限公司环保整治提升考核验收的会议；关于湖州新华星铝业有限公司和浙江鸿峰铝业有限公司环保整治提升考核验收的会议；关于八里店南片经编产业园项目的专题会议（4月20日下午，受区长温建飞委托，区府办党组成员、区外办副主任张力召集）；关于2015年度第二批区服务业项目政策享受审查工作的专题会议；关于加快推进浙江祥邦科技有限公司光伏组件填封装胶膜项目落地的专题会议；关于进一步明确吴兴南太湖科技园建设项目有关问题的专题会议；关于浙江三一装备有限公司项目部分土地闲置盘活的专题会议；关于协调解决中节能（湖州）环保产业园等项目相关事宜的会议；关于妥善解决湖州永聚新能源有限公司税收分成问题的专题会议；关于吴兴区八里店镇户口迁移工作的专题会议；关于推进月河街道茅安前居住出租房重大事故隐患消防安全整治专题会议；关于协调解决湖州世辰物流公司产业扶持政策的专题会议；关于湖州老恒和酿造有限公司新建年产 5 万吨酱油生产线项目相关事宜的专题会议集；关于加快推进全区转而未供安置用地处置工作的专题会议；关于吴兴区文体中心 5—6 月重点工作推进要求的专题会议；关于浙江金洲管道工业有限公司年产 25 万吨高品质特种结构和油气输送用焊接钢管生产线搬迁及技术改造项目相关事宜的专题会议；关于落实 2016 年度东部病死动物无害化收集处理机制工作职责的协调会议；关于钱山漾文化交流中心装饰布展工程招标文件相关事宜的专题会议；关于老虎潭水库水源保护和库区社会稳定工作专题会议；关于美妆小镇"百日攻坚"行动推进协调专题会议；关于协调解决先登高科等项目相关事宜的会议；关于明确违法建筑案件行政强制执行程序工作的专题会议；关于区发改委"十三五"规划和争取项目资金采取自行采购的专题会议；关于埭溪镇太平桥村美丽宜居村庄建设规划评审会议；关于织里镇伍铺村美丽宜居村庄建设规划评审会议；关于吴兴区中兴大道北侧、久立集团西侧地块控制性详细规划评审会议；关于吴兴东部新城蜀山雅苑项目分期验收事项的专题会议；关于"十三五"规划基本思路纲要和工业园区循环化改造示范试点方案采取自行采购的专题会议；关于浙江宝鸿不锈钢有限公司及中节能（湖州）节能环保产业园项目相关事宜的会议；吴兴区规划委员会 2016 年第 3 次会议；关于湖东府小区有关问题专题协调会议；关于吴兴区无信息价材料定价方式的专题会议；关于湖州市稷禾农业科技有限公司项目立项审批有关问题协调会议；关于全国农业综合开发工作会议筹备工作有关建设项目招投标事宜专题协调会议；关于高新区东桥村东桥大桥（三桥）保护性施工有关事宜专题协调会议；关于八里店镇三合家园幼儿园装修运营工作的专题会议；关于浮玉幼儿园启用有关事项协调的专题会议；关于湖州吉阳恒基新能源有限公司抵押登记相关事宜的会议；吴兴区易肇事肇祸精神病患者住院救助工作专题会议；关于协调解决新凤鸣集团湖州中石科技有限公司纤维项目等相关事宜的会议；关于湖州正通交通工程试验检测有限公司交通工程试验检测项目选址论证报告评审会议；关于南郊风景区道场乡护塔岭片综合治理场平工程项目有关事项的专题会议；关于矿山治理工作有关事项的专题会议；关于七里亭水闸除险加固工程主体工程赶工期措施费和委托项目变更设计的专题会议；关于协调解决中节能（湖州）节能环保产业园项目相关事宜的会议；关于湖州丝绸小镇创意产业园项目公开招投标相关事宜的专题会议；关于调整诸家滩闸站位置的专题会议（9 月 6 日，区府办召集）；关于协调解决湖州乐通股份新材料科技有限公司项目相关事宜的专题会议；关于吴兴区东林镇镇北社区控制性详细规划评审会议；关于吴兴区总部经济大楼华煜公司回购事项的专题会议；关于吴兴美妆小镇创业大道至 104 国道下沈区块及阳山坞区块场平工程项目有关事项的专题会议；关于湖州市农产品物流集散中心工程方案设计招标相关事宜的专题会议；关于吴兴童装产业环境综合整治配套园（砂洗印花城）二期入园相关工作的专题会议；关于妙西镇原乡小镇配套停车场场平工程有关事项的专题会议；关于协调解决浙江三一装备有限公司吴兴工业园项目及湖州吴兴贝能新能源有限公司林金废弃矿区光伏发电项目相关事宜的会议；关于以船为家渔民上岸安居工程有关事项的协调会议；吴兴区规划委员会 2016 年第 4 次会议；关于妙西镇 306 省道环境综合整治提升等重点工作的专题会议；关于协调解决八里店南片经编产业园经编路建设工程招投标事宜的会议；关于浩成物联网产业基地项目土地产权分割相关事项的专题会议；关于滨湖大道绿道网及周边景观工程等项目招标事宜的专题会议；关于协调解决浙仁医疗美容门诊部相关审批办证手续的专题会议；关于埭溪镇天润狮子山风电场项目建设相关事宜的专题会议；关于加快推进湖州丝绸小镇创意产业园（一期）工程建设的专题会议；关于环渚街道浙江景明玫瑰产业发展有限公司环渚街道社会福利中心项目建设相关事宜的专题会议；关于协调解决湖州浙北迪安医学检验所相关审批手续的专题会议；关于东林镇青联村上干地块、镇北社区地块、严介庄西侧地块和埭溪镇五石坞原水厂地块控制性详细规划评审会议；关于有关区级平台投融资担保事项的专题会议；关于培育新型经营主体发展农业适度规模经营座谈会筹备工作有关事项的专题协调会议；关于 2016 年度服务业发展财政引导专项资金等政策兑现审查的专题会议；吴兴区规划委员会 2016 年第 5 次会议；关于协调解决澳洋康复医院项目相关审批办证手续的专题会议；吴兴区 2016 年坡地村镇试点项目供地方案会审会议；关于明确以历史遗留问题解决湖州金牛纺织印染实业有限公司房屋产权证的专题会议；关于加快浩成物联网产业基地房屋预售手续办理的专题会议；关于全区2016年度村庄规划、村庄设计试点方案地埭溪镇狮子山风电场控制性详细规划评审的会议；关于道场乡护塔岭废弃矿复垦项目相关事项的专题协调会议

【人大代表建议和政协提案办理工作】 在区三届人大五次会议上收到建议、意见68件；在区政协二届五次会议上收到提案59件。127件“两案”，其中关于经济建设21件、建设交通19件、“三农”服务17件、社会发展28件、城镇社区21件、其他15件，办理工作涉及48个承办单位。经过3个月办理，实现办理速度快、问题解决好、办理效果好的“一快二好”的目标。代表、委员对答复表示满意124件、基本满意3件，满意率达100%。问题已解决或基本解决93件，解决率达73.2%；列入解决计划26件，占比20.5%；难以解决或暂缓解决有2件，占比1.6%；供参考5件，占比4.7%。

【民生实事项目】 一是教育设施方面，完成太湖小学、塘甸小学、戴山学校等11所乡镇学校综合改造，完成目标任务的137.5%。二是医疗服务方面，完成改扩建社区卫生服务中心1家（埭溪镇社区卫生服务中心）和社区卫生服务站2家（环渚龙泉街道市陌新村社区卫生服务站、织里镇王母兜社区卫生服务站），并全部投入使用。开展救护员培训154期14338人次，完成目标任务的130.3%。三是文体生活方面，区文体中心主体结构完成80%，完成目标任务的133.3%。完成新建文化礼堂21个、中心村健身广场6个。举办文体活动1130场，完成目标任务的113%。四是就业帮扶方面，新增城镇就业20614人，其中帮扶失业人员再就业6621人，困难人员再就业836人，分别完成目标任务的206.1%、165.5%和139.3%。五是社会保障方面，新增参保2347人，完成全年目标的117.4%；城乡居民医保共参保33.06万人，参保率达98.7%。六是敬老养老方面，新建城乡社区居家养老服务照料中心54个，完成目标任务的180%。为全区3324名城乡困难老人提供政府购买居家养老服务，占全区老年人口的2.87%，完成目标任务的110.8%。七是环境治理方面，淘汰高污染燃料小锅炉80台。完成5座山塘综合整治。完成河道生态护岸22公里，完成目标任务的110%。新增农村生活污水治理受益农户5373户，完成目标任务的109.4%。八是食品安全方面，碧浪湖、三合家园、戴山3家农贸市场均通过省政府放心市场考核验收。创建大型以上餐馆、学校食堂等“阳光厨房”19家，完成目标任务的126.7%。制定出台《吴兴区创建省级农产品质量安全放心县（区）实施方案》，启动省级农产品质量安全放心县（区）创建工作，完成年度创建任务（创建时间为2016—2018年，2018年验收）。九是公共交通方面，新改建城市道路7.8公里。新建成农村联网公路11.3公里，完成目标任务的113%；完成大中修16.7公里，完成目标任务的111.3%。完成常溪社区专用停车位建设1700个。十是普法惠民方面，新增公共法律服务产品15个，总数达46个，涵盖政府决策服务、群众普惠服务、村居自治服务等五大类。区、乡镇、村（社区）建立三级公共法律服务实体平台，建成率均达100%；吴兴公共法律服务网正式上线运行，整合扩容“12348”公共法律服务专线，并入“12345”政府阳光热线，引导、解决涉法问题。

【区政府重要文件目录索引】

吴兴区人民政府发文：

2月：《吴兴区人民政府关于规范吴兴区垦造耕地工作的实施意见》《关于开展第三次农业普查的通知》

5月：《关于印发吴兴区国民经济和社会发展第十三个五年规划纲要的通知》《关于表彰2015年度吴兴区小微企业创业创新重点培育基地、优秀小微企业的通报》

7月：《吴兴区人民政府关于调整区政府领导分工的通知》《关于加快丝绸小镇建设发展的实施意见》《关于做精做强农业产业加快推进农业现代化的若干政策意见》

8月：《关于对挂牌督办重大火灾隐患单位予以销案摘牌的通知》《关于进一步加强内部审计工作的意见》

9月：《关于加快推进残疾人全面小康进程的实施办法》

10月：《关于印发吴兴区民宿管理办法（试行）的通知》

11月：《关于做好“十三五”期间森林限额采伐工作的通知》

12月：《关于加快特色小镇规划建设的实施意见》《关于公布2016年行政规范性文件评估清理结果的通知》《关于印发〈吴兴区妇女发展规划（2016

—2020年)》《吴兴区儿童发展规划(2016—2020年)》的通知》《吴兴区科学技术发展“十三五”规划的通知》《关于印发吴兴区服务业发展“十三五”规划的通知》

吴兴区人民政府办公室发文：

8月:《关于印发2016年吴兴区工业强区建设推进计划的通知》

9月:《关于加快推进基层综合性文化服务中心建设的实施意见》

10月:《关于印发吴兴区“浙江制造”试点工作实施方案的通知》《关于开展全区特种设备安全专项整治的通知》《关于印发2016年度法治政府建设工作责任分解的通知》《关于开展2016年度法治政府建设(依法行政)考核评价工作的通知》《关于公布吴兴区特邀行政执法监督员的通知》

11月:《关于转发〈浙江省行政执法全过程记录工作办法(试行)〉和〈浙江省重大行政执法决定法制审核办法(试行)〉的通知》《关于进一步明确2016年区对乡镇财政体制的通知》《关于印发吴兴区2016年度科技创新型企业和科技成长型企业考核办法的通知》《关于2016年第三季度全区政务信息采用情况的通报》《关于印发吴兴区2016年企业环境污染专项治理促进产业转型升级行动计划的通知》《关于进一步完善计划生育基本技术服务经费使用管理办法的通知》

12月:《关于印发吴兴区见义勇为人员奖励和保障实施办法的通知》《关于印发吴兴区中心城市生活垃圾分类收集处置工作实施方案的通知》《关于开展农民工工资支付情况专项检查的通知》《关于印发吴兴区全面推行“双随机一公开”抽查监管实施方案的通知》《关于推进社区教育工作的实施意见》《关于启用区综合行政执法局和区综合行政执法大队机构印章的通知》《关于印发吴兴区支持工会开展劳动法律监督办法的通知》《关于印发吴兴区企业导入先进管理方法工作资金补助办法的通知》《关于印发吴兴区全面推进印染行业企业6S管理工作实施方案的通知》《关于印发吴兴区工业企业卓越绩效和精细化管理工作推进计划的通知》

(吴兴区政府办公室)

·政协湖州市吴兴区委员会·

【区政协全体会议】 中国人民政治协商会议第二届湖州市吴兴区委员会第五次会议于1月12日至15日举行。会议听取和审议政协第二届湖州市吴兴区委员会常务委员会工作报告；听取和审议政协第二届湖州市吴兴区委员会常务委员会关于二届四次会议以来提案工作情况的报告；列席湖州市吴兴区第三届人民代表大会第五次会议；审议通过政协第二届湖州市吴兴区委员会第五次会议提案审查委员会关于提案收集初审情况的报告；审议通过政协第二届湖州市吴兴区委员会第五次会议决议。审议通过了主席潘华代表政协第二届湖州市吴兴区委员会常务委员会所作的工作报告；副主席束明德代表政协第二届湖州市吴兴区委员会常务委员会所作的提案工作情况报告。听取并讨论区长吴智勇所作的政府工作报告及其他报告。

【区政协常委会】 1月14日，区政协主席潘华召开区政协二届第二十二次常委会议。会议听取各组讨论情况汇报；审议通过政协第二届湖州市吴兴区委员会第五次会议决议(草案)；审议通过大会提案收集初审情况的报告(草案)。

7月22日，区政协主席潘华召开区委三届十次全委会报告政治协商座谈会暨区政协二届二十三次常委会议。会议听取区委三届十次全委会报告(征求意见稿)起草情况说明；区政协部分常委、委员发言；会议听取区委副书记陈江讲话；会议书面通报二届五次提案办理进展情况。

10月28日，区政协主席潘华召开区长与委员“面对面”专题协商会议暨区政协二届二十四次常委会议。会议开展“关于推进吴兴区企业上市挂牌工作”区长面对面专题协商；会议听取通报吴兴区“五水共治”工作情况；会议通报吴兴区政协二届五次会议提案办理落实情况；会议评议2016年重点提案办理落实情况；审议通过有关人事事项。

【协商民主】 打造“三长制”面对面协商民主品牌。全区13个乡镇街道政协工作联络组、4个专门委员会与党委书记、乡镇长(主任)、区政府相关职能部门就提高提案质量、完善学前教育体系、加强民间信仰场所管理等课题以及群众反映强烈的民生问题开展专题协商，提交《协商计划》和《协商纪要》，扎实推进基层协商民主的新实践。全年开展“三长制”面对面协商活动28次，13个乡镇、街道全年累计配合参与政协开展协商民主监督19场，委员在活动中提出的22条建议、意见，得到当地党委、政府的积极响应和采纳运用，取得较好的社会反响和监督效果。

【调查研究和民主监督】 选择“推进企业上市挂牌工作”课题深入调研，召开常委会议专题研究并形成调研报告，提出在吴兴企业上市挂牌工作上要着力做好“大谋划、大启蒙、大推动”三篇文章，补齐“战略布局晚、资本运作少、要素保障弱”三块短板，缩小与先进地区的差距，力争使吴兴区多层次资本市场建设跨上新台阶，实现吴兴区上市和新三板挂牌企业量的突破和地区经济质的飞跃。区委书记吴智勇作出“要认真研究、充分吸纳，更加扎实地做好转化落实工作。要做好准备，专题研究讨论如何推进企业挂牌上市工作，不断增强区域经济核心竞争力，对近期可推动的工作要及时列入2017年的工作安排，予以落实”的要求。围绕建言献策的实效性，制定《创新机制完善开放式“招标”调研方案》，公开农业、经济、法治、文化、宗教和社会民生等63个开放式调研课题，收集开放式“招标”调研报告47篇，《打造“江南禅意”小镇　推进禅修慢游产业发展》《关于经济社会转型时期劳资纠纷解决机制研究》《医保政策杠杆对分级诊疗的影响及对策》等15篇调研报告被列为区政协优秀开放式调研报告，为区委、区政府决策提供科学依据。以“五水共治”民主监督“百十行”活动为载体，开展“完善和落实‘五水共治’长效机制建设”专项集体民主监督行动，以高新区、各乡镇街道政协工作联络组为主体的13个民主监督小组，分别在辖区内开展民主监督活动；区政协领导带队成立的13个督导组，对“五水共治”长效机制建设情况与所在辖区政协委员联动监督；由区政协领导任组长的2个专题民主监督小组进驻区住建局和区环保局进行重点监督。民主监督小组及时向党委政府反馈问题、提出建议。担任各级“河长”的政协领导与委员有88人，建立治水工作联系点49个，设立监督组29个，207名委员担任河道监督员，占全区委员人数的84.8%，实地察看河道346千米，向当地党委政府及有关部门反馈的问题56个，整改到位26个。

【大会发言、提案和社情民意工作】 注重大会发言转化，区委主要领导对《健全区域性居家养老服务新模式　努力打造“老年人幸福港湾”》《以“互联网+”思维，助力我区农村电商新发展》《合理引导医师多点执业，逐步缓解群众看病难》等11篇发言材料进行批示并敦促相关职能部门推进落实。注重提案办理落实，及时审查立案的59件涉及经济建设、城建交通、社会发展、新农村建设、环境治理等各个领域提案送交相关承办单位办理，全部办复，委员提案答复满意率达100%。探索提案办理协商新途径，研究制定《政协湖州市吴兴区委员会提案办理协商细则》，为进一步加强区政协提案办理协商工作制度化、规范化、程序化建设指明方向。完善信息机制，编发《社情民意专报》22期，其中《建议完善发给职业安全保障的关怀、警示、隔离、兜底机制》被全国政协采用，《发挥台湾岛内县区级同乡会作用的建议》等3篇被省政协采用，切实发挥了政协在反映民意、传递舆情中的重要作用。

（沈秀梅）

【区政协重要文件目录索引】

2016年吴兴区政协重要文件一览表

表4-4

序号	文　号	文 件 标 题	发布日期
1	吴政协党〔2016〕1号	关于印发《吴兴区政协党组工作规则》的通知	2016-03-04
2	吴政协党〔2016〕2号	关于印发《区政协党组、主席会议成员“四联”制度》的通知	2016-03-04
3	吴政协党〔2016〕3号	关于印发《在区政协党组、主席会议成员中开展“四　有”活动的实施意见》的通知	2016-03-04
4	吴政协党〔2016〕6号	关于推进吴兴区企业上市挂牌工作的调研报告	2016-11-24
5	吴政协〔2016〕2号	关于印发《吴兴区政协关于2016年度开展“干在实处走在前列 岗位建功为民建言”大比拼活动的实施意见》的通知	2016-03-04

续表 4-4

序号	文 号	文 件 标 题	发布日期
6	吴政协〔2016〕4 号	关于印发《吴兴区政协关于联动开展“完善和落实‘五水共治’长效机制建设”专项集体民主监督行动的实施方案》的通知	2016-03-09
7	吴政协〔2016〕6 号	报送《关于加快吴兴小微企业发展的建议案》的函	2016-09-29
8	吴政协办〔2016〕3 号	关于印发《开展区政协科级领导干部实绩记实和公示公议工作的实施意见》的通知	2016-03-04
9	吴政协办〔2016〕6 号	关于建立区政协办公室主要负责人“五不直接分管”和末位表态制度构建“五事阳光”权力运行机制的通知	2016-04-19
10	吴政协办〔2016〕8 号	关于印发《吴兴区政协办公室内设机构工作职责》的通知	2016-07-04
11	吴政协办〔2016〕12 号	关于“完善学前教育体系建设”专项视察报告	2016-07-20
12	吴政协办〔2016〕13 号	关于“我区养老服务工作情况”专项视察报告	2016-08-02
13	吴政协办〔2016〕19 号	关于“基层医疗卫生服务能力提升”专项视察报告	2016-11-24
14	吴政协办〔2016〕21 号	关于“加快推进西塞山旅游度假区建设”视察报告	2016-12-31
15	吴政协办〔2016〕22 号	关于印发《政协湖州市吴兴区委员会提案办理协商细则（试行）》的通知	2016-12-22
16	吴政协办〔2016〕23 号	关于“加快发展吴兴区民宿经济”视察报告	2016-12-31

·民主党派·工商联·

【综述】　吴兴区共有民革、民盟、民建、民进、农工党、九三学社 6 个民主党派，党派成员 297 名。作为参政党，本着“长期共存、互相监督、肝胆相照、荣辱与共”的原则，通过两会平台及“金点子”等形式积极参政议政，深入基层调研，为经济社会发展建言献策；认真履行社会责任，着力提高服务社会能力。工商联围绕中心工作，加强同心引领，依靠自身优势，广泛利用资源，积极为非公有制企业发展提供服务，为招商引资牵线搭桥；鼓励引导非公有制经济代表人士利用两会平台，发挥优势特长，结合企业经营经验，参政议政，为区委、区政府决策提供有力的参考。

【民革吴兴区总支】　加强教育学习，提高思想水平。带领全体党员学习中共十八届五中、六中全会精神、习近平总书记系列重要讲话精神、“四个全面”系统理论、统战理论、民革浙江省委、湖州市委精神。加强交流学习，开阔党员视野。积极参加“转作风民情大走访”活动，一支部举办“庆祝教师节”系列活动、“迎国庆，喜看湖州新变化”主题摄影创作大赛；二支部组织党员赴六方水泥有限公司参观座谈学习；三支部积极走出去交流，与奉化溪口民革二支部对接商谈。进一步健全工作机制，成立民革吴兴总支“宣传信息暨参政议政”工作小组和社会服务小组，搭建“一中心（法律援助中心）、两小组、三个支部”的组织架构。出台《民革吴兴总支 2016 年宣传信息工作和参政议政工作”考核奖励办法》《总支经费使用细则》，建立民革吴兴总支老党员长效关爱机制，为基层组织的规范化强化制度保障。全年发展新党员吴苗、周晓林、林哲一共 3 人。深入调研，围绕中心建言献策。周志明《关于建设高素质农业职业经理人队伍的建议》，作为市委会团体提案被民革省参政议政研讨会录用；于利英《基层落实评聘制度改革“红利”需进一步破除“医官占位”》《打造中国高铁品牌不能“无视”特殊群体，建议规范设置盲道等助残设施》、郑玮《建议强化制度供给以缓解企业劳资关系“三大成本”》3 篇信息被民革省委会录用。截至 11 月，总支全体党员上报社情民意、参政议政稿子共 35 篇。党员张光亮应 73011 部队邀请前往部队为官兵讲解法律知识。党员王建荣为“美妆小镇”招商引资，做出了卓越的贡献：苏州凌琳日化有限公司与埭溪镇“美妆小镇”

正式签约，成立湖州御梵化妆品科技有限公司，项目计划总投资 11500 万元，为美妆小镇的建设，引入配套服务企业 2 家，并为美妆小镇的招商引资做了大量的参观接待工作。被中华全国总工会评为“全国五一劳动奖章”，他领导的珀莱雅化妆品股份有限公司湖州分公司被评为浙江省精细化省级试点企业。党员周志明积极服务农业、农村和农民，科技下乡 20 余次，培训农（渔）民 1000 余人，解决技术难题 10 余个。工作成果《中国圆田螺苗种繁育技术规范》和《中国圆田螺养殖技术规范》二项省级地方标准通过专家评审。论文《应用 16S r RNA 基因文库技术分析 3 种生物填料上生物膜的细菌群落组成》刊登在 2016 年 8 月《大连海洋大学学报》，《影响南美白对虾苗种质量的关键因素研究》刊登在《安徽农业科学》。律师张光亮被推荐为“湖州最美司法人”提名。季远美术作品入展浙江省庆祝建党九十五周 2016 浙江省小幅油画作品展，入展 2016 湖州市南太湖视觉艺术系列展—水彩—粉画大展。

【民盟吴兴区基层委】 组织学习，提高盟员履职能力。通过 QQ 群、微信群等平台，及时上传学习资料，开展交流讨论，充分调动盟员学习热情；组织盟员认真学习习总书记系列讲话精神，准确把握其重要意义、精神实质，增进思想共识；利用支部活动组织盟员集中学习中共十八届四中、五中、六中全会精神，以及民盟湖州市第八次代表大会精神，使盟员能适应新时期、新形势、新任务的要求。组织盟员赴绍兴上虞民盟先贤胡愈之故居参观学习，继承民盟先辈“奔走国是、关注民生”的优良传统。积极调动盟员中政协委员、在职人员、新盟员的积极性，围绕市、区发展中的经济、社会、民生等中心工作建言献策。努力按照盟市委提出的“一盟员一建议，一支部一调研”的要求，做好参政议政工作。基层委组织盟内骨干分子及政协委员赴安徽芜湖、绍兴柯桥等地开展专题调研，完成《关于湖州市新能源汽车推广应用破解财政补贴路径依赖的对策研究》《关于基层卫生服务中心人才配置的建议》等调研报告。提交“金点子”、社情民意信息等参政议政材料 20 篇，上交高质量的调研报告 4 篇，向《湖州民盟》投稿并录用 10 篇。进一步完善会议制度、学习制度、经费使用制度、走访慰问制度等，保障支部健康有序发展。设计盟员信息表、盟员活动记录表和盟员年度考核表等，每年更新入档。建立比较完整的档案资料，及时更新盟员信息采集表，盟员年度考核表及时入档，做到每次活动有方案、有通知、有记录、有总结。2016 年，向盟市委推荐新盟员发展对象 3 名。结合盟员自身实际，每年暑期在教育实践基地东湖家园社区开展社会实践活动；G20 期间组织盟员到联系社区开展平安志愿大巡访活动，盟中央和盟省委都给进行了报道；举办新能源知识宣传讲座，开展趣味运动会等，受到社区居民的一致好评。盟员努力做好本职工作，成为各行各业的工作骨干、领军人物。如吴兴实验中学美术老师、盟员徐军，凭全国优质课一等奖的专业素养，结对徒弟遍布全国，所撰写的多篇论文在相关刊物上发表；妙西卫生院副院长、盟员沈红英，在专业知识上精益求精，通过自身努力获得副高职称；吴建滨被区委组织部评为“优秀事业干部”。

【民建吴兴区基层委】 深入开展主题学习活动。以“两学一做”学习活动为契机，组织会员在会内开展以“学会章会规，学系列讲话，争做双建会员”为主题的学习活动。各支部分别组织会员集中学习中国特色社会主义理论体系，中共十八届六中全会精神，省、市、区各级两会精神及民建湖州市第九次会员代表大会精神。借力两会平台，积极发声发力，省政协委员朱万里在省两会上提交《调设养老缴费标准　扩大投保覆盖范围》等个人提案建议 5 件。两会期间，共提交政协提案 10 篇，提交大会发言材料 1 篇。重点提案 6 篇，其中《关于健全区域性居家养老服务新模式努力打造“老年人幸福港湾”》的提案得到区委书记的批示。组织会员开展“丝绸之源”调研，考察丝绸小镇、八里店南片、潞村，形成课题报告《挖掘“源文化”，推进潞村古村落建设》；前往埭溪美妆小镇调研学习，形成课题报告《聚焦小城镇追梦新经济——关于吴兴美妆小镇的调研与思考》。开展形式多样的帮扶活动：举办残疾人电商培训定制班，让残疾人拥有一技之长；开展“文明交通”志愿服务活动；组织会员慰问市社会福利院孩子；组织会员为安徽山区捐赠御寒衣物；为湖州实验幼儿园捐赠净水器；会员陈小静向环渚敬老院、向日葵聋哑康复中心、湖州福利院等免费配送糕点，并捐款十万余元帮助贫困学生和孤寡老人；会员林珊鹏在湖州吉山社区、市陌社区等为社区 70 岁老人送油活动；会员孙晖参加学校教师志愿者服务队，定期前往福利院送教音乐活动；会员许见明多年来担任湖州市消保委委员，每年参加消费者权益保护日活动；会员沈坚强捐赠 10 万元，建立冠名慈善基金；会员吴建勇捐赠5.6万元用于爱飞扬公益助学、守望公益助学、慰问困难户；会员王一雯主动牵线民建湖州市委会和湖州广电总台民生频道，广大企业家会员大力支持“阿奇慈善援助行动”的爱心助学活动，共募集善款5.5万元，为11位学生实现上大学的愿望；同时，积极响应市委会号召，向丽水灾区献爱心，吴兴基层委总共募得善款19400元，全部用于灾区建设。重新修订《基层委议事规则》《基层委组织活动制度》《基层委财务管理制度》和《基层委参政议政规定及成果奖励办法》等一系列制度。制定出台基层委组织发展会员制度。组织发展会员的议事制度，由集体讨论将优秀人才推荐吸引入会，为市委会提供高质量、高素养的优秀人才入会。

【民进吴兴区基层委】 规范组织主题式支部活动。各支部委员会根据基层委“每双月组织一次活动”的要求，认真研究，根据各自会员资源优势，尽心策划年度的活动，如期开展生动丰富的活动。积极建好民主党派驻飞英街道工作室。基层委专门召开研究会，确立工作方向和途径。成立工作领导小组，由郭美阳副主委和方满凤委员专门负责该项工作，经过几次协调研究确定主题“构建智慧社区，提升社区服务水平”，主题确定之后，自8月开始，每月一次进驻街道，走访调研4个社区，每次活动主委和分管副主委都带头参与。举办关爱会员健康“一讲座一拜访”活动，定期看望退休、年老会员。重视参政议政工作，提高会员的政治素养。姚华《关于橘柑焚烧的有利运用》获得优秀提案。董萍获得优秀政协委员称号。会员任晓瑛、吴俊作为是政协委员积极参政，积极参加“与市长面对面活动”认真调研撰写提案。吴俊被民进浙江省委会评为“参政议政先进个人”。突出“爱心爸妈”亮点，争创社会服务的品牌。与社会服务实践基地湖州市福利院继续签订协议：为福利院提供教育资源，对福利院的孩子进行心理和学业辅导。“爱心爸妈教育团”已经扩大至129人，影响力不断提升，“爱之行”力量辐射中心城3所中学和6所小学。每年会员每人100元为西部捐资助学；企业家会员陈红杰、吴惠良等亲自远赴甘肃白银，送去的书籍设备和崭新的童装500多套，为西部捐资助学尽心尽力。为推动基层组织健康有活力，总支部支持各支部积极开展活动。要求每单月小支部活动，双月总支部活动。骨干会员时刻把“岗位建功、树立形象”作为自身追求的目标。他们在各自的工作岗位上，发挥聪明才智，努力工作，取得较好成绩。会员孙海英在第七届“睿达杯”初中生学科能力竞赛中，辅导成绩突出，被评为浙江省初中数学竞赛优秀教练员。钱俐会员在2016年湖州市初中英语拓展性课程教学设计评比中获得一等奖，论文《校本培训：本土教研出新意 精耕细作求实效》获区三等奖，并荣获浙江省第二十六届“春蚕奖”及市民进“2011—2016年度优秀会员”称号。十二中支部主委、老师方满凤，立足本职，尽心尽责，深受学生和家长的喜爱，被评为吴兴区第三届“最美教师”、区师德先进，所带班级被评为“湖州市先进集体”。综合支部主委郭美阳被评为“湖州市教科研先进个人”、湖州市教研员专业能力提升培训班“优秀学员”，撰写的论文《探花式作业 结素养硕果——小学英语PHONICS语音作业的创新设计》获湖州市教学论文评比一等奖，浙江省教学论文评比二等奖，撰写的论文《变枯燥为趣味化低效为高效——再谈小学英语PHONICS语音教学有效新策略》获市教育学会小学外语教学分会论文评比一等奖等。

【农工党吴兴区总支】 不断强化思想政治建设。通过集中参加市委会、区政协、区委统战部举办的各类专题辅导讲座、全区经济社会发展通报会、总支集中组织学习、党员个人自学、专题研讨等形式，认真学习科学发展观、中国特色社会主义理论、中共十八大和十八届三中、四中、五中全会及习近平总书记系列重要讲话精神和统战理论知识，进一步增强接受中国共产党领导的自觉性和坚定性。总支的《关于以“互联网+”思维，助力我区农村电商新发展的建议》在二届政协开幕大会上作大会发言，主要领导给予批示肯定。老师陈幼荣《关于提高社区专职工作者待遇的建议》被评为优秀代表建议案。主动参与民主监督。多名党员通过随手拍、担任民主监督员、专项视察等形式，就“五水共治”“三改一拆”“四边三化”等工作开展民主监督。多名党员担任河道的“河长”，河流面貌均有较大程度的改观；担任高铁、高速沿线“路长”，协调相关单位开展集中整治。组织党员开展课题调研，8月组织党员赴海宁开展关于慢性病管理和民营医院发展的专题调研，向区政协提交《关于我市慢性病防控的调研报告》《关于南郊区域整合提升与加快开发的调研报告》，向省政协提交《拓展政协“面对面”协商民主新局面》调研文章。《关于保护法官人身安全保障司法职责的建议》被全国政协录用。以践行为民服务为宗旨，广泛开展社会服务。总支与 5 名困难群众进行长期结对，开展帮困救扶活动。文卫支委会牵头，连续 6 年为贵州贫困山区的孩子们开展“千里送温暖”活动，每年捐助冬衣 400 余件，连续 8 年资助贵州山区贫困学生，得到总支所有党员的热烈响应。6 月 14 日，在碧浪湖举办“2016 年（第九届）中国环境与健康宣传周活动”，为社区居民送去环境、健康医疗、金融、信访等方面知识。党员陈幼荣领衔的碧浪湖社区道德门诊被中央 4 套进行深度报道。陈幼荣、朱爱艳服务碧浪社区文化节活动，新闻报道《睦邻雅居 和谐社区》发表在《湖州日报》上。吴兴总支被农工中央委员会评为“中国农工民主党 2013—2014 年社会服务工作先进集体”，被政协吴兴区委员会评为“反映社情民意信息工作积极单位”。在朝阳街道建立党派驻街道工作室，与朝阳街道、碧浪湖社区共同制定工作方案，定期到街道社区进行走访调研。打造碧浪湖社区社会服务实践品牌，助力社区“道德门诊”，主动送服务进社区，开展专题辅导讲座、开设书法学习班等活动。邀请建设方面的专家党员对社区“业委会”工作进行指导，推进基层组织民主自治。组织党员赴南京进行爱国主义教育活动，参观农工党创始人邓演达烈士陵园，参观南京大屠杀纪念馆。吴兴总支被市委会评为“先进基层组织”，费敏红、陈幼荣、彭小刚、朱爱艳被评为“学习实践先进个人”。切实加强制度建设。相继完善重大事项议事制度、经费使用规定、来稿奖励办法、联系基层党员、工作监督等相关制度。2016 年，吸收优秀青年干部胡超、中青年骨干语文老师朱雪芳和企业家马海加入党派。

【九三学社吴兴区支社】 重视政治思想建设，提高社员综合素质。通过开展坚持中国特色社会主义教育实践活动，组织社员进行爱国主义教育主题活动，以集中学习、自学相结合的形式认真学习中共十八届五中、六中全会和习近平主席系列重要讲话精神等政治理论，更加坚定社员的爱国信念。通过座谈、网络（QQ 群、微信平台、电子邮箱等）等多种形式加强社员间的相互交流，不断提高社员的整体素质。积极参政议政，客观反映社情意。分别由许增宝、张成春负责，支社完成的开放式调研课题《医保政策杠杆对分级诊疗的影响与对策》和《关于发动社会力量参与文物保护之思考与建议》被评为区政协开放式调研活动优秀成果。邵银章的提案《关于加强对居民小区消防通道管理的建议》被评为优秀个人提案，社员张成春被区政协评为优秀社情民意信息员。社内政协委员向区政协二届五次会议提交的集体、个人提案有 9 项被立案，内容涉及经济建设、文化建设和社会建设多个方面，占会议全部立案提案的 15.26%。年内提交社情报民意、金点子及信息共计 30 余篇。许增宝的《建议将效果明确的男科药品与检查项目列入医保支付项目》分别被中共浙江省委统战部和九三学社中央、浙江省委录用；张成春的《关于完善法官职业安全保障的建议》同被全国政协和省政协录用；“关于降低刑事责任年龄的建议”同被省政协和市政协录用；《我国未成年人犯罪低龄化现象日趋突出，建议适时调整刑事责任年龄》被市委办各市政协录用，邱鑫水的《小区车辆无序乱停放成公害》获得中共湖州市委统战部金点子三等奖。在九三学社浙江省委员会 2014 年度参政议政招投标课题立项活动中，由张成春申报的《新形势下社区矫正机制研究》作为九三湖州市委选送的两个课题之一，最终作为湖州市唯一的立项课题（全省共立项 15 项）。在九三学社中央征文中，张成春的《论党派趋同化背景下应强化政党认同》被录用。社员基本是来自各行业的精英，在各自岗位为经济、社会作出较大贡献。如：许增定的一项科研课题《腹腔镜下输尿管置管器的研制与临床应用》通过验收获得国家成果，获得国家专利一项，根据专利制作的器械大幅度提高手术效率并减轻损伤。另有很多社员均在本职岗位做出的较大贡献。因技术领先，在各自领域作出较大贡献而享有较高学术地位，许增宝、许红霞等人分别担任全市学术组织专业委员会的主任委员。

【吴兴区工商联（总商会）】 以健全“四联”机制为抓手，促进非公经济“两个健康”。开展学习培训，促进素质提升。为构建“亲、清”新型政商关系，召开工商联常执委会议，传达学习习总书记“3·4”重要讲话精神，增强非公企业家发展信心。围绕经济形势、时政教育、团队建设、企业运行与管理等方面，举办第二期非公经济人士培训班，进一步坚定理想信念，不断提升企业创新能力，加快转型升级。召开工商联三届四次执委（扩大）会议，出台《常执委管理办法》，表彰先进集体和个人，增强企业家互动交流。组织 60 余家企业参加省市工商联举办的“平台转型、企业再创巅峰的自我革命”“健康讲座和知识产权论坛”“Google 进出口外贸研讨会”、全国友好城市商会会长论坛等系列活动，进一步提升企业发展动力和转型发展能力。注重健康运行，优化服务水平。树立“店小二”服务意识，坚持非公企业联系走访制度，发放扶持政策文件汇编，有效推动政策落地。建立38家成长型小微企业运行观测点，深入企业实地走访，了解企业情况，掌握思想动态，摸清发展实情，助推企业发展。联合区检察院出台《关于加强协助保障和促进我区非公有制经济健康发展的意见》，建立院领导联系商会、科室联系非公企业、团委联系区青企协制度，及时了解企业司法需求，有效提供精准服务。联合湖州职业技术学院商贸与经济管理学院，成立区非公企业健康运行指导中心，按照“预防风险、持续发展、优化管理、创新创业”的目标，选取“企业健康度、企业发展能力、企业创新能力”三个目标层，确定13个二级指标、44个三级指标，对企业运行情况进行诊断，帮助企业全面认识运行现状，发现存在的问题，并采取相应的对策措施，通过优化经营管理团队，提高经营管理水平，营造良好经营环境，实现企业可持续健康发展。主动外出联络，助推浙商回归。加强与省市工商联工作对接，主动与外省市浙江（湖州）商会进行联络，建立北京、上海、广东、深圳、成都五地吴兴商会（筹）联络组，聘请13名在外吴商（知名人士）作为联络员，加强在外吴兴商人信息排查，通过建立微信群，广泛宣传吴兴经济发展动态信息，了解回归创业意向，有力助推浙（湖）商回归，收集北上广深蓉吴兴商人150余人。参与广东湖州商会家乡行活动，让在外吴兴商人了解家乡经济社会发展以及产业扶持政策。先后接待安徽宣城市、广西博白县、河北秦皇岛市工商联参观考察，区工商联与吉林省磐石市、永吉县工商联结成友好工商联，推进两地企业家交流合作。

（黄红梅）

第五篇　社会团体

·工　会·

【概况】 吴兴区总工会共有基层工会 1054 家（其中企业工会 751 家，区域（行业）工会 188 家，机关事业工会 104 家），会员 19.12 万人。全区各级工会紧紧围绕“党政所需、职工所盼、工会所能”的目标定位，认真贯彻落实“增‘三性’、去‘四化’”的总要求，坚持抓重点、树品牌、打基础，凝心聚力、开拓创新，工会工作取得新成效。

【三届六次全委（扩大）会议】 3 月 19 日上午，吴兴区总工会三届六次全委（扩大）会议在区行政会议中心召开。区委副书记、区委政法委书记陈江出席会议并作讲话，区人大常委会副主任、区总工会主席汤益培，副区长潘永锋，区总工会全体班子成员出席会议。书记陈江对 2015 年区总工会工作表示充分肯定，认为区总工会围绕“八大行动”，在服务大局、服务职工、服务基层等方面，都取得了显著的成绩。他对做好新一年工会工作提出具体要求：一是坚持以服务发展为工作主线，充分发挥工人阶级“主力军”作用。全区各级工会组织要聚焦经济社会发展主战场，把广大职工的思想共识凝聚到“四个全面”战略布局和“五大发展理念”上来。二是坚持以服务职工为基本职责，充分发挥工会组织“娘家人”作用。全区各级工会组织要把维护职工合法权益作为主责主业，通过实实在在的服务，让广大职工群众体会到“娘家人”的温暖。三是坚持以补齐短板为行动指引，充分发挥基层基础“奠基石”作用。全区各级党委要认真贯彻落实中央、省市区党的群团工作会议精神，强化“补短板”的意识，全面强化基层基础建设。区人大常委会副主任、区总工会主席汤益培，区总工会党组成员、经审会主任洪缨莉分别作工会工作报告和经审工作报告，全面回顾总结了 2015 年取得的成绩，对 2016 年工作提出部署。会议对 2015 年度区先进职工之家、优秀工会干部等进行了表彰。区总工会三届委员会委员、经审会委员和高新区、各乡镇街道党委分管副书记，工会干部、重点企业、村（社区）、学校工会主席等 150 余人参加会议。

【抓重点、破难点，工会作为有新彰显】 一是把握党政中心点，注重维权维稳。牢牢把握 G20 杭州峰会“环杭护城河”维稳安保工作大局，从源头上、机制上保障职工权益，维护社会稳定。发挥工会法律监督作用。通过区总工会与区政府联席会议的形式，出台《支持工会开展劳动法律监督办法》，为工会开展劳动法律监督工作提供政策支持，会同人社、安监等相关部门在高温期间开展劳动法律监督专项检查。推动工资集体协商工作。开展工资集体协商“百日要约”行动，联合区人社局下发《关于在全区深入开展企业工资集体协商工作的通知》，利用岁末年初的“黄金时间”，集中推进企业开展工资集体协商。规范行业工资集体协商。新增八里店镇移沿山木线条行业工资集体协商，并将协商全程录制成 VCR；统一制作 120 块工资集体协商“三上墙”公示展板发放给企业。全区签订工资专项集体合同 467 份，覆盖职工 105962 人；签订行业工资集体协商协议 3 份，覆盖企业 112 家，涉及职工 10166 名；签订区域性工资集体协商协议 3 份，覆盖企业 140 家，职工 1298 人。完善劳动争议预警调处机制。完善职情信息月度报送、季度分析制度，及时掌握职工动态和潜在劳资矛盾；组建 1000 名职工组成的平安志愿者队伍，在峰会期间对全区 16 家重点单位进行大巡防；主动介入，积极化解纠纷，掌握和协调劳动争议 1026 件，涉及企业 991 家，职工 2870 人，为职工妥善处置金额 1650.58 万元。其中区职工维权帮扶中心共接待来访来电 297 批次，涉及企业 204 家、职工401人次，帮助解决拖欠、加班工资、工伤赔偿等共计180余万元，代写法律文书75份。二是把握经济增长点，注重助推发展。牢牢把握全区“大项目建设落地”工作要求，从活动助推、氛围营造上着手，促进项目又好又快建设。率先启动重点建设项目立功竞赛。在全市重大工业项目集中开工暨湖州老恒和古法酿造生态产业化基地开工仪式上，率先启动重点建设立功竞赛活动，通过在项目现场树立“五比五赛”宣传展板，明确竞赛内容；建立区总工会领导联系项目制度，现场指导比赛；实行活动进度定期督查，推进项目建设。美妆小镇等25家建设单位参赛，高温期间，为坚守一线的311个项目工地和企业职工，送去价值189万元的慰问品。广泛组织开展“五比五赛”活动。先后举办立功竞赛班组长培训班暨“美妆小镇”体验行、“中节能杯”砌筑工技能大赛等活动；围绕“红色动力行动”，组织开展钳工、电工、车工、消防、保安等技能大赛41场，1668人参赛；围绕“安全生产月”，举办“平安护航G20，健康我同行”安康杯知识竞赛，14个代表队参加角逐。不断深化先进操作法、合理化建议等评比活动。培育三一装备有限公司“五小”劳动竞赛示范点，在全市“五小”劳动竞赛现场会和全区工会半年度工作会议上作经验交流。三是把握社会关注点，注重素质提升。牢牢把握培育精益求精的“工匠精神”课题，从创新形式、丰富内容上着手，打造一支高素质、高技能的职工队伍。启动技能人才奖励制度。联合区人社局出台《关于实施“22311”技能人才培养工程及建立企业职工技能人才奖励制度的通知》，根据吴兴区经济转型升级、产业结构调整和技能人才培养发展重点及需求状况，确立“22311”培养目标，即每年组织20000名企业在岗职工参加各类培训，每年推选20名以上的企业在岗职工到技师学院或高级技工学校学习；到2020年，创建区级以上技能大师工作室30家，新培养高技能型人才10000名，培训传统工艺技能人才100名。确定先进装备制造业的26个工种作为奖励对象，对381名新晋级职工实行奖励，其中高级工及以上165人。打造技能人才培训平台。以区职工培训中心为主体，结合“三一重工焊接学校”“金洲车工培训基地”“德马钳工培训基地”“泰仑电工培训基地”等技术阵地，组建区域职工劳动技术帮带小组，提供技术培训、技术攻关服务；以菜单式培训套餐和高级技校邀请函的形式，向企业提供多元化的培训内容，举办培训班67场，培训3491人次。注重在基层一线和职工中发掘先进，王建荣等6人次获得全国、市五一劳动奖章和省、市工人先锋号；湖州金洁实业有限公司自来水安装班组为市级“最美班组”；市级“最美工人”1人；市级“最美环保人”2人。《湖州市吴兴区四举措培育“工匠精神”》的信息在全国《工会信息》第30期刊登。四是把握人文需求点，注重权利实现。牢牢把握职工享有的休息休假权益要求，从制度上、举措上着手，落实职工疗休养政策。加强区级机关干部职工疗休养工作管理。借助与区政府联席会议契机，联合区级机关党工委、财政局、人社局出台《关于进一步加强和规范区级机关干部职工疗休养工作的补充规定》，将“三年一次疗休养”改成“可以一年一次疗休养”，强调“五不准”要求和领导干部外出请假审批制度，将疗休养工作纳入规范化、制度化轨道。共开展疗休养82批次、2438人次。推动职工疗休养本地行工作。联合区交通旅游局成立职工疗休养领导小组，研究出台《吴兴区职工疗休养本地行专项奖励资金管理办法》《财务管理办法》等文件，设立50万元职工疗休养本地行专项奖励资金，推荐上报21家疗休养基地。广泛宣传职工疗休养本地行奖励政策。印制6000份宣传折页下发到各乡镇街道总工会服务中心站点窗口和所辖企业，组织93名优秀企业工会主席开展以“担当主力军、助力G20”主题专项活动的“湖州本地行”体验活动，引导更多企业开展职工疗休养活动。全年各级工会共组织30批次2268人次参加疗休养，奖励补助15.02万元；其中G20期间，有5家企业工会组织11批次392名职工开展疗休养，获得奖励补助8.65万元。接待外地团队1120批39312人次。

【树品牌、创特色，服务职工有新实效】 区总工会紧紧抓住职工这个工会工作的基本点，以品牌化、项目化建设为推手，做实做优职工服务工作。一是需求导向，拓宽帮扶工作品牌。以困难职工为重点，以“四送”服务为基础，拓展帮扶内涵，提升帮扶实效，逐步建立普惠型的职工帮扶工作体制。专项救助和普惠救助相结合。对全区6名尿毒症患者家庭开展“爱心透析”专项救助2.7万元；超额完成在职职工医疗互助工作目标任务，35345人参加，1294人次获得互助金140.28万元，24人次获得首批会员大病救助金8.59万元；持续推进“忠孝基金”，149家企业9664人参加；3000余名女职工参加免费健康体检。动态管理和帮扶实效相结合。做好困难职工回访工作，对受助人员的情况进行跟踪回访、动态管理，根据现状提供精准帮扶。全年走访慰问困难职工 942 户，发放帮扶资金 77.31 万元。其中区总工会发放生活帮扶 26.83 万元、医疗帮扶 6.55 万元，资助贫困职工子女助学金 17 人、3.42 万元。就业帮扶和创业帮扶相结合。联合区人力社保局举办春季人力资源交流大会，130 家企业提供 6103 个用工岗位，进场求职人员达 6000 多人次，达成就业意向 1077 人；开展困难职工“创业扶一把”工作，为 7 名创业者提供创业资助 3.4 万元。二是扩面提质，形成工会志愿服务品牌。创新思路，注重借助社会力量，发动广大职工参与，打造一支服务职工、职工参与、职工欢迎的志愿者队伍。不断壮大志愿者队伍，在成立技术服务和法律援助两支工会志愿者队伍的基础上，将志愿者队伍建设向基层工会延伸，将有志于志愿服务的工会人纳入服务队伍，已建立 14 支志愿服务小分队，326 人参加。积极开展志愿服务。根据企业需求，技术服务志愿者分别到 16 个企业的生产一线开展技术交流、培训演练、咨询攻关等服务，帮助企业解决设施设备检修和保养等技术难题 256 个，创造经济价值约 156 万元。规范志愿服务，在全市率先启用“志愿者打卡器”，将志愿者志愿服务内容、时间等通过打卡器保存下来，使工会志愿服务有了量化标准。开展“心享吴兴”等各种形式的志愿服务 34 场，472 人次参与。《打造品牌化的工会志愿者服务队》的信息在《浙江工人日报》头版头条刊登，吴兴区总工会志愿者服务队被推荐为全国 2016 年宣传推选学雷锋志愿服务“四个一百”先进典型活动候选人。三是合力推进，打响职工文化品牌。履行文化建设职责，借势借力，引导各级工会主动推进、积极参与，形成全区职工文化大繁荣。上下联动，丰富职工精神文化生活。继续开展以“唱响劳动者之歌”为主题的“送文艺进企业”活动，结合中心工作和工会工作，将“两法”知识、安全生产知识、禁毒知识等内容以互动方式穿插在文艺节目中，寓教于乐。区级层面已开展送文艺活动 12 场，各乡镇街道总工会开展各类文艺活动 26 场。以“巾帼建功 绽放美丽”为主题，区工会女职委开展“巾帼彰魅力”流动大讲堂、“巾帼展风采”技能竞赛活动和“巾帼显活力”才艺大比拼等系列活动，组织女职工专场技能大赛、培训、征文演讲比赛等活动 6 场。组织开展大型青年交友活动 2 场，为 240 名职工搭建交友平台。横向合作，扎实推进职工工间操活动。在弗兰尼尔（湖州）服饰有限公司举行 2016 年全市职工工间操公益大培训启动仪式，引导广大职工树立“快乐工间操，健康你我”的新观念，积极实现快乐工作、健康生活。共有 8 家企业的 550 名职工开展工间操培训。部门协同，推进“文化车间”建设。联合宣传部、文明办和文体局等部门下发《企业“文化车间”创建工作方案》，重点在经济实力强、文化特色鲜明、员工相对集中的企业中建成 10 个“文化车间”创建示范单位，着力助推区内优秀企业将社会主义核心价值观与企业文化建设有机融合，进一步构建符合自身发展特色的企业文化，提升企业核心竞争力。全区“文化车间”现场会在久立集团召开，珀莱雅等 5 家企业成功创建市级“文化车间”。

【打基础、重统筹，自身建设有新突破】 区总工会紧紧抓住基层基础这个工作出发点，从干部队伍、基层工会规范化建设等方面，推动全区工会工作水平。一是示范提升，扎实基层基础。以基层工会建设“落实年”为抓手，选树先进示范，提高工会影响力，增强基层工会组织的吸引力、凝聚力和战斗力。实施“十百千”工程。推动基层工会组建工作，对全区基层工会进行分类指导，出台《吴兴区总工会推动“双争”活动工作考核暂行办法》，修订《示范型工会考核指标》，设置未单独建账等一票否决项，完善考核标准，建立健全晋升和退出机制。充分利用微信、微博等平台，广泛发动企业工会和职工参与，全区 560 家非公企业参与“双争”的晋级争创活动，70 家企业工会争创市、区级，其中 2 家被评为市级先进职工之家，14 家被评为区级先进职工之家，新建基层工会 20 家。规范职工入会制度。出台《关于规范职工加入工会程序的通知》，以新建和到期换届的企业工会为重点，推行工会会员登记制，通过填写入会申请、单位组织批准、发放会员和登记在册等程序，规范职工入会，共发放会员证 30000 余本。开展工会主席亮相车间活动。基层工会主席的身份在企业的办公室、宣传公示栏、生产车间、职工宿舍、职工食堂等地方亮相，并实行一句话承诺，做到企业职工有困难找工会主席，促进职工与企业工会主席的情感交流，形成“企业关爱职工、职工热爱企业”的良好氛围。二是借势借力，打造服务阵地。以项目化建设为抓手，加大对重点建设投入，打造一批贴近职工、契合职工所需的工会服务阵地。探索新媒体建设，形成全方位的宣传阵地。注重发掘经验类信息，提升《吴兴工会信息》质量；在原有工会网站、微博的基础上，新开通“吴兴工运”微信公众号，扩展向外宣传的渠道；与《浙江工人日报》、吴兴传媒中心等达成新的合作意向，加大对吴兴工会工作的宣传，全年在《浙江工人日报》等省级报刊刊登报道12篇，市级刊物6篇，区级刊物10篇。探索区域职工之家建设，形成区域性的活动阵地。按照“有利于开展工作，有利于实现资源整合，有利于加强会员教育管理，有利于发挥工会组织和会员作用”的原则，依托久立集团职工俱乐部建成投资60万元、面积3360平方米的高新区区域职工之家，设有展示厅、多媒体培训教室、谈心谈话室、心理咨询室、职工书屋、儿童乐园等，组建安全生产宣传小组等5个小组，覆盖高新区14家规上企业。埭溪工业园区珀莱雅股份有限公司近1000平方米的职工之家初步建成。三是优化配置，加强干部队伍建设。建立区总工会领导基层工作联系制度，在全区工会系统全体党员中开展“两学一做”学习教育，结合“基层连心大走访”活动，形成密切联系基层职工群众长效机制。4名领导干部分别联系10家企业、5个村（社区），领办重点工作、实事项目9个。以区、乡镇街道换届为契机，争取党委重视，在组织工会干部队伍建设“回头看”的基础上，与区委组织部联合行文出台《关于做好乡镇街道总工会换届工作的通知》，对乡镇街道总工会换届工作提供政策指导。加强基层工会干部的培训交流，50多名新任工会主席参加任职培训，通过季度工作例会、现场会、考察学习等方式，加强基层工会干部间的学习交流。四是统筹安排，推进其他工作。加强工会经费收缴和财务、资产管理。对接区国税局工会经费代征工作顺利完成；“五不直接分管”制度有效落实，开展财务检查并加强问题整改；固定资产租赁和公款竞争性存放工作按规定实行公开招投标。规范工会经费收支管理。制定下发《关于加强和规范乡镇街道工会经费管理的暂行办法》，将乡镇街道工会工作经费与经费收缴、创新（重点）工作、重大活动（会议）、年度重点目标任务相挂钩，切保乡镇街道总工会有效开展工作。加强工会经审工作，以全区基层工会经审工作竞赛活动为抓手，进一步扩大经审覆盖面；以经审工作规范化建设为抓手，促进收好、管好、用好工会经费。党风廉政建设、机关党建、档案管理等工作取得新进展。

（孙欢欢）

·共青团（团区委）·

【概况】 团区委内设办公室、城乡工作部2个职能科室，行政编制3名，领导职数：书记1名，副书记2名。团区委下设事业单位吴兴区青少年活动中心（青少年宫）1个，为正股级事业单位，核定编制3人。团区委围绕中心，服务大局，力破“机关化、行政化、贵族化、娱乐化”，自觉担当责任，切实履职尽责，突出重点，聚焦难点，打造特色，统筹推进团的各项工作落实。

【加强思想体系建设】 一是抓好主题教育。以纪念五四运动97周年为契机，开展“青春逐梦扬风采 青年建功促发展”主题教育实践活动，全年开展各类活动90场次。实施“青春事业合伙人”集中推进暨“聚力青春·助推发展”主题论坛，全区300余名青年参加，社会反响热烈。二是做好新媒体建设。持续提升“团聚吴兴”微信公众平台、“吴兴共青团”微博等团属新兴媒体影响力，全年推送信息118期。大力推进“青年之声”平台建设，在13个乡镇街道建立“青年之声”工作交流群，确保每天在线解答青年提问50次以上，真正解决青年困难。三是注重典型选树。不断培育和践行社会主义核心价值观，开展“两优两先”先进评选活动，产生区级先进集体和个人90项，市级先进24项。在全区范围内开展“最美湖州人”道德模范评选活动，推荐候选人10名。联合区文明办、区教育局在各中小学广泛开展“美德少年”评选活动，评选“区级美德少年”58名，其中湖州四中郑泽豪被评为“省美德少年”。

【助推青年创业就业】 一是深化就创业培训。继续做好青年见习基地、小额贷款等工作，全年发放小额贷款372笔、3600万元，新建见习基地4家，带动就业570人，开展就业创业培训服务1480人次，其中开展青年电商集训营3场，服务1000人次。组织57位创业青年参加市“5·28”青年创业贷款现场咨询对接会，成功办理贷款39笔。开展2016年浙大青年教师柔性挂职工作，浙江大东吴集团有限公司等5家企业及美妆小镇、丝绸小镇成功与浙大教师结对。二是做好“青”字号评选。组织湖州吴兴区科技发展有限公司、埭溪医院公共卫生科等23个集体争创区级青年文明号，金诺康素食营养研发中心、溇西小学教师集体等10个集体争创市级青年文明号。推荐新凤鸣集团湖州中石科技智造创新工作室、浙江景明玫瑰产业发展有限公司等6个集体参加2016年湖州市青年科技创新工作站评选，全部成功获选。加强青年互联网创业示范基地建设，其中吴兴土蛋哥家庭农场被评为2016年湖州市“十佳青年互联网创业示范点”。三是精准服务企业。成功召开“心相聚·成大器”——吴兴区青年企业家见面会，100余名企业家参加活动。组织大东吴、织里国际童装城等青企协成员现场考察“美妆小镇”。成功举办浙北金融中心资本对接会，区青企协、创业青年、基金公司、金融机构的200余人参加活动，取得良好社会效果。

【深化志愿服务工作】 一是围绕中心开展志愿服务。围绕“六大战区、八大行动”，成立“吴兴青年攻坚团”，下设青年突击队、志愿服务队、转型先锋队三支小分队，开展“园区提升”“环境治理”“旅游服务”“特色小镇”等转型升级服务，累计开展活动55场，浙江在线、《湖州日报》等省市各级媒体作专题报道。联合市环保局、团市委，在“3·5”期间开展“青春邀约走基层　志愿助力建家园”五水共治志愿服务，来自全区各行各业的50名志愿者代表参加活动。继续做好区机关礼仪志愿服务工作，累计服务2016经贸洽谈会、全国农业综合开发工作会议等全区性重大活动和会议70余人次，展示机关青年良好形象。二是积极服务平安文明创建。全面启动“同做志愿者 共建文明城”——吴兴区文明创建志愿服务行动，成立15支文明志愿服务队，中心城区成立6个“区文明创建志愿服务中心”，全年累计开展文明志愿服务65场次，参与人数2600人次。G20期间，联合区委政法委等成立平安巡防、平安医疗等10支平安志愿服务队，注册平安志愿者达3.5万人。积极开展“护航G20平安大巡防”工作，累计开展巡防活动160场。三是完善体制机制建设。出台《吴兴区志愿服务组织管理办法》《吴兴区注册志愿者管理办法》等文件，规范志愿者工作模式。推动志愿者网络注册，在全区推广使用湖州志愿者新媒体平台“志愿者打卡器”，让志愿活动有载体、有记录、有成效，累计通过“志愿者打卡器”发起活动2163场次，共计服务78224个小时，志愿者注册人数达47677人。

【推动青少年权益维护】 一是密切关注重点青少年。紧紧围绕“平安吴兴”建设，完善全区重点青少年群体网络系统数据库建设，动态监管五类重点青少年共计257人，结对率达100%。二是深化校外教育阵地。进一步完善区青少年活动中心功能，全年招生346人次，开设15门课程。持续开展“流动少年宫”活动，服务东部新区少年儿童1000余名，活动反响热烈。实现乡镇、街道青少年综合服务平台建设全覆盖，成功创建市级示范点4个，爱山街道综合服务平台成功获选全国性示范平台。联合团市委、湖州师范学院教师教育学院等单位启动“青柚空间”——红领巾社区德育工作站项目，设立首批余家漾社区等6个德育工作站点，作为少先队校外活动阵地，服务社区青少年的健康成长。三是积极帮扶贫困青少年。继续实施“希望工程”助学活动，累计资助金额16万元，人数104人。结合“青年之声·我与青春有约”青年郊友汇，开展“百个心愿圆梦六一”活动，为100个低收入家庭青少年完成微心愿。依托“亲青筹”公益平台，发起“筑就爱心操场——听障儿童圆梦行动”公益众筹项目，所得款项全部用于向日葵聋儿康复中心购置户外活动器械。

【加强自身建设】 一是深入基层大走访。启动“青春邀约走基层 服务青年听办结”行动，先后走访服务妙西西塞山旅游度假区、三一重工、环渚梦工厂入驻企业30余家，积极搭建导游结对、口腔义诊、创业服务平台，为基层青年办实事、谋实惠，不断提升团干部服务青年、凝聚青年的能力和水平。二是切实加强基层团建。严格按照党建带团建要求，启动“两学一做”活动，召开乡镇街道团委书记“两学一做”工作推进会，乡镇街道团委书记在基层两新组织、基层团支部累计开展“团干部上专题党课”活动120次。三是抓好队伍建设。推荐2名团干部到团省委挂职锻炼。组织全区少先队辅导员、少先队工作者参加全国、省、市各级培训140余人次，有效提升少先队工作队伍整体素质，实现全区少先队工作全面过硬。

（杨丽珊）

·妇　联·

【概况】 区妇女联合会内设办公室（城乡工作部）、妇女儿童工作部2个职能科室，行政编制4名，领导职数：主席 1 名，副主席 2 名。区妇联下设事业单位吴兴区妇女儿童发展中心 1 个，为正股级事业单位，核定编制 3 人。区妇联紧紧围绕党政工作大局，扎实做好组织妇女、引导妇女、服务妇女和维护妇女儿童合法权益工作，积极推进社会治理创新，团结带领广大妇女为吴兴经济社会发展做出贡献。

【引领妇女助推吴兴“两美”建设】 开展“巾帼聚力‘美丽吴兴’”宣传教育活动，发放倡议书 20000 多份，开展“迎接 G20·巾帼聚力美丽吴兴”启动仪式，组建巾帼护水队、卫生宣导团、环境督导队等巾帼队伍，开展“治污治淤”大会战、治水护水大比拼、环境整治大提升等公益活动共计 250 余场。开展“环境整治·巾帼有责”主题活动，创美丽乡村样本户 8347 户、省级绿色家庭 3 户；开展街头文明劝导等巾帼志愿活动 37 次。开展“立家规、传家训、树家风、圆家梦”——寻找“最美家庭”活动，收集到候选家庭材料 121 份，评选表彰区级最美家庭 40 户，区级幸福家庭 498 户。围绕“平安吴兴”建设，组织 600 余名巾帼志愿者开展“G20 峰会知多少”、平安创建、七五普法等宣传活动 10 余场，发放“喜迎 G20，文明出行你我他”“环境整治倡议书”等宣传资料 3000 余份，开展各类巡查 30 余次；参与矛盾纠纷化解工作 15 次。

【引领妇女参与经济建设】 联合劳动保障部门开展“春风送岗位·妇女得实惠”主题活动 15 场，为 6822 名女性求职者提供职业介绍服务。新组建成立吴兴区巾帼创业就业指导服务中心，开设电商基础、电商实操、尖叫云商、来料加工经纪人 4 期培训班，培训人员 300 余人。组建以浙江自由家居用品制造有限公司总经理胡佳梅为首的巾帼网上创业导师团，为 3 名创业妇女提供免租办公场地，为 5 名创业妇女争取巾帼创业贷款 326 万元，帮助 280 名妇女掌握网店销售技能。为 63 名创业妇女争取贷款 2118 万元，为 2 个村妇代会、4 家来料加工企业和 5 户妇女来料加工户争取补助资金共计 5.5 万元，为 11 名妇女争取创业小额贷款贴息 16.05 万元。

【服务妇女儿童民生】 出台“十三五”妇女儿童发展规划。走访慰问 107 名“两癌”妇女，发放救助金 21.4 万元。开展贫困妇女儿童救助项目，为 133 名贫困母亲争取到 13.3 万元救助金，为 121 名困难儿童争取救助金 12.1 万元，发动企业家为 10 名贫困学生提供救助金 1 万元；为 16 名贫困大学生争取助学金共计 7 万元。全区 211 所村（社区）家长学校开展家教宣讲活动 858 场，邀请 20 余名家教专家为 2.08 万名家长普及家教知识。

【加强妇联组织自身建设】 调整乡镇街道妇联主席队伍，使乡镇街道妇联主席队伍的年龄结构更加优化、文化程度更加提升。结合“一下移两下沉”专项工作，全面启动“村村行”活动，区妇联执委和干部走访村（社区）102 个，高新区塘红村作为全市优秀基层妇联组织代表在全省妇代会主任培训班上作书面交流。在“一下移两下沉”联系村——织里镇大河村顺利召开第一次妇女代表大会，圆满完成“会改联”试点工作。加强基层妇女组织的人员队伍和阵地资源建设，完成全区 22 个薄弱村的妇女工作整转任务，规范提升 27 个基层“妇女之家”示范点建设。加强两新组织妇女组织建设，全区共有两新组织 2898 个，建有妇女组织 559 个，浙江奥奇食品股份有限公司已组建妇联。

（石红梅）

·文　联·

【概况】 按照“学习宣讲大众化、新闻宣传精品化、文化发展特色化、道德建设常态化”的要求，着力在服务区委、区政府工作大局、丰富城乡群众精神文化生活、培育文艺骨干和文化工作者队伍、推动文化活动和文艺工作繁荣发展上下功夫，为建设“生态吴兴、经济强区、科技新城、幸福家园”提供精神动力和文化条件。

【文联工作】 一是推动文艺活动树优。着力发挥团体会员专业导向和人才推动作用，组织开展重点文艺创作和一系列有影响的主题文化活动：承办丝绸之源第四届南太湖诗会，30 余名全国知名诗人来湖与近百名本土诗人一起从事“丝绸之源”诗歌创作，从文学创作角度结合“一带一路”国家战略，大力宣传世界丝绸之源吴兴及省级首批特色小镇——丝绸小镇，服务吴兴区经济社会发展，搭建湖州本土诗人与全国知名诗人间的创作交流平台；承办“走在春天里”湖州市文艺家文化广场大型文艺演出，由市文联各团体会员单位选送的 13 支文艺团队为八里店的广大居民们献上一场“文化饕餮大餐”，展现湖州文艺界“以人民为中心”服务群众繁荣文艺的精神风貌和生动实践；围绕纪念抗日战争胜利

80周年、全面贯彻落实中共十八届六中全会精神，组织全区文艺工作者开展一系列文艺会演、书画会展活动，展现全区干部群众积极向上的精神面貌；以农村幸福礼堂和社区幸福舞台为阵地，联合区文明办等部门组织开展吴兴区社区文化节和农村文化节等主题文化巡演活动10余场，努力实现城乡文化均衡发展、统筹推进全区宣传文化活动扩面增效。二是推动文艺创作争优。着力完善文艺创作人才队伍结构，充分挖掘新人新作，多渠道、多形式发挥社会文艺创作力量，积极组织参加省市各类群众文化系列活动比赛：全年新创作《成长之树》等小说类作品1项，《绮窗花叙》等舞蹈类作品3项，《忙碌的小人物》等音乐类作品3项，《七彩河》等小品小戏类作品2项；舞蹈《甜蜜冲刺》《破晓》分别获得2016年浙江省排舞大赛兰花金奖、兰花银奖；三跳作品《英台担水》获得第九届中国曲艺牡丹奖入围节目奖；纪录片《溇港》获全国电视外宣“彩桥”奖一等奖；微电影《小蚂蚁 大力量》获全国电视外宣“彩桥”奖微电影类优秀作品；纪录片《霞幕北飞》入选国家新闻出版广电总局第三批优秀国产纪录片。三是推动文艺人才育优。坚持正面引导，积极培养造就文艺领军人物和高素质文艺人才队伍，定期召开文艺人才座谈会，收集宝贵意见，增强人才工作的针对性和有效性：加强“领军人才工作室”建设，“漫画中国狮子山庄工作室”入选2016年度全市宣传文化系统“领军人才工作室”；加强文化产业人才培育，王一品斋湖笔创新团队获2016年度义乌文交会银奖；积极争取文化文艺上级政策扶持奖励，妙西镇艺术家创作的歌曲《西塞情》获2016年度湖州市基层优秀文艺作品扶持，吴兴区新华苑艺术团、织里之星曲艺团、高新区浪花艺术团和龙泉街道银发艺术团等文艺团队获2016年湖州市基层文艺团队扶持；加强文艺作品创作指导，搭建作家与政府的创作桥梁，推动获得市扶持奖励的小说《成长之树》在完成出版；加强文艺作品参展指导，为艺术家搭建交流展示平台，在庆祝中国共产党建党九十五周年2016浙江省小幅油画作品展中，吴兴美协会员季远、姚起作品入展，姚起作品获优秀奖。四是推动文艺服务做优。坚持以人民为中心的工作导向，以稳定长效的机制推动文艺工作者深入生活、深入群众，区文联及各团体会员广泛开展“到人民中去”文艺惠民活动，以农村幸福礼堂为主阵地，从“绘、展、演”形式上落子，在“采、创、送、种”内涵上布局，广泛开展文艺展演、辅导、培训等活动，初步形成一套常态化服务模式，为丰富农村精神文化生活提供实实在在的服务：根据农村实际文化需求推出“送文艺进农村幸福礼堂”文化志愿服务活动；牢牢把握“文化乐园、活动公园、精神家园”的目标定位，新建文化礼堂9个，完成率为113%；新建的潞村文化礼堂“吴兴县农民协会纪念馆”和“世界丝绸之源”钱山漾文化展示厅，于“七一”前夕开馆，开馆仪式还邀请书法家慎召明现场创作；新建的妙山村文化礼堂建有展呈特色历史文化的“禅茶一味馆”；广泛开展“文化走亲”“幸福星期六”“文明吴兴走起来”农村、社区文化节等群众性文化活动。全区文化礼堂开展各类文化活动350余场、各类宣讲400余场、文化走亲120余场；移沿山村稻穗龙团队参加第二届全省农村文化礼堂“我们的村晚”录制活动。五是推动文艺基础做优。加强协会干部理论学习，深入开展“两学一做”，组织学习习近平总书记在文艺工作座谈会和在中国文联十大、中国作协九大开幕式讲话等系列活动。通过选送文联及团体会员班子骨干参加省级文联、协会干部培训班、组联工作会议、工作交流会等推动基层文联建设。积极创新组织形式、拓宽服务渠道、延伸工作手臂，加大吸纳在湖州从事电影拍摄制作的制片、导演到吴兴发展，扶持培育湖州左洲影视文化有限公司等一批“横飘”文艺人才到吴兴创业。

（杨　勇）

·社科联·

【概况】 按照省、市、区委对社科工作的部署要求，突出社科资政和服务功能，组织推动重大课题研究、社科普及宣传，加强社科组织和队伍建设，全区社科工作在注重特色和创新发展中持续推进，为建设“生态吴兴、经济强区、科技新城、幸福家园”提供强有力的理论支撑和精神动力。

【社科联工作】 一是抓好理论学习，确保社科研究的正确方向。把学习党的最新理论作为社科界加强理论武装的重要手段，尤其是把学习习近平总书记在党的新闻舆论工作座谈会、网络安全和信息化工作座谈会、哲学社会科学工作座谈会等的讲话精神和《习近平谈治国理政》《习近平关于实现中华民族伟大复兴的中国梦论述摘编》等重点书目作为2016年社科界学习的主要内容。围绕中国共产党建党95周年、G20杭州峰会等重大事件，联合各乡镇、街道组织开展主题征文、巡回宣讲、情境党课、文艺演出等活动，推动社科工作者深入学习最新理论和重大会议精神。充分利用吴兴区党政干部学习网、湖州领导干部网络学院等，推动社科工作者通过网络随时随地学习理论知识。联合区文体局策划启动“悦读悦幸福”主题读书活动，大力传承社会主义核心价值观。下接地气锁定目标不放松。以“用心干、谋在创新发展的前列，铆劲干、站在协调发展的前列，拼命干、走在绿色发展的前列，精准干、争在开放发展的前列，务实干、赢在共享发展的前列”为载体，大力开展“干在实处走前列”大比拼活动。全区60个单位积极开展大比拼“八个一”活动，认真思考“标杆怎样定、短板在哪里、如何走前列”，明确补短板的重点和举措，由各单位班子成员领办补短、创新破难。同时在《吴兴新闻》开设“干在实处走前列”主题新闻宣传栏目，每季度播出“一把手”比拼访谈节目；《吴兴时讯》开设“干在实处走前列”专栏，已刊发专题文章106篇。虚功实做学习研讨重实效。围绕“两学一做”学习教育实践活动，以“学习党章党规、增强党性观念”“学习系列讲话、主动对标看齐”等为主题，组织开展区委理论学习中心组集中学习研讨。举办“吴兴论坛——国家安全法律法规”“吴兴论坛——政府与社会资本（PPP）项目”等专题讲座。夯实“南太湖幸福大讲堂”等学习平台，推动党员干部提升干事创业的内在本领。编撰《吴兴区委理论学习中心组2015年度论文集》。认真做好市社科联征文等工作，上报心得体会文章20余篇。二是开展课题研究，提供科学决策的智力支持。围绕经济发展工作。以中央提出的五大发展战略为方向，围绕区委、区政府提出的“一城两镇三区四业”发展战略，组织社科工作者加强对东部新城、丝绸小镇、美妆小镇、西塞山省级旅游度假区、吴兴经济开发区等全区重点平台发展过程中的新情况新问题进行研究，并通过专家荐题、领导点题、部门领题、社科工作者选题相结合的方式，确定重点研究课题，湖州师范学院有关专家牵头的《中国美妆小镇建设现状及对策研究》课题已经完成。编制完成《吴兴区“十三五”文化产业发展规划》，认真组织开展课题研讨会、交流会，推进研究成果转化，促进哲学社会科学研究更好地为党委、政府决策和经济社会发展服务。围绕民生福祉工作。加强对教育、医疗、环保等民生领域工作的调查研究，切实回应群众期盼，着力增强民生福祉。区社科联联合区教育局、湖州城南实验学校等单位申报的《加强新居民子女社会主义核心价值观教育的对策研究》课题已经完成，下一步将着力在推动“六进六比”活动方面进行调研完善。区教育学会、区民办教育协会、区计生协会、区医学会等也分别针对各自领域，组织专家学者加强民生课题研究。围绕文化传承工作。加强丝绸文化研究，大力宣传吴兴作为“世界丝绸之源”所具有的人文历史资源，推动山西、四川、湖南、江苏、深圳、杭州等地丝织技艺非遗传承人入驻丝绸小镇。加强“太湖溇港文化”文化品牌挖掘，着力讲好太湖溇港故事，参与拍摄的《溇港》纪录片在央视9套纪录频道播出，太湖溇港成功入选世界灌溉工程遗产名录。推动“钱山漾遗址”、义皋茧站等属地文物古迹保护，为文物古迹的修缮提供历史依据。三是强化社科普及，转化社科理论的成果运用。大力建设社科普及平台。新建了总建筑面积约1000平方米的吴兴农会馆，并在“七一”期间举行隆重的开馆仪式。该场馆分为南北两部分，南半部分设有纪念馆接待大厅、“世界丝绸之源”钱山漾文化展示厅和“吴兴县第一区农民协会纪念馆”展示厅；北半部分集幸福礼堂，礼堂集讲堂、影院和演出功能于一体，将申报省级和市级科普基地。大力推动中国童装博物馆、湖州多媒体产业园、八里店移沿山农庄、湖州电影博物馆等区级社科普及示范基地完善软件建设、发挥科普示范作用，为人民群众提供更加丰富的精神文化产品。利用“爱上吴兴”公众微信平台、“吴兴发布”政务微博，发布社科知识，传播科学理论，提升人文素养。扎实开展社科普及活动。根据湖州市2016年社会科学普及周活动方案，认真制定《吴兴区2016年社会科学普及周活动方案》，将围绕“坚定文化自信　汇聚发展动力”主题，届时开展社科公益宣讲、社科现场咨询服务等活动；联合区委宣传部、区科协举办“第十三届长三角科技论坛纺织分论坛”，推进丝绸产业与文化、时尚融合发展。建立“小红砖”党校，并以八里店乡镇党校为试点打造“小红砖”特色党校样板，精心制定“特色党课”菜单，着力推动基层社科教育活动创新化、经常化、规范化，特色做法在新华网刊载。充分发挥志愿骨干作用。加强区社科普及志愿服务队伍建设，围绕群众关心关注的热点难点疑点问题，组织开展“科学理论进基层”“社科专家基层行”以及社科理论宣讲进机关、进农村、进学校、进社区、进企业“五进”活动，充分发挥社科理论专家、党校教师、道德医生、驻村局长、大学生村官等宣讲志愿者骨干作用，推动党的理论创新成果、形势政策和社科人文知识普及大众深入人心。借助“吴兴微系列”宣讲载体，在全区广泛宣讲十八大以来党中央治国理政新理念新思想新战略，重点突出“四个全面”“五大发展”“生态文明”“法治吴兴”等内容，将宣讲资源转化为推动中心工作的助力资源。吴兴区理论学习工作特色做法成效在全省理论读物学习发行工作会议上作经验交流。四是构建社科网络，推动社科事业的蓬勃发展。积极争取省市区支持。吴兴区社科联作为上年12月新成立的机构，成立之初就主动争取上级部门支持，省社科联党组书记郑新浦、亲临吴兴调研指导社科联建设；省社科联副主席邵清出席吴兴区社科联成立大会并发表重要讲话；市社科联主席张西廷关心吴兴区社科联发展，就在新形势下如何更好发挥作用提出一系列建设性意见；市社科联副主席沈梦月也多次到吴兴区社科联指导工作，就课题研究、学会建设等工作进行指导。区委、区政府也高度重视区社科联建设，区委主要领导出席区社科联成立大会，并提出要围绕中心、服务大局，解放思想、凝神聚气等具体要求；区财政着力保障区社科联课题研究相关经费。打造学会横向交流平台。共有民办教育协会、内部审计协会、陆羽茶文化研究会等 9 个学会和协会，通过座谈会、工作例会等形式，在制度上保证学会、协会间的互动交流，取长补短。与高校建立战略合作平台。区社科联成立后，积极与湖州师范学院等高校建立战略合作联系，充分整合高校在理论、学术、人才等方面的优势以及区镇基层在实践中的工作经验、体会和创新想法，为党委、政府提供科学的理论依据。我们将继续拓宽与高校合作的范围，争取与国际国内一流高校建立合作关心。

（杨　勇）

第六篇　农村经济

·综　述·

【概况】　全区土地面积69.89万亩，其中耕地面积26.44万亩。农业（含农林牧渔业）总产值34.5亿元，同比增长2.3%；农民人均可支配收入27391元，同比增长8.9%。粮食播种面积23.6万亩，粮食总产达12.47万吨。新增市级农业龙头企业2家，市级以上农业龙头企业累计达30家，新注册家庭农场73家、累计达230家，新增农民专业合作社1家、累计达253家，创建合作社联合社2家、累计达6家。

【现代农业】　粮食生产功能区和现代农业园区建设步伐加快，产业发展平台优化完善。吴兴区“两区”建设重点进一步突出，力度进一步加大，优势进一步显现。一是粮食功能区建设有序推进。全区粮食生产功能区建设任务0.2万亩，完成0.47万亩。全年建成2个千亩省级高产创建示范区，2个百亩市级示范方，6个高产攻关田。其中高产攻关田最高产量达874千克/亩，百亩市级示范方最高平均产量达855千克/亩。二是现代农业园区建设全面加快。吴兴区南太湖农业产业集聚区成功入选全省首批10个省级农业产业集聚区创建名单，并启动建设工作，妙西完成省级特色农业强镇规划编制工作、东林完成省级特色农业强镇规划编制前期工作。三是生态循环农业加快发展。按照“一控两减四基本”目标要求，开展禁养区畜禽和温室龟鳖养殖场清零行动，关停整治畜禽养殖场207家，拆除温室龟鳖养殖大棚61.03万平方米，新建畜禽粪便收集中心1家，创建市级以上畜禽标准示范场4家，实现病死动物无害化处理全覆盖。按照“打造整洁田园、建设美丽农村”要求，围绕“一控两减四基本”目标任务，按照整建制推进要求，全面实施生态循环“一十百千”工程。八里店完成省级现代生态循环农业样板示范区创建并通过省级验收；南太湖市级现代生态循环农业示范区基本完成创建；15家示范主体完成建设，其中通过市级验收10家；全年未发生大面积秸秆焚烧现象，秸秆综合利用率达到93.94%；出台农资废弃包装物回收处置工作实施方案和资金补助暂行办法，乡镇集中回收站完成建设，完成年度收集目标任务，全区农业投入废品废弃包装物回收率达到85.5%、无害化集中处置率100%。四是现代农业经营主体加快培育。加快培育现代农业经营主体，强化农业招商引资，扶大育强龙头企业，培育发展示范性家庭农场。新引进市定农业“大好高”项目9个、竣工8个，新增投资额3.11亿元。成功争创省级示范性家庭农场10家、市级示范性家庭农场13家，新增农产品电子商务经营主体20家、市级以上育繁推一体化经营主体3家、市级农业龙头企业2家，新建粮食全产业链1条、水产全产业链1条。五是农产品质量有效保障。启动省级农产品质量安全放心县（区）和省级农产品质量安全追溯县（区）创建工作，完成本年度省级农产品质量安全放心县（区）创建任务，区级农业主体农产品质量安全可追溯率达90%以上。新增绿色食品3个、无公害产品10个、“三品”认证产地面积2.4万亩。加强品牌培育政策扶持，支持鼓励传统农产品集中产区申报原产地保护和地理标志证明商标，积极开展各类展示展销，宣传推介提高影响力，申报省级以上农产品品牌2个。

【美丽乡村】　一是提升美丽乡村建设。按照“美丽吴兴”建设总要求，以省级美丽乡村示范县区创建为抓手，开展农业农村工作，延续良好态势，实现“全年红”。按照“一村一景、一村一韵”要求，启动4个市级美丽乡村精品村，完成7个市级美丽乡村、7个区级美丽乡村精品村创建。突出重点乡镇，完成妙西镇省级美丽乡村示范乡镇创建工作，并通过验收。加强历史文化村落保护，完成织里镇义皋村省级历史文化村落保护利用（重点村）及八里店镇路村村、妙西镇妙西村2个省级历史文化村落保护利用（一般村）项目建设内容。二是完成农村生活污水治理。在全面完成省三年任务的基础上，根据市定任务4912户的目标，积极响应群众需求，自加压力，实际实施并完成治理5373户，通过市核查。注重建设与质量并重，进一步完善提升农村生活污水治理设施，围绕“运维管理要全面落实、不留空挡”的要求，积极与区住建局对接，708个处理终端完成移交运维，占总数的100%。三是着力生态屏障建设。围绕“森林屏障体系化、干线通道生态化、农田林网网格化”建设目标，以通道绿化为骨干、林带林网为网络、森林产业为支撑，加快构建“一城、二网、三廊、多点”的空间布局。持续实施“平原绿化三年行动计划”，完成平原绿化10355亩，创建森林村庄省级2个、市级5个，建设林带林网3个；加强湿地保护，改善湿地水生态环境，治理湿地2.5万亩。加强生态公益林建设与管理，调整生态公益林437公顷，稳定全区重点生态公益林总量。

【综合改革】 农村改革不断深化，农业发展活力持续增强。一是深入推进土地流转颁证。加快土地承包经营权流转步伐，进一步健全农业专业大户、专业合作社、龙头企业等农业主体用地保障机制，推动土地规范流转，继续开展流转土地经营权确权工作和农村流转土地经营权抵押登记。二是深化农村土地承包经营权确权登记颁证。在继续抓好妙西镇试点工作的同时，推进全区范围内的农村土地承包经营权确权登记颁证工作。

（陈小芬）

·粮 油·

【概况】 粮食播种面积23.55万亩，完成100.2%；粮食总产量12.47万吨，完成102.08%；新建粮食生产功能区面积0.47万亩，完成235.0%；建成省级水稻高产千亩示范方2个，完成100%；水稻主导品种推广面积12.5万亩，完成100.0%，引进甬优538、春优84、秀水134、浙粳99等水稻新品种，超级杂交稻种植面积进一步增加，达万亩以上；油菜种植面积3.22万亩，“浙油50”和“浙大622”等油菜新品种的推广面积较上年有大幅度增加，品种趋向高档化、优质化。

【粮食生产】 完成粮食总面积23.55万亩，比上年基本持平，同比增加0.10%。粮食总产量12.47万吨，比上年增加0.22万吨，增1.81%。其中小（大）麦面积2.86万亩，比上年增加0.18万亩；总产量0.8858万吨，比上年增加0.056万吨；平均单产310千克，比上年增加4千克。玉米播种面积0.92万亩，比上年增加0.13万亩；单产796千克，比上年增加25千克；总产量0.73万吨，比上年增加0.12万吨。蚕豆豌豆面积0.75万亩，比上年增加0.03万亩；单产215千克，比上年增加7千克；总产量0.16万吨，比上年增0.01万吨。杂豆面积0.71万亩，比上年增加0.02万亩；单产453千克，比上年增加23千克；总产量0.32万吨，比上年增加0.02万吨。大豆种植面积1.75万亩，比上年增加0.05万亩；单产394千克，比上年增加18千克；总产量0.69万吨，比上年增加0.05万吨。单季晚稻14.26万亩，比上年减少0.46万亩；单产580千克，与上半年基本持平；总产量8.27万吨，比上年减少0.22万吨。马铃薯面积0.95万亩，比上年增加0.07万亩；单产478千克，与上年持平；总产量0.45万吨，比上年增加0.03万吨。番薯面积1.31万亩，比上年增加0.15万亩；单产704千克，比上年增加51千克；总产量0.92万吨，比上年增加0.17万吨。

【油菜生产】 全年种植面积3.22万亩，比上年减少0.22万亩。单产166千克，与上半年基本持平。总产量0.54万吨，比上年减少0.03万吨。

【粮食生产功能区建设】 全区粮食生产功能区建设任务0.2万亩，建设认定总面积0.47万亩。

【粮油扶持政策】 2016年是吴兴区实施农业三项改革的第二年，将原来的农机化作业环节、油菜大户、粮食大户等补贴统一合并成规模种粮补贴，按规定小麦和水稻种植复种面积在50亩以上的，每亩补助130元，全年规模种粮面积达51284.77亩，补助各级资金666.70万元。全区油菜种植大户总面积为885.20亩，应补42664.00元。其中，种植5～100亩以下的有25户次，油菜种植面积469.2亩，应补9384元；全区累计100亩以上大户3户次，油菜种植面积416亩，应补33280元。为保障农业三项补贴政策综合改革的平稳过渡，根据有关文件和会议精神，补贴资金与二轮土地承包权面积挂钩，全区补贴面积已统计汇总，经审核2016年全区耕地地力保护补贴给予补贴面积为37534户、79625.66亩，补贴标准为121元/亩，总资金为963.5万元。

【粮食生产示范】 全区上下深入开展粮食高产创建活动，采取集成技术、集中力量、集约项目、良种良法配套和农机农艺结合等措施，有效地提高粮食生产水平。全区共建立水稻高产创建示范片2个，示范面积为0.23万亩。根据市农业局和区农业局技术人员的现场验收结果，百亩市级示范方最高平均产量突破855千克/亩，高产攻关田最高产量达874千克/亩，平均单产较上年均有所增加。

【植保工作】 全区植保工作取得新突破，水稻、小麦、茶叶、蔬菜等作物统防统治面积8.5万亩，实现绿色防控融合面积达6.2万亩。通过应用推广新型农药、绿色防控等技术降低农业面源污染，实现农药减量18.2吨，保护生态环境，提高社会效益。

【测土配方施肥】 实施面积56.4万亩，推广有机肥8200吨。覆盖165个村，5.32万个农户。应用配方肥面积2.0万亩；化肥施用量（折纯）2650吨，实现化肥减量420吨。

（孟华兵）

·蚕　桑·

【概况】 由于受茧丝行情持续低迷、蚕茧收购价格回升乏力，春蚕上蔟期间持续阴雨影响茧质，春茧价格跌入低谷等综合因素的叠加影响，蚕桑生产持续滑坡，蚕茧生产总量持续下降，蚕农对种桑养蚕的积极性再一次受到打击，严重影响到吴兴区蚕桑产业的持续稳定。饲养蚕种10272张，减少2049张，同比下降16.6%，其中织里镇在上年减种三成的基础上继续减少4成，全年实养515张，同比减少460张，减少47.2%。

【价格、产量、质量】 2016年年初，吨丝价格维持在32万元/吨左右，至春茧收购时同比下降至30万元/吨，由此带来的蚕茧收购价格下降，春期蚕茧价格持续低下，只有1517元/50千克，比上年同期下降283元/50千克。下半年蚕茧价格有所回升，秋茧价格1852元/50千克，同比提高522元。尽管秋茧价格有所提高，但蚕桑生产经济收入占家庭经济收入比重低，蚕农的培桑养蚕积极性仍不高。纵观全年蚕种饲养量、产量、茧价、效益均有不同程度下降。年发放10272张，同比下降16.6%，蚕茧产量532吨，比上年下降8%，年平均茧价每50千克1600元，同比下降83元，蚕茧款总收入1702元，同比减少246万元，减幅12.6%。平均张产51.8千克，同比提高4.8千克，春秋各期蚕种张产较高，春蚕平均张产在50千克以上，两秋蚕平均张产在40千克以上，属历史较好年份。由于蚕茧非法经营者较多，加上有关丝厂委托收购，蚕茧收购秩序偏乱，导致全区蚕茧量有30%外流，有早采茧、毛脚茧、上次混茧和潮茧出售等现象出现，严重影响蚕茧质量品位和新蚕品种推广，对行业持续发展造成严重影响。

【生长期气候情况】 本年度平均气温17.4℃，比常年高1℃，比上年高0.7℃，与2013年度并列为历史同期极端最高值。极端最高气温为39.6℃，出现在7月28日，位列历史同期第二高值。极端最低气温为–8.8℃，出现在1月25日，位列历史同期第六低值。本年度降水量为2151.3毫米，比常年多819.3毫米，比上年多676.2毫米，创历史同期新高。本年度日照为1616.9小时，比常年少202.1小时，比上年少50.3小时，位列历史同期第三低值。但由于各期蚕发种时间布局较好，饲养期间气候适宜，全年无大的中毒事故，蚕作安全，春秋各期蚕种张产较高，张产成绩历年之最。2016年秋蚕期没有明显高温气候，雨水调匀，秋叶生长属较好年份，第四代桑螟虫害防治和秋蚕饲养环境较好，中、晚秋蚕张产高、茧质好，养蚕成绩好于预期，有利于蚕农对来年生产信心的提高。

【蚕桑发展】 蚕桑产业在转型中前行。随着产业结构的调整，蚕桑产业传统的种桑养蚕模式已经不适应现代农业发展的要求。如何利用湖州蚕丝文化品牌，开拓蚕业综合开发市场是蚕桑产业走出困境的唯一途径，也是蚕桑产业在转型中稳步前行。一是规模化养蚕示范基地建设良好。基地建于2011年，投产桑园面积600多亩。这个基地已成为全省乃至全国独树一帜的规模化养蚕基地。基地继续加强对外合作繁育雄蚕种，开展桑–菜农作模式、桑技等综合利用，以不断提高经济效益。二是丝绸小镇初露端倪。吴兴区利用湖州4700多年丝绸发展史，打造成为具有文化内涵和商业价值的集丝绸产业、文化遗存、休闲旅游为一体的复合型丝绸小镇。借助绿水青山的生态资源，展现湖州丝绸发源地的历史文化、现代创意、潮流时尚和国际商贸发展，成为现代版“丝绸之府”。

（沈玉丽）

·茶 叶·

【概况】 2016年，全区共有4个产茶乡镇，茶园总面积1.82万亩，其中采摘面积1.645万亩，无公害茶园1.13万亩；有机茶园0.45万亩。茶叶总产量1195吨，总产值10720万元，比上年1310万元增加13%，其中名优茶产量260吨，与上年持平，产值6075万元，比上年增加3.8%。有初制茶厂36家，4家企业通过QS质量安全认证。

【灾害天气影响】 2016年最早开采时间为3月9日，是老虎山茶叶专业合作社的龙井43。但是由于3月9日晚至12日低温、霜冻、雨雪等灾害性天气的影响，部分已长出的新芽受到损伤，不同程度地影响产量和质量，开采时间比预期推迟几天。大部分茶场开采时间集中在3月21日，比上年提前两天左右进入生产期。由于采茶期间气候异常，低温阴雨天气较多，出现有人无茶采的尴尬境况。春茶采摘于4月20日左右结束。采茶工工资普遍在140元/天以上，比上年有所提高。由于6月连续阴雨，出现部分茶园水土流失，茶树枯死现象。

【名优茶生产销售】 由于受灾害性天气的影响，茶叶产量有所下降，但产值高于上年。特别是中央“八项规定”落实后，茶叶生产企业审时度势，积极调整产品结构，增加中档茶叶的产量，简化茶叶包装，茶叶价格逐步回归理性，逐渐倾向做中低档茶叶，中低档茶销量、价格明显好于上年，因此，大大提高亩茶效益，增加茶农收益。

【茶树良种化工程】 全区新增无性系良种茶园面积1.38万亩，主要以发展白叶1号等无性系优良品种为主。在大力发展良种新茶园的同时，中低产茶园和老茶园的改造及改植换种的步伐也进一步加快，全区新种茶园100亩，改植换种茶园达到500亩。重点茶区茶园的肥培管理工作普遍较好，茶树生长情况良好。

【茶叶采制机械化工程】 全区茶叶采制机械化程度进一步加强。共有机剪茶园面积5000亩，修剪机48台；机制名茶产量260吨，重点推广名茶连续化、自动化生产线加工技术，产品品质明显提高、产能显著增加、效益明显提升。长林农庄投资近百万元建立一套茶叶标准化自动化加工流水线。从茶叶摊青开始到脱毛将6道工序全部连接起来，生产线只需4到5人管理，不仅工效大大提高，茶叶从炒制到结束，做到摊青叶、茶制品不落地，清洁又卫生。年加工能力达10吨以上，2016年生产线加工实绩5.5吨，产值308万元。实现以“机器换人”而效率大提升，成为吴兴区首家省级标准化示范茶厂。

【茶叶质量安全与管理】 产品质量安全关系到每个公民的健康问题。在茶叶上市前，吴兴区茶叶联盟会同吴兴区农林发展局农产品质量安全监督管理站，对吴兴区部分茶叶企业进行检查。一是宣传《农产品质量安全法》，告诫企业禁止使用违禁农药以及注意农药的安全隔离期并做好农药购买入库、农药使用记录等。二是以本辖区范围内的茶叶生产基地为检查重点，发现问题，及时督促整改。检查期间走访埭溪金山寺茶厂、长林农庄、老虎潭茶叶专业合作社、妙西龙腾茶叶专业合作社等多家茶企业。三是开展茶叶专项抽检，4月，对金山寺茶厂、长林农庄、老虎潭茶叶专业合作社等茶叶样品进行抽检，样品均送市检测中心。

【科技创新与服务管理】 全区有茶叶专业合作社6家，茶叶专业协会1个。依托浙江大学湖州市现代农业茶叶产业联盟及湖州市经济作物技术推广站，开展各类培训指导和项目研究。全年全区重点茶农参加茶叶联盟举办的“茶叶深加工产业发展现状及展望”“茶树病虫害绿色防控技术”“从市场变化谈今年春茶生产的注意事项”等培训5次，参加培训人员70余人次。通过市茶叶产业联盟积极开展新品种、新技术推广，及时向茶农传递技术信息，帮助茶农解决生产难题。吴兴区缺乏茶业科技人员，区、乡镇农技队伍无一茶业专业人员。人才缺乏，茶业科技人员的培养、培训、再教育、引进充实机制尚需完善。

（沈玉丽）

·畜 牧·

【概况】 着力狠抓动物疫病预防控制，全面推进畜禽养殖污染整治，始终保持动物卫生监督和畜禽屠宰管理工作常态化，实现畜牧业转型升级。年末生猪存栏5.08万头，同比减少32.9%，全年出栏生猪8.64万头，同比减少37.5%。年末家禽总存栏

272.31万只，同比减少36.7%，全年家禽出栏933.92万只，同比减少22.95%。羊存栏4.12万头，同比减少22.5%，全年出栏羊4.54万头，同比减少15.4%。全区肉类总产量2.1万吨，同比减少28%；禽蛋产量为3965吨，同比减少27.1%；牧业总产值达到5.73亿元，同比增加16.8%。

【政策与扶持、项目建设】 进一步推进违规场关停工作，关停生猪养殖场202家，关停其他畜禽养殖场166家，拆除畜舍面积16.63万平方米。切实抓好保留场整治，全力推进畜禽养殖场治理提升，完成达标验收生猪养殖场108家。全力打造农牧结合示范，完成雨污分流设施、发酵池、堆粪房、沼液储存池等设施建设，其中自建沼气池规模场7家；鼓励畜牧企业建设有机肥加工厂和粪便收集中心，建成粪便收集处理中心5家，年处理畜禽粪便10万吨以上。积极对接落实排泄物生态消纳地，配套建设农牧结合循环利用设施，实现排泄物生态消纳、循环利用。全区累计新增落实消纳地面积约2.5万亩。大力推进湖羊种质资源保护工作，新增埭溪镇小羊山村南太湖绿洲农业科技发展有限公司为二级种羊场。培育吴兴妙西坤山家庭农场养鸭基地和吴兴云亮家庭农场养鸭基地为标准化水禽场建设任务，推广节水旱养技术。全力推进治理提升工作。成功创建省级生态牧场6家，创建国家级标准化畜禽示范场1家。

【规模化养殖】 全区畜禽养殖场户数量继续减少，规模化畜禽养殖比率进一步提升，2016年生猪年出栏500头以上规模场29家，出栏6.85万头；湖羊出栏100只以上80家，出栏3.29万只，猪、羊规模化率分别达到79.3%、72.4%，家禽规模化率达到98%以上。全区畜禽养殖区域集中在埭溪、东林和妙西等西南部乡镇，其生猪存栏占总存栏的80%以上，温氏肉鸡养殖量占全区97%。高新区、织里、八里店、道场和环渚等乡镇街道随着城市化、新农村建设推进，畜禽养殖场（户）和饲养量减少。

【价格】 生猪价格从全年保持较高价位，最高价价格突破21元/千克，生猪平均价格为18.8元/千克；家禽养殖效益一般，年底又受家禽H7N9流感疫情影响，价格有所回落，禽蛋价格全年在低位运行，养殖效益不佳；湖羊和肉羊价格趋稳，肉羊价格在25元/千克左右，低小散养殖效益逐步降低，湖羊产业规模化程度日益提高。总体上，除生猪价格保持高位，养殖效益较好外，其他畜禽养殖效益一般，影响畜牧业发展。

【疫病防治、卫生监督】 开展春、夏、秋、冬四季集中免疫行动。确保畜禽“应免尽免、不留空当”。完成牛羊口蹄疫免疫8.54万头、生猪口蹄疫免疫17.85万头、高致性禽流感免疫2845.18万羽。加强免疫抗体监测和流行病学调查工作，开展全区各季度防疫飞行监测。全年累计完成动物疫病检测10369份，其中0型口蹄疫抗体检测数2070份、牛羊亚洲I型口蹄疫抗体检测数585份、猪瘟抗体检测数569份、高致性猪兰耳病抗体检测数569份、H5亚型禽流感抗体检测数2217份、新城疫抗体检测数1096份、小反刍兽疫抗体检测数1727份，畜禽群体免疫合格率达到80%以上。不放松H7N9流感防控工作，密切关注疫情动态，加强家禽养殖环节非免疫抗体检测，重点在温氏公司数百家肉鸡养殖基地开展H7N9流感病毒监测工作，全面组织开展疫情排查，发生阳性及时处置。监测H7N9血样1536份。参与全区H7N9流感联防防控工作，检查辖区内18个农贸活禽市场消毒、休市、索证等制度，加强农贸市场活禽交易规范管理。实施产地检疫申报制度，开展出栏生猪“瘦肉精”同步检测。新建标准化动物检疫申报点5个。全区规模养殖场产地检疫率达100%，全区产地检疫生猪79961头、家禽14654020羽。屠宰检疫生猪58293头，完成瘦肉精抽检2426份。回收产地检疫证明2117张。生猪保险与无害化处理联动，收集病死动物757.9吨，其中病死猪19434头（279.2022吨）。新核发动物防疫条件合格证4家，兽药经营许可证3家，动物诊疗许可证2家，种畜禽经营许可证1家，验证防疫条件合格证70家。

（屠炳江）

·水　产·

【概况】 吴兴区现代渔业产业，围绕生态统领渔业发展，以“保生态、保安全、促增收”为着力点，以“循环高效、优质安全、强渔富民”为主攻方向，着力推进现代渔业园区建设，加快渔业转型升级，现代渔业发展取得了新成果。养殖面积基本稳定、水产品产量和产值继续增长。由于饲料和人工工资上涨，水产品养殖成本增加，常规鱼价格基本稳定；名特优水产品的价格有涨有跌，全区各类水域养殖面积8437公顷（池塘2136公顷、湖泊52公顷、水库459公顷、河沟950公顷、稻田养鱼面积4567公顷、其他273公顷），与上年相比略有增加。水产品总产量66663吨，比上年增加1612吨，同比增长2.42%，淡水捕捞产量3464吨，比上年增加144吨，同比增长4.34%；淡水养殖产量63199吨，比上年增加1468吨，同比增长2.38%。全年渔业经济总产值154579万元，比上年增加2331万元，同比增长1.53%；增加值为38397万元，比上年增加781万元，同比增长2.08%。其中渔业产值129642万元，比上年增加1228万元，同比增长0.96%；渔业增加值32319万元，比上年增加575万元，同比增长1.81%。

【水产品养殖及市场】 四大家鱼等常规鱼养殖产量25193吨，增长10.14%，名特优新水产品养殖产量38006吨，增长8.73%，占养殖总产量60.14%。常规鱼市场价格比基本稳定，名优鱼类的市场价格有升有降，吴兴区主要养殖名优鱼价格相对稳定，虾蟹类市场价格与上年基本持平，前期低后期高。龟鳖类市场价格稳中有升。全区名特优水产品专、混养面积约占80%，常规鱼养殖面积呈现下降趋势。养殖品种主要以河蟹、龟鳖、黄颡鱼和鳜鱼等品种为主，罗氏沼虾、青虾、南美白对虾等虾类面积有所上升。

【水产种子种苗】 淡水苗种繁育量增加，鱼苗价格平稳，青、草、鲢、鳙、四大家鱼苗种价格基本稳定，黄颡鱼等名优产品生产量增加，价格有所下降。全区淡水鱼苗总量11.34亿尾，比上年增2.28亿尾。全区虾类育苗59亿尾，其中罗氏沼虾育苗生产企业5家总销售量35亿尾，同上年持平，产值1亿元，平均价格比上年基本持平。湖州丰盛湾水产有限公司和湖州吴氏生态农业有限公司被列入省级水产优质种苗规模化繁育基地。

【无公害水产品生产】 全区累计有效无公害水产品生产基地21个，总面积1074.7公顷，无公害产品26个，全区水产健康养殖示范场累计达到7家。积极开展水产养殖病害测报工作，全年共落实6个测报点，池塘面积达8公顷。继续加强渔业生产投入品监管，依法惩治违禁生产销售渔药、饲料及饲料添加剂等行为，规范水产苗种生产行为。完成省级水产品药物残留监控计划83个水产品样本，全区水产品抽检合格率100%。

【园区建设】 6个省级渔业园区创建点通过省级验收，吴兴织里渔大哥名优鱼类设施化养殖基地建设、吴兴漾兴鱼鳖生态养殖基地建设、吴兴宇宏鱼虾生产基地建设、湖州裕源名优鱼生态养殖基地建设、浙江南太湖淡水种业有限公司的罗氏沼虾育繁推一体化培育建设、天保泥鳅精品园，园区建设投入力度大。申报省级创建点20个，7个主导产业示范区和渔业精品园通过省级验收。通过建设园区基础设施条件显著提高，初步建成一批主体明确、布局合理、基础设施完备、养殖品种新、技术标准化、营销品牌化的现代渔业园区。

【渔技推广】 实施农业部全国渔技推广体系改革与建设示范县项目建设，发布主要推广技术和品种，主导产业：河蟹、生态鳖、名优鱼类。主导品种：河蟹、鳜鱼、大口黑鲈、翘嘴鲌、黄颡鱼、中华鳖。主推技术：虾蟹混养模式与技术、配合饲料替代冰鲜饵料投喂技术、池塘内循环流水养殖模式与技术、鳖（蟹）稻共生和生态养殖技术。建设渔业科技示范基地2家，总面积700亩，全区8个乡镇（街道）培育科技示范户82户，示范总面积1.37万亩，辐射带动周围农户829余户，面积2万亩；集中培训渔技人员30人次，举办培训班15期，参加培训人数1600人次，主导品种和主推技术入户率达95%以上。推广试验新技术新品种，虾蟹混养模式与技术、配合饲料替代冰鲜饵料投喂技术、池塘内循环流水养殖模式与技术、鳖（蟹）稻共生和生态养殖技术等。

（闵新民）

·农　机·

【概况】 紧紧围绕全区农村产业结构调整和新农村建设的总目标，按照“立足大农业，发展大农机，培养新农民，建设新农村”的总体思路和要求，坚持以促进农业增效、农民增收、提高全区农机化作业水平为重点，大力推进农业生产规模化、机械化，促进土地流转。按照省人民政府《关于大力发展农业机械化的若干意见》精神，宣传贯彻农业机械化法律法规，认真执行农业机械购置补贴政策，推广先进适用农业机械及配套技术，扶持发展农机专业合作社，加强农业机械化安全生产管理，强化农机机械依法监督管理，社会、经济、生态效益日趋显现，农业机械化事业稳步推进。全年推广水稻机插面积7.31万亩；水稻耕、种、收综合机械化水平达到 82.1%。全区新增农机具 921 台套，圆满完成全年各项农机化工作任务。

【农机购置补贴政策】 农业机械购置补贴坚持“总量控制、优化结构、突出重点、分级扶持、包干使用”和“公开、公正，农民直接受益”的原则。综合考虑吴兴区农业“三化两区一中心”建设、农业产业结构、农机化综合水平、在用农机存量结构和农民需求，严格按照省下达的资金控制额度，合理调配使用。全年共受理农机购置补贴农机具 183 台，其中中央补贴 198.178 万元，省补贴 11.592 万元，市补贴 8.694 万元，区补贴 8.694 万元。农业机械报废补偿，坚持“农民自愿、国家扶持、便捷高效、促进更新”的原则，鼓励和引导农业机械加快淘汰和升级换代，优化农业机械装备结构，提高农业机械技术水平和作业效率，保障安全生产，促进节能减排。全年共办理拖拉机报废 43 台，补贴 11.05 万元，报废更新 1 台，补贴 0.55 万元。

【农机监督管理】 农机安全监督管理坚持以农机安全生产为中心，深化《中华人民共和国农业机械安全监督管理条例》的贯彻实施，加强领导、精心组织，狠抓农机安全生产和规范化管理，为全区农业机械化又好、又快发展提供较好的安全保障。全区全年共受理拖拉机及驾驶员业务 800 余件，其中检验拖拉机 198 台，核发拖拉机驾驶证 71 本，会同公安交警出动警力 10 余人次，检查上道路拖拉机 300 多台次，纠正农机安全隐患 22 项；组织下乡服务和集中安全宣传 8 次，发放各类安全宣传资料 1200 余份，全年农机事故零死亡。

【农机推广】 以推进国家级现代农业示范市建设为主线，狠抓机插技术推广工作。联合市农机化技术推广站先后召开机插技术推广现场会和技术培训班，以农机专业合作社、农机大户为突破口，采取分片负责、层层推进、逐户落实的方法，全力推进机械化育插秧技术工作。推进油菜生产机械化。联合市农机化技术推广站先后召开全市油菜机械化收获现场观摩会和机械化播种现场会和马铃薯机械化栽植现场，开展油菜机械化培训班，加快设施农业装备发展。新建平安农机示范合作社 1 个，全区新增烘干机 3 台，批次粮食烘干能力达到 636 吨。

（徐建宁）

·林　业·

【概况】 全年林业产业总产值为 237680 万元，同比增加 4965 万元，增长 2.13%。其中以竹笋、花卉苗木生产等第一产业实现产值 44747 万元；以木竹制品加工等为主的第二产业实现产值 162825 万元，与上年同期基本持平；以林业为依托的“农家乐”林业旅游等为主的第三产业实现收入 30108 万元，较上年增加了 8288 万元，增长 37.98%。

【森林城市创建】 贯彻落实省委、省政府“五年绿化平原水乡、十年建成森林浙江”战略部署，统筹谋划，整合资源，全力推进平原绿化建设，全区完成平原绿化面积 2760 亩，四旁植树 8.2 万株；结合美丽乡村和国家现代林业示范市建设，开展 “森林村庄”创建活动，创建省级森林村庄 2 个，市级森林村庄 5 个。

【林业生态】 结合生态区建设，全面推进生态公益林工作，建设重点生态公益林面积 168447 亩，初步构筑森林生态屏障体系，林业生态建设上了新台阶。全区森林覆盖率达 39%。全面开展珍贵彩色森林建设，认真组织“新植 1 亿株珍贵树”行动，保质保量完成珍贵彩色森林、新植珍贵树、中央财政森林抚育补贴项目、彩色健康森林项目建设任务，种植珍贵树 10 万株，建立发展示范点 3 个、局长示范林 3 片、示范单位 3 个。

【林业产业】 认真开展食用林产品质量安全提升工程，加大品牌建设，食用林产品年度省级监测合格率达 100%；浙江景明玫瑰产业发展有限公司等大力发展林产品电子商务。积极组织相关单位参加义乌森林产品博览会。

【森林资源保护】 坚持一手抓发展，一手抓保护，切实加强森林资源管理，做好森林资源保护。强化林木采伐管理，下发《吴兴区人民政府关于做好“十三五”期间森林限额采伐工作的通知》，合理分配采伐限额。加强野生动物保护工作，吴兴区大力开展保护候鸟等野生动物专项行动，严厉打击乱捕滥猎滥食和非法经营候鸟犯罪活动；开展野生动物救助工作，救助猫头鹰、鹤等野生动物 16 只，放生 12 只，送救助站 4 只。加强湿地保护管理工作，吴兴区完成湿地治理 2.5 万亩，恢复植被 0.5 万亩。吴兴区西山漾城市湿地公园被评为“浙江省生态文化基地”。加强林业执法管理，吴兴森林公安结合“雷霆1号”清火行动、“雷霆2号”禁毒铲毒行动、“眼镜蛇3号”惩治非法运输、贩卖野生动物行动、“清网行动”“毁林开垦治理”惩治毁林毁竹种茶等专项行动以“零容忍”的态势查处惩治一批毁林违法犯罪行为，强化林业执法管理。强化森林消防工作。不断强化森林消防建设，突出抓好“以水灭火”工程建设，全面提升“以水灭火”装备、队伍和扑救能力水平，扎实做好森林防火工作。悬挂宣传条幅500多条，发放宣传资料1000多份，出动宣传车辆5台100多次，发送各类宣传短信息20000多条。重管控。根据工作任务以及气候变化，全面加强人员、火源、重点地段、重要关口的控制，采取检查、巡查、督查等手段来加强管控严防森林火灾事故的发生。杭州G20峰会期间，按照省、市统一部署全力做好森林防火工作，采取有力措施确保G20森林消防安全，实现零火情、零火灾、零事故”的目标。

【林技推广】 积极开展“一亩山万元钱”林技推广三年行动计划，毛竹笋用林早出覆盖示范推广示范面积263亩，辐射面积530亩，示范区亩产值16270元/亩，新增产值852万元。开展林下经济铁皮石斛仿生栽培试验100亩，进行竹林下经济“三叶青”栽培试验。落实科技推广项目任务结合林业科技周开展科技服务，全年举办林业技术培训班1期，培训75人次。

（慎家辉）

·水　利·

【概况】 全区（除湖州经济技术开发区、太湖旅游度假区）市属中型水库1座（老虎潭水库）；小型水库20座，总库容1168万方，灌溉面积1.3万亩。小（1）型水库3座，其中埭溪镇1座（红旗），妙西镇2座（稍康、陆家庄）。小（2）型水库17座，其中埭溪镇9座（大山坞、三八、利山、向阳、管门冲、西羊山、风车口、五四、革命），妙西镇6座（麦家坞、霞幕山、盛坞、照山、石山岭、福坞），东林镇2座（五丰、南山）。全区山塘总计243座，总库容242万立方米。其中，万立方米以上山塘69座（埭溪镇33座，妙西镇29座，东林镇5座，道场乡2座），总库容183万立方米，灌溉面积0.61万亩；其中万方以下山塘174座（埭溪镇55座，妙西镇112座，东林镇4座，道场乡3座），总库容59万立方米，灌溉面积0.4万亩。除老虎潭水库外，全区水库山塘中饮用水水库8座，其中埭溪镇2座（三八、利山），妙西镇5座（陆家庄、稍康、霞幕山、麦家坞、福坞），东林镇1座（南山）；饮用水山塘54座（埭溪镇24座，妙西镇21座，东林镇9座）。农田水利设施方面，全区有大小机埠（泵站）1100座，防洪节制水闸68座。现有河道1492条，总长1469千米。

【水利事业发展】 全区水利事业改革与发展深入推进。区水利局继续解放思想、开拓创新、自加压力、勤奋工作，重点围绕农业“两区”建设，加强灌区配套改造项目、圩区综合整治项目、新增微喷灌和防洪排涝骨干工程建设，不断加大对农业“两区”建设服务力度。根据中央、省、市的水利建设政策和投资方向，积极对上争取项目资金，先后有河道综合整治、诸溇圩区整治、高效节水灌区建设、河道清淤建设等22个项目列入市以上项目计划，全年争取到市级以上补助资金9000万元，为建区以来历史新高。

【防汛防台】 全年全区降雨量为2110.4毫米，较常年偏多50.7%，最大降水量为镇水观测点2579毫米。总体特点为总量异常偏丰，过程集中；台风多于常年，影响时段密集。特别是6月11日入梅以来，吴兴区遭遇多轮强降雨过程，整个梅雨期雨量402.4毫米，是常年的2.13倍。最高水位出现在6月、7月两个月，鲇鱼口闸站水位在6月2日达到3.46米。根据省、市防汛防旱指挥部的要求，区防指对全区防汛大检查中排查出的五大类、70个薄弱环节均制定“一对一”的整改措施并跟踪整改进度，确保问题在汛前得到解决。足额储备防汛物资：草包麻袋及编织袋15.11万条，木桩2350根，毛竹3.6万支，水泵515台，并对社会化大型抢险物资进行登记造册。环湖大堤、导流东大堤、20座水库、69座万立方米以上山塘、小流域山洪等防汛重点均落实防汛责任人和巡查人员共计1600余人，并将全区20座小（2）型以上水库大坝安全管理责任人和基层防汛防台管理体系乡镇、街道、村、社区行政责任人在媒体上进行公布；成立抢险队伍243支，共4153人；建立106处避灾场所，落实20处地下设施责任人。根据汛情预测和吴兴区的实际，对防洪、防台、防旱三大预案以及镇村防汛救灾应急预案重新进行梳理、修订，切实提高各类预案的可操作性和科学性。年初，向各镇、村发文要求立即修订和完善全年的村级防汛应急预案，共完成全区 1 个高新技术产业集聚区、6 个乡镇、6 个街道、224 个村（居）级的预案的修订工作，真正做到预案到村、责任到人。6 月中旬，联合区武装部、八里店镇等部门，在八里店镇西山漾水域开展水上防汛抢险演练，参加演练的军民 100 人，其中民兵 60 人，各级干部群众 40 人，演练共出动保障救护车 1 辆，冲锋舟 3 艘，运输车 2 辆，其他车 10 多辆。通过演练，使防汛抢险应急分队队员熟练掌握各种水上抢险救灾的技术要领，提高抢险队员的水上抢险实战能力，为圆满完成抗洪抢险任务打下坚实的基础。全区防汛形势总体较为平稳，主要是在梅汛期和第 1 号、第 14 号、17 号台风外围影响期间，排涝站所属三大闸站先后五次投入所有可用水泵排涝，所有中格局圩区相继关闸排涝。西部山区 7 座小（2）型以上水库同时溢洪，东苕溪导流港全线关闸，东部平原河网水位普超警戒水位，太湖水位持续 24 天超保证水位。在防抗过程中，区水利局临危不乱，有序开展防抗工作，及时启动防暴雨、台风工作预案，把防汛抗灾措施落实到位，确保人民群众生命财产安全，实现零伤亡、少损失的目标，夺取防汛防台的全面胜利。

【世界灌溉工程遗产】　充分强化溇港水利功能，保护和利用原有水道、水域和水生态特点，对太湖溇港河道进行清淤疏浚、拓宽整治。积极修复受损河段。按“美丽乡村建设的样板区、滨湖乡村旅游的先行区”的标准，全面提高溇港整治标准，对 26.5 公里溇港区域河道实行连片生态护岸建设，完成投资 1600 万元。总投资 500 万元完成义皋溇港文化展示馆修复布展、南运粮河修复等工作。5 月，太湖溇港通过世界灌溉工程遗产评审专家的现场考评。11 月 8 日，太湖溇港作为“人水和谐共处”的杰出工程典范成功入选世界灌溉工程遗产名录。

【引进清淤新技术】　引进淤泥固化处置新技术——土工脱水滤袋固化工艺。该技术是将清淤泵吸取的淤泥直接通过管道混合器与相应的药剂充分混合后，充入到就近放置在河边的特殊滤袋中。滤袋在充填过程中水从管袋中流出，并排入河里。这样反复充填、排水、闲置，直至滤袋中的淤泥含水率达到一定的比例要求（约 40%），滤袋中的淤泥可进入最终处置或资源化利用。该工艺在高新区大溇村河道清淤工程中试点运用成功。整个试点共投入成本 10 万元，完成淤泥固化 1200 立方米。

【水库视频监控系统】　在全区 20 座水库的大坝上安装 20 个 360 度球体监控机，对水库库面和大坝进行全覆盖无死角监控，在全区所有水库溢洪道进口安装了 20 个固定式“枪机”监控设备，24 小时全天候监控溢洪道出水情况，全面实现水库可视化管理，第一个在全省实现水库远程视频监控 100%全覆盖。

【河道整治与管理】　通过河道清淤、护岸建设、水系沟通、配套绿化等一系列治水措施，全面持续改善全区水环境。投资 1500 万元完成河道综合整治 29.2 公里；投入 2700 万元完成 296 万立方米、185 公里河道清淤任务；投资 3000 万元完成生态护岸 52 公里。出台《吴兴区河道清淤工程建设管理办法（试行）》《吴兴区完善清淤工程乡镇验收办法》《吴兴区河道清淤工程监督监管实施办法》，对清淤工程立项、审批、招投标、建设管理、验收程序、质量要求等进行规范；开展验收工作的“两个 100%”，即先由高新区、各乡镇、环渚街道委托具有测绘资质的测量单位对完工、竣工的清淤工程进行 100%全面验收测量，验收检测断面间距不大于 50 米（至少 50 米一个断面），并做到逐河检测，确保测量不遗漏不重复。乡镇对清淤工程竣工验收完成后，向区水利局再申报复验，再由区水利局对所有清淤工程进行 100%复查，有效地保障河道清淤工程的质量。不断健全河道长效保洁机制，全年投资 800 万元，对全区 1492 条 1469 公里河道、16.9 平方公里的湖漾开展了长效保洁工作，重点对省级河道长湖申航道吴兴段、省级河道东苕溪吴兴段、省级河道杭湖锡线吴兴段实现长效保洁。

【水利工程标准化管理】　全面开展标准化管理工作，成立区水利局全面推行水利工程标准化管理工作领导小组。落实保障经费 210 万元，编制上报标准化管理五年实施方案和 2016 年标准化管理实施计划，制定包括山塘、水库、堤防、中型水闸等 6 类 56 项工程标准化管理名录，制定 2016 年水利工程标准化管理实施计划，完成水库 2 座（三八水库、霞幕山水库）、山塘 2 座（钱坞山塘、王坞大塘山塘）的标准化管理工作；其中妙西王坞大塘山塘于 12 月 15 日顺利通过省级抽查复核。

【水政水资源管理】　吴兴区实行最严格水资源管理制度，一手抓经济社会发展、一手抓水资源管理，牢固树立总量控制、优化配置、合理开发、有效保护的理念，水资源对经济社会发展的支撑能力不断增强。开展“世界水日”“中国水周”大型宣传教育活动3次，组建宣讲团2个，开展《中华人民共和国水法》(以下简称《水法》)、《中华人民共和国防洪法》(以下简称《防洪法》)《中华人民共和国环境保护法》(以下简称《环境保护法》)、《中华人民共和国水污染防治法》(以下简称《水污染防治法》)等法律法规知识宣讲，深入开展法制宣传教育，用法律标杆为“最严格水资源管理”凝聚思想共识，营造良好法治环境。继续深化河湖管护体制机制创新工作，开展包括河道、湖漾、小型水利工程在内的水利设施产权制度、管理养护机制改革，积极推进全区河湖划界确权、设立界桩以及管理、保护标识等工作，共划界确权河湖22公里。探索灌区取水计量设施建设，对农业灌区，在加强取水许可计量监督管理的同时，结合灌区节水改造、节水灌溉项目建设，完善灌溉用水计量设施，灌溉用水系数达到省级标准。加强水域管理和水政执法，全年处理水政案件5件。强化项目建设中的水域占用审批和管理工作，强化河道水域管理，加大执法力度，对水事违法行为，做到发现一起查处一起，为严格水资源管理保驾护航。

【农田水利基础设施建设】 继续加大全区农田水利项目建设力度，全年共完成1座水闸除险加固任务，1万亩圩区整治、5座山塘整治、扩大灌溉面积7000亩。

（吴永祥）

第七篇　工业经济

·综　述·

【概况】　“十三五”开局之年，吴兴区牢牢把握“稳中求进”总基调，以提高发展质效为中心，推进供给侧结构性改革为抓手，不断强化招商引资“一号工程”，积极应对工业经济“供需错位”，全区工业经济呈现良好发展态势。

【生产效益、产业结构】　全区完成规上工业增加值178.77亿元，同比增长7.6%；实现利税45.68亿元，同比增长12.5%；完成工业性投入107.12亿元，同比增长12.8%，其中技改投入87.41亿元，同比增长23.3%；完成战略性新兴产业、高新技术产业、装备制造业增加值47.77亿元、37.93亿元、33.43亿元，同比分别增长11.7%、7.4%、9.6%。

全区积极实施产业结构优化调整战略，逐步形成智能装备、节能环保、金属新材、现代纺织四大主导产业。全区四大主导产业完成产值521.06亿元，占比达到82.2%，对全区工业经济发展支撑明显。其中，新兴产业呈现较快发展态势，完成智能装备产业产值112.87亿元，同比增长19.7%，占比17.8%；完成节能环保产业产值22.27亿元，同比增长18.9%，占比3.5%。全区完成战略性新兴产业、高新技术产业、装备制造业增加值47.77亿元、37.93亿元、33.43亿元，同比增长11.7%、7.4%、9.6%，分别列全市第一、第二、第二，德马科技、东尼电子、久鼎电子等一批高科技、高成长企业持续发展壮大。

（戚绮霞）

·节能环保·

【概况】　吴兴区大力推广生物质能、太阳能、天然气等清洁能源，替代煤炭、薪柴等传统生产生活用能，清洁能源的利用比重在不断提高。通过产业结构调整积极降低全区能源消耗强度。按照“清洁、低碳、高效、安全”的能源发展思路，不断提高清洁能源在一次能源消费中的比重。通过加快天然气管网建设、光伏项目实施，不断优化吴兴区能源结构，实现煤炭消费替代。

【企业、项目、产业链】　开展太阳能地面发电项目，推动妙西镇林金废弃矿区及周边区域20MW农光互补分布式光伏发电项目、东林镇80MW渔光互补光伏发电项目等4个地面电站项目建设。同时积极开展太阳能屋顶光伏项目建设，完成宝鸿、华祥、鸿昌、三一等四个项目并网发电并通过验收。

【新能源】　吴兴区围绕生态文明先行示范区建设，按照“市场主导、快慢互济”原则，积极配合市级部门推动辖区内充电基础设施建设，努力推广新能源汽车使用，助力全市新能源汽车产业发展。全年完成充电桩建设125个。

（沈琪泓）

·智能装备·

【概况】　在国家大物流战略背景下，吴兴区始终把大力发展智能装备产业作为产业发展的重中之重，成功创建现代物流装备产业园，列入省级产业示范基地、省高端装备制造业特色基地。企业主要分布于高新区、埭溪镇。智能装备产业112.87亿元，同比增长19.7%，占比17.8%。

【企业、项目、产业链】 从企业看，三一装备、德马科技、德宏电器等企业在全省乃至全国同行业中已崭露头角，对同类成长型企业起到良好的示范带动作用。三一装备、德马科技、上电科、锐格物流4家企业成功创建现代物流装备省级重点企业研究院，获得3500万元专项资金；德马科技成功创建博士后工作站；金洲集团、德宏电器成功创建专家院士工作站。三一装备是三一重工投资的全资子公司，主要生产履带起重机、矿用自卸车，SCC系列履带起重机产品达到国际领先水平。德马科技已成为国内最大的输送辊筒及零部件制造商，也是规模最大的输送机制造商之一。德宏电器作为汽车发电机研究开发的专业生产商，与中国工程院电机院士饶芳权先生及其团队达成长期友好合作关系，建立院士专家工作站。从未来空间布局看，重点发展区域主要为高新区、埭溪镇；重点建设物流装备产业园、装备制造及大型零部件产业示范基地；重点发展以现代物流装备为主的成套装备及零部件产业，依托企业为三一装备、德马科技、德宏电器、阿祥集团等。 （戚绮霞）

·金属新材·

【概况】 金属新材业是吴兴区的第一大主导产业。作为高技术产业、先进制造业的基础和先导，是提升综合实力、打破技术壁垒、维护国家安全的重要战略性新兴产业。金属新材产业是吴兴区发展起步较早、规模较大的传统产业，也是吴兴区工业经济的支柱产业，成功创建特种金属管道国家级特色产业基地、金属新材产业市级产业集群。全年金属新材产业完成产值175.32亿元，同比下降6.28%，占比27.66%。

【企业、项目、产业链】 全区金属新材产业整体趋稳向上。全区产业内73家企业，形成以栋梁新材、金洲集团、久立集团等龙头企业为代表的金属新材企业集群。全区已拥有金洲、久立2个中国驰名商标，金洲、久立、高鸿3个浙江省著名商标。栋梁新材、金洲集团、大东吴3家企业进入全国民营企业500强。以金洲为代表的大型管道生产企业，镀锌钢管、螺旋缝埋弧焊钢管以及新一代建筑给排水、燃气用钢塑复合管等工业用管材达到国内领先、国际先进水平。栋梁新材作为国内首家上市的铝型材生产专业企业，是市本级首家超百亿元企业，是华东地区最大的铝型材粉末喷涂和氟碳喷涂生产基地。金洲集团生产的工业用管材达到国内领先水平，生产的燃气专用涂覆管获国家火炬计划产业化示范项目，是中国民营企业制造业500强企业。久立集团是专业生产工业用不锈钢管的大型企业，是国内不锈钢管行业中唯一一家上市公司，也是浙江省行业龙头骨干企业、湖州市明星企业，是中石化、中石油、中海油等大型企业不锈钢管的主要供应商。从未来空间布局看，重点发展区域主要为高新区、织里镇、八里店镇；重点建设织里漾西铝合金产业园区和八里店金属管道产业园区两大专业平台；重点发展不锈钢管材、新型铝材两大领域，依托企业为栋梁新材、金洲集团、久立集团、米皇铝业、高鸿不锈钢等。

（戚绮霞）

·现代纺织·

【概况】 现代纺织产业是吴兴区传统支柱产业之一，规模仅次于金属新材产业的第二大产业，织里童装产业集群成功列入省现代产业集群转型升级示范区试点。在劳动用工成本提高、市场需求能力不足的情况下，现代纺织产业全年现代纺织完成产值106.11亿元，同比下降3.81%，占比16.74%。

【企业、项目、产业链】 从企业看，全区137家现代纺织企业，形成以珍贝羊绒、帕罗羊绒等为代表的羊绒制品类企业群，以华祥高纤、通益环保为代表的化纤类企业群，以日升家纺、久业家纺为代表的家纺类企业群，以新南海织造、新宇丝织为代表的丝织类企业群，以今童王、布衣草人为代表的童装类企业群。珍贝羊绒是国内羊绒企业中的佼佼者，引进英国、德国、意大利等国的先进设备，形成从原绒进厂，经原绒分梳、纺纱、针织，到成衣出厂的完整生产体系。华祥高纤是一家专注于高附加值功能性、差别化涤纶纤维研发、生产和销售的企业，其控股公司中国高纤国际控股有限公司是目前国内唯一一家在新加坡、韩国两地同时上市的公司。今童王是集设计、生产、销售为一体的童装企业，曾获得“中华杯”国际童装设计大赛金奖，有“芝麻开门”“今童王”两大品牌，在国内大中城市拥有上百家专卖店。从未来空间布局看，重点发展区域主要为织里镇、八里店镇；重点建设织里童装现代产业集群转型升级示范区，重点发展品牌童装、差别化纤维、羊绒制品、真丝及棉织品四大领域，依托企业为大港集团、珍贝羊绒、米皇羊绒、今童王、布衣草人等。

（戚绮霞）

·童装产业·

【概况】 围绕“制定转型升级实施方案、出台转型升级保障政策、建立转型升级服务制度、加强转型升级督查考核”，突出企业主体，强化政府引导，加快推进童装行业转型升级，取得一定成效。织里童装生产企业达到8000余家，年销售收入超过400亿元，年产各类童装12亿件(套)，电商企业达5800多家，全年线上交易额超60亿元；占国内市场1/3份额。织里童装产业配套较为完整，形成从童装设计、加工，到面辅料供应、电脑绣花、印花、资讯、物流等相对完整的产业链，拥有全国性专业童装面辅料轻纺城、童装市场、物流中心和劳动力市场。“时装看巴黎、童装看织里”的区域品牌效应明显，入驻阿里巴巴产业带电商企业达4200家，阿里巴巴织里产业带被省商务厅评为“2015年度优秀产业带”。全区大力推进织里童装产业转型升级，重点支持童装产业扶优劣汰，促进产业转型升级做优做强，推动童装产业规模化、品牌化、国际化、高端化发展。

【品牌建设】 组织今童王、布衣草人、男生女生和林芊服饰4家童装企业参加春季在上海举办的中国国际服装服饰博览会，组织朗田服饰、林芊国际2家企业参加7月在上海国家会展中心举办的婴童展。以提升品牌知名度和提高竞争力为目的，通过商会推荐、社区推荐、市场排摸等方式从全镇8000余家童装企业中，初步排定100家童装品牌企业，建立品牌企业培育库，作为重点扶持对象。通过政策倾斜，有效帮助企业成长，形成全行业以入库为荣、模范引领的良好氛围。童装企业注册商标达2000余个，拥有省级以上品牌13个（名牌1个、著名商标12个），市级品牌57个（名牌22个、著名商标35个），童装产业在国内的市场产量和市场占有率居全国首位，是国内最大的童装产销基地。2016年织里童装荣获“全国产业集群区域品牌建设——童装产业试点地区”荣誉称号。

【产业链】 织里镇是改革开放后迅速崛起的新型工贸城镇，获“中国童装名镇”“中国品牌羊绒服装名镇”“全国重点镇”等荣誉称号。童装产业链持续扩展和强化，除大量生产加工企业外，织里镇为童装配套的印花、绣花、罗纹、辅料企业有4000多家，形成中国棉布城、面辅料轻纺城两大原材料供应市场。童装产业形成从童装设计、加工、生产到资讯、物流、面辅料供应、电脑绣花、印花等较为完整的基础产业链，成为一个联动互补的产业集群。为制造环节配套的服务业快速发展，物流、设备租赁、房屋租赁、劳动力、融资等市场比较成熟。童装产业带动镇域经济的崛起，全年实现地区生产总值185亿元；财政总收入18.94亿元，同比增长10%；税收收入12.3亿元，同比增长11%，巩固并加强省首批小城市培育试点镇的地位。织里童装产业链借助B2B、B2C、O2O等模式，进一步打通上下游产业链、制造商与消费者间的重重壁垒，逐渐开拓出创新商业模式，提升品牌价值，扩大市场影响力。

【服务体系】 推进注册资本登记制度改革，提升服务质量和办事效率，大力培育童装市场主体，推进童装经营业主建立现代企业治理机制，推进实施《织里镇童装类实施方案》，明确工作重点、目标任务和进度安排。三大中心建成投入使用，提升公共平台服务能力。织里镇童装电子商务孵化中心，立足电子商务人才培训、第三方服务支持、摄影、代运营、电商专业人才输出等方面提供相应服务，全年电子商务孵化中心培训4000余人次，在电子商务孵化中心的运营下，阿里巴巴织里产业带被省商务厅评为“2015年度优秀产业带”。童装质量检测中心目前与300余家织里童装企业建立的稳定的服务关系，全年质检中心共检测10000多批次，培训企业14000多家次，上门技术指导740多家次。

（戚绮霞）

·多媒体产业园·

【概况】 基本情况。湖州多媒体产业园成立于2008年。由上海市长宁区国有企业新长宁集团投资、建设、运营。园区位于湖州市吴兴区东部新城核心区，项目净地255亩，规划建造31万平方米，计划总投资15亿元。现已建成面积12万平方米，总投资近8亿元。湖州多媒体产业园作为现代化社区型园区，在功能布局上，按产业功能区、生活配套区、公共服务区配置，保障园区生产、生活的高品质。在产业布局上，根据湖州地区发展环境，集中培育集聚电子商务基地、数据中心及云计算产业基地、工业设计及文化创意产业基地为主的三大产业领域，保障产业园产业形态高度集中，有利于尽早形成规模效应。社会认可。园区建成以来，十分注重在软硬件建设上下功夫，大胆探索、健全机制，创新管理与服务，各项工作得到社会充分认可，先后被授予“浙江省国际服务外包示范区”“省现代服务业集聚区”“省信息产业重点项目”“省特色工业设计基地”“省级专业科技孵化器”“省首批文化创意产业园区”“浙江省广告产业园区”“吴兴区小微企业创业创新重点培育基地”“湖州市小微企业创业创新重点培育基地”等称号。园区产业集聚现状。园区累计已注册企业78家，入驻率达到80%，项目总投资近5亿元。主要产业：数据中心和云计算中心产业。包括创博数据中心、海瑞数据中心、浙江九州云计算中心等。其中，创博数据中心总投资超2亿元，总规模为1300余个参照国际T3标准建设的机柜，即将投入试运行。（届时首期年销售额将超亿元，税收近千万元。）九州云计算中心系上海云海计划技术支撑单位上海世纪互联公司和湖州市政府、吴兴区政府投资，项目总投资3300万元，主要从事云存储、云主机、云安全业务开拓，计划在全国15座省会城市设立节点。电子商务产业。有范思生物科技、阿里巴巴网盛科技、涵伟阿咪拉、龙猫供应链、米语等近10家电商企业。文化创意产业。（包括迅动科技李明博士自主设计的“七色龙”游戏引擎平台，已成功入选2014年“省千人计划”。）红摩炫动画，主要从事3D动画创作制作，以织里童装产业为背景的52集3D动画《今童王世界》在央视少儿频道播放。云晨动漫制作的以环保为题材的2D动画《百叶岛》为湖州地区第一部出口的动画作品。传视影视制作并参与投资的《巴比伦少年》为第63届柏林电影节短片单元唯一入围的华语短片。4.工业设计产业。包括艾先特3D打印、维商帕纳蒙地板设计、德国设计公司太极鱼等10多家为传统制造业企业转型升级提供推动力的工业设计企业。全年园区企业实现销售收入近1.9亿元，税收1800万元。

【工业设计基地建设思路】 完善公共服务平台体系。中心根据实际运作需求逐步完善8大平台服务：官方网站、微信公众平台、知识产权保护平台、财务代理平台、人才培训平台、综合服务平台、创新设计展示平台、3D打印公共服务平台。其中，知识产权保护平台是由中心和多媒体产业园与湖州金卫知识产权代理事务合作建立的，帮助企业完成项目和专利申报。截至年底，中心内企业专利授权数共计212个，（其中外观专利183个，实用新型专利27个，发明专利2个）。财务代理平台由中心与国瑞会计事务所签订合作协议，帮助中心内小微企业处理基本财务工作。中心与中国美术学院成立的“中国美术学院工业设计研究院湖州基地”，为设计人才培训提供平台。2016年，中心与市经信委联合主办2场湖州市工业设计培训班，加强湖州制造业企业和工业设计公司的交流合作，促进湖州市工业设计产业发展与设计人才队伍的建设。中心内的3D打印公共服务平台致力于湖州当地企业客户需求，积极推动学校对增材制造技术的了解和应用，促进学校创新设计课程的开拓。八大服务平台共同为企业提供切合实际、贴已、贴心、细致的综合服务。健全前期摸底工作机制。中心对全市规上企业进行充分的调研摸底，加强与市经信委、区发改委等部门的联系对接。继续以上市公司、高新技术企业、创二代企业等一批接受新事物快的企业为关注重点。中心陆续走访了晶日照明、老恒和、珍贝、久立、超威集团、恒林椅业等20余家制造业企业，及时掌握企业信息和发展需求。对所获资源信息进行全面分类梳理，建立目标企业资料库。成功为设计企业太极鱼、心源设计等公司与老恒和、星光农机、安吉恒林椅业、长兴超威集团等上市公司成功完成对接工作。前期排摸工作为今后设计企业更好展开业务工作储备强大的资源库，让设计企业能更准确更全面地了解设计工作需求与重心，为精准发力做好准备工作。发挥企业合作桥梁作用。以企业资料库为基础，由设计公司根据企业产业特性、需求等选择适合自身服务方向的合作企业。由中心全程参与，助力对接企业高层，深入了解企业的实际需求，尽全力促成双方合作。重点对其中可推进设计成果产业化的项目提供政策、技术、人才、资金等方面的综合资源供给，为企业双方深层次合作保驾护航。三年累计走访企业、开展小范围设计对接活动 100 余次，全年中心携设计企业共走访湖州市制造业企业 20 余家（其中，吴兴区企业 15 家，其余为安吉、长兴企业），个别企业对接不下 5 次。中心内设计企业太极鱼继 2015 年与浙江金耐斯体育用品、老恒和、倍格曼、永艺等上市企业、三板挂牌企业完成首单设计服务后，又与以上企业新增合作项目 8 项，“回头客”设计服务合同总额近 200 万元，总设计服务金额达到 466 万。威曼设计 2015 年小暖项目孵化完成后，又与德马物流新增设计服务 1 项，与星光农机达成新产品开发合作 1 项，2016 年设计服务收入达 230 万。积极营造氛围推动发展。中心充分利用网站、微信及各类传统媒介加大宣传攻势，通过定期发布国内国际工业设计、创新设计动态，及时跟踪并传递到企业。以举办承办各类大赛、论坛、培训、交流等活动为契机，切实扩大湖州工业设计影响力，营造更优的发展环境。6 月初，中心联合中国纺织出版社举办了以儿童服装设计为基础的设计成果展示大赛，拓展了童装设计和成果营销模式的新途径。7 月，中心在深圳服交会上协办了“时尚新未来——品牌设计师交流之夜”的活动，拉近深圳前沿的服装设计与湖州设计的距离。让企业吸收优秀设计元素，领略创意灵感和时尚设计魅力，提高湖州的设计力量。10 月，“中国设计智造大奖佳作巡回展——湖州站”活动在湖州师范学院的艺术学院顺利举行，教授应放天、罗仕鉴的演讲获得广大企业设计师及师院学生共鸣，现场互动热烈。该次优秀展品吸引众多观众前去参观，提升湖州设计的创新思维，开拓了设计眼界。11 月，晶日照明（体育场的智能照明、智慧旅游无人导游）、威曼（空气净化器、冥想大师智能头箍）2 家企业参加中国优秀工业设计大奖评选并顺利进入复选。

【运作机制】 湖州多媒体产业园作为企业孵化成长的重点园区之一，始终将培育企业快速成长作为主要目标，园区与各级政府和部门紧密配合，围绕企业发展急需的“资金、人才、技术”三要素，在项目建设、产业发展、企业管理等方面，深化政企合作，不断完善服务运作机制，合力为企业发展创造一个良好的环境。完善协调沟通机制。为保障园区项目顺利运作，市政府分管副市长亲自联系项目，吴兴区政府建立产业园领导小组，由分管副区长、新长宁集团总经理挂帅，发改、商务、建设、科技、文化、财政等关联部门为成员单位，不定期举行协调会议，重点解决园区规划、建设、招商、政策落实等问题。下设产业推进协调办公室，由区商务局派员全职负责日常工作，协助企业建设和招商。健全企业服务机制。多媒体产业园作为园区产业承载平台和企业成长的摇篮，通过建立健全企业公共服务平台，精心呵护企业的成长，努力为企业营造一个“专注创新、安心创业”的有利环境，主要有企业创业孵化平台。园区建立以海外高端人才创业为主的南太湖精英计划孵化平台，建立以鼓励青年创业为主的青年创业中心。提供优质办公环境，项目团队拎包可入驻；企业人力资源平台。通过区人才办和湖州师范学院合作建立 IT 人力资源培训基地；和浙江信息工程学校合作建设呼叫中心和电子商务人力资源培训基地，和本省及安徽、江苏周边城市 20 所大专院校建立定点培养和社会实践基地合作关系，逐步缓解湖州地区企业人力资源不足问题。园区成为国家级大学生校外实践基地；企业金融服务平台。加大引进国内外天使基金、风险投资基金，会同区金融办与湖州建设银行达成金融服务合作协定，为园区企业在结算、信贷、金融理财等方面提供全方位服务。计划在园区建立企业投资担保实体，解决信息服务业企业短期资金需求问题。积极引导企业对接多层次资本市场，加大新三板和区域股权交易市场挂牌培育辅导力度；企业商事服务平台。区市场监管、国地税等部门，简化工作流程，提高工作效能，会同园区尽力为企业提供方便快捷的服务。园区为企业提供工商登记、年报、纳税申报、会计业务等“一条龙”商事服务。和电信、移动、联通等运营商达成战略合作关系，为企业提供语音、带宽资源、资费的优质服务。规范产业政策机制。吴兴区是湖州市县区中第一个明确信息、信息服务业和文化创意产业等现代服务业发展政策的地区。从 2011 年开始，财政每年安排 500 万元产业资金，支持项目投资、产业发展。对园区企业实行税收地方财政留存部分若干年度奖励返还，以鼓励企业做大做强。招商机制。在项目招商上，建立长宁—湖州两地协同招商、政府—园区协同招商机制，抽调专业力量、建立专业机构全力推动项目招商。特别注重承接上海现代服务业产业战略转移工作，尤其是注重在产业转移中实现产业升级转型。

【产业结合】 园区极力促使现代服务业与当地传统产业转型升级相结合，充分利用本地区现有的产业基础及要素资源，积极推动文化创意、软件开发等新兴服务企业与本地产业的融合，加快产业集聚。以湖州的童装以及竹木家具两大传统板块为例，与其密切相关产业包括设计、品牌策划、营销策划，以及后续的电子商务运营、拍摄、美工等产业。园区以打造与完善产业链为招商目标引擎，发挥上海和湖州的两地优势，借助于上海多媒体产业园知名度，借湖州园区作为一个有机的组成部分进行宣传；通过政府推广，以湖州为基点拓展浙江本地业务，以商引商，把上下游企业引荐过来，通过拉长产业链，扩大产业团队，加快发展，把园区做优做大做强。园区每年至少组织两次以上的招商和营销活动，活动不仅是把客商引进来，还要把园区的企业推出去，在这个过程中效果逐步显现，实现企业之间的合作共赢。例如园区培育出电子商务优秀品牌“三只松鼠”“帕纳蒙地板”等；动漫作品《今童王世界》为本地品牌童装“今童王”量身定制的 52 集的 3D 动画片，在央视少儿频道播出，不仅让企业在央视上做广告，在动画片产品上也找到新的利益点；《百叶岛》在北美麒麟电视台播出；《航天宝贝》在央视卡通频道播出等。

（湖州多媒体产业园发展有限公司）

·节能降耗·

【概况】 在国内经济“速度放缓、结构优化、方式转变”的新常态下，全区以提高能源利用率为核心，强化能源消费管理，大力调整产业结构，推动企业技术改造，主动淘汰落后产能，严格限制高耗能、高污染行业发展，节能降耗工作持续稳步推进。全区规上工业能源综合消费总量 71.39 万吨标准煤，同比增长 5.0%；实现规上工业增加值 112.12 亿元，同比增长 8.0%，高于能耗增速 3.0 个百分点；规上工业增加值能耗下降率为 2.8%。全区规上工业企业节能降耗工作持续稳步推进。

（沈琪泓）

【有序用电】 3 月，国网湖州供电公司编制《2016 年浙江电网超电网供电能力拉限电序位表（吴兴）》并与吴兴区发经委进行盖章确认。5 月，联合吴兴区有序用电领导小组下发《2016 年吴兴区有序用电工作方案》，方案对吴兴地区内所有的企业按照企业所属行业类别、产业层次和区企业培育计划，将用电企业分为：重点保障、优先保障、一般保障、重点限制四类档次。同时分六个等级编制避峰负荷 7.8 万千瓦限电预案，进行指标分解及安排相机动负荷。吴兴区用电未出现缺口，未执行有序用电。

（国网湖州供电公司客户服务中心）

【节能技改】 结合节能减排“十百千万”行动，锁定能源利用效率低下、水环境污染严重的企业、生产工艺和设备为整治提升重点，大力实施节能减排重点项目，全年完成浙江金洲管道科技股份有限公司等 24 个项目，完成投资 7 亿元，实现节能 3.8 万吨标煤；结合“五水共治”，以企业清洁生产为目标，探索各行业污水处理新方式，积极推动工业治水，推动新开元创建节水型企业。积极指导督促重点企业开展清洁生产审核，强化对重点企业清洁生产审核的评估验收，排定实施清洁生产企业 8 家。

【淘汰落后】 全区全面锁定能源利用效率低下的企业、生产工艺和设备，排定时间，落实责任，要求按时推进。按时推进坚决淘汰一批能耗超标、污染严重、管理落后、安全隐患的落后产能、工艺和设备。完成淘汰落后产能 10 家，腾出用能空间 1.805 吨标煤。

【“低小散”整治】 砂洗印花行业列入低端落后块状行业，以省级“腾笼换鸟”为契机，开展砂洗印花等涉污加工户和童装加工户的整治提升，全年累计整治提升 603 家。

【低碳经济】 织里镇被成功列入省首批低碳城镇试点，金洲、栋梁、复兴、绿色建材和织里镇等企业正在等待低碳企业试点评审。

【循环经济】 在浙江吴兴工业园区列入第三批省级园区循环化改造示范试点的基础上，创建国家级园区循环化改造试点，争取资金 1.1 亿元。积极推动申报省“991”循环经济重点项目，大港印染、久立等 4 个项目被列入 2016 年省级以上资环重点项目，争取资金 315 万元。积极对接规划编制单位，立足于吴兴区循环经济的发展现状，科学规划好“十三五”期间吴兴区循环经济的总体思路和发展方向，完成我区“十三五”循环经济发展规划编制。

（沈琪泓）

·企业建设·

【概况】　全区以“金象金牛”大企业培育为抓手，着力开展“小升规”、企业6S管理等专项工作，采取重点关注、要素保障、规划引领等举措，加快引导企业由规模战略向自主创新转变，加快提升产品价值链地位及市场竞争力，全力培育国际知名、国内领先的产值百亿级企业（集团）和超亿级企业群。规模工业企业达到350家，全区实缴税金超亿元企业达到6家，主营业务收入超10亿元企业达到11家，全年完成“小升规”24家。

【“金象金牛”企业、科技创新】　加快培育“双金”企业、6S管理先进企业、初创型企业，构建合理企业梯队。老恒和列入全省第三批“三名”培育试点企业，实现全区零的突破。金洲、久立列入全省高端装备制造业骨干企业。美欣达、珀莱雅等8家企业列入全市“双金”培育企业，大东吴被认定为全市“金象”企业，美欣达、金洲被认定为全市“金牛”企业。加快“提升推进一批、创建认定一批、入库培育一批”企业技术中心，扎实推进创新平台建设，成功创建国家级企业技术中心1家（金洲）、市级企业技术中心7家（三一、东尼等）。坚持企业主体、政府引导，引入第三方中介机构，辅导企业开展工业新产品开发与申报，完成省级工业新产品备案178项， 成功申报省装备制造业重点领域首台套1项（德马科技）、省优秀工业新产品1项（绿色新材）、浙江“制造精品”2项（晶日照明、佳雪微特）。

（戚绮霞）

·信息化建设·

【概况】　吴兴区作为湖州市中心城区，主动积极承载全市的发展战略部署，高度重视信息化建设，积极推动信息经济、“电商换市”发展。紧抓浙江省加快发展信息经济、两化深度融合等契机，围绕“企业培育、项目推进、氛围营造、政策引导”等重点，以《吴兴区加快发展信息经济三年（2015—2017）行动计划》为引领，统筹谋划，突出重点，狠抓落实。制定《2016年吴兴区“两化”融合推进计划》，明确智能制造、互联网与工业融合创新、企业信息化水平登高等重点，细化工作时间节点、阶段目标、责任单位等，积极推进各项工作。全区信息化发展指数96.91，列全市第一。深入推进省级两化深度融合国家示范区建设，以智能制造、“互联网+”工业为发展导向，将吴兴区建设成为省内两化融合示范典型区域、信息经济特色区域，打响“吴兴智造”产业品牌。全区两化融合发展指数80.43，列全市第一，省、市级两化融合试点示范企业数量均列全市第一。全区信息经济综合评价指数104.9，列全市第一，全省第14名，成功创建省级信息经济发展示范区和省级软件和信息服务产业基地。创新发展电子商务，结合“省级电子商务示范区”创建工作，积极开展国家、省、市电商示范培育，通过“一对一”指导、帮扶企业，成功推动一批重大项目、示范园区、龙头企业率先创建。如吴兴入选省产业集群跨境电子商务试点，鲜绿多入选省农村电子商务龙头企业，大河、大港等8个村被评为“2016年度全国淘宝村”，布衣草人、大家园等4家企业入选全市第一批电子商务示范单位；按照电商“进农村、进市场、进企业”的要求，努力提高全区电商发展水平，全年推进规上工业企业电商应用95家，改造提升村级电商服务站40个。全区重点监测第三方电子商务平台上活跃网络零售网店达2.08万家，列全省第11，全年网络零售额达到154.6亿元，总量列全省第18位。不断完善东部新城信息基础设施，推进宽带城市建设，扩大无线网络覆盖，加快城市上云。

【政策与工作网络】　深入贯彻落实《吴兴工业强区建设二十条》《关于凝聚力量振兴工业的若干政策》及《关于进一步加快电子商务发展的十二条政策》，重点支持成效明显、有示范引领作用的信息化项目。统筹实施《吴兴区加快信息经济发展三年（2015—2017）行动计划》《吴兴区信息化和工业化深度融合专项行动计划（2014—2016）》等，明确两化融合、电子商务、智慧城市等重点工作，着力打造省级智慧物流产业核心区等“两核心两示范一中心”，力争建成湖州市信息经济发展先行区。以成功创建浙江省软件和信息服务产业创业基地为契机，制定《吴兴区软件和信息服务业特色基地建设可行性实施方案》，重点支持和鼓励信息产业发展、信息化应用、信息消费、信息基础设施建设等。以大力发展信息经济为主攻方向，成功创建浙江省信息经济发展示范区，着力提升信息经济核心产业增幅。以信息化促进工业转型升级为首要渠道，着力提升企业信息化水平。组织召开软件和信息服务产业政策宣讲会，邀请省经信委软件处领导、省软件行业协会专家针对《浙江省“十三五”软件和信息服务业发展规划》《关于软件和集成电路产业企业所得税优惠政策有关问题的通知》等行业相关产业政策、指标和方法进行梳理和解读，现场解答企业在软件企业核查和落实产业政策方面的实际问题，扎实推动软件和信息服务企业交流互动、学习借鉴发展经验，提升企业管理水平。

【信息化技术推广应用及企业信息化改造】 围绕重点骨干企业，充分发挥龙头示范作用，培育“贯标、示范、试点”三个一批企业梯队，推动全区工业企业加强信息化建设。美欣达集团成为湖州市首家列入工信部两化融合管理体系贯标示范企业，三一装备、德马科技等4家企业成功列入工信部两化融合管理体系贯标试点，数量居全市第一；久立特材等3家企业列入省级示范，珀莱雅等5家企业列入省级试点，数量均居全市第一；贝格曼、华圣爱诺、先登高科3家企业被列入市级示范；力聚热水机、创盛光能源等15家企业列入市级试点，数量居全市第一；组织评选太德汇、今童王等6家区级两化融合示范企业。推动童装、羊绒、家纺、金属制品、经编等吴兴特色块状经济与电子商务融合发展，妞妞家族、朵朵熊等一批企业逐步打响童装电子商务品牌，线上店铺销量长期位居童装类目前列；布衣草人入选全市电子商务示范单位；珍贝羊绒、米皇羊绒等羊绒行业电子商务加快发展，网络零售交易额突破2000万元；丁连芳、周生记、王一品等老字号、名特优食品企业入驻淘宝网“特色中国·湖州馆”；全区在重点监测第三方电子商务平台上活跃网络零售网店达2.08万家，列全省第11位。

【信息化项目及专项资金申报】 以两化融合重点项目为抓手，加快企业信息化改造，进一步提升企业生产制造、节能降耗、经营管理信息化水平。力聚热水机MCS云物联网控制的蒸气发生器、飞剑杆塔输电线铁塔生产可视化管控系统等88个项目列入市级两化融合重点项目，居全市第一，总投资达5.61亿元。全区争取到浙江省软件和信息服务产业创业基地建设资金300万元，浙江省信息经济发展示范区建设资金350万。

（顾冶平）

·电　力·

【概况】 国网湖州供电公司客户服务中心坚持“落实责任、强化执行、夯实基础”的工作思路，奋勇争先，创新破难，各项工作稳步推进。全区社会用电量达49.4亿千瓦时，比上年增长9.08%，最高负荷达99.0万千瓦，增长15.9%。截至年底，共有10kV公用线路422回，长度为3731.99千米，10千伏公用变5203台，容量2182405兆伏安，10千伏配电站2753座，10千伏开关站360座，环网柜181座。

【电网建设】 有序推进电网工程建设。积极向上争取政策和资金支持，2016年，累计投入工程改造资金4.25亿元，共新建及改造10千伏线路55条，建设开关站11座，改造配变台区452个，新增和改造农村公用变压器520台，新增容量达37838千伏安，新装和调换配电箱（柜）385台，改造接户线752.16千米、计量装置52673套。2.助力岸电项目建设。湖州市于2016年获交通运输部批复，成为全国首个、也是2016年唯一一个内河水运转型发展示范区。供电服务中心将充分发挥湖州市内河水运发展优势，积极推进内河新能源应用和电能替代工作，继续主动联系对接项目，加快推进港口、服务区、锚泊区岸电设施建设，同时提供船舶岸电的技术支持。

【用电构成】

2016年吴兴区全社会用电量按行业构成情况一览表

表 7-1

用电分类	用电量（万千瓦时）	构成（%）	比上年增长（%）
全社会用电量合计	494125.50	100.00	9.08
（一）农、林、牧、渔业	8712.83	1.76	3.87
（二）工业	308800.55	62.49	5.58
（三）建筑业	9200.20	1.86	-7.93
（四）交通运输、仓储、邮政业	11593.24	2.35	16.62
（五）信息传输、计算机服务和软件业	7347.00	1.49	12.26
（六）商业、住宿和餐饮业	36798.32	7.45	12.35
（七）金融、房地产、商务及居民服务	12031.36	2.43	27.59
（八）公共事业及管理组织	28128.63	5.69	15.98
（九）城乡居民生活用电	71513.37	14.47	20.79

【优质服务】　支撑重点项目建设。主动服务2016年省市领导联系重点工业项目库，浙江省电力公司2016年重点项目7个，省市领导联系重点工业项目52个，并以双周报形式收集增量配电市场及重大项目信息。组织开展各类园区和110千伏及以上用户上门走访活动，通过多种渠道积极宣传电力部门的服务举措，主动服务好售电公司和市场交易用户。保障重要用户稳定运行。由国网湖州供电公司客户服务中心牵头，会同调控、运行、变电、线路、营销等业务专家，对市本级85户重要电力用户、双协议用户开展联合专项检查，共发现问题和缺陷400条（处），并对用户电工配置管理、日常运行管理、用户设备安全等方面开展全方位、立体化“体检”，开出诊断书，并督促用户整改，有效规避经营风险，确保电网和用户供用电安全。确保重大活动电力供应。组织专业队伍，开展应急演练，满足实战需求；为“春运”、市两会、普通高校招生三项考试、新学考、高考中考、全国计算机技术资格考试、公共英语考试、成人自学考试、全省重大项目开工仪式、G20峰会、世界电池大会、国网带电作业比武、环太湖自行车赛、国网配网比武、全国生态文明示范区会议等活动和单位执行保供电服务45次，出动保供电人员421人次，出动发电车25车次。多措并举提升服务品质。年初，制定《湖州城区居民家庭生活用电年度报告》，为城区14万户居民分析上年度用电状况，并结合电子化账单等新型业务推广，个性化提出科学用电建议，优化居民客户节电方案。10月，发放《湖州市居民家庭节省电费建议书》，为城区2.5万户居民提供节电建议，提升线上峰谷办理水平，得到广大居民好评。提高窗口优质服务水平，开展各营业厅音视频监控常态化监管，实现营业窗口人员全过程监督管控；对照营业规范标准做好吴兴、城东营业厅“文明示范窗口”创建，落实营业厅服务设施环境调研，多形式提升营业厅星级水平，其中吴兴，城西分别获“四星级”和“三星级”供电营业厅；各营业窗口全面上线营业厅综合服务平台，加强营业厅电子化集成管控；积极策划开展电子渠道推广线下活动，开通掌上电力APP线上办电服务。服务企业推进直购电交易，先后开展了两批电力直接交易试点，直接交易用户合计1568户，累计完成直接交易电量近29亿千瓦时，占售电量约30%，大大降低相关企业生产经营成本。开展“互联网+营销服务”基础业务优化转型，全面开展线上业务受理工作，优化营销基础业务，实现高低压新装（增容）、暂停（暂停恢复）、改类-基本电价计费方式变更、改类-调整需量值、过户、销户等16类业务流程的掌上电力APP线上办理。

（国网湖州供电公司客户服务中心）

第八篇　经济管理与监督

·国有资产·

【概况】　吴兴区国有控股及参股企业总户数36家（控股企业29家，参股企业7家），致力于湖州市东部新区国有建设主体的培育和发展。全区国有资产总额为466亿元（行政事业单位19亿元，国有公司资产规模447亿元），净资产总额达155亿元。从事东部新区建设开发的湖州吴兴南太湖建设投资有限公司资产规模占到全区国有资产的80%以上，国有经济的健康发展为东部新区建设乃至全区经济社会事业的发展起到积极的推进作用。

【国资监管】　区国有资产管理委员会，对全区行政事业单位、国有控股、国有参股企业履行产权人职责，负责监督管理全区国有资产。国有资产管理委员会下设办公室，与财政局合署办公，办公室主任由财政局局长兼任。区国有资产投资控股有限责任公司，履行出资人职责，对全区各国有公司进行投资和监管。区财政局国有资产管理科负责全区行政事业单位国有资产监管事务。

【国资管理】　全面加强行政事业单位国有资产管理，推进行政事业单位资产管理信息化工作，实现对资产的动态监管，基本建成一个覆盖全区279家行政事业单位的国有资产数据库。在预算编制中探索将国资管理与预算编制相结合的工作机制，严格执行《吴兴区区级行政事业单位国有资产配置管理办法（试行）》和《吴兴区区级行政事业单位通用办公设备配置标准（试行）》，加强对行政事业单位的资产配置管理。建立监管机制，切实加强资产日常管理，实现资产处置"阳光操作"。同时加强资产评估管理，凡是符合资产评估情形的，规定必须委托具有资质的社会中介机构进行评估，严防资产使用和处置中未经资产评估造成国有资产流失。

【财务监管】　按照《吴兴区国有企业会计人员委派暂行办法》规定，区国投公司向区属国有独资和控股公司派出财务总监和委派会计，强化国有公司财务监管，加强对委派人员的业务指导和廉政教育。根据《吴兴区国有企业重大事项报告制度》，对重大事项上报国资管理机构或区政府审批，确保国有资产安全、有效运行。

【国企管理】　为加强国有企业的监督管理，贯彻执行《吴兴区区属国有企业重大事项报告制度》，明确国有企业"三重一大"事项的审批和报送程序，解决出资人和经营者信息不对称的问题。根据新《预算法》和中央、省、市债务管理新政，结合实际提出"依法举债、控制总量、优化结构、规范程序、力求绩效"总体原则，高度重视政府债务问题，建立债务预警监控监测机制，定期汇总全区主要政府融资平台资金运行和债务置换进展情况，落实政府性债务归口管理、计划管理，建立偿债准备金等各项管理制度，严格举债审批程序，努力防范与化解债务风险，提高建设资金使用效益。贯彻执行《关于要求区属国有公司成立重大事项决策委员会的通知》，提高国有公司重大事项决策的科学性。通过发行债券和债务置换减少短期融资并降低融资成本，管理控制债务规模。转变财政扶持经济发展方式，积极推广政府产业发展引导基金和PPP新型筹资模式。

（沈　超）

·国土管理·

【概况】　紧盯年度目标任务，以"两学一做"实践教育活动为引领，认真履行国土资源管理职能，紧紧围绕耕地保护、矿产开发、服务提升等中心工作，为建设"幸福吴兴"做好资源保障。全年共计完成垦造耕地1016亩，实现耕地占补平衡；高标准基本农田建设 12400 亩；农村土地综合整治 900 亩。消化批而未供土地 1266 亩；全年累计盘活存量土地 1001 亩；闲置土地处置达 100%；城镇低效用地再开发 462 亩，完成全年再开发总任务的 115%；完成征地 2560 亩，支付征地款 14621 万元，落实参保人员 5353 人；完成不动产日常登记 7547 件，土地日常查询 4890 余次；完成农村无房户、危房户建房供地 222 户，完成率 278%；完成 18 宗违法违规临时用地清理整治；集中整治违法用地未依法处置问题，完成应立案查处未查处 19 宗；强势推进 2015 年度卫片及 2016 年度省级卫片工作，取得明显成效；加强矿管保护生态，采矿权总量控制到 8 个，新建成 1 家省级绿色矿山，全区在产矿山粉尘防治全部实现达标运行，完成 2 个废弃矿山治理，完成国家地下水监测工程（织里轧村中心小学）项目，妙西宝峰寺地灾隐患点治理已进场开工。

【保障发展用地】　强化监管，努力保障发展需求。完成年度重点工作任务，全面做好供地保障。完成消化批而未供 1659 亩，盘活存量 1178 亩，低效用地再开发 509 亩，近五年平均供地率达到 75.2%。全年成交工业用地 33 宗，总面积 1240 亩，总成交价款 32276 万元。上报商业项目 10 宗，总面积 834 亩，成交价款 235650 万元。达成 14 宗土地转让及租赁，总面积 319 亩。突出专项特色工作，盘活低效闲置土地。为进一步加大低效闲置土地处置力度，保障有限的资源发挥最大的作用，促进土地节约集约利用，根据区政府的统一部署，在全区范围内开展一次由国土分局牵头，各乡镇、街道、部门参与的“七个一批”（破除清退一批，拆除置换一批，保留规范一批，腾退盘活一批，加快供应一批，整治提升一批，注销盘活一批）工业用地节约集约攻坚处置大行动，全年共消化处置 135 宗低效低产土地，完成存量再开发利用土地 3520 亩，盘活利用闲置厂房 192 万平方米。扎实抓好闲置土地处置和预防工作。专门建立工作台账，落实责任单位和责任人进一步做好后期跟踪监管工作，督促其尽快建成投产；对已收回或拟收回的涉嫌闲置土地，督促政府及时做好重新供应、使用工作，加快促进盘活再利用。2015 年度全省节约集约专项督察中发现的涉嫌闲置土地有 9 宗，分局及时下发整改通知书，通过与属地政府及企业的协商，除 1 宗法院查封无法处置外，其余 8 宗均得到了有效处置。夯实制度基础，完善决策管理。为完善用地出让决策程序，同时用足用好通过盘活存量配置新增建设用地计划指标政策，规范区层面上土地出让、分割、政府收回等办理程序，分局利用科牵头，通过数月的排查梳理，连续拟定两套方案，分别为《吴兴区具体建设用地项目土地供应联合审批管理办法》《关于工业用地土地使用权收回、收购和分割转让的实施意见（试行）》，呈报区政府征求各乡镇、街道、部门意见，待正式签发。

【保护耕地资源】　落实责任，积极推进保护耕地资源。耕地保护核心指标超额完成。不断加大领导力度和资金投入，全面加大耕地保护力度，耕地实有面积 26.44 万亩，超上级下达任务数 0.72 万亩；永久基本农田划定面积为 18.129 万亩，确保完成目标任务，实现总量不减少、用途不改变、质量不降低的全年基本农田保护目标；标准农田的实际入库面积数为 15.3862 万亩，超出上级下达任务数 7.8562 万亩。完成表土剥离面积 691 亩，完成市下达任务 620 亩的 111.5%。加大垦造耕地管理力度。严格按照项目化管理要求，有效指导项目立项的申报、实施督促、检查和区级验收，提高工程建设标准，把新增耕地质量建设放在首位。全年计划完成垦造新增耕地 1016 亩，超出市下达 1000 亩任务要求。年度建设占用耕地面积 0.1551 万亩，年度补充耕地面积 0.1917 万亩，达到占补平衡的要求。深化推进高标准农田建设工程。统筹粮食功能区建设、千万亩标准农田质量提升工程、农田水利标准化建设、农业综合开发等农田整治项目，深入实施高标准基本农田建设，加快优质耕地规模化和集聚化，提升耕地质量和粮食产能。市下达高标准基本农田建设任务 1.18 万亩，完成 1.2405 万亩项目，超额完成市下达的高标准基本农田建设任务。

【矿产资源管理】　以绿色发展为核心，从紧从严依法依规加强矿产资源管理。全力推进矿山生态环境建设。继续推进全域绿色矿山创建和提升工作，初步形成国家、省、市三级绿色矿山齐建格局。全区持证在产矿山共有国家级绿色矿山 2 家、省级绿色矿山 3 家、市级绿色矿山 2 家，绿色矿山建成率达到 100%。持证矿山均通过粉尘防治工作验收，全部达标运行。扎实开展矿产资源开发利用监督管理。认真组织开展矿山年报、日常巡查、联合巡查、储量动态实测、矿山开采动态监测、矿产督察、打非治违等工作，结合《吴兴区采矿权人信用监督管理试点工作实施方案》以及基层所监管信息收集文本，常态化开展矿业权人信用监督管理，扎实推进中介机构和专家的信用监管，形成集动员、培训和推进于一体的全区采矿权人信用监督管理机制，规范“一矿一监督”“一矿一档案”工作，保障工作的有效完成。开展与乡镇国土所矿产资源开发监管对口互查，通报互查情况，交流经验，加强监督；开展安全生产专项整治行动，排查整治国土资源领域安全隐患。基本建立属地政府为责任主体，相关部门密切配合，区矿治办牵头抓总、统筹协调、严格督查的矿产资源共同监管体系。通过设卡检查、夜间巡查等方式，强化联合执法，加大力度打非治违。稳步推进阳光矿政建设。根据省厅、市局统一部署，在吴兴国土门户网站上，建立阳光矿政建设浮动窗口和专栏，下设 “阳光出让”“阳光规划（矿）”“阳光治理”子专栏，涵盖政策法规、公示公告等内容，及时刊载矿政管理信息。在国土资源部门办事窗口、乡镇便民服务中心和乡镇国土资源所政务公开场所的醒目位置设立公示墙，自觉接受社会监督。深入实施地灾防治工作。以“地球日”“减灾日”和吴兴区农村干部国土资源有关法律法规教育培训活动为载体，对涉矿涉地灾乡（镇）村干部进行地质灾害防治知识宣讲答疑。按照预防为主，避让与治理相结合的原则，落实分局和基层所汛期值班和巡查制，认真做好汛期地灾防治巡查、预警和处置。完成埭溪镇的红旗村和大冲村 2 个地质灾害点工程治理和申报验收；启动妙西镇关山村宝峰寺后地灾隐患点的工程治理，保障群众生命财产安全。扎实开展吴兴区地面沉降分区评估项目；完成国家地下水监测工程织里轧村中心学校（点）、核工业二六二大队（点）项目。

【国土服务】 强化责任，公共服务水平明显提升。有序推进不动产统一登记工作。整合房产、土地登记一体化，统一窗口受理，调整窗口标识，将不动产登记收件清单、办事指南向社会公开，提供登记一站式服务。对申请办理不动产登记的单位和个人提交的资料进行严格审查，杜绝各类弄虚作假行为。明确各个岗位环节的工作职责，切实做到分工细、任务清、责任明，严格按照办结时限办理各项业务，确保限时办结率为 100%，不断提高工作效率。全年不动产日常登记工作完成登记 7547 件，其中不动产权登记 1767 件，不动产他项权登记 5780 件；完成查解封登记 584 件，完成土地日常查询 4890 余次，群众满意率 100%。维护群众合法权益。为优化农村宅基地资源配置，更好地维护农民合法权益，努力破解农民建房难等问题，切实贯彻《加强农民建房管理的通知》，细化相关政策，明确农民建房用地审批程序、面积及相关的申报要求。将阳光征地、规划工程落实到村。对乡镇城镇规划区范围外的村庄全部张贴阳光规划图纸和征地一张图，确保规划、征地实施管理规范、公开。强化信访积案化解。紧紧围绕“12345”政府阳光热线、来信和来访三大难点，整合信访、综治、维稳等各方力量，对国土资源信访问题综合协调、施策、处理，有效推进信访工作。受理信访件 7 宗，其中 4 件为省厅转办件、3 件为市局转办件，与上年同期相比受理宗数下降 72.2%。监督监察效能不断深化。扎实开展临时用地清理整治。对历年审批临时用地进行细致彻底的排查，摸清家底，完善台账。对存在违法违规问题的 18 宗临时用地，逐一明确整治措施，有序推进整改。扎实开展违法用地未依法处置问题集中整治。对历年来违法用地未依法处置问题进行“地毯式”大排查大梳理，建立健全规范台账。排出未依法处置到位的违法用地 448 宗，面积 1246.56 亩，分类施策推进整治。通过高度重视抓整改、强化考核抓整改、完善机制抓整改等手段，有力推动面上查处整改工作，通过整改，全区违法用地面积减至 179.14 亩，涉及耕地减至 109.62 亩，违法用地耕占比降为 2.89%。大力推进行政争议化解工作。强化理论学习，提高学法用法意识，总结经验，提高应对质量和水平。

【队伍建设】 明确责任主体，强化系统队伍建设。加强组织领导，落实“一岗双责”责任。党委当好廉洁从政的表率，坚决贯彻落实上级党委、纪委关于党风廉政建设的部署和要求，分解工作任务、明确职责分工、制定考核办法、组织目标考核。定期检查和报告分管范围内的党风廉政建设工作情况，把党风廉政建设要求融入分管业务工作中，构建不敢腐、不能腐、不想腐的管理机制。紧密结合实际，扎实开展“两学一做”教育实践活动，阶段性成果得到区委活动办和市局活动办的充分肯定。全局上下，精神面貌焕然一新，勤政、廉政、务实、为民的工作氛围蔚然成风，“勤廉国土”深入人心。完善考核机制，强化监督管理。修订考核内容和指标体系，突出对党委主体责任的考核，调整党风廉政建设责任制在年度目标责任考核中的权重，同时要强化考核结果运用。把考核结果作为单位评先评优、干部年度考核和奖惩任免的重要依据。组织分局纪委对各国土所（分局）、各科室（单位）采取听取汇报、定期不定期抽查、专项检查等方式方法，执行党风廉政建设情况进行检查考核，并对考核结果进行通报。对主体责任不落实，措施不得力的，要采取约谈、通报、发整改通知等形式限期整改。强化对权力运行的制约和监督。健全惩治和预防腐败体系，深化“法治国土”建设，构建决策科学、执行坚决、监督有力的权力运行体系。深入推进阳光征地、阳光规划、阳光执法、阳光审批等“阳光国土”建设，让权力在阳光下运行，让资源在市场中配置。加大政务党务信息网上公开力度，建立健全权力清单和职责清单，促进权力运行更公开更透明，加强权力运行监管。健全国土资源重大事项集体决策制度，完善内部会审制度和听证制度。建立健全国土资源行政裁量权基准制度，合理细化自由裁量权、科学量化自由裁量权权限，制定自由裁量权适用范围和规则，严格限制裁量权行使。贯彻落实国土资源系统工作人员防止利益冲突办法，进一步健全完善合理分权、公开示权、有效控权的廉政风险防控机制。认真落实重要情况通报、述职述德述廉、民主生活会、函询约谈等党内监督制度。分局党委班子成员带头严格遵守党的政治纪律、组织纪律、财经纪律、工作纪律和生活纪律，自觉接受法律监督、民主监督、舆论监督和公众监督。

（区国土分局）

·固定资产投资·

【概况】　全区完成固定资产投资 291.92 亿元，同比增长 13.9%；其中项目投资 208.21 亿元，同比增长 20%；工业投资 107.12 亿元，同比增长 12.8%；基础设施投资 64.77 亿元，同比增长 48.1%。从产业投资结构看，第二产业完成投资 107.12 亿元；第三产业完成投资 184.8 亿元。

【重大项目】　全区 60 个重点工业项目，开工率达 100%，完成投资 59.91 亿元，完成年度目标的 108.7%，其中 20 个 5 亿元以上重大项目完成投资 28.61 亿元，完成年度投资计划的 107.6%。吴兴区 17 个省“411”重大项目全部开工，完成投资 52.97 亿元，完成年度投资额 138.3%；44 个省重点建设项目完成投资 68.61 亿元，完成年度投资额 145.06%；48 个市重点建设项目完成投资 122.04 亿元，完成年度投资额的 137.05%。

【争取扶持资金】　全年 113 个项目共争取到各类资金 7.62 亿元，创历史新高，包括国家专项基金 4.29 亿元，各类专项资金 3.33 亿元。

（谭　政）

·物　价·

【概况】　认真贯彻落实上级价格部门和区委、区政府的决策部署，完善事中、事后监管制度、扎实推进价格和收费管理、监测预警、监督检查等方面工作，强化价格监管，提高服务质量，努力为吴兴区经济社会又好又快发展创造良好的价格环境。

【加强价格收费管理】　认真贯彻落实省市价格和收费政策，及时转发省、市有关文件。依法行政，做好权限范围内的商品和服务价格的定调价工作，妥善把握好政府调价项目出台时机、力度和节奏，完善相关配套政策。在价格调整过程中，严格执行成本监审，集体审议，价格听证等制度，并注重广泛征求社会各方意见，考虑各方承受能力。按照成本监审办法有关规定，先后完成湖州中环水务有限责任公司 2015 年度污水处理成本、湖州诚信污水处理有限公司 2015 年度污水处理成本，湖州市吴兴实验中学 2015 年度学校教育成本监审，组织召开吴兴区居民生活污水处理费标准调整和吴兴实验中学英语特色班收费座谈会。完成对织里和东林两家水厂供水价格成本监审工作。加强事中事后监管制度，根据《浙江省行政事业性收费管理条例》和市物价局、财政局《关于加强收费事中事后监管 实施行政事业性收费公示报告制度的通知》要求，认真落实 42 个收费单位建立收费执行情况报告制度，5 月底完成收费统计及分析工作。

【健全价格监测机制】　加大价格监测预警力度，严格按照市监测报告制度，切实加强以 31 种居民生活必需品为重点的价格监测，包括农贸市场、超市、工农业生产资料和特色商品价格监测点 13 个。加强对上报数据的审核，保证数据质量，做到不迟报、不瞒报、不漏报。加强市场巡查，密切关注市场变化情况，准确掌握市场价格动态，维护市场经营秩序。认真做好价格监测信息工作，根据市场价格情况，把握民生商品价格变动趋势，捕捉苗头性、倾向性信息，及时分析民生商品变动原因，及时形成每月价格动态信息，尤其关注与老百姓密切相关的民生商品价格，为政府宏观决策提供科学依据。根据上级要求做好价格监测信息公示工作，将每期价格监测数据及时在区发改委网站进行公示。

【清费减负工作】 取消出具（无）婚姻登记记录证明收费、保存人事关系及档案收费和组织机构代码证书收费，免征婚姻登记证书工本费，暂停征收动物及动物产品检疫费，降低房屋转让手续费和水土保持补偿费标准。取消、降低、免收行政事业性收费项目 7 项，累计减免金额 398.06 万元。开展行政事业性收费检查，对存在收费不规范问题的行政事业单位，提出整改意见，加强对整改情况的监督检查。

【强化市场价格监管】 积极组织开展市场价格巡查工作，着力维护市场价格秩序。“五一”“十一”期间，对织里镇农贸市场、八里店镇农贸市场等进行集中走访检查，督促经营者严格遵守《价格法》等法律法规，诚信经营。妥善处理价格举报案件，保护消费者合法权益。吴兴区共受理价格咨询 21 起、价格举报 11 起。对每一起均逐一上门调查，依法行政，着力化解矛盾纠纷，切实提高群众满意度，满意率达 100%。切实做好电商价格行为规范，3 月，举行网络交易价格行为法律实务培训班，对织里童装电商进行了集体培训，提升电商的经营法律意识。加大价格法律法规宣传。结合纪念《中华人民共和国价格法》实施十八周年宣传活动，在居民社区、超市等场所悬挂宣传横幅，以增强全社会价格法制意识，切实维护自身价格合法权益。

（顾　伟）

·审　计·

【概况】 吴兴区审计局共有干部职工20人。其中在编14人（行政7人、事业7人），领导职数4人；编外6人。下设职能科室5个，分别为办公室（监察审计科）、法规科、财政（行政事业）审计科、经济责任审计科和固定资产投资审计科；下属事业单位1个，即吴兴区政府投资项目审计中心。全年共完成审计项目50个，共查出违规和管理不规范金额3.36亿元，节约投资或减少损失2.93亿元；提交各类信息简报125篇，被采用106篇次，报告信息被领导批示23篇次。

【各类审计】 财政审计。开展 2015 年度吴兴区本级预算执行情况审计、区人力社保局等三部门 2015 年度预算执行情况专项审计调查，客观反映吴兴财政预算管理现状，深入挖掘财政预算管理、部门预算执行中存在的问题和不足，促进《吴兴区财政资金竞争性存放管理暂行办法》等制度出台。经济责任审计。进一步发挥机制作用，强化领导干部经济责任联席会议制度执行的协调配合，召开联席会议、统一进点会、整改面对面等工作会议；进一步把好质量关，开展织里镇、八里店镇、区教育局等 8 个单位、11 名领导干部的经济责任审计；实施领导干部经济责任、选人用人、重大事项的“三责联审”试点（区教育局），并探索实施领导干部经济责任、选人用人、重大事项、自然资源资产的“四责联审”试点（埭溪镇）。政府投资项目审计。严格执行竣工结算审计，完成八里店镇汲道社区一期工程等 40 个项目的竣工结算审计，核减工程款 2.43 亿元，在节约国家建设资金的同时，提出审计建议 50 条；积极推进重点项目跟踪审计，对常溪农民社区二期等 11 个区重点工程（总投资额 48.18 亿元）的建设管理情况开展同步监督，提出跟踪审计意见（建议）单 374 份，节约建设资金 5000 余万元；切实加强竣工决算审计，完成吴兴织里段道路综合改造工程竣工决算审计，针对概算审批、招投标管理、监理费超付、工程变更较多、苗木价格偏高等问题提出了审计建议，促进被审计单位加强整改、规范管理。专项审计调查。开展 2015 年公务支出公款消费情况专项审计，抽查的 48 家单位 2015 年度的“三公经费”支出较上年下降 25.07%，降低行政运行成本；开展 2016 年吴兴区财政存量资金审计，肯定成绩、揭示问题、提出建议，不断提高财政资金使用绩效，财政局收回统筹的各类结余资金 1029.52 万元；开展 2016 年吴兴区医疗废物处置管理专项审计调查，促进制定出台《医疗废物管理制度》等相关制度 7 项，推动医疗废物安全处置规范管理。

【审计整改】 强化管理，筑牢审计质量的监督基础：严控关键环节保质量，建立健全审计质量管理制度，探索实施“三张清单”审计模式（审前讨论“重点清单”、审中实行“责任清单”、审后跟踪“问题清单”），强化对审计前、中、后全过程管控及现场管理险；完善内控管理保质量，制定出台

《吴兴区审计局审计项目审理工作试行办法》，加强对审计发现问题的审核、复核、审理工作。完善机制，狠抓审计整改的主体责任，强化主体责任促整改，推动区政府2016年度综合考核细则中设立"审计整改指标"，将审计整改情况纳入对乡镇（街道）、部门的年度综合考核，强化被审计单位的主体责任。健全完善制度促整改，进一步建立健全审计整改督查工作机制，制定《吴兴区审计局审计整改督查工作管理办法》《吴兴区审计局审计整改督查工作操作细则（试行）》，确保审计整改工作成效。加强协作，健全审计整改的联动机制。加强同纪检监察、组织等单位的沟通协作，建立"吴兴区审计整改工作联席会议制度"，并在此基础上探索建立"人大监督、两办督查、审计反馈"的协同督查架构、经责审计整改"面对面"、纪检派驻机构与审计部门"平审联动""经责审计结果切实纳入干部监督管理综合运用"等机制，初步形成"1+N"的审计整改联合协作模式，形成部门联动常态化、制度化。

【内部审计工作】　完善制度建设，促进区政府出台《吴兴区人民政府关于进一步加强内部审计工作的意见》，进一步明确全区内审机构建设和内审工作开展要求；提升内审自我规范价值作用，8月，区审计局提出全面开展"重要经济事项内审自查及整改"专项工作的建议方案，经区政府常务会议审议通过作出部署。全区43个一级预算单位及其下属机构（企业）于8月至12月期间完成问题内审自查和整改。积极开展各类成果提炼工作，1篇文章获市内审协会2016年度优秀内部审计论文三等奖，1个项目被市内审协会评委表彰项目，1个案例获市内审协会2016年度优秀内部审计案例二等奖。

【审计理论与队伍建设】　注重审计干部审计理论与实践能力的提升，组织参加"浙江省2016—2017年审计科研课题"活动，其中省厅一般课题4个、市局科研课题2个；注重审计干部队伍能力与素质水平的提升，定期开展"一线审计人员交流课""模拟审计实验室""外请审计专家讲堂"等形式，开展全体性审计业务专项学习培训24次，交流授课42节，切实提升审计干部实务技能，避免本领恐慌；加大实战演练，除自身审计工作之外，充分借助全省、全市交叉的大项目审计平台，抽调10人次年轻干部参加省审计厅对县区的书记、县长经济责任审计等大项目，在磨炼干部的同时，汲取优秀经验，着力提升年轻审计干部的能力素质。

【信息化建设】　积极运用省厅审计整改督查管理系统，开展审计整改"挂销号"工作，严格执行"清单销号制"，推动实现审计整改落实信息化管理，促进审计整改督查"全覆盖"。推进"吴兴区政府投资项目审计管理系统"应用，加快重大项目建设立项、建设进度、协审分配、质量控制、协审考核等环节进行实时信息化管理；深化OA和AO的运用，充分发挥计算机攻关小组作用，合力解决审计中遇到的问题，深化信息技术在审计中的运用。积极撰写计算机审计案例《利用大数据进行医疗保险基金审计》，加大成果提炼。

（张　燕）

·统　计·

【概况】　坚持以科学发展观为指导，确立社会主义经济建设、政治建设、文化建设、社会建设、生态文明建设的中国特色社会主义事业总体布局，完善建设富强民主文明和谐的社会主义现代化国家的奋斗目标，形成贯彻落实科学发展观的一系列方针政策，努力推动我国经济社会又好又快发展。深入贯彻中共十八届六中全会和习近平总书记系列重要讲话精神，深刻领会"四个全面"，践行"三严三实"要求，牢牢把握"一三五"发展要求，紧紧围绕区委、区政府中心工作和目标任务，认真落实省、市统计部门重点工作部署，发扬拼搏进取精神，以严和实的作风把各项工作做得更好，推动区经济社会持续稳定健康发展。

【主要工作及成绩】　进一步全面更新基本单位名录库。利用第三次经济普查获得的统计对象信息数据对名录库系统进行全面更新维护，分阶段完成排重、调整统计代码、核实更新比对结果、导入核实结果等步骤，完成5500余处差错数据的修改工作，实现基础数据全面融合和衔接，确保应统尽统、"先入库、再有数"。

重点提高统计报表数据质量。严格按照国家统计方法制度规定的时间节点和要求，加强对乡镇街道和企业的对接与指导，形成区镇两级联动，及时准确地完成一二三产、投资、能源、劳动工资、城乡居民收入等15个主要专业、30余套月报（季报）的催报、审核、汇总、上报工作。重点推进固定资产投资730家“一套表”单位和30家其他有亿元项目企业及规下工业企业等新增联网直报报表数据的审核上报工作，不断提升联网直报工作效率和数据质量，以确保统计数据真实性和准确性。

积极扩大统计调查领域。新增全民健身活动调查、养老服务业专项调查、大城市月度劳动力调查、党风廉政建设民意调查等多个关系社会民生的调查项目，为省市政策制定提供可靠源头数据。完成1%人口抽样调查，成立1%人口抽样调查工作协调小组，于11月1日零时正式开始对237个抽中样本小区的入户登记工作，调查任务按期完成。建立特色小镇统计监测机制，成立区协调小组，建立联席会议制度，明确主管部门、上报单位、监测主体以及其他相关部门工作职责。做好全区扶贫统计监测抽样单位的月度记账、数据录入及汇总工作，完成季度数据按期上报，加强走访慰问，全面掌握扶贫对象信息，以确保统计数据全面性。

加强统计法制宣传教育。认真制定《2016年吴兴区统计法制工作要点》，确定全年统计法制宣传教育工作计划，认真落实领导干部学法用法制度，充分发挥领导干部的带头示范作用。加强乡、镇主管领导及统计人员的法制宣传教育工作。树立以人为本的法制宣传教育观念，树立协调发展的观念，树立“大部门”“大资源”的观念，创新统计法制宣传教育的手段，采用新老套路相结合，充分利用法制宣传日以及现代科学技术，如数字电视法制频道，电脑网络，手机网络等。

加快统计基层基础规范化建设。夯实基层统计工作基础，加强统计基础性工作，逐步健全统计信息网络。做到有牌子、有制度、有班子、有固定办公室、有固定人员，有固定经费，逐步健全统计信息网络。加强学习和培训，规范乡、镇统计工作。认真指导和监督统计员做好统计工作，规范其统计行为，从源头上保障统计数据的质量。认真开展统计调查，依法履行统计工作职责。认真执行国家和地方统计调查制度方法和统计标准，统一布置本镇各类统计报表，统一搜集、整理、汇总、管理等。加强资料建档管理，推进统计基础工作规范化建设。进一步健全统计报表、台账、原始记录和统计档案制度，加强对统计相关资料建档的管理，保障源头数据质量，有序推进统计基础工作规范化建设。

（嵇金鑫）

·市场监管·

【概况】 区市场监督管理局围绕区委、区人民政府各项重点工作，全面参与“平安创建”“三城联创”“五水共治”等中心工作，服务地方经济发展工作再创新成绩。持续释放商事改革红利，在全市率先推出“商务秘书”等新型企业登记方式，进一步激发市场活力。全年颁发“一照一码”营业执照11812份，其中新设登记内资企业4244户，同比增长25.67%，增幅列全市前列。全面推行简易注销程序，构建便捷有序的市场退出机制，办事效率提速80%。全年小微企业14项考核指标，全部超额完成，其中新增“个转企”313家，累计完成“个转企”2559家，排名全市第一。小微企业相关工作先后获得了全省“小微企业三年成长计划”工作优秀县区、全市“小微企业三年成长计划”工作考核一等奖等荣誉。全面做好“质量标准品牌三年升级行动”收官工作，全年新增“三强“企业数8家，新增导入卓越绩效管理企业49家，新增为主修订国家、行业、地方标准3个，参与制修订标准7个，规模以上工业企业主导产品采标率达到64.3%，同比增长9.1%；获市政府质量奖企业1家、获得区政府质量奖企业3家。新增省级品牌8件（省名牌3件；省著名商标5件，新增数列全市第一）、市级品牌18件（市名牌7件；市著名商标11件，新增数列全市第二）；新增注册商标1102件；新申报省知名商号2件、国家级守重企业1家、省AAA级“守合同重信用”6家。发布首个区级生态文明地方标准，完成5个生态文明标准化示范点创建工作。国家和省级标准化示范点项目创建成绩显著，第八批国家农业标准化示范项目，在验收中获得全省第一的优异成绩。先后开展“三大一严”（食品安全隐患大抽查、大排查、大整治、严打击专项行动）、农贸市场综合整治、小餐饮整规、医疗器械等16项专项整治行动。全年出动执法人员7972人次，检查8256户次，签订承诺书1000多份，办结各类食品类案件77件，罚没款121.97万元，移送案件10件；在药品抽样领域创新实践“双随机抽查”“你点我抽”，完成食品药品安全各领域抽检940批次抽样检测达到全覆盖，力保“舌尖”上的安全。围绕食品药品、假冒伪劣、知识产权、侵害消费者权益、涉危等行业领域，开展26项专项整治工作，查处各类案件386件，罚没款达580万元，移送公安机关10件。全年开展大规模联合惩治非法传销行动22次，出动执法人员450余人次，捣毁传销窝点75个，查获传销嫌疑人员490多人，教育劝返300余人，刑事立案11件，刑拘29人，大规模打击行动得到国家、省、市等各级领导先后5次批示肯定。强化对童装产业质量的提升工作，全年累计巡查童装及相关企业3300余家次，累计检测（含送检）近10000批次，开设各类培训班18期，培训13000余人次。完成4家省级放心市场，5家市级文明示范农贸市场，19家阳光厨房等民生实事工程创建工作。在全区范围内开展特种设备大清查大整治工作。排查使用单位1887家，发现未列入监管设备300余台，在用设备检验超期52台，企业基本信息不准46家，所有问题都已整改到位。全力推进燃用高污染燃料小锅炉的淘汰整治工作，完成全区140台锅炉注销工作。共受理消费投诉举报3998件，同比增长21.8%，消费投诉处理率、办结率达100%，满意率达91.47%，为群众挽回经济损失659.75万元。开展流通领域商品质量抽查检验86批次，查办投诉转案件22件。

【服务地方经济发展】　完善推进“一照一码”“两证合一”。持续释放商事改革红利，积极落实“住改商”、商务秘书企业等新型登记方式，市场主体增幅明显，颁发“一照一码”营业执照11812份，“两证合一”153份。新设登记内资企业4244户，注册资本（金）2954078.6万元，分别同比增长25.67%、186.4%；全面推行简易注销，构建便捷有序的市场退出机制，办理企业简易注销登记68家，办事效率提速80%，帮助创业者减少“退出难”的后顾之忧，进一步激发市场活力。积极做好企业年报与抽查工作。年报企业数11342家，企业年报率同比增长22.8%；认真开展投资类企业信息抽查工作，完成所管辖区域54家投资类企业抽查工作，其中12家企业拟列入经营异常名录并予以公示；完成省工商局抽中的337家企业进行全面核查，对通过登记的住所（经营场所）无法联系22家企业及未按规定公示即时信息和年报信息的3家企业拟列入经营异常名录并予以公示。全力服务特色小镇建设。按照要求，全力做好部门对接特色小镇服务工作，成立特色小镇服务站，通过建立专项联络员制度、实行局领导带队帮扶等服务措施，为入驻美妆小镇的企业提供咨询、受理等“一站式”服务；积极为美妆小镇检测中心的建设献计献策。强化商标品牌建设，打造“品牌吴兴”。辖区各类市场主体新申请注册商标1005件，共新增注册商标1102件，其中农产品商标65件，服务商标176件。“绿箭”等7件商标申报浙江省著名商标，“德马”等11件商标申报湖州市著名商标，建立以浙江晶日科技照明有限公司、浙江德马科技股份有限公司为主的驰名商标培育库；广告（文化）创意产业园被认定为全市唯一一家省级广告产业园区。全年为11家企业办理商标质押贷款，授信额1.01亿元，发放贷款4350万元。

【支持企业转型升级】　常抓不懈深化“个转企”工作。紧紧围绕“量质并举，以质为先”工作原则，着力培育优质企业，全面提升“个转企”企业存活率。完成新增“个转企”331家，公司占比65.9%，完成市下达任务125%；全区累计完成“个转企”2559家，继续排名全市第一。市政府副市长李建平在市府办编发的《专报信息》第155期《吴兴区“1+2+3+4”模式激发“个转企”新活力》上批示：模式不错，值得肯定。坚持精准服务科学发展。不断延伸服务小微活动内涵，建立健全行政指导工作机制，在吴兴科创园、众创空间成立小微企业品牌指导站和创业创新服务站，专人驻点靠前服务，实现精准帮扶常态化，为不同类型的小微企业“量身定制”专题培训内容。全年走访小微企业、园区等4100多家，收集解决小微企业各类需求、难题398个，举办各类专场培训讲座26场，参训人员达3100余人次。

【助力市场改造提升】　扎实开展农贸市场整治提升。充分结合“三城联创”的工作要求，对全区27家农贸市场开展综合整治行动，有效地改善全区范围内农贸市场的综合环境。完成4家省级放心市场、5家文明示范市场等创建工作。持续推进小餐饮综合整治。全面深入开展全区小餐饮综合整治工作，全区持有效许可证的餐饮单位2065家，持证率达92.8%，持证小餐饮信息等级公示率88.5%，餐饮具消毒设施配备率87.5%，小餐饮行业整体面貌焕然一新。大力开展阳光厨房建设等惠民工程。在中心城区开展“文明示范经营商户”创建活动，优化大中型餐饮单位整体环境，不断推进阳光厨房创建工作，累计完成19家“阳光厨房”的创建工作，完成市对区任务的119%。

【倡导和谐消费维权】　1.扎实做好投诉举报处理工作。全年共受理消费投诉举报3499件，投诉处理率、办结率达 100%，满意率达 90.47%，为群众挽回经济损失 639.75 万元。积极推进消费维权“五进”工作。引导落实全区 50 家消费维权站点的运行，新建 3 家消费维权服务站，新增消费争议快速处理绿色通道企业 6 家，全区绿色通道企业达到 12 家，企业消费维权站自行受理各类消费投诉 3257 件，和解率达 98.58%，为消费者挽回经济损失 297.6 万元。开展流通领域商品质量抽查检验。完成全年抽查检验任务批次，查办投诉转案件 22 件，罚没款 45.2 万元，新发展赔偿先付制度企业 3 家，创建省级放心消费示范区 1 家，全年消费投诉处理率达 100%。

【整规市场经济秩序】 强化专项整治，严打食品违法行为。共开展“三大一严”、农贸市场综合整治、桶装水、小作坊等 11 项专项整治行动。不断强化对食品加工小作坊、食品批发经营单位及仓储地的食品安全源头隐患监管。办结各类食品类案件 77 件，罚没款 121.97 万元，移送食药案件 10 件。突出日常监管，保障药械安全。狠抓日常监管及培训工作，全面开展各项医疗器械专项检查行动，全年完成大规模集中培训 5 次，签订承诺书 1000 多份，共检查企业 60 家，出动 270 余人次，发现问题 400 余条次，责令整改 50 家次。完善体系建设，落实食品安全主体责任。制定和印发《2016 年吴兴区食品安全工作要点》，组织召开全区食品安全会议，与区级各单位层层签订食品安全目标责任书，强化对食品安全信息员的奖惩考核力度；完成食品安全工作信息平台建成，建立协管员、乡镇街道联络等终端 285 个；全区 5 个乡镇街道食安办规范化创建，通过市级验收。重点领域。全面开展专项执法行动。针对民生热点难点类领域，全年先后开展反不正当竞争、涉危等行业 13 项专项整治行动，共办结各类案件 344 多起，罚没款 516 万元，其中大要案 176 起。5.加强行政执法监督。进一步落实体制改革，明确行政处罚主体，统一行政处罚流程及处罚文书，认真开展日常案件的核审工作，按照定性准确、证据确凿、处理恰当、程序合法、文书规范标准的总方向和省局《行政处罚案件质量评查标准》的规定，做好日常案件核审，核审案件 344 件，罚没款达 516 余万元。全年开展大规模联合打击非法传销行动 20 余次，共出动执法人员 450 余人次，捣毁传销窝点 75 个，查获传销嫌疑人员 490 多人，教育劝返 300 余人，刑事立案 11 件，刑拘 29 人，大规模打击行动得到了公安部、省工商局等各级领导先后 5 次批示肯定。全区聚集性传销活动有明显改善，涉传举报数量比上年同期下降 64%，成功摘除“打击传销工作需要加强区”的帽子。

【提升执法监管水平】 自 8 月以来，多措并举做好 G20 杭州峰会安保维稳工作，按照思想认识到位、制度责任到位、力量保障到位、隐患排查到位、宣传氛围到位的五步工作法，累计出动执法人员 6500 余人次，检查各类涉及 G20 维稳安保市场主体 8600 余家次，约谈各类重点单位 400 余家，签订各类承诺书 1500 余份，完成抽样 140 余个品种、758 个批次，责令整改各类问题 487 处，立案查处各类案件 35 件，移送公安机关线索及案件 5 条（件）。荣获全市唯一一个全省“G20 峰会食药保障工作先进集体”称号，全系统 6 人受到省、市级 G20 峰会“先进个人”表彰。

【加强干部队伍建设】 抓教育培训，提升干部队伍素养。围绕部门职能，针对各年龄层干部的性格特点，实施阶梯式培训。结合“干在实处走前列”大比拼活动，开展“学党章党规、学系列讲话”学习教育活动，不断丰富学习教育活动内容。共组织“市场监管论坛”20 期，组织参加各类综合性、业务性培训 60 余次，培训人员 900 余人次，有效提升全系统干部的综合素质、执法办案等能力。抓党风廉政，勤政廉洁更加凸显。以“两学一做”活动为契机，进一步强化党风廉政主体责任意识，通过驻村局长讲党课，支部书记讲党课等途径，有效推动从严治党向基层延伸。开展党组织关系集中排查工作，完成机关党委 182 名党员党组织关系集中排查。完成全局 5 个党支部改选工作。严格落实党委书记“一把手末位表态”“五不直接分管”制度，坚持每周明察暗访、正风肃纪督查，开展明察暗访 38 次，累计检查各单位（科所）210 余次，发出督查通报 10 次。抓绩效考核，日常管理敢于动真碰硬。积极推进领导干部实绩记实和公示公议工作公开晾晒，通过项目领办、实绩记实、实绩公示等环节，实行“周志式”管理，“月结式”备案，“季度式”总结测评。自 6 月开始，在全局实行“日志式”管理系统常态化运行，干部职工实现无纸化考勤，干部日常监管信息化、网络化水平进一步提升。

（刘昱平）

·安全生产·

【概况】　吴兴区安全生产监督管理局主要承担对全区矿山、危化（烟化爆竹）企业安全监管，其他工矿商贸企业的综合监管，及职业病防治监管，指导、协调、督促全区安全生产监督管理工作，承担区安委办的日常工作等。内设“一室五科”，即办公室（监察室）、矿山安全监督管理科、危险化学品安全监督管理科、行政审批科、综合监督管理科（应急救援管理科）、职业安全健康监管科，下设3个事业单位，即安全生产执法大队、安全生产培训服务中心（职业病危害预防中心）、安全生产应急救援指导服务中心。局共有人员30名，其中行政8人（核定7人）、参公事业7人（核定9人）、事业5人（核定7人）、编外10人。全区安全生产工作以“强化红线意识 促进安全生产”为总要求，紧紧围绕年度目标任务，认真贯彻上级文件精神，深入推进安全生产大排查大整治，全区安全生产形势稳定好转。

【安全生产监管体制】　按照“安全第一、预防为主、综合治理”方针，坚持“管行业必须管安全、管业务必须管安全、管生产经营必须管安全”原则，提请区政府常务会讨论通过安全生产委员会“1+X”责任体系，在原来安全生产委员会的基础上新成立6个由分管副区长任主任的专业安全生产委员会（建设专业安委会，教卫文体和社会福利专业安委会，旅游、交通专业安委会，民族宗教、商贸专业安委会，工业企业、特种设备和油气管线专业安委会，农林水土环专业安委会），加上原先成立的道路交通安全领导小组和消防安全委员会，形成“1+8”新体系。年初与各乡镇（街道）、区级有关部门“一把手”签订责任状，明确年度工作目标要求。强化安委办综合协调和行业主管部门与乡镇（街道）属地法定监管责任落实，对照年度责任目标考核办法、季度考核、重点工作月度考核等要求，健全安全责任落实的考评、督查、通报和日常工作督查机制，区安委办年中和年末向区委组织部、区纪委（监察局）通报安全生产情况，以考核促落实，形成合力消除监管盲点，防范事故发生。

【排查治理】　全年开展居住出租房消防安全整治、使用危化企业安全专项整治、合用场所消防安全专项整治、特种设备集中专项整治、道路交通安全隐患排查治理、加油站安全生产集中大整治、矿山企业安全隐患排查整治、“三场所两企业”（有限空间作业场所、涉及可燃爆粉尘作业场所、喷涂作业场所、船舶修造企业、涉氨制冷企业。）专项整治、建筑工地安全隐患专项整治、职业健康安全专项整治、安全生产集中专项检查、安全大检查共12项整治行动，对排定的178家重点监管企业、24处区域性隐患部位、101个不放心点位全部整治到位，落实专人盯死看牢。发放停产停业整顿通知书257份，关闭取缔生产经营单位107家，安全处罚400余万元，拘留360余人，刑拘4人。

【宣传教育】　围绕“强化安全发展观念，提升全民安全素质”这一主题，扎实开展“安全生产月”活动。开展依法治安集中宣讲、区委书记及区长联合署名公开信、“安全卫士”演讲比赛、安全事故警示教育、安全生产有奖竞答、安全应急预案演练、“安康杯”竞赛、示范车间班组标兵创建等系列活动，进一步推动树立安全意识，普及安全知识，提升全民安全素质，形成人人关注安全、人人参与安全、人人共享安全的社会氛围。开展“企业员工素质大提升”活动，加大安全生产培训力度，引导督促企业加强内部师资培养，推动企业自主开展教育培训，完善15家企业安全生产警示教育室。全年共举办各类培训班等101期，培训人员12333人。开展安全生产大走访。共走访企业3893家，谈心谈话企业负责人3828人，集中谈心谈话2124人，发放宣传资料15000多份。依托“吴兴安监”公众微信平台，联合“爱上吴兴”开展安全生产有奖知识竞答，共计2万余人参与。以“安康杯”竞赛活动为载体，在全区规模以上企业开展安全操作规程和安全技能比武活动，提高职工安全健康意识和素质。

【事故情况】　全区除火灾事故外累计发生事故158起，同比下降4.2%；死亡42人，同比下降40%；直接经济损失139.22万元，同比下降59.6%，三项指标实现大幅度下降。

【特点】　先后召开全省、市“智慧用电”现场会，国家安监总局副局长孙华山、李兆前，副省长冯飞，省安监局长华宣奎，市委副书记、市长陈伟俊等省市领导多次到吴兴区，实地参观吴兴区监控服务中心；北京、上海、新疆、义乌等全国省市县多地到吴兴进行考察。根据市政府下达的三年计划，下发关于推进“智慧式用电安全隐患监管服务系统”建设工作的通知，在市财政 25%财政补助的基础上，区政府给予 25%的配套补助，鼓励全区生产经营单位积极安装，全区共安装设备 1 万余套。成立全国首家“吴兴区安全生产监控服务中心”，依托监控服务中心平台拓展安全管理水平，对危化、矿山等重点企业实行视频接入等社会化服务安全托管试点。在 3 家企业完成市级“机械化换人、自动化减人”试点工作，开展矿山领域安全生产在线视频监控系统建设、采场外地笼放料自动化提升等，通过对企业工艺自动化改造，提高企业本质安全水平。不断建立健全安全生产专家库，把危化、矿山、职安、机械、注册安全师等方面专家建档入库，形成一支吴兴区重要安全生产专家队伍。通过政府购买服务的形式，聘请相关行业专家深入基层为企业开展服务。聘请专家参与安全生产大检查、“打非治违”行动、安全生产明查暗访等活动，利用专业技术和眼光，查找问题短板。引入中介机构，建立“公开、公平、规范、高效”的中介服务体系，确保行政审批优质高效。

（叶怡欢）

第九篇　商贸·服务业

·商　贸·

【概况】　全区实现社会消费品零售总额305.17亿元，同比增长11.2%，实现商贸业增加值108.2亿元，同比增长9.2%，占全区GDP的22.7%，占服务业比重的42.3%，初步形成商业集聚区、购物中心、特色商业街、连锁店、专卖店及社区业态的立体商业网点体系，现有5000平方米以上大型商业网点32个，营业面积139余万平方米。共建设行政村便民店381家，直营店48家，行政村覆盖率达100%。

【消费市场】　全区批发和零售业实现社会消费品零售额达272.71亿元，同比增长9.8%；住宿和餐饮业实现零售额32.45亿元，同比增长14.3%。15亿元以上市场全年成交额达253.48亿元。

【特色商贸】　电子商务产业迅速发展，通过“浙江省电子商务示范区”验收，并获选全省“电商换市”升级样本十佳之一。全区实现网络零售额115.8亿元，工商登记在册电商经营主体4239家，其中天猫店487家，占全市57%。织里镇和该镇的大河、秦家港、河西村等“一镇三村”分别被阿里巴巴研究院评为全国19强的淘宝镇和全省62强的淘宝村，其中，大河村入围全省10强的“省级电子商务示范村”。湖州大家园职业技能培训学校成为全国第二家获得“中国国际电子商务中心培训学院”授权的培训分院，爱山商圈获选省级“智慧商圈”试点。

【企业及项目建设】　商贸重点企业培育力度加大，织里童装电子商务产业园成为全市唯一一家获得“省级示范基地，省级电子商务10强基地”的园区，布衣草人、童装城获选“省级电子商务示范创建项目”。商贸流通项目呈建筑规模化、功能综合化发展趋势，全区列入商贸业重大实施类项目16个，总投资125.14亿元，完成投资32.51亿元，实现年度计划投资（21.25亿元）的152.9%，其中列入市服务业“双百计划”重大建设项目5个，完成投资16.94亿元，完成年度投资计划（7.15亿元）的236.9%。亿元以上大项目比重达93.75%，民间投资占总投资87.5%，继续占据主导地位。

【行业监管】　健全商贸流通监测系统及网络，加强对粮油、猪肉、蔬菜等重要生活必需品及成品油、煤炭等重要生产资料市场运行监测分析，明确16家生活必需品生产和流通企业，完善生活必需品等市场应急管理，强化商贸流通领域安全生产工作。

（沈　佳　焦晨康）

·供　销·

【概况】　区供销社围绕深化供销社综合改革这一中心任务，立足服务“三农”、服务基层社，坚持开放办社，积极创新工作思路，突出抓好“两个中心”、生态循环农业、储备任务、信访维稳、工作作风建设等工作，进一步夯实基层网络，壮大社有企业，增强为农服务能力，各项工作任务按计划展开。全年实现销售总额26.65亿元，同比上年增长28.7%；实现利润总额445万元，同比上年增长49.3%。

【供销社发展情况】　立足实际、创新破难，积极调整完善建设思路，区供销社以土地流转为切入口，以参办领办农民专业合作社为手段，以打造高效绿色生态农业为目标，积极参与现代农业建设，搭建为农服务平台，推进农业社会化服务深入开展。通过以湖州维农农资企业为主导，供销社、村合作经济组织、家庭农场、种粮大户等共同参与，积极构建多层次、全方位的农业社会化服务体系，以湖州尹家圩粮油农机植保和湖州钱山下粮油为代表的一批社会影响力大、服务水平高的农民专业合作社，逐步实现从育、耕、种、管、收、加工等环节全程社会化服务，取得良好的社会效益和经济效益。

【项目建设】 全力抓好浙江光普太阳能科技有限公司新厂房的搬迁和招商工作。新厂房投入生产使用后，为加快发展，扩大生产能力，浙江光普太阳能科技有限公司与浙江兴合融资租赁有限公司的设备融资租赁一事经多次洽谈，达成融资1200万元协议，融资购买第三条电池片生产线全部到位。完成湖州钱山下粮油专业合作社投资 300 万元的湖羊基地基础设施建设。

【连锁网络】 主动适应新常态下“三农”需求，加强以湖州维农农资连锁有限公司、湖州老大房超市有限公司为龙头的农村现代流通服务体系建设，把供销社打造成服务农民生产、生活的主力军。全年新增连锁经营网店 9 家、庄稼医院 1 家。实现连锁网点销售 106287.1 万元，连锁网点销售增长率为 15.9%，配送额增长 12.3%，完成农产品市场交易额 17965.7 万元。

【“三社”建设】 坚持“开放办社”理念，秉持以发展基层社为目的，以招能人为手段，以项目、资金为纽带的基层社发展思路取得较好的成效。以新农村建设为契机，以供销社主办、村社联办的形式创建村级综合服务社 9 家，综合服务社在扩大覆盖面的同时，不断拓展服务新内容，提升服务能力，密切与农民利益联结。领办、参办各类农民专业生产合作社 7 家。加强合作社规范建设，扩大产业规模、拓展服务范围，在产、加、销环节上延长产业链。推广“龙头企业+农民专业合作社+农户”生产模式，带动更多农户共同发展，促农增收。

【服务领域】 依托维农农资公司农资供应129家网点、5家庄稼医院，打造农资供应、植保等一体化服务新网络。为确保农资供应不脱销、不断档，维护农资供应市场平稳，维农农资公司每年淡季储备化肥5790多吨，农资服务地域不断扩大。积极开展“放心农资进村”和配合市社开展“两送一推销”等活动。通过活动实行微利销售让利于农，对资金有困难的给予赊账，对困难群众免费赠送化肥等途径让农民朋友切实体会到供销社服务“三农”的诚意。完成好防汛储备任务。按照政府下达的储备计划，区供销社保质按时完成11.3万条麻袋、草包防汛储备和为区防汛指挥部代储备3.2万条麻袋、编织袋的储备任务。在防汛期间较好完成了储备物资的供应任务。

【队伍建设】 区社领导班子坚持解放思想，转变观念，开拓创新，勇于进取，努力提高工作成效，切实担当好推动供销合作事业发展的带头人、领路人。党员干部要坚持“踏石留印、抓铁有痕”的干劲和闯劲，提振“精气神”，保持昂扬向上的工作激情、奋发有为的工作状态，结合新常态下的新要求，敢于攻坚克难。积极推进“三位一体”建设，力求工作出亮点、出特色，不断提升工作层次和水平，用创新的思维和办法解决工作中的困难和问题，把解放思想的成效转化为推动工作、促进发展的动力。结合我社实际，紧紧围绕职能工作重点，加大工作问效的力度，做到盯住不落实的事，追究不落实的人，不断增强工作的责任感，形成全社上下齐心协力共同推进供销合作事业又好又快发展。

（张水忠）

·服务业·

【概况】 围绕提质增效发展核心，全区服务业继续保持良好发展态势。全区实现服务业增加值 256.02 亿元，同比增长 9.5%。服务业增加值占 GDP 比重达 53.7%，较上年同期提高 2.4 个百分点，高于目标任务（提高 1 个百分点）1.4 个百分点。服务业拉动 GDP 增长 5.0 个百分点，对 GDP 增长的贡献率达到 60.8%。全区累计完成服务业固定资产投资 184.80 亿元，同比增长 16.6%，稳居全市第二，高于目标任务（14%）2.6 个百分点，分别高于全部投资和工业投资增速。服务业固定资产投资占全社会固定资产投资的比重达到 63.3%，拉动全社会固定资产投资增长 10.2 个百分点，贡献率达 73.8%。

【服务业产业分布】 全区服务业发展以创新、协调、绿色、开放、共享五大发展理念为引领，紧紧围绕打造“生态吴兴、经济强区、科技新城、幸福家园”的总体要求，坚持创新融合、集聚互动、特色内涵发展原则，着力构筑“4+3+3”现代服务业产业体系，强化空间集聚互动，打造“一主一辅两带两区”服务业空间布局结构。“一主”，即吴兴区服务业发展极核。依托“一港三园”（总部自由港、吴兴科创园、多媒体产业园、高新区科创园），发展科技服务、信息服务、文化创意、现代金融等新型服务业态。推进丝绸小镇建设，重点发展设计、创意和休闲旅游业态，打造“国际丝绸时尚中心”和“丝绸文化体验中心”。“一辅”，即织里童装生产性服务业集聚示范区。打造集新型专业市场、电子商务、文化创意、现代物流、信息服务、商务服务等功能为一体的综合型高端生产性服务业集聚地。“两带”，即吴兴大道服务业发展带、滨湖生态休闲观光带。以吴兴大道为主干廊道，辐射串联丝绸小镇、吴兴科创园、多媒体产业园、总部自由港、众创空间、浙北金融中心、织里童装生产性服务业集聚区和万达广场等重要服务业平台载体，形成集信息服务、研发设计、现代金融、电子商务等生产性服务业于一体，融合现代商贸、休闲旅游、文化创意等生活性服务业的现代服务业发展长廊。深入推进滨湖一体化发展，积极培育南幻溇风情小镇，建设幻溇社区旅游服务中心、义皋溇港古村落，以滨湖大道为交通脉络，有机串联生态农业、文化资源，发展生态观光农业和文化休闲产业。“两区”，即中心主城区和西南片区。中心城区重点发展现代商贸、楼宇经济、现代金融、城市旅游、文化创意等服务业态，发展社区服务、中介服务等公共服务业态。西南片区发挥西塞山省级旅游度假区品牌效应，多元发展休闲旅游、健康养生、避暑度假、文化体验、运动康体等生态养生型旅游服务业态，丰富旅游产品体系，建设完善旅游交通体系。

【成效】　全区服务业围绕提质增效发展核心，突出项目引建、企业培育、平台打造、产业提升等工作重点，主要取得以下成效。

完成规划编制并发布实施。区服务业发展“十三五”规划于12月由区人民政府正式发布实施。《规划》明确“十三五”期间，吴兴区将着力发展信息服务、科技服务、休闲旅游、文化创意四大主导服务产业，培育发展健康服务、金融服务、现代物流三大新兴服务产业，提升发展现代商贸、房地产业、社区服务三大传统服务产业，积极构筑“4+3+3”现代服务业发展体系。

强化重点项目引进推进。全区集中签约服务业项目59个，占全部项目的54%。在全区6批集中开工项目中服务业项目29个，占比57%，总投资达223亿元。全年新增服务业项目统计入库32个。通过双进会等形式解决各类项目推进问题12个。60个区服务业重点项目累计完成投入79.92亿元，完成年度计划的118%，其中25个项目新开工，竣工项目21个。23个市“双百”项目累计完成固定资产投资38.96亿元，完成年度计划的187.3%。卢银涛鼎文化、创博云计算等4个省服务业重大项目竣工。

着力服务业企业培大育强。联合乡镇街道和产业平台开展服务业企业走访活动，累计走访骨干企业及小微企业30余家。开展区服务业优强企业评选，14家企业获得“2015年度吴兴区服务业优强企业”称号。累计完成限上服务业企业新增及“下转上”42家，其中服务业单位19家，列全市第一，是年新增服务业规模单位3家，均超额完成市定目标任务。

加快服务业平台提升发展。织里童装生产性服务业集聚区电子商务产业园基本满员，入驻织里童装阿里巴巴产业带商家达到2400多家，网上销售额突破20亿元。《吴兴科技创业园建设发展规划》由区政府批复实施，总部自由港（EBD）成功入驻总部类项目15个。湖州多媒体产业园新引进中新房、恒大两家世界500强企业。成功举办中国·吴兴西塞山旅游度假区推介会。丝绸小镇列入省特色小镇文化建设示范点。浙北金融中心新入驻金融机构24家，累计41家。环渚街道现代服务业集聚区累计引进服务业重点项目10个，吴兴梦工场创业基地正式启动。

资源要素争取成效明显。湖州农产品物流集散中心、原乡假日小镇、织里童装生产性服务业集聚区等7个项目成功申报获得2016年国家专项建设基金4.29亿元，现代物流设备研发中心、吴兴东部新城建设等3个项目获得中央预算内资金4.03亿元。争取省服务业发展专项引导资金30万元，市服务业引导资金680.259万元。浙北大厦集团有限公司列为省服务业重点企业。28家服务业企业被评为“2016年度市服务业优强企业”，列全市第一。列入2017年省服务业重大项目16个。

【政策】　为进一步优化全区服务业发展环境，全力推进服务业大平台大产业大项目大企业建设，加快构建现代服务业体系，出台《关于进一步加快吴兴区服务业发展的十八条政策意见》（以下简称《政策系统》），加强对服务业重点项目、重点平台、重点企业和新兴行业的支持，着力促进我区服务业结构优化、转型提升、增强引领、示范带动，实现跨越式发展。《政策意见》包括十八条扶持政策，主要在大好高项目引进推进、集聚示范区建设、大企业大集团或企业总部引进、龙头企业培育、企业转型提升、限上服务业企业发展、企业标准化建设、企业税收奖励以及电子商务、现代商贸、旅游、文化、物流、服务外包、科技信息等重点产业培育发展等方面科学引导，加强扶持。突出大项目引进。《政策意见》对引进世界500强服务业企业和省级以上服务业重点企业到本区落户，以及列入省服务业重大项目、市“大好高”项目根据投资进度等给予奖励，全力推进大项目建设。突出大平台建设。《政策意见》加大服务业集聚示范区建设推进支持力度，凡是首次获得国家级、省级现代集聚示范区的均给予一次性奖励，对集聚区内引进各级公共服务平台、研发机构等给予支持，加快推动集聚示范区建设。突出大企业培育。《政策意见》鼓励引进服务业大企业大集团或企业总部，优先支持龙头企业培育，引导发展服务业限上企业，推动服务业企业转型提升，同时鼓励企业加强品牌和标准化建设，提升服务业发展水平。突出大产业发展。《政策意见》突出支持电子商务、文化创意、现代物流、服务外包、科技信息等新兴服务业培育发展，根据行业特点明确支持重点，指导性、可操作性比较强。

（沈婧莹）

第十篇 对外开放·旅游业

·招商引资·

【概况】 全区新批准外商投资企业16家，增资企业13家，减资3家，完成合同外资36653万美元，完成市年度目标的128.6%，总量列全市第二位；完成实到外资22377万美元，完成市年度目标124.3%，总量列全市第一位。

【引资结构】 全区批准的32个外资项目中，一产项目1个、二产项目10个、三产项目21个，三产服务业项目较上年明显增多。一产项目实现合同外资1200万美元，占新批项目合同外资总额的3.3%；二产项目实现合同外资 1854 万美元，占总额的5.0%；三产项目实现合同外资33599万美元，占总额的91.7%。外方资金主要来源于中国香港地区等地区，英属维尔京、开曼群岛等国家。

【引资方式】 全年批准的32个项目中，外商独资项目27个，合同外资36836万美元，分别占总数的84.4%和100.5%，为全区外资企业引进的主要方式；中外合资项目5个，合同外资达183万美元。32个项目中，增资项目13个，合同外资8702万美元，分别占总数的40.6%和23.8%。

【项目】 全区新批准的16个外资项目中，总投资1000万美元以上项目11个，合同外资29536万美元，占合同外资总额的80.6%；总投资3000万美元以上项目6个，合同外资23782万美元，占全部合同外资的64.9%。认定市外资“大好高”项目8个，合同外资共计19961万美元，实到外资7902万美元，列全市第一。

【平台引资】 全面推进“精准招商突破行动”，加快平台建设，承载能力进一步提升。吴兴经济开发区（织里分区、埭溪分区）批准外资项目16个，占全区项目总数的50%，其中新设立项目6个，增资项目10个；完成合同外资10222万美元，占区合同外资总额的27.9%，其中新批总投资1000万美元以上项目5个；实际利用外资6531万美元，占区实到外资总额的29.2%。高新区批准项目10个，合同外资17305万美元，占全区47.2%。八里店、道场、妙西、东林、环渚街道等其他乡镇街道共批准外资项目6个，合同外资9126万美元，占全区24.9%。

（吕 慧）

·对外贸易·

【概况】 吴兴区对外贸易发展面临较大挑战。全年完成进出口额821038万元，同比下降8.1%，其中出口681968万元，同比增长0.9%，进口139070万元，同比下降35.8%。

【贸易主体队伍】 全区新增进出口企业主体48家，新增进出口额59341万元，进出口实绩的外贸企业346家，其中进出口超百万美元的企业153家，超千万美元的企业共33家。民营外贸企业是全区出口的主要力量，全年完成自营出口579435万元，同比增长2.1%，占出口总额的85.5%；三资企业完成自营出口97988万元，同比下降7.5%，占出口总额的14.5%。

【进出口商品结构】 全区出口纺织品301952万元，同比下降11.1%，占出口总额的44.6%；出口机电产品 214774 万元，同比增长 19.6%，占出口总额的31.7%；出口杂项制品57006万元，同比增长4.0%，占出口总额的8.4%。进口贸易方面，木材及其制品进口额46057万元，同比增长22.1%，占进口总额的33.1%；羊毛进口额25762万元，同比下降16.4%，占进口总额的18.5%；机电产品进口额21349万元，同比下降70.4%，占进口总额的15.4%。

【贸易方式】 全区一般贸易进出口额 723800 万元，同比下降 8.5%，占外贸总额的 88.6%，其中出口 619226 万元，同比增长 1.2%，占出口总额的 91.4%；加工贸易进出口额 91218 万元，同比下降 8.1%，占外贸总额的 11.2%，其中出口 58197 万元，同比下降 5.9%，出口总额的 8.6%。

【市场拓展】 以展会为切入点，引导、支持企业深化美、欧、日、港等传统市场，拓展拉美、东南亚等新兴市场及"一带一路"沿线国家市场。全年组织 146 家次企业参加 30 多个市、区重点支持的境内外展会，设 9 平方米标准摊位近 300 个。几大主要市场出口有所增长，传统市场中，出口欧盟 133687 万元，同比增长 12.1%；新兴市场中，出口东盟 79103 万元，同比增长 29.4%；出口孟加拉国 39524 万元，同比增长 9.5%。

【外贸转型升级】 加快推进本地民营企业转型升级，大力引进高附加值、高技术含量的机电项目。机电产品出口占全区出口总额的 31.7%，占比同比提高 5.2 个百分点，成为吴兴区的第二大出口商品。大力推进品牌建设，复核通过省、市出口名牌企业 3 家（中新、全美、七幸）；获得"浙江省名优特产品企业" 3 家（创盛、三一、阳昇）；获得浙江省"品质浙货"领军企业 1 家（三一）。截至年底，全区市级以上出口名牌企业共 12 家，其中省级出口名牌企业 6 家，名牌产品出口额共计 1.82 亿美元，占全区出口总额的 17.8%。

【企业服务优化】 充分发挥吴兴区服装（童装）和金属材料两大产业省级外贸预警点上传下达的桥梁作用，发布预警信息近 300 条，在积极发挥预警网站、编发专刊等平台开展预警工作的基础上，通过加强上下联动培训、举办法律服务活动、开展部门互动指导等方式，增强国际贸易风险防范意识，帮助企业有效应对各类国际贸易壁垒。全年组织 300 余家次企业参加外经贸政策、业务及出口风险发布会等培训活动，走访服务企业 100 多家次，及时帮助协调解决进出口环节遇到的困难和问题。

（吕　慧）

·对外经济·

【概况】 全区新批境外投资项目 9 个，其中增资项目 2 个，并购项目 1 个，境外直接投资总额 897 万美元，完成外经营业额 345.4 万美元。

【境外投资质量】 企业"走出去"意识有所提高，境外项目质量进一步提升。新批 9 个项目中，4 个项目的投资主体为省级以上高新技术企业，其中创盛光能源日本公司致力于开发以家庭为单位的小型太阳能光伏发电组件，通过境外投资提高企业整体技术水平，进一步拓展亚洲市场。妮素日本公司株式会社 UNISPEED 增资 135 万美元，建设跨境电子商务海外仓。

【境外投资领域】 积极引导企业在更大范围、更广领域、更高层次拓展市场，境外投资市场进一步开拓。吴兴区企业分别在越南、美国、澳大利亚、塔吉克斯坦、比利时等国家和中国香港地区等地区设立公司或办事机构，投资领域也由原来单一的纺织业，扩大至纺织品、建材、光伏、物流设备、电子商务等多个行业。

【境外承包工程】 积极引导、服务浙江大东吴集团申报境外工程承包资格，获得省厅批准，服务核工业井巷巴基斯坦核电站隧道施工项目获得实质性进展。截至年底，吴兴区有境外工程承包资格的建筑企业累计达到 7 家，分别是建工集团、乔兴建设、中屹建设、升浙建设、核工业井巷建设、疏浚工程、浙江大东吴集团建设。通过培训指导及加强与相关商协会、兄弟单位的业务对接，支持企业参建"一带一路"沿线国家和地区的基础设施建设，推进资质企业与行业内先进工程企业的合作、联盟。

（吕　慧）

·旅　游·

【概况】 吴兴地处长三角的地理中心，素有"鱼米之乡、丝绸之府、文化之邦"的美誉。拥有"世界丝绸之源""陆羽《茶经》故里""世界灌溉工程遗产"等一系列靓丽的文化名片。主要有西塞山旅游度假区、菰城景区、移沿山景区、金盖山景区、龙溪玫瑰园景区、钱山漾景区等旅游平台。吴兴区围绕"绿水青山就是金山银山"的发展理念，以"旅游服务业见效行动"为主抓手，聚焦"原乡丝韵、水墨吴兴"旅游品牌，全力推进平台建设、项目双进、产业培育、宣传营销等各项工作，全区旅游呈现出蓬勃发展的良好态势，全年接待国内外游客1624.95万人次，同比增长29.72%；实现旅游总收入147.11亿元，同比增长63.93%，跑出湖州旅游崛起的“吴兴速度”。

【项目建设】　全区12个重点旅游项目，列入省服务业重大项目3个，省扩大有效投资“411”重大项目3个，省重点建设项目2个，市重点建设项目3个，市服务业“双百”项目10个。12个区重点旅游项目完成投资额10.23亿元，完成年度目标的116.25%。引进旅游项目16个，总投资274.89亿元，其中10亿元以上项目6个。西山漾景区（丝绸小镇）、湖州国际乡村旅游度假精品示范区项目、吴兴知了帐篷露营地建设项目3个项目成功入选2016年全国优选旅游项目名录。南山颐养园、西塞山前木屋度假村、原乡小镇3个项目成功列入全省第二批“坡地村镇”建设用地试点。原乡小镇项目作为省重大旅游投资项目在2016中国（宁波）—中东欧旅游合作交流会上签约。编制完成《吴兴区休闲旅游发展“十三五”规划》。

【乡村旅游】　太湖溇港入选世界灌溉工程遗产名录。吴兴区成功创建省级休闲农业与乡村旅游示范（县）区，龙溪玫瑰园入选省级休闲农业与乡村旅游示范点。龙溪玫瑰园、湖州钱山漾景区被评定为AAA级景区。妙西茶文化（“台湾村”）乡村旅游集聚示范区和吴兴滨湖（“韩国村”）乡村旅游集聚示范区都入选“2016最美中国榜”。吴兴区荣获中国旅游总评榜“年度全域旅游推进奖”。妙西镇、莫干山圣岛莫干、狮子山庄等企业入选“2016浙江旅游总评榜”。移沿山村入选“浙江十大最美乡村”。清水河农庄、土蛋哥家庭农场纳入第二批“浙江省果蔬采摘旅游基地”。

【旅游企业】　旅行社（含开发区）27家，其中出境旅行社6家；星级品质旅行社8家，其中五星级1家、四星级6家和三星级1家。旅游星级饭店（含开发区）10家，其中四星级4家、三星级6家、绿色饭店8家。共有A级景区7家，其中AAAA级景区1家，AAA级景区4家，AA级旅游景区2家。

【营销宣传】　市区联动启动“世界丝绸之源”专场推介，央视4套《国宝档案》节目播出《吴越寻奇——丝绸寻源》。作为发起单位之一发起成立中国全域旅游推进联盟，促进旅游交流合作。陆羽古道成功入选2016“中国十大古道”，大型纪录片《霞幕北飞》举办首映活动。组织参加第八届中国国际旅游商品博览会、2016浙江（上海）旅游交易会、中国国际旅游交易会等大型营销活动。赴广州、深圳、北京、南京、杭州、上海开展专场宣传推介，全方位展示“原乡丝韵，水墨吴兴”魅力，进一步开拓客源市场。以“蝶恋西塞山 原乡在妙西”为主题，举办中国　吴兴西塞山旅游度假区推介会。《都市快报》刊发“牵手G20高端访谈”吴兴专版，区委副书记、区长吴智勇向杭州市民全方位推介吴兴区旅游。包装策划赏花、运动、亲子等为主题的特色旅游节庆活动35次。中央、省市媒体平台报道吴兴旅游100余次，发布旅游信息168篇，推送微信图文信息115篇，微信公众号连续10期在湖州政务类微信影响力排行榜上位列全区十强。

【旅游管理】　组建区交通旅游集团，作为首批理事单位加入浙江省国有旅游集团联盟。挂牌成立西塞山旅游度假区管委会、区旅游执法大队和区旅游质量监督管理所。对全区旅游企业开展旅游行业安全生产标准化考核，认定A级旅游单位10家、B级10家。制定吴兴区《2016年度旅游企业安全生产管理目标考核办法》，召开全区旅游企业安全管理工作会议，与38家旅游企业签订安全生产目标责任书。制定“平安护航G20”工作方案，对全区旅行社、A级景区、星级饭店进行全面排查，突出隐患排查治理，确保无旅游安全事故发生。开展“四打一整”旅游市场专项整治，与全区旅行社签订诚信经营承诺书，全年出动检查74人次。参加第四届市金牌导游大赛，2人获湖州市“金牌导游”称号。加大旅游人才培养力度，积极组织参加全市“六个一百”旅游领军人才各类培训班。举办2016年乡村旅游人才培训班、2016年湖州市景点景区导游员资格考试培训班。

（赵晓慧）

第十一篇　城乡建设·环境保护·交通·通信

·城乡建设·

【概况】 吴兴区东部新城建设在建项目48个，完成投资32.5亿元，其中政府性投资11亿元。围绕新农村建设、百千工程，完成省级验收5个，启动4个美丽宜居示范村建设，3563户农房改造。完善住房保障和房地产管理，保障性住房年度任务4282套，77.89万平方米，其中货币安置任务955户。超额完成住房公积金年度任务，实际完成新增住房公积金归集人数5985人，完成率157.59%。

（卢明佳）

【规划工作】 规划编制。配合启动总体规划修编。围绕高质量建设生态型滨湖大城市的总体目标，凸显吴兴特色，积极配合市政府开展新一轮总规修编。全面推进单元控规编制。吴兴区规划管理范围共26个单元，其中批复控规单元19个、会审待批3个、完成方案搞2个、暂未开展2个，为吴兴区城乡建设发展提供法定依据。补充完善城市设计和专项规划。完成《吴兴区东部新区绿道网专项规划》《丝绸小镇核心区城市设计》《织里停车场（库）布点规划》，与执法局共同编制完成《东部新城户外广告规划》。推进编制生态景观规划。全面启动《乡村田野规划》，突出农业生态优势，打造 “滨湖生态农业”。

规划审批。做好全区项目的规划审批服务，共核发建设项目选址意见书15件，建设用地规划许可证53件，建设工程规划许可证53件，建设工程规划验收确认意见书32件。

规划服务。切实发挥分局职能优势，全面提升分局桥梁纽带作用。根据市局工作部署，围绕区委、区政府发展战略目标，抓住中心，服务大局，在战略研究、规划编制和城市管理上出谋划策，规范管理，促进社会经济可持续发展。扎实开展“服务效能提升年”活动。推行上门服务、现场服务，全力拓展服务渠道，进一步提升规划服务品质。大力推进规划行政服务提速增效。实施方案“预审批”，推行“容缺受理、补全发证”的办理模式，提高服务效率。超前参与招商工作，主动参与规划服务，通过全程参与、提前介入，使重要招商项目能在前期达成共识，加快招商建设进度。

（巩奇峰）

【重点工程】 以“东部新城崛起行动”为纲领，持续引领“湖城向东看”，全力打造湖州新型城市化的东部时代，围绕丝绸小镇、公建配套、基础设施、商业开发四大版块，累计完成投资32.5亿元。湖州万达广场正式对外营业，富力、恒大、碧桂园等全国知名房地产企业落户东部新城，枫叶国际学校、吴兴实验中学、吴兴实验幼儿园、区文体中心、邦尔骨科医院等优质的教育医疗文化资源加快在东部集聚。东部新城人气集聚，全年大东部区域房地产占市本级的近一半。“丝绸小镇”被省文化厅授予“特色小镇文化建设示范点”称号，西山漾景区被省生态文化协会、省林业厅授予“浙江省生态文化基地”称号，入选《全国优选旅游项目名录》。

【新农村建设】 2016年，农村住房改造建设项目有戴山社区二期、郑港社区、常溪农民安置社区一期、常溪农民安置社区二期、义皋新村一期、西山社区二期、埭溪上强新村。

【百千工程】 以农村垃圾收集处理为重点，集中清理处置农村沿路沿河、房前屋后暴露的垃圾，全面消灭村庄积存垃圾、卫生死角、露天粪坑、污水坑、臭水沟，改善村容村貌。按照组织、制度、设施、资金、人员“五落实”的要求，强化考核监督机制，巩固提升现有的全覆盖、全收运的“户集、村收、乡镇运、市处理”的农村生活垃圾集中收集处理体系。开展对5个省级美丽宜居示范验收村和3

个美丽宜居示范村验收启动村的日常指导督查工作，5 个验收村通过省级验收，其中妙山村验收评为优秀，3 个启动村完成总工程量的 40%。

【房地产管理】　不断加大保障性安居工程建设力度，全年新开工保障性安居工程 4 个，4282 套、70 余万平方米，开工率为 100%；严格执行商品房买卖合同备案、变更、撤销的程序，完成商品房买卖合同网上备案 3912 份、合同变更 98 份、合同撤销 225 份；加强辖区内房地产管理，核准房地产开发企业暂定资质 14 家、四级资质 8 家。

（卢明佳）

·环境保护·

【概况】　区环保局紧紧围绕中心，立足本职，以“补齐环境治理短板”为重点，深化污染防控，严格环境监管，强化指导服务，全方位抓好“治水、治气、治土”工作，大力开展生态创建工作。国家生态区创建通过环保部正式命名，G20 环境保障任务圆满完成，治水治气工作取得新成效，环境质量得到进一步改善。交接断面水质考核优秀，全区 16 个市控以上断面地表水环境功能区达标率达 100%，老虎潭水库饮用水源地水质达标率达 100%；PM2.5 日均浓度 46 微克/立方米，同比下降 17.9%；区域环境噪声 53.7 分贝；省控以上工业企业监督性监测达标率为 100%。

（童　悦）

【服务转型升级】　强化环境准入引导。以“十三五”产业发展和重大产业发展为载体，全面把好“空间准入、总量准入、项目准入”三大关口，大力推进规划环评。全年共审批建设项目 171 个，项目总投资 268.2590 亿元。强化审批制度改革。注重项目审批分类管理，深化工业企业“零土地”技改项目环评审批制度改革，对符合条件的项目实行承诺备案制，切实提高环评服务效能。全年实施“零土地”技改备案项目 32 个，豁免审批项目 23 个。强化监管手段创新。按照事中事后监督机制，严格落实专人负责建设项目“三同时”验收，通过电话回访、现场巡视等形式，全面掌握建设项目进度，督促企业及早申报验收。全年试生产备案 17 个，建筑验收备案 58 个，“三同时”验收 82 个。强化重点项目服务。优先保障民生工程项目、招商引资项目、盘活存量土地项目建设，如浙商回归、埭溪美妆小镇、西塞山旅游度假区等重点项目，坚持主动上门对接，积极给予指导性意见，确保项目审批顺利进行，助推全区经济转型升级。全年服务企业项目 632 家次。强化违规项目清理。按照省、市相关要求，对 2003 年以来违法违规项目进行清理。完成未批先建项目清理 126 个，未验先投项目清理 811 个，完成率均达 100%。

（吴　杰）

【污染物减排】　积极与发改委、农林部门及乡镇、企业沟通对接，深挖污水处理、结构调整、产能优化、农业污染治理等方面减排潜力，完善工作机制，扎实推进污染物减排工作。制定年度减排计划。排定 19 个减排项目，其中水污染物减排 10 项，大气污染物减排 9 项，明确时间要求和减排措施。加强重点项目服务。通过规范减排项目实施管理、季度减排绩效评估、强化环境执法监管等手段，及时跟进减排项目，对污水厂、热电厂等重点项目主动进行现场调研、服务指导，对存在的问题及时提出意见建议。强化重点企业督查。加强重点污染企业的专项检查，确保污染治理设施正常运行和企业污染物达标排放，使污染物减排落到实处。强化重点污染源监督。加快污染源在线监测监控系统的建设和数据有效性审核，强化重点污染源的监督管理。年度推进情况。经省、市减排办核定，相比上年，COD 下降 2%，氨氮下降 2%，二氧化硫下降 4.5%，氮氧化物下降 4%。

（沈建华）

【生态建设】　加快国家级生态建设。点、线、面结合，不断扩大生态示范创建，吴兴区被环保部正式命名为国家级生态区。全区 7 个乡镇全部创建国家级生态乡镇，累计创建市级生态村 132 个。启动美丽湖州。将吴兴区生态建设领导小组调整为吴兴区美丽湖州建设领导小组，建立由区委书记、区长任组长，相关分管副书记、副区长任副组长，各部门“一把手”为成员的美丽吴兴建设领导小组，明确工作目标责任与分工。对照市对区考核要求，将工作任务分解至相关部门，各职能部门通力合作，圆满完成年度考核。推进试点建设。根据《吴兴区自然资源资产负债表编制和开展领导干部自然资源资产离任审计试点实施方案》相关要求，扎实开展环境质量方面的自然资源资产负债表编制工作。积极配合乡镇（街道）做好领导干部自然资源资产离任审计试点工作，结合经济责任审计项目同步进行审计。加快培育生态示范，努力采取树立样板、以点带面的办法，全力打造示范精品。

（金天红）

【环境污染防治】 铁腕治水。低小散行业治理方面，大力开展砂洗印花行业整治，509家直排小印花全面清零，19家小砂洗、143家小印花企业集聚入园，全面实现童装砂洗印花产业转型升级；大力开展漾西铝合金行业整治，15家涉炉企业的熔铝炉及配套废气处理设施全部拆除并改造完毕，10家企业污水站进行改造提升，29家涉水企业实现截污纳管；大力开展东林喷水织机行业整治，201家企业关停33家，168家完成中水回用和纳管工程。农业面源污染治理方面，与农林部门联合开展畜禽养殖关停整治行动，103家直排生猪养殖场全面关停；区、镇、村协同作战，合力拆除温室龟鳖养殖棚150万平方米，顺利实现东林镇温室龟鳖清零目标。基础设施建设方面，深入推进农村生活污水治理，实施20个行政村的农村生活污水治理项目全部完工，新增受益农户5373户；深入推进截污纳管，积极助推织里镇区等区块的管网雨污分流建设与改造，基本解决织里镇秦家港社区的群众举报较多的雨污串流问题，全面完成农村环境连片整治项目8公里管网铺设工作。饮用水源地保护方面，一手抓源头把关，一手抓存量治理，自8月17日起，持续45天对全区6个乡镇级以上集中式饮用水水源地开展环境安全隐患排查，查封一级保护区内企业2家，充分保障饮用水安全。攻坚治气。着力抓好扬尘、废烟、废气治理。落实2个场平及4个房屋拆迁点进出道路硬化等扬尘防治措施；23条主要道路实施机械化清扫并建立常态化长效保洁机制；落实南郊旅游公路、湖织大道2个项目施工裸土治理；落实9家水泥粉磨站、搅拌站长效监管机制；完成矿山生态保护与粉尘治理8家；完成码头公路扬尘治理32条；完成高污染燃料小锅炉拆除改造76台；完成251家餐饮油烟单位建档摸底工作并完成餐饮油烟净化装置安装276家；秸秆综合利用率达95.5%；完成推广测土配方施肥56.5万亩，完成率达100.89%，商品有机肥8200吨，完成率达102.5%；完成黄标车淘汰80辆，完成率133%，查处无牌无证摩托车198辆；积极配合做好老旧船舶改造和淘汰，船舶尾气治理率达100%。同时，加快推进VOCs行业整治，按照省、市有关部署，完化工、橡塑行业4家企业进行VOCs整治。3.重拳治土。围绕《土壤污染防治行动计划》，以污染场地排查修复、危废规范化管理、农业面源污染治理为重点，严格落实土壤污染防治。完成振生、金业2家电镀企业强制性清洁生产工作。组织全区90余家相关企业开展固废、危废申报登记，推进2个重点危废处置利用项目（富联废铅蓄电池收集和清源环保废矿物油综合利用）实施，推进2个平台（危险废物全过程监管和处置费统一结算平台）建设，完成4家企业的潜在污染场地排查。

（匡　勇）

【环保执法监管】 持续加大执法力度。建立一般区域定期查、重点区域反复查、全天时段突击查、特殊行业重点查、接到举报立即查、发现问题及时查“六查”机制，不断创新监管模式，从严从重从快处理。全年出动执法人员11351人次，检查企业5592家次，下发各类改正决定书439件，行政处罚案件33起，实施处罚金额217.3万元，启动按日计罚2起，限产停产1起，实施查封扣押48起，移送公安涉行政拘留11起，涉刑事犯罪3起。有效开展专项行动。自4月25日省、市、区百日环保专项行动开展以来，围绕“五水共治”，畜禽养殖，污水处理厂管理，工业园区、集聚区及企业污染防治，媒体曝光环境问题“回头看”等执法检查重点开展全域排查，出动执法人员4249人次，检查企业2064家，下发各类改正决定书152件，行政处罚26家，实施处罚金额162.9万，同比上升63%、183%，实施查封扣押26起，同比增加766%，移送公安11起，其中行政拘留8起，刑事犯罪3起，同比上升166%、300%。通过“吴兴时讯”“爱上吴兴”公开曝光5期25起，环境违法典型案件，达到“严打一批、威慑一片”的效果。全面开展污染源日常环境监管随机抽查，从项目审批、三废处理、现场管理等方面对抽查企业进行全身“体检”，按照“一厂一档”要求，建立污染源日常监管动态信息库，提升污染源在线监测实效，着力提高环保信息化管理整体水平。全年完成128家企业随机抽查，下发环境监察意见书37份，立案查处3家。妥善处置信访投诉。聚焦社会关注关心、群众反映强烈的突出环境问题建立全区矛盾纠纷环保分中心，健全领导负责制、包案制，完善环境信访和热线承办工作，规范投诉受理、问题沟通、现场调处、答复回访等工作环节，切实提高信访办理实效。成功化解立方实业和318国道黑烟囱环境污染2件积案，承办环境信访案件653

件，所有信访件处理率、结案率均达100%，加强环境舆情排查整治，全力应对和处置重大涉环境舆情和群体性信访事件，全年未发生因环境问题引发的非正常赴京集体上访。扎实推进风险源管理。制订《吴兴区2016年度企业突发环境事件应急预案备案管理计划》，13家强制性应急预案备案企业完成备案。强化环境突发事件应急管理，高效应对和处置突发环境事件，处置东林镇保国村槽罐车翻乙二醇泄漏事故和杭宁高速湖州段汽油槽罐车翻车2起突发环境事件。定期开展环境安全隐患排查，G20峰会期间，确定风险企业36家，风险区域3个，从严落实管控措施，累计出动人员477人次，检查点位1442个，发现问题6处，完成整改6处，及时回复市督查交办单3件。全年未发生重大环境安全及污染事故发生。

（郑焦光）

【工作机制与环保宣传】 全面落实“一岗双责”。局党组高度重视党风廉政建设工作，牢固树立“抓好党风廉政建设是本职、不抓党风廉政建设是失职、抓不好党风廉政建设是渎职”的理念，年初制定党风廉政建设工作计划与责任分工，逐项分解重点工作，定期召开专题会议研究部署党风廉政建设工作；局主要领导同班子成员、分管领导同科室负责人、科室负责人与其他干部逐级签订党风廉政责任书，层层传递压力，确保责任落实到边。着力推进正风肃纪。研究出台多项效能制度，围绕加强作风效能建设，持续加大正风肃纪自查自纠力度。全年局内部累计开展正风肃纪明察暗访257次，未发现违规违纪行为。从严从紧权力监督。党组会议、局务会议始终坚持“三重一大”决策制度和民主集中制，严格执行主要领导“五不分管”“末位表态”，严格落实“五事阳光”。围绕重点领域、关键环节，班子成员每人领衔一个廉政风险防控项目，对项目推进情况实行全程监督。建立健全各类制度，对公车使用、公务接待、干部请假、出国（境）、差旅费等进行长效管理。扎实开展廉政教育。坚持每周廉政短信提醒，每月“党纪教育一刻钟”，每季廉政谈心谈话常态化，每半年分管领导向主要领导汇报党风廉政工作情况，做到招呼常打，警钟长鸣。切实加强队伍建设。以“两学一做”活动为契机，扎实开展党性体检、党员固定活动日、学习教育大讨论，深入贯彻中共十八届六中全会精神，严守政治纪律，坚定不移向中共中央看齐，向党的理论和路线方针政策看齐，向中共中央决策部署看齐，全面落实从严管党治党要求。充分落实民主生活会，述廉述职，廉政档案，努力建设一支作风强硬、真扎实干的环保队伍。加大环境保护宣传。以吴兴区成功获评“国家级生态区”荣誉称号为契机，充分发挥各级媒体作用，瞄准生态文明建设领域值得全国借鉴的经验做法、制度创新等亮点，加大深度报道，集中展示吴兴生态名片。编制《环保法律便捷手册》《大气污染防治法律法规》，进企入户发放《深化环境法治、建设生态吴兴》《环保法律我遵守》等宣传简页6万余份，进一步提升生态环境公众知晓率和生态环境质量公众满意度。发动全民参与环保。以世界环境日、“浙江生态日”主题宣传为契机，加强与区宣传部、教育局、团区委、生态文明办等部门合作，组织开展吴兴区第二届环保达人评选、环保志愿者在行动、绿色细胞创建等系列活动，积极倡导社会公众参与环境保护，共同构建生态环保“大宣教”格局。全年，全区公众环境质量满意度得分为72.31分，同比提高3.65%。

（戴琴琴）

·交　通·

【概况】 吴兴区位于浙江北部、太湖南岸，东距上海150千米，南接杭州86千米，西连南京230千米，北隔太湖，与苏州、无锡相望，地处长三角经济圈、环杭州湾产业带和环太湖经济圈的腹地，交通发达。杭宁高铁、宣杭铁路穿城而过，湖苏沪高铁即将开工；G25杭宁高速公路贯穿南北，G50申苏浙皖高速公路、S12申嘉湖高速公路横卧东西，104国道、318国道、306省道并辔而行、贯通全境，基本形成长三角核心城市（上海、杭州、南京、苏州）1小时交通圈。长湖申航线历史悠久、内通外达、风光绮丽，被誉为东方的“莱茵河”。按照“补短板、增优势、添亮点、更全面”的要求，以服务经济发展、推进枢纽建设、加快项目实施、深化城市治堵为重点，全年共完成投资16.71亿元。全区共有农村公路670.4千米，其中县道153千米、乡道133.7千米、村道约383.7千米。

【基础设施建设】 加强省、市重点工程建设。配合开展湖苏沪高铁、杭宁高速公路吴兴段、申嘉湖高速西延、104国道长兴李家巷至湖州施家桥段改建工程等项目政策处理，累计完成投资约5.25亿元。狠抓区内重点工程建设。成立湖山大道项目指挥部，积极推进项目土地、设计的报批。大力推进318国道南浔至吴兴段改建工程、湖薛线拓宽改建工程等15个项目施工；湖织大道拓宽改造工程、水产路西延等7个项目对下政策处理；湖山大道、三汤线改建工程等5个项目招投标；妙山村至霞幕山水库、三合公路等4个项目设计工作，累计完成投资约7.62亿元。全区安排“四个一万”等级提升工程17个35.7千米，计划投资1.14亿元；安排联网公路建设计划23个24.6千米，计划投资0.39亿元。

【基础设施维护】 大力推进道路养护管理工作。完成全区农村公路路面大中修28.77千米，投入资金约3011.9万元；危桥改造8座，投入资金约712.4万元；乡村公路安保工程15条，其中钢护栏9600米，投入资金约404万元；生命防护工程25个，投入资金约439.3万元。吴兴区县道公路保洁实行属地化管理。7个乡级农村公路养护站标准化创建工作正在开展，其中埭溪镇、东林镇、道场乡3个农养站已提前创建并通过省级验收，完成投资3545万元。关注民生，加强拥堵治理。编制完成《东部新区公共交通详细规划》。新改建城市道路7.8千米，打通两条断头路；优化公交线路11条，建成叶堤漾路公交首末站、织里康达公交换乘中心；新增停车位1700个，港湾式停靠站60个。加强整治提升，营造美丽公路环境。打造“两路两侧”示范点，完成问题点位355个，完成率为100%；完成绿化种植28.7万平方米，完成目标任务的101%。

【安全管理】 严抓“三防”应急管理工作。强化落实部署到位，针对2016年雨雪冰冻、“尼伯特”强台风等恶劣天气，加强巡查力度，重点对桥涵、隧道、高边坡、高挡墙、临水临崖等易发生水毁塌方路段的巡检查。严格执行24小时值班制度和领导带班制度，全年落实应急抢险人员178人次，应急装备300台套，应急物资1200包。严抓日常安全监管工作。全年开展“安全生产月”“安全生产万里行”、夏季安全生产大检查等一系列安全生产专项行动，强化重点领域、重点环节的安全监管全覆盖，共排查全区交通安全隐患154处，并责令立即整改，确保各项生产安全。严抓峰会安全保障工作。全局积极贯彻落实G20峰会保障工作，制定环境和安全保障方案，主要领导靠前指挥，班子成员轮流带班，峰会决战阶段严格落实24小时值班制度，日巡、夜查和抽检相结合，开展各类巡查62批次，突击检查9次，出动人员211人次，工地临时停工37处，发现和消除隐患苗头41起。有力保障道路安全稳定。

（焦　杰）

·通　信·

【中国邮政】 全市邮政从业人员2251人（专业技术人员193人），邮政服务网点218个，报刊亭235个（其中信息化报刊亭192个），村邮站1003个（其中信息化站487个），E邮站411个，农村电商服务点1139个，CRS/ATM自助机具185台，邮路总里程4280千米。全市邮政系统完成业务总收入7.71亿元，其中邮政企业3.26亿元、银行3.56亿元、速递0.89亿元。邮政储蓄余额159.32亿元。

【主要工作及成绩】 落实市政府十大民生实事项目，截至年底，全市累计建设完成农村电商“邮乐购”站点1139个。全市累计发展会员7.05万个，其中有效会员5.76万个。全市农村电商“邮乐购”平台帮助农村百姓累计完成商品代购3.26万笔，进货批发金额529万元。8月，全市组织开展“长兴葡萄”万斤农产品进城活动，通过邮掌柜微信群等线上线下渠道帮助销售葡萄1.25万公斤。继续抓好“E邮柜”建设。在确保2015年建设完成的306个“E邮柜”正常运行的基础上，全市累计新建“E邮柜”105个，提前4个月完成全年建设计划。全市共有223家快递公司注册，1610人注册申请使用，日均投递量1.3万余件，累计达到60余万件。全力保障G20期间邮政寄递渠道安全。全市邮政将G20峰会安全保障工作作为压倒一切的头等大事来抓，全面落实“收寄验视百分之百，实名收寄百分之百，过机安检百分之百，协议客户安全协议签订率百分之百”四个100%要求，严格执行领导带班24小时值班制度，实行每日安全信息零报告制度，把一切不稳定因素处理在萌芽状态，实现全市邮政“零事故、零案件、零事件”，圆满完成峰会各项保障工作。积极推进无人售货智能报刊亭试点工作。借鉴无人售货的设想将传统报刊亭转变为无人值守的智能报刊亭，将苕溪西路全民健身中心门前的闲置报刊亭作为试点亭，通过改造转型升级，该报刊亭共有格口100个，其中预留部分格口将书报刊产品进入自动销售程序，其他符合销售要求的带预包装的商品由供应商自己配货。

（高婷玉）

【中国电信】 中国电信吴兴分公司深入贯彻中共十八大和十八届历次全会以及习近平总书记系列重要讲话精神，认真开展“两学一做”学习教育活动，以高质量建设现代化生态型滨湖大城市，高水平全面建成小康社会为目标，以“四个年”活动为主载体，主动适应经济发展新常态，自觉践行新发展理念，接应集团转型3.0战略，做领先的综合智能信息服务运营商，积极推进网络智能化、业务生态化和运营智慧化。完成全年收入管控目标，为“十三五”良好开局打下基础。

【主要工作成绩及特色亮点】 战略合作开创新的层面：中国电信吴兴分公司与吴兴区人民政府签订加快“十三五”信息化建设战略合作协议，发挥吴兴“两化”深度融合、电子商务和通信基础设施建设等方面的优势，进一步推进吴兴区的信息化建设进程，为打造新型智慧吴兴、光网城市提供新的动力。

党建统领掀起新的高潮，根据习近平总书记对国企党建工作提出的新要求，扎实开展“两学一做”活动，落实党风廉政建设工作要求，全面从严治党，落实“两个责任”，组织党支部中心组理论学习16次，创新开展“我是党员，人人行动七个一”载体系列活动。坚持每月落实党员活动，发动全体党员积极参与，落实优秀党员下沉一线，进村入户服务群众，掀起一轮敢担当、讲奉献、有作为的新高潮。吴兴分公司党支部紧密结合企业中心工作，广泛开展迎“七一”系列活动，激发广大党员积极投身本职工作的热情，以实际行动向党的生日献礼。“我是党员，人人行动七个一”具体内容：胸前一枚党徽，时刻展示党员形象；心里一面党旗，时刻牢记党员使命；脑海一本党章，时刻提醒党员信念；手中一册准则，时刻约束党员行为；熟记一则条例，时刻注重党员廉洁；桌上一个台卡，时刻担当党员责任；口中一句誓言，时刻不忘党员承诺。举办以“奔跑吧　南太湖”为主题的青年志愿者系列活动，成立“南太湖支局志愿者突击队”“营业文明窗口志愿者突击队”。

关爱员工提升新的一步，为凝聚员工力量、构建和谐劳动关系、促进企业发展和员工幸福，创立并落实员工关爱“七心计划”：用心倾听，共同经营企业大家庭；放心支持，发挥员工的聪明才智；真心赞扬，提升员工工作满意度；专心提升，促进员工快速成长，拓宽员工职业生涯；全心服务，提高员工贴心感知；热心帮扶，解决员工后顾之忧；爱心行动，调整员工心态情绪。

“工会一家人”建设中，以四小建设为抓手持续推进，支局全部达100%创建目标，实现一县一标杆的局势，让“激情工作、快乐生活、和谐团队、幸福家园”成为全市各部门、班组的共同文化。

网络建设呈现新的突破，继4G双百兆全光网络后，中国电信提出“千兆引领，百兆普及”。4G移动精品网络全面实现主城区、重点乡镇的4G网络深度覆盖，实现3G、4G网络的城乡全覆盖。光网建设实现跨越式发展，实现全光城市建设，为打造“智慧吴兴”奠定基础。

支撑保障形成新的局面，圆满完成“G20”“互联网大会”等重大活动期间的网络信息安全保障。G20峰会期间，根据区委、区人民政府的总体要求及省、市公司专业指导，强化各项安全措施，分公司领导班子带班，24小时值守；重点机楼不间断巡查；强化演练，其中政府演练3次、故障演练9次、信息安全演练10次、应急供电演练8次；严格排查，梳理核实未备案IP用户清单，封堵80和8080端口，关闭黑网吧，排查安全隐患、完善各项应急预案。第三届世界互联网大会期间，实现第三届世界互联网大会信息化保障与G20峰会保障“三个一样”——一样的目标、一样的效率、一样的作风。

信息安全得到新的保障，积极惩治通信信息诈骗，维护社会和谐稳定。围绕6个100%开展活动，落实实名登记100%，完成非实名用户补登工作，按要求关停因各种原因未完成补登的非实名用户；网络信息安全防护100%，建设防范惩治通信信息诈骗管理系统，全网100%覆盖，提升用户终端安全防护能力。虚假码号整治率达100%，不具备鉴权能力的要改造、迁移，100%实现主叫鉴权。集中清理改号软件。相关业务规范率达100%，核实100%出租专线的客户资质、使用用途、允许传送的主叫号码等信息，并定期抽查复核。代理渠道规范管理100%，社会营销渠道代理资质100%审核。严禁社会营销渠道转租转售语音专线等业务。强化监督，问责考核100%，成立惩治治理通信信息违法犯罪工作领导小组及办公室。强化监督检查，出现问题，100%问责考核。

中国电信吴兴分公司注重服务能力建设，努力提升服务水平。坚持主动跨前一步，有效解决热难点问题；坚持强化服务意识，全面提高一线服务水平；坚持加强团队协作，共同提升触点满意度。全省服务综合评定排名第二，阳光指数满意率同城同业第一。倾力打造湖州阳光政务“12345”热线，以社会责任为第一服务要务，全面整合便民服务资源，构筑便企利民绿色通道，在市热线管理办公室的指导下，顺利通过市委、市政府考核，信访类专业考核全省第一。“智慧家庭”营造舒适家，以光网宽带、天翼4G+网络为载体，在网速和应用上实现无缝对接，将丰富的信息应用向家庭延伸。天翼高清电视的应用，让视频节目的清晰度比标清高过4倍以上，不仅画质更好节目更多，还能观看到影院级别的逼真3D节目。智慧家庭安防系统可提供家庭红外监测、高清视频监控等服务，并通过实时向手机推送报警短信、报警录像，打造安全、可靠的居家生活。

业务转型开启新的篇章。量收兼顾稳健经营。完成全年收入管控指标任务，宽带、4G、高清 IPTV 等重点业务实现同比和环比都持续提升，新兴业务占比不断攀升。强势推进行业应用。借力两化融合，推进行业应用。“互联网+”政务服务、“互联网+”智能制造；“互联网+”现代农业等全面开花。

文明争创重结新的硕果：按照全市统一部署，吴兴分公司围绕“一年打基础、两年上水平、三年创成功”的总体目标，坚持“创建为民、创建惠民”的理念，通过创建工作不断提升文明水平，增强百姓“获得感”。重点在营业网点开展文明创建活动、宣传社会主义核心价值观；公话亭、交接箱的公益宣传。清洁卫生、员工文明交通、文明礼让；门前环境整洁、绿化优美等方方面面，全体员工上下同心，共创文明。

（潘　莉）

【中国移动】 中国移动吴兴分公司紧紧围绕省、市公司“发展创优、转型创先”的目标要求，全面落实“一五三”（“一”是以“发展创优、转型创先”为目标要求；“五”是聚焦 4G 发展、流量经营、数字家庭、智慧政企、网络运维五大重点领域；“三”是强化基础管理，人才队伍、纪律和作风建设三大保障）总体工作思路，深化战略转型，坚持改革创新，凝心聚力，团结拼搏，继续保持良好的发展态势，取得较好的经营业绩，全年实现运营收入 5.88 亿元。

【主要工作及成绩】 基础设施建设持续完善加快。4G（TD-LTE）网络建设，新开通宏站 160 个、小微站 85 个、覆盖延伸 190 个，总计开通 435 个站点，确保 4G 全网广度综合覆盖率达到 99%以上。在加快网络建设的同时，通过“多渠道多手段落实、灵活覆盖、细致管理、高工艺要求”四个方面，有效推进小微站建设，完善 4G 精品网络。继续落实“宽带中国”战略号召，树立农村连片覆盖的思路，着力推进移动光宽带网络建设，完成驻地网建设 7.91 万户，主城区宽带覆盖率达 95.38%以上，100%实现光纤接入，互联网出口带宽达到 240G。信息支撑能力不断提升。利用运营商能力优势，为吴兴区内的信息化发展做好服务支撑工作，推进公共安全保障智能化，助推治安监控网络建设，开展织里道路监控四期建设、吴兴区幼儿安防、公交 4G 车载视频监控、公安网警“天网 2 号”涉密设备采购等项目。业务转型步伐初见成效。继续响应国务院“提网速 降网费”的要求，低流量包资费直接流量扩容，高流量包资费享受满就送，不断优化流量资费，满足客户需求，改善客户流量感知，持续为客户提供价廉质优的产品和服务，截至年底 4G 客户渗透率达 71.4%，手机上网流量同比增幅达 113.44%。助力推动 4G 客户网络体验和上网运用，4G 智能终端得以普及，全年销售 4G 终端 20.8 万台，4G 活跃用户突破 51.6 万，高速互联网普及到手机终端中，真正做到实时在线，改变广大市民享受到 4G 高速网络带来生活方式。全力优化产品结构，加速提升宽带规模，截至年底，区内移动光宽带客户已超过 36 万户。积极履行企业社会责任。秉承“正德厚生 臻于至善”的核心价值观，践行“善知善行 惟和惟新”的工作文化，自觉承担社会责任。完成护航 G20 通信保障工作，在清明、国庆、春节等节假日期间，坚守岗位做好通信保障工作，全力抗击台风“尼伯特”、暴雨、冰冻等恶劣天气，为市民提供安全畅通的通信网络。持续开展“绿色行动计划”，将绿色和爱心活动有机组合，打造爱心环保活动，广泛传播移动绿色理念。热心社会公益事业，持续开展“慈善一日捐”“爱心助学”、交通文明劝导、老人院帮扶和爱心慰问等活动，以实际行动履行企业社会责任。党建工作成果显著。深入开展“两学一做”主题教育活动，组织“讲政治、有信念”“讲规矩、有纪律”“讲道德、有品行”“讲奉献、有作为”和“纪念建党 95 周年活动”五次支部书记讲党课活动，开展“党员先锋实践”“争做合格党员”等专题实践活动。全面落实“两个责任”，对关键岗位员工、晋升员工及以轮岗、调岗员工开展从严治党和党风廉政建设主体责任约谈工作，抓好员工队伍思想教育及塑魂工程。持续推进反腐倡廉，深入做好嵌入式风险防控工作，制定风险防控点及监督举措 51 个。吴兴分公司优秀基层党组织被推荐为争创 2016 年省公司党建评价“最佳实践”，荣获“浙江省第十届消费者信得过单位”荣誉称号；网络部获“市级青年文明号”荣誉称号。

（移动分公司）

【中国联通】 中国联通吴兴区分公司隶属于中国联通湖州市分公司，承担吴兴区（含度假区、开发区）范围内联通业务的网络建设维护和通信服务工作。分公司内设综合部、市场部、网络部、客户服务中心、集团营销中心五个部门，下辖吴兴本级、开发区、八里店镇、埭溪镇四个区域服务中心，在册员工 110 人。按照区域分布、服务下层的经营理念，在所辖区域范围内设置北街、红旗路、南街、凤凰、八里店、开发区、埭溪、东林共 8 家营业网点，面向广大客户提供优质的通信服务。

【主要工作及成绩】 加强通信网络建设，提高通信服务能力，为广大市民提供更完善的通信环境。不断完善 4G 网络，使联通 4G 网络覆盖至主城区及各乡镇；不断加强接入网建设，固定网络已覆盖主城区及各乡镇。加强服务网点建设，推进便民服务能力。在重点区域、空白区域、薄弱区域，增加服务网点覆盖，为了增强社区服务能力，全区增加 13 家社区服务网点。进一步推进互联网服务模式，通过网上营业厅、码上购、公众服务号等方式进一步完善服务能力。积极响应国家提速降费号召，提供优质通信服务。根据结合市民对通信的综合需求，为满足用户对移动互联网的消费需求，推出 1 元 500M 的“日租卡”产品，同时在其他产品上推出各类流量包，并推出当月流量不清零；智慧沃家进一步降低通信资费；响应“宽带中国”要求，基本完成小区光改，推送光宽带业务，以优质资费提供高达 100M 速率的个人、家庭宽带业务，做好宽带提升工作。积极参与政府信息化建设，助推电子政务、智慧监管、智慧民生，承建了吴兴区治安监控网络、智慧工地管理、电子政务外网、五水共治、食品安全管理等项目，进一步提升政府监管、民生福祉、环境治理等方面的信息化水平。

（刘文黎）

第十二篇　财政·税务

·财　政·

【概况】　吴兴区完成地区生产总值476.54亿元，增长8.2%，人均生产总值104199元。全社会固定资产投资291.92亿元，增长13.9%；社会消费品零售总额305.17亿元，增长11.2%。第一产业增加20.49亿元，第二产业增加200.03亿元，第三产业增加256.02亿元，三次产业结构比为4.3∶42.0∶53.7。吴兴区财政总收入43.70亿元，增长12%；其中公共财政预算收入26.37亿元，增长14.2%。累计完成合同外资14.6亿美元，实到外资9.97亿美元，浙（湖）商回归省外到位资金132.9亿元，自营出口319亿元。城镇居民人均可支配收入47170元，农村居民人均可支配收入27391元，分别增长8.3%和8.9%。吴兴区公共财政预算支出25.80亿元，增长13.6%，全区公共财政预算收支基本平衡。

【财政工作及成绩】　围绕人代会收入预期目标，做好对收入的预测和分析工作，努力探寻收入中的薄弱环节，逐步形成具有吴兴特色的“六位一体”综合治税机制，全年，公共财政预算收入占财政总收入比重为60.34%，税收收入占公共财政预算收入比重为89.2%，全力促进财政收入的持续增长。保障重点支出，全年用于教育、农业、社保、卫生等方面的民生支出达到21.3亿元，新增财力的81%用于民生支出，有力地保障了全区经济社会持续稳定发展。全区“三公”经费支出同比下降25.76%。加强债务管理，2015~2016年来争取省财政债券资金65.1亿元，累计节约财务成本近6亿元。成立首期规模3亿元的政府产业引导基金，形成产业子基金5个，总规模13亿元。注重PPP示范项目引领，总投资15亿元的区文商综合体项目被列入省级第三批政府和社会资本合作推荐项目。推进财政资金竞争性存放，已集中开展七期竞争性存放招投标活动，取得各银行竞争性设施改善资金支持达2600万元以上。强化国有资产监管，审批行政事业单位国有资产处置事项86批次，涉及报废、调拨、报损金额4603万元。规范政府采购办事程序，努力提高政府采购效率，资金节约率达到12%。落实主要领导“五不直接分管”和“五事阳光”制度，突出抓好重大决策部署的效能问责，加大投诉问题处理力度。在2016年度湖州市对县区综合考核财政分值列全市第一，连续十四年获得全区综合考核一等奖。

（沈　超）

·地　税·

【概况】　吴兴税务分局共有干部及工作人员105人，其中在编干部73人，党员43人，约占总人数的41%；团员34人，约占总人数的32%。分局内设办公室、计会信息科（办税服务科）、综合业务科、管理一科至管理五科共八个职能科室，担负着吴兴区管辖范围内14694户企业、30859户个体工商户以及数万社会化征管对象的地方税收征管及各项规费收入的征管工作。

【主要工作及成绩】　组织收入工作。面对辖内严峻复杂的经济形势及“营改增”税制改革、“金税三期”系统上线的大背景，分局从大局出发，上下一心、迎难而上，围绕组织收入这一中心任务，充分挖潜增收，圆满完成全年收入任务。全年累计组织各项收入302758万元，同比增长24.47%，其中税收收入163666万元，同比增长28.33%，为吴兴区地方经济社会发展提供了坚实的财力保障。

税收征管工作。平稳实现营改增税制转换，开展营业税专项清理，确保所有企业正常移交；加强内部培训，确保每位干部熟悉新政策、新操作。全力以赴确保“金税三期”平稳上线，认真做好数据清理工作，为数据迁移打下基础，开展比武大练兵，强化干部职工业务技能。持续推进私房出租税收征管，将私房出租税收完成情况纳入区对乡镇街道的工作考核方案中，进一步提高征收主体的重视程度。深化国地税合作，在纳税评估、童装征管、委托代征等方面进一步加强合作，同时国地税互派干部进行锻炼，以人才融合促深度合作。

纳税服务工作。开拓税收宣传阵地，开设“吴兴地税青年讲师团”微信公众号，将虚拟与现实相结合，推动税企之间交流互信。充分发挥税收政策促进地方经济发展的导向作用，将落实税收优惠政策作为支持企业发展的重要举措，切实减轻企业负担，助推企业爬坡过坎。全方面优化纳税服务举措，深化走访服务问需于民，优化整合涉税流程便利于民，做好涉税咨询投诉维权于民。

（吴成双）

·国　税·

【概况】 全年，吴兴区国税局组织国税收入23亿元，同比增长16.03%，增收3.18亿元，完成区人代会目标107%。

【主要工作及成绩】 全面落实各项税收优惠。加强政策宣传辅导，确保百分之一百的政策覆盖面。向上争取并落地化妆品消费税新政，帮助化妆品企业降低消费税税负近八成，有力地促进吴兴经济社会发展和经济结构调整。

“营改增”扩围稳妥有序。在市区新开1个办税厅，设立窗口19个，有效满足营改增办税需求。对新增的5600余户企业办理税务登记、发票领购等业务，并开展全覆盖培训。随着5月1日零时首张营改增发票开出，该次税制改革顺利完成。四大扩围行业均实现减税。

“金税三期”平稳上线。制定金三双轨、单轨运行实施方案。开展CTAIS纳税人信息清洗和补录工作，做好全员上线培训工作。进行全员全量全业务的双轨运行，每日比对数据，分析差异。平稳上线会统职能，按照时间节点完成各环节工作，确保金三在区局的成功上线。

纳税服务给力策进。继续劲吹便民办税春风，推出35个具体便民服务措施，多次组织开展富有成效的纳税服务主题活动，提升纳税人获得感。开通微信公众号，打造“一站两微”税收宣传平台。开设“畅通指数查询功能”，方便纳税人规避办税高峰。完善自助办税服务区建设，增添市本级首台专票代开自助办税机，减少纳税人排队等候。

依法治税深入推进。落实行政审批制度“放管服”改革。扎实开展“五证合一、一照一码”和个体工商户营业执照、税务登记证“两证整合”改革。加大内部执法督察的力度，确保取消和下放的行政审批事项落实到位，实现所有审批“零超时”。推进法治示范基地建设，研究制定区局干部学法用法机制和依法治税（行政）工作领导小组会议制度及议事规则，组织开展营改增等税收及相关法律知识的内部培训23场。深化纳税信用分类管理机制。升级完善“纳税人诚信度监控管理平台”，实现对纳税人诚信度的实时查询和动态管理；在全国率先试行个体工商户及其他类型纳税人纳税信用等级评价，补全纳税信用管理空白，得到总局省局充分肯定。

征管改革落到实处。推动成立区长任组长的吴兴区落实深化国税、地税征管体制改革方案领导小组，协调推进改革；联合地税部门制定《深化国税、地税征管体制改革方案工作安排一览表》，与地税共同助推埭溪美妆小镇发展，获得董立新副市长肯定，合作撰写的税收分析报告获得陈江区长批示；联合地税探索二手房交易、房屋租赁业务营改增后委托代征新机制，作为优秀案例被总局第二十期《国地税合作动态》全文刊登推广。

（区国税局）

第十三篇　金融业

·工商银行·

【概况】　工行吴兴支行现址位于湖州市苕溪东路355号康城国际商务楼，现有员工120人，下设7个营业网点：支行营业部（苕溪东路355号）、埭溪支行（埭溪镇上强路22号）、八里店支行（八里店前村杏花苑）、东街支行（东街300号）、市陌路支行（新市陌路138号）、碧浪湖支行（建设南路196号）、二里桥支行（湖东路312号）。吴兴支行承担机关、财政、城建、卫生等系统和吴兴区2000余家企事业以及30多万户城镇居民的存贷款和资金结算业务。全行本外币两项存款日均余额达58.08亿元；本外币各项贷款余额达48.18亿元，有力地支持了地方经济发展和客户成长。

【主要工作及成绩】　按照区委、区政府建设“生态吴兴、经济强区、科技新城、幸福家园”的总体目标，结合吴兴发展的新形势、新阶段、新要求，工行吴兴支行全面助力“八大行动”，积极对接吴兴区六大战区，同步设立对应战区金融保障服务分队，全力提供金融服务，拓宽融资渠道，加大产品创新，为企业实施减费降本，严控信贷风险，全力支持吴兴区经济提速发展。存贷规模，达到113.1亿元。各项贷款余额48.19亿元，新增8.37亿元，其中：工业贷款余额16.9亿元，小微企业贷款余额6.01亿元。

持续加大对政府平台融资的支持力度。围绕吴兴区经济增长的新极点，重点关注招商引资项目、特色小镇、民生项目等，及时跟进企业项目筹备进度及资金需求情况，加大对政府性基础设施建设及工业企业转型升级项目的支持力度，多渠道满足企业的多元化融资需求。完成5个表内项目贷款的报批，贷款金额15.8亿元，成功投放8.3亿元。在美丽吴兴攻坚行动中，鼎力支持“五水共治”项目。为吴兴区东部新城圩区整治工程（西山圩）项目发放贷款4.7亿元；为吴兴区东部新城圩区整治工程（诸墓圩）项目授信4.4亿元，发放贷款3亿元。在高新产业集聚行动中，我行积极助推现代物流装备产业发展，为现代物流设备研发创业中心（二期）工程项目贷款1.6亿元。在全域旅游打造行动中，为构筑便利快捷的西塞山旅游度假区交通网络，为吴兴西塞山省级旅游度假区景区通景公路工程项目，通过银团方式，融资规模5亿元，成功发放1.8亿元。想方设法解决平台及企业融资需求，以自身的转型发展加快推动吴兴区基础设施建设及工业转型的步伐。

持续加大对中小企业的支持力度。紧紧围绕“做小做实、稳健发展”的经营策略，积极对接湖州市“小微企业三年计划”。对吴兴东部区域内重点集群客户调研分析，了解客户经营模式与金融需求，做好细分市场规划工作。结合东部区域内的经济发展水平和产业特点，落实专人持续做好高新区产业园、东林青山工业园、吴兴区辖内物流公司及物流设备配套制造企业等重点行业的金融服务。以“百名行长进千企”大走访活动为载体，组建小微专营团队，落实小微企业专职客户经理。进一步明确和落实小微企业发展责任，深入开展小微企业金融服务工作。落实责任行长，逐户走访小微企业，对有资金需求且符合工行准入条件的企业积极给予融资支持，帮助企业解决实际困难，提高工行在吴兴区重点和特色产业集群中小微企业的覆盖面。走访小微企业225批次，累计发放小微企业贷款7.83亿元。

持续加大对东部新城建设的支持力度。立足吴兴东部新城，积极开展与房产开发商的合作，通过驻点楼盘，以贷款资料不过夜的审查效率，为买房客户和开发商提供高效便捷的服务。发放个人按揭贷款1250笔，金额7.96亿元，其中为东部新城楼盘发放个人按揭贷款1086笔，金额6.37万元。成为湖州工行个人贷款规模首个突破20亿元的支行。在个贷业务快速发展的同时，注重量质并举，强化风险意识，严把贷款风险质量关。个贷不良率为0.1%。

在做好传统个人贷款业务的同时，积极拓展新的业务增量点。8月底，与湖州市住房公积金中心合作开展的存量公转商贷款顺利签约。双方审定公积金中心发放的1513笔余额5亿元的贷款，首批91笔5000万元贷款转让资金到位。此项业务的开展有效解决住房公积金贷款资金排队问题，更惠及广大公积金贷款客户。

服务企业创新融资产品的新成效。强化创新驱动，积极探索企业融资新模式，推进公司融资由传统单一模式向多元化融资模式转变。满足企业的融资需求，又降低了融资成本。

成功对接湖州住房公积金中心资产证券化业务。为有效解决公积金中心由于个人公积金贷款发放与公积金归集额缺口日益增大产生的资金需求，成功对接湖州公积金中心资产证券化业务，到位证券化融资额5.3亿元。

国际业务取得新突破。成功办理人民币大额风险参贷业务。为辖内重点企业力拓新的融资渠道。利用国际业务产品特点和优势，通过与新疆分行霍尔果斯国际边境合作中心合作，发挥境外融资价格远低于境内的优势，选择出口发票融资项下风险参贷方式为企业办理融资3000万元。通过和境外分行的合作，成功续做跨境人民币出口订单融资业务2900万元，实现跨境人民币业务的新突破。为辖内某上市公司客户外汇资金池备案获得省外汇局审批通过，推进客户跨境双向人民币资金池账户。以“浮动利率贷款+浮动换固定的利率互换”的人民币利率互换业务模式为企业成功办理首笔人民币利率互换业务500万元，为企业规避利率风险开辟新途径。与澳大利亚墨尔本分行内外联动，成功为某客户办理内保外贷业务50.5万美元。

成功办理知识产权保密押金质押用途的投保保函。辖区客户在招标过程中，出于对保护知识产权的需要，要求开立知识产权保密押金质押用途的投保保函。对此，通过多方努力为客户量身定制3000万元的投保保函。

服务企业减费让利的新成效。在经济处于下行周期、企业经营困难情况下，积极帮扶企业。在扩大支持实体经济广度的同时，全力提高支持实体经济的深度。通过减费让利，积极为企业减负。减收手续费173笔，金额54.56万元，以实际行动践行工行在服务实体经济中的核心作用。

全力防控信贷风险取得实效。针对国内外经济形势复杂多变的现状，积极打造“安全审慎、守信合规、务实创新、勤勉尽职”的信贷文化。大力支持符合国家产业政策、工行行业政策和环保政策的小微企业。通过加强与政府部门的协调，获得更多有助于风险管理的信息，一户一策，制定合适的清退、压缩或新增融资方案。对客户贷款做到有进有退，持续优化资产质量。不良贷款余额为343万元，不良率为0.07%。

积极顺应经济新常态和经营环境的变化，加快转型升级的步伐，实现资产与负债业务的稳步增长，提升综合盈利能力，有效防控业务经营风险，务实推进惠民利民的举措。整体联动，发挥合力，强化执行力。开展多项劳动竞赛，实施攻坚战略，取得众多突破。荣获省分行颁发的“信贷资产质量管理优秀支行”称号；在区金融机构考核中荣获一等奖。支行营业部在湖州市“最美窗口”评选活动中入围。

（潘　平）

·农业银行·

【概况】 农行吴兴支行位于湖州市东街91号，辖埭溪、城南、余家漾、白鱼潭4家二级支行和1家营业中心，共有员工75人。各项存款余额31.21亿元，比年初新增6.15亿元。各项贷款余额16.26亿元，比年初新增2.76亿元。不良贷款余额343万元，不良贷款率为0.21%。

【主要工作及成绩】 资源投入力度加大。体现在信贷投入上，腾出规模投向工业企业、小微、“三农”和房贷。做好特色“三农”，新成立的农合联理事单位中，吸引80%的企业成为本行客户，信贷投入3000多万元。体现在网点资源上，为注重品牌和长远效益，率先在EBD总部自由港开设网点。将过于集中的市区网点向乡镇迁移，在八里店前村开设社区便利店。

金融创新深入推进。加大与区相关部门合作力度，特别是在增信机制、担保创新上进行探索推进。该行与市农信保合作，报省分行审批后，8000万元的合作担保额度全额用于三农领域担保，到年底，共放近2000万元，银行、农信保、农户都很满意。在农村流转土地经营权抵押贷款上进行成功试水。在省农行与省担保集团的合作框架下，30万元以下农户贷款由省担保集团担保，省担保集团还把调查权授权给支行层面。加大上级行创新产品在支行的运用力度，比如特色小镇入园企业前期贷，与区商务局签约，企业拿到土地，就可以最高按土地款的80%给予贷款，四季度已在埭溪试了第一单。如数据网贷，省农行统一与银泰签约，银泰与各地供应商的交易数据，各地行给予贷款支持，该行成功尝试第一单。

不良贷款低位运行。该行面临存量贷款新增不良的问题。是年，新增不良贷款2137万元，通过快诉快批快核等手段，成功处置不良贷款2052万元，新增不良基本在当年得到处置，到年末，该行的不良率是0.21%，明显低于系统内和行业的平均水平。

强党建树正气推进干部队伍建设。坚持把党建作为第一职责纳入全行工作总体布局，与业务经营同部署、同落实、同检查、同考核、同奖惩。明确考核责任到位。明确工作计划、目标要求和具体措施，做到责任明确到人。以党建树正气，凝人心、促业务。把“三会一课”与每周工作例会相结合，与每季员工大会相结合，不搞“假、大、空”。督促各党支部和全体党员每月1次学习党规党纪、法纪法规。培养业务骨干入党2名，确定党员发展对象和入党积极分子各2名。建立党支部活动阵地示范点和党员示范岗，在全行6个支部开展争做“先锋党支部、先锋党员”为主题的PK竞赛活动。开展党建促三农活动，每季1次与共建金融自治村互动。加强作风建设，班子成员每月至少2次到联系网点蹲点，把部室人员与网点业务挂钩、与员工满意度挂钩，与分管条线考评挂钩。严格干部选拔任用。在干部选拔过程中，严格贯彻落实上级行要求，公平、公正、公开。

（陈旭峰）

·中国银行·

【概况】 中国银行湖州吴兴支行深入贯彻总行“担当社会责任，做最好的银行”的战略目标和省行“调结构、抓收入、控不良、防案件、重党建”十五字工作方针，推动各项业务健康发展，经营业绩取得较大突破。

【主要工作及成绩】 吴兴中行围绕“调结构、抓收入、控不良、防案件、重党建”工作方针，按照“一季度开门红、六月会战、九月血拼、年终决战”的总体部署，多措并举，狠抓营业收入、负债、不良清收，加强内控建设，结合支行实际，做好工作，取得一定的成效。

围绕上级行做大项目、大客户的战略部署，加强与政府部门的沟通，成功叙做政府背景项目和央企项目。通过项目储备，经省行审批同意核定政府背景项目织里小城市建设公司和央企中节能湖州环保公司合计授信批复金额6.9亿元，是年累计投放5.16亿元。

加强与当地房产公司的合作，大力拓展标准类零售贷款业务。上半年，重点与正祥房产、爱家房产、碧桂园房产合作，通过上门收单、加快审批速度，得到房产公司的认可，在多家银行激烈的竞争形势下，吴兴中行新增叙做约1亿元的按揭贷款业务，实现零售贷款业务的稳步增长。

重视负债业务持续管理，实现核心日均存款稳中有升。上半年，新增织里镇非税汇缴结算专户和财务核算中心两个行政事业单位存款，新增行政事业单位活期日均存款5700多万元。个金条线重视高端客户的维护，全员营销，积极争揽储蓄存款，保持较好的增长态势。

加大不良资产清收、努力化解授信风险。主要体现在三个方面：重视已核销贷款的清收，通过与法院对接，重新梳理零售贷款已核销客户清单，向法院申请再次强制执行，上半年收回2014年核销的李某林案件贷款本息309万元。阻击新不良贷款的发生，公司条线通过努力，取得省行批复，盘活好运来食品公司1250万元逾期贷款，阻击好运来食品公司1250万元进入不良。个金条线朱某兴500万元个人经营贷款出现风险征兆，支行多次与共同还款人协商，通过执行担保，公开拍卖抵押资产于 9 月全额收回关注贷款。对已发生不良贷款，积极商议化解方案。8 月 29 日收到法院执行款项 2399 万元，湖州克拉斯寝具有限公司在吴兴中行的不良贷款得以全额现金清收。8 月，湖州锦华粉末涂装有限公司在吴兴支行的不良贷款 380 万元本息通过诉讼执行也实现全额现金清收。

认真开展“两学一做”活动，组织全体党员学习《中国共产党廉洁自律准则》和《中国共产党纪律处分条例》，解决理想信念模糊、组织纪律散漫、群众观念淡漠、服务意识欠缺，工作不上心不主动、假公济私、律己不严、知行脱节、价值取向扭曲、道德行为失范、情趣低俗、贪图享乐、安于现状、进取心不强、精神不振、作风懈怠、敷衍应付、逃避责任等一系列问题。7 月，支行党支部与朱湾村党支部联合开展“党建+”活动，二家基层党支部共同探讨如何做好“两学一做”教育、如何争做一名合格党员。

组织开展丰富多彩的内控教育活动。支行开展“学案例、讲操守、防风险”主题警示教育，组织员工签订《恪尽职守承诺书》《制度红线汇编》人手一册进行学习，开展基层机构案防合规教育培训及测试。针对全体员工开展“职业操守和职业道德教育”活动，把“1+3”关键岗位和新入职员工作列为宣传教育的重点对象，普及相关法律法规，员工守则和业务规范，学习“50 条”《员工违规行为处理办法》《管理问责办法》等管理制度。通过观看教育片、集中学习讨论、案防主题演讲、参观警示教育基地等形式，组织全体员工学习反思发生在身边的鲜活生动反面案例，警示全员，汲取教训。认真开展“3・15”消费者权益保护宣传服务活动、有效服务实体经济普及金融知识万里行活动、“反洗钱宣传月”活动、货币金融知识宣传月活动、“远离非法集资宣传月”活动、个人征信知识宣传月活动，开展涉恐融资风险排查和保密防护系统自查，进一步强化案防内生机制，增强员工案防意识，巩固合规理念，落实案防要求和措施，提升预防案件能力，确保实现“零案件”目标。

全年支行实现营业收入 5741 万元，完成任务 5518 万元的 104.04%，拨备前利润 4922 万元，完成任务 4256 万元的 115.65%，净利润 1745 万元，完成任务 1878 万元的 92.93%。外币公司存款余额 49 万美元，比年初新增 41 万美元，外币储蓄存款余额 77 万美元，较年初新增 7 万美元。人民币公司日均存款余额 20744 万元，较年初新增 6786 万元，其中行政事业单位存款 15113 万元，较年初新增 5777 万元；人民币储蓄日均存款余额 27676 万元，比年初新增 3579 万元。

（乌丽丽）

・建设银行・

【概况】 建设银行吴兴支行位于湖州市东街 435 号，隶属于中国建设银行湖州分行下辖的一级支行，建设银行吴兴支行围绕一个中心——“优服务，促增长”，开展两项工程（渠道建设和队伍建设），着力推进三大主题“夯实客户基础，发展投行业务，强化风险控制”活动，各项业务取得稳步发展，存贷款、中间业务增速位居全省建行系统前列，经营管理水平和综合竞争力不断增强。坚定信心，抓住机遇，奋发有为，以科学发展观统领全局，求变求新、做专做精、做出特色和品牌，着力推进“结构调整年”“客户营销年”和“贷后管理年”活动，经过全行员工的共同努力，在业务转型、结构调整、管理内控、市场拓展、业务创新以及和谐支行构建等方面都取得较快发展，各项业务总体进展情况良好。

【主要工作及成绩】 建设银行吴兴支行紧紧围绕上级行年初制定的计划开展工作，转型谋发展，全行上下凝心聚力，扎实推进各项业务，全力以赴完成市分行既定的计划目标。对公存款业务继续稳中有升，个贷业务实现突破，创新业务得到有效运用，积极搭建各类平台，实现批量化营销做大做强业务。大项目申报、储备有序推进，辖内政府重点招商引资项目逐个突破，信用风险在可控范围，核销资产“颗粒归仓”。各项工作的有序开展，一个个项目的成功落地，支行全体干部员工正逐步向“要我做，我要做”的方向转变，特别体现在支行服务的湖州师院、湖州职院以及湖州实验中学几乎同时开学，工作强度大，时效性强，支行全体员工齐心协力，相互协助，保质保量完成开学服务工作，得到学校一致好评，真正体现通过服务创造价值增加客户黏性。支行着重加强人才队伍的建设，形成客户部、营业部、临湖桥三支任务性团队。支行本级营业部优化劳动组合推动全行员工转变观念、转变思路，减少高柜，增加大堂人员，逐步形成第一、第二、第三大堂机制。支行领导班子严格落实市分行主体责任体系和工作思路，牢固树立政治意识、大局意识、核心意识、看齐意识，把党风廉政建设纳入支行日常经营和管理，由支部书记认真履行党风廉政建设的政治责任，管好班子，带好队伍，做到各项工作亲自部署，重大问题亲自过问，重点环节亲自协调，各种员工教育活动亲自主持，明确自身的责任。

（左莹莹）

·交通银行·

【概况】 交通银行湖州吴兴支行，前身为交通银行吉山分理处，现址湖州市白鱼潭路 747～761 号的第一二层和米兰商业街 3-5 号的第一、二层，隶属于交通银行湖州分行下辖的一级支行。

【主要工作及成绩】 认真贯彻落实上级行及区委、区政府的重要会议精神，工作和服务方向明确，认真抓好阶段性工作重点，开展各项业务营销、风险排查专项活动；积极参与政府组织的“百名行长进千企”活动，走访企业 86 家，为企业解决融资需求、费用减免、增加金融电子产品的服务渠道、授信方案调整等实际困难。通过对接有关部门收集多方面信息，组织参与企业行、社区行、专题文化沙龙等活动，密切银企关系、群众关系。加强贷后管理，集中精力重点抓不良清收与盘活资产。在有关部门的支持下，通过现金清收、重组、打包出表等多种方式处置不良贷款。加强内控建设，提高服务质量，强化支行内部管理。及时传达上级行有关文件及会议精神，让员工了解上级行的发展策略和工作要求，并落实到工作中去；通过例会和召开授信客户点评会等方式来提高客户经理服务营销与风险识别能力；通过晨会等形式点评服务规范执行情况、业务差错情况等，使“优质服务”排名列前茅。抓业务发展的同时抓好党风廉政建设工作。加强支行干部员工的教育、管理和监督。发挥党支部堡垒作用，积极开展“两学一做”活动，组织全体党员学党章、学习总书记的系列重要讲话，争做合格党员；要求党员干部做廉洁自律和业务发展的排头兵。以身作则做好榜样，竖立正确的世界观、人生观、价值观，抵制拜金主义、享乐主义和个人主义的侵蚀，不做违规违纪的事情；落实民主生活会制度，开展批评和自我批评；按规定报告个人有关事项，自觉接受组织和群众的监督。抓好员工八小时内、外的动态管理工作。管理趋向精细化，确保全年安全营运无事故。关爱员工，加强职工之家建设。畅通员工诉求渠道，关心员工日常生活，增强团队凝聚力，坚决抵制损害员工利益的不正之风。在分行年度绩效考评等第逐年提升，季度六大板块业绩考评中五大板块位列分行前三，两位干部员工评为分行级“优秀行员”“优秀党员”。

（吴莎莎）

·湖州银行·

【概况】 湖州银行主动适应经济发展新常态，抓牢抓实“资产质量”“业务转型”主线，坚持向内向下，扎根地方，贴近基层，实现稳健可持续发展。截至年底，全行总资产 333.26 亿元，比年初增加 37.67 亿元，增长 12.75%；各项存款余额为 278.14 亿元，比年初增加 24.19 亿元，增长 9.53%，其中储蓄存款余额为 112.25 亿元，比年初增加 14.73 亿元，增长 15.11%；各项贷款余额为 178.86 亿元，比年初增加 10.58 亿元，增长 6.29%。不良率为 1.26%，低于全市平均不良率 0.27 个百分点；资本充足率和一级资本充足率分别为 12.23%和 11.14%；实现利润总额 2.82 亿元，比上年增加 493 万元。

【主要工作及成绩】 支持地方经济发展。坚持立足地方，强化金融服务保障，努力支持地方经济转型发展。加强抱团合作，支持重大项目融资。充分发挥一级法人的优势，通过城商行合作平台，与南京银行等搭建固定合作模式，采取结构化融资等方式加大对湖州市重大项目的融资支持力度。积极对接“六重”项目，有效支持“4+3+N”产业。截至年底，全行“4+3+N”产业贷款余额为 63.79 亿元，比年初增加 17.89 亿元，增长 38.98%。坚持直接和间接融资一起抓，助推地方经济转型升级。在信贷支持的同时，通过认购政府投融资平台、经济开发公司和企业发行的公司债和企业债以及信托计划、资产管理计划等，加大对基础设施和重点产业项目的投资力度。持续发展科技金融。针对不同企业类型，制定符合企业发展特色的融资方案，做好投融资服务的同时，联合科技部门、风投机构，做好资本运作的早期辅导和对接工作。加大绿色金融建设。从地方法人银行的定位出发，将自身战略转型发展和差异化品牌建设与促进全市生态文明建设和经济结构转型相结合，得到市人行、银监等监管部门的肯定，成为全市绿色金融创新试点行。在战略规划上，制定《绿色金融三年战略规划》，从机制、制度、考核等各方面制定发展目标，明确绿色金融推进计划；在组织架构上，成立绿色金融部，配备专职管理人员，管理全行绿色金融发展；在制度建设上，按照绿色信贷指引，制定绿色信贷管理办法，引导业务发展；在产品创新上，"五水共治"专项贷款、美丽乡村贷款、合同能源管理和分布式屋顶光伏发电按揭贷款等新产品相继推出，取得良好效果。年末，全行相关绿色产业的公司贷款余额为47.94亿元，结构化融资28.6亿元，占全部公司信贷资产的40.09%。扶持小微企业成长。把握区域经济特征，深耕本土市场，创新贷款产品，拓宽信贷模式，改进服务方式，开展"百名行长进千企"活动，推动贸易融资类贷款，大力发展零售业务，对接小微、个人金融需求。截至年底，小微金融完成"三个高于"指标，其中，小微金融同比增速高于各项贷款增速指标，高于全市平均15.36个百分点，拓宽融资渠道，解决小微企业融资难、融资贵问题。不断加大"微粒贷""房票贷""快捷贷"等业务产品的推广力度，解决各方融资需求。截至年底，个人贷款余额67.51亿元，比年初新增20.52亿元，增长43.47%，个贷余额增量位居湖州市银行业前列。强化风险防范化解。关注和积极应对经济转型中的各类金融风险隐患，不断提高内部管控水平，全方位提升风险预警防范能力、市场反应能力和化解管控能力，坚决守住信用风险底线。加强"控新"力度。针对授信企业，实施"分类管理，区别对待"信贷政策，按优质客户、一般客户、低效客户和风险客户，分别采取优先支持、适度支持、维持或压缩和淘汰退出策略。加强对授信企业授信、用信动态管理和关联企业统一授信管理。做好"降旧"工作。按照《2016年信用风险管控责任书》，制订不良贷款、逾期三个月以上贷款、潜在风险的"一户一策，四定方案，到月到户"计划。做好动态风险排查、化解和处置。注重潜在风险贷款和初显风险贷款的管理，保持质量管理的主动。强化信贷检查，及时发现问题，尽早纠错、纠偏，提高信贷管理水平；对违规行为，严肃进行责任追究。充分发挥非现场审计系统作用，对发现违规的机构和个人，抓住典型、人事并举，保持案防高压态势，抓好制度建设与执行、风险合规和案件防控三个"栅栏"的结合。提升金融服务水平。从金融服务全覆盖和便民角度出发，不断拓宽金融服务渠道，提高金融服务能力。不断拓宽服务渠道。继续下沉服务网点，持续加强对城乡接合部小微企业、农户和农村居民提供金融服务，拓展服务小微企业和"三农"发展；推进电子金融渠道建设，做好物理网点智能化升级，加大非现金类自助设备的布放力度。启动"机器换人"工程。深入推进业务流程标准化工作，通过完善内控制度、规范操作流程，逐步将标准化的业务向机器分流，助推服务转型。加快网点转型，大力推进社区银行、小微支行的发展建设，提供更为人性化的社区、小微金融服务。

（柳佳平　宋　莹）

·吴兴农村合作银行·

【概况】　湖州吴兴农村合作银行是在原吴兴区农村信用联社和全区农村信用社的基础上，由辖区自然人、农村工商户、企业法人和其他经济组织自愿入股组建，并经中国银行业监督管理委员会批准设立的股份合作制社区性地方金融机构。吴兴农村合作银行内设"十一部一室一中心"（人力资源部、业务管理部、合规风险部、电子银行部、计划财务部、审计部、保卫部、授信评审部、科技信息部、运营管理部、国际业务部、办公室和资产保全中心），下辖"一家营业部、十五家支行、十八家分理处"，全行员工总数559人，各项存款130.62亿元，各项贷款83.72亿元，实现账面利润1.29亿元。

【主要工作及成绩】　深化普惠金融建设，服务实体经济建设。大力开展"走千访万"劳动竞赛活动，持续推进增户扩面工作，推进上午办公、下午下乡工作制度，采取简化操作流程、强化村银合作、优化授信模式等措施，确保达到"三提高"目标。全年发放授信证28820张，授信金额27.65亿元；新增个人贷款户3009户，金额4.11亿元。探索推进"整单位授信、整单位批发"，全面实行网格化管理，发挥CRM系统网格化视图功能，进一步做实"三进"营销，截至年末，全行个人贷款18332户，金额39.45

亿元；对公贷款1016户，金额42.97亿元。

强化业务创新能力，提升金融服务质效。推进小额信用贷款扩面，及时提高“惠农贷”最高贷款额度到30万元，截至年底，共发放个人信用贷款12374户，余额11.46亿元，分别比年初增加4044户、5.29亿元。推广“税贷通”贷款业务、“三权”抵押贷款创新，共发放税贷通10笔，金额2117.5万元，“林权”抵押贷款2笔，金额500万元，“土地”抵押贷款3笔，金额500万元，“动产”抵押2笔，金额3200万元。推出“薪贷通”消费贷款业务，增加公积金自缴额确定贷款额度方式，提升最高贷款额度至50万元，实现30万元以下贷款自助放贷功能，累计发放“薪贷通”691户，金额87323万元与吴兴区人民法院合作推出“拍贷通”司法拍卖专项贷款，对接拍卖房购买资金需求，共发放3笔，金额2700万元。推出排污权抵押贷款、应收账款质押贷款和电子承兑汇票等绿色信贷产品和承兑贴现业务，进一步拓宽企业融资渠道。

推进服务渠道拓展，便捷百姓生活方式。以丰收两卡为拳头产品，加大营销推广，提高覆盖面，累计发放丰收小额贷款卡15016张，丰收创业卡1563张。以ATM机、POS机、网银、手机银行等为抓手，不断提升机具使用率，实现了电子银行覆盖率的高速增长，至年末电子替代率达77.88%。加快社区银行转型，推进丰收驿站建设，全年完成丰收驿站建设54家，其中标准型3家，简易型51家，丰收驿站和丰收购电商平台被纳入吴兴区农村电商建设大平台。与浙江省高速管理局合作，有序开展ETC营销，累计办理ETC签约4414个。推出“福农卡”大额分期业务，开展整单位批量营销，全年累计发放1139张，授信金额25149万元，分期633笔，金额8750万元。推进“手机银行应用示范群体”“网上支付应用示范区”创建，上线“财付通”“云闪付”信用卡绑定功能，推广“手机银行取现”功能应用，增强客户体验感，方便百姓生活。

加快不良清收处置，切实巩固资产质量。细化准入标准，强化源头控制和授信管理，严防过度授信。严格贯彻信贷控制政策，执行“禁五慎三”规定，严控“两高一剩”等贷款。加强大额贷款管理，制定年度信贷退出计划，降低大额担保贷款比例，优化信贷结构。开展不良清收攻坚，落实台账管理，一户一策制定清收化解方案，全年收回历年核销贷款本息1022.45万元。成立区打击逃废债吴兴农村合作银行专案组，加强与公安、法院、检察院联动，推进打击逃废债工作。探索推进同资产管理公司合作，加强外部合作清收，全年累计打包转让9件，金额4409万元，委托催收29件，金额4924万。

提升内部精细管理，增强优质服务水平。围绕发展任务，制订落实17项重点工作和13项专项工作，开展“补齐短板 拉高标杆”主题活动。开展会计人员培训、业务素质冠军赛和会计检辅，优化会计岗位配置，推进营改增试点，加强资金转移定价探索，细化运营管理，强化财务精细。推进审计项目实施，加强会计检查监督和案防合规管理。启动股份制改革，加快股改进程，完善法人治理。

强化人本管理理念，加速队伍品牌建设。加强人员培训，抓好员工大讲堂，全年举办培训38次，参训1508人次。加强队伍管理，完善绩效系统管理，推进柜员等级、星级管理，开展岗位交流竞聘，开展服务检查和岗位轮换。推进党建工会工作，开展“两学一做”学习教育活动，组织开展“党员固定服务日”活动，领取困难群众“微心愿”29个。组织员工登山比赛，建立总部图书阅览室，开展“我爱读书”文化活动，丰富员工业余生活。优化网点建设，加快网点形象改造提升，推进支行创建文明规范服务单位、文明单位、品牌示范单位等示范点建设。加强外宣力度，完善对外信息披露，全年各级媒体信息录用218条，其中国家级媒体29条，省级媒体录用51条，展示企业良好形象。

参与社会公益事业，承担企业社会责任。积极参与慈善事业，持续向本行冠名的“合作银行慈善救助基金会”捐款50万元，开展“慈善一日捐”爱心捐助活动，累计捐款37090元。开展金融知识宣传普及，开展主题宣传活动，深化多方合作，全年开展活动320场，发放各类宣传资料4.5万份，直接受益百姓5万余人。积极创造就业岗位，解决大学生就业难，新招收员工13人。主动回馈社会，降低企业财务成本，继续减免丰收卡普通客户卡开户费、工本费等16项服务费用，降低居民金融服务成本，对信用村镇的信用农户及农业专业合作社等涉农对象，实行优先贷款和利率优惠，全年累计让利3102万元。

（邱志成　吴梦刚）

第十四篇　法　治

·公　安·

【概况】　全区公安机关围绕全区社会发展大局，始终围绕党委、政府的信赖感和满意度、人民群众安全感和满意度、公安队伍荣誉感和满意度这一总目标，坚持“防为主、防为上”工作方针，按照“五个起来”（纪律要严起来、作风要实起来、工作要紧起来、节奏要快起来、活力要足起来）的要求，聚焦G20杭州峰会安保，全力维护社会稳定，全面提升公安工作质效，圆满完成各项工作任务。全区社会大局持续稳定，治安形势总体平稳，刑事发案稳数降至2010年以来最低值。主动融入党委政府中心工作，出台《当好护航员、助推四个年》《守青山、护绿水——吴兴公安再行动》等专项活动实施方案，深入开展惩治恶意逃废债专项行动，助力全区经济转型升级。湖州市公安局吴兴区分局被评为全国“敬老文明号”“全省执法质量优秀单位”“全省公安信访工作考核县级优秀单位”“全市社会管理综合治理先进单位”“湖州市服务保障G20杭州峰会先进集体”“省公安厅G20杭州峰会安保先进集体”和“全市普法与依法治理先进集体”，有9个集体和41名民警受到市级以上表彰。

【抓好“惠民十大行动”】　以惠民行动为抓手，将“服务企业、护航发展”行动、“净空气、优水质”助力行动、“食药环”安全护卫行动、消防设施“大提升、全覆盖”行动、“远离传销、谨慎汇款、防范诈骗”行动、交通管理“便民提速”行动、出入境“优服务、创满意”行动、乡村旅游“安全防范大提升”行动、“我参与、我宣传”群众安防素质提升行动等十项行动作为工作着力点，细化工作举措，稳步推进各项惠民措施，打造群众满意的民生和民心工程。

【依法惩治各类违法犯罪活动】　坚持民意导向，以面广量大的侵财案件和民生热点案件为重点，持续深入开展“护卫平安”、打击盗抢骗、整治黄赌毒等专项行动，全年破各类刑事案件1210起，移送起诉1503人，分别同比上升7.3%、29.2%，现发命案和“七类”重点案件全部告破，抓获逃犯81人，追缴返还赃款赃物近500余万元，成功侦破“5·18”通信网络诈骗案、“5·10”开元名都大酒店寻衅滋事案等一批大要案件。开展惩治传销、惩治恶意逃废债等专项行动，破获恶意逃废债案件19起，采取强制措施20人，挽回经济损失2000余万元，成功摧毁一特大“1040”传销组织团伙，抓获犯罪嫌疑人13名，查获传销人员141人。

【强化防控体系建设】　借力运用“互联网+”技术，稳步推进四期4800个点位视频监控建设，整合接入各类社会资源监控2000余个。按照“屯警街面、动态备勤”的要求，专门组建中心城区摩托化特巡中队，出台《中心城区快速反应机制实施方案》，实行网格化动态巡处，全区刑事发案同比下降30.51%，实现刑事发案五连降，其中侵财案件、盗窃“三车”（摩托车、电动车、自行车）、入室盗窃案件、街面案件分别下降18.48%、33.79%和14.58%。

【队伍建设】　扎实开展“两学一做”学习教育活动和“无限忠诚·走在前列”主题教育实践活动，创新推出“日志周报”“周二夜学”“青蓝培优”“一人一档、一事一策”战时思想政治工作，全警思想作风和能力素质大幅提升。落实全面依法从优待警举措，相继出台“护理休整日”“三级走访”“爱警惠警组团服务”等项目制度，建设非本地籍青年民警集中住宿基地和民警实战教育训练基地，解决派出所民警津补贴和协辅警公积金。强化公安典型引领，积极开展“吴兴公安好民警”宣传推选活动，选树队伍中的先进典型，八里店派出所被评为“全国优秀公安基层单位”和“全省优秀公安基层单位”，八里店派出所、龙泉派出所荣立集体二等功、8 位民警荣立个人二等功，7 个单位和 33 位民警荣立三等功，70 余位民警荣获市级以上荣誉称号。

【推出便民利民服务举措】 相继制定《当好护航员、助推四个年》《守青山、护绿水——吴兴公安再行动》等专项活动实施方案，创建五大机制、五大团队，推出八项举措，组织开展“十大行动”和“六大行动”，共排查化解涉环境矛盾纠纷 420 余起，整改环境领域安全隐患 190 余处，查处涉环境违法犯罪人员 184 名。

【深化警务信息化建设】 实施“强基砺剑”专项行动，建立信息接入应用机制，调动村社区干部、物业保安参与排查采录工作。推动基础信息采集进企业、下社区，试点推进“智慧工地”和“出租房门禁指纹系统”建设，开发流动人口手机 APP，打造信息化“以业管人”“以房管人”新模式。

【推进执法规范化建设】 以建立“又好、又多、又快”的执法办案工作体系为目标，在全市率先建立执法监督管理委员会，深化“案管创优”项目，推动侦审分离制度落地，从接处警、涉案财物管理、案件调查取证等各个环节入手，全面推动执法工作转型升级。

【安全领域监管常态化】 以“护卫平安”系列集中统一行动为抓手，清理整顿突出治安问题，对全区 89 处治安重点地区开展高频次清查，对 5690 余家行业场所、12000 余户出租房见底核查，清理传销窝点 73 处，对 258 名传销人员采取刑事措施，抓获涉黄赌毒违法嫌疑人 953 人。严密安全监管，滚动检查消防重点单位 23000 余家次、危化品单位 9800 家次，督促整改各类安全隐患 1.8 万余处，20 家重大火灾隐患单位（区域）挂牌整治到位，火灾事故同比下降 31%。深化道路交通保畅通压事故行动，严管路面、严查违法，共整改 3 处重点路口“坡改平”和优化交通信号配置 52 处、优化路口渠化 48 个、优化交通标志标线设置 50 处，交通“四项指标”稳中有降。

（陈 斌）

·检 察·

【概况】 区检察院设 13 个机构：办公室（行政装备科、技术科）、侦查监督科、公诉科、反贪污贿赂局、反渎职侵权局、预防监所科、民事行政检察科、政治处、控申科（举报中心）、监察室、案管中心、八里店检察室、杨家埠检察室。同时设基建办公室，负责本院两房建设。设检察长 1 人，副检察长 3 人。检察专项编制 83 名，事业编制 4 名。截至年底，在编干警 80 人（女 34，占 42.5 %），干警平均年龄 36 周岁。院党组成员 6 人，检委会专职委员 2 人，检察员 18 人，助理检察员 11 人。研究生学历 7 人，本科学历 63 人。检察队伍正向专业化、知识化发展。区检察院实际办公面积主楼为 2392.64 平方米，两个辅楼约 600 平方米。案件管辖吴兴区、开发区、太湖度假区、市公安局经侦支队。刑事案件总量约占全市的 30%。

【检察工作及成绩】 紧紧围绕吴兴经济社会发展大局，忠实履职，扎实开展查补“短板”专项工作，努力践行“绿色司法”先进理念，推进各项检察工作继续前进，第二次被评为“全国先进基层检察院”。主要工作为：

主动服务中心工作，保障经济社会发展。主动服务中心工作。年初出台《关于服务和保障全区“六大战区、八大行动”八项工作意见》，针对湖州经济技术开发区“五大专项行动”，杨家埠检察室提出六条工作意见。服务美丽吴兴建设，持续深入开展“环保检察”，起诉非法采矿、滥伐林木、污染环境等犯罪 13 件、36 人；助推精准招商，净化营商环境，起诉金融诈骗、非法吸收公众存款等各类金融犯罪案件 17 件、25 人；保障大项目落地，起诉项目工程建设领域强迫交易罪 2 件 11 人。开展“基层组织建设服务月”活动，确定辖区内重点行政村（社区）基层联络员，搭建工作平台，举办法制宣传教育讲座 4 场，保障基层换届选举工作顺利进行。

护航非公经济健康发展。先后制定《开展“诚信发展检察伴你行”活动实施方案》《十二项工作意见》。稳妥办理涉企案件，共办理 25 件、34 人，其中对 9 人作出相对不起诉决定。加强横向联系，形成服务合力，与区多个部门建立非公企业法律服务中心，与区工商联联合发文加强协作，建立联席会议、日常联络、信息交流通报等6项协作机制。积极联系走访，加强检企对接，确定17家非公企业（商会）作为检察院联系结对服务单位，先后派驻2名干警到企业担任驻企指导员。强化预防宣传，选取吴兴西塞山旅游度假区项目开展专项预防；积极提供行贿犯罪档案查询，共查询6432次，涉及单位6925家，涉及个人12857人次。

多措并举推进息诉维稳。积极融入维护安全稳定工作大格局，与相关部门建立“矛盾纠纷多元化解机制”，完善检调对接，积极运用公诉案件当事人和解程序，依法办理轻微刑事和解案件20余件。妥善办理各类群众来信96件，接待群众来访142批、249人次，其中群体来访7批、63人。出台《护航G20维稳工作的实施方案》，成立峰会维稳安保工作领导小组，G20期间对5个重点涉访涉诉案件履行包案责任制，均成功办结。

惩防并举打击职务犯罪，打造廉洁政务环境。大力查处贪污贿赂犯罪。立案侦查贪污贿赂案件8件、8人，涉嫌受贿4件、4人，涉嫌行贿3件、3人；其中处级干部1人、科级干部1人。重点查办矿山整治及矿区环境治理环节职务犯罪，立案查处湖州市政府副秘书长、矿山企业综合治理办公室主任李某某受贿案及湖州市矿山企业综合治理办公室巡查处处长姜某受贿案等系列大要案。

积极查办渎职侵权案件。立案侦查渎职侵权犯罪2件、2人，副科级1件、1人。重点查处行政执法机关在安全监管方面的渎职犯罪，如湖州特种设备研究院工作人员袁某滥用职权、受贿案和善琏镇安监站工作人员吴某某滥用职权、受贿案，及时消除重大生产安全隐患。反渎局荣记二等功。

主动推进专项深度预防。发送检察建议2件，撰写各类预防文章30余篇，被省人民检察院“五库”录用9篇，以深度预防推动制度预防，推动行业单位和党政部门制度建设6项。完成《近年来征地拆迁领域职务犯罪预防专题报告》，获湖州经济技术开发区主要领导的批示并转阅。立足基层检察室，做好基层组织领导班子换届选举中的职务犯罪查办和预防工作，深入基层，为八里店镇、妙西镇机关中层及以上干部和各村二委会班子成员作法制宣讲，防止贿选发生。

把握重点强化职能履行，保障社会和谐稳定。依法惩治刑事犯罪。受理提请逮捕各类刑事案件579件、904人，经审查批准逮捕498件、778人。受理审查起诉1898件、2703人，经审查起诉1579件、2149人。批捕、起诉的办案数量和人均办理数继续位列全市第一。办理有较大社会影响的郑某强等11人涉嫌组织、领导传销活动案和周某渊等5人涉嫌利用网络游戏为脚本开展的涉及赌资上亿元的竞猜类网络赌博案。

司法为公强化诉讼监督。加强刑事诉讼监督。监督立案25件、25人，决定追捕7件、8人，决定追诉漏犯17件、22人，立案监督、追捕、追诉案件被判处三年以上有期徒刑15件，对侦查活动中存在的违法行为发出纠正意见2件，对刑事审判活动提出抗诉1件。加强民事行政诉讼监督。受理各类民事行政诉讼监督案件40件，开展行政执法检察监督15件，7件作为典型案件进行报道，其中5件省级媒体上报道、2件在全国媒体上报道。发出再审检察建议并获改判1件。加强刑罚执行和监管活动监督。完成财产刑执行监督7件、7人，监督建议司法行政机关对16名社区矫正对象收监执行。开展捕后羁押必要性审查，办理案件26件、30人，提出建议10件、10人，均被采纳；对5件指定居所监视居住案件执行情况开展监督，依法提出建议5份。

宽严相济落实柔性司法。适用宽严相济刑事政策，不批捕82件、137人，件数比上年同期增长34.4%；不起诉179件、190人，件数比上年同期增长67.3%。深入开展公诉环节刑事被害人司法救助工作，将司法救助纳入主动审查范围，督促公安机关加大追赃力度，累计提供救助或挽回被害人损失28万元，相关做法获省检察院刊发肯定。成立未检科，探索实行捕诉监防一体化工作模式，会同吴兴区公安分局、织里公安分局、开发区公安分局、度假区公安分局联合出台《刑事案件询问未成年被害人工作细则》，规范未成年被害人“一站式”取证工作，该项工作被省检察院列为试点项目。

借力改革践行绿色司法，提升检察公信力度。启动落实检察改革。认真落实中央、省委关于司法体制改革的统一部署，结合本院实际情况制定《司法体制改革实施方案》和《现任检察官入额实施办法》。稳妥推进检察官员额制改革，有序推进首批员额检察官遴选工作。

加强规范文明办案。制定《关于保障律师会见权利的实施办法》，细化保障律师会见权的具体举措；侦查环节、诉讼环节充分听取律师意见，并给予答复；严格执行并防止滥用“特别重大贿赂案件”限制会见；开展案件程序性信息推送服务；出台规范律师阅卷工作机制，在全市率先推行电子化阅卷工作等。以“交流互动常态化、保障权利制度化、服务平台现代化、监督制约规范化”为目标，构建新型检律关系。

深化推动阳光检察。出台《自觉接受人大监督及加强与人大代表联络工作的意见》，建立院领导与人大代表的点对点联系机制。加强吴兴检察官网、微信微博公众号的平台建设，开辟每周案讯、法规速递、检察官说法、检察快讯等多个栏目，推送微信60余期。提高科技强检工作力度，通过“吴检案管”微信号办理律师阅卷预约，共接待律师421人次，提供电子阅卷386次，提供电子卷宗光盘刻录400余份。通过信息化途径依法公开案件程序性信息2942件，法律文书938份，重要案件信息8条。

明确目标加强队伍建设，提升检察队伍形象。提高干警业务素能。全年调研成果显著，1篇文章在国家期刊《人民检察》发表，2篇文章在内刊《浙江检察》上发表，其中1篇获评2016年度全省检察机关期刊优秀成果奖。多名干警获得“吴兴区第三届道德模范”“吴兴区优秀共产党员”“湖州市2015年度优秀共青团干部”“湖州市人民满意政法干警”“湖州市明星公诉人”“全省检察机关侦查监督办案能手”“全省检察机关优秀侦查员”等一系列荣誉。其中，公诉科科长魏冠卿获评第五届浙江省“优秀检察官”。

加强纪律作风建设。以“两学一做”学习教育为契机，扎实开展动员部署，组织全员专题学习习近平总书记“七一”重要讲话精神、中共十八届六中全会精神，全面落实党风廉政建设“两个责任”，遵行从严治检“六个一律”、加强检务督察“十条规定”，开展“党员固定活动日”“党纪教育一刻钟”活动，切实加强队伍日常监督管理。被评为2015年度“全市检察机关党风廉政建设先进集体”。

提升群众工作能力与水平。先后在妙西白鹭谷开展“呵护绿水青山，助推旅游建设”志愿服务活动，在织里镇实验小学、织里镇晟舍小学等学校开展“大手牵小手，温暖助学”活动。注重办案过程“三个效果”的有机统一，办理的湖州市经济技术开发区特大污染环境系列案件获评湖州市检察机关绿色司法优秀案例、全省“三个效果”有机统一优秀案例。

（陈瑜芳）

·法　院·

【概况】　吴兴区人民法院系原湖州市城郊人民法院，于2003年5月分设成立，2016年9月院址搬迁湖州市吴兴区八里店镇西山路1698号。新建审判大楼占地面积19亩，建筑面积约2.4万平方米。整幢大楼共13层，1～4层裙楼，有19个审判法庭，5层以上为办公区。该大楼于2012年11月8日开工建设，2016年9月13日竣工。除吴兴区外，吴兴区人民法院还管辖湖州经济技术开发区、太湖旅游度假区，辖区面积共1062平方千米，常住人口77.7万人。

全院设有刑事审判庭、少年综合审判庭、民事审判第一庭、民事审判第二庭、民事审判第三庭、民事审判第四庭、行政审判庭、立案庭、审判监督庭、执行局、司法警察大队、办公室、政治处、监察室、司法行装科、审判管理办公室共16个内设机构，下辖环城、织里、埭溪、康山4个人民法庭，1个下属事业编制单位审判保障服务中心，以及区纪委派驻纪检组。共有在编干警127人，其中行政编制114人、事业编制13人，具有审判员资格68人，35周岁以下青年干警65人，占51.2%。

【审判工作及成绩】　吴兴法院在区委领导、区人大及其常委会的监督和上级法院的指导下，坚持公正司法、司法为民主线，围绕“公信立院、管理强院、人文兴院、科技助院”的工作目标，忠实履行宪法法律赋予的职责，为全区经济社会发展提供坚强有力的司法保障。荣膺“全国优秀法院”称号，成为湖州地区首个获此殊荣的法院。全年新收各类案件14724件，办结14599件，同比分别上升13.62%和19.61%，一线法官人均结案313.62件，超过全省平均53.31件，审限内结案率99.14%，生效裁判息诉率为93.48%，审执质效呈良性运行态势。依法惩治刑事犯罪。新收刑事案件 1603 件，审结 1632 件，同比分别上升 9.87%和 12.4%，判处罪犯 2247 人，同比上升 14.82%。积极参与反腐败斗争，妥善处理社会关切的重大疑难案件，审结贪污贿赂等职务犯罪案件 24 件 24 人，非法吸收公众存款等涉众类经济犯罪 9 件 12 人。提高轻微刑事案件处置效率，大幅减少各程序环节时间损耗，工作做法被最高院作为经验介绍予以推介。妥善化解民事纠纷。新收民商事案件 7205 件，审结 7332 件，同比分别上升 5.92%和 14.92%。妥善审理劳动就业、社会保险、教育医疗、交通事故、人身伤害等与群众生产生活密切相关的案件，切实保障涉案民生权益。推进家事审判改革，妥善审理婚姻家庭、继承赡养、扶养抚育等案件，促进家庭和睦。畅通农民工讨薪绿色通道，加大对劳动报酬追索类案件的审理，切实维护劳动者合法权益。加强司法救助力度，缓、减、免诉讼费 30.98 万元，让经济确有困难的当事人打得起官司。全力破解执行难题。新收执行案件 5072 件，结案 4807 件，同比分别增长 26%和 30%，执行到位金额 11.7 亿元，同比上升 58%。积极争取党委、人民政府支持，以“一年时间基本破解执行难”为目标，推动成立由区委政法委牵头，全区 34 家单位组成的区解决执行难工作领导小组。高标准建设执行指挥中心，实现与上级法院执行指挥中心的互联互通。加强与公安机关对接，实现城市路面车辆的全面布控，抓获被执行人 285 人，扣押车辆 12 辆。组织开展多次专项腾房行动，累计强制腾退房屋 398 套，同比增长 230%。建立“吴兴区司法救助公益基金”“周转房”制度，有效化解和减少涉执信访案件。与湖州晚报合办“执行正在进行”专栏，定期曝光失信被执行人，共有 53 名“老赖”被曝光后主动履行债务。有力地促进依法行政。新收行政案件 72 件，审结 52 件。审结非诉行政案件 244 件，同比上升 40.23%。认真贯彻落实新《中华人民共和国行政诉讼法》（以下称简《行政诉讼法》），积极参与行政案件跨区域集中管辖，推进行政机关负责人出庭应诉制度，充分发挥行政审判司法监督职能，有效解决“民告官难”“告官不见官”等问题。深化“裁执分离”机制，完成非诉行政执行案件“裁执分离”工作全覆盖，与国土局、环保局开展专门领域行政非诉案件的执行行动，有效提高准执裁定的实际执行率。自觉将法院工作置于全区工作大局中去谋划，主动参与社会治理，延伸司法服务，保障服务经济发展，实现法律效果和社会效果的有机统一。全力护航 G20 杭州峰会，积极助推经济转型升级，积极参与社会综合治理。切实加强窗口建设，稳步推进司法改革，全面深化司法公开，狠抓队伍建设。

（陈瑜娟）

·司法行政·

【概况】　区司法局以经济社会发展大局为中心，以提升司法行政工作法治化水平为主线、以公共法律服务体系建设为抓手，进一步解放思想，服务基层，深化创新，着力推进平安吴兴、法治吴兴建设，为建设“生态吴兴，经济强区，科技新城，幸福家园”提供更加有力的法律服务和法治保障。

【队伍建设】　全面学习中共十八届六中全会精神，严格落实党风廉政建设责任制，强化领导干部“一岗双责”责任制。制定《吴兴区司法局 2016 年党风廉政建设和依法行政工作要点》《吴兴区司法局党风廉政建设工作内容和责任清单》，严格落实“五事阳光”“五不直接分管”和末位表态等制度。局机关内部层层签订《党风廉政建设责任书》，将党风廉政内容分解到相关科室，明确具体承办人、责任领导。完善制度建设，将机关作风建设长效机制、内部管理制度、岗位工作职责等一系列重要的文件、制度、规定汇编成册，并下发到每名机关干部手中，提升工作水平。认真开展“两学一做”学习教育，严格落实“党纪教育一刻钟”“党员固定活动日”等制度，组织开展“手抄党章 100 天”“立足岗位拼奉献 积极服务‘四个年’”等活动。组织司法所长业务培训、社区矫正专管员业务培训，组建青年党员律师先锋服务团。

【普法依法治理】　制定“七五”普法规划，经区委常委会、区政府常务会议讨论，由两办转发；向区人大常委会专题汇报“七五”普法工作，区人大常委会作出《关于开展第七个五年法治宣传教育的决议》；召开全区“七五”普法动员大会，高规格启动“七五”普法。完善落实“谁执法谁普法”普法责任制，组建吴兴区普法志愿者分队，形成职能整合、协调联动的“大普法”格局。提升普法工作实效，邀请国家安全部行政学院邵东教授等知名学者先后举办“吴兴论坛——国家安全法律法规”“PPP

项目理论与实务培训”、经济责任审计等专题讲座，依托华东政法大学优质教学资源举办领导干部依法行政暨社会风险管控专题培训班，组织开展全区领导干部和公务员学法用法考试、非人大任命领导干部任前法律知识考试，区政府法制办联合区普法办制作《吴兴区政府常务会议学法手册》，进一步加强对相关法律法规的学习、掌握和运用。强化青少年学生法治意识，量化中小学法治宣传教育工作指标，全力推进青少年法治宣传教育工作，“培育‘法治四有’新少年”项目获评全省“六五”普法创新项目优秀奖。充分发挥法制副校长作用，深入全区中小学举办各类法治讲座40场。有效服务基层群众，开展“护航G20普法在行动”“百人百场基层巡讲”“宪法宣讲吴兴行”“宪法走近你我”主题法治宣传活动，组织机关干部、律师志愿者、爱飞扬公益团队志愿者深入乡村、社区开展各类现场法治宣传活动，向群众赠送宣传资料15000余份。创新普法载体加强法治文化建设力度，涌现高新区“幸福农场”、东林镇法治文化广场等一批新阵地。吴兴区青少年公共安全防范教育基地建成并投入使用；位于吉山四社区的吴兴区法治文化公园长廊改建项目完工。青少年法制教育读本等3个项目获全市法治文化建设品牌评选示范项目。继续开展民主法治村（社区）、诚信守法企业创建，东林镇南山村等3个村（社区）成功创建省级民主法治村（社区），乔兴建设和湖州市水务集团成功创建市级“诚信守法企业”并完成验收。完成市级民主法治村（社区）复评工作。

【矛盾纠纷排查调处】 围绕护航G20、平安建设两大任务，开展春节期间、两会期间、G20期间矛盾纠纷大排查大化解专项行动，全力维护社会稳定，保一方平安。全区各级人民调解组织共受理矛盾纠纷6282件，调处成功6256件，成功率为99.59%。区医调委共受理调处医患纠纷15件，涉及金额220.15万元；交调委受理调处纠纷497件，涉及金额494.1万元；法庭人民调解室共受理案件434件，标的1.418亿元；物调委受理各类物业纠纷905件，调处成功905件，调处成功率为100%。未发生民间纠纷转化为群体性上访事件或民转刑事件。强化调解室硬件建设，所有乡镇、街道调解室安装同步录音录像设备。规范以奖代补发放，对《以奖代补实施办法》进行了完善，进一步规范申报、审核程序，明确人民调解卷宗检查内容和人民调解“以奖代补”经费计发办法。结合“以奖代补”审核对全区人民调解卷宗全面检查，根据检查结果对发现的问题进行整改。在市局开展的“百佳案卷”评选活动中，全区共有13件案卷获奖（其中一等奖1件、二等奖3件、3等奖9件）。八里店、月河街道调委会被评为全市十大名牌调委会，林新法、茅泉江被评为全市十大金牌调解员，八里店司法所“三联四定”工作法、埭溪司法所“流动调解”服务模式被评为全市十大品牌工作法。加大区级人民调解委员会建设力度。建立吴兴区人民调解委员会，更好地服务于“平安吴兴”“法治吴兴”建设。建立吴兴区物业管理纠纷人民调解委员会。与区住房和城乡建设局联合下文成立吴兴区物业管理纠纷人民调解委员会，由住建局分管领导担任主任，主要受理跨区域、跨行业、跨部门的重大疑难物业管理纠纷、乡镇（街道）物业管理调委会移交的物业管理纠纷以及其他重大物业管理纠纷。

【特殊人群管控】 完善《吴兴区社区矫正工作考核办法》，全力确保G20峰会期间社区矫正安全稳定工作，制定实施方案，明确阶段任务。落实“两项整治”和“三项教育”活动，完善社区服刑人员执行地管控机制。利用“幸福农场”公益劳动基地、北白鱼潭教育基地、“启航”社工组织等扎实落实社会服务和教育学习“两个八小时”制度。开展社区矫正监管安全形势大研判活动，列出问题清单，落实措施和责任。联合市、区人民检察院，对高新区、乡镇、街道社区矫正工作开展执法检查，提升社区矫正工作规范化水平。邀请市人民检察院处长张萨德和区法院法官举办社区矫正执法人员渎职犯罪警示教育专题讲座，为预防职务犯罪敲响了警钟。开展社区矫正工作人员心理专题辅导，组织矫正专管员开展涉及矫正业务知识、工作流程、基本法律等内容的业务能力测试，检验工作人员对业务知识的掌握程度，提高工作的能力。举办“平安护航G20实战大练兵”活动，通过演练，查找社区矫正监管中存在的实际问题，及时加以解决。提升社区矫正工作人员业务水平，定期举行业务培训，全年开展业务培训6次、业务知识考试2次。强化信息管理平台运用，规范信息监管内容，建立“日巡查日通报日处置”的市、区、乡镇（街道）三级联动机制。全面使用“司法e通”，开展执法工作网上审批操作，落实手机定位率100%，配备电子腕带20套，实现重点社区服刑人员手机定位和电子腕带“双管控”。加大对涉毒类、暴力型社区服刑人员的处罚力度，对涉毒类人员统一开展尿检工作，其中 5 人检测呈阳性被行政拘留，另外 1 名暴力型社区服刑人员因寻衅滋事被行政拘留，该 6 人已提请撤销缓刑予以收监，及时消除安全隐患。G20 决战阶段，局领导班子每天带队赴高新区、乡镇、街道进行检查指导；每天对全部社区服刑人员开展网上巡查和电话抽查，发现人机分离、关机、越界、停留超时等情况及时进行处理。在 G20 峰会召开期间，龙泉司法所集中教育学习视频直连省司法厅，收到良好效果。联合市、区妇联在环渚街道北白鱼潭社区教育基地开展针对女性社区服刑人员的“阳光生活·温馨港湾”巾帼志愿者维权帮教进社区活动。指导吴兴区“启航”社会工作服务社开展“护航 G20 社区矫正法制与道德”主题教育活动，端正社区服刑人员思想态度，约束自身行为，强化服刑意识。高新区司法所完成“幸福农场”社区矫正公益劳动基地建设，八里店司法所高标准完成社区矫正宣告室建设并常态化运作，规范社区矫正宣告工作。年底，在册社区服刑人员共计 353 人，其中缓刑 322 人、假释 20 人、监外执行 11 人，无脱管、漏管及再犯罪情况；累计接收社区服刑人员 474 人，解矫 470 人。累计完成社区矫正审前社会调查 47 例，其中法院 22 例、监狱 25 例。累计警告 51 人、提请撤销缓刑 16 人，提请撤销暂予监外执行 1 人。每月对刑释在册人员进行排查，对排查出的重点对象即时上报。通过刑释解教人员信息管理系统定期对监所录入服刑人员信息实行核查核实工作，实现与监所的信息无缝对接。年底共有刑释人员 1218 名，帮教率达 100%；安置率达 99.3%；重点对象“必接必送”，建档率 100%，预释放人员信息回执回复率达 100%。

【法律服务】 将公共法律服务体系建设纳入区政府为民办实事，以推进乡镇（街道）公共法律服务站建设为依托，落实法律服务人员坐班制。以村便民服务中心为基础，打造基层法律服务窗口，推行法律服务人员亮牌值班，印制发放 2016 版《公共法律服务指南》，初步建成公共法律服务电子化网络平台，6 月上旬上网试运行，12 月正式上线运行，实现实体平台和网络平台的对接互通、有机融合，方便群众寻求优质高效的法律服务。丰富“公共法律服务产品”，推动购买法律服务常态化。形成《公共服务产品目录库》，收集综合行政类、政府行政执法类、民商事类，企业采购法律风险控制、企业合同履行监管、企业知识产权管理体系的建立与运行等多个专项法律服务方案，丰富可采购法律服务内容。大力推进“三名”工程建设，绿洲所与菰城法律服务所结成战略协作关系。依托湖商律师服务团开展法律服务保障小微企业成长专项活动，通过发放“法律体检调查问卷”“法律服务联系卡”对企业进行专项法律体检，有针对性地指导企业建立法律风险防范体系，为东部新城建设提供法律服务。依托“村（居）法律顾问”，积极引导律师、基层法律服务工作者为“三改一拆”“五水共治”等全区重点工作提供法律服务，积极参与专题法律宣传，为群众提供相关的法律咨询和法律建议。开展法律咨询 3126 人次，举办法律讲座 97 场，发放便民服务卡 2210 张，宣传资料 4100 余份，参与调解纠纷 84 件，提供法律援助 58 件。全年 7 家律师事务所担任 149 家单位顾问。受理案件 988 件，刑事 75 件、民事 879 件、行政 43 件，非诉 66 件、承办法律援助 289 件，业务收费 1097.90 万元。5 家法律服务所担任 112 家单位顾问，受理案件 1596 件，民事 1559 件，非诉 37 件，承办法律援助 615 件，业务收费 757.84 万元。

【法律援助】 按照中央和省两办《关于完善法律援助制度的意见》的精神，不断完善吴兴区的法律援助工作机制。降低法律援助门槛，将经济困难认定基准由原来的最低生活保障标准的 1.5 倍调整为城乡统一适用的最低工资标准每月 1660 元。拓展法律援助服务内容。对经济状况未达到困难标准，但法律关系简单、案件事实清楚、维权难度不大的案件，提供代书服务。健全援助便民服务措施，开辟军人军属、农民工、残疾人、70 周岁以上老年人和 14 周岁以下未成年人等重点对象的法律援助绿色通道，实行当日受理、当日审查、快速办理。优化援助窗口服务，落实窗口接待和案件审查各项制度。加强特殊人群法律援助服务力度，深入开展“农民工追薪维权”专项行动，加强与区欠薪办协作，在区劳动仲裁院实行律师每日值班制度，全年办理讨薪援助案件 785 件（其中，群体性欠薪案件 30 批次，涉及农民工 572 名），成功讨回欠薪 1382.1 万元。实施“法律暖军营”工程，以全市涉军法律援助推进会为契机，萤火虫律师事务所律师张光亮为 73019 部队开展法律讲座，为 73011 部队钱山漾养殖场鱼塘租赁纠纷提供法律意见。加强刑事法律援助，推行刑事援助案件承办“双选制”，与市法律援助中心一起组织刑事援助案件承办人实务考试，通过宣传发动，以所为单位，组织律师自愿报名，参加统一考试考核，选拔39人进行签约承办刑事法律援助案件，强化法援案件质量监管，实行听庭回访制度。采取电话跟踪、案件季度督查、审查案件归档材料、征求意见反馈、中心人员不定期听庭等多种方式对援助律师办案进度和质量进行跟踪监督。对已结案的案件随机抽取174件民事、12件刑事进行电话跟踪，满意率达95%以上。推进法援案件质量评估，采用第三方“同行评估”的方法，选择4名具有法律专长和执业经验丰富的社会律师组成评估专家组，随机抽取40件2015年1月至2016年7月已办结归档的民事诉讼、刑事诉讼法律援助案件进行集中评估，共评出优秀案件37件，占总数的92%。全年接待来电来访法律咨询1531件，办理法律援助案件1243件，其中民事案件894件，刑事案件347件，行政案件2件，为群众挽回损失达2932.8万元。

【基层基础建设】 做好星级规范化司法所创复评工作。八里店司法所结合星级所创建，对办公用房和布局进行调整，建设集司法所、公共法律服务站、驻派调解室、社区矫正宣告等有机整合、内容完备的基层司法站点，11月，省厅对其进行五星级规范化司法所考核验收；织里司法所按照整改要求逐步完善。同时，结合司法所所长调动调整，择优选配好新任司法所所长，保持工作连续性。

（谢和云）

第十五篇 国防建设

·军 事·

【概况】 吴兴区人武部部党委坚决贯彻落实省军区和军分区党委关于加强作风建设的决策部署，按照“标准更高、走在前列”和“富有精气神、责任有担当、创新敢为先、形象能引领”的目标引领，形成大抓作风建设的强劲态势，党管武装工作成效明显，民兵参建“五个作用”发挥良好，各项制度落实，确保各项任务的圆满完成。突出抓好“坚决服从改革大局、忠实履行职能使命”集中教育，广泛开展“明职责、敢担当、有作为，做新一代国防动员人”学习讨论；用“两学一做”学习教育作为巩固深化“三严三实”专题教育整顿成果的延伸举措，作为党委班子和干部队伍建设的有力抓手。按照《战备工作规定》的标准要求，修订完善各类应急方案预案，加强作战值班值勤，确保战备状态良好，结合节日战备、防汛、抗台、森林灭火等紧急任务，临机拉动应急分队人员，强化各级战备意识，提升紧急出动和遂行多样化军事任务能力；对辖区6个三级重要防卫目标，苕溪河、太湖沿岸等多处主要防汛险工险段进行勘察，与地方相关部门共同现地对接预案、会商问题、明确任务、落实责任，提高应急战备行动能力。积极助推军民科技对接，积极当好民企“参军”的联络员、服务员，为民企参军提供方便创造条件。调整编实国防动员委员会成员及战时指挥编组，按照市国动委要求，召开区国动委“八办”、相关成员单位的任务部署会和业务培训会，对7个方面、44类潜力资源统计的任务要求、方法步骤、时限规定等进行明确的要求，按照“全、准、实”要求，按时高质量落实国防动员工作。以应急队伍为重点，拓展编兵领域、优化队伍结构，扎实做好3159名基干民兵的整组工作；广泛开展基层武装部规范化建设“挂牌评星”活动，整体提升基层规范化建设水平。开展专武干部、重点应急力量“训练月”活动，抓实370余名专武干部、民兵连长轮训，重点民兵应急连125人的成建制训练，围绕G20安保任务，组织重点应急分队参加军分区组织的全市应急分队对抗比武，组织民兵干部骨干冲锋舟、动力植桩机等关键岗位操作手集训。通过征兵微信公众号、组织人员进驻高校等形式扎实开展征兵宣传，完成新兵（含1名女兵）征集任务，大学生比率达到70.5%，无责任退兵。以安全管理“六个规范”建设为标准，保持大抓安全的强劲态势，承办省军区保密办公保密秩序现场会中文印室、保密室、档案室管理的示范观摩任务。

（赵江峰）

【政治工作】 紧密围绕部党委、首长决策部署，在上级首长机关的指导帮带下，以强军目标为指引，圆满完成以国防后备力量建设为中心的各项政治工作任务，发挥政治工作服务保障的作用。认真抓好政治教育落实。改革强军教育。认真组织开展“坚决服从改革大局、忠实履行职能使命”主题教育，在军分区的指导下，严密制定本单位的依据计划，集中组织6天时间召开党小组讨论，对照检查，进一步增强干部职工拥护服从改革的信心。抓好“两学一做”学习教育。依据军分区的方案，针对不同类型分别对人武部机关和民兵分队进行调研，严密制度计划方案。扎实搞好履诺的践诺活动，先后二次对个人事项进行重新履诺。依据四个专题，安排时间和人员落实好规定动作，落实好每个专题的五个一活动（有理论知识测试、有学习计划、有心得体会、有学习交流、有集中读书）。针对民兵分队，对集中的执勤的200名基干民兵。根据上级《关于加强分类指导跟进指导具体指导，进一步增强“两学一做”学习教育实效需把握的问题》的通知12个方面问题，进行对照检查，搞好形势分析，抓好整改。抓好政治理论和法规学习。先后进行中共十八届六中全会，关于推进全面从严治党理论，积极组织好党委中心组学习，做到学习前有计划、有资料、有讨论、有效地提高干部职工的思想理论水平。

（刁江帆）

【战备工作】 抓实日常战备工作。狠抓作战值班规范和信息系统规范运行，严格落实作战值班上岗资格认证考核，加强作战值班检查，常态战备值班分队拉动检验。针对G20峰会，修订应急行动预案，加强反恐维稳规范化建设，重点抓好区属应急连实战化训练，确保一有情况能有效应对。二季度完成应急分队人员装备、物资器材全面普查和补充更新；结合元旦、“五一”节假日战备值班分队拉动演练，提高快速反应能力。结合民兵整组训练、工作例会等时机，组织专武干部、民兵预备役人员学习习主席系列讲话精神和《战备工作条例》《民兵战备工作规定》等政策法规，扎实开展战备教育，增强各级战备意识。根据上级要求，针对新的指挥体系变化，着眼敌情、任务和战场环境变化，及时组织辖区重要目标现地勘察，充实完善作战指导、力量部署、指挥协同等内容，修订“一案、七计划、一图”。着眼以评促备、以评促建，分层次梳理制约作战准备的突出矛盾问题，拉单列表、区分责任、限时解决。加强民兵情报建设。从民兵涉恐涉稳情报信息工作出成效入手，加大民兵情报信息员骨干培训，充分发挥民兵情报报知系统功能，建立完善军警民情报支援协作、情报按需保障、日常情报通报机制，确保情报信息工作有实质性进展。3月，组织55名民兵情报信息员集训；4月，参加军分区组织全区民兵情报信息员骨干培训。抓好民兵情报信息员每日落实“零报告”制度，每月通报各单位民兵情报报知情况，并对民社情搜报情况进行讲评。

（赵江峰）

【军事训练】 扎实抓好基础训练。继续开展专武干部、重点应急力量“训练月”活动，抓实专武干部、民兵连长轮训，重点民兵应急连125人的成建制训练，民兵干部骨干冲锋舟、动力植桩机等关键岗位操作手集训。3月，组织专武部部长、民兵连连长集训，突出军事理论、政策法规学习，业务基础、基本技能训练，全面提高专武干部、民兵连长业务素质和开展基层武装工作的能力。5月，组织14个基层武装部28名民兵骨干，进行冲锋舟和橡皮艇、动力植桩机、野战照明设备等抗洪装备的学习训练，培养一批操舟手和抗洪骨干。扎实抓好技能训练。按照精通指挥、能打胜仗的标准，以基本业务、基本技能、基本法规、基本指挥为主要内容，加大首长机关和专武部部长培训力度，提高组织指挥能力。深入学习习主席军事战略思想和新形势下军事战略方针，切实熟悉掌握对手作战原则，切实明白防卫作战、国防动员、战场管制等制胜机理，切实掌握领会意图、情况判断、定下决心、灵活处置等内容、程序、方法。首长机关每月一周业务技能训练，专武干部结合工作岗位抓好自身基本技能训练的基础上，每季度组织1次业务基础、指挥技能考核。4月，参加军分区组织首长机关指挥技能集训；二季度参加军分区组织的全市乡镇（街道）武装部长集训。广泛开展“抓教头、强队伍”活动，深入开展群众性比武活动，营造大抓军事训练氛围。3月，组织“四会”教练员（含民兵兼职“四会”教练员）集中强化训练，在军分区组织的评比中“警用抓捕网”课目获得第一名的好成绩。围绕G20峰会安保、抢险救灾等任务，组织全区重点应急分队，携带抗洪、维稳、灭火三类标准器材，参加军分区组织的全市应急分队对抗比武，通过集结动员、跨区机动、突发情况处置等内容的“一个过程”演练，有效地锻炼队伍，检验成果。先后组织800余名基干民兵参与G20安保治安巡防，战备执勤等任务。

（潘豪阳）

【后勤建设】 人武部后勤保障工作积极围绕做好军事斗争准备这一首要任务，圆满地完成人武部年度民兵军事训练、民兵整组、征兵工作、防汛抗台、基层规范化建设评星挂牌活动和人武部机关办公设施调整等保障任务，为人武部的全面建设发挥应有的作用。按照“完善制度、强化管理、注重创新、讲求效益“的要求，严格财经纪律，加强经费的统筹统管，切实为党委理财当好参谋。严格按照“权在党委、事在部门、钱在财务”的理财观念，完善相互监督的管理机制，落实原始发票“三人联审章”制度和联审联签制、经费开支坚持明确标准、先批后支、集中采购的原则，加强监督检查，确保经费的使用效益。

（王金友）

【后备力量建设】 加强组织领导和工作部署。调整完善区国动委组织机构，召开国防动员工作会议和国动委“八办”主任和联络员会议，讲评工作，部署任务。按照《浙江省国防动员建设纲要》要求，强化按纲抓建意识，狠抓国防动员基础性、经常性工作末端落实，狠抓制度落实和活动开展。以适应新体制新要求为基点，以动员准备为牵引，以常态规范为保证，聚焦胜战、改革创新、狠抓落实，确保我区国防动员建设走在前列。在常态规范抓机制落实。召开国动委各办公室主任联席会议，部署任务、交流工作、推进落实。推动军民融合进企业。推动军民科技对接，积极当好民企"参军"的联络员、服务员。深入辖区规上企业进行调研。大抓后备力量建设基础。紧盯基层大抓基础，紧盯规范大抓实效，抓实三件事：扎实开展民兵组织整顿。以应急队伍为重点，拓展编兵领域、优化队伍结构，克服交叉编组。按照上级要求，将区属民兵重点应急连与市属应急营分离开来，克服以往交叉混编现象，调整减少储备队伍基干民兵人数，按要求落实相应的装备器材。强化重点应急队伍建设。围绕"四队"建设目标，着眼完成平急战综合性任务，按照准现役连队标准，加强民兵重点应急队伍建设，实现抢险救灾指挥信息化，驰援摩托化、保障自给化。紧贴 G20 峰会安保需求，加大反恐维稳能力建设力度。3.加大基层规范化建设力度。广泛开展基层武装部规范化建设"挂牌评星"活动，整体提升基层规范化建设水平。

（吴怡康）

【党管武装】 坚持制度管长远、管根本，不断健全完善各项制度，确保党管武装各项工作落到实处。双向兼职。落实党政主要领导双向兼职，确保武装工作年度有筹划、经费有保障、检查有项目、报告有内容。区委书记吴智勇任人武部党委第一书记，区委副书记、区长陈江任区国动委主任，乡镇街道党委书记任武委会主任兼民兵营教导员。考评述职。坚持每年举行一次武装工作述职考评，组织全部乡镇、街道党委书记开展工作述职，讲评工作开展情况，增强各级管武装、抓武装意识。党委议军。区委结合党管武装工作会议召开议军会，全年常委听取 2 次关于武装工作的汇报，做到议军研究重大事项，例会履行协调责任。军事日活动。组织各级党政主要领导集中参加军事日活动，邀请军队院校专家教授开展国防形势教育。学习培训。区委将党管武装工作理论、国防后备力量建设法规政策纳入中心组理论学习范畴，把国防教育内容纳入全区中青年干部党校培训班课程设置中。办公例会。"八一"前，时任书记蔡旭昶到人武部慰问并召开现场办公会，研究解决征兵工作、干部家属就业等难题；10 月，副区长朱建豪组织召开国动委会议，研究国防动员相关工作，对存在的实际问题，亲自督促协调落实。12 月，区委副书记石一婷上任后就到人武部走访，研究国防教育相关工作。

（刁江帆）

【安全管理】 紧紧围绕部党委提出安全管理工作"每天一场保卫战、每月一场守卫战、每季一场攻坚战"的要求，认真抓安全管理工作落实。人武部以省军区安全管理"六个规范"建设为标准，以"条令学习月"活动为抓手，成立以部主官挂帅的安全领导小组，签订安全责任书，建立健全群众性的安全网络，保持大抓安全的强劲态势。针对当前防暴维稳严峻形势，在营院周围和办公区域增加门禁系统。结合军分区承办的省军区保密骨干集训，承办办公保密秩序现场会，对文印室、保密室、档案室进行全面整理规范，为全省保密骨干提供观摩，受到省军区领导的一致好评肯定。建立人武部干部职工、民兵值班应急分队、军警联动的机制，组织防暴恐应急演练，增强干部职工防恐防爆安全意识，提升应急处置能力。以车、枪、酒、密、网为重点，开展安全隐患排查整治，确保实现安全管理"三无"目标。

（赵江峰）

【征兵】 认真贯彻全省征兵工作座谈会精神，坚持全年度、全社会、全过程，强化责任担当，落实常态工作，完善配套保障，着力抓好兵员征集准备。重点抓好三项工作：抓好现有政策兑现，督导地方政府相关部门落实义务兵家庭优待金、大学生入伍奖励和其他退役安置政策；抓好大学生征集，依据浙江省大学生征集《实施办法》，对大学生征集工作进行全面规范；扎实开展兵役登记和体检信息化，深入 13 所院校（两所高校、两所中专，七所高中学校）开展网上兵役宣传和登记，建立学校兵役登记工作站，确保年满 18 周岁的适龄学生登记率达 100%，加强体检信息化工作准备，培养业务骨干，投入 20 余万元搞好硬件建设。完成征兵任务，其中大学生比例达 70%，高中以上学历 100%，两项比例均创历史新高。

（陆　浩）

【国防教育】 注重强化领导干部国防观念，把国防教育纳入区委理论中心组学习内容，在吴兴区党政干部学习网中安排国防教材。在党校培训课程中安排国防教育内容。拓展完善“国防主题公园”“八一光荣榜”“荣誉墙”功能作用。在全市率先建立征兵宣传和国防教育微信公众号，进一步更新完善“吴兴区国防教育专题网站”，调整编配国防教育讲师团，全年，国防教育讲师团共授课7次，受教2000人左右。以“建党95周年”“红军长征胜利80周年”为契机，在学校和社区开展形式丰富的国防教育活动。按照中央、省、市相关要求，吴兴区国防教育委员会办公室、吴兴区精神文明建设委员会办公室、吴兴区教育局三家单位联合在全区未成年人中组织开展“童心向党”歌咏活动。联合区教育局主办“筑梦路上”中小学生演讲比赛，引导广大未成年人积极培育和践行社会主义价值观，树立全面建成小康社会和实现民族复兴“中国梦”的远大志向。精心组织学生军训活动，在青少年中扎实开展国防教育。征兵宣传进高校。区人武部领导充分重视，在高校广泛开展征兵宣传活动，请军分区主任刘忠卫到湖州师范学院作国防形势分析讲授题为《学习把握国防和军队改革重大决策部署　在强军兴军伟大实践中实现人生价值》。除了抓住学校这块主阵地之外，还把国防教育向社区乡镇延伸。区国教办联合飞英街道、月河街道、爱山街道等组成国防宣讲团到社区开展国防主题教育活动宣讲，为社区居民普及国防教育知识，增强全民国防观念。通过各种形式的活动，在吴兴区范围内形成浓厚的国防教育氛围，收到良好的教育效果。

（吴尉霞）

·人民防空·

【概况】　区人民防空办公室（民防局）成立于2005年6月，区防空防灾指挥服务中心为其下属事业单位。下辖织里、八里店、埭溪、东林、妙西五个人防重点镇，及月河、飞英、朝阳、爱山、龙泉、环渚、康山、凤凰、仁皇山、滨湖、龙溪和杨家埠12个街道（70个社区）。重点镇、街道分别成立人防办，分管领导为各重点镇（街道）分管城建领导，人防办主任由人武部部长担任。

【行政执法】　区人民防空办公室有七项行政许可职权，分别是人防工程拆除许可、人防工程改造许可、人防工程报废许可、人防工程项目建议书审批、人防工程初步设计审批、人防工程施工图设计审批、地下空间开发兼顾人防要求审批。全年完成人防工程施工图设计审批12个，建筑面积82875.76平方米，累计办理施工许可证人防联系单77份，发放人防同意备案意见书96份，收取人防易地建设费422.85万元。

【指挥通信】　区人民防空办公室拥有单边带电台1台、超短波电台10台（车载台2台、手持机8台）、海事卫星电话1部、人防重点镇指挥平台1套、移动指挥车1辆，防空（防灾）警报14台（套）。有7支人防专业队550人，1支民防应急救援队28人，12支民防志愿者队伍160人。

【宣传教育】　重视人口疏散演练工作。结合“5·12”全国第六个防灾减灾日，在爱山街道利民社区、朝阳街道都市家园社区组织开展社区人口疏散演练，社区居民130多人参加。6月20日，开展吴兴区朝阳街道闻波社区与南浔区善琏镇观音堂村应急疏散地域对接演练活动。组织民防志愿者开展活动。“3·1”国际民防日，组织月河街道三里桥社区20多位民防志愿者在阳光水岸小区开展宣传活动，发放宣传手册400余份。5月12日，组织爱山街道民防志愿者30余人开展培训。开展重点镇和社区人防规范化建设。按照省、市相关规范化建设标准，选定东林镇和妙西镇开展人防重点镇规范化建设，选定飞英街道竹翠园社区、朝阳街道都市家园社区、爱山街道利民社区等18个社区为新增示范社区，2个重点镇和18个社区全部达到相关规范化建设标准并通过市办验收。学校人防宣传教育。选择织里镇漾西小学开展人防教育试点，在湖州市第十一中学教育集团开展人防教育示范建设，在区属13所初级中学积极开展形式多样的人防教育；积极组织学校教师参加全市中学人民防空与防灾知识教育优秀教案设计竞赛活动，参加竞赛活动的15个教案设计全部得奖，组织教师参加全省《人民防空与防灾》教材优秀课件征集活动，6位教师的课件入选。5月12日，要求各学校结合防灾减灾日开展师生应急疏散掩蔽活动，其中埭溪上强中学举行防空防灾应急疏散演练，组织全体师生开展以“城镇化与减灾”为主题的科普宣传活动，共展出各类防灾减灾科普常识展板10余块、发放宣传手册500余份。社区人防宣传教育。3月1日，在月河街道二里桥社区开展应急救援知识培训活动，邀请湖州师范学院医学院的教授进行授课，50 多位青少年受到教育。5 月 7 日，为提高幼儿的自救自护能力，掌握空袭、地震临时有效的逃生方法，潜庄社区联合湖州第三幼儿园潜庄分园组织幼儿进行应急逃生演练，了解防震、疏散等应急避险知识，提高全园师生在密集场所紧急避险的应变能力。暑假期间，各试点社区纷纷组织开展宣传教育活动，邀请市民防学院的师生讲课，丰富中小学生们的暑期生活，起到很好的效果。10 月 13 日，第 25 个国际减灾日，为更好地向居民群众宣传防灾减灾人防知识，朝阳街道碧浪湖社区举办一场人防宣传活动，紧紧围绕“提升抗灾能力就是拯救生命——老年人与减灾”这一宣传主题，通过摆放宣传展板，发放宣传资料，张贴宣传纸等形式，向居民宣传防灾减灾和自救互救知识。利用新型宣传手段。在“5·12”警报试鸣之前发布防空防灾宣传短信 20 万条；为唤起社会各界对公共安全风险的高度关注，促进全社会增强防灾减灾意识，提高群众自救互救能力，5—6 月，联合团区委开展“避灾自救　珍爱生命”主题宣传月系列活动。

（李梓化）

·武警消防·

【概况】　区消防大队围绕“平安吴兴”建设，以“创人民满意消防队伍”为工作主线，把筑牢消防安全基础作为“生态吴兴、经济强区、科技新城、幸福家园”的重要战略之一，扎实开展火灾防控工作和消防“惠民”行动，加强消防队伍建设，全区火灾形势保持稳定。年底，埭溪专职队通过省消防总队验收，成功升格为一级乡镇消防专职队。全区共有 381 家消防安全重点单位（其中区消防大队列管 268 家，织里消防大队列管 113 家）。全年共办理消防行政许可项目 253 个，检查场所、单位 18694 家次，发现整改火灾隐患 16567 处，下发行政处罚决定书 1235 份，对 88 家单位作出责令“三停”处罚，罚款 254.6 万元。

【吴兴区公安消防大队爱山分队建成并投入使用】经过近一年的规划和建设，6 月 7 日，吴兴区公安消防大队爱山分队建成并投入使用。该站点的投入使用，解决主城区消防站盲点的问题，有效提高扑救初起火灾的速度和效率，成为中心城区灭火救援和消防安全保卫的先遣部队。自投入使用到年底，爱山分队接处警 165 起，抢救和疏散被困人员 14 人，承担中心城区 60%以上火灾的第一处置任务。

【火灾防控】　按照消防安全“一岗双责”的要求，从区委书记、区长到乡镇（街道）党委书记、镇长（主任）到分管副镇长（副主任），直至基层网格员，层层签订目标责任书，进一步完善自上而下的责任体系。出台《吴兴区消防事业发展“十三五”规划》，明确今后五年吴兴消防事业发展方向。全区 31 个职能部门明确本行业、本系统消防工作制度和消防工作职责，建立联席会议制度、火灾隐患联合执法、火灾隐患分工排查督改和信息通报等机制。强化教育、民政、住建、交通旅游、文体、卫计、安监等九大重点行业部门行业主管责任，实施责任包干，以“最高标准、最严要求”，对危化品场所、养老院、商（市）场等不放心区域、行业和单位开展安全管控，全年检查单位 7000 多家，督促整改火灾隐患 10000 余处。突出每季重点开展专项整治，一季度开展出租房消防安全综合整治，排查出租房 3330 户，其中 10 人以上合租存在隐患出租房 755 户，全部完成整改；二季度开展消防安全重点单位户籍化管理“三色预警”工作，进行等级评估，定期向社会公示，督促单位落实消防安全主体责任；三季度开展“合用场所”消防安全专项整治行动，排查“合用场所”676 家，全部完成整改；四季度开展劳动密集型企业消防安全专项治理，排摸隐患企业 134 家，全部完成整改。扎实开展 G20 消防安保工作，安保期间，全区消防机构、派出所、消防工作站共检查单位 4238 家，督促整改火灾隐患 6597 处，下发行政处罚决定书 296 份，责令“三停”单位 21 家，罚 84.7 万元，拘留 22 人。全面排摸“三不放心”对象 91 家，按照属地管理原则，对不放心对象责任人进行约谈，倒逼责任落实；对 12 家区域性火灾隐患和重大火灾隐患单位，提请政府挂牌督办有关乡镇和行业部门负责落实整改。突出重大火灾隐患整治，对日丽风和、众鑫物业等 5 家区级挂牌督办的重大火灾隐患单位，落实专人实施跟踪督办，10 月底前全部完成整改并摘牌。

【基层基础】　区消防安全委员会办公室增加 2 名工作人员，办公力量进一步增强，协调、对接乡镇基层消防工作成效显现。全年区消安办对乡镇、街道开展全面督导 6 次，针对性指导 32 次，下发专门通报 12 期。对全区消防安全工作分析研判服务指导，向区政府和区公安分局上报消防安全形势研判报告2个。强化消防站（队）建设，区消防大队淘汰、更新消防车各 1 辆，消防员个人防护装备基本配齐。埭溪镇消防综合应急救援队完成营房改造，新增 5 名队员和一辆水罐消防车，12 月 21 日顺利通过省消防总队一级乡镇消防专职队验收，承担全省乡镇专职消防队正规化建设试点任务。扎实推进微型消防站建设，至年底全区建成微型消防站 227 个，其中，社会单位微型消防站 134 个，社区微型消防站 71 个，农村微型消防站 22 个，实现“微型消防站”建设全覆盖。高新区、织里镇投入资金，购置消防摩托车，建立消防“智慧用水”平台，消防软硬件不断完善。

【灭火救援】 认真推进专业化、模拟化、实战化练兵，灭火救援能力得到进一步提升。强化“六熟悉”和“防消联勤”，下辖三个中（分）队对辖区重点单位、道路水源进行熟悉，做到底数清、情况明。进一步完善灭火救援预案，所有重点单位、重点区域预案全部完成修订，开展熟悉演练 727 次，其中夜间 233 次；按照实战化训练要求，开展基础和应用体能、技能（装备操作应用）、安全防护能力、现场急救、心理素质等基础科目训练；利用训练设施，临机设情，开展以初战控火为重点的班组协同和中队合成训练，提高指挥员的临机指挥和统筹协调能力、战斗编组（攻坚组）的独立攻坚和协同配合能力。强化与应急、公安、医疗、供水、供电等社会单位的应急联动机制，实现消防队伍与其他应急联动力量的指挥共享。参加省消防总队、市消防支队及区政府开展的多次联合拉动演练，圆满完成万达广场开业等重大活动和区党代会等重要会议的现场驻点保卫工作。通过跟班轮训、交流探讨、战评研讨等方式，强化对 4 支乡镇消防综合应急救援队的业务指导，提升乡镇消防站应急救援水平。全年，全区消防队伍共接处警 1016 起，出动消防车辆 1656 辆次，消防官兵 9792 人次，抢救和疏散被困人员 206 人，抢救财产价值 2000 多万元。

【消防宣传教育】 深入推进消防宣传“七进”活动，采取“走出去、请进来”相结合的方式，重点组织人员密集场所、易燃易爆等单位的员工，提供量身定制消防安全培训。为各乡镇（街道）、公安派出所分管领导、消防工作站站长、村（居）“两委”负责人、基层网格员、社区消防宣传大使等近 5000 人开展消防业务培训，指导各类生产经营单位建立、完善消防安全培训制度。积极发动辖区平安消防志愿者、校园消防志愿者、社区消防宣传大使、微型消防站等多股力量，先后开展“5·12 ”“6·16 ”“11·9 ”等大型消防宣传活动，深入社区、农村、商（市）场等开展消防宣传，发放宣传资料 10 万余份，张贴《吴兴区人民政府关于做好消防安全工作的通告》20000 余份，电动车整治通告 26000 余份。联合“爱飞扬”“爱心妈妈”等社会公益性团体，策划组织公益消防宣传活动 10 多场。利用“湖州吴兴消防大队”政务微博和公众微信平台，向社会群众宣传消防法律法规、自防自救常识。利用短信、QQ群、户外 LED 屏等新型载体，编发各类消防安全提示和消防常识信息 3000 余条，全面提高消防宣传覆盖率。

【精神文明建设】 为区委、区人民政府重点建设项目、公共基础设施建设开辟“消防服务快车道”，先后为总部经济大楼、高新区砂洗城、万达广场等重点建设项目解决消防难题 150 多项。秉承爱心助残优良传统，利用“肖方兵”爱心助残基金，对 8 位贫困学生、群众进行帮扶，飞英中队与湖州市特殊教育学校结对共建 26 年，年年为特殊儿童送上学习用品和助学金。大力开展“学雷锋”和拥政爱民活动，组织官兵走进街道、社区开展环境卫生大扫除 25 次，消防宣传培训 43 次。吴兴消防安全教育基地实行免费对外开放，全年开放 96 次，接待参观体验人数达 21000 余人，全民消防氛围更加浓厚。

（施华斌　潘文文）

第十六篇　科学技术

·综　述·

【概况】　吴兴区科技创新工作深入践行创新发展理念，大力激发企业创新主体活力，努力补齐创新发展中的短板，创新型城区建设步伐进一步加快，各项工作取得长足进展，全区科技创新环境列全省第六。成功立项省重点科技计划项目 3 项，列全市第一；成功备案国家级众创空间 2 家、省级 3 家，列全市前列，金融客吧获评省级优秀众创空间；新增省“千人计划”6 人，金洲、晨华科技等 6 家企业成功入选 2016 年度市级领军型创新团队；久立特材成功获选全国示范院士专家工作站，新建市级院士专家工作站 3 家，列全市第一；全年专利申请与授权总量分别 3241 件和 2290 件，发明专利申请和授权分别达到 1022 件和 410 件。

【优化科技创新环境】　以创新发展理念为指引，集全社会力量推进科技创新，不断优化科技创新环境。强化政策扶持。深入贯彻落实习近平总书记关于推进科技创新的系列讲话精神，强化科技政策的供给侧改革，调整出台《吴兴区关于进一步加快科技创新的若干意见》，重点引导科技资源向重点产业和企业集聚，使企业成为投入、研发、引才和成果转化的主体。修订完善《吴兴区专利资金管理办法》，对推进知识产权创造给予大力支持。强化智力支撑。不断创新育才工作机制，精心服务、精准指导助力企业积极培育创新人才，鼓励龙头企业积极引育“千人计划”人才。积极邀请院士专家团队、千人计划智库专家及海内外知名专家开展先进技术的交流指导，为推进创新创业提供智力支撑。强化氛围营造。重视对重大科技成果、典型创新人物和企业的宣传，积极开展湖州市“最美科技人”的挖掘推荐，营造尊重人才、尊重创造、鼓励创新、宽容失败的浓厚氛围。努力将服务科技型中小企业做成大事业，组织开展科技服务宣传月、双高企业培育推进月等专项行动，将科技政策宣讲、项目申报培训、助力难题解决送上门，为企业发展出谋划策、尽心尽力。

【壮大高新技术产业】　围绕智能装备、信息经济等重点支持的产业领域和战略性新兴产业，加大转型升级力度，促进高新产业发展。建立高新技术企业培养梯队，确定专人定向对接服务，全力支持申报创建，新认定高新技术企业 16 家、省科技型企业 70 家、高成长科技型中小企业 18 家。以高企创建来推动企业上市融资，更大力度支持骨干高新技术企业做大做强，切实发挥其龙头带动作用，德宏股份通过主板上市，绿色新材、爱诺股份等 4 家企业在新三板挂牌。

【深化政产学研合作】　深化与高校、科研院所合作，夯实现代物流装备研究院、湖州浙江理工大学新型纺织研究院、浙江高校科技成果转化产学研合作平台工作基础，加快高校科技成果转化。推进校企合作共赢，成功组织举办政产学研合作大会、高校教授博士吴兴行、丝绸论坛等大型活动，邀请全区 150 多家企业参加，全年促成合作项目 56 个，帮助解决企业技术难题。组织企业参加深圳高交会、军民融合大会、西博会等高层次对接会，拓宽与省外高校、科研院所合作渠道。加快引导科技成果转化，推荐申报省市科技进步奖项目 23 个，三一装备获得省技术发明二等奖，德马物流获得省科技进步二等奖，久立特材、金洲管道分别获得省科技进步三等奖。获得湖州市级科技奖励项目 10 个，其中一等奖 1 项、二等奖 2 项。积极推进网上技术市场建设，全年来通过网上技术市场拍卖成功引进技术 4 项，发布技术需求 86 项，技术合同登记 61 项，合同金额超 1 亿元。

【建设科技创新平台】 吴兴区众创空间等3家众创空间被认定为市级众创空间，并通过省级备案，金融客吧获评省优秀众创空间，同时吴兴空间和金融客吧通过国家级备案。吴兴科创园、多媒体产业园和七幸科创园发展良好，总部自由港核心辐射效应逐渐增强，人气效应有效提升，天心天思、微软IT学院等项目已入驻运营。

【实施知识产权战略】 完善《吴兴区专利资金管理办法》，在区科技三项经费中安排专利专项资金超过455万元。开展“‘4·26’知识产权宣传周”活动、专利周等活动，通过培训、走访企业等形式，对200多家企业进行知识产权宣传。完成专利申请3241件，其中发明专利申请1022件，发明申请占比31.53%。加强企业专利管理能力，全年新增国家知识产权优势企业1家，被认定为省级专利示范企业4家、被认定为市级专利示范企业6家，开展国家企业知识产权管理规范贯标企业10家，通过贯标认证企业2家。定期开展专利执法专项检查，配合湖州市知识产权局对中心城区超市、专业市场开展4次检查，督促整改处置一批知识产权侵权违法行为，营造良好创新环境。组织25人报名参加全市企业专利培训。积极推进企业专利成果转化，加强与银行等金融机构的沟通，帮助企业争取5600万元专利权质押贷款。大力开展学校知识产权教育工作，着力强化青少年科学素养和创新能力，吴兴实验中学成为湖州市首家获得全国中小学知识产权教育试点学校。

【积极推动科技惠民】 以全面建设“生态吴兴”为目标，充分发挥科技在种植养殖、五水共治、防震减灾等民生领域的支撑作用，努力建设“幸福吴兴”。加大科技兴农力度，加快国家农高园区建设进度，创新农业科技综合服务机制，完善园区成果展示、科技培训、应用示范、研发服务等功能，不断提升科技含量，顺利通过省科技厅组织的“十二五”建设绩效评价，并获优秀。加大农业企业主体培育力度，新认定省级农业科技企业5家，老恒和被评为优秀省级农业研发中心，新增省级农业研发中心4家，农业科技成果转化能力进一步增强。不断助力生态环境建设，坚持将提升生态文明科技支撑能力作为科技创新的主攻方向之一，加强资源、生态、环保等重点领域的关键共性技术攻关和成果转化，积极开展“印染废水综合治理的开发与应用”“基于ERS系统的有机垃圾深度发酵处理技术研发及产业化”等项目研究，在印染废水和城市垃圾处理方面做出努力，科技创新在吴兴区生态建设中支撑作用日益明显。

（周敏旭　沈丰英　沈巍伟）

·科技创新与成果·

【概况】 吴兴区紧跟科技体制改革新形势，及时了解政策信息，分析掌握科技项目重点支持的方向和具体要求，引导企业围绕破解高新技术产业发展和经济转型升级中的技术难题，有针对性地组织实施重大科技专项，有效助推企业科技创新。金洲的特殊机器人设计及应用技术等3个项目成功列入省重点研发计划（列全市第一），省级公益性项目1项，新立市级科技项目22项、省级新产品177只。

【高新技术产业】 围绕智能装备、信息经济等重点支持的产业领域和战略性新兴产业，加大转型升级力度，促进高新产业发展。建立高新技术企业培养梯队，确定专人定向对接服务，全力支持申报创建，新认定高新技术企业16家、省科技型企业70家、高成长科技型中小企业18家。以高企创建来推动企业上市融资，以更大力度支持骨干高新技术企业做大做强，切实发挥其龙头带动作用，2016年德宏股份通过主板上市，绿色新材、爱诺股份等4家企业在新三板挂牌。

【创新研发机构】 引导企业主动适应产业发展需求，不断加大科技研发投入，加快强研发机构建设，增强企业创新发展后劲。新增省级企业研究院2家，省级研发中心6家、市级研发中心11家。

【科技创新平台】 吴兴区众创空间等3家众创空间认定为市级众创空间并通过省级备案，金融客吧获评省优秀众创空间，同时吴兴空间和金融客吧通过国家级备案。吴兴科创园、多媒体产业园和七幸科创园发展良好，总部自由港核心辐射效应逐渐增强，人气效应有效提升，天心天思、微软IT学院等项目已入驻运营。

【政产学研究平台】 加强合作平台建设，深入推进浙江高校产学研联盟吴兴转化中心、浙江工业大学湖州现代物流装备与技术研究院的合作。推进湖州浙江理工大学新型纺织研究院基地建设，为丝绸小镇建设提供智力支撑，加大对浙大环境科创中心的扶持力度，研发创新服务能力得到进一步发挥。

加强校企合作交流，成功组织举办政产学研合作大会、高校教授博士吴兴行、丝绸论坛等大型活动，开展点对点的入企指导、小型化的座谈会、高校成果发布会等对接活动；开展创新券发放和使用，充分利用高校、科研院所的资源和设施，为全区小微企业提升研发能力探索新的模式。

【农业科技项目】　加快农业科技创新步伐，逐步提升农业科技含量。全年新增省级农业科技型企业5家、省级农业研发中心4家，老恒和被评为“优秀省级农业企业科技研发中心”。

（沈丰英　沈巍伟）

·专利工作·

【概况】　大力实施知识产权战略，推动专利创造、运用、管理、保护工作，深入推进国家知识产权强县工程示范区建设；专利创造成效显著，专利申请和授权分别达到3241件和2290件，发明专利申请和授权分别达到1022件和410件。

【优化专利工作环境】　完善《吴兴区专利资金管理办法》，创新政策支持形式，加大扶持力度。广泛宣传，举办科技活动周、“4·26”知识产权宣传周、科普活动日等主题活动，发放知识产权读本2000多册，全社会知识产权意识显著提升。大力开展青少年知识产权教育工作，积极引导中小学学校开展创新教育，吴兴实验中学获评“全国中小学知识产权教育试点学校”，成为湖州市首家。开展专利执法专项检查，征治各类知识产权侵权违法行为，全年处理专利假冒案件30件，侵权纠纷处理案件152件。

【完善企业知识产权管理体系】　强化企业专利管理能力提升，完善企业知识产权管理体系。培育知识产权优势企业，新增国家知识产权优势企业1家、省级专利示范企业4家、市级专利示范企业6家；夯实企业内部管理基础，开展国家企业知识产权管理规范贯标企业10家，通过贯标认证企业2家；提升企业骨干人员知识产权能力，组织135家企业、300多人参加省、市、区各类专利挖掘、布局、运用和管理培训班。

【提升专利创造运用水平】　加大专利创造力度，优化服务流程，强化与企业科技项目、产学研合作的结合，挖掘项目实施过程中的核心技术发明专利，全年完成专利申请3241件，其中发明专利申请1022件，发明申请占比31.53%，较上年度大幅提高。强化专利运用，指导企业获得专利权质押贷款5600万元，为专利成果转化提供资金支撑。

（沈巍伟）

·防震减灾·

【概况】　认真贯彻《中华人民共和国防震减灾法》《浙江省防震减灾条例》及市县防震减灾工作会议精神，坚持“预防为主、防御与救助相结合”的防震减灾工作方针，加强地震监测预报、地震灾害预防和地震紧急救援三大体系建设，全面提高地震工作能力。

【积极做好抗震设防准备工作】　根据2016年防震减灾工作计划，区科技局积极开展防震减灾专项工作，理清工作思路，明确工作目标，制定工作计划。探索新形势下防震减灾工作的新思路、新方法，促进防震减灾工作各项任务的顺利完成。

【加强地震安全示范社区创建工作】　落实市局文件精神，对照有关指标，湖州市文苑小学、河街道三里桥社区创建为市级防震减灾科普示范学校和地震安全示范社区。

【加大防震减灾知识宣传力度】　根据省市防震减灾工作会议精神，在“5·12”防震减灾日等重点时段，充分利用新闻媒体，采用多种方式开展防震减灾知识宣传活动，免费发放防震减灾宣传材料1500多份，在白鱼潭小区平安广场播放防震减灾科普影片。

【建立健全防震减灾联动机制】　努力提高地震应急救援水平，充分整合全区各种行政资源，建立各乡镇、部门、企事业单位、社会团体防震减灾联动机制，明确防震减灾各个环节主管部门、协作单位、参与单位的职责，实现信息联动、队伍联动、物资联动。11月，区科技局组织协同多家单位开展吴兴区地震应急桌面推演活动，提升应急指挥的信息化水平，建立起科学、高效、有序的应急指挥协调和部门联动机制。

（张齐南）

·科 协·

【概况】 吴兴区科学技术协会认真贯彻落实“科技三会”精神和区委、区政府各项决策部署，紧紧围绕中心、服务大局，主动作为，充分发挥科协组织在实施创新驱动发展中的职能作用，在构建十三五科协工作新格局上取得实质性进展。

【深入实施创新驱动助力工程】 充分依托学会平台，为吴兴区产业转型升级引智借力。对接省纺织工程学会湖州创新驿站，联合浙江理工大学丝绸学院开展“丝绸产业设计与创新”培训，为吴兴丝绸产业转型升级开展专项技术人才培养。市、区联合，围绕“文化、时尚+助推丝绸产业转型升级发展”主题，成功举办“2016长三角科技论坛丝绸分论坛”活动。中国工程院院士姚穆、中国丝绸协会杨永元会长等5位院士专家做有关专题报告，两省一市40位学会专家与100家企业开展技术交流对接。“培训+论坛”模式实现吴兴区创新驱动助力工程向纵深推进。

【院士专家工作站】 深化“院士专家吴兴行”成果，开展建站企业与院士面对面交流活动7次，专家团队赴企业指导20余次，邀请中国工程院院士潘健生围绕“制造业前端技术趋势”主题，为全区80家企业授课讲座。积极与南京大学院士专家服务中心、上海交通大学、西安交通大学和上海热处理学会等一批高校院所开展对接，新引进院士4名，成功创建市级院士专家工作站3家，总数实现突破，列全市第一。努力为建站企业争取各类科技项目支持，东尼电子院士专家团队博士刘少斌成功入选2016年“南太湖精英计划”创新领军人才短期项目，团队被评选为2016年市领军型创新团队。努力为建站企业深入推进校企合作，东尼电子与南京航空航天大学签订产学研合作协议，企业科技创新平台实现升级。久立特材荣获全国示范院士专家工作站，成为浙江省唯一一家在全国示范院士专家工作站代表大会上作典型发言的企业。

【“科普+活动”亮点纷呈】 围绕“科技活动周”“全国科普日”两大主题，借助“社、镇、校、馆”四大阵地，上下联动，扎实开展各类科普活动32场次，参与人数8600人次，发送《公民科学素质系列读本》《社会公共安全科普手册》3800多份。联合省纺织工程学会湖州创新驿站在全区22个社区科普长廊展示丝绸科普文化，在全市率先围绕特色小镇，开展“传承丝绸文化 引领科技创新”广场活动，科普走进特色小镇这一创新活动形式得到市科协领导一致肯定。联合区教育局开展“创新放飞梦想 科技引领未来”主题科普活动，组织全区中小学开展“校园科技节”、吴兴区青少年科技创新大赛。“创新放飞梦想 智慧亮点生活”大众科普晚会实现市、区、街道三级联动，共同烹制科普大餐。一系列形式多样，内容丰富的科普活动将吴兴科普打造成为喊得出、叫得响的科普工作品牌。

【服务科技人才】 区科协积极探索，进一步拓宽服务领域，提升服务能力，努力把科协建设成为具有凝聚力、吸引力的“科技工作者之家”。为吴兴区100家企业举办专利信息库推广培训和申报讲座，进一步提升企业科技人员专项能力。大力举荐科技人才参与各级奖项评选，吴兴区企业科技人员成功获选市自然学术优秀论文奖。吴兴实验中学科学教师朱忠荣和朝阳街道科协主席沈天水荣获“湖州市最美科技人”称号，这也是科协系统首次获该项殊荣。区科协积极为广大科技人才服务，努力使科协成为科技工作者想得起、找得到、靠得住、离不开的力量。

（张新蕊）

第十七篇　教　育

·综　述·

【概况】 全区共有学校112所，其中初中19所（含民办1所，九年一贯制学校8所），小学24所（含民办4所），幼儿园60所（含民办41所），乡（镇）成人文化技术学校9所。公办在职教职工3856人，其中初中1335人，小学2195人，成校44人，幼儿园233人，直属事业单位49人。学生81589人，其中初中13468人，小学43227人，幼儿24894人。全区中小学占地面积分别为81.3万平方米和76.7万平方米，校舍建筑面积分别为29.8万平方米和34.3万平方米。全区有省一级幼儿园10所，省二级幼儿园24所。全区共有中小学高级教师342人，中小学一级教师1674人。全年，10人被评为市教学明星。1名教师获省农村突出贡献奖，1名教师获省师德楷模，3名教师获省春蚕奖，3名教师获评“市我最喜爱的老师”（其中2人获提名奖）。

【通过全国中小学校责任督学挂牌督导创新区国家级核查】 6月15日，国务院教育督导委员督导核查组对吴兴区创建“全国中小学校责任督学挂牌督导创新区”进行国家级实地核查。核查组实地走访区政府教育督导室及部分中小学校，随机访谈部分校（园）长、老师，对吴兴区责任督学挂牌督导工作中，依托“三级”督导队伍（专职督学、责任区督学、学校督学），探索“三式”督导方式（随机式督导、专题式督导、诊断式督导），实现“三全”督导效果（对象全覆盖、过程全跟踪、结果全运用），给予高度评价。

【举办第八届全国中小学校长发展论坛】 12月1—2日，第八届全国中小学校长发展论坛在吴兴区举行。论坛由国家教育行政学院主办、市教育局协办、区教育局承办，活动分开幕式与主旨报告、分论坛专题报告、观摩与教育沙龙、闭幕式四大块。国家教育行政学院副院长李五一，国家督学、国家教育行政学院客座教授杨国顺，省教育厅副厅长丁天乐等领导专家出席活动。全国各地近500名专家、校长到我吴兴进行实地考察。

【心理健康教育经验在全省交流】 12月15日，省首批学校心理健康教育研究示范区第三次联席会议在萧山举行。吴兴区作为唯一一个全国心理健康教育示范区列席会议，并以《补短板 创特色 构建区域心理健康教育生态系统》为题介绍了吴兴区近两年心理健康教育工作聚焦“资源供给、辅导实效、亲子教育”的短板，积极构建“基础建设的支撑子系统、师生之间的营养子系统、家校之间的调节子系统”的系列做法。吴兴区心理健康教育工作坊的学习模式、爱山小学教育集团率先开启的社会心理师驻校咨询模式得到了与会专家的一致肯定。

（陈　斌　杨　柳）

·基础教育·

【概况】 全区有初中19所（含民办1所，九年一贯制学校8所），在校学生13468人；小学24所（含民办4所），在校学生43227人；幼儿园60所（含民办41所），在园幼儿24894人。

【学前教育】 全区幼儿园共60所，下辖84个园区。其中省三级以上幼儿园56所，占93.3%。在园幼儿24894人，学前三年入园率99.2%。全区省等级幼儿园在园人数24149人，覆盖率达97.01%。全区52.61%的幼儿在中心城接受学前教育，47.39%的幼儿在乡镇中心幼儿园或村教学点接受学前教育。学前教育专任教师1451人（中心城893人，乡镇558

人）。专任教师学历合格率达99.93%，大专以上学历占97.95%，教师资格证持有率99.17%。全面完成学前教育第二轮三年行动计划，普惠性民办幼儿园各类生均补助提升到1700元/生·年左右（其中生均定额补助增加到930元/生·年左右）。继续发挥以实验幼儿园、第一幼儿园、第三幼儿园、蓝天实验幼儿园、童星园为牵头园的“吴兴区学前教育发展联盟”，有效拓展优质学前教育资源，促使区幼教事业在更高层次上的均衡发展、优质提升。

【义务教育】 全区实行（中小学）九年制义务教育。小学适龄儿童入学率达100%，小学升初中比例达100%。初中毕业生按时毕（结）业率达100%，初升高比例达99%，“三残儿童”入学率98%，接纳新居民子女18577人，符合条件的新居民子女入学率100%。出台《深化义务教育课程改革实施意见》，“四力六动”课改经验受省教育厅课程改革调研组高度评价。承办第八届全国中小学校长发展论坛，来自全国各地教育局长、校长共500余人参会。4所学校被确认为市课程改革试点学校，20所学校成为区课程改革试点学校。开发学校拓展性课程总数300余门，省精品课程增至18门，新风实验教育集团“网络阅读”课题被教育部列为年度重点规划课题。成立区心理健康教育指导中心，制定《吴兴区中小学心理健康教育三年（2016—2018）提升计划》，开展心理辅导室等级创建评估，组建“心享吴兴”教师心理辅导志愿团，开展学生心理健康状况普筛。心理健康教育工作在全国示范区经验交流会上作专题发言，《浙江教育报》、中国教育电视台全面报道我区立德树人成效。出台《吴兴区中小学办学综合考核办法（试行）》及其《考核细则》，完善学生学业、体质健康、艺术素养等要素的综合评价体系。实施《吴兴区教育局关于进一步深入推进校园文化建设的指导意见》，17所学校成功创建为区第三批校园文化示范校。

【育人工作】 实施《吴兴区育人工作实施意见》，深入开展社会主义核心价值观教育，广泛传唱《核心价值记心头》，组织以核心价值观为主题的文化墙评比，15所校园文化墙被评为“最有特色文化墙”；开展学科渗透核心价值观教育优秀课例和班队会评比，共有23个课例、8节班队课在市级获奖。结合重要节日和纪念活动，开展“网上祭英烈”“向国旗敬礼”“学习大陈岛精神”等主题教育及“走好路、吃好饭、扫好地、做好操、写好字、听好课、唱好歌、行好礼”等日常行为习惯养成教育活动。组织中小学班主任综合能力提升培训和班主任（德育导师）能力大赛，推选4名教师参加省市级比赛，其中市一等奖3名、二等奖1名，2名教师代表市参加省及长三角地区比赛均获得省一等奖、长三角地区二等奖。广泛开展生态文明教育活动，组织生态主题班队会评比，28节班队课在市级获奖；组织暑期生态文明“五个一”活动，推选6个类别、110幅作品参加市级评比。1名学生被评为区第二届“环保小达人”，4所学校被评为省绿色学校，4所学校被评为市生态文明示范校。

【安全工作】 规范学校安全管理，区平安校园创建率100%，全年无校园安全责任事故发生，被市政法委评为综合治理先进单位，被市教育局评为学校安全目标管理优秀单位。与吴兴公安分局联合成立“吴兴区护校安全联盟组团项目”，教师志愿者6000余人次加入护航G20志愿者活动，1人被评为省护航G20工作先进个人。以“全国安全教育实验区”为平台，扎实做好安全教育。邀请专家开展各类安全知识讲座300余场次，开展校车逃生、消防逃生、溺水救护、抗震避灾、防踩踏安全等各类演练600余场次；健全安全管理人员培训制度，全年，共开展安全工作及消防安全、交通安全、传染病防治等主题培训会议21次；建立食堂从业人员上岗培训制度，先后开展学校食堂食品安全管理员、从业人员培训800余人次。接送车管理不断规范。投入600多万元购置中学生专用校车18辆，全区所有校车全部获得公安部门颁发的校车许可证。全区18所学校开展学生接送工作，安排专线接送车107辆，开通学生接送车专用线路143条，设立接送站点595个，日接送学生3995名。食堂等级提升明显，全区中小学、幼儿园B级以上食堂占比84.7%，阳光厨房建成率达94.5%。投入300多万元，安装视频监控1600余台并实现与当地公安部门联网，全区各校园警务室建设、专职保安配备、校园重点部位视频监控安装、一件事报警装置安装、防卫器械配备均达100%。开展学校消防安全“四个能力”建设，三所学校被评为市消防安全教育示范校。

【艺体工作】 积极开展阳光体育活动，召开区中小学“一校一大型课间操”现场会，举办区中小学生田径运动会，参加市中小学生田径运动会，荣获县区组团体第一名，1所学校被列为国家级体育工作示范校，2所学校在中央电视台课间操比赛现场夺金。出台《吴兴区中小学“校园足球”推进工作三年规划》，建立并完善中小学校园足球联赛机制，新增国家级、省级校园足球特色学校 8 所。深入开展艺术教育课程改革，成功举办中小学生艺术节和文艺会演，2 个节目获省艺术节一等奖。

【语言文字工作】 出台《湖州市吴兴区语委关于推进语言文字规范化试点工作实施意见》《湖州市吴兴区关于推进语言文字规范化试点工作方案》，将语言文字工作纳入乡镇工作考核体系，根据《2016 年区对乡镇街道综合考核（教育事业）附加指标》对各乡镇进行考评。立足乡镇、街道开展语言文字试点区创建工作，开展八里店镇和龙泉街道两个试点单位的工作预评估。受邀在省区域推进语言文字规范化试点县工作交流会上做阶段工作汇报。

【教育科研工作】 加强课堂教学改革，打造区域性学本课堂研究的“升级版”。采用“组团式研究、多模式推进”方法，针对学科特色、学校特点，构建“小组合作学习模式、跨界整合学习模式、小班化学习模式、差异化学习模式、个别化学习模式、活动化学习模式、高效导练学习模式”等“和而不同”的学本课堂模式。坚持每月一次集体调研，每校一次学科调研，每学期一周研训员蹲点调研，围绕“学本课堂”对 30 所学校进行专题化集体调研。在以三项教学评比为核心的国家级、省级教研系统教师业务比赛中，省一等奖 6 人次、二等奖 18 人次、三等奖 19 人次。“一师一优课、一课一名师”评比活动中，全区共晒课 1120 节，比例达 35%，其中部级、省级、市级优课分别为 24、28、40 节。加强对校园课题的过程管理，试行课题研究过程积分制，其中国家级立项课题 1 项、省级 15 项、市级 86 项、区级 151 项，联盟重大课题招标 7 项；省级获奖 3 项、市级 67 项、区级 220 项。4 所学校被评为“市教科研先进集体”。

【阳光招生】 出台《吴兴区 2016 年中小学招生工作实施方案》和《湖州中心城 2016 年幼儿园招生工作实施方案》，严格执行“属地管理、就近入学、阳光招生、遏制择校”的原则，确保“适龄儿童、少年应当在户籍所在地学校就近入学”的权利，科学、有序开展招生工作。全区共招生幼儿新生 6969 人，小学新生 7945 人，初中新生 4304 人。全区中小学共接纳新居民子女 18577 人，符合条件的新居民子女全部入读公办学校。重视特殊教育，严格落实特殊学生同等享受教育的权利。全区各类适龄残疾儿童（持证）共 185 人，在普通学校随班就读和送教上门 89 人，在特殊教育学校就读 88 人。其中“三残”儿童共 92 人，在特殊学校或普通学校就读共 89 人，入学率达 96.8%。学龄前残疾儿童 63 人，在康复机构或普通幼儿园就读 51 人，入学率达 81%。

（陈 斌 杨 柳）

·职成教育·

【概况】 全区共有乡（镇）成人文化技术学校 9 所，教职工 44 人。坚持“服务为宗旨、市场为导向、质量为核心”的总体要求，开展新型职业农民、农民转移就业、预备劳动力、职高“双证制”教育等各类培训 247370 人次，满足农村成人多样化学习需求。

【主要工作成绩及各校特色亮点】 做好各类培训工作，完成成人学历教育 4931 人，其中成人职高“双证制”教育培训 371 人毕业、大专教育 656 人毕业、本科教 202 人毕业、开展扫盲教育累计文盲减少 3702 人；完成非学历培训 110132 人次，其中家政服务培训 2717 人、老年教育 49849 人次、预备劳动力培训 325 人、新型职业农民培训 740 人、企业职工培训 4839 人、农民转移就业培训 4209 人，其他各类普及性培训 47445 人次。开展社区教育活动 132307 人次，总培训人数达 247370 人次，培训覆盖率达 35.74%。推进社区教育，区政府出台《关于推进社区教育工作的实施意见》，制定《吴兴区乡镇（街道）社区教育中心标准化建设评估细则》《吴兴区村（社）社区教育工作站标准化建设评估细则》，组织全民终身学习周活动，举办 14 场各类市民终身学习培训活动，开展社区教育活动 132307 人次。培育优势培训项目，织里成校的童装电商培训、八里店成校的“夕阳乐”老年培训、杨家埠成校的湖州开发区新居民素质提升培训、妙西成校的西塞山旅游居民素质提升培训等项目形成了“一乡（镇）一品”的培训优势格局。强化项目推广致富，妙西成校的药用植物铁线莲仿生栽培和繁育技术的研发与推广、环渚成校的城市微农业技术推广、东林成校的大青鳅养殖技术推广与应用、八里店成校的粮食高效安全生产和湖羊生态养殖相结合技术研究与推广等项目成为地方新的经济增长点。

（陈 斌 杨 柳）

·队伍建设·

【概况】 全区在职教职工3856人，其中初中1335人，小学2195人，成校44人，公办幼儿园233人，局机关、直属事业单位49人；离退休教职工2023人；新进教职工197人（招聘170人，区外调入27人）；减少教职工129人（退休82人，调出36人，辞职、解聘、终止聘用11人）。

【干部队伍建设】 启动"走向卓越•吴兴校长领航发展三年行动计划"，分层分类实施教育管理人才的培训培养。与清华、北师大等高校合作，组织140名校（园）长、书记、局机关及直属事业单位主要负责人赴北京参加为期9天的能力提升高级研修班；组织111位校级领导，分3个批次到上海开展专题培训实践及学习考察活动；选派4名干部上挂参与区"五水共治"、特色小镇创建等中心工作，选派1名干部赴《中国教育报》学习锻炼。开展校（园）级领导及中层干部测评考察，调整、充实校（园）级领导干部95人，其中提拔正校（园）级10人，副校（园）级29人，同级交流41人，因工作调动或年龄等因素退出领导岗位15人。探索开展竞争性选拔优秀年轻副校（园）级干部工作，共选拔优秀年轻干部6名。

【教师队伍建设】 依托"三名工程"引领，6个名校（园）长工作站，11个名师工作室，33个名师"三带"团队，49名导师带280名学员，通过主题研修、专题讲座、观点报告、成果展示等形式，努力提高骨干教师队伍素质。全面完成区首期"享受教育特殊津贴人才"工作并开展成果展示活动。全面推进"校骨干教师—区教坛新秀—区名师—市名师—省特级教师"梯队培养模式，不断扩大优秀教师群体，10名教师被评为市教学明星。根据教师专业发展规律，组织实施中小学、幼儿园教师专业知识能力测试，鼓励教师积极参加各级各类培训活动，开设培训班115个，培训学员4742人次。开展以"爱满校园"为主题的师德教育活动，评选出"最美教师"10人，"师德先进群体"10个，120余名教师获区级以上先进个人。深入开展教师志愿者服务"一校一校区""一校一村文化礼堂"活动，近2000名教师志愿者，结对105个社区（村），服务时常累计达4.1万余小时。组建"心享吴兴"教师心理健康辅导志愿队，全国、省级媒体多次报道，区教育工会被评为省教育系统先进工会组织。

【人事制度建设】 全力做好教师校长交流工作，共164人参与流动，其中校级领导10人，骨干教师32人，普通教师119人，选派3人赴新疆支教。稳妥推进职称评审工作，全年受理735人，评定中小学高级教师24人，中学一级教师119人，中学二级教师257人，中小学三级教师151人。坚持"公开、公正、竞争、择优"原则，分高校优秀毕业生招聘和公开招聘两轮，择优招聘中小学、幼儿教师170名。根据国家教师资格制度改革的要求，通过网上报名、现场确认等程序，认定通过1029人。

（陈　斌　杨　柳）

·办学条件·

【概况】 中小学固定资产分别为55598.33万元和105668.91万元（仪器设备总值分别为5866万元和9059.13万元）。中小学占地面积分别为81.3万平方米和76.7万平方米，校舍建筑面积分别为29.8万平方米和34.3万平方米。小学体育场（馆）面积、体育器械、音乐器材、美术器材、教学自然实验仪器达标的学校数占总学校数的比例均为95.5%，初中上述项目达标比例均为94.7%（含民工子女学校）。中小学拥有计算机共13645台（含民工子女学校），生机比为4.155：1。公办中小学校园网覆盖率达100%。图书总藏书量为171.3万册（含民工子女学校），生均约30.2册。

【教育经费】 全区国家财政性教育经费投入81065.1万元，比上年增加13554.5万元，增长20.08%。全区财政支出258000万元，当年财政预算内教育经费64800万元，占财政支出的比例为25.11%，比上年减少1.09个百分点。全区教育经费总收入101212万元，比上年增加17086万元，增长20.31%。全区日常公用经费初中生人均850元，小学生人均650元，与上年持平；全区中小学免收课本费和作业本费1261.2万元；"爱心营养餐"资助总额91.01万元，受益学生855人次。

【基本建设】 完成11所中心城学校的综合改造，投入资金1860.9万元。实施12所乡镇校园的综合改造，投入资金2433万元。2所新扩建学校投入使用。志和中学完成建设并投入使用，总用地面积55927平方米，建筑面积34970.7平方米，建设规模54班，总投资12000万元。织里实验小学晟舍校区扩建工程完成并投入使用，总用地面积13116平方米，建筑面积2525.87平方米，建设规模12班，总投资1628.98万元。6所学校新建顺利启动。织里二中拆建工程，建设规模6班，计划总投资1684万元；湖东小学新建工程，建设规模42班，计划总投资15400万元；开发区西南小学新建工程，建设规模42班，计划总投资30755万元；湖州四中白鱼潭校区拆建工程，建设规模12班，计划总投资3900万元；吴兴实验小学新建工程，建设规模48班，计划总投资18252万元；织里实验小学东校区扩建工程，建设规模36班，计划总投资22290万元。

【教育装备】 中小学教育技术装备资产为18710.6万元（初中7978.1万元，小学10732.5万元），生均拥有教育技术装备资产3300.2元。是年，教育装备总投入（含图书）为3177万元。全区共有实验室及功能教室1288个，其中初中637个、小学651个。全区实验室及功能教室使用面积达12.43万平方米，初中装备用房使用面积达5.89万平方米，小学装备用房使用面积达6.54万平方米。全区44所公民办中小学理科教学仪器配备，音乐、美术、体育器材配备达标率都为100%。全年新增图书11.43万册，图书总藏量为171.3万册(含民工子弟学校)，生均30.2册。

【教育信息化建设】 全区中小学计算机室共有118个，新增计算机1007台，计算机拥有量为13645台（含民工子女学校），生机比为4.155：1，同比增长5.5%。全区新增多媒体188套，共有多媒体2132套（含民工子女学校），班套比为1.57：1。公办中小学校园网覆盖率达100%，其中无线网络覆盖学校38所。

（陈 斌 杨 柳）

第十八篇　文化·卫生·体育·广电

·文　化·

【概况】　区群众文化工作以推进现代公共文化服务体系标准化、均等化建设为原则，不断完善公共文化服务网络，创新转变文化服务模式，逐步实现公共文化服务制度化、常态化和品牌化。文艺精品创作借智借力，充分挖掘新人新作，多渠道、多形式发挥社会文艺创作力量，地域文化影响力更加广泛。“百名文化专家基层行”项目等获得市文化系统专项行动一等奖；第七届湖州市南太湖音舞节获得全市金奖数、奖牌数第一；丝绸小镇文化建设获评浙江省文化厅“特色小镇文化建设示范点”。

【公共文化服务提升】　充分发挥职能优势，运用“文化+”的动力和路径，有效促进文化建设与区特色小镇创建工作有机融，丝绸小镇成功打造成为“浙江省特色小镇建设文化示范点”。全面贯彻落实党的十八届六中全会精神，协同区纪委联合开展“清韵吴兴”文艺会演。以农村文化礼堂和社区幸福舞台为阵地，联合区文明办等组织开展“文明吴兴走起来”吴兴区首届社区文化节、农村文化节等主题文化巡演活动30余场，实现城乡文化均衡发展。拟定出台《吴兴区现代公共文化服务体系实施意见》和《关于加快推进基层综合性文化服务中心建设的实施意见》，落实相关督查、考核工作，建立起跨部门公共文化服务资源共享协调机制。鼓励社会力量通过招投标等方式参与公共文化服务，实现社会团队参与送戏下乡40余场，送书下基层2万余册，建成全民艺术普及“音艺梦想”基地20个。加大“数字化”现代科技成果在公共文化服务领域的运用，全面启动“文化有请、专家有约”平台运行，实现公共文化资源配置的科学化、高效化、便民化。

【文艺精品生产和创作】　着力完善文艺创作人才队伍结构，充分挖掘新人新作，多渠道、多形式发挥社会文艺创作力量。积极参加省市各类群众文化系列活动比赛，全年新创作《绮窗花叙》等舞蹈类作品3项、《忙碌的小人物》等音乐类作品3项，《七彩河》等小品小戏类作品2项，积极参加第七届湖州市南太湖音舞节，获得全市三县两区金奖数、获奖数第一。湖州三跳作品《英台担水》获得第九届中国曲艺牡丹奖入围节目奖；舞蹈《甜蜜冲刺》《破晓》均获得2016年浙江省排舞大赛兰花金奖；舞蹈《孕的奏鸣曲》获得2016年浙江省群众舞蹈大赛银奖；织里镇文化礼堂代表队获得浙江省村干部才艺大赛获得银奖；歌曲《梦在童谣世界里》、小品《义卖》等在浙江省少儿音乐大赛、浙江省戏剧小品大赛中均获得优异成绩。

【文化市场监管体系】　文化市场繁荣，文化市场经营单位结构合理。全区文化经营单位355家，其中歌舞娱乐场所31家，互联网上网服务营业场所152家，出版物场所41家，电子游戏场所20家，印刷企业98家，打字复印8家，文艺表演团体4家。开展以“净网”“清源”“秋风”“护苗”为主要内容的“扫黄打非”整治行动，以“打违”“打黑”“打非”为主要内容的G20保障行动，以整治文体市场经营场所安全生产隐患为主要内容的安全生产专项行动。出动执法人员1800人次，检查辖区文化经营单位3100家，处理处罚违规经营单位91家（次），收缴非法出版物、非法音像制品3671本（张），整改场所安全隐患118个，取缔黑网吧50余起、无证游戏厅4家次、无证歌厅15家次。及时制止26场未经备案非法演出活动。全年未出现重大事故，文化市场安全、繁荣、稳定、有序。

【文化产业】　文化产业发展进一步提质增效。吴兴区全年实现文化产业增加值21.99亿元，增加值占GDP比重达到4.61%，增速按可比价计算达到

12.2%，增速连续三年列全市三县两区第一位，产业结构进一步调优，文化服务业比重首次突破 50%，达到 56.7%；做好吴兴区文化产业发展“十三五”规划，着重做好文化产业规划与全域规划、服务业、旅游业、广告业等专项规划多规衔接，突出平台建设这一主线，积极谋划“吴兴区 EBD·总部自由港”、吴兴文化创业产业园建设，出台《吴兴区人民政府办公室关于进一步加快总部自由港产业发展的若干政策意见（试行）》，规划好文化创意产业等功能区块，制定有针对性、个性化的文化产业扶持政策，提升平台承载能力。发挥西塞山旅游度假区生态优势，做到保护与开发相结合，努力打造具有鲜明特色的生态文化旅游平台；利用“世界丝绸之源”的品牌优势，做好对外推介，加快“丝绸小镇”建设；加快推进吴兴文化综合体建设，争取竣工启用。抓好项目推进，浙江江南影视基地已与东林镇正式签约；钱山漾文化中心与时尚中心落成投入使用；中国蚕桑丝织技艺（非遗）创意园建设即将结顶；引进风雷文化传媒等大好高项目入驻 EBD，寻求吴兴在影视剧本创作领域取得突破；全区三个文化产业重点建设项目获省级、市级文化产业发展专项资金 70 万元，区级财政配套奖励 40 万元。湖州万达院线影视娱乐城、美妆文化园、湖州时代德纳国际影城扩建（二期）等 6 个项目纳入 2016 年湖州市文化产业重点建设项目。纪录片《溇港》获全国电视外宣“彩桥”奖一等奖；微电影《小蚂蚁 大力量》获全国电视外宣“彩桥”奖微电影类优秀作品；纪录片《霞幕北飞》入选国家新闻出版广电总局第三批优秀国产纪录片。积极组织区内 18 家特色企业参加第 11 届中国（义乌）文化产品交易会，创新设立“世界丝绸之源——中国吴兴精品展”专区，突出非物质文化遗产元素，积极推荐丝绸小镇和美妆小镇，中央、省、市主流媒体分别进行深入报道。展出期间，共吸引参观人员 2 万人次，发放纪念品、宣传册 2300 余份，达成意向交易 78 笔。

【文化遗产保护】 积极打造丝织技艺传承人工作室，组织专家认证“钱山漾文化交流中心”内部陈列设计及布展，为丝绸小镇建设打造第一门户。邀请中国丝绸博物馆、浙江省博物馆、湖州市博物馆及相关文化创意机构参与特色小镇建设，为推进美妆小镇化妆品博物馆建设做好前期论证。加强属地文物古迹保护，充分挖掘当地传统文化资源，做好地域文化展示指导，围绕“世界丝绸之源钱山漾文化”“太湖溇港文化”等历史文化品牌，为义皋村 10 多幢古建筑保护修缮做好前期服务，同步推进周边环境科学整治，全程参与路村文化纪念馆、义皋溇港文化展示馆建设，使千年古村在保护与开发展示中焕发新生。

（区文体局）

·卫　生·

【概况】 深化医药卫生体制改革，注重基础建设和服务能力提升，不断培育优质公共卫生服务品牌，全面构筑公共卫生安全屏障，工作取得一定成效。全区各级各类医疗机构共有 363 家，执业（助理）医师 1458 名，注册护士 1423 名，床位 1393 张。全年诊疗 342.78 万人次。本年度本地孕产妇死亡率 0；5 周岁以下儿童死亡 15 例，死亡率 2.76‰，婴儿死亡 11 例，死亡率 2.02‰，新生儿死亡 8 例，死亡率 1.47‰。活产数 5440 人，产妇数 5395 人，产后访视率 96.93%；孕产妇系统管理率 94.20%。新生儿访视率 97.92%；7 周岁以下儿童保健覆盖率 95.21%，3 周岁以下儿童系统管理率 93.11%。人均期望寿命 79.49 周岁。

【社区卫生工作走在前列】 按照为民办实事基本建设项目计划，稳步推进本年度新建、迁建和改扩建项目 16 个。坚持以评促改、以评促建、评建结合的工作方针，把创建工作和常态工作有机结合，各医疗卫生单位通过创建提升品质，满足群众多元需求，为推进分级诊疗、基层首诊打下坚实基础。通过健全组织机构、加大财政投入、部门紧密协作和完善应急预案管理体系等举措，成功创建省级卫生应急示范区。八里店镇和东林镇卫生院在通过省级甲等乡镇卫生院验收基础上，成功创建为全国群众满意乡镇卫生院；环渚街道和埭溪镇中心卫生院创建省级预防接种星级门诊通过省级验收；埭溪镇中心卫生院被评为省级卫生先进单位。

【强化医疗卫生服务体系建设】 全面部署慢性病管理、老年人健康管理、妇儿保工作、卫生监督协管等工作。强化基本公共卫生项目和重大公共卫生项目规范化管理，项目任务完成率持续保持在 90% 以上。发挥国家基本公共卫生服务项目引领作用，采取“集中+小灶+强化”式培训、“传统+新媒体”

式宣传、"定点+随机"式抽查等方式，有效提升公共卫生服务项目绩效。通过现场检查、电话抽查，每半年开展一次公共卫生项目督查，将年度公共卫生经费的拨付与绩效考核紧密挂钩。坚持政府主导和行政推动，以项目建设为基础、队伍建设为重点、综合能力提升为核心，加快推进城市社区卫生服务中心建设。在社区卫生服务中心实现中医馆全覆盖基础上，将中医非药物治疗逐步向社区卫生服务站下沉推广。加大中医药在公共卫生管理指导和干预力度，积极落实60周岁以上老年人体质辨识及0～36个月儿童穴位按压，开展率分别为42.53%、47.50%。培育和推广中医药适宜技术，积极探索构建融中医预防、保健、养生、康复为一体的中医保健服务体系。深化人事制度改革，实行现场择优招聘和定向招录并轨，正式录用卫技人员78名（其中，应届生40名），为基层医疗卫生队伍注入新鲜血液。采取定向培养农村社区医生举措，全年定向招生本科、专科生12名。依托"双下沉、两提升"，落实38名市、区级专家到社区卫生服务中心坐诊、言传身教，累计派出70余名基层医疗骨干上挂实际医院进修学习。组织业务培训班15期，参训人员达321人次。全区医学科研能力不断提升，共成功申报市级以上科技项目5项，其中省级3项。

【增强社区卫生服务工作内涵】 全面贯彻全科医生签约服务，认真落实基本公共卫生服务项目，不断深化县乡村卫生一体化综合管理。综合试点全面开展新一轮责任医生规范化签约服务工作，与区财政局、区人力社保局联合下发《吴兴区责任医生签约服务实施方案》，明确责任主体和工作任务，突出服务团队建设及重点人群，完善补助政策和奖惩办法，从根本上确保签约服务的有效性。全区共完成签约130313人，达全人群的21.20%，有力提升群众满意度和获得感。探索健康管理新模式，在白渔潭社区试点开展主动健康管理工作，以健康为核心，以慢病管理为重点，有效推动基层医疗机构由"医疗服务模式"向"健康管理服务模式"转变；中心城各大社区卫生服务中心及部分社区卫生服务站建立慢性病联合诊疗室，主要治疗药物与市级医院同步。在全区范围内实现"紧密与松散、帮扶与支援"相结合的合作办医模式全覆盖，逐步完善"三级医院—二级医院—乡镇卫生院"三级联动机制，其中区人民医院、区中西医结合医院、仁皇山滨湖街道社区卫生服务中心等11家单位与市级以上医院建立全面托管或重点科室托管的紧密合作关系；2家区级医院与3家社区卫生服务中心建立对口支援关系。以责任医生签约服务为载体，以信息化运用为支撑，进一步优化双向转诊、急诊服务和预约服务工作机制。规范电子健康档案，通过季度督查和电话回访，规范电子健康档案录入，加强随访的时效性。开展业务知识竞赛和技能比拼活动。营造"比、学、赶、帮、超"的良好工作氛围，激励卫技人员不断学习更新业务知识、提高综合素质及服务能力。

【加强医疗卫生系统党风廉政建设】 坚持"一把手"负总责，强化责任抓落实。高度重视党风廉政建设，将该项工作切实提上议事日程，明确"一把手"是抓党风廉政建设的"第一责任人"；定期研判廉政风险，按照"谁主管主负责"，切实履行"双岗双责"，做到业务和党风廉政建设"两手抓、两手硬"；严格执行民主集中制度，落实主要负责人"五个不直接分管""三重一大事项"集体商议和"一把手"末位表态制度；层层开展廉政谈话，不断强化廉洁从政意识；层层签订目标责任书，坚持党风廉政建设与卫生计生目标任务同部署、同落实、同推进、同考核。坚持教育引领导向性，强化意识抓落实。"党纪教育一刻钟"逢会必讲，形成"月月有主题、会会敲警钟"的学习氛围；组织全系统党员干部集中学习《中国共产党党员领导干部廉洁从政若干准则》《党政机关厉行节约反对浪费条例》等党规党纪类书籍刊物，观看《四风之害》等10部专题教育片，组织300余名党员干部赴湖州市警示教育基地实地开展廉政教育，组织70名党员干部参加"党章党规党纪"培训班；"两学一做"教育制度化常态化，进一步丰富廉政教育形式，结合"干在实处·走在前列"大比拼活动，建立局领导班子成员联系点工作制度，积极开展民主评议与党性体检、党员"三亮"、手抄党章等活动，主动参与"我是党员我担当"大讨论、廉政杂文、"鲁迅杯"征文比赛等各类活动，取得较好成绩。其中2名基层医务人员获区最美吴兴人获"敬业奉献奖"荣誉称号。坚持正风肃纪常态化，强化防控抓落实。由局领导班子成员分别领衔分管廉政风险防控项目，通过风险点排摸、严格计划、规范程序、纪检监督等措施，逐步形成一手抓业务一手强防范的良好格局；积极落实"五事阳光"权力运行机制要求，定期开展自查自纠，切实做到"抓早、抓细、抓小"；开展医疗卫生单位巡察工作，完成区人民医院等4家单位巡察任务，对反馈的18个存在问题跟踪督查，确保整改到位；及时查处办理各类举报件8件，其中立案调查2件，督办“12345”政府阳光热线及时办理，全年处理“12345”热线133件，即时响应率为96.99%，及时反馈率为100%，按时办结率为100%，满意率为84.95%；切实运行公开招标制度，实现药品、医疗设备、医用耗材、中药饮片、试剂等阳光采购全覆盖；严把行政审批关，规范基层医疗机构基础设施建设项目实施；设立行政审批管理科，调整卫生行政审批窗口工作职责和人员管理，实现卫生行政审批集中管理。

（凌　敏　朱培凤）

·计划生育·

【概况】坚持计划生育基本国策，认真贯彻落实新修订的《人口与计划生育法》《浙江省人口与计划生育条例》等法律法规。稳妥实施全面“两孩”生育政策，全区出生人口4927人，政策生育率为99.19%。全区户籍人口出生性别比108.68，基本保持正常。全面推动优生促进工作，国家孕前优生健康检查项目目标人群覆盖率达106.09%。深入推进“幸福家庭”促进计划，整合资源，拓宽领域，提高质量，提升全区计生家庭发展能力。联合区民政局等六部门出台《关于进一步完善计划生育特殊家庭扶助关怀政策的意见》，建立计划生育特殊家庭信息档案和联系人制度，进一步健全特殊计生家庭长效帮扶和经费保障机制。推进流动人口计划生育基本公共服务均等化，流动人口服务管理率达90.48%。辖区群众对计生工作满意率达90%。

【健全统筹协调机制】坚持将计划生育工作融入经济和社会发展总体规划，统筹考虑、综合决策、协调推进。加强责任落实，与18家成员单位及高新区、各乡镇（街道）签订目标管理责任书，明确各项工作目标、完成时间、责任单位和责任人，把计生专项考核纳入区对乡镇（街道）综合考评体系，确保职责履行到位。加强综合治理，按照“政府主导、部门联动、源头治理、区域协作、预警防控”的工作思路，全力构建综治“防护网”，综合治理领导小组不定期召开专项会议，研究解决难点问题，通过强化普及、联合整治、制度建设多管齐下，落实引产多级审核、出生实名登记制度和畅通投诉举报渠道多措并举，依法惩治“两非”行为，努力确保吴兴区出生人口性别比控制在合理范围内。加强部门协作，畅通与卫生、公安、民政等部门信息共享渠道，以再生育对象为重点全面落实婚育全过程跟踪管理服务，有效防止违规恶性终止妊娠事件发生。组织专人定期深入基层开展工作督导，通过发现、研究、解决问题这一过程，建立健全落实实名登记、证件查验、按月随访、信息共享、监查通报等制度。

【实施“全独两孩”政策】全力落实生育政策宣传工作，加强政策解读和舆论引导，引导群众按政策、有计划、负责任生育，确保生育假期、独生子女证发放、社会抚养费征收、生育证件办理、计划生育奖励制度等政策衔接平稳过渡。开展目标人群生育意愿调查，准确掌握生育对象年龄结构分布和生育意愿情况，为政策实施、生育安排、优生促进等工作开展提供数据支撑。全区共调查已婚育龄妇女7.1万人，其中符合生育条件5.96万人，明确有再生育意愿者占11.63%。全面实施生育登记服务制度，启用生育登记服务平台，实行一次性书面告知和个人承诺制，进一步简化办事程序。全年共办理一孩生育登记2519人，二孩生育登记2216人，再生育审批109人。开展优质服务，依托市区两级“国免”指导服务机构，为辖区新婚、再生育、新居民提供免费孕前优生健康检查和指导工作，尽可能避免和减少高位风险及缺陷儿的出生。

【深化流动人口管理服务】强化部门协作，联合公安、教育、人力社保、建设交通、新居民等部门开展证件查验、重点对象服务管理工作。落实流动人口生育全过程管理服务制度，完善生孕信息管理和孕情消失倒查机制。按照国家流动人口动态监测工作要求，利用电子辅助调查系统，编制动态监测抽样框、扎实做好入户调查，完成8个样本点160名流动人口和8个社区的问卷调查、质量交叉互审及网上录入工作。将流动人口双向协作工作机制作为抓好流动人口计划生育“一盘棋”工作的重要举措，强化源头管理，与安徽、广东、贵州等13个省、32个县（市）签订双向管理协作书，成立流动人口计生协会13个，有效加强区域间信息反馈、跟踪服务和资源互补。分别与安徽省歙县、潜山县卫计委签订流动人口区域协作协议，成立全省首个跨省流动人口服务中心和区域协作工作站，明确专人专职为流动人口提供计划生育服务，进一步扩大服务覆盖面，使区域协作迈上新台阶。在重大节假日期间，开展外出育龄妇女信息大排查。全面落实流动人口长效避孕节育措施奖励、免费健康检查、计生手术费报销和困难救助等各类优先优惠政策，充分发挥协会联系群众优势，有效提升流动人口融入度和归属感。

【落实人财保障机制】 加大财政资金投入。按照科学合理要求对计生工作经费给予政策倾斜，保障经费投入连年增加，全年计生工作经费达2390.92万元，同比增加2.88个百分点。加强计生队伍建设，多措并举保障辖区各级计生部门编制和人员相对稳定。高新区、各乡镇（街道）均至少配备1名计划生育专职公务员；全区164个村、74个社区共配备计生服务员345人，其中2000人以上村、社区共100个，均已配备2名及以上计生服务员。村（社区）级按照专业化、知识化、年轻化要求，选聘优秀干部充实队伍力量。村计生服务员纳入村两委班子。村（社区）计生服务员年报酬达村（社区）书记（主任）报酬的80%以上，并全部缴纳养老保险，有力激发基层工作积极性。

【整合优化卫计资源】 全面开展国家免费孕前优生健康检查项目工作，由市妇保院、区人民医院共同承担辖区新婚、再生育夫妇孕前优生健康检查和指导工作，通过分类检查、细化项目、规范评估随访等，极大地提高优生优孕服务质量。实行“国免”项目平台与“12356”服务平台互补共推，分级分类做好婚、孕、育等全方位计生随访工作。将“国免”项目与“三优”促进有机结合，引导群众树立科学育儿意识，进一步增强预防出生缺陷能力，营造全社会科学育儿的良好氛围，本年度飞英街道成功创建省级“三优示范点”。将计划生育融入区政府公共服务体系建设，建立运转高效、保障有力的运行机制和适应城乡一体化发展的计划生育公共服务新体制，充分发挥卫生技术和计生网络优势，进企入户发放妇女“两癌”筛查、常见妇女疾病防治知识、男性生殖健康手册等宣传资料，举办各类知识讲座和提供生殖健康服务，并统一建立健康档案。

【完善计生特殊家庭保障制度】 出台《关于进一步完善计划生育特殊家庭扶助关怀政策的意见》，进一步健全长效帮扶和经费保障机制。继续深化“政府购买服务”模式，委托南太湖和幸福之家居家养老中心，以“五定”（服务对象、服务项目、服务时间、服务地点、服务人员）方式，分别为农村136名、中心城115名计划生育特殊家庭老人提供生活照料、医疗护理、精神慰藉、特定个性化等服务，全年共提供16085人次服务21224.5小时，支付服务费用36.75万元；综合政策引导、组团服务、暖心关爱等内容，深化“专业+志愿”服务活动，组建各类志愿帮扶队伍80余支，通过“失独不孤独”活动、集体生日会等形式经常性为计生特殊家庭提关爱服务。吴兴区计生特殊家庭帮扶工作得到社会各界的充分认可，多次在国家、省、市会议上作经验介绍。未发生计生特殊家庭上访事件。区计生协会还为计生特殊家庭购买关爱保险，投保金额达3.38万元，进一步缓解计生特殊家庭后顾之忧。

（顾国英）

·体　育·

【概况】 建成7个中心村健身广场、体育休闲公园，10个省级城市体育先进社区，16个省级村级（社区）体育俱乐部。配套农村体育基础设施，促进城乡健身设施均衡化，全区健身路径进行普查，对1354件损坏的设施进行维护。

【体育节会】 成功举办第三届休闲运动节，项目包括钓鱼、真人CS、登山、公开水域游泳等项目，共计760余人参加。承办第七届环太湖国际公路自行车赛、全国新年登高健身大会湖州（吴兴）分会、华东地区散打精英赛、浙北地区第二届青少年跆拳道特技大赛、长三角第三届羽毛球双打王混合团体邀请赛等诸多大型体育赛事。

【全民健身】 借助社会力量推动落实2016年公益大培训，培训内容包括太极拳、华武功夫扇、木兰扇、柔力球、健身气功、风云扇等，培训16777人次。组织举办三级社会体育指导员培训，715名三级社会指导员参加。引导扶持村、社区举办各类运动会，全年156个村、社区开展具有地方特色的村级（社区）运动会。对全区3010名3～69周岁的市民进行国民体质监测。成立3个单项体育协会（射箭协会、轮滑运动协会和体育电子竞技协会）。

【体育产业】 助力“湖州海岛体育俱乐部”获得省体育产业扶持资金项目。承办诸多大型体育赛事吸引国际国内各类运动员和体育爱好者前去参赛及观赛，推动体育产业发展。

（区文体局）

·广　电·

【概况】　湖州广播电视总台吴兴广播电视中心属湖州广播电视总台派出机构。吴兴广电中心主要承担新闻宣传和综合管理两大职能，原事业（网络）建设管理职能划归到总台网络传输中心。吴兴广电中心开办电视《吴兴新闻》栏目和“村村响”对农广播节目，每周一至周五在湖州新起点频道播出（次日中午重播），时长10分钟。“村村响”对农广播设有《吴兴新闻》《王金法广播》《乡村风景线》《百姓生活》《文艺万花筒》等五档节目，每天分早、中、晚3次播出，每天播出总时长为6.5小时，自办节目时间为150分钟。吴兴广电中心紧紧围绕吴兴区经济社会发展重点，加大广播电视对外宣传力度和密度，向省级以上媒体发稿近百篇，其中中央级媒体18篇。特别是中心参与采制的《治国理政新实践·浙江特色小镇启示录：打造供给侧改革新平台》《“春分”沐春风 欣欣向荣好景象》《全面从严治党进入新时代》3篇在央视《新闻联播》播出；《吴兴草根艺术团　传唱十八届六中全会精神》在央广《新闻与报纸摘要》栏目播出；《渔船上最后的团圆饭》《文化礼堂欢乐多 热热闹闹过大年》在浙江卫视《浙江新闻联播》播出等。这些节目的播出，有效地展示了吴兴特色，树立了吴兴良好的对外形象。

【新闻宣传】　吴兴广电中心紧紧围绕中心工作，服务经济社会发展大局，较好地完成了市总台及区委、区政府赋予的各项任务。全年共编播电视新闻《吴兴新闻》260多期，对农广播《乡村风景线》50多期，《王金法广播》《百姓生活》各100多期，《文艺万花筒》350期；完成上送新闻稿件300多条，其中中央台《新闻联播》3篇、《焦点访谈》2篇，省级以上近百篇；纪录片《溇港》获省政府二等奖；开展公益活动2次。

吴兴广电中心充分发挥《吴兴新闻》“村村响”对农广播等宣传主渠道和自身传播特点，切实加强重大主题宣传报道的选题提炼、立意挖掘和组织策划。全年共推出十多个重大主题宣传系列报道。围绕吴兴区开展的“补短板 谋新篇”“八大行动”“美丽吴兴”“三改一拆”“五水共治”等主题活动，精心策划推出“践行两学一做 锻造吴兴铁军”“绿水青山就是金山银山”“五水共治进行时”“春天里”“向劳动者致敬”“聚焦吴兴这五年”“东部新城战区日志”“行走吴兴·丰收季”“奋战一百天 勇夺三连冠”等各类重大主题宣传系列专栏10多个，着力体现吴兴特色和亮点。全年中心主题新闻报道共计360多篇。主题宣传做到每天有主题、每周有重点，为吴兴经济社会发展营造良好的舆论氛围和有力的舆论支持。

继续深入开展“记者走基层”“走转改”活动。猴年新春伊始，为多角度全方位报道吴兴区各行各业奋战一季度，争创开门红的工作状态，推出《春天里》走基层系列报道，报道涉及工业、农业、服务业等各行各业，覆盖乡镇街道城市农村，走基层突出“走得深、走得透、走得广”，全面展现和讴歌来自基层一线的各类典型。如：一心为民，带领村民致富的妙西镇妙山村村支书刘长林；坚守一线，辛勤付出的五一劳动奖章获得者寿建儿；缝制爱心布垫，免费赠送邻里的八旬老人冯贵囡等。为记录吴兴工农业发展成果，9月推出“行走吴兴·丰收季”系列报道，10月推出“聚焦吴兴这五年”系列报道，全面展现吴兴区近五年来的经济社会发展成果和成功经验。积极组织开展新闻公益行动，3月5日在妙西肇村新闻实践基地开展志愿者日公益活动，9月8日在埭溪天字古道开展登山和新闻采风活动，10月9日在八里店潞村红馆开展爱国主义教育基地参观学习和新闻业务比武活动。通过系列活动，将新闻宣传和记者服务基层相结合，使记者的镜头和笔触成为服务社会、服务民生、体恤民情的重要手段。

全力以赴做好吴兴区两会的宣传报道工作，中心统筹部署、全员参与、团结协作。会前，专门召开专题研究部署会，将任务落实到每位记者；会中，全体采编人员参与采访报道和制作，从拍摄、采访、配音以及后期编辑，使流程有条不紊，忙而不乱，每一位参与两会报道人员做到相互补位、紧密配合。在团队的齐心协力、共同努力下把两会精神通过广播电视及时、准确地传递给广大受众，展现广电形象和广电精神。

大力推进传播内容、形式和手段等创新，积极借助总台全媒体中央厨房二期扩建项目，结合实际，强化与各平台在策划、采编、集成等业务的融合，充分彰显吴兴广电扎根基层优势。报送《韩国衍宇包材株式会社项目签约入驻“美妆小镇”》《我市首部绿水青山儿童主题电影开拍》《吴兴：东部新城建设稳步推进》等各类精心采制、富有特色的新闻稿件 300 多条。其中，在省级以上媒体播出近百篇，中央级广电媒体播出 18 篇。特别是中心参与采制的《治国理政新实践·浙江特色小镇启示录：打造供给侧改革新平台》《“春分”沐春风 欣欣向荣好景象》《全面从严治党进入新时代》3 篇在央视《新闻联播》播出；《道德医院》和《侠义军团》在央视四套播出；《治国理政新实践 浙江吴兴织里镇：童装销量占全国市场三成》《太湖开捕》《太湖蟹迎来丰收季》在央视二套播出；《东林镇温室龟鳖整治促农业转型升级》在央视七套播出；《吴兴草根艺术团 传唱十八届六中全会精神》在央广《新闻与报纸摘要》栏目播出；《渔船上最后的团圆饭》《文化礼堂欢乐多 热热闹闹过大年》在浙江卫视联播播出等，有效地宣传了吴兴良好的对外形象。

克服人员紧、任务重的现实条件，在出色完成好各项日常宣传报道基础上，积极配合和服务区委、区政府开展的各类专项行动，全力发挥好广电媒体舆论监督和服务引领作用。全年摄制相关专题片 5 部，配合区教育局拍摄的《吴兴——教育的沃土》，配合区卫计局开展的群众满意的乡镇卫生院创建拍摄的《八里店镇卫生院创建群众满意卫生院纪实》《东林镇卫生院创建群众满意卫生院纪实》《汇聚人道力量 彰显博爱精神 践行奉献理念——吴兴区创建“浙江省红十字工作示范区”纪实》《粮城美景 原乡吴兴——吴兴区休闲农业与乡村旅游》等专题片。

面对新媒体蓬勃发展的形势，吴兴广电积极突破，努力创新，进一步树立起互联网思维和理念，不断强化媒体融合意识。开设“吴兴广电”新浪官方微博发布各类新闻和信息 1800 多篇，及时传递吴兴动态，宣传吴兴亮点。通过运作，官微粉丝已有 1120 多位。

【设施建设】 区广电中心继续扎实做好各项技术保障、设备更新以及采编人员的培训工作，确保中心广播电视采编播安全有序。

注重设备提升。为更好适应区委、区政府对广播电视新闻宣传要求，区广电中心及时做好设备更新升级工作。市总台领导及技术部专家，多次来广电中心进行调研指导，并专门委派相关技术人员，对采编播设备、演播室灯光等运转状况进行全面检查测试。同时增配一台高清摄像机，为中心新闻节目质量的提升打下坚实的基础。

加强日常维护。积极做好常规性维护保养与检修，技术人员经常性开展设备维护工作，确保机器设备运转正常。专门对全区“村村响”对农广播进行集中巡查；对节目采编、制作、传输、播出的各个环节端口进行梳理排查，做到安全播出规范有序。制定完善相关安全播出管理制度，使规章上墙，做到职责明确、责任到人，尤其加强播出机房的值班值守，确保广播电视安全播出。

强化专项保障。突出做好重大会议活动和突发事件宣传的专项保障，特别在 G20 会议，市、区两会，全国农村综合开发工作会议等重大活动举办期间，中心技术人员专门对采编播设备提前进行维护检修，排除故障隐患，为圆满完成重要会议、重大活动和重大突发事件的宣传报道提供有力支持。

【队伍建设】 区广电中心始终把树立政治意识、大局意识、责任意识和导向意识，作为新闻舆论工作的职责和使命。认真开展“两学一做”学习教育，充分发挥好基层党群组织作用，强化内部管理，推进团队文化建设，着力营造团结、和谐、稳定的良好氛围。

落实意识形态主体责任。认真贯彻学习《浙江省党委（党组）意识形态工作责任制实施细则》，落实好意识形态工作主体责任，制定细化关于坚持正确舆论导向责任制有关规定。深入开展好“两学一做”学习教育，与全市“四个年”活动、吴兴区“八大行动”、文明创建等工作结合起来，以中心党支部为基本单位，以“三会一课”、党员固定学习日、周一业务学习会和月度工作例会为载体开展学习讨论，以落实党员日常教育管理制度，确保全员参与、不留死角。全体党员干部认真学习党章党规、系列讲话，重点学习习总书记 2 月 19 日在“党的新闻舆论工作座谈会”上重要讲话精神和《习近平关于党风廉政建设和反腐败斗争论述摘编》“中共十八届六中全会精神”等内容，真正把党的思想政治建设抓在日常、严在经常。

管理机制不断完善。区广电中心不断规范和完善内部管理，提升队伍素质，重点围绕年度目标任务进行分解细化到各部室以及每一位员工；修订完善新闻一线从业人员月度绩效考核办法、信息考核办法；进一步健全新闻工作编前会制度，固定设立每周选题会、月度学习会、季度业务比武等例会制度，营造“比、学、赶、超”的良好氛围；加强财务管理，严格执行市总台规定，规范包干经费的支出流程和使用标准。

团队建设强力推进。组织全体员工积极参与“我是广电人”等活动，不断强化员工责任意识；提升员工专业技能，鼓励专技人员积极参加职称评定；积极参与总台、市记协组织的各类专题讲座和业务辅导，着力提升从业人员综合素质；继续把妙西肇村新闻实践基地作为服务基层群众、提升团队素质的抓手，不断拓展其内涵和外延。分别开展“服务新闻实践基地、义务清扫宣传文明”和“文明城市、幸福家园，红十字工作进社区”两项志愿服务公益活动。2016 年，向市总台、区委区政府以及市记协报送各类工作、舆情信息 50 多篇。

（卢小媛）

第十九篇 社会·民生

·劳动和社会保障·

【概况】 劳动和社会保障工作，牢牢抓住服务发展和保障民生工作主线，落实就业创业政策，加大投入力度，扶持创新创业项目，开展“智慧就业社区”试点，提升就业服务水平；创新职业培训合作机制，大力推进职业技能培训；以就业困难人员、4050 失业人员、未就业高校毕业生、农村转移劳动力等困难群体为重点帮扶对象安置就业。全区实现新增就业 20614 人，失业人员实现再就业 6621 人，困难人员再就业 836 人，城镇登记失业率 2.46%，“零就业”家庭保持动态归零，职业技能培训 4506 人，鉴定发证 3127 人，再就业培训 1361 人。加强“互联网+”社保服务的运用，在全市率先将电子影像扫描技术运用到社保服务系统，实现社保纸质档案与电子档案的“双备份”，建立城乡医保一体化运行管理机制，实现城乡居民就医一卡通，加强社保基金使用自查自纠，社保基金阳光运行。全区（含开发区和度假区）城乡居民养老保险参保人数 11.81 万人，参保缴费到账率达 97.24%；城乡居民医疗保险参保 32.73 万人，参保率达 98.65%；累计制发社保卡 36.2 万张，发放率达 100%。强化矛盾隐患排查，打击恶意欠薪，加强基层劳动监察执法和劳动纠纷调处队伍建设，劳动仲裁织里派出庭实现实体化运作，建立依法处置欠薪案件联动机制，推进欠薪案件的高效处置，扎实推进企业“双爱”活动，规范企业劳动用工。全区累计受理劳动违法投诉举报案件 1189 件，其中立案办结 125 件，案件办结率达 100%；受理劳动争议案件 231 起，结案 213 起，结案率 92.20%。

（徐建忠）

【公共就业服务】 贯彻落实支持大众创业促进就业新政策，摸清基层就业平台信息化建设需求，重点在区级人力资源市场、高新区区域职工之家配备电子显示屏，滚动发布招用工信息。加强区、乡镇、街道各级人力资源市场标准化建设，完善人力资源市场各项功能。组织新一轮支持大众创业促进就业的业务培训，共计 179 名基层就业工作人员参加培训，提升基层公共就业服务能力。有效落实援企稳岗政策，降低企业用工成本，妥善做好“去产能”企业职工转岗安置工作。全年累计为 622 家企业申请 2015 年度企业稳岗补贴，发放补贴金额 1216.7 万元，惠及企业职工 3.2 万人。进一步完善企业用工监测管理办法，强化政企互通交流，开展监测企业信息填报业务培训，预约招工服务，缓解就业结构性矛盾。全年累计为 334 家企业提供用工服务，开展“春季人力资源交流大会”“吴兴首届电商人才招聘会”及赴武汉等地开展校企对接引才服务活动 12 场，发放企业用工监测信息经费 23.18 万元。制定《吴兴区大众创业示范园认定和管理办法》，完成吴兴科创园、吴兴梦工场等首批区级大众创业示范园审核认定工作。组织推荐优秀创业青年参加省市各项创业创新大赛，指导和帮助七幸孵化园等园区完成市级高校毕业生创业示范园认定和复评工作，落实创业补贴 44 万元。以就业困难人员、“4050”失业人员、未就业高校毕业生、农村转移劳动力等困难群体为重点帮扶对象，深入开展“三送一扶”行动。在都市家园、余家漾、右营基社区开展“智慧就业社区”试点工作，通过实施信息智慧化、求职智慧化、援助智慧化“三个化”，达到实现帮扶更到位、就业更便捷的智慧就业目标。全年，全区新增城镇就业 20614 人；帮扶失业人员再就业 6621 人，其中困难人员实现再就业 836 人，农村电商创业 1361 人，带动就业 2042 人。开发村（社区）公益性岗位 406 个；城镇登记失业率控制在 2.46%，“零就业”家庭保持动态归零。

（陆惠娣）

【社保体系】 加强社保基层队伍建设。举办全区（包括开发区、度假区）城乡居民基本养老保险经办人员业务培训班2期、17批次，印发《培训手册》《档案管理规范》等宣传培训资料，采取现场政策解答、结合实例解答等授课方法，400余人接受培训，基层队伍能力得到提升。加强社保信息建设。加强“互联网+”社保服务的运用，在全市率先将电子影像扫描技术运用到社保服务系统，实现社保纸质档案与电子档案的“双备份”，有效形成高速采集、高效流转、安全存储和便捷调阅的社保信息共享模式。加强社保平台建设。统一社保经办服务，制定《居保中心轮岗制度》、健全《档案管理办法》，规范经办操作流程、规范居保档案管理。建立全民参保勘误领导小组，明确工作任务，5月底完成动态机制建立前的全区勘误任务，推进全民参保动态机制建设。整合社保卡功能，一卡实现城乡居保、医保个人缴费和待遇支付功能，城乡居民社保卡累计制卡36.2万张，发放率达100%。加强社保基金安全管理。定期对疑似重复领取待遇人员开展核查与待遇追回工作，省内外核实比对重复享受待遇人员 9人，追回待遇44555元，追缴率达100%，积极与市社保局对接土保转职保，居保重复待遇人员，落实职保协助代扣1631人，扣回重复期间待遇130.53万元。

（莫小燕）

【劳动关系】 全区累计受理劳动违法投诉举报案件1189件，涉及人数7572人，金额1.1984亿元，其中立案案件125件，办结案件125件，涉及人员2520人，金额2214万元，案件办结率100%；行政处罚案件14件，罚款金额9.62万元；受理市长热线839件；受理劳动人事争议案件231件，结案213件，结案率92%，其中调解案件178件，调解率83.5%；受理案件涉案经济标的4625.15万元。全年，经区劳动监察大队涉嫌拒不支付劳动报酬罪移送公安案件10件。区劳动监察大队对3216家用人单位进行劳动保障书面审查，评定信用等级A级企业398家；组织31名专、兼职劳动监察员，组织28名专、兼职仲裁员，141名重点骨干企业人力门资源经理，对9123名小微企业经营者开展劳动保障法律法规培训。区劳动人事争议仲裁院指导336家规模以上企业建立劳动争议调解组织，建成率达100%。会同织里镇开展小微企业童装生产经营户签订劳动合同，签订率达96.62%；会同区公安、市场监管等部门开展清理整顿人力资源市场秩序专项行动，出动执法人员92人次，对职业介绍机构15家、劳务派遣单位10家和832家用人单位发布的招工信息进行了核查，2家违法职业中介结构被责令限改；设立区劳动维权一站式服务窗口，实行劳动违法、劳动纠纷案件统一受理、分类处理的运用机制。

（孙一兵 杨 帆）

·人事人才·

【概况】 全区共入选“南太湖精英计划”领军型创业团队14个、领军型创新团队6个、创新长期人才5名、创新短期人才5名，入选省“千人计划”6人。全年引进各类人才4206名，其中，刚性引进高层次人才218名，引进湖州籍紧缺急需人才78名；培训鉴定高技能人才2129名，为推动吴兴科学发展提供良好的人才保障。区委严格执行《党政领导干部选拔任用条例》，深入推进干部人事制度改革，注重树优导向、规范操作流程，全力打造“吴兴铁军”，切实提高选人用人公信度和满意度。研究讨论干部362人次，其中提拔任用61人次，调整和交流轮岗295人次，达到最高任职年龄退出领导岗位6人。

（周 斌）

【人才队伍建设】 组织专项引才活动，先后举办海外大数据人才吴兴行、全国3D打印技术产业应用大会、机器人高峰技术论坛等多场引才洽谈活动，邀请来自美国、日本、英国等国家的72位海外高层次人才到吴兴考察推介，23个创业项目成功达成合作。积极组织开展国外引智项目洽谈会，4家企业入选国家级引智项目，8家企业入选省级引智项目。落实“金象金牛”、工业“双高”企业经营管理人才培养举措，完成培训企业经营管理人才2756人次。深入实施企业专业技术人才培养计划，选拔“1112人才工程”学术技术带头人13名，湖州市邦尔骨科医院李建有主任入选省“151”第二层次人选，湖州宜可欧环保科技有限公司董事长车磊入选国家“创新人才推进计划”。 积极推进农民素质提升工程，完成农民素质提升培训1.4万人，其中农村实用人才1583人，转移就业培训1095人。建设市场化创投资金，以“政府+创投”联合出资的方式，成立运行总规模5亿元的科技人才创投基金，依托基金先后引进再生塑料资源及能源转化关键技术研发与设备产业化、新一代全闪阵列存储系统等科技人才项目15个。联合市人社局共同打造人力资源产业园，着力吸引国际国内知名的人力资源中介入驻。金融客吧、吴兴“众创空间”同时被列入国家级“众创空间”，金融客吧获评省级优秀“众创空间”。成功创建省级企业研究院2家、省级技能大师工作室1家、省级博士后工作站3家、市级院士专家工作站3家。

（周　斌）

【人事制度改革】　坚持“大稳定、小调整”原则，科学设置乡镇领导职位，开展全方位、多角度考核考察，根据掌握情况进行综合分析研判，选优配强领导班子。换届后2年以上乡镇工作经历的人员占乡镇领导班子成员比例达到98.7%，6个乡镇“三类人员”（乡镇事业编制人员、优秀村干部、大学生村官）配备达到9名，超过配备要求50%。严把“两代表一委员”人选政治关、素质关、结构关，组织23个部门开展联合审查，对不宜推荐的239名“代表委员”初步人选予以剔除。把“九严禁”换届纪律要求贯穿换届始终，组建6个换届风气监督组对所有乡镇开展“一对一”全程监督，相关做法被省委组织部《浙江干部监督电子信息》刊发。树立实绩导向风向标，制定出台《吴兴区推进领导干部能上能下实施办法（试行）》和《关于吴兴区激励干部干事创业治理为官不为的若干意见》，共调整不适宜担任现职领导干部3名，其中免职1名，调离岗位2名。全面推行领导干部实绩记实和公示公议，全区401名领导干部领办1200余个重点工作项目，并按照“周记、月报、季评、年考”的方式进行综合考评，营造浓厚的比拼氛围。深入推进公务员“日志式”管理考核，依托信息化手段和技术，突出“德、能、勤、绩、廉”五大体系，按照每日工作考勤、每周工作记实、每季实绩考评，建立平时考核和年度考核结果相挂钩的考核机制，实现平时考核精细化、从严管理过程化。强化一线历练，创新“六大战区”工作法，从区级机关遴选25名副科级干部和61名优秀年轻干部，脱产下沉“六大战区”，与所在战区的镇村干部混合编组、协同作战，整合资源，切实加大年轻干部群众工作能力。构建实时监督、超前预防的监督体系，严格落实“四个凡提必”要求，扩大党风廉政情况征求意见对象的范围和次数，对提任正职领导干部推行党风廉政“双审”（个人廉洁自律和履行“一岗双责”），落实党委（党组）主体责任，拟提拔对象全部由所在单位党委（党组）出具廉政鉴定，切实防止“带病提拔”。扎实开展干部选拔任用监督“全程记实”，对新提拔任用的19名干部以及97名乡镇换届领导班子候选人实行纪实，建立“一人一档”，打造干部选拔任用全程监督链。采取“一次部署、分步推进”的形式，建立两级审核、组织把关、一票否决等制度机制，有效推进职务与职级并行工作，全年有39人晋升职级，其中晋升正处职级3人、副处职级21人、正科职级16人，激发基层公务员的工作积极性。

（吴　昊）

·机构编制·

【概况】　区机构编制委员会办公室是区机构编制委员会的常设办事机构，在区机构编制委员会的领导下负责全区行政管理体制和机构改革以及机构编制的日常管理工作，于2015年1月单独设置并运行。区编委办设有综合科、机构编制科（行政管理体制改革科）、监督检查科和事业单位登记管理局、机构编制信息服务中心两家下属事业单位，人员编制共10名。

【行政管理体制改革】　启动乡镇（街道）“四大平台”建设。根据省、市相关指导意见及工作部署，赴嘉善、宁波、杭州等试点县区学习经验，结合吴兴实际，印发《吴兴区关于加强乡镇（街道）四个平台建设深化基层治理体系的实施方案》，牵头召集组织、人力社保、财政等相关部门做好派驻机构人员管理、待遇发放等相关配套政策的研究制定，率先在织里镇、道场乡和爱山街道开展“四个平台”重点规范化建设，为提升基层治理能力奠定基础。开展统一政务咨询投诉举报平台建设。按照“一个号码对外、一个平台服务、一个机构统管”的“三个一”原则，对全区所有非紧急政务热线的整体情况进行排摸，及时制订《湖州市吴兴区深化统一政务咨询投诉举报平台建设实施方案》，重新梳理各职能部门处理投诉举报流程中职责，将督办、评价等职责交由区信访局承担，相应工作人员统一划转到区信访局。新设立“区12345政府阳光热线中心”，核定一定编制，专门配备工作人员，全面负责统一政务咨询、投诉、举报热线的受理、督办等工作，完成统一政务咨询投诉举报平台建设。

【机构编制管理】 从严实施编制总量管理。全区共分配行政编制1142名,其中部门行政编制339名，司法专项编制41名，物价专项编制7名，法院专项编制125名，检察院专项编制83名，工商专项编制135名，森林公安编制5名，乡镇编制309名，街道编制98名；分配事业编制6057名，其中区级部门911名，高新区和乡镇街道529名，教育系统3750名，卫生系统867名。年初，全区机关事业单位提出各类编制用编申请449名，按照急需必须、从严审批的总原则，核减用编审批35名。深化完善实名制库管理系统。开展机构编制实名制系统信息数据专项核查，为各部门建立系统账号，建立二级审核制度，按要求录入机构情况、编制情况、人员信息入库，每个部门确定一名联络员专门负责用编、出入编业务，每项业务信息经区编委办审核准确无误后交换到省实名制管理平台，做到"账实相符"。扎实开展机构编制监督核查。按照省委第三巡视组2014年巡视反馈的问题和意见，制定《中共吴兴区委落实省委巡视组反馈意见整改方案》，不折不扣落实整改任务。全区超编行政单位跟2014年8月相比减少7家，行政超编人员减少17名；超编事业单位减少15家，事业超编人员减少24名。加强事业单位登记管理。做好全区263家事业单位年度报告和11家新设立事业单位登记注册工作，对全区51家机关、群众团体进行统一赋码，全面完成党政群机关和事业单位中文域名注册管理、网上名称管理等工作，实现中文域名注册和缴费续费达到100%。全面推行编外用工实名制管理。对全区编外用工人员进行摸底调查，明确招聘编外人员的条件和程序。建立编外用工实名制管理数据库，实行编内编外人员同等管理模式，实现编外用工信息实时更新。

【权力清单】 持续深化权责清单工作。组织乡镇（街道）开展权责清单编制工作，高新区、各乡镇（街道）分别公布法定权力事项130余项，公布主要职责106项，相关部门职责边界74项，事中事后监管制度74项，基本公共服务事项113项，其他服务事项90项，率先实现高新区、乡镇"权责清单"全覆盖。进一步完善事中事后监管制度，将137项事中事后监管制度融入"双随机"监督检查方式，编制基本公共服务清单，公布基本公共服务事项60项。出台《吴兴区政府部门权力清单管理实施办法》和《吴兴区人民政府部门职责管理办法》，规范"两单"动态调整。有序推进党群部门职责清单工作。根据党群部门新的职责定位，梳理纳入对象范围的17个党群部门职责事项，进一步明确主要职责，理顺部门（机构）间职责关系，积极推进职责公开规范运行，构建"权界清晰、分工合理、权责一致、运转高效、法治保障"的职能体系。不断优化政府职能和工作流程。积极探索开展政府职能向社会组织转移、政府向社会力量购买服务相关工作。制订《吴兴区政府职能向社会组织转移工作实施方案》，明确目标任务、工作步骤及相关部门职责分工，选取区卫计局为试点，先行开展职能转移相关工作。稳步推进"双随机一公开"监管工作，以区政府名义印发《吴兴区全面推行"双随机"规范事中事后监管实施方案》，将21家区级单位纳入实施范畴，要求每个业务主管部门建立"随机抽查事项清单、随机抽查对象名录库、随机抽查执法检查人员名录库"，实现在线随机选择检查对象和执法检查人员，并对随机抽查做到全程留痕、责任可追溯。

（卜淑怡）

·社会救助·

【基本医疗保障】 根据《湖州市人民政府办公室关于印发湖州市区城乡居民基本医疗保险暂行办法的通知》和《湖州市人力资源和社会保障局关于印发湖州市区城乡居民基本医疗保险实施细则的通知》文件精神，贯彻落实湖州市区城乡居民基本医疗保险政策。出台《湖州市吴兴区城乡居民基本医疗保险经办业务管理规程》，进一步加强城乡居民基本医疗保险经办业务管理，规范经办流程。累计284.18万人次享受城乡居民医疗保险报销，享受金额24509.08万元。其中门诊275.44万人次，补偿6454.91万元；特殊病种门诊4.53万人次，补偿1586.31万元；住院4.21万人次，补偿16467.86万元。

（高 敏）

【医疗救助】 开展低保户、低保边缘户的医疗救助即时结报工作，1—12月共救助41868人次、887.61万元。

（王朝杰）

【危房改造】 全市下达吴兴区农房改造建设任务为2500户，农房改造建设全部完成，其中危旧房改造完成76户（高新区5户，织里镇18户，八里店镇1户，道场乡6户，环渚街道1户，妙西镇6户，埭溪镇11户，东林镇28户），完成年度任务的100%。按照各村上报的推进计划，区督察组每月进行督察，督查结果进行全区通报。月度督察结果与乡镇主要领导月度考核相挂钩。

（卢明佳）

【救灾减灾】 结合"5·12防灾减灾日"活动，组织开展"防灾减灾进社区、进校园"等形式多样的宣传活动。区、乡镇（街道）、村（社区）三级应急预案体系逐步完善，避灾场所规范化建设与管理得到有力推进，开展综合减灾示范社区创建工作，朝阳街道碧浪湖社区、飞英街道竹翠园社区被评为国家级减灾示范社区，朝阳街道车站社区、环渚街道玉堂桥社区被评为省级减灾示范社区。

【扶贫济困】 落实困境儿童基本生活保障制度，截至年底，385名困境儿童纳入保障范围，发放补助188.9万元。及时组织对困难群众基本生活价格补贴发放工作，全年发放困难群众基本生活价格补贴113.71万元，惠及11641人次。元旦、春节期间，走访慰问各类困难群众6463人次，发放慰问金和慰问品价值598.43万元。

【救助管理】 继续深化完善以最低生活保障为基础、各类专项救助为补充、社会化服务相配套，建立统一救助平台、统一救助网络、统一救助内容、统一救助标准、统一救助账户的"五统一"社会救助体系。强化对困难家庭经济收入和核对，建立低收入家庭收入核对系统，加大新申请低保对象和原在册低保家庭的收入核查力度，核对家庭8181户、15055人，有效保障救助的公平、公正。

（王朝杰）

·社会福利·

【福利机构建设】 基本构建区、乡镇（街道）、村（社区）三级养老服务网络体系，率先建立区养老服务指导中心和6个乡镇（街道）养老服务中心。推进养老机构床位建设，全区有各类养老机构16家，养老床位3657张，其中新增机构床位640张，比上年增加了21%。发挥养老服务指导中心作用，开展专业知识和岗位技能培训工作。区社会福利中心正式投入使用。开展养老机构管理规范化建设，在全区养老机构规范化建设培训班上，消防部门进行消防知识培训。全区6家乡镇敬老院全部完成向综合性福利中心转型，实现由单一供养型向综合性农村福利转型任务。农村"五保"户集中供养水平持续提高，全区集中供养率保持在98%以上，农村"五保"户供养标准达到上年度农民人均纯收入60%以上，人均供养标准达11400元。

【福利彩票发行】 吴兴区福利彩票销售管理中心（中福在线）秉承"扶老、助残、救孤、济困"的发行宗旨，在确保安全、稳定、和谐有序的前提下，多渠道弘扬公益理念，狠抓规范化管理。全区福利彩票完成销量4409.178万元，对销售厅进行全新的装修，全面改善销售厅的硬件环境。

【慈善事业】 把加大募捐力度，增强慈善资金实力作为工作重点，各项工作取得新的进展。抓好以收缴 "慈善一日捐""冠名基金""定向基金""村（社）帮扶基金"为重点的资金募集工作，全年各项善款资金收入达到2531.04万元。全区累计冠名企业增加到60家，基金规模12160万元，每年协议捐息608万元，成为慈善资金稳定增长的主要来源。积极开展"助学、助困、助医、助残、助老"等各种慈善救助和资助公益建设活动，全年使用善款2090.35万元，救助困难群众近8000人次。重视基层基础，村帮基金得到新拓展，全区新建村（社区）帮基金15个，累计建立229个；全区村（社区）帮扶基金增量募集善款495.65万元。

（王朝杰）

·社区与社会组织管理·

【城市社区建设】 实现城市社区服务中心全覆盖，建成朝阳、爱山街道社区服务中心，全面打造碧浪湖、余家漾等10个"三社联动"示范社区。进一步完善自治服务功能，落实社区民情恳谈会、事务协调会、工作听证会和成效评议会等民主协商制度，提升"道德门诊室""群众说事室""社区党建服务联盟"等载体。深化"四走三最"活动，进一步转变社区工作者工作作风，新增初级以上社会工作师

62 人。

【农村社区建设】 加快农村社区综合服务中心建设，村级社区综合服务中心实现全覆盖。

【基层民主政治建设】 以推进基层民主自治为关键点打造“阳光村务”，积极探索“阳光村务指数”和“村级红黄蓝动态监测”，促进村务的多方位公开、多方位评测、多方位监督。出台《关于推进村级事务规范化管理的实施意见》，全区 162 个村建立村级执约小组，建立实施村级事务“一则三清单”工作机制。

【社会组织管理】 社会组织队伍不断壮大，全区新登记社会组织 37 家，扎实推进社会组织规范化建设评估工作，社会组织监管不断加强，全区评估 AAAAA 级 1 家，AAAA 级 3 家，AAA 级 4 家，总体参评率达到 70.4%。全区社会组织 245 家，对 245 家社会组织进行年检，开展社会组织党建工作，实现全区社会组织党建全覆盖，单建党组织 33 家，联建党组织 9 家。积极申报福彩公益金资助社会组织创办公益性项目活动，全区 16 个注册登记类社会组织，4 个备案类社会组织项目入围市公益创投大赛，争取项目扶持资金 83.22 万元。投入 30 万元举办 2016 年吴兴区公益创投大赛，10 个社会组织项目入围。

（王朝杰）

·“双拥”优抚安置·

【“双拥”工作】 加强基层双拥规范化建设，参照《湖州市双拥模范单位考核细则》，对各基层推荐上报单位进行考核和检查。圆满完成春节、“八一”“双拥”慰问任务，区领导带队走访慰问驻吴部队和优扶对象。积极主动为部队办实事解难题。“三百两千”军民共建活动深入推进，“百连结对百村，携手共建新农村”活动不断巩固。组织开展 “村庄环境整治”“军民助困改危房”等活动。“百家民企进军营”活动不断拓展，已有 18 家民营企业与部队结对送技术、送慰问、送关怀和送文化等到军营，服务和支持部队建设。

【优待抚恤】 各项优抚政策得到妥善落实。做好优抚自然增长机制提标和发放，全年发放抚恤补助金 1135 万元，义务兵优待金 1153 万元，医疗补助资金 80.9 万元。对 1606 名 60 周岁以上农村籍退役士兵发放老年生活补助 221.2 万元。认真做好优抚政策宣传、解答，全年接待各类优抚对象到访和政策咨询 90 余人次，处理信访事项 4 件。

【退役安置】 认真做好退役士兵接收安置任务，全年接收安置退役士兵 206 人，其中城镇退役士兵 85 人、农村籍退役士兵 108 人、转业士官 13 人，13 名转业士官全部安排工作。发放城镇退役士兵一次性经济补偿金和待分配期间生活费 312.3 万元，发放农村籍退役士兵一次性经济补偿金 365.4 万元。广泛开展退役士兵职业技能教育培训工作，根据《湖州市退役士兵职业技能教育培训实施办法》，全区 111 名退役士兵参加职业技能教育培训并顺利结业，全部经各承训学校推荐被相关单位录用上岗，推荐就业率达 94.6%。全区另有 2 名退役士兵被杭州相关大专院校录取，接受为期 3 年的学历教育。

（王朝杰）

·社会公共事务管理·

【殡葬管理与服务】 审批新建乡村公益性墓地 2 座，创建示范性生态墓地建设 3 座，全面完成市局下达的任务。全面落实惠民殡葬政策，免除殡葬基本服务费用 250 万元，惠及全区 3400 余户家庭。深化殡葬改革，倡导科学、文明、健康的丧葬方式，保护土地资源和生态环境。建立殡葬日常管理体系，加强基层殡葬协管员队伍建设，实行骨灰处理情况月报制度和墓地例检制。

【区划与地名管理】 开展吴德线界线联合检查，对全区边界进行不定期巡查，平安创建创优率 100%，平安边界创建工作不断引向深入。认真做好区划与地名管理，全区新建浮玉社区、亿丰七里亭、龙庭社区、人和家园社区。

【婚姻收养登记】 学习贯彻民政部《婚姻登记机关等级评定标准》，积极参加全省婚姻登记员、颁证员的上岗培训，不断加强婚姻登记员的业务知识和标准化建设培训，提升婚姻登记员的工作服务水平。依法开展婚姻登记，全年办理结婚登记 4784 对，办理离婚登记 1774 对，办理收养登记 99 件（其中，解除 1 件），登记合格率为 100%。

【移民安置】 省核定全区大中型水库移民后期扶持人数 11595 人，其中直补人口 6860 人，项目扶持

4735人。做好大中型水库移民直补人口复核工作，本年核减49人，是年实际发放移民直补资金6335人，发放移民直补资金380余万元。本年度安排后扶结余资金800余万元，涉及项目21个，惠及移民3000余人次，老虎潭水库后扶项目资金280余万元，新建项目5个，涉及生产安置人口4735人。是年度项目完成率90%以上，生产开发项目占比30%以上，培训移民800余人次，完成上级下达的任务数。建立结余资金、扶持资金、小库资金3个子项目库，为合理安排好项目资金，加快移民村的生产设施建设打下基础，提高移民的生活水平。共设立移民点监测样本村一个，移民监测样本户100余户，为推进移民政策的落实，合理制订后扶政策，积极建言献策。

（王朝杰）

·民族　宗教·

【概况】　吴兴区共有31个少数民族，少数民族总人数为4448人，其中男性2248人、女性2200人。宗教场所有65处，其中佛教29处、道教28处、基督教8处，教职人员43人。全区民族宗教工作以“三个代表”重要思想为指导，围绕区委、区人民政府中心工作，结合辖区实际，坚持抓规范、上水平，创平安、促和谐的工作目标，牢牢把握各民族共同团结奋斗、共同繁荣发展的主题，尊重少数民族风俗习惯、维护少数民族合法权益；坚持依法管理宗教事务，以加强宗教团体班子队伍建设为重点，构筑培养、考核和使用的立体网络，努力提高宗教界人士队伍的整体素质，切实维护宗教稳定。

【民族工作】　以民族工作“六进”“四微”为切入点，狠抓2个省级创建活动示范乡镇（社区）、5个区级创建活动示范社区建设，全力提升服务少数民族群众能力。组织安吉县中张村果蔬种植户到妙西镇玲珑湾生态园培训学习，到安吉县、遂昌县结对村开展产业指导、项目推荐等服务，全年安排帮扶资金25万元。通过举办形式多样的联谊活动来促进民族交流，组织开展趣味运动会、户外健步走等少数民族活动6次，深入安吉县中张村开展文化走亲，选送少数民族舞蹈节目《喜鹊》参加安吉县“三月三”畲族才艺会演活动，邀请中张村、郎村村选送节目参与吴兴区第二届少数民族文艺会演活动，增进民族同胞间的情谊。

【宗教工作】　出台《宗教场所财务管理补充规定（试行）》《民间信仰场所内部管理制度（试行）》《宗教和民间信仰活动管理办法（试行）》等制度，组织“宗教政策法规月”系列培训、扬州鉴真佛教学院进修等5次集中学习，开展基督教人士到南京大屠杀纪念馆参观等爱国主义教育活动4次，完成第一批43处宗教场所负责人聘任工作，破解宗教场所负责人实际终身制的管理难题。围绕佛道场所文明敬香、大型活动安保、环境卫生整治、财务规范管理、和谐寺观教堂创建等重点，开展宗教和民间信仰场所排查整治行动，对全区65处宗教场所和115处民间信仰场所进行隐患登记，做到底数清、情况明、整改实。加强与区维稳办、国安办、公安分局等部门合作，严格落实大型宗教活动、场所拆改建的社会稳定风险评估工作，做到应评尽评。完成28处宗教场所视频监控建设，积极探索宗教非法聚会点治理工作，取缔基督教、伊斯兰教非法聚会点分别为9处、1处，及时化解涉及宗教领域矛盾纠纷5起，严防各类不稳定因素滋生，真正做到防患于未然。

（黄红梅）

·居民生活·

【概况】　城乡居民生活水平不断提高。全区城镇居民人均可支配收入47170元，增长8.3%；全区农村居民人均可支配收入27391元，增长8.9%。城镇居民人均消费支出29008元，增长3.1%，年末人均住房建筑面积37.9平方米，增长4.7%；农村居民人均总支出24182元，增长7.9%，其中生活消费支出16923元，增长8.4%，年末人均住房面积68.3平方米，增长1.6%。

（顾佳丽）

·老龄工作·

【概况】　以社会养老服务体系建设为重点，加大养老服务工作财政投入，在认真做好养老服务机构建设基础上，加快推进居家养老服务工作，通过政府购买服务的方式为城乡困难老人提供免费居家养老服务。做好老年优待证发放、鼓励老人参加老年电视大学学习、开展“银龄互助”等日常为老服务工作外，认真做好有关老年维权、涉老信访等工作，切实在全社会营造一种“敬老为老”良好氛围。

【养老保障】　区社会福利中心项目建设完成并投入使用。全区累计有各类养老机构16家，总床位数3657张，比上年增加640张，每千名老人拥有机构床位达30张。其中，乡镇养老机构（农村敬老院、综合福利中心）6家，床位1217张；民办养老机构10家，床位2240张。各类养老机构总入住老人891人。全区建有城市社区居家养老服务照料中心65个，省级星光老年之家106家，市三星级老年活动室37家，老年活动中心138家。

【老年设施】　养老机构建设不断加快。全区有各类养老机构16家，总床位数3657张，比上年增加640张，每千名老人拥有机构床位达30张。其中乡镇养老机构（农村敬老院、综合福利中心）6家，床位1217张；民办养老机构10家，床位2240张。各类养老机构总入住老人891人。农村养老机构功能提升。全区6家乡镇养老机构完成集“五保”供养、社会化养老、老年人活动、应急避灾、临时救助和慈善捐赠等服务功能的转型。城乡居家养老服务网络进一步完善。完善南太湖居家养老服务中心建设，通过以“专业公司+加盟网点”“员工制+会员制”的组织形式，采取“上门服务+网点服务”“人性化关怀+个性化服务”“结对错时服务+临时应急服务”的服务方式，为吴兴区中心城区享受政府购买服务的老人实行“对象、项目、时间、地点、人员”的“五定”服务，同时为广大居家养老人提供市场化服务。全区建有城市社区居家养老服务照料中心65个，省级星光老年之家106家，市三星级老年活动室37家，老年活动中心138家。

【老年医疗保障】　全区有医养结合养老机构2家，开通医保1家，为养老机构内120多位老人提供良好的医疗保障，也为周围8000多名老人提供医疗支持。

【老年协会】　各级老龄部门高度重视加强基层老年组织、老年社团的规范化管理和建设，充分发挥老年人在自我管理、自我教育等方面的作用。全面加强城乡老年人协会规范化建设工作。有序开展老年协会登记备案工作，发展农村为老服务队伍，推进建立“银龄互助”网络。开展“银龄互助”的村155个，结对帮扶老人1755人。区老龄部门继续组织举办农村老年协会骨干培训，51名农村老年人协会会长、秘书长等骨干参加培训。建有基层老年协会217个，入会老人3.71万人，占老年人总数的33%；有乡镇街道级以上老年书法协会、老年体协等老年社会团体12个。各级老年社会团体的设立，为维护老年人自身合法权益，团结教育广大老年人与时俱进，促进社会稳定等方面发挥积极的作用。

【老年文体】　全区有乡镇（街道）级以上老年书法协会、老年体协等老年社会团体12个。全区各类文艺团队120多支，开展文艺活动300余场，参与人数11000余人次。各级老年社会团体的设立，为维护老年人自身合法权益，团结教育广大老年人与时俱进，促进社会稳定等方面发挥积极的作用。

（王朝杰）

·档　案·

【概况】　区档案局立足“两学一做”学习教育活动，以深入推进“五档共建”为目标，积极贯彻省、市档案事业“十三五”规划，注重学习交流，找准吴兴区档案工作导向，提高局（馆）内部精细化管理水平，着力补齐制约档案事业发展短板，大力弘扬践行兰台精神。有序开展各类档案资源接收进馆，加强对乡镇、街道、区级各部门档案业务指导工作；继续推进数字档案共建共享平台、虚拟档案室管理平台等系统的优化管理；强化档案库房安全管理，确保档案资料安全。截至年底，馆藏档案共有18943卷、70329件，图书资料1061册。

【档案事业发展】　根据省、市档案事业发展“十三五”规划，结合实际，通过调查研究、征求意见、组织审核等程序，科学制定《吴兴区档案事业发展“十三五”规划》，明确“十三五”档案工作方向。完善档案管理机制。档案工作首次纳入区委常委会议题，全面贯彻落实省、市档案工作会议精神。在乡镇、街道开展档案工作年度综合考核的基础上，首次把对部门的档案工作考核纳入全区综合考核。结合区两办年度综合考核工作意见，制定专项考核细则，加强档案工作规范化管理。明确部门行政职责。加强和规范权力事项管理，理顺部门职责关系，整合部门职责登记表，全面梳理权力事项12项，规范权力运行流程，稳步推进行政权力依法规范公开运行。梳理整合全区各乡镇街道、区级各部门有关《机关文件材料归档范围和文书档案保管期限规定》，编制《吴兴区〈机关文件材料归档范围和文书档案保管期限规定〉汇编》，指导和规范各建档单位档案工作。

【信息化建设】 为大力推进信息化建设，提升档案管理水平和服务效率，全区乡镇街道、区级各部门全部实现档案数字化，区虚拟档案室系统全宗单位75家，累计电子条目约40万条，全文约15万件，档案数据达1.1TB。应用湖州市数字档案资源共享平台，积极推进数字档案共建共享工作，累计上传普通文书档案文件级条目34974条，挂接全文6820件；婚姻档案条目及全文33792件；社保档案条目33103条。严格按照浙江省电子文件和数字档案登记备份、重点建设项目登记备份相关标准，开展机关档案室电子文件和文书档案数字化成果、涉民领域业务数据定期备份，累计备份数据742.1GB，其中涉民领域业务数据55个批次，58个数据包，共计90.1GB；重点建设项目数据5.91GB。为方便群众查档利用，提升服务效率，截至年底，接待查档服务人次1056人，查档量共计2149卷、1378件，利用电子档案查档916人、1054件。

【业务建设】 强化农村土地确权颁证档案工作。联合区农林发展局，开展全区农村土地确权档案管理培训，以妙西镇为试点，加强培训指导，统一标准，规范各类归档目录及案卷样式，有效推进全区确权档案工作顺利开展。加快“千村档案”建设进程。结合行政村规范化档案管理，制订文件材料归档范围，加大对全区5个历史文化古村落、7个美丽乡村及45个农村文化礼堂档案建档指导工作，有效整合档案信息资源。助推专项档案归档。监督指导区民政局、区卫计局，规范婚姻档案和出生医学证明档案的收集整理归档及数字化加工，有效助推重要民生类档案分阶段、分批次完成建档工作，为下一步移交进馆奠定扎实基础。

【档案服务能力建设】 规范“三重一特”建档。围绕区委、区政府转型升级系列“组合拳”，主动服务重大活动、重点建设项目、重要人物和地方特色档案资料收集归档工作。整合“两镇一区”、建党95周年、湖州老恒和古法酿造生态产业化基地开工仪式、党代会等多个重大活动档案资料，收集整理纸质材料5000余件，电子数据37.29GB。规范企业项目档案验收。完成首个中央预算内投资项目——久立特材“石油、天然气开采用耐蚀合金油井管产业化项目”档案专项验收，严把项目验收标准，规范行使行政权力，有效推进中央预算内投资项目的标准化、规范化、现代化管理。规范“五水共治”档案管理。根据省、市对“五水共治”档案工作的要求，监督指导治水办及各相关部门加强纸质档案和照片、声像等档案的收集，确保治水档案的齐全、完整、准确。

【档案文化】 结合“6·9”档案日活动，加大宣传力度。围绕国际档案日，紧扣“档案与民生”，开展“档案走近社区”“档案走近学校”“档案走近生活”等系列宣传活动，借助“爱上吴兴”政府微信公众号以及“吴兴档案”公众微博，发布征集启示以及各种档案工作动态。大力推进书籍编研工作。联合区交通旅游局开展对吴兴地区山、水等照片、文字资料的征集工作，出版吴兴丛书——《吴兴山水》，总计约2.7万字，随文附图210余张。结合史志工作，征集抗战史料，编研《吴兴年鉴》。启动抗战史料征集编纂工作，活化抗战档案资源。不断完善《吴兴年鉴》2016卷编纂工作，仔细审核、严格把关。

【档案安全建设】 提升数字档案馆（室）建设。完成馆藏档案数字化加工项目招标工作，落实安全保密管理机制和质量管理机制，建立完整、规范的工作记录，强化数字化加工室安全管理，安装监控、门禁系统等设施设备，健全档案安全防范体系，确保档案原件和数字化档案信息的安全。引导和规范乡镇数字档案室建设，确保各单位电子文件与数字档案的安全规范和有效管理，提高档案服务效率和水平。落实档案室库房安全检查。加强吴兴区乡镇街道、区级部门档案安全管理工作，结合档案库房“八防”要求，明确目标、排定计划、实地走访，完成全区49家建档单位档案安全检查，对存在安全隐患的档案室库房提出整改要求，有序推进档案室库房安全管理。

（裴璐雯）

·老干部工作·

【概况】 深化老干部社区“四就近”服务，进一步加强“两项建设”，提升服务管理水平，充分展示老干部最美风采，凝聚正能量，有效服务吴兴经济社会发展。吴兴区老干部局管理全区离休干部 37 人（属地管理 22 人、异地管理 15 人）。

【“银领”系列行动】 “银领同心向党”行动。以中国共产党建党 95 周年和红军长征胜利 80 周年为契机，组织离退休干部参加书画摄影作品联展、党史知识竞赛、征文比赛等活动。组织参加全市离退休干部“银领同心向党”书画摄影集邮作品联展和巡展活动，征集书法、绘画、摄影作品 33 件，选送优秀作品 17 件。“银领同心向党”文艺会演和巡演活动。与区文体局联合选送由 16 名退休人员参演的优秀歌舞节目“我的祖国”参加比赛。开展“银领最美风采”行动，组织引导离退休干部坚定理想信念、服务中心大局、弘扬核心价值观，展示老干部群体的最美风采。在 5 个城区街道挖掘、培育“最美老干部工作室”，并制定“三年成长计划”，从增强骨干力量、加强阵地建设、打造特色项目、发挥独特作用等方面为老同志服务社会、服务群众创造条件。组织老干部深入基层服务助推“五水共治”、“三改一拆”、特色小镇、美丽乡村建设等中心工作，开展各类“走看促”活动 30 余次。组织区级退休老领导开展“走基层、看变化、促发展”专题活动，进一步鼓励和发挥老干部不可替代的独特优势。“银领志愿行动”。坚持围绕中心、服务大局，因人制宜、量力而行，积极引导离退休干部发挥政治优势、声望优势、经验优势，服务社区群众、服务社会发展、传递向上向善力量。组织老干部围绕服务保障 G20 杭州峰会、“四个年”活动和“六大战区”“八大行动”等中心工作，以来访、来信、来电等灵活多样的方式，建睿智之言，献务实之策，征集各类“金点子”70 个。组织老干部开展“点亮微心愿”“大手牵小手”“银色志愿服务”“邻里守望互助”等活动，将老干部的作用发挥融入生活日常，共认领微心愿 19 个，参与贫困学生帮教、“道德门诊”、党员发展评价等活动 28 次，社区的离退休干部定期分组开展督查、巡逻活动。

【“四就近”服务工作】 深化社区“四就近”服务工作，成立区委老干部工作领导小组，要求乡镇街道建立由党委书记任组长的老干部工作小组，扎实推进离退休干部党建和服务管理工作，就近服务 5 个街道、35 个社区的 165 名离休干部。制定落实《关于整合社区资源深化推进离退休干部“四就近”服务工作的实施办法》，建立健全“五个三”制度体系和“四张清单”。利用社区老干部活动中心、党员服务中心、阅览室、宣传栏等阵地和载体，创造条件、营造氛围，引导老干部进课堂听、上讲台说、回书房看，发挥好“凝心聚力”的政治功能，“阳光心态”的孵化功能，“文化养老”的引领功能，结合“两学一做”学习教育，开展集中学习和送学上门活动 250 余人次。利用社区文体活动场所和设施，定期组织开展适合离退休干部特点的文化、艺术、科普、娱乐、健身活动，坚持推进党建落地、场所规范、品牌创建等工作，切实提高老干部精神文化生活质量，开展各类活动 83 次。充分发挥社区党员志愿者和离退休干部家属作用，定期为离退休干部提供日常生活照料、家政服务、精神慰藉、权益维护等服务，重点帮助“空巢”家庭、高龄和生活完全不能自理的离退休干部解决家政服务问题，累计走访慰问老干部 400 余人次，听取意见建议 60 余条，解决各类生活小困难、小问题 350 余个。组织离退休干部在加强基层党组织建设，创建平安街区、文明家庭，关心教育下一代等方面发挥正能量，开展各类活动 140 余次，参与老干部 700 余人次。

（舒　鸿）

·残疾人事业·

【残疾人共享小康工程】 全区共享受基本生活保障 1400 人。完成白内障免费手术 94 人，免费安装假肢 16 条，免费验配助听器 51 台，免费验配助视器 12 台。聋哑儿童语言康复训练 13 人，脑瘫儿童康复训练 14 人，智力残疾儿童康复训练 20 人，孤独症儿童康复训练 10 人，人工耳蜗手术及术后康复训练 1 人，赠送儿童康复辅助器具 4 人，儿童矫形器适配 6 人。

【农村残疾人服务】 全区建成省级标准“小康·阳光”庇护中心 2 家，区级“小康·阳光”庇护中心 8 家，区级残疾人一体化运行机构 3 家。庇护照料精神、智障和其他重度残疾人 181 人，庇护性就业 107 人；区级以上扶贫基地 7 家（其中，市级残疾人扶贫基地 1 家、区级残疾人扶贫基地 6 家），安置和带动残疾人就业 105 名。落实贷款贴息、资金补助等措施补助 96 人 42.8 万元；残疾人康复服务站已延伸到村、社区，建立残疾人康复服务档案 7180 人，建立残疾人康复训练档案 200 人，开展康复宣传活动 3

次，发放宣传资料600份。

【就业援助和技能培训】 新增残疾人就业80人，其中新增残疾人按比例就业30人，集中就业43人，其他类型就业 7 人；举办各类残疾人技能素质培训班11期，培训242人次；依托湖州佛达工贸有限公司建立区残疾人电子商务孵化基地，先后有12名残疾人在基地培训，全年培训残疾人参与电商活动148人；组队参加湖州市第四届残疾人职业技能竞赛，获得组织奖和团体总分第三名。参加省残疾人工匠大赛，荣获第一名1个，第五名2个。

【残疾人康复工作】 全年为符合条件的603名精神残疾人免费送医送药，为151人次精神残疾人提供医疗康复救助，救助资金约190万元；为75户家庭实施无障碍设施进家庭活动；安居宜居行动为56人次赠送轮椅、拐杖等辅助器具。助残五进家庭共为230余户，提供订阅报纸、家政服务等服务。

【残疾人扶贫救助】 元旦、春节期间，各级残联、社会各界及个人慰问贫困残疾人家庭1197人、发放慰问金97.42万元；发放低保及低保边缘补助金844.6万余元，做到应保尽保、应补尽补。加强残疾人教育扶贫工作，资助残疾学生和困难残疾人家庭子女158人次，其中为8名残疾大学生免除学费和住宿费。

【残疾人体育工作】 组织开展各类残疾人文体活动，成功举办吴兴区首届残疾人射箭比赛，组建残疾人健身操队参加市残联残疾人健身操比赛。在全国助残日期间，举办残疾人先进事迹报告会暨湖职院助残志愿者联谊活动，承办湖州市暨吴兴区残联庆祝第59届国际聋人节活动、第33届国际盲人节庆祝活动和“追逐梦想 情满湖州”——浙江省“中国梦・两美情・残健行”特殊艺术进学校巡回演出暨湖州市庆祝第二十五个“国际残疾人日”活动。

【残联组织建设】 规范乡镇（街道）残疾人工作专管员管理和考核，出台《高新区、乡镇街道残疾人工作专管员考核办法》。重视基础数据管理，圆满完成残疾人基本服务状况和需求数据动态更新工作，建立机制，全区登记对象10368人，入户率达98.6%。举办各类基层残疾人工作者培训班，对乡镇街道残联理事长、专管员、村社区残协协管员、残疾人专（兼）职委员进行培训，提升基层残疾人工作者业务素质能力，残疾人工作组织基础进一步夯实。

（王朝杰）

・关心下一代工作・

【概况】 区关工委坚持“急党政所急，想青少年所需，尽关工委所能”的工作方针，充分发挥各级关工委组织和由老干部、老战士、老专家、老教师、老模范组成的“五老”队伍的作用，为促进青少年健康成长成才做有效工作。

【加强社会主义核心价值观教育】 结合纪念中国共产党建党95周年、红军长征胜利80周年以及“三爱”“两史”教育活动，组织“五老”队伍、大学生志愿者、专家学者进学校、进社区、进农村，举办主题教育活动，引导广大青少年从小听党话跟党走。开展“两史”教育达500场以上，受教育人数超3.5万人次。

【开展弱势青少年帮扶工作】 争取“永兴特钢杯关爱困难儿童”项目资金，为21名困难儿童争取救助金2.1万元；联合区民政局开展“爱心温暖儿童・幸福汇聚吴兴”——百名困难儿童关爱行动，为100名困难儿童送上每人1000元助学金和书包、词典等学习用品；争取省“福彩牵手・助圆大学梦”——贫困大学新生专项资助活动资金和社会爱心人士捐助金，为16名贫困大学新生争取助学金共计7万元。

【开展暑期社会实践活动】 以“法制副校长进校园、法制讲座进课堂、法律知识进头脑”为主要内容，通过聘请区公安分局民警、区法院法官担任中小学法制副校长，举办法制报告会、开展模拟法庭、进行法律知识竞赛等形式，开展青少年法制教育活动。全区建立4个市级青少年法制教育基地；51所中小学校均聘请法制副校长；法制副校长共授课1000多场次，受教育青少年达10万余人次。

【开展家庭教育知识普及活动】 邀请全国最大家庭教育学习平台——“家教智慧”专职讲师走进埭溪镇山宕村等留守儿童较多的山村，开展系列家庭教育讲座。全区211所村（社区）家长学校共开展家教宣讲活动858场，邀请20余名家教专家为2.08万名家长普及家教知识。

【加强关工委自身建设】 在乡镇街道深入推进“五好”关工委争创活动，朝阳街道关工委、飞英街道关工委被评为市级“五好”关工委，织里镇关工委等3个单位被评为市级关心下一代先进工作集体，杨艳艳等 11 人被评为市级关心下一代先进工作个人。开展“大学生志愿者服务示范点”“农村青年教育示范点”“社区教育示范点”“家长学校示范点”“未成年人帮教示范点”的“五大示范点”选育活动，进一步强化基层关工委建设，新评选出高新区太湖小学等13个吴兴区第三批关心下一代先进工作基层示范点。

（丁建萍）

·慈善事业·

【概况】　认真履行《中国红十字会法》赋予职责，依据《中国红十字会章程》，按照“抓重点、统筹兼顾，抓亮点、形成特色，抓难点、实现突破，抓规范、整体推进”的工作思路，全力落实省红十字工作示范县（区）创建、“三救”“三献”等重点工作，凝聚人道力量服务民生，充分发挥党和政府在人道助手的积极作用。

【组织建设】　不断激发红会事业长远发展活力，扎实推进基层红十字会组织建设。实现全区 13 个乡镇街道和 38 所学校建会率 100%；全市首个“三合一”红十字工作站落户朝阳街道碧浪湖社区；织里镇建立红十字应急救护培训基地和志愿服务基地、区红十字青少年安全自护教育中心；八里店镇章家埭村、埭溪镇红旗村和飞英街道墙壕里社区分别成立红十字工作站；东风小学设立红十字宣教基地，为红十字事业的健康发展打牢基础。

【增强红会救助实力】　充分发挥政府人道助手的积极作用，以项目为载体，增强救助实力、拓展救助范围，切实做好各项公益救助。区财政设立人道专项救助资金 8 万元，专门用于红十字事业发展。全面深化“红十字博爱送万家”“乙肝救助基金”“母婴平安项目”等品牌工作，以帮助群众解决实际困难和缓解后顾之忧为出发点，共救助贫困家庭、乙肝患者、孤残儿童、困难高危孕产妇等对象 819 人，总救助金额达 24.59 万元。同时借助媒体力量，积极发动社会各界爱心力量，共同助力红十字事业。

【拓展应急救护培训】　红十字应急救护普及培训继续列入区委、区政府十大民生实事项目。创新三项救护培训长效举措：建立一支以湖师院医学院学生志愿者为主体的宣讲队伍，利用暑期社会实践活动这一契机，进社区为学生开展应急救护培训；依托区青少年活动中心建立区红十字会青少年安全教育中心，每月举办一次应急救护培训讲堂；与织里成人文化技术学校协作，将应急救护培训纳入成人继续教育课程。组建护航 G20 志愿服务队，为护航 G20 和平安吴兴建设贡献力量。通过应急救护“进农村、进社区、进学校、进机关、进企业”的“五进”活动，高质量完成目标任务。全年完成应急救护普及培训 137 期，普及培训达 12883 人；发证培训 17 期，发放救护员证 1455 个。

【“三献”工作】　合力推动“三献”宣传工作。发挥志愿者优势和作用，加大献血、造血干细胞及人体器官组织捐献的相关科学知识宣传力度，营造人人关心、人人参与、人人关爱生命的崇善氛围。开展造血干细胞集中采集活动，共有 72 名志愿者加入中华骨髓库。在吴兴区人民医院和吴兴区中西医结合医院开辟人体器官捐献宣传阵地。联合区公安分局交通警察大队建立交通意外潜在捐献者信息联络员队伍，及时获取潜在捐献者信息。全年组织开展无偿献血 3370 人次，献血量 1018800 毫升。有 3 名志愿者申请死后器官、遗体捐献。

【广泛传播红会精神】　精心策划宣传活动，主动推进志愿服务。在世界红十字日、世界急救日、国际减灾宣传日等重大节日，集中开展红十字主题宣传活动。积极主动利用网站、报纸、新闻媒体等宣传平台，及时宣传报道红十字系列活动，扩大红十字精神的社会影响力。结合浙江省红十字示范县（市、区）创建工作，联合区广电中心专题拍摄以“汇聚人道力量、彰显博爱精神、践行奉献理念”为主题的红十字宣传片。

（虞淦平）

第二十篇　产业园区·高新区·乡镇·街道

·湖州南太湖产业集聚区吴兴分区·

【概况】　湖州南太湖产业集聚区吴兴分区是湖州南太湖产业集聚区五大分区之一，集聚区规划调整工作后，吴兴区将城南工业区（道场、妙西区块）、织东新能源产业园、八里店南片临港重型装备产业园区重点规划区面积全部调入省级现代物流装备高新园区内，同时规划控制区也相应地将城南工业区、织东绿廊调出，规划面积增补至高新技术产业园区。吴兴分区重点规划区面积暨省级现代物流装备高新园区核心区面积为14.12平方千米，规划控制区主要包括高新区及八里店南片，面积为93.34平方千米。核心区以物流装备的智能化、自动化、成套化为发展方向，做大做强一批行业龙头企业，引进建设一批重大装备项目，培育鼓励一批专精特强配套企业，努力建成装备制造基地、研发设计基地、智能配套基地、集成服务基地等四大基地。

【围绕"项目双进"一号工程　不断增强发展硬实力】打响品牌聚项目。组织、承办、参与2016全球物流技术大会、2016年中国物流装备产业发展大会和全国农业综合开发工作会议、全国培育新型经营主体发展适度规模经营座谈会，进一步扩大"物流谷"和"农业园"影响力、储备37个重点项目信息。强化激励引项目。出台《关于加强招商引资工作的实施意见》《高新区招商引资考核奖励办法》，锁定重点产业、招商区域、招商平台，领导领衔五大片区带队、驻点招商。新增签约项目16个、总投资110亿元，完成浙（湖）商回归资金12亿元、实到外资4720万美元（任务：9000万美元）。破难攻坚推项目。按照"月月有项目签约、月月有项目开工"要求，以全市、全区重大项目集中开竣工等契机，定期会商，协调抓推进。依托"百日骄阳攻坚行动"，扫清政策处理、历史遗留等疑难梗阻抓推进。新增开工产业项目8个、竣工11个、投产6个，其中工业项目开工6个、竣工9个、投产5个。

【围绕"一港三园一空间"提档升级　不断增强创新支撑力】　科创载体改造提升。规划以南太湖大道科技走廊为纽带，高新区物流装备园区和东部新城科技服务业园区为主体的"一带二区""产—研—育—转"一体化载体。实施老科创园消防安全、人才公寓、产权确权等改造提升和众创空间提档扩容工程，增强科创平台品质，提升工程已基本完工。总部自由港正式运营。通过招引和集聚知名公司地区总部、高端信息科技企业和人才团队盘活总部大楼资产，逐步完善EBD总部自由港公共服务平台和功能。已进驻天心天思、北航投等高端总部项目12个，其中浙江微软IT学院、老娘舅总部、迪安医学检验所等正式运营、市人力资源产业园等5个抓紧装修。产业人才深入发展。积极推进区创投基金落实，加快完善总部自由港产业发展政策，建立产业业态、准入标准、政策扶持的明确"实施意见"。新增引进科技型企业20家、毕业2家，企业获省科技创业新星52家，企业在省股权交易中心创新板挂牌25家，引育省千人才1名、南太湖精英计划团队14个，吴兴众创空间、七幸孵化器成为"省级众创空间"，吴兴众创空间已备案为"国家级众创空间"。

【围绕"一谷两园"开发建设　不断增强空间承载力】　征迁拓展。针对"物流谷""农业园"发展规划，不盲目扩张，围绕项目分组分片有序拆改，完成农房拆迁812户，带动面上拓展提升平台1500亩、复垦184亩。提质基础建设。聚焦核心区块水、电、路、气、通讯、平整土地"五通一平"和绿化、美化、亮化工程，确保提升一块、成型一片。着力完善安置社区、教育设施等配套，加快项目进度。2016年，新开工科创路等基础项目7个，湖织大道拓宽改造工程等竣工 10 个。新启动戴山社区、郑港社区 28.5 万平方米，竣工常溪一期、二期、幻溇一期 54 万平方米，爱山小学可施工地块完工。借力两次全国性现场会契机，建设农业公共服务中心，夯实基础建设，实现农业园区功能升级。改善砂洗园区。按照“空间集约、生态高效”原则，一手抓园区建设、一手抓组织入园，联合织里镇、区环保局等部门打防并举、堵疏结合，推进外围砂洗印花企业整治入园，一期运行，二期完工，入驻砂洗企业 19 家、印花企业 191 家，二期可承载印花企业 126 家。

（朱　滨）

·吴兴工业园区·

【概况】　为进一步优化全区工业园产业发展及空间布局，推动经济转型升级，吴兴区紧紧围绕“经济强区、科技新城、生态家园、幸福吴兴”的总体目标，以“大平台提升拓展计划”为行动指南，加快提升平台承载能力，强化传统产业改造提升与新兴产业培育发展基础。牢牢把握“保稳促调、提质增效”的总基调，以“转型升级会战年”为主线，坚持问题导向、项目载体，推动工业经济发展方式加快由规模速度向质量效益、传统制造向智能制造、要素驱动向创新驱动转变，努力实现工业经济持续平稳健康发展。全年完成基础设施建设项目投入 5.5 亿元，拓展提升面积 5980 亩，完成征地拆迁 1000 户，园区承载力得到进一步提升。

【织里工业园】　园区总规划面积 17.4 平方千米，其中新规划新兴产业集聚平台织东新区 6.05 平方千米。园区内产业体系完善，形成以特色童装、新型纺织、羊绒羊毛、铝合金型材和装备制造为支柱，电子信息、生物制药等综合发展的现代工业体系。紧紧围绕“中国国际童装之都、太湖南岸工贸新城”战略目标，在目标定位和空间布局上抓好“一个核心、两个平台、三个百亿”，统筹推进各项重点工作，经济社会发展取得了新进展新成效。园区有规模以上工业企业 70 家，是年，规上工业企业主营业务收入 147.5 亿元。

【湖州现代物流装备产业园】　面积 14.12 平方千米。重点发展仓储物流装备、管输物流装备、装卸物流装备、智能化系统集成和关键部件及配套五大领域，锁定现代物流装备主导产业，拓展发展空间、招引高端项目、推动转型升级，全力打造“中国物流谷”。园区内规上工业主营业务收入 141.14 亿元，同比增长 15.7%，园区内主导业规上销售收入完成 90.91 亿元，占比达 64.4%。工业大好高项目投入 20.08 亿元，基础设施投入 3.27 亿元，是年千万元以上零土地技改完成 12.61 亿元。

【八里店临港金属新材产业园】　位于八里店临港平台区块规划，总面积 5 平方千米。未来将围绕“临港重装产业园”定位，重点发展数控机床、光机电一体化设备、机械制造和石油管道产业。全镇规模工业产值完成 284.7 亿元，同比增长 6.4%；是年入库税金 13.16 亿元，同比增长 13.77%。

【青山机电产业园】　位于吴兴区南部，由埭溪工业功能区和东林工业功能区组合而成，规划总面积 15.49 平方千米。大好高项目固定资产投入 34.1 亿元；千万元以上基础设施投入 1.8 亿元。工业技术改造投入 33.96 亿元，盘活存量土地 605.3 亩。

（沈琪泓）

·湖州南太湖高新技术产业区·

【概况】　湖州南太湖高新技术产业园区北临太湖南岸、南靠京杭运河、西依湖州城区、东望南浔古镇，范围西起 G50 高速环渚连接线（含延伸），东至 G50 高速织里连接线，南起湖城纬五路（含东部光电园），北至滨湖大道（太湖），总面积约 75 平方千米。辖 26 个行政村，234 个自然村，有总人口 58539 人，118 个基层党组织，2780 名中共党员。园区以申苏浙皖高速为界，规划为“一区、两片”布局，分南北两片，南片 37 平方公里，2013 年 3 月，省政府将高新区南片核心区块 14.12 平方千米正式授牌并命名为省级“湖州现代物流装备高新技术产业园区”，聚焦发展高端现代物流装备及产业链关联产业。2014 年 7 月，被评为“浙江省首批智慧园区最佳案例”。2014 年 9 月，与北京、上海、广东、德国四大方向物流行业协会开展合作，发起成立“中国物流谷战略合作联盟”，同时启动打造“中国物流谷”。2015 年 8 月，被科技部火炬中心认定为 2016 年全国 10 家国家级火炬计划特色产业基地之一。2016 年，成功创建省级众创空间，获批为省级新型工业化产业示范基地。北片38平方公里，重点发展现代农业、现代服务业（西面13平方公里与中城建合作开发太湖休闲观光带），先后被国家农发办、农业部、科技部列为国家农业改革与建设试点、国家农业综合开发现代农业园区试点、国家农业科技园区试点，形成一、二、三产联动，三大板块齐推的发展格局。

在区委、区政府的正确领导下，高新区按照市“四个年”活动和区“六大战区”“八大行动”总体部署，紧紧围绕“争创国家级高新区、打造中国物流谷”总目标，坚定不移“举物流旗、打太湖牌、走产城路”，坚定不移“开放改革、创新驱动、高位发展”，坚定不移“协调融合、生态先行、绿色发展”，整体态势向好。完成规上工业总产值147.68亿元，增长7%。规上工业增加值23.58亿元，增长4.5%。规上销售收入123.51亿元，规上利税10.95亿元、规上利润7.83亿元。固定资产投入38.46亿元，增长13.9%，其中工业性投入28.32亿元，增长8.4%。财政收入5.54亿元，增长12.3%。

【主要工作成绩及特色亮点】 围绕“发展兴区”核心内容，扩总量、提质量，综合竞争力不断增强。主要指标稳步增长。完成规上工业总产值147.68亿元，增长7%。规上工业增加值23.58亿元，增长4.5%。规上销售收入123.51亿元，规上利税10.95亿元、规上利润7.83亿元。固定资产投入38.46亿元，增长13.9%，其中工业性投入28.32亿元，增长8.4%。财政收入5.54亿元，增长12.3%。发展质量持续提升。实现战略性新兴产业增加值17.88亿元，增长16%。高新技术产业增加值12亿元，增长14.5%。装备制造业增加值9.5亿元，增长16.9%。规上工业新产品产值95.5亿元，增长16.8%。围绕现代物流、智能装备，坚持特色发展、主动作为，成功列为省级新型工业化产业示范基地。“三外”指标破难发展。抓重点企业、重点产业、重点市场，拓宽渠道、畅通通道，加速推进招商引资，积极培育外贸主体，努力做好政策对接，完成自营出口3.08亿美元，合同外资9105万美元，实到外资8120万美元。

围绕“项目双进”一号工程，强招引、聚项目，发展硬实力不断增强。打响品牌聚项目。举办全球物流技术大会、中国物流装备产业发展大会，承办全国农业综合开发工作会议、全国培育新型经营主体发展适度规模经营现场会，“中国物流谷”“国家农业综合开发现代农业园区”品牌效益进一步打响，吸引大量行业龙头、专家精英等项目信息集聚。强化激励引项目。出台《关于加强招商引资工作的实施意见》《高新区招商引资考核奖励办法》，成立五大片区招商小分队，班子成员带队招商，新增签约24个项目、总投资95亿元，实现浙（湖）商回归资金12亿元。破难攻坚推项目。按照“月月有项目签约、月月有项目开工”的要求，以全市、全区重大项目集中开竣工为契机，以“百日骄阳攻坚行动”等为载体，破解政策障碍、扫清历史遗留，推进上海精星物流、老恒和古法酿造、一力电子等8个产业项目开工，风神物流一期、砂洗城一期、朗奥一期等11个产业项目竣工。其中，工业项目开工6个、竣工8个。

围绕“一港三园一空间”提档升级，抓驱动、强效能，不断增强创新支撑力。科创载体改造提升。勇毅担当，积极推进吴兴科创园产权确权等历史遗留问题化解，加强消防设施、人才公寓等配套改造提升。努力推进众创空间提档扩容，积极配合总部自由港装修改造，一个品质高端、配套完善的创新创业新空间初步形成。总部自由港正式运营。通过招引、集聚知名公司地区总部、高端信息科技企业和人才团队进驻，逐步完善EBD总部自由港公共服务平台和功能。天心天思、北航投等高端总部项目12个已经入驻，浙江微软IT学院、老娘舅总部、迪安医学检验所、湖师院东部创新学院4个项目正式运营、市人力资源产业园等4个项目加速推进。科技人才集群集聚。建立产业业态、准入标准、政策扶持明确的人才创业“实施意见”等专业政策，推进区创投基金逐步完善，新增引进科技型企业20家、毕业2家，52家企业获省科技创业新星，25家企业在省股权交易中心创新板挂牌，引育省千人才1名、南太湖精英计划团队14个。

围绕“一谷两园”开发建设，抓拓展、促提升，不断增强空间承载力。有序征迁拓展。紧紧围绕项目推进抓征迁拓展，绝不盲目扩张拆迁的原则，针对“物流谷”“农业园”发展规划，分组分片，有序推进主平台、农业平台等征地拆迁、空间建设，完成拆迁812户、带动面上拓展提升平台1500亩、复垦184亩。加速基础建设。对园区路网、水网实施大改造、大提升，主干道路基本实现水、电、路、气、通信和土地平整“五通一平”，绿化、美化、亮化同步跟进，做到了提升一块、成型一片，新开工科创路等基础项目7个，湖织大道拓宽改造工程等

10 个竣工。加速完善科创公园、基础教育、安居社区等配套工程，新启动戴山社区、郑港社区等 28.5 万平方米，常溪一期、二期、幻溇一期 54 万平方米已经完工并全部交付。通过集中攻坚，爱山小学高新校区进展迅速。还借助两次国家级农业现场会的契机，夯实基础建设配套，实现园区功能升级。运维砂洗园区。按照“空间集约、生态高效”原则，一手抓园区建设、一手抓组织入园，联合织里镇、环保局等打防并举、堵疏结合，推进外围砂洗印花企业整治入园，一期运行良好，各企业主积极性很高，入驻砂洗企业 19 家、印花企业 191 家。二期完工，将完成入驻，二期可承载印花企业 126 家。

围绕“省文明区创建”拉长补短，优生态、重民生，不断增强环境带动力。生态环境进一步优化。以“美丽吴兴深化行动”为载体，抓突击、抓难点、抓亮点、抓长效，“治水治违治气”“两路两侧”、小印花清零和美丽乡村建设组合拳风生水起。平原地区美丽乡村示范工程杨溇村崭露头角。以拆迁带拆违模式扎实推进，带动拆违 21 万平方米，完成任务数的 140%。实施无违建创建点位整改 201 个、主干道路“两路两侧”点位 43 个。重点区域座家船、小印花基本拆除，其中小印花清零数达 288 家。实施河道清淤 33.83 千米、铺设雨污管网 8.28 千米，村庄环境整治基本消灭三等村，一等村比例超过 60%。安全稳定进一步优化。整合安全生产和社会稳控网络资源，以 G20 峰会、互联网大会等为契机全面梳理重点区域、企业、人员等清单，开展居住出租房消防安全整治提升专项行动，着重加强危化场所、童装配套生产场所安全整治。积极探索幸福农场矫正帮扶，强化“12345”政府阳光热线疏导，筑牢安全稳定基础。民生事业进一步优化。启动幻溇幼儿园和文化礼堂规划建设，关注低保等社会救助工作，发放各类救助款 500 万元。依托全面两孩政策，助推政策生育率达 99.8%、位居全区前列。着力完善城乡居民医疗保险，参保 44388 人、参保率达 99.2%。稳步实施征兵工作，完成征兵任务 25 名，大学生比例占比 64%。工青妇工作扎实开展，其中高新区总工会获得市示范乡镇（街道）工会、市先进职工之家荣誉。积极筹备省文明区创建工作，深入实施乡村文明工程，群众满意率、幸福感不断攀升。

围绕“两学一做”夯实基础，明纪律、振精神，不断增强机制保障力。狠抓党群组织工作。依托“两学一做”教育，扎实开展中共十八届六中全会、习总书记系列讲话和省市区相关文件精神学习。通过全体同志共同努力，“两代表一委员”换届选举圆满成功。建立健全物流园区、农业园区、两港片区、砂洗园区“一主四副”一线指挥体系，积极助推村级集体经济壮大，增加村级经营性收入，圆满完成公车改革和司勤人员安置工作。高度重视干部队伍梯队建设，大力培育优秀年轻干部，严格按照区委组织部关于中层干部选拔任用程序，3 名干部进入街道班子，4 名年轻干部分别进入中层正职和副职行列。狠抓纪律纪检规范。加强党风廉政建设，深入落实“一岗双责”。制定“农村基层作风监督检查存在问题整改方案”，对区域村级作风、管理、制度等地毯式巡查排查，全面正风肃纪。完善内部审计领导小组和政府性投资建设工程变更审核委员会，进一步规范工程管理。强化干部廉洁自律，没有发生一起违法违纪案件。狠抓要素保障支撑。精心筹备非公开发行公司债，总额约 20 亿元，进一步夯实政府建设资金保障。推进闲置空间盘活利用工程，腾出三一、美晶、核工业等企业 5 家、面积 1194.7 亩，有力地支撑产业项目和基础配套的建设、提升。

（杨凯华）

·织里镇·

【概况】 织里镇由原织里、晟舍、太湖、轧村、漾西 5 个乡镇合并而成。区域面积 135.8 平方千米，辖 34 个行政村、16 个社区，耕地面积 43.4 平方千米，建成区面积 21 平方千米，镇户籍住户数 21659 户，户籍人口数 74335 人。有着中国童装名镇、中国品牌羊绒服装名镇、全国重点镇、国家级生态镇、全国首批淘宝镇、省“智慧城市试点镇”，市“工业强镇”，全国综合实力百强镇，并列为全省首批 27 个小城市培育试点镇，被省委常委常务副省长袁家军称为“全省示范中典范”等多项荣誉。全年实现地区生产总值 159.4 亿元，同比增长 5.8%；财政总收入 22.36 亿元，同比增长 29.4%；税收收入 14 亿元，同比增长 26.7%；规上工业增加值 28.1 亿元；固定资产投资完成 70.5 亿元，同比增长 14.7%；服务业生产总值 71.69 亿元，同比增长 10.9%。全镇全年线上销售额达 60 亿元，国内首个在线产业带——织里童装产业带，线上销售额突破 37 亿元。城镇人口快速集聚，由于产业不断壮大，全镇 80%的农村劳动力转移就业，全镇总人口 30 多万人，其中本地人口近 10 万人，外来人口 20 多万人。城镇化进程加快，从原来的 0.8 平方千米、常住人口不足 2300 人的一条“扁担街”，发展到 19.5 平方千米、30 多万人口的大镇，现代化小城市轮廓初现。

【主要工作成绩及特色亮点】 综合改革显现成效。2010 年，织里镇被列入全省首批小城市培育试点镇以来，充分利用省、市、区以“扩权、让利、强机构”为核心的扶持政策，全力助推产业、城市和政府的转型步伐。小城市考核连续四年优秀，其中 2014 年、2015 年连续位居全省第 2 位，2015 年 6 月省小城市培育试点现场会在织里召开，时任省委常委、常务副省长袁家军给予“全省示范中的典范”的高度评价。2014 年以后，织里镇在城乡一体化发展上先行先试，全面启动“十化”综合改革，实施 66 个总投资 150 亿元的重大项目，在土地整治、确权赋能、公共投资、金融创新、社会治理等重点领域取得了初步成效。尤其是 2016 年织里镇名列全国综合实力百强镇第 76 位（较 2015 年前进了 20 位），被国家发改委等 11 个部委列为第三批国家新型城镇化综合试点单位。重点改革实现突破。编制完成 62 平方公里、19 个行政村的全域整治规划，推动农民居住向新型社区转移。安置模式得到彻底转换，以“四房联动”推进农村宅基地换城镇住房。吸引中建国际等社会资本参与农民社区、基础设施、教育医疗等领域的项目建设。整合融资平台，优化融资结构，拓展融资渠道，镇属城发公司被评为全省首家长期信用 AA 级平台公司。体制改革呈现亮点。深化小城市管理体制改革，公安、国土、税务等 9 个分支机构实体化运作，承接市区下放事权 230 项。设立 6 个街道、办事处，实行重心下移、力量下沉、权力下放。街道、办事处围绕安全生产、美丽织里、社会稳定、征地拆迁等重点难点工作，克难攻坚、积极作为、比先争优，实体化运作、属地化管理成效明显。

聚力培育发展主力军。大力扶持实体经济发展，规模企业达到 120 家，占全区的 33%；千亿元企业 38 家，占全区的 30%；销售超 10 亿元企业达到 5 家，占全区的 33%。上市（新三板挂牌）企业 1 家，进入上市（新三板挂牌）辅导期 2 家，7 家企业完成股改，17 家企业在省股交中心挂牌。栋梁新材成为湖州市本级首家营业收入超百亿企业，东尼电子、贝盛光伏、倍格曼等一批企业核心竞争力不断增强，织里镇在全区经济发展中的主力军地位得到进一步夯实，连续五年被评为湖州市“工业强镇”、吴兴区“工业经济发展先进乡镇”。聚力打造发展主引擎。牢固树立“项目为王”的理念，累计实施各类建设项目 472 个。累计引进重点项目 57 个，其中世界 500 强项目 1 个、总投资 5000 万美元或 5 亿元以上项目 16 个、市定“大好高”项目 22 个。聚力增强发展创新力。全面实施创新驱动战略，着力培育现代工业体系。重点打造的织东先进制造业示范区初步成型，织西童装电商小镇启动建设。新认定国家高新技术企业、省级技术中心、省级高新技术企业研发中心 56 家，高新技术产业产值达到 38.6 亿元，年均增长 28%。引进培育“国千”“省千”、市“南太湖精英计划”等高层次人才团队 10 个，院士工作站 2 家。聚力提升发展新优势。2013 年以来，紧抓“提质提效”这一主线不断深化童装产业转型升级。打造“两大园区”：建成中国服装协会童装产业示范园区一期，126 个组合全部完成租售，二期项目正有序规划建设中。砂洗印染产业园一期 191 家砂洗印花户全部入园。强化“两地合作”：在安徽望江、郎溪等地建童装产业加工园 5 个，整体转移 3000 余家小型加工厂，逐步实现童装企业及从业人员“总量减、密度减、有序减”的目标。提高准入门槛：全面开展以税费征缴、证照规范、消防安全等为主的童装产业专项整治行动，年税收征缴率达 96.7%，证照持有率达 90%以上。狠抓“曲线两端”：联手中国服装协会、中国设计师协会成功举办三届全国童装设计大赛，建成国际电子商务培训学院、国家童装设计师协会、省级童装质检中心等公共服务平台，童装类网店已超 5600 家，线上销售额达 60 亿元，形成以品牌展示、电子商务为主的“精品街”“样板路”。积极培育今童王、布衣草人、男生女生、林芊国际等一批童装品牌龙头企业，大力营造“时装看巴黎，童装看织里”这一区域品牌影响力，提升织里童装整体美誉度，“中国国际童装之都”在全国范围内已叫响。

加强规划引领。按照湖州现代化生态型滨湖大城市重要组团的发展定位，以中心镇区为核心，辐射带动轧村、漾西“两翼”发展。高起点、高标准编制了城乡规划、小城市概念性规划、全域发展规划，修编完善重点区块控制性详规、功能分区规划，强化重要街区城市设计，城市规划体系已基本确立。

聚力新城建设。实施“大平台、大公园、大改造”的城市建设类项目65个，完成投资30亿元，拓展提升平台6860亩。加快城市更新，优化城市业态，推进吴兴大道、富民路、织里路、浒金港“三路一河”综合改造，建设滨水景观、活力街区、文化公园。打造城市新中心，建成财富广场、汇德广场等50米以上地标性建筑24幢，爱家花园、中央府邸等精品楼盘交付使用。启动城乡水网路网改造，城市设施和功能日趋完善。启动织里老街拆迁工作，实施“四房联动”新安置模式，累计签约1085户。规划建设总建筑面积50万平方米的织南、晟舍、义皋、轧村农民新社区，织南、晟舍、义皋一期基本建成。启动义皋古村落保护开发，太湖溇港被列入世界灌溉工程遗产名录。提升城乡能级。全面开展小城市环境综合整治，健全城市管理联勤网格，建立城市管理三级管控，环境卫生实现全域“四位一体”服务外包，启动广告规划，分类分步整治。累计投资5亿元新建改建交通设施、停车场、环卫设施、农贸市场等。累计投入5000多万元建设“智慧织里”项目，着力打造“可看、可控、可治”的现代化智慧型管理体系。深入推进“五水共治”“四边三化”“三改一拆”“两路两侧”“治霾318”等环境综合整治行动。全面开展砂洗印花等“低小散”行业专项整治，生态环境不断优化。成功创建市级美丽乡村7个，省级美丽宜居示范村2个。

提升民生幸福指数。优化教育设施，累计投入1.5亿元扩建中小学校园和新建中心幼儿园晟舍园区。实施教育内涵发展、质量提升行动，开展镇级名师、美丽教师评选，提升教育软实力。强化公共保障，投资5.2亿元的吴兴区人民医院年底结顶。累计建成居家养老照料中心33个，困难帮扶救助1200多万元，建立50个慈善工作站。计划生育符合率稳定在95%以上。发展文化事业，村级文体设施不断健全，开展“亲情织里”文体活动500多场，建成村级文化礼堂9个，在建3个。投资500多万元优化王金法广播、车间好声音等平台，推出织里城事、老蔡驿站等微信公众号，开展“五星”织里人评选，打响“织里·知礼”新名片。增强社会和谐融合。近2500名的新居民子女就读公办学校。与安徽省安庆、歙县等地建立政务、警务、党务双向合作，鼓励异地商会成员、新居民党员积极参与社会事务管理，形成了全社会积极向往、共同参与的良好氛围。守牢平安稳定底线。深入贯彻“红线意识、底线意识”，全面落实消防安全“五抓五提”，深化童装类企业安全监管，推进重点领域集中整治，实现事故数、直接经济损失和伤亡人数三项指标“零增长”。落实领导干部接访约访下访、重大不稳定因素包案化解机制，到市上访同比下降60%，无人到省上访。年均调处各类矛盾纠纷2000余件，调解成功率年均98%以上。圆满完成G20峰会、互联网大会等重大活动安保任务。公安分局顺利完成职能调整、警力下沉，基层警力得到大幅提升，基础工作得到进一步夯实，交通、消防安全整治力度明显加大。进一步完善立体化社会治安防控体系建设，屯警街面，强化管控，坚持开展武警、特警常态性武装巡逻，建成街面警务站5个。深入开展“打击恶意逃废债”“守青山护绿水”“除黑恶连根拔”等专项行动，依法惩治违法犯罪，刑事案件发案率年均下降10%左右，破案率显著提高，治安形势进一步好转，群众安全感、满意度得到明显提升。

法治建设成效明显。深入推进政府依法行政，积极促进决策科学化、民主化，认真听取各方意见建议，主动接受社会公众监督，完善“12345政府阳光热线”运作机制，受理投诉16192件，阳光服务指数达80%，群众满意率不断提升。优化行政决策机制，完成78件重大政策、项目社会风险评估。支持和保障人大、政协“一线状态、一线作为、一线作用”，201件人大代表建议和58件政协委员提案顺利办结，人大、政协工作继续走在全区前列。廉政体系不断完善。认真落实党风廉政建设主体责任，健全廉政风险防控机制，实施党政领导班子“双岗双责”和“廉政谈话制度”，建立健全“五事阳光”权力运行机制，强化对行政审批、招投标、土地出让、政府采购、国有资产产权交易等重点领域和关键环节的监管。坚持厉行节约，反对铺张浪费，坚决压缩“三公”支出，严控部门专项经费，“三公”经费同比下降19.36%，严格执行公务用车改革，全面清理整顿超标准办公用房，切实降低行政运行成本。持之以恒正风肃纪，五年来累计进行诫勉谈话21人次，提醒谈话35人次，任前谈话150人次。查处各类违纪违法案件93起，处理违纪党员93人，开除党籍43人。行政效率稳步提高。建立镇行政服务中心，设有公安、市场监管、财政等20个部门、63个窗口，将民生服务和审批审核等事项集中在大厅统一办理，为群众提供便捷高效的服务，累计受理事项近70万项，日均办理530项以上。建立健全行政问责制度，督促政府工作人员增强效能意识，提高行政效率，要求政府工作人员更好地履行职责，全面完成各项任务，五年累计开展效能督查92次，问责处理44人次，形成用制度规范从政行为、按制度办事、靠制度管人的良好局面。

（吴　谦）

·八里店镇·

【概况】　八里店镇区域面积65.2平方千米，辖27个行政村，常住人口42723人。其中湖东西区7个村，区域面积9平方千米；东部新城区域14个村，区域面积31.2平方千米；南片试验区6个村，区域面积25平方千米。镇内山水清远，交通便捷，长湖申黄金水道、318国道穿镇而过，申苏浙皖和申嘉湖两条高速拉近与上海等大城市的距离。先后获得全国生态乡镇、浙江省生态镇、浙江省教育强镇、浙江省体育强镇、浙江省“东海明珠工程”、湖州市“平安乡镇”、世界“丝绸之源”、国家城市湿地公园、浙江省首批特色小镇、浙江省文化强镇等多项荣誉称号。全国农村精神文明建设工作经验交流现场会及国家现代农业示范区培训现场会2个国家级重大会议在八里店镇成功召开，成功举办“湖州东部新城城市发展论坛”暨“湖城向东看”系列城市营销活动。按照“新城崛起，转型发展”的要求，紧紧围绕“东部集聚成城、南片示范成型、湖东助推成市、社区管理成街”四大总目标，进一步解放思想、创新机制，全力推进六大行动，始终把发展工业作为立镇之本，形成以金属制品、特色建材、新型纺织、农产品加工为支撑的工业格局，经济综合竞争力在扶小培大中不断提高，大东吴营业收入破百亿元，德宏顺利通过主板上市审核，规模企业达到73家，完成工业总产值156.85亿元，在全省工业强镇评选中列第21位、全市第二位，2004年以来连续12年荣获湖州市工业强镇一等奖。

紧紧抓住中心城市东扩和建设东部新区的发展机遇，积极打造一流工业平台，引进大好高项目，东部集聚成城。突出项目，拉起一批塔吊。以突出项目为则，引领核心项目，助推优质配套，完善基础设施，引进万达、邦尔骨科医院、枫叶国际学校、小镇客厅等项目48起，全面体现东部新城加快崛起，南片示范加快成型，湖东西区加快建设的良好局面。定指标，狠抓指标任务完成。树立科学的发展观，服务大局、开拓创新、强化职能，充分发挥战斗堡垒作用，推动全镇经济社会又好又快发展。全年完成财政总收入13.2亿元，增长13.8%，增量提质，各项指标保持稳定。管理突破，改善东部城市形象。围绕“社区管理成街”的目标，系统提升围墙内外的城市管理和市容环境水平，对东部新城的道路、市政、绿化、环卫等方面，完善全覆盖、精细化、一体化的管理模式，公私并举，加大力度完善城市生活配套。

【主要工作成绩及特色亮点】　“南片示范成型行动”持续深化。对照“南片成型示范行动”七大类31项指标，按照时间节点要求，总体完成良好。三个“万亩园”拓展提升及公建配套等部分指标超时序进度完成，金洲、飞华、日创、浙北农批市场等重点项目推进取得实效，征迁攻坚、住家船拆解清零等难点工作取得实质性突破，圆满完成全国培育新型经营主体发展农业适度规模经营现场会的任务，全年接待参观团队近两百批次。粮食生产功能区拓展提升。完成粮食功能区规划调整，进一步拓展空间，促进园区集中连片，排西150亩旱改水工程基本成型，完成路村500亩市级粮食功能区建设；完成农民学院项目前期和招投标工作；新引进粮食生产经营主体1个，与国香米业签订协议，流转功能区内谈家兜地块面积200亩；超级稻种植面积1200亩，进一步提高粮食产出；11月16—17日，全国培育新型经营主体发展农业适度规模经营现场会，南片试验区向考察嘉宾展示金农瓜果、明锋湖羊和尹家圩粮油植保农机专业合作社，汪洋副总理对南片现代农业经营体系建设取得的成绩给予充分肯定。特种水产园区高效提质。加快大好高项目引进，流转叶家漾水面627亩，完成淡水所叶家漾生态湿地渔业文化园立项审批及观光温室大棚的建设，着力打造生态休闲观光渔业的示范样板；完成裕源水产精品园建设，升级园区基础设施；新增路村丁家桥渔业面积150亩；新建成丰溢水产罗氏沼虾育苗中心，完成丰盛湾尾水处理项目，启动日晨新混养模式项目。瓜果蔬菜园区创新提档。依托连片复垦地块平台，引进总投资8亿元的集兰花、特种水果种养研究、现代智能温室规划、观光旅游等为一体的大型现代休闲农业项目台湾稷禾农业。加速产业融合，依托移沿山生态景区建设，积极引导经营主体发展休闲观光农业，提升亩均产出效益，建成常绿精品休闲农业盆景园,新建花卉苗木20亩,引进名品花卉1000余种,成功举办春兰展、月季展、休闲采摘节等。市农科院试验示范基地稳步推进，农田水利设施、农田平整、配电设施建设完成。

狠抓转型升级，迈出了产业优化的新步伐。金洲项目三期已完成供地，项目施工方案完善后即可开工建设；飞华项目桩基工程完工，土建开始施工；日创机电于10月底完成新厂房搬迁,顺利竣工投产；浙北农批市场项目100亩用地完成出让及摘牌，回填招标已完成；二环南路加油站土建已完成，周边公交站台搬迁中。个私园区完成时序进度。木线条园区完成拆迁及项目立项前期手续；经编园区用地指标落实，初步设计方案完成审核及批复。景区创建有序推进。移沿山国家AAAA级生态景区建设进入实质开发阶段，委托杭州茗苑旅游规划设计院编制旅游开发规划，启动生态停车场、游客接待中心及3星级厕所建设；路村AAA级旅游景区挖掘潞村红色文化旅游资源和前山漾丝绸文化旅游资源相结合，已完成1家小微企业拆迁，完成景区周边河道清淤及生态修复，游客中心启动建设。

抓落地拓空间，进一步推进项目建设。加快推进重点工程。完成叶堤漾路精品示范道路建设，打造精品样板街区。联合交警、执法等部门开展街区市容市貌集中整治，特别是加大宏进和即将建成的西山农贸市场周边整治，强化对非机动车停放秩序的劝导与治理，对临街店面店牌店招、户外广告、空调外机等设置从严审批、从严管控，将叶堤漾路打造成“车辆停放有序、广告设置规范、小区环境整洁、店面规范整齐、物业管理达标”的示范街区。继续推进老社区立面整治、路面维修、公厕提升改造、亮化改造等重点项目建设。积极打造新城亮点。加快“智慧社区”建设，创建以“智慧安防、智慧电梯”为核心的八里店智慧社区亮点工程，实现“天网”全覆盖，对辖区所有小区电梯及社区出入口、主干道、周边道路区域开展高清、网格化智能监测，全天候、全方位监控，有效威慑犯罪分子，做到及时发现、快速处理，对不安全因素加强预警，弥补人防、物防的不足。打造浙北最安全的居住区域；加强体育公园和精品线路管理，定期开放七彩音乐喷泉，充分展示东部新城建设成果，增强辖区居民获得感。

4.廉政建设切实加强。以扎实开展“三严三实”教育活动为契机，严格落实党风廉政建设责任制，狠抓正风肃纪，针对五水共治、征地拆迁、项目推进、社区管理、制度执行、干部作风等方面，镇纪委会同镇督查办开展正风肃纪督查3次，中心工作督查5次,2人受到通报批评,开展“违反八项规定”专项督查2次，共开展诫勉谈话4人次，提醒谈话3人次，任前谈话35人次。

（何京京）

·道场乡·

【概况】　道场乡位于湖州中心城区南大门，区域面积61.5平方千米，辖8个行政村，119个村民小组，农户4668户，总人口1.49万人。道场乡区位优势明显。境内水陆交通便捷，有长湖申航道和东苕溪沿乡而过，104国道和318国道纵贯全乡，杭宁高速和申嘉湖高速的湖州出入口均在境内，是湖州中心城区南郊“纵横南北、连贯东西”的交通枢纽。自然资源丰富。境内农副产品、林业和矿产等资源丰富，现有林地近5万亩，其中生态公益林、毛竹林各1.5万亩，其他苗木、水果、茶叶等面积4000亩左右，已形成绿化苗木、水果茶叶、优质笋竹、特种水产等特色新兴农业产业，共有大规模效益农业基地7个，总面积达28000亩。人文底蕴深厚。境内有国家、省、市级文物保护单位13处，其中下菰城遗址、陈英士墓、道场山多宝塔及万寿寺、云巢古梅花观、钱山漾遗址等景点，堪称“江南吴越文化遗产的自然博物馆”。

【主要工作成绩及特色亮点】　按照“挖掘优势、创新发展”的总体要求，扎实推进“旅游开发、项目双进、新区拓展、生态打造、美丽展示、平安保障、基层党建”七大重点工作，全力打造人文道场、富美南郊。

综合实力显著增强。全乡经济和社会各项事业得到持续、健康、稳定发展的良好态势。财政总收入0.9亿元，全部工业销售收入17.8亿元，其中规模以上工业销售收入14.8亿元，全社会固定资产投资11.8亿元，限上工业性投入2.23亿元；农业总产值2.15亿元，农民人均纯收入25085元。

全面推开样板打造。聚焦美丽乡村升级示范样板区建设，以红里山村、施家桥村、菰城村3个村为重点，排定规划建设类、环境整治类、产业发展类、乡风打造类项目 81 个，39 项规划建设类项目开工率达 100%，完工率达 62%，完成投资 2000 余万元。

项目双进持续发力。牢牢锁定健康、文化、绿色食品、机械电器等重点产业，全年引进区大好高项目 2 个，引进市农业大好高项目 1 个；签约项目 4 个，计划总投资 6 亿元；在谈项目 4 个，预计总投资约 8 亿元；永聚光伏、亚普自动化和天和机械 3 个项目陆续开工建设。

重点工程全面推动。唐南大社区项目冲刺扫尾，25 万平方米的浮玉花园安置小区全面完成建设，社区连接线全面通车，实验幼儿园浮玉园区 10 月份投入使用。五一大桥提升工程农房拆迁 78 户，确保工程无障碍施工。湖山大道建设项目全面启动，调查摸底、对下政策处理等各项前期工作有序推开。

景区品牌逐步打响。紧紧围绕区委“旅游服务业见效行动”的有关要求，积极培育金盖山旅游风景区创建国家 AAAA 级景区。投入 5000 万元，完成 12.5 公里的南郊旅游公路改扩建和 3.6 千米的梁希森林公园连接线（绿道）建设；投入 1100 万元，完成胡瑗先生纪念园、多宝塔、古梅花观、蜈蚣岭古道等景点及相关配套基础设施的整治提升。

美丽道场成效显著。全年完成违章建筑拆除 1.8 万平方米，旧厂房改造 2600 平方米，城中村改造 1.6 万平方米，两路两侧整治点位 42 处，蓝色彩钢棚整治 3.2 万平方米。完成河道清淤 14.5 千米、生态护岸 5 千米、农村生活污水纳管 660 户、关停龟鳖养殖棚 7390 平方米，拆除生猪养殖户 29 户 13580 平方米。完成餐饮油烟治理 15 家，小锅炉淘汰改造 4 台。

社会保持和谐稳定。圆满完成护航 G20 各项安保工作任务。突出做好社会服务管理中心建设，完成综治工作、市场监管、综合执法、便民服务等四个平台建设与运行。常态化做好矛盾纠纷化解工作，全年共调处矛盾问题 138 起；历年积案 12 件，化解 11 件，稳控 1 件；受理信访案件 11 起，劝返各类到市、区信访群体或个人 42 批次。

持续加强党的建设。开展“整乡提升、村村晋位”活动，8 个村级阵地建设全面升级。推行“重点工作定时上墙、目标任务定量比拼、进度情况定时公示”三定制度。开展“党纪教育一刻钟”活动 15 次、观看警示教育片 5 次。加大对受行政处罚党员违纪案件查处力度，开除 1 名，党内警告 2 名。构建完善“四议、三公开、两监督、一测评”的“4321”村级工程管理机制。

（虞　纯）

·妙西镇·

【概况】 妙西镇坚持以邓小平理论、“三个代表”重要思想和科学发展观、习近平系列讲话精神为指导，以建设全域景区、打造妙西铁军为目标，以争创国家 AAAA 级景区和省旅游特色小镇为契机，抢抓机遇，担当晋位，全力推进景区打造深化年、旅游项目形象年、美丽乡村提质年、特色小镇争创年等“四个年”活动。完成固定资产投资 18.2 亿元，同比增长 170.5%，其中旅游业固定资产投入 13.5 亿元；规模以上工业总产值完成 17.2 亿元，同比增长 14.3%；规模以上工业万元增加值综合能耗下降 4.5%；合同外资 2000 万美元，实到外资 862 万美元，浙商回归到位资金 2.15 亿元，分别完成年度目标任务的 465%、107%、143%；财政收入 6050 万元，同比增长 13.5%；农民人均可支配收入 22673 元，同比增长 10%。旅游收入 9500 万元，同比增长 70%。获评市基层党建整乡推进示范乡镇，成功创建美丽乡村示范镇，顺利通过市级卫生镇复评。

【主要工作成绩及特色亮点】 原乡旅游全面发展。围绕“长三角自由式深度体验旅游目的地、国际生态文化休闲度假目的地”目标，编制完成《吴兴西塞山省级旅游度假区总体规划》，明确度假区“一镇二带三景区”空间定位，构建“六位一体”的妙西空间发展新格局。投入 3.79 亿元，开工建设区域内 5 条主干道、2 条通景公路，畅通景区主动脉。启动妙西集镇改造，度假区旅游导示、指示、亮化等系统工程加快建设，完成饮马、霞幕山古道等修复工程。扎实开展旅游服务业见效行动，发挥妙西铁军精神，全力保障项目建设。2016 年，新签约优质旅游业项目 3 个，其中 30 亿元以上项目 1 个，总投资 42.3 亿元，新开工项目 5 个，总投资额 71 亿元，目前已完成 4 亿元， 西塞山前度假木屋一期工程 5 月开始试营业；知了国际项目共建成帐篷式木屋 48 间；总投资 30 亿元的原乡小镇项目通过国家级 AAAA 级景区景观资源评审。西塞山前度假木屋、原乡小镇等 6 个项目，成功列入全省建设用地“坡地村镇”试点，以不到130亩的点状建设用地，带动项目近6000亩规划区域的开发建设，从根本上解决旅游项目落地难的问题。原乡小镇基础配套建设等4个项目，成功纳入国家发改委专项建设基金项目名单，争取国家专项建设基金4亿元。以节促游，开展白鹭谷梅花节、状元文化节等一系列特色旅游活动。成功举办原乡蝴蝶小镇发布及大型纪录片《霞幕北飞》首映等活动；市级以上主流媒体100余次报道西塞山度假区旅游情况，打响妙西“原乡旅游”品牌。

产业结构优化升级。围绕打造清洁能源示范镇，狠抓新能源项目推进。引进总投资1.8亿元的20兆瓦宁夏贝盛地面光伏发电项目，成功并网发电；引进总投资5亿元的阿波西禾30兆瓦地面光伏发电项目，目前该项目正在加快项目建设进度，12月底前完成A区块10兆瓦太阳能面板的铺设并网发电；有效盘活原浙江民和包装厂不良资产，引进总投资8000万元、年产值1.5亿元、年税收600万元的瓦楞纸板生产线项目。积极实施矿山企业技术改造。湖州通元石料有限公司投资2200万元，年产200万吨的精品石料矿产资源综合利用技术改造项目顺利推进。推动科技创新，全年发明专利授权8件；成功申报市级科技项目1个、区级农业科技项目2个；成功申报省级中小科技型企业2家（玲珑湾、尚翔）；成功创建国家重点高新技术企业1家（汇能）；组织高企复评1家（中轴）；成功申报省级新产品10只。

农业产业成效显现。大力推进现代农业产业发展，新建市级休闲观光农业园1个，引进特色农业项目2个，市定农业大好高竣工2个，新增区级以上示范性家庭农场6家；完成全省特色农业强镇规划编制。加大农林水利基础设施建设，投入420多万元，建设高标准农田1600亩、实施山塘综合整治工程3座、河道清淤3公里，完成水库大坝安全鉴定及标准化建设5座，水利基础设施确权颁证工作全面完成，镇村两级河长制严格落实到位。强势推进农业面源污染治理，拆除各类养殖棚10.6万平方米。扎实推进农村改革，农村土地承包经营权确权登记颁证试点高标准完成。狠抓农业安全生产，秸秆禁烧、防台防汛、森林防火等工作，农产品质量安全稳中有升。

美丽妙西提档升级。稳步推进美丽乡村创建。2个市级美丽乡村、2个省级美丽宜居示范村和1个市级美丽乡村精品村创建工作稳步推进，市级美丽乡村覆盖率达到80%，成功创建美丽乡村示范镇。打响306省道沿线综合整治攻坚战，成立镇综合整治领导小组，制定实施方案，坚持“一把手”负总责，分管领导具体抓，一线指挥、现场督办。综合整治省道、妙新线、后滋公路等干道点位90余处，拆除房屋1.2万平方米，完成沿线绿化种植5万平方米。狠抓环境综合整治。成立“美丽妙西”领导小组，系统盘点全镇“两路两侧”“四边三化”点位，进行登记造册，一点一策，有序开展治理。扎实推进治水、治气、治违、环境提升等各项工作，逐一分解落实，对表、对标完成。

社会发展保持稳定。坚持民生为本不动摇。完善新型社会救助体系，加大困难群体帮扶力度，全年慰问困难家庭400户，发放低保金190万余元、残疾人补助金150万余元，完成重残家庭无障碍改造8户。扎实开展卫生计生优质服务，市级卫生镇顺利通过复评，成功创建省级卫生村、市级卫生村各1个，计划生育符合率达100%。深入开展职工医疗互助、职工培训等活动，构建和谐劳动关系。妙西学校全面启用。妙山村文化礼堂暨中韩文化交流馆建成使用。围绕旅游抓外宣，借力新媒体，宣传妙西生态旅游，组织各类旅游文化活动，全年新华网、中新社等国家级媒体报道妙西70余篇，陆羽古道被评为中国十大古道之一。全力打造“平安妙西”，推进“网格化管理、组团式服务”模式，突出矛盾纠纷排查、重要节点稳控、公共安全管理、规范社区矫正等工作，“平安四率”稳步提升。全年累计排查各类矛盾纠纷128起，化解126起。打赢护航G20攻坚战，确保妙西平安稳定。夯实基层基础，推进“平安通”建设，52个网格发挥积极作用，有效稳控重点信访人员。强化安全生产监督管理，落实安全生产“三级责任一张网”，全年累计巡查企业900余次，整改隐患200余处。严格落实党管武装工作，民兵队伍和后备力量建设扎实推进。

党的建设持续发力。以“两学一做”学习教育为载体，全面开展党员组织关系排查、违纪违法排查整改、规范党费收缴、两新组织双覆盖、党员志愿服务、基层党组织按期换届等9项重点工作，推进基层组织加强年建设，调整肇村村两名主职干部以增强战斗力，提升全镇“整镇提升、村村晋位”水平，5个村被评为“先锋示范村”，妙西镇被评为“先锋示范乡镇”。抓实乡镇换届工作，推选镇党代表52人，镇人大代表56人，镇第四次党代会顺利召开，认真做好区级及以上代表委员推荐工作。加大力度建设一支百人基层铁军队伍，通过实绩纪实、日志式管理、团队攻坚、导师带徒等方式，推动12个旅游项目和基础设施建设顺利落地。狠抓人才工作，引进台湾人才史瑞生博士，成功获评入选省“千人计划”。狠抓作风形象建设。严格落实党风廉政建设责任制，高标准落实作风建设各项规定。深入开展党纪一刻钟教育，修订完善公务接待、农村作风巡查等8项制度，横下一心抓“四风”，保持执纪反腐高压态势。加强重点领域监督，就农村“三资”、工程建设等，对5个重点行政村进行抽查，扎实推进“五事阳光”权力运行机制，把党委的主体责任真正落到实处。重视在党建引领下，统揽人大、政协、统战、工青妇等有关工作，营造大党建格局。

（谢云玲）

·埭溪镇·

【概况】 埭溪镇区域总面积173平方千米，下辖20个行政村和4个居委会，常住人口4万余人，城镇面积5平方千米，是全国重点镇、省第二批特色小镇、市重点发展的17个中心镇之一。

文化底蕴深厚。埭溪镇始建于宋太平兴国八年（983），是一座具有千年历史的江南古镇，古称“上强”“埭溪”之名与山水、溪流、埭坝相关。自古以来埭溪就是文人墨客惯游之地，留下过不少历史踪迹，如精舍寺、石屋坑摩崖石刻、凤凰山崖铭等。莫家栅、月映桥两村，至今保存着不少人文景观和美丽传说。古刹“精舍寺”遗址的发现和重建，唐代诗人白居易的绝唱重现寺壁，“惯游山水住南州，行尽天台及虎丘。唯有上强精舍寺，最堪游处未曾游。”足见埭溪独特的自然风貌和人文底蕴。

生态环境良好。埭溪地处天目山山脉与杭嘉湖平原结合部，西部群山连绵，翠竹遍野，空气宜人，东部为水乡平原，地形地貌可用“七山一水两分田”来形容。境内集水面积110平方千米、总库容9966万立方米、日供水规模22万吨的老虎潭水库是旅游胜地，更是湖州人民的“大水缸”，良好的生态优势吸引了九天谷、凤凰山、狮子村等一批生态休闲旅游项目相继落户。

区位优势明显。镇区距湖州市区25千米，距杭州市区48千米，仅半小时车程；距上海160千米，经申苏浙皖高速车程仅90分钟；104国道、杭宁高速、宣杭铁路、东苕溪航运水道，杭宁高铁贯穿全境，从埭溪到杭州18分钟，到南京50分钟，交通运输十分便捷。

经济发展迅速。埭溪镇坚持以科学发展观为指导，全镇经济社会得到快速发展，综合实力得到显著提升，社会民生得到不断改善，成功创建国家级生态镇、省级文明镇、省级卫生镇、省级体育强镇，成功迈入全国千强乡镇行列。全镇年生产总值26亿元，同比增长14.64%；农民人均纯收入24698元，同比增长8.8%；财政收入3.85亿元，同比增长14%；实现规上工业总产值58亿元，同比增长24.06%；规上工业销售收入56.84亿元，同比增长24.65%。

【主要工作成绩及特色亮点】 全年完成生产总值26亿元，同比增长14.64%；财政收入3.85亿元，同比增长14%；农民人均纯收入24698元，同比增长8.8%。

立足特色产业，发展活力持续增强。以开展美妆小镇“百日攻坚”行动为抓手，抽调66名区、镇村干部，全力加快征地拆迁、基础设施建设、项目招引和项目推进，完成征地415亩，平台重点区域场平300亩，11个基础设施项目全面开工，竣工1个，完成投入1.1亿元。全年共引进化妆品及化妆品产业链项目21个，计划总投资约60亿元，“IT’S KIN”“韩束”“上海女人”“菲欧蜜纳”“水果之乡”等一批中高端化妆品项目落户美妆小镇。狠抓项目推进，围绕“三个一批”，抓好8家公司和淘宝小镇的先期运行、7个项目的落地建设、9个项目的前期报批，初显美妆小镇的形象进度。加大企业培育力度，3家企业成功入围高新技术企业，1名人才入围“省千人计划”、3个创新团队入围市“南太湖精英计划”，全镇累计上市挂牌企业达3家。

立足保护发展，生态旅游初见成效。加强库区保护，完成库区3个公墓建设，启动环库道路护栏、庄上小溪整治、沿水库裸露山坡整治三个项目的规划和建设，库区水源保护得到不断加强。围绕老虎潭下游旅游综合开发抓项目谋划，以保护性开发绿水青山、促进和谐发展为目标，重点打造沿下沈河旅游休闲区，成功引进“月映花庄园”“大青川”“太一道生”等优质项目，深化项目规划设计，做到合理开发。加大天字古道生态景区的基础设施建设和活动宣传，成功举办首届天字古道徒步活动，驾云山休闲观光项目、圣岛莫干精品民宿项目等对外营业，全年接待旅游人数较往年提升50%以上。

立足城乡统筹，环境面貌不断改善。城乡建设有序推进，城镇“三横三纵”道路进一步完善，老镇区危房改造完成签约95%，联山大社区一期等35万平方米农民新社区建设完成并投入使用，全面完成农村土地综合整治新项目复垦640亩通过市级验收；农业农村加快发展，完成高标准农田建设提升1500亩，粮食功能区建设1000亩，引进市定农业“大好高”项目2个，竣工1个，建成市级精品园1个，创建省级产业化项目7个、市级休闲农业项目3个，完成芳山村省级美丽宜居示范村创建及3个美丽乡村提升；环境整治成效明显，完成莫家栅二期等污水管网建设4.4公里，拆除龟鳖棚、养猪场、鸡鸭场130余家，完成9个建筑工地扬尘治理，淘汰小锅炉7台；拆除违章建筑81处48657平方米；完成“两路两侧”四边三化点位整治357处，绿化104国道联山段及高速公路出口2万平方米。

立足民生改善，社会事业繁荣进步。农村文体事业不断加强，深入开展“道德模范”评选活动，共评出先进典型15名，其中浙江好人2名。积极打造群众“精神家园”，完成茅坞村等3个文化礼堂布展，开展“村运会”“幸福星期六”等群众文化活动180多场。教育卫生事业健康发展，全面完成上强小学扩建工程投入使用，加快第二中心幼儿园建设，顺利完成省级卫生镇复评考核验收工作；完成农民健康体检工作，健康档案建档率98.02%；加大计生政策宣传力度，稳妥实施全面二孩政策，计生符合率达99.37%。社会保障体系日益完善，低保比例1.7%，累计发放低保金、救助金等422万元；完成红旗、月映桥等3个社区综合服务中心提升，新增11个居家养老服务照料中心，实现全覆盖；完成200个床位的镇社会福利中心建设和7个村600万元移民项目的建设验收；扎实推进双拥优抚安置工作，发放优抚金94.4万元。

立足基层基础，社会环境和谐稳定。健全信访维稳机制，坚持矛盾纠纷周排查月报告制度，排查矛盾纠纷375件，化解374件，化解率达99.73%。全力做好G20峰会、互联网大会期间的安保维稳工作，积极做好“12345”政府阳光热线办理工作，受理办结625件，满意率达80%以上。以提升“平安三率”为目标，加强平安创建知识宣传，提高知晓率。加强治安防控体系建设，突出整治重点，对特殊人群采取定人、定位、动态追踪等有效管控；加强对外来流动人口及出租房的管控工作，全年立刑事案件94起，同比下降38%，刑事处罚43人。严格落实安全生产工作“党政同责、一岗双责”制、“三级责任一张网”监管机制，狠抓安全隐患排查，累计检查单位243家，排查各类隐患1127处，发放责令整改指令书7份，关停非法生产企业2家，办理执法案件3起。截至，无亡人事故发生，事故起数、受伤人数和直接经济损失三项指标较上年分别下降33%、25%、40%。

特色亮点。吴兴美妆小镇位于浙江吴兴经济开发区埭溪分区，规划总面积3.28平方千米，核心建设面积1.33平方千米。小镇建设始终坚持“三生融合”“四位一体”理念，依托中国化妆品生产基地·湖州，引进高端化妆品产业及配套项目，打造以化妆品生产为主导的全产业链，总体构建“一核三区”的空间布局，即化妆品产业核、产业服务区、旅游休闲区和创意体验区。美妆小镇发展定位为三大中心，即中国美妆产业集聚中心、中国美妆文化体验中心、国际时尚美妆博览中心。在美妆小镇的建设中不断创新体制机制，实行“公司+基金+政府”的运作模式，合力形成“政—产—融—网”四位一体的战略格局，即“在政府支持的基础上，以产业为主导，以资本为助力，紧密结合互联网元素”，打造产融结合的化妆品产业集聚区，推动地方经济社会转型发展。小镇创建以来，得益于市场化运作的机制，新引进项目22个，新增注册企业35家，呈现良好发展态势。

（沈　杰）

·东林镇·

【概况】 东林镇地处吴兴区西南部，东与菱湖镇毗连，南与德清县相望，西与埭溪镇接壤，北与道场乡为邻。境内河道纵横交错，104国道、竹青公路、杭宁高速公路等要道穿镇而过，区位优势明显、水陆交通便捷。全域面积80平方千米，地势西高东低。东南部地势平坦，河港纵横，水泽连绵；西北部低丘起伏，山带众多，岗坳交错。全镇山清水秀，气候温和，景色宜人。

东林历史悠久、人文荟萃，号称“吴兴胜地”。

宋朝的《吴兴志》中，东林名列前三，留下了“地入东林眼界奇，神仙遗迹在榴皮”的美好诗句。建于北宋年间的锦锋塔、南朝年间的祇园寺，编撰于清嘉庆年间的《东林山志》，以及祖籍在东林镇保健村的四大家族之一“陈氏”家族，无不展示了东林厚重的历史底蕴。

东林镇发展面临多重困难和严峻挑战。在区委、区人民政府和镇党委的正确领导下，镇党委带领全镇广大干部群众攻坚克难，开拓进取，经济社会发展稳中有进、稳中有好，顺利完成全年主要任务，“转型升级示范镇”建设取得初步成效。全镇完成地区生产总值22亿元，增长8%；规模工业企业产值53.06亿元，增长28.5%；规上工业增加值9.5亿元，增长27%；规模企业利税3.38亿元，年均增长17.8%。完成全社会固定资产投资22.07亿元，其中工业性投入17.31亿元。完成财政税收2.4亿元，增长10.4%。实到浙商回归省外产业资金2.02亿元，资本回归3200万元；自营进出口总额6807万美元。实现农民年人均纯收入23185元，增长9%。成功实现“平安东林”十连冠，整体社会经济实现和谐稳定发展。

【主要工作成绩及特色亮点】 着力加强结构调整，经济运行平稳有序。园区承载不断提升。完成北区利山坞、南区严家庄及葡萄园周边约680亩地块拓展提升，超额完成区下达任务，累计完成道路、电力、管道清淤等基础设施投资约6100万元，5个基础设施项目全部开工、全部竣工。项目双进显著加速。开工7个5000万元以上区重点工业项目，竣工4个。新凤鸣年产45万吨共聚共混改性纤维项目11月开工建设。新签约亿元以上项目6个、服务业项目1个、租赁项目4个，新认定市“大好高”项目3个、区“大好高”项目5个。9月，与总投资100亿元的拉风影视项目签约。产业升级持续加强。完成专利授权200余件，省级新产品申报30只，省级科技型企业申报5项，市级科技项目申报5项。累计投入技改资金15亿元，实施企业技改项目16个；关停淘汰落后产能企业5家，拆除真丝织机及辅助设备156台（套），淘汰整治小锅炉12台，直接腾出用能空间折合标煤3530吨。

着力提高产业定位，生态农业实现突破。专项整治成效明显。提前实现“龟鳖整治收官战”龟棚清零目标；拆除生猪养殖场17家4.2万平方米，肉鸡养殖场45家33.4万平方米，对35家生猪养殖场实行重点管控。埭菱线3个主要位置的地表水维持在三类水水平。强化农业基础支撑。全年完成土地复垦210亩、土地开发424亩，标准农田建设1500亩，直接新增优质耕地620亩。加强水利工程建设，完善水利基础设施网络。累计投入资金3300万元，完成东苕溪清水入湖、防洪渠砌石护岸等防洪水利工程建设，镇域抗台防洪能力显著提升。实施10座机埠标准化改造、8.2千米生态护岸等农田水利项目，完成内河清淤35.8千米。3.加快农业结构调整。完成优质农业“大好高”项目引进1个、特色农业项目3个。结合后龟鳖整治阶段发展，有序引导农民适应市场需求调整种养结构，直接推广转型示范基地面积3000亩，带动种养殖农户200多户。

着力优化城镇格局，生活品质显著提升。新村建设按期推进。完成四大社区新村选址及规划调整，镇东社区启动5万平方米建设任务；村庄布点规划基本完成，东南、东升、星火等村首批农户启动建设。交通网络初步成型。全年累计投入资金2300万元，保戈线公路至星敏大桥二期工程路基填方工程完成70%；三合公路对下政策处理完毕；外环南路及西旺桥至沈家墩工程完成招投标；其他新建联网公路、公路大中修、道路提升及道路安保工程已完工。公共设施渐趋配套。完成青山集镇农贸市场及道路改造和雨污水分流工程，完成247个终端处理池自查移交，新增受益农户983户；深化“城乡一体化供水”工程，完成新建总、支管6公里；深化美丽乡村创建，青联、泉益2个村完成市级美丽乡村创建，南山市级美丽乡村精品提升村及星华省级美丽宜居示范村建设有序推进。

着力增进民生福祉，推动社会事业发展。1.完善惠民服务体系。加快改善学校办学条件，完成东林二小、青山学校改造工程；开展新型农民转移就业等各类职业技能培训24期、2100余人次；举办劳动力招聘4次，达成就业意向1100余人。大力推进“秀美东林”品牌打造，开展“村企和谐共建”等文体活动30场次；开展环境卫生集中治理6次，完成三等村提升工作。深化“美丽吴兴”行动，完成旧厂区改造3.9万平方米、拆违75.85万平方米，区下达49个“两路两侧”问题点位全部完成整治。构筑民生保障网络。发放低保、重度残疾人等困难群体救、补助慰问资金495万元，新增低保人员65户、115人。加快推进镇福利中心旧楼拆建，新增床位100张，养老压力得到部分缓解。加快7个居家养老服务照料中心创建。维护社会和谐稳定。顺利完成护航 G20 安保任务，全面稳控化解。受理各类矛盾纠纷 41 起，调处成功率 100%；受理“12345”政府阳光热线 461 条，响应率和办结率均为 100%。加强安全生产监管，全年未发生重特大事故。强化社会治安综合治理，全年累计接处警 1573 起，同比下降 2.9%；纠纷类 266 起，同比下降 10.1%；刑事立案 96 起，刑事打击处理 53 人；治安立案 168 起，治安处罚 123 人，其中拘留 64 人。

着力提升政府效能，推动治理方式创新。依法行政深入推进。加快政务公开，镇领导班子集体讨论决定重大事项 130 余件，进一步推行重大事项向人大报告制度，8 项人大代表票决民生实事项目完成目标任务。干部培养持续推进。开展条线业务、典型经验、示范榜样交流 13 次。坚持“驻镇住夜”“走村入户”制度执行，完成走访农户 8000 户，解决各类事项 380 余个。严格落实村干部基本报酬待遇。3.廉政建设从严推进。累计开展镇村机关效能建设、“酒局”“牌局”等各类督查 12 期次，提醒谈话 10 人次、诫勉谈话 3 人次，党纪处分 4 人。全年“三公”经费 31.6 万，同比下降 38.4%；累计实施招投标项目 119 项，共计标的金额 1.95 亿元。

（卢晴晴　叶晓龙）

・环渚街道・

【概况】　环渚街道位于湖州城北。是湖州建设现代化生态型滨湖大城市的重要区域。面积为 21 平方公里，人口 38514 人（其中，非农业人口 27778 人），下辖 9 个行政村（华丰、大东、金锁、瑶台、朱洪、环水、邵家墩、后庄、万安）和 4 个社区（北白鱼潭、香樟湾、玉堂桥、金龙家苑）。

【主要工作成绩及特色亮点】　环渚街道以现代服务业发展为导向，以市北分区开发建设为主战场，以打造“实力街道、标杆街道、和谐街道”为总目标，抢抓机遇、担当晋位，全面推进转型升级、征地拆迁、环境治理、城乡统筹、队伍建设五大战役，实现街道经济社会各项工作赶超发展。

经济建设。精准发力抓招商。以项目“双进”推动现代服务业快速集聚发展。浙江同创医疗检测项目，正式投入运营；华洋总部项目，成功列入市服务业大好高项目，富美达总部项目年底取得土地，两个项目将共同打造以纺织面料设计研发、电子商务、进出口贸易为主的总部基地；总投资 1 亿元的朗高国际医疗护理院项目正式签约；浙江祥涛新材料公司成功盘活闲置厂房，与中国百强企业江苏澳洋科技合作，打造成湖州地区首家康复医疗及科研为一体的特色康复专科医院，项目投资 1.5 亿元。总投资 16 亿元的永辉城市生活广场项目顺利取得土地。腾笼换鸟拓空间。按照“三个一批”思路，扎实推进“旧厂区改造”专项行动，努力提高土地利用率、产出率。完成旧厂区改造 6.07 万平方米，完成全年目标的 121%。其中，慧兰总部大楼，高 15 层总建筑面积 18000 平方米，全部竣工；嘉光光电利用 16000 平方米的闲置厂房成功导入美新数码二期扩建项目，正常投入运营；湖州吴兴文武丝织厂，整体盘活厂房 7230 平方米；浙江金环电子拆旧建新厂房 9500 平方米；完成福莱福、兴国豪印染、佳路利印染 3 家企业的破产清算和资产拍卖，盘活土地资源 80 亩。创新驱动提水平。积极响应“大众创业，万众创新”战略，以湖师院、湖职院为依托，以文创、信息等产业为主导，面积 1 万平方米的湖州首家主题创业园——吴兴梦工场（大众创业示范基地）于 11 月 18 日顺利开园，园区作为湖师院和职技院授牌的大学生创业基地，入驻企业 20 余家，被评为“吴兴区第一批大众创业示范园”。积极推进企业技术创新，景明玫瑰园和美新数码成功申报省级科技型中小企业。美欣达印染公司中水深度处理回用改造项目开始试运行，日升家纺年产 130 万米高档服装面料生产线技改项目，部分设备已调试到位；标立电镀积极开展新一轮的电镀线整治提升；华曼化工完成技术改造，提升污水处理工艺。完成小升规 2 家，完成浙江股权交易中心创新板挂牌企业 3 家。

中心工作。以助推市北征迁为目标，打赢征地拆迁歼灭战。在全市中心城区三改一拆工作中名列第一。在面对高教园区缺少安置房的情况下，创新办法，积极协调，分类施策，圆满完成房屋分配工作。面对矛盾突出的华丰村安置房分配工作，周密部署，做好预案，发扬吴兴“五不”干部精神，日夜上门做好相关政策宣讲，平稳有序完成安置房分配，创下湖州市分配期房的先例，得到市、区高度肯定。结合市北分区大开发、大拆迁，出台《环渚街道关于建立“无违建”七项防控机制》《环渚街道违法建筑分类处置指导意见》《环渚街道“两路两侧”存量违建清理专项行动方案》等文件，明确投诉举报、责任考核、综合防控和快速处置、信息宣传等机制，建立规范清晰的工作台账，坚决遏制新增违章建筑的产生。拆除违章建筑面积达4.05万平方米，超额完成全年拆违任务。以“四治三美”为重点，攻坚克难。加大拆违控违力度，将文明城市创建与四边三化紧密结合，排定“3341”攻坚计划，强势推进。调整村庄环境保洁方式，街道统一对外招投标购买外包服务，在考核上根据五个农业村的不同特点，进行分片考核，不断提升保洁工作专业性和有效性。强化治水治气工作实效。严肃查处沿河小企业和零星养殖户排污行为，着力从源头上控制污染排放。加大市北区域城市雨污管网排查整治。强化责任落实，深化“河长制”，出台《2016年街道河道河长制、警长制管理工作办法》，落实河长制APP。完成46条河道公示牌的更新，并对重点河道进行水生植物的种植。

农业农村。深化美丽乡村建设。加强农村“三资管理”建设，完成9个行政村财物清理和清产核资工作。加快推进农村家庭土地承包经营权确权登记工作，完成715亩的外业测绘工作。投资480万元，完成景明玫瑰园现代农业园区提升项目，获得国家AAA级景区认定，成功举办湖州市第10届相亲大会和湖州市第2届玫瑰文化节。完成内环路平原绿化80亩。完成318国道至后庄村公路路面大修工程、湖薛线至瑶台村公路路面中修工程、湖薛线至金锁村公路路面中修工程。狠抓烟尘治理，完成36家小餐饮油烟净化装置改造，关停拆除燃煤小锅炉6台。狠抓秸秆禁烧工作，与各村签订责任书，上交禁烧押金，建立专门巡查应急队伍，实行晴天无休值班制，创新秸秆收集利用机制，确保无秸秆焚烧发生。加大经济薄弱村整转力度，投入200万元扶持资金，落实水产、万安两个经济薄弱村物业项目，增强村级集体经济实力。

社会民生。加强城市社区管理。以玉堂桥社区为试点，整合玉堂桥社区、朱洪村、水产村的一站式服务大厅合署办公，使社区、村、物业形成合力，提升服务效率、增强服务水平，树立拆迁安置社区管理新模式的样板。常态化开展“两无”社区创建工作。落实“牛皮癣”长效管理制度，清理“牛皮癣”4000余条，基本做到日产日清。增强公共服务供给。规范文化阵地管理机制，不断发挥文化礼堂的功用，完善各类村级文体活动室。抓好低保管理与低保金发放，严格把握标准和低保审批程序，坚持动态管理，做到应保尽保、超标退保，退出低保5户6人，新增低保4户、4人，发放低保约30万元。积极发挥劳动保障网络平台作用，突出对重点人群的就业帮扶和政策指导服务。认真贯彻落实城乡居民养老保险的各项政策，按照“广覆盖、保基本、有弹性、可持续”的要求，参保人数达3175人，其中参保缴费1182人，发放城乡居保养老保险待遇1656人，60周岁以上参保率98%以上。提升文明创建水平。狠抓“三城联创”，全面提升宣传阵地，激发广大群众参与创建热情。发放宣传单5000份，创建文明楼道12条，新增墙绘公益广告1万平方米。成功举办庆祝中国共产党成立95周年暨首届“社区文化节”开幕式活动，积极选树和培育先进典型，成功获评第十届浙江省文明家庭1户，浙江好人3名，入选湖州市“最美湖州人”道德模范2名。环渚学校荣获湖州市红十字示范校、湖州市少先队优秀大队，教育质量继续名列吴兴区农村学校前茅。环渚中心幼儿园积极完成后庄民工子弟幼儿教学点学生的分流工作。环渚卫生院责任医生签约工作全面推进，顺利完成省级优秀社区卫生服务中心创建。积极开展文化市场整顿活动，取缔辖区内黑网吧5家。全面落实计生奖励扶助工作，落实率100%。积极落实新居民奖励优待政策，完成流动人口奖励服务。政策生育率达95%以上。

社会稳定。创新社会治理。全力护航G20杭州峰会，大力推进平安环渚创建活动，积极打造和谐稳定的社会环境。峰会期间，全天二十四小时坚守岗位，加强对重点人、事、区域的分析研判和防控，部署全方位的平安大巡防网格，30人专职巡防队和8个专业中队、1个备勤队及13支村（社区）志愿者巡防队全程参与平安巡查活动，突出重点防控，筑牢平安墙，当好护城河，实现G20峰会期间信访与各类事故零发生。建立调处化解矛盾纠纷的综合平台，强化派出所、司法所、综治办、维稳办等综合调解力度，畅通诉求表达渠道，全力维护群众合法权益。调解重大矛盾纠纷97起，调解成功97起、成功率100%，化解重大矛盾纠纷33起，化解率100%。加强安全监管。严格落实安全生产大检查，开展企业安全生产主体责任专项行动。以G20峰会安保为契机，开展地毯式巡查，使安全生产基础得到有力夯实。重点对社区和城郊接合部出租房进行全覆盖排查，制定出台专项出租房十条专项管理办法。社区群租房隐患全部整改到位，城郊接合部出租房以电力线路为重点的整治纵深推进。7家重点监管企业全部整改到位,"智慧用电"安装工作完成180套。完成13家企业标准化复评工作。

党的建设。加强党员教育管理。紧紧围绕"两学一做"学习教育，严格落实"三会一课"、党员固定活动日等制度，发挥远程教育站点作用。加强干部队伍建设。紧紧围绕街道"五大战役",组建指挥部，成立攻坚组，开展竞赛比拼，强化考核督查，有效推动各项重点工作推进。深化机关干部"一线工作法",下沉一线担任河长、路长、片长，强化"四联"制度(联村、联社区、联企业、联项目),明确责任，分片包干，明确责任。加强基层组织建设。紧紧围绕"双整"目标，深化先锋示范村打造和软弱落后党组织整顿，通过定期例会、财务清理、强化教育、拆违攻坚等措施，班子战斗力和凝聚力明显增强。严格落实党委议军制度，加强全民国防动员，人武工作不断推进。人大、政协、工会、团委、妇联工作也取得新进展。加强作风政风建设。及时组织学习中共十八届六中全会精神和新修订的《条例》《准则》。进一步完善党风廉政考核机制，调整细化考核指标，将党风廉政建设和作风效能建设作为重要指标纳入村(社)季度考核、街道机关干部季度和年度考核体系，量化到人、到事。

(陈云芳)

·月河街道·

【概况】 月河街道办事处地处吴兴区中南部，西至骆驼桥，东至三里桥，南临318国道，北到苕溪路，面积4.6平方千米，总户数2.5万余户，常住人口6.6万余人。月河街道因月河漾而得名，辖区风景优美、历史文化底蕴深厚，有霅溪公园、莲花庄公园、千甓亭、湖笔纪念馆等历史文化名迹。同时也是商贸繁华、人才荟萃之地。辖区内市、区行政事业单位62家。街道下辖12个社区和1个村社区管理委员会，街道机关在职公务员18人、事业单位工作人员13人，社区干部78人。街道党委下辖社区、两新组织等基层党组织100个，在册党员2177人。

【主要工作成绩及特色亮点】 街道党委、办事处紧紧围绕"和美月河"的战略目标，以"两学一做"学习教育、"三城联创""四个年"活动为抓手，全力推进"五项行动、组队攻坚",各项事业取得了新成绩。

克难攻坚,"三城联创"全面提速。坚持不懈加强城市精细管理与综合整治,全力打好国卫复评"保卫战"、文明城市"创建战"、示范城区"攻坚战"。市容环境整治精细有序，组织开展环境卫生专项整治行动，完成垃圾分类试点工作任务，东街、月河街和苕溪东路示范街巷创建成效明显。"三改一拆"力度加大，联合行政执法、派出所、社区相关单位组织9次大型拆违行动,拆除违章搭建1727平方米，完成全年任务数575.6%,真正做到控增量、消存量。街道集中攻坚、四战四捷破解东湖家园城市管理难题，得到市委常委、纪委书记陈浩批示肯定。

惠及民生，社会事业成绩突出。突出民生优先，务实为民，坚持不懈抓实事，解难事，民生事业取得新成绩。社会保障全面落实，发放各类补助、救助1268.81万元。"慈善一日捐"活动募集善款7.25万元，新建成社区老人日间照料中心1家。就业创业不断加强，新增就业人员2088人，完成160.62%、失业人员实现再就业1069人、完成142.53%。追回拖欠职工工资16.7万元。精神文明成效明显，加强社会主义核心价值观宣传教育，开展文明创建"五进"活动启动仪式暨月河街道社区文化节开幕式、第二届全民运动会等大型广场活动6场次。计生工作扎实有效，继续深化计生四级网格化管理工作，强化新居民服务意识，创建市级流动人口关爱项目，启动省级流动人口计划生育规范化服务中心建设。

深入治理，社会大局和谐稳定。坚持不懈加强平安月河建设，确保社会稳定和谐，群众安全感满意度不断增强。法制建设有序推进，深入开展"矛盾纠纷排查调处进社入户",有序实施社区矫正工作。"民主法治社区"创建面达100%,建成"省级民主法治社区"1个，"市级民主法治社区"10个，"区级民主法治社区"2个。平安创建成效显著，构建属地管理责任网络。对13个重大矛盾纠纷和不稳定问题，实施领导包案。招募志愿者2500余人助力G20峰会，有效实现"零非访""零进杭"。街道《建设平安月河　全力护航G20》在全市政法工作会议上作交流发言。安全生产常抓不懈，全年未出现安全生产事故。

加快转型，经济发展稳中提质。坚持不懈抓招商引资、项目推进，经济实现平稳较快发展，迈上新台阶。联企服务、协税护税进展顺利，三项税收总额1100万元，超额完成全年目标任务。招商引资、重点项目稳步推进，全年新引进项目11个，完成年度目标任务的137.5%。“保姆式”做好重大项目服务工作，积极推进市重点项目旅发中心项目、苕溪东路拓宽工程等建设。做好特色街区、月光经济的文章，积极推进湖东美食一条街外宣工作，逐步形成特色湖州美食街区，引领和带动周边市场和服务业整体发展。

“两学一做”，党建领航贯穿始终。突出“两学一做”学习教育，坚持不懈抓学习、抓整改、抓服务，基层基础进一步巩固。开展班子成员、基层党组织书记讲党课28场次、新时期党员行为规范大讨论等，找准短板、整改销号。开展“挂牌子、亮身份、履职责”活动，激发党员自觉践行“两学一做”。全面落实“基层组织加强年”部署，制定责任清单共33份，落实班子成员“一岗双责”，出台《月河街道党员教育管理办法》，完善全国党员管理信息系统。中屹建设公司党支部“党性体检、民主评议”入选省委组织部两新党组织生活实务案例。组织班子和基层书记参观考察杭州下城区潮鸣街道便民服务中心、长庆街道社区组织创意园等，找准靶心、对标整改。4个社区创新项目入选市级、区级2016年公益创投立项项目。湖东社区被评为“湖州市先进妇女组织”；马军巷社区获得全国“最美志愿社区”，铁路社区“快乐大姐”志愿服务队被市公安局确定为平安宣传队。街道获评市“爱国拥军模范单位”。认真落实党风廉政建设责任制，切实履行主体责任，深入开展纪律教育月活动。持之以恒落实中央“八项规定”，严格控制“三公经费”支出，不断完善绩效考核机制，着力提高街道社区各环节的执行力。

（丁小军）

·朝阳街道·

【概况】 朝阳街道因“有凤来仪、百凤朝阳”而得名，地处湖州市中心城西南，东接浅塘港和横塘路，南临长湖申线，西邻杭长桥南路，北依红丰路和市河。总面积4.5平方千米，辖区有车站、潮音、定安、都市家园、红丰、北齐巷、闻波、碧浪湖9个社区。总人口4.8万人，总户数1.4万户。街道以创新、协调、绿色、开放和共享的理念，以“六大重点行动”为载体，着力打造“美丽朝阳、活力朝阳、文明朝阳、和谐朝阳、幸福朝阳”，全面提升街道经济社会事业发展新水平。街道先后被授予“全国军民共建社会主义精神文明先进单位”“浙江省城市社区党建示范街道”“浙江省和谐社区建设示范街道”“浙江省科普示范街道”“湖州市‘无违建乡镇（街道）’创建工作先进单位”多项殊荣。

【主要工作成绩及特色亮点】 朝阳街道紧紧围绕区委提出的建设“美丽街道、幸福社区、和谐家园”的总体目标，按照“建设特色社区，温馨家园；打造文化朝阳，和谐朝阳”的自身定位，坚持以党建为统领，以“六大重点行动”为载体，完成区委、区政府下达的各项工作任务。三项税收稳步增长，全年完成入库税收1118万元，拆除违章建筑面积5331平方米，均超额完成年度任务；完成彩钢棚整治17380平方米；示范街巷管理、三社联动等工作在全市现场会作交流发言；市“礼让斑马线文明过马路”文明出行启动仪式、市文明楼道建设现场会、区城市街道“两学一做”现场会都在我街道召开；碧浪湖社区获评全市唯一一家全国侨务工作明星社区。

（一）以经济发展为重点，为“活力朝阳”提供有力支撑。抓项目挖潜力。排摸辖区资源和闲置楼宇，编制街道招商引资手册，探索成立街道文化产业公司，拓展经济发展与合作新平台。成立精准招商攻坚小组，构建旅游服务业突破行动小组，制定项目推进任务表、时间表。新引进塔夫运动城市生活馆、小西街文化创意产业园等项目（企业）11个，完成年度任务的137.5%。抓重点激活力。制定街道“经济新动力培育”计划，抓住小西街历史文化街区打造契机，与市房开发实业公司签订合作招商备忘录，建立资源共享合作开发新机制，成功引进小西街文化创意园区项目。组织爱尔眼科、杭州口腔等多家医院，成功举办“健康医疗进社区”等月光经济活动11次，取得良好实效。突出私房出租税收代征重点，加大上门催缴力度，坚持进度“一周一报”，出租税征收率列五个街道前列。以浙北金融中心为载体，积极招引金融中介项目，努力做好项目储备。抓服务增动力。完善“三定三抓”工作机制，对在建的项目、引进的项目、投产生效的项目实施一条龙的服务，建立企业统计数据定期窗口指导服务机制，有效激发各企业的积极性。完成限上服务业投入 5.5 亿元，限上服务业零售收入 5.25 亿元，分别完成年度任务的 136%、94.3%，街道经济板块的考核均在全区前列。

（二）以民生服务为核心，为“美丽朝阳”夯实群众基础。城市管理稳步推进。健全机制，实现精细管理。强化对社区干部、联居干部、执法队员的联动，建立纵向到底、横向到边、全覆盖的“金字塔”式网格化管理体系，增强查处力度。不断强化“4+X”城管卫生工作日常管理工作机制，对查找发现的问题，列出整改清单，督导社区及时落实整改措施，筑起城市管理“安全”墙。完善《朝阳街道“美丽社区”专项考核》，开展文明创建百日攻坚行动，通过比拼排名，不断形成争先创优的良好氛围。六项治理，提升城市品位。针对街道背街小巷多、环境盲点多的现状，全面开展治脏、治乱、治癖、治违、治堵、治污六大治理行动，深入推进南街、劳动路延伸段、所前街三条示范街提升，整治规范莲花庄路、车站路和环城西路三条难点路。重点整治取缔南街路口摊贩、青年路马路市场等“老大难”问题。全年开展整治活动 200 余次、出动 2000 余人次，清理垃圾、堆积物 680 多吨，清除乱张贴 4 万余条、清除乱种养 150 多处，清理绿化带垃圾 270 多处，发放宣传资料 2 万多份。多线作战，强化监管并举。切实加强与环卫、园林、交通、工商、公安、质监等职能部门协调配合，认真落实城市管理信息共享、联动决策机制，保持城市管理成效。执法大队与交警部门上街联合执法，文明监督员与执法大队，对辖区内非机动车停放进行规范管理，确保人行道畅通整洁。阳光热线办理 764 件，数字城管办理 1295 件，办结率、响应率均达到 100%。社会保障不断完善。劳动就业体系不断健全。加大对失业人员再就业培训和帮扶力度，积极配合参与市、区部门举办的人才招聘会 4 场，通过结对帮扶、定向推荐、优先安置等措施，实现再就业 989 人，超额完成目标任务；加强对辖区劳动用工监察力度和深度，受理调处劳资纠纷案件 37 起，调处成功率达 100%，涉及金额达 30 多万元。弱势群体关爱体系不断强化。积极落实各项优抚政策，实现了优抚对象生活补助、医疗保障待遇、伤残评定、特困救助全覆盖。已发放困难群众补助金 140 余万元、发放优抚对象各类生活补助、慰问金 80 多万元，受理公租房申请 187 户。优生优育服务体系不断加强。全面解读新版《浙江省人口与计划生育条例》，开展文艺晚会、宣传咨询等活动 22 场次，2000 多人次受益。深化计生家庭关爱、帮扶机制，为 19 位失独家庭、10 户贫困家庭送上关心和温暖。碧浪湖社区成为全市首个社区红十字工作示范点。重点工作推进有力。拆迁遗留问题顺利解决。历经多年一直没有得到解决温某和袁某的房屋，经过街道干部多次上门工作终于平稳、妥善的拆除。配合爱山街道一起推进衣裳街“钉子户”沈某的处置工作。危旧房处置工作有序推进。根据市政府专题会议精神，率先在碧浪小区开展危旧房处置工作，班子成员包干到户，一对一开展工作。完成签约率达 96%，腾空率达 100%。按照要求对其他已鉴定的 13 处危旧房落实巡查监管工作，危房试点工作有序推进，1 处 D 级危房已拆除。市、区项目保障推进。进一步配合好小西街修缮整治、定安鸿泊湾、三九药业地块安置房等市、区重点建设项目的推进工作。爱山朝阳社区卫生服务中心已完成房屋腾空拆除，小西街文化创意产业园已开工建设。街道社区服务阵地建设推进顺利。朝阳便民服务中心、都市生活服务中心、碧浪湖社会组织服务中心等“一城三中心”服务群建设有序推进。街道便民服务中心主体建设已经完成，都市生活服务中心已进入装修阶段，碧浪湖社会组织服务中心已全面启用。湖州市 2016 年重点打造 6 个社区“三社联动”示范点 3 个落户在我街道。

（三）以文明创建为载体，为“文明朝阳”创建美好环境。强化文明细胞建设。以文明细胞建设为核心，率先在碧浪湖社区开展以“三无、四有、六个一”的文明楼道建设。用润物细无声的方式让文明创建深入每位居民的心中，树立起文明楼道建设全市标杆。率先实施百姓宣讲名嘴培育工程，成立和风宣讲工作室。进一步加大辖区文明宣传氛围，新增手绘墙 1427 平方米，对环城南路和杭长桥中路围墙进行了墙绘美化。开展群众性文体活动。积极开展“文明吴兴走起来”社区文化节和碧浪湖社区第六届邻里运动会，通过健身运动、趣味活动、厨艺比拼等活动，不断扩大文化活动的参与率。街道选送的排舞节目在全区排舞大赛中荣获第一名，各社区开展各具特色的文体活动。共开展各类文体活动 103 场次，其中文化走亲活动 5 场次。提升居民文明素质。以全国文明城市创建为契机，组织敖啸商业、十一中等 5 支志愿队伍“认领斑马线”，开展“礼让斑马线文明过马路”文明出行启动仪式，有效引导辖区单位、居民群众广泛参与文明创建中来。

在“道德门诊”的基础上，探索建立社区牵头，由居民代表、业委会、道德医生、物业等参与的“圆桌协商会”，平等协商解决居民群众纠纷。5月上旬，中央电视台四套《走遍中国》栏目介绍碧浪湖社区道德门诊医生陈幼荣调解事例。

（四）以社会管理为纽带，为“和谐朝阳”打造优质平台。平安建设不断深化。深化网格管理。以平安街区为载体，以网格化管理为抓手，探索整合平安维稳、安全生产和民情服务三大网格体系，落实网格长73人、网格员192人的网格队伍，充分发挥“平安通”快速反应作用，结合五级五访工作法的深度走访，进一步强化基层基础，打好基层治理的“组合拳”。狠抓平安三率。组织联居干部、社区干部利用双休日、业余时间开展大走访活动，发放宣传资料4万余份。实现全覆盖。利用晚上值班开展电话抽查，并将抽查结果纳入月度重点工作进行晾晒比拼。维稳防控全面防控。突出重点事件处置。坚持“领导包案”机制，围绕安保重点，全力化解疑难积案和重点不稳定因素，实现“零非访”，不稳定因素稳控率100%。狠抓排查化解效力。以“保平安”专项行动为主抓手，进一步完善社会矛盾纠纷排查、化解工作。两级调委会共调解各类矛盾纠纷1178起，成功数1175起，矛盾调处率为100%，调解成功率99.8%。强化治安管控力度。深化对重点区域、重点单位、重点人员基础信息的全面收集、整理，突出模块建设的质量和运用，工作进度和综合质量居中心城区前列。共接警3424起，同比下降13.05%；刑事立案217起，同比下降38.8%；通讯、网络诈骗案发案同比下降27.27%。安全生产有效管控。责任制落实继续深化。继续完善“党政同责、一岗双责”制度，街道各社区安全员均由副主任以上人员担任。层层签订安全责任书，与辖区1320家单位落实安全生产（消防）责任。重大节假日坚持领导带班巡查。全年300多家单位发现隐患70多处均得到整改。查补短板保障安全。依托“智慧安监”着力开展各项隐患排查，共检查辖区单位2442家次，发现隐患908处，整改率达95%以上。每季开展消火栓排查并做好记录，及时处理问题，做到“一社区一档案”。提升全民安全意识。以安全生产月为契机举办大型安全知识广场宣传活动、高层消防演练与安全管理人员教育培训等，开展安全演练20余次，发放宣传资料9000余份，发送安全短信300余条。

（五）以党的建设为统领，为“幸福朝阳”提供组织保障。强化基层基础，打造“红色”动能。推行阵地、组织活动、党组织发挥作用等标准化测评工作。组织开展“我手写我心”手抄党章系列活动和支部大讨论，开展专项督察检查3次，对不够规范党组织负责人进行谈话教育。建立两个“体验式教学基地”，选派12名党员、干部跟班学习实践，带动党员干部提升党性修养和做群众工作的能力。立足抓两头带中间，以项目化形式努力打造碧浪湖、都市、红丰3个社区党建示范点。推动两新组织科学发展组建 “党建朋友圈”，实现资源整合、信息共享，推动党组织之间实现互动、互助、互帮。强化干部比拼，激活“红色”细胞。推出街道“大比拼六项重点行动”、社区个性化年度重点项目和社区月度重点工作考核，实现个个有任务、定期亮晾成绩，持续推进“活力红星指数”机制，街道1765名党员结合党性体检活动完成红星指数测评。握紧严实戒尺，强化党风廉政建设。党政主要领导认真履行第一责任人的职责，形成了一级抓一级，一级对一级负责，层层抓落实的责任体系。以“固定日、三步走、两结合”的模式，探索创新每月廉政谈话日新模式，压实“两个责任”。以专题讲座、集中学习、工作QQ群、微信平台等形式，充分发挥纪委教育、监督、保护、惩处职能。开展集中专题教育讲座2期，“党纪教育一刻钟”活动23次，重点工作勤廉督查3次、正风肃纪督查40次。对存在上班迟到、不到岗不请假等问题的9人，进行了批评教育，对3名违纪党员分别给予开除党籍处分，营造了风清气正的发展环境。强化党带群团，做好人大政协等工作。以“两代表一委员”换届工作为契机，做好代表委员的推荐工作，将各界优秀人士推荐到代表委员预备人选，做好相关的配套工作，保障推荐人员的素质和换届工作平稳有序。加强党管武装，提高民兵应急分队快速响应能力。加强统战工作，健全开展结对困难群众等便民服务活动。

（李　栎）

·爱山街道·

【概况】 爱山街道因境内古迹爱山台而得名，位于湖州城中部。东至人民路，与月河、飞英街道为邻，南至小市河，与月河、朝阳街道接壤，西连104

国道，北至龙溪港与凤凰街道隔溪相望。街道总人口 15877 人，共 7989 户。街道党委下设党总支 8 个，党支部 47 个，在册党员 941 名。辖区内商厦林立，浙北大厦、银泰百货、星火百货、观凤商厦、新天地等各大商业巨头云集，形成繁华的商贸中心。有商场、商铺 2500 余家，限额以上批发零售业总量占中心城区总量的近一半。街道所属企业有浙江湖州红鹰企业集团股份有限公司、湖州市鸿丰实业有限公司。此外还有百年老店周生记馄饨和丁莲芳千张包子传统特色名点。

【主要工作成绩及特色亮点】　锁定建设“繁华商圈·幸福爱山”目标不动摇，以“五好”服务型街道建设为载体，力量下沉到一线、工作落实在一线，按照年初确定的各项目标任务，扎实工作、真抓实干，街居经济社会各项事业稳步推进。以国家卫生城市复评、文明城市创建为契机，结合示范街巷创建，街道城管办联合执法大队、派出所等多部门执法，针对辖区内重点区域开展专项整治活动，调动一切资源，优化营商环境，美化社区，提升道德水平，民生幸福安康。

社会事业。社区管理。巩固“无违建街道”“无牛皮癣街道”创建成果，深化网格化管理，整合城管、社区、物业力量开展联合巡逻执法，完善“日日巡查、周三对接、周周会商”制度，共拆除违法建筑 44 处，2189 平方米，完成蓝色彩钢棚整治 45 处，2809 平方米。配合市第一指导组做好安定书院地块剩余 54 户拆迁工作。民生事业。新增城镇就业人数 1946 人，失业人员实现再就业 1204 人，发放失业金 796 人次 99.1 万元，“4050”灵活就业社保补贴 190 人次 74.3 万元；城乡医保参保 3321 人，参保率 99%。开展特殊群体关爱工程，发放低保金 81.6 万元，残保金 9 万元；组织发动辖区内双拥单位参与“慈善暖军心”，做好困难军人及军属家庭救助工作，发放年优抚对象生活补贴金 16.5 万元；红丰西村社区养老服务照料中心建成并投入运行；落实城镇居民保障性住房新政，申报公共租赁房 126 户。继续推行人口四级网格化管理模式，着力在优化流动人口服务方面下功夫，开展流动人口婚育证明电子化试点工作。完成街道文化站建设，创建省体育先进街道，举办首届全民运动会。注重发挥社区“道德门诊”、志愿者服务站、“巾帼文明岗”、文明监督团等作用，深化文明细胞创建活动。

城市管理。先后开展集中整治 30 余次，发动志愿者 500 余人次；积极响应国家卫生城市复评、文明城市创建的要求，着力于示范街巷创建，街道城管办联合多部门执法，针对辖区内重点区域开展专项整治活动，累计纠正整治出店经营、占道经营商户 700 余家，下发整改通知书 128 家，辖区经营秩序显著改善。推进路长单位负责制，出动 800 余人对小市巷、医院巷、杭长桥、大线场、南街、人民路、劳动路等重点区域开展单位巡查 30 余次，提升市容形象。

经济建设。全年完成三项税收 1623 万元，完成区下达任务的 232%，列中心城区街道之首。引进重点项目 13 个，先后协办“东吴不夜城”“夜游衣裳街”、状元街区招商推介会等一系列活动。完成服务业投入 9.5 亿元，限额以上批发业收入 29.6 亿元，限额以上零售业 103 亿元，均超额完成全年目标任务。积极打造服务业发展新平台，状元街区开街，25 家企业相继入驻；金源大厦、红旗景都等多个商贸项目加快建设。

党建组织。深入开展“两学一做”学习教育。走居入户听意见，结合“走出办公室、我在群众中”主题活动，累计走访党员群众 23000 余户，征集意见建议近 300 条（次）。健全完善机关、社区干部年度考核办法，树立“以实绩论英雄”导向，根据工作业绩完成情况适当拉开差距，形成干多干少不一样、干好干坏不一样的竞争氛围。大胆探索党组织实体化运行机制，继续深化爱山商圈党群服务中心建设，“党建进商圈”“衣裳街青年创业联盟”等工作被广泛报道。深入开展党章党规党纪教育，累计组织学习会议 6 次、参加学习 900 人次，引导广大党员干部切实增强守纪自觉性，坚决防止思想松懈。加大监督执纪问责工作力度，累计组织检查 10 余次，通报问责 2 例，努力营造风清气正的干事氛围。

（杨霜霜）

·飞英街道·

【概况】　飞英街道位于湖州市吴兴区中心地段，因湖州著名的风景点塔中塔——飞英塔而得名，东连八里店镇，南接月河街道、西临爱山街道，北靠龙泉街道和凤凰开发区。总面积 2.7 平方公里，有不可移动文物 7 家，其中国家级 1 家，省级 1 家，市级 5 家。名胜旅游有飞英塔、府庙、陈英士故居、潘家廊渔歌子景区等，有 70 多家企事业单位，8 个社区（塔下街、米行街、竹翠园、新华苑、吉山四、吉北、余家漾、墙壕里）和吉山村，总户数 12697 户，常住人口 36566 人。街道共有公务员 20 人，事业编制 13 人。8 个社区共有社区工作者 49 人，平均年龄 38 岁，大专以上学历 46 人。街道党委下辖 1 个两新党工委，2 个社区党委，6 个社区党总支，共有 49 个党支部，党员 1223 名。

【主要工作成绩及特色亮点】 （一）创新路径，内增外引，努力促进经济发展。拓宽途径抓项目。建立健全辖区楼宇联系制度，积极落实项目领导联系、专人服务的推进工作机制，定期召开工作联席会议，加强与辖区内重点企业的沟通，为辖区企业协调解决实际困难。新引进吴越口腔医院、源兴能源 2 个重点项目。充分利用联合招商平台，加大商务楼宇的对外推介力度，1—11 月，新引进服务业项目企业 11 家。做好“下转上”对接申报工作，1—11 月共成功申报 2 家“下转上”企业。落实举措抓产业。成立飞英街道经济发展中心，配置专职工作人员 1 名，有效推动工作开展。对辖区内 4 大楼宇 91 家入驻商户进行排摸，为经济工作提供第一手资料。以产业助推月光经济，依托商业街区，集聚夜市品牌，以梅地亚广场—潘家廊慢生活区—金城广场为主载体，打造集文化演艺、休闲娱乐、购物餐饮等为一体的月光经济特色片区。街道辖区限上批发业 8 家，限上零售业 3 家，服务业资产投入 4 家，1—10 月，完成限上服务业投入 11.58 亿元、限上批发业收入 8.19 亿元、限上零售业收入 4.25 亿元，增幅分别为 60%、107%、91.7%。咬紧目标抓税收。以“精准、精细、精收”各类服务业税源为目标，建立电子清册，配强个体税收社会化征管力量，建立社会化征管攻坚小组进行集中征收，通过短信通知、业务解释、会同区地税分局干部上门催缴等形式，加快私房出租税的代征进度，努力做到应收尽收。1—10 月，三项税收入库 1138 亿元，增幅为 7.37%。

（二）优质提效，以人为本，致力发展社会事业。多元服务体系不断完善。加强各项公共服务。全面开展困难群众“救急难”工作，截至 11 月，累计发放各类困难救助资金 26.37 万元、低保金 50.82 万元、优抚补助 40.4 万元。全年帮扶新增就业 1851 人，就业困难人员申请灵活就业社保补贴 417 人次，享受补贴金额 116 余万元。结对 42 家辖区企业，成功获得稳岗补贴 181 余万元。办理居民医保 4699 人，缴纳医保经费 98.8 万元。人口计生服务更优，实行生育登记承诺制，简化办证程序，全年政策生育率达 100%。增设社区服务平台。积极引入市场化机制和争取项目，在余家漾社区开设社区食堂，给独居老人和工薪族提供便利。建设“三优”指导中心，针对新婚、怀孕、0～3 周岁幼儿群体提供服务。深化“三社联动”工作，在社区发展联合会带动下，培育一批“本地化”社会组织，引进一些专业性社会组织，依托社会组织的力量为社区居民提供多元化的个性服务。文明创建水平持续提高。弘扬社会主义核心价值观。大力开展“我身边的家风家训”、寻找“最美”人物等活动，通过挖掘、选树“最美”人物，唐雪珍、卜忠仁 2 人被推荐入围“浙江好人榜”。大力开展公民思想道德建设。加强爱国主义教育基地、青少年社会实践基地建设，做强社区道德门诊工作，全年上报道德门诊案例 14 篇，被区级以上媒体录用 4 篇。积极开展文明示范创建活动。以全国文明城市创建为契机，组织申报市级文明单位 2 家，苕溪路、人民路纳入文明示范街区创建，争创文明楼道 40 个，余家漾社区被命名为市级文明示范小区。文化体育事业日益加强。夯实基础，文化力量全面提升。优化硬件设施，完成吉山四社区文化舞台改造工程，并安装大型电子显示屏。组织各文体团队积极参与各项比赛，促进文体团队骨干成长。加强交流，文化活动互促提升。开展各类文体活动 89 场次，举办街道、社区运动会 12 场次，开展专场戏剧走亲 3 场次，大型综合性文化走亲 1 场。增设载体，文体创建有力推进。对照标准做好省级体育先进街道各项复评迎检工作，米行街社区省级体育先进社区及竹翠园、新华苑省级体育俱乐部创建工作得到有序推进。

（三）建管并举，优化服务，着力提升城市管理水平。围绕目标，强化督考，狠抓美丽幸福社区建设。通过领导领办、量化比拼、巡查督查等举措。集中开展示范街巷创建、难管街区提升、美丽幸福社区建设等活动，整治卫生死角 320 余处，清理垃圾 80 余吨。4 月开展攻坚拆违行动，联合执法大队、区执法中队、交警、派出所等部门对新华路马路市场 42 家违建集中拆除，拆除面积达 650 平方米。督促物业公司提高保洁频率，加强管理协调力度，确保环境卫生坚持长效整治。强化检查，落实整改，强势推进环境秩序整治。通过排定时间表、制定责任图、明确任务栏，促使整个辖区市容市貌得到提升。将爱国卫生工作、社区服务等融合于城市管理工作中，创新思路，齐抓共管，有效形成工作合力，及时抓好问题整改。针对“六乱”现象进行集中整治，特别是对大通桥埦幸福街沿河等处难点区域开展攻坚行动，环境面貌有了明显改善。改善硬件，有序推进，顺利完成各类创建项目。强化基础设施建设，重点完成吉北小区800平方米破旧围墙更新，吉北小区车位改造46个，新建新华苑社区150平方米公园长廊，墙壕里廉租房小区改造资金得到落实。强化门前三包、路长巡查等制度，组织路长单位巡查10次，街道成员巡查劝导260余次，提高示范街巷创建的知晓率和参与率，争创省级卫生先进单位1家、市级无烟单位2家、市级卫生先进街道、示范街巷创建、无违建街道创建、区级健康单位以及5家省市级卫生单位复评，全部完成验收。

（四）强化责任，真抓实干，全力维护和谐稳定局面。依托平安志愿队伍，做好G20保障服务。全面开展班子成员带班“夜巡逻”、机关干部“进网格”、辖区单位“齐上阵”、社区居民“寻短板”四大行动；落实定期督查通报、实时会商研判、信息快速反应等机制，班子成员组队领衔攻关，实行一人一策、包案负责，落实24小时盯防措施，密切关注动向及行踪；实行八加六加三大巡防机制（八支街道社区志愿者队伍，六支专业志愿者队伍，三支群团志愿者队伍，共计17支巡防队伍），共计1800余人，开展大巡防362次，排查安全隐患183次，全力确保G20期间辖区稳定。依托网格化管理，开展平安创建工作。明确责任，街道党委与辖区36家单位、社区均签订平安建设责任书，把责任分解到岗、到位、到人。将平安建设工作纳入社区年度百分考核内容，“平安通”信息及时上报，排查化解矛盾纠纷250件。完善制度，优化网格化管理“以奖代补”实施方案，激发网格长积极性。实行班子成员包案制和半月上报制，集中清查本辖区内的矛盾纠纷、信访积案，梳理不稳定因素存量、增量，已成功化解7件。开展“平安街区”打造，重点打造7个“平安元素”、25个“平安示范点”，查漏补缺，确保顺利完成。依托平台建设，开展安全生产工作。建立“党政同责、一岗双责、失职追责”安全生产监管责任体系，与辖区单位共签订公共安全责任书1396份，全面落实安全责任。开展各类专项整治行动，走访巡查各类单位1500余家次，排除隐患400余处。在实行“智慧安监”与“市级平台”安全监管基础上，街道安监落实“三级责任一张网”的安全生产监管模式，网格责任到人，充分发挥“智慧安监”终端作用，提高监管效能。进一步夯实基础，完成创建省级街道食安办规范化建设验收。

（五）务实作风，强化队伍，全面巩固党建引领作用。思想政治教育进一步加强。深化“两学一做”学习教育，通过机关、社区干部佩戴党徽上班，党员家庭挂牌亮户等方式突出党员身份。开展党员组织关系集中排查，排查出失联党员43人，其中重新取得联系党员27人，处理违法违纪党员2人。建设“绿色责任区”，开展党员认领包干服务活动。与师院党支部结对共学，开展“两学向党心、一做践党性”主题活动。加快党群服务中心规范化建设，余家漾社区党建文化主题公园、“两学一做”党建展示馆建成并开馆。干部能力水平进一步提升。实施街道“传、导、践、炼、提”五步法加强后备干部培养，深入开展机关干部“每周民情广场服务”、社区干部“走出办公室、我在群众中”活动和“错时上班+住夜值班”制，通过“挂牌亮绩”“组团服务”和“示范带动”，扎实推动基层服务型党组织建设和高素质干部队伍建设。认真落实全面从严治党要求，严格党内组织生活。圆满完成“两代表一委员”选举工作。区域化党建工作进一步推进。探索实现“党建+”功能，打造区域化党建品牌。建立“六联六建”联席会机制，整合辖区30多家单位资源，以“共建、共管、共享、共发展”为内容，打造区域化党建载体。健全完善“三联三会”制度，加强对企业业主和管理层的教育培养，进一步发挥党组织在企业中的领导作用和先锋模范作用。浙江蓝海物业管理有限公司党支部被评为区级“十佳”两新党组织。党风廉政建设进一步落实。全面落实党要管党、从严治党的新要求，严抓两个责任的落实，督促班子成员切实履行好“双岗双责”。坚持抓早抓小，将纪律和规矩挺在前面，建立效能督查制度。规范干部选拔任用程序，严格把好社区干部提拔审核关，认真执行好四级谈话制度，对新提拔的11名社区正、副职干部进行任职前廉政谈话。对32名机关干部和12名社区主要负责人建立勤廉信息档案，实行一人一档，动态监督管理。继续加大正风肃纪检查力度，先后对7名干部进行提醒谈话。

（章占萍）

·龙泉街道·

【概况】 龙泉街道地处湖州中心城区东北部，东以美欣达路、南以龙溪港、西以机坊港、北以清远路为界。辖区面积约5.0平方千米。街道办事处驻北白鱼潭路126号。龙泉街道共有14个社区居委会(市陌河、市陌二、潘公桥、大通桥、市陌六、紫云、华丰一、华丰二、白鱼潭、西白鱼潭、潜庄和米兰社区、学士府社区)，另有祥和社区正在筹建中。居民约2.1万户，总人口约10万人。辖区内有大学1所(湖州师院)，中学2所，小学幼儿园5所。街道机关工作人员29名，社区工作者89名。街道党委下辖1个两新党委，2个社区党委、9个社区党总支、1个党支部，两新党工委下设18个两新党支部。共有在册党员1759名(其中，两新党员99名)。

【主要工作成绩及特色亮点】 深入贯彻落实中共十八届三中、四中、五中全会精神以及习总书记系列重要讲话精神，以"四个全面"战略布局为统领、以区委、区政府工作部署为要旨，围绕为民服务改善年、作风建设提升年、城市管理攻坚年、队伍素质加强年"四个年"目标，扎实开展"两学一做"学习教育，严把从严治党、从严执政要求，坚持"精管理、优服务、惠民生、保稳定、强党建"的战略导向，积极构建"幸福龙泉 和美社区"。

坚持发展第一要义，城市管理实现新改善。市容市貌持续改善。以"文明创建攻坚年"暨中心城区"城市品质提升"行动为抓手，完成对华丰二路延伸段，学士路等路段占道经营、流动摊贩的集中整治，开展专项整治18次、涉及店铺1600家次，共取缔占道经营30余户、流动摊点160处。开展夜间联合执法12次，有效防止露天设烧烤摊等现象反弹。对新增违建做到发现一起拆除一起，完成土宝滋味馆等共33处、1716平方米违建和学士府小区7户违建户、云峰苑48户私装防盗门拆除工作；完成"蓝顶棚"整治任务9657.13平方米。采取部门联动、上下联合的方式，扎实推进危旧房改造。环境治理扎实推进。进一步发挥物业在社区环境卫生保洁工作中的主体地位，继续实施社区环境卫生季度评比制度，在14个社区全面实行骨干报告、专人清理、社区检查的治理模式，实行第三方服务外包形式，探索牛皮癣清理长效机制。以国卫复评迎检为重点，全体街居干部主动放弃休息日参与市容环境美化，人人争当清洁员、粉刷匠、搬运工，共清运楼道堆积物等垃圾500余车1000余吨。组织"回头看"活动，完成绿化破坏、水质污染、乱搭乱建等6大类环境突出问题整改37个。社区建设攻坚克难。联动社区、物业，充分整合资源与空间利用，新增停车位200余个。推进"数字城管"建设，建立街道、社区二级联动体系以及部门联动机制，加快督办单办理质量、缩短办理时限。"12345"阳光热线共受理群众各类投诉、咨询、意见建议1192件，即时响应率、及时反馈率、按时办结率"三率"基本达到100%，阳光指数达80%以上。

坚持稳定第一责任，平安建设实现广覆盖。强化矛盾纠纷排查化解。坚持重大信访领导包案制，妥善做好全国两会、第三届世界互联网大会、全省社会治安防控体系建设现场推进会等重大、敏感时期重点对象的稳控工作，全力做好安保维稳有关工作。坚持定期排查月排月报、预警排查随排随报、应急排查急排急报、专项排查专项专报"四查四报"机制，切实加强预警排查和化解力度，共化解重点不稳定因素存量、新增分别为18件、7件，调处纠纷311起，化解调处成功率均达100%。特殊人群帮扶管教全覆盖，未发生脱漏管现象。强化治安防控体系建设。建立完善情报信息收集研判机制，落实重大活动、重大决策事前评估制度，通过平安浙江系统等共搜集各类信息20件；开展风险评估8次。110个网格长严格执行"零报告"制度，努力实现"小事不出社区，大事不出街道，矛盾不激化、问题不上交"。深化社区警务室、高校警务站建设，对学校、商场、农贸市场等重点场所和人员密集地区，实行定点值守与流动盘查，基本形成"守点""巡线""控面"的维稳工作网络，各类突发性案件的防范、控制和处置能力显著提高。强化平安街区打造力度。以打造白鱼潭街区全省示范"平安街区"为目标，在深化十大"平安元素"基础上进一步做实"平安面馆""龙泉大妈""公益集市"等服务载体，通过构建"楼长+网格长"平安建设"微组织"、开展"巡河护水、巡违治乱、巡防维安、巡检防患"等四巡"微服务"、筑牢"网中有格、人在格上、事在网中"的"大平安"格局。强化安全生产稳定工作。以G20安全生产专项整治为突破口，开展烟花爆竹申报审核和销售监管及重点场所、重点区域安全隐患排查整改，突出对群租房、“三合一”场所的整治提升。积极推进社区微型消防站建设。共签订责任书共729份，组织安全检查3882家次，发现隐患359处，完成整改359处，发放安全知识手册及温馨提示5万余份，组织参加培训500余人次，开展安全疏散和消防演练10次，安全生产三项指标同比继续下降，安全形势持续稳定向好。开展食品安全“三大一严”打击行动，对发现的5家存在隐患的小食品加工点已整治到位；努力推进小餐饮整规工作，重点抓好白鱼潭路示范街、旺角面馆等示范店创建，食品安全稳定未出现任何安全事故。

坚持服务第一宗旨，综合实力实现新提速。全年实现三项税收1040万元，限上服务业投入、限额以上批发收入、零售收入均完成年度目标任务，服务业基本单位入库率达100%，新引进服务单位企业8家。配强力量建立机制。街道成立经济发展办公室，明确1名班子成员、抽调2名工作人员专门负责调查摸底。出台私房出租税征收奖惩办法，明确责任到人、细化任务到点。整合资源合力推介。密切关注景鸿名城商城，佳园和御龙湾等楼盘，组织人员赴台州参加招商推介，积极与区商务局、市场监管局等部门联系对接，协助开发商广泛推荐商业平台，着力打造重商、亲商、惠商、安商的投资环境。做优服务凝聚人气。召开由重点商业服务业企业代表参加的“月光经济”主题座谈会2次、举办经济活动6场，在规划设计、氛围营造、项目对接和活动载体上下功夫。

坚持民生第一目标，社会事业实现新提升。文明文化推陈出新。围绕“干在实处走前列”大比拼，实施“12345”工作举措，全力配合文明城区创建攻坚年工作任务，着力在社区管理、氛围营造、文明示范创建以及公民思想道德建设等方面下功夫，重点抓好100个文明示范楼道、4个文明示范小区和1个文明示范街区创建；举办以“文明吴兴走起来、幸福龙泉动起来”为主题的街道第二届社区邻里节，举办各类文体活动92场次，其中大型活动8场，开展文化走亲5场，发展壮大“龙泉银发艺术团”队伍，完成歌曲《湖州情》等作品，组织社区文体团队参加排舞、功夫扇等各类业务培训共182人次；“平安面馆”和“道德医院”约2/3篇幅以街道为背景进行拍摄并在央视四套播出。全年在市、区各类外宣平台共采录信息1000余篇。劳动保障持续加强。新增就业人数1428人，完成指标的120.6%；实现失业人员和困难人员再就业人数分别为825人和132人；发放失业救济金和社保补贴分别为319.1万元和99.2万元，办理高校毕业生临时生活补贴2人。新增城乡居保参保8人，到龄享受待遇191人，办理城乡居保待遇享受生存认证206人，领取丧葬费16人。完成52家用人单位书面审查，调处劳资纠纷投诉16起，欠薪人数24人，涉及金额8.59万元，结案率达100%。社会事业稳步推进。共有低保家庭149户，共194人，全年共发放低保金118.85万元。新申请公租房321户，符合条件86户。人口计生工作服务水平不断提升，认真完成计生信息采集、录入以及流动人口随访服务工作。高质量完成民兵整组点验和兵役登记工作，受到上级通报表扬肯定；扎实做好基层武装部评星挂牌工作。积极推进市陌河等2个社区争创市科普益民计划，新增紫云等2个社区10米科普文化长廊；着力打造“巾帼平安工程”“阳光少年工程”，评选并表彰2015年度街道幸福家庭60户，开展巾帼志愿者服务50余次。

坚持党建第一关键，队伍建设实现新加强。以“两学一做”学习教育为抓手，围绕“学、改、做、照”四方面，厚植党员干部理想信念、党性修养和干事创业热土，树立勤政、清正为民形象。带着问题学，在入脑入心中立标定规。内容上“加料”，除思想之尘。邀请省千名好支书谈国琴、市、区“两优一先”代表，用通俗易懂的“乡音”传递“党音”；开展“学党章党史、强先锋意识”知识竞赛和“忆峥嵘岁月、树党员形象”主题征文活动。载体上“加力”，解覆盖难题。开辟“网上+网下”双网互动平台，利用“红扬龙泉”微信公众号向辖区党员推送政策解读、动态播报等共20余条；利用党建服务联盟说事群，开辟宣讲“微课堂”，打造“指尖上”的学习讲坛；利用城市TV、社区宣传长廊等，打造党员身边的学习“微平台”。践行上“加码”，拉近党群距离。班子成员开展“四联双讲”走访连心活动，每名班子成员联系1个社区、两新党组织和1名楼道支部书记、党员骨干，每周利用1小时~至2小时，共开展党章党规、系列讲话宣讲活动32场次。机关干部依托“民情体验课”，每周深入联系社区、联片网格、联络责任区1小时，31名机关干部共走访党员家庭户103户、困难群众58户，解决民生实事50余件。社区干部以“民情四走”为载体，将日常走访与平安建设、文明创建有机结合，将学习教育宣传折页、党章读本送至党员家庭户。盯着问题改，在对标对表中立说立行。“一竿子”插到底，直刺症结不落空。组织社区党组织通过现场“看”、集中“论”、专题“议”的方式，结合党员党性体检，认真查找基层党组织和党员存在的短板，制定问题清单、整改清单以及责任清单，完成1个软弱涣散党组织整转提升工作。“一条心”转作风，持续发力不松劲。带着问题学、对着问题改，深入整治基层党员干部“作风不优、办事不力、服务不佳”等损害群众利益问题。以制度管人，让党员干部拉紧思想上的“弦”、补足精神上的“钙”。“一股劲”抓队伍，敢担敢为不退缩。实行街道机关干部每周下沉联系社区换位体验一天，社区干部 “每天两小时、每月不少于50户”走访制。设置比拼台，实行社区每月重点工作排名公示；实行机关公务人员“日志式”管理考核，结合“实绩考核、领导评价、部门（社区）评议”的“一考两评”模式，考准考实干部工作业绩；深化“周三岗位论坛”、谈国琴工作室等，打造干部成长比拼晾晒平台。迎着问题上，在攻坚克难中担当有为。实施分类管理。社区党组织提供政策宣传岗、民事调解岗、扶贫帮困岗等志愿服务岗，年轻党员利用党员固定活动日集中到岗服务；每月动态征集一批“微心愿”，2016年共有76个“微心愿”由在职党员认领，每季集中开展一次进社区活动，已先后开展“便民服务一家亲”“社区文明大家谈”等活动；依托机关离退休支部、社区老年文体协会等，组建“银色党员”宣讲团、“红臂章”巡逻队，开展中华好文化传播、中国好家风传承、小区设施安全巡查等活动；对下岗失业党员登记造册，根据就业意向等建立“爱心档案”，社区党组织通过走访座谈、结对帮扶，让下岗失业党员“离岗不离党”。完善服务体系。以街道为龙头、社区为补充，联动市区社会组织服务中心、12349社区便民服务中心等，完善“街道—社区—社会组织”三级服务体系。构建“楼长+网格长”服务架构，以社区楼幢为单元，以网格划分为单位，选取社区党员或在职党员担任楼长或网格长，形成“网中有格、人在格上、事在网中”志愿服务机制，在护航G20行动中，共组建党员志愿者队伍22支，483名党员干部参与网格志愿服务，共解决涉及安全隐患排查、重点人群稳控等问题81个。创新服务载体。引入“公益集市”理念，利用每月1号邻里守望日和每月15日固定服务日，由社区提供爱心面券送达、环境卫生整治等服务项目和心理慰藉、亲情陪伴、“一对一”陪读等专属个性化服务。照着制度抓，在廉洁自律中树优形象。作风建设更优，制定和完善《机关效能建设的实施意见》和《正风肃纪督查方案》，进一步强化干部的纪律意识、责任意识和服务意识，深化“社区四走”，开展“民情体验课”活动，切实转变社区干部工作作风。廉政建设更实，以“两学一做”学习教育和“党纪教育一刻钟”活动为载体，通过党委书记讲党课、街居干部集中观影等形式，进一步增强党员干部的党章党规党纪意识。分层分级签订责任书，构建街道、社区及各部门党风廉政建设责任体系；确定街道领导班子成员申报廉政风险防控项目10个，通过项目化管理，推进廉政风险管理程序规范化、标准化建设；组建由街道纪委委员带班，“两代表一委员”参与的暗访督查组，负责对街道和社区的工作效能、工作作风等问题进行明察暗访并以通报形式予以监督问责。2016年共开展“党纪教育一刻钟”活动15次，进行明察暗访并通报18次，查办党员违纪3起。

（张国地）

第二十一篇　人物·名录

·区四套班子，部门、高新区、乡镇、街道机构负责人名录·

凡标有“*”者，表明已在2016年内因退休、调职、免职、辞职等原因而去职。

中共吴兴区委员会

书　　记：蔡旭昶* 吴智勇
副 书 记：吴智勇* 陈　江　石一婷（女）
常　　委：陈永华* 周建新* 唐　华*（女）
茅利荣* 梅旗华* 宋建方　尹伟东*
朱建祥　张国英（女）　朱剑梁
温建飞　潘永锋　陈建良　洪　波
委　　员：（以姓氏笔画为序）
王正泉* 王明方* 王宝龙　王新太
宁　云　包永良　甘道民* 卢晓华
朱建忠　朱建豪* 刘突飞* 汤益培*
吴　旭（女）　吴金辉　沈　冰
沈志荣* 沈应华* 沈国强　陈　伟
陈新娣（女）　杨元江　张文斌
张志宏　陆安华　邱柏林* 汪胜富*
何锋峰　周　峻* 周文霞（女）
胡卫东　费屹巍　郭士忠　唐于建
徐伟华* 徐进磊　戚斌斌　温建飞*
慎小红（女）　潘　华　滕　辉
戴立新
候补委员：（以得票多少为序）
慎小红*（女）　张新华* 王宝龙*
厉云燕（女）　朱新民　杨　斌
吕志荣　邹德明　俞琴芳（女）
王　祎（女）

区委工作部门及直属单位、派出机构

办公室（区信访局、区委政策研究室、区档案局、区党史研究室、区委法治办）
主　　　　任：陈建良
副　　主　　任：王宝龙* 张美中　周　晗（女）
王国强　李小红
室务会议成员：姚连华　方红英（女）　叶　平*
李小红* 严晓娅（女）
张　寅* 陆继龙　李清华

区委、区政府信访局
局　　　　长：张美中
副　　局　　长：周　鹏　叶桢杰*
沈国强（兼织里分局局长）
陶文斌
信访督查专员：陆莉萍（女）

区委政策研究室
主　任：姚连华
副主任：李小红* 陆继龙

区档案局
局　长：周　晗（女）
副局长：严晓娅（女）　张　寅* 叶　伟

区党史研究室（地方志办公室）
主　任：陈建良
副主任：姚连华

区委法治办
主　任：陈建良
副主任：姚连华*

区委组织部（区机关党工委、区委人才办、区委两新工委、区委老干部局）

部　　长：朱剑梁
常务副部长：张　莉*（女）　胡卫东
副　部　长：胡卫东*　孙斌义　余胜奎
　　　　　　张惠新（兼）
部务会议成员：李　慧（女）　章伟杰

区机关党工委

书　　记：张　莉*（女）　胡卫东
副　书　记：李　慧（女）

区委人才办

主　　任：张　莉*（女）

区委两新工委

书　　记：孙斌义
副　书　记：许剑辉（女）　孙斌义*

区委老干部局

局　　长：张　莉*（女）　胡卫东
副　局　长：章伟杰*

区委宣传部（文联、社科联）

部　　长：茅利荣*　陈建良
常务副部长：王　祎（女）
副　部　长：王　祎*（女）　杨　勇　叶　平*
　　　　　　宋振强
部务会议成员：周振强　李晓明
文明办主任：宋振强（兼）

区文联

副　主　席：王　祎（女）

区社科联

主　　席：茅利荣*
副　主　席：李晓明

区委统战部（区民宗局、区台办、区侨办、区侨联、区工商联）

部　　长：宋建方
副　部　长：吕志荣　沈志荣　唐伟杰
部务会议成员：戴国新　诸　坚　唐伟杰*

区民宗局

局　长：吕志荣
副局长：戴国新

区台办

副主任：沈志荣

区侨办

副主任：沈志荣

区侨联

主　席：钱　凯

区工商联

主　席：朱新康
书　记：吕志荣
副主席：唐伟杰

区委政法委（区综治办、区委维稳办、区委防范办、区国安办）

书　　记：陈　江*　石一婷（女）
常务副书记：沈　冰
副　书　记：唐建兴　丁家荣
委　　员：朱乐鸣（女，下派）　钟继清*
　　　　　华勤德　付文桥　姚志忠

区综治办

主　任：丁家荣（兼）

区委维稳办

主　任：沈　冰（兼）
副主任：钟继清*（兼）　付文桥（兼）

区委防范办

主　任：唐建兴（兼）
副主任：付文桥*（兼）　华勤德

区国安办

主　任：朱乐鸣（女，下派）

区编委办

主　任：胡卫东
副主任：蒋立新　俞晔虹（女）

中共吴兴区纪律检查委员会

书　记：唐　华*（女）　张国英（女）
副书记：王新太　李艮水
常　委：朱　毓（女，挂职）　马文安*　史彦廷
　　　　陈　勇　叶熙熙（女）　唐国强
委　员：马文安*　王　勤*　王炯明*　王新太
　　　　石建明*　毕　琳*（女）　李艮水
　　　　杨叶盛*　杨建新*　张惠新*　胡卫东*
　　　　范丽华*（女）　周振强*　费　斌*
　　　　姚荣梅*（女）　唐　华*（女）
　　　　陈　勇　朱　毓（女，挂职）　史彦廷

叶熙熙（女） 王 芳（女） 王炯明
方红英（女） 吴吉琴（女）
吴宇昕 余胜奎 宋振强 张国英（女）
姜新明 郭荣光 唐国强 陶厦峰
蔡梅建 樊 军

区监察局

局 长：王新太

副局长：马文安* 朱 芳* 张王峰*（女）

吴兴区人民代表大会常务委员会

主 任：吴 旭（女）

副主任：陆永文*（女） 王元根 褚玉明（兼）
汤益培 杨华林 严安成 甘道民

委 员：（以姓氏笔画为序）
孙建美（女） 朱建荣 陈 杰
张 莉*（女） 吴仲清 邱金元
邱柏林* 邱根芳 沈旭荣 沈海明*
陆新法 颜利方 俞锦方 费 斌
钱宗禹 梅 丰 韩红霞（女）
蒋国荣 慎小红（女）

区人大常委会各委室

办公室

主 任：陈 杰

副主任：颜利方*（兼） 朱平良 孟胜炜

代表工委

主 任：邱柏林* 周功剑

副主任：季百顺

法制工委

主 任：朱建荣

副主任：郑晓玲（女）

财经工委

主 任：陆新法

农业农村工委

主 任：蒋国荣

教科文卫工委

主 任：颜利方

副主任：沈美利（女）

城建环资工委

主 任：梅 丰

副主任：王 勤

吴兴区人民政府

区 长：吴智勇* 陈 江

常务副区长：周建新*

副 区 长：朱建豪 汪胜富 温建飞
韩新梅（女） 潘永锋
洪 波（挂职） 王 青（女）
王秀琴*（女） 张文斌 李立红*
郑晓红（女） 张顺利

区人民政府工作部门及直属机构

办公室（法制办、外事办、新居民事务局、应急办、公共资源交易中心、农整办）

主 任：卢晓华

副 主 任：吴坚敏（女） 郑知慧* 朱平学*
邱利佳（女） 李学林

党组书记：卢晓华

党组成员：吴坚敏（女） 郑知慧* 章正军
朱平学* 邱利佳（女） 李学林
钱哲人 蔡宏杰 张 力*
唐 晔（女） 马浩强*

纪检组组长：章正军

法制办

主 任：卢晓华

副主任：吴坚敏（女） 顾人杰

外事办

主 任：卢晓华

副主任：张 力* 陈昌来

新居民事务局

局 长：卢晓华

副局长：王唯栋

应急办

主 任：马浩强*

公共资源交易中心

主 任：沈忠明

副 主 任：张锦平* 马文安 方立鑫

党 组 书 记：沈忠明

党组副书记：张锦平* 马文安

党组成员：方立鑫

农整办（矿治办）

主　任：郑知慧*

副主任：钱哲人

区发改委

主　　任：杨元江

副 主 任：谈　波*　罗　英*（女）
　　　　　王道文*（女）　谈黎伟*　周洪伟
　　　　　黄大春　李凌峰　王振宇

党组书记：杨元江

党组副书记：谈　波*　陶厦峰*　陈家荣
　　　　　罗　英（女）

党组成员：沈　飞*　周岳泉　王道文*（女）
　　　　　周洪伟　王振宇　毛维晖*
　　　　　陈颖峙*　魏会杰*

纪检组组长：周岳泉

区统计局

局　　长：陶厦峰*　罗　英（女）

副 局 长：陈家荣　毛维晖*

总统计师：倪海潮

南太湖产业集聚区吴兴分区管理委员会

主　　任：杨元江

常务副主任：周　峻*

副 主 任：沈　飞*　金嘉杰*

区金融办

主　　任：谈　波

副 主 任：蔡宏杰*　王道文（女）

党组书记：谈　波

党组成员：魏会杰*　王道文（女）

区教育局

局　　长：陆安华

副 局 长：周功剑*　周晓凤（女）
　　　　　岳慧兰*（女，挂职）　陈明强
　　　　　沙　勇

党委书记：陆安华

党委副书记：周功剑*

党委委员：周晓凤（女）　岳慧兰*（女，挂职）
　　　　　陈明强　沙　勇　应玲素（女）

区科技局

局　　长：陆宝根

副 局 长：陈诸胜　苏　娟（女）

党组书记：陆宝根

党组成员：陈诸胜　沈方林

区民政局

局　　长：唐于建

副 局 长：李鑫根　顾龙堂　姚新芳（女）

党组书记：唐于建

党组成员：李鑫根　顾龙堂　姚新芳（女）
　　　　　唐一平（女）　沈宏斌

区残联

理 事 长：唐于建

副理事长：徐　瑛*（女）　顾龙堂　唐一平（女）
　　　　　吴荣荣*　姚新芳（女）

党组书记：唐于建

党组成员：顾龙堂　吴荣荣*　姚新芳（女）

区司法局

局　　长：徐滟燕（女）

副 局 长：施荣法　顾　毅　王顺世

党组书记：沈继昌

党组成员：施荣法　顾　毅　王顺世

区财政局

局　　长：沈国强

副 局 长：杨卫华　叶　青（女）

总会计师：施江红（女）

党组书记：沈国强

党组成员：杨卫华　施江红（女）　叶　青（女）
　　　　　俞勤仕　潘斌松

区人力社保局

局　　长：张惠新

副 局 长：周慧东*　许丽萍（女）　朱海江
　　　　　陆培红（女）　唐晓华

党组书记：张惠新

党组副书记：许丽萍（女）

党组成员：张惠新　周慧东*　许丽萍（女）
　　　　　黄新发　朱海江　陆培红（女）

纪检组组长：蔡小丰

区住房和城乡建设局

局　　长：滕　辉* 　费学梅（女）
副 局 长：王会江　施卫民　钟俊英（女）
　　　　　周勤俭　曹建强
党委书记：滕　辉* 　费学梅（女）
党委委员：沈林林
纪检组组长：沈林林

区交通旅游局

局　　长：莫根方
副 局 长：朱根初　吴国民　宋恭勤　邱国强
　　　　　张双流*（下派）　冉楗强*（挂职）
党委书记：莫根方
党委副书记：朱根初
党委委员：吴国民　杨惠清　吕建梁

区水利局

局　　长：郁培荣
副 局 长：陆鸣霄
总工程师：席桂平（女）
党组书记：郁培荣
党组副书记：戴志华
党组成员：陆鸣霄　阮奇龙* 　席桂平（女）
　　　　　姚荣伟

区农林局

局　　长：甘道民* 　张　莉*（女）
副 局 长：胡旋波　钱轶毅　周林章　陈水华
　　　　　王天柱*
党组书记：甘道民* 　张　莉*（女）
党组成员：胡旋波　钱轶毅　周林章　陈水华
　　　　　朱益民　胡　亮

区农办

主　　任：甘道民* 　张　莉（女）
副 主 任：胡旋波　朱益民

区商务局

局　　长：陈　彬
副 局 长：吴利强　沈良彪　嵇建坤　谈黎伟
　　　　　朱江政　李占强
党组书记：陈　彬
党组副书记：吴利强
党组成员：嵇建坤　李占强　陈玉娟（女）
纪检组组长：周岳泉

区文体局

局　　长：蒋立敏
副 局 长：姚鸿鸣　吴敏娟（女）
　　　　　唐香琴（女）
党组书记：蒋立敏
党组副书记：姚鸿鸣
党组成员：吴敏娟（女）　唐香琴（女）
　　　　　季禧峰

区卫生和计划生育局

局　　长：姚树勤* 　简芬芳（女）
副 局 长：周秋芬（女）　李　波
　　　　　陆建兵
党委书记：姚树勤
党委委员：周秋芬（女）　李　波
　　　　　陆建兵　邵树乔*
红十字会专职副会长：邵树乔
计生协会专职副会长：谈晓春（女）

区审计局

局　　长：秦　胜*
副 局 长：朱　豪
总审计师：沈元萍（女）
党组书记：陈　燕*（女）
党组成员：沈元萍（女）

区环保局

局　　长：费学梅*（女）　周　李
副 局 长：周　李* 　吴伟中　何晔波
　　　　　胡建松
织里分局局长：周　李*（兼）　何晔波（兼）
党组书记：费学梅*（女）　周　李
党组成员：周　李* 　何晔波　胡建松
纪检组组长：陈根强

区安监局

局　　长：郭士忠
副 局 长：章国强　蔡永祥　沈乃鹰（女）
党组书记：郭士忠
党组成员：章国强　蔡永祥　沈乃鹰（女）
　　　　　赵永需

区执法局

局　　长：邹德明
副 局 长：顾群勇　杨国荣　计光明*
　　　　　范慧敏（女）　吴　频　韩　翔
　　　　　沈　滨
党委书记：邹德明
党委副书记：顾群勇
党委委员：顾群勇　杨国荣　计光明*
　　　　　范慧敏（女）　吴　频　韩　翔
　　　　　沈　滨*　朱晓芬（女）

区执法支队

支 队 长：邹德明
政　　委：顾群勇
副支队长：吴　频　韩　翔
党委书记：邹德明
党委副书记：顾群勇
党委委员：吴　频　韩　翔

区市场监督管理局

局　　长：石建民
副 局 长：陈冠强　吴继财　陶晓明　朱文伟
　　　　　陈　瑾（女）　华勤德*　彭卫忠
　　　　　周志刚
党委书记：石建民
党委副书记：陈冠强　吴继财
党委委员：陈根强　陶晓明　朱文伟
　　　　　陈　瑾（女）　华勤德*　彭卫忠
　　　　　周志刚　吴剑勇
纪检组组长：陈根强

区国税局

局　　长：赵健鸣
副 局 长：章传根　蔡晓强*　李建广
　　　　　陈惠莉（女）　蒋建刚
党组书记：赵健鸣
党组成员：章传根　蔡晓强*　李建广
　　　　　陈惠莉（女）　蒋荣方　蒋建刚
纪检组组长：蒋荣方

市政府派驻吴兴机构

区公安分局

局　　长：梅旗华*　朱建祥
政　　委：杨建新*　吴宇昕
副 局 长：单永杰　杨晓东　丁理平　朱海金
　　　　　陈永明
副 政 委：陈双林　傅　强
督 察 长：梅旗华*　朱建祥
政治处主任：傅　强
党委书记：梅旗华*　朱建祥
党委副书记：杨建新*　吴宇昕　杨晓东
党委委员：单永杰　陈双林　傅　强　丁理平
　　　　　方传江　朱海金　王唯栋　陈永明
　　　　　冯　剑
纪委书记：方传江

区地税分局

局　长：胡　放
副局长：沈鸿宾　诸建清*　陈　雷　徐明华

区国土分局

局　　长：王　勇
副 局 长：毛启明　徐　峰　吴　剑　姜建发
党委书记：王　勇
党委委员：毛启明　吴　剑　钱哲人　姜建发

区规划分局

局　长：陆元昶

吴兴城乡规划编制中心

主　任：陈启学*　沈　珏（女）

区广电中心

主　　任：周雪芬（女）
副 主 任：易发明　卢小媛（女）
　　　　　沈海林*（兼）　高群峰
党支部书记：周雪芬（女）　沈海林*

政协吴兴区委员会

主　席：潘　华
副主席：束明德　姚志凌　王正泉
　　　　徐滟燕（女）　周　峻*
副主席候选人：钱　旻
秘书长：王开成
常　委：陈建平　金斌斌（女）
　　　　张丽英（女）　吕志荣　陈家荣
　　　　俞晔虹（女）　俞丽欣（女）
　　　　徐　瑛（女）　周志明　蔡椒通
　　　　任晓瑛（女）　许增宝
　　　　陈　燕（女）　邱国强　宋恭勤
　　　　王国新　毛　伟（女）　叶　昉
　　　　任长林　吴新明　何明方　何荣林
　　　　沈利华　张咸明　范卫中
　　　　杭月明（女）　郑发明　柯文化
　　　　凌兰芳　虞　畅　薛　峰　释常进
　　　　胡　杰　廖传仙　施金章

区政协办公室及专门委员会

办公室
主　任：王开成
副主任：沈秀梅（女）　陈坤华（女）

提案委员会
主　任：胡旋波
副主任：陈坤华（女）

经济科技委员会
主　任：陈建平
副主任：阮奇龙*

文教卫体和学习文史委员会
主　任：金斌斌（女）

社会法制委员会
副主任：于　涛

委员工作委员会
主　任：张丽英（女）

驻吴兴军事组织

区人武部

部　　长：尹伟东
政治委员：陈共团
副 部 长：赵江峰
军事科科长：赵江峰（兼）
政工科科长：刁江帆
后勤科科长：赵　云

武警吴兴区消防大队

政治教导员：柳　斐*（女）　蒋　挺
大 队 长：毛海祥
副大队长：吕　雷　姚旭翔
党委书记：柳　斐*（女）　蒋　挺
党委副书记：毛海祥
党委委员：吕　雷　姚旭翔　徐　刚*
　　　　　陈振一　徐一峰　冯益锋
飞英中队指导员：徐一峰
吴兴中队指导员：冯益锋
织里中队指导员：郭　威

司法部门

区人民法院

院　　长：周文霞（女）
副 院 长：王炯明　潘轶华　沈文法
　　　　　许丹红（女）
政治处主任：杨　旭
执行局局长：崔颂文
党组书记：周文霞（女）
党组副书记：王炯明　潘轶华
党组成员：沈文法　薛跃伟　何健康　杨　旭
　　　　　崔颂文
纪检组组长：薛跃伟

区检察院

检 察 长：刘突飞*
代检察长：戴立新
副检察长：毕　琳*（女）　郭荣光　王宇飞
政治处主任：郑　洁（女）
检察委员会专职委员：李建芳　顾鸿庚
党组书记：刘突飞*　戴立新
党组副书记：毕　琳*（女）
党组成员：王耀斌　郭荣光　王宇飞
　　　　　郑　洁（女）

纪检组组长：王耀斌

群众团体

区总工会

主　　席：汤益培
副 主 席：慎小红（女）　王全勇
经审会主任：洪缨莉（女）
党 组 成 员：吴　隽　应玲素（女）

团区委

书　　记：钱宗禹
副 书 记：闵慧晶（女）　杨　斌　丁百川
董建新　施秋艳（女）
党组书记：钱宗禹
党组成员：闵慧晶（女）　杨　斌　丁百川
董建新　施秋艳（女）

区妇联

主　　席：俞琴芳（女）
副 主 席：俞丽欣*（女）　李　岚（女）
宋晓萍（女）
党组书记：俞琴芳（女）
党组成员：俞丽欣*（女）　李　岚（女）
宋晓萍（女）

企事业单位

区供销社

主　　任：沈建华*　朱平学
副　主　任：张步峰
党 总 支 书 记：朱平学（兼）
党总支副书记：施阿兴*

国网湖州供电公司客户服务中心

主　　任：孙　益
副　主　任：陈志武　钱学卿　徐　枫　张　辉*
张凤翱*　吴刚勇*　楼小波*
沈根强
党总支书记：曹荣荣*　徐惠强

邮政分局

局　长：王　俭（兼）

电信分公司

总　经　理：管建强
副 总 经 理：杨建平
总经理助理：童建新

移动分公司

总　经　理：朱剑伟*　沈海明
副 总 经 理：徐　昕　顾剑萍（女）　韩　众
总经理助理：丁洪明*
党支部书记：朱剑伟*　沈海明
党支部委员：徐　昕　顾剑萍（女）　韩　众
丁洪明*　陆璐媛（女）

联通分公司

总　经　理：丁春雷
副 总 经 理：王　锋*　陈　敏*（女）　岳卫平
总经理助理：严　赟

工行吴兴支行

行　　长：田立新
副　行　长：张惠平　高　静*（女）
钱赛男*（女）
行 长 助 理：汪龙生　沈俊佳
内控监察专员：黄　巍（女）

农行吴兴支行

行　　长：朱文泉
副 行 长：嵇　峰　孔利敏*（女）
行长助理：周　芸（女）　沈小菊（女）
党委书记：朱文泉
党委成员：嵇　峰　孔利敏*（女）　周　芸（女）
沈小菊（女）

中国银行吴兴支行

行　长：王学峰
副行长：刘　倩（女）　闵宏伟

建行吴兴支行
副行长：张 麒 周国峰 郭品华*（女）

交行吴兴支行
行 长：陈鑫林
行长助理：蔡雄杰

湖州银行吴兴支行
行 长：周建良
副 行 长：汤根江* 黄新林* 陈 辉
朱静燕（女）
行长助理：陈 辉* 赵汉琴（女）

湖州银行城南支行
行 长：潘任斌
副 行 长：阮锦萍（女）
行长助理：朱静燕*（女） 沈利丽（女）

湖州银行城北支行
行 长：吴玉妹（女）
副 行 长：姜 虹（女）
行长助理：姜 虹*（女） 叶文勇

湖州银行城西支行
行 长：黄 坚
副 行 长：何火元* 唐英姿（女）
行长助理：沈 琦

湖州银行南园支行
行 长：孙为民
副 行 长：胡韫华（女） 陆 晖（女）
行长助理：陆 晖*（女）

吴兴农村合作银行
董事长：沈旭荣
行 长：王国华
副行长：吴国良 殷树云*（女） 曹良海
监事长：汪振伟*

辖 区

湖州南太湖高新技术产业园区管理委员会
党 委 书 记：周建新*（兼） 潘永锋（兼）
党委副书记：周 峻*（兼） 陈 伟 费争荣
傅 军 沈良彪（下派）
沈丹芬（女） 金嘉杰（兼）
吴大鹏（下派）
党 委 委 员：沈良彪*（挂职） 陶厦峰（兼）
沈 飞 陶承欢 杨树民 叶 伟*
钱哲人*（挂职） 舒国锋*
沈连根（兼） 樊 军* 褚屹东
赵勤学 沈美利（女，兼）
纪 委 书 记：陶厦峰*（兼） 樊 军* 朱 伟
主 任：周建新*（兼） 陈 伟
常务副主任：陈 伟*
副 主 任：傅 军 沈良彪（下派）
金嘉杰（兼） 沈 飞（兼）
陶承欢 杨树民 叶 伟*
钱哲人*（挂职） 褚屹东 赵勤学
傅 饶*（挂职）

织里镇
党 委 书 记：陈永华* 温建飞
党委副书记：宁 云 王宝龙*（下派）
单永杰 彭建国* 盛 舸
王国华
党 委 委 员：蔡梅建 蒋锦荣 章惠民*
周郑洁（女） 陈 云（挂职）
钱伟忠 舒忠明* 王国华*
杨 枫（女） 蔡建新 汤雪东
刘玉军 沈 滨
纪 委 书 记：蔡梅建
人大常委会主席：费 斌* 彭建国
人大常委会副主席：潘新林 史宁慧（女）
镇 长：宁 云
副 镇 长：钱伟忠 王国华* 沈 波
黄 栩 蒋锦荣* 周郑洁*（女）
刘玉军* 舒忠明
人武部部长：章惠民* 刘玉军
公安分局局长：单永杰

八里店镇
党 委 书 记：温建飞* 滕 辉
党委副书记：张学民 潘新利* 吴群伟
潘卫华* 黄永强
林 刚*（下派）
代 旻（挂职）
郑知慧*（下派）

李小红（下派）
党委委员：吴群伟* 叶　伟（下派）
郭欢欢　王　芳（女）
计光明（下派）　冯　剑（兼）
钟俊英（女，下派）　黄永强*
钱娟丽（女）　褚云江（挂职）
张　力　王　坤（挂职）
闵慧晶*（女，下派）　徐建民*
纪委书记：王　芳（女）
人大主席：沈海明*　潘新利
人大常委会副主席：高建强　徐建民
镇　　长：张学民
副 镇 长：郭欢欢　沈镇华　厉海斌
吴群伟*　于建华
政协联络处主任：韦　勤*
人武部部长：徐建民*　计光明
派出所所长：冯　剑

八里店街道

党委书记：郑知慧*（兼）
叶　伟（兼，下派）
办事处主任：沈镇华*（兼）
叶　伟（兼，下派）

常路街道

党工委书记：张学民*（兼）　吴群伟（兼）
街道主任：吴群伟（兼）

道场乡

党委书记：沈应华*　王宝龙
党委副书记：臧　丹*（女，下派）
叶惠虎　林金鹏（挂职）
党委委员：陈昌来*　钱娟丽*（女）　施林忠
章明轩（挂职）　施小龙　沈洪海
张伟伟　吴利梅（女）
陈绍宾（挂职）　张建忠　叶存模
纪委书记：吴利梅（女）
人大常会会主席：薄国欣
人大常委会副主席：陈　鹏*　袁　龙
乡　　长：简芬芳*（女）　叶惠虎
副 乡 长：陈昌来*　沈洪海　张建忠　叶存模
魏会杰
派出所所长：施小龙

妙西镇

党委书记：包永良
党委副书记：杨健康*　蔡滨斌　沈建良
党委委员：章春霞（女）　沈明亮　吴仁斌
李旭强　叶江华　吴　剑（挂职）
方立鑫（下派）
纪委书记：章春霞（女）
人大常委会主席：钱忠伟　邹伟平
人大常委会副主席：倪　帆*　李丽华（女）
严晓程*（兼）
镇　　长：蔡滨斌
副 镇 长：沈明亮　吴仁斌　沈宏伟　倪　帆
沈建良*
人武部部长：叶江华
派出所所长：李旭强

吴兴西塞山旅游度假区管委会

主　任：包永良
副主任：蔡滨斌　沈明亮　吴建娟（女）

埭溪镇

党委书记：朱建忠
党委副书记：杨国志*（下派）　戚斌斌　叶　平
陆　荣
党委委员：杨　斌*　章忠元*　王明强*
陈勇杰　张　健　章　华　王佐彬
莫芬芬（女）　钱卫华　周何金*
纪委书记：王明强*　樊　军
人大常委会主席：陈永祥
人大副常委会主席：金建新*　俞小建
镇　　长：戚斌斌
副 镇 长：章忠元*　陈勇杰　张　健
陈子龙　邱国强（下派）　周何金
人武部部长：王佐彬
派出所所长：章　华

东林镇

党委书记：黄建丰*　何锋峰
党委副书记：何锋峰*　陆　敏　王建国
党委委员：朱　伟*　蒋立新*
付文桥*（下派）　陆正荣*（下派）
钱水中　汤应东　宋　云
丁　媛（女）　郝初浩（兼）
王明强　叶桢杰　王松伟（下派）

纪委书记：朱　伟* 王明强
人大常委会主席：沈建明* 吴黎存
人大常委会副主席：费金松* 蒋杰宇
镇　　长：何锋峰* 陆　敏
副 镇 长：潘新江* 李凌峰*
陈　翔*（下派） 钱水中
丁　媛（女） 王天柱
张佩方（女）
人武部部长：汤应东
派出所所长：郝初浩

环渚街道

党委书记：费屹巍
党委副书记：朱新民 许丽萍*（女）
潘卫华 郑　昱（女，挂职）
党委委员：沈子昌 周颖锋 陶国华
戴滨斌 倪正侠 姚鸣杰
沈培英（女）
纪委书记：陶国华
人大工委主任：丁永才
人大工委副主任：何荣林
办事处主任：朱新民
办事处副主任：戴滨斌 倪正侠 周喜铃
章忠元
人武部部长：倪正侠
派出所所长：姚鸣杰

月河街道

党委书记：徐进磊
党委副书记：姜　菊（女，下派） 王建国*
钱宗禹
党委委员：钱新祥 顾小林 陈　亮
张伟娥*（女） 朱成钢
施文杰 金琴琴（女）
纪委书记：张伟娥*（女） 陈　亮
人大工委主任：章利民
人大工委副主任：赵　瑛*（女） 金建新
办事处主任：姜　菊（女，下派）
办事处副主任：钱新祥 顾小林 陈　亮*
章惠民 赵　瑛（女）
人武部部长：施文杰
派出所所长：朱成钢

朝阳街道

党委书记：厉云燕（女）
党委副书记：傅宇晨 邹伟平* 吴黎存*
党委委员：费利强 吴吉琴*（女）
虞志强 周　炜 余德东
徐长风 吴彩英（女）
张敏敏*（女，挂职）
纪委书记：周　炜
人大工委主任：邹伟平*
人大工委副主任：周　亮
办事处主任：傅宇晨
办事处副主任：周　亮* 虞志强* 陈颖峙
人武部部长：费利强
派出所所长：余德东

爱山街道

党委书记：张新华
党委副书记：俞海屏（女） 陈晓华（女）
党委委员：张松法 赵　骏 洪　益
张国强 陈　芸（女） 马浩强
陈　杰* 周　斌* 张伟伟*
纪委书记：洪　益
人大工委主任：张新华
人大工委副主任：陈　杰 赵中根*
办事处主任：俞海屏（女）
办事处副主任：张松法 周慧东 潘新江
陈　芸*（女）
人武部部长：张国强
派出所所长：赵　骏 周　斌*

飞英街道

党委书记：陈新娣（女）
党委副书记：朱　冰 费　斌 余胜奎*
党委委员：朱阶立 吴吉琴（女） 端金健
蒋　涛 张　寅 卢　锋
韩红霞（女） 翟舟东
钱卫华* 李丽华*（女）
纪委书记：吴吉琴（女） 李丽华*（女）
人大工委主任：费　斌 陈新娣*
人大工委副主任：邱新华
办事处主任：朱　冰
办事处副主任：朱阶立 端金健 蒋　涛
人武部部长：卢　锋

派出所所长：翟舟东

龙泉街道

党委书记：张志宏
党委副书记：姜新明　程文秋
党委委员：谈国琴（女）　彭鼎顺
张伟娥（女）　宋　云　冯　斌
张　妍（女）　张震凯
杨　枫*（女）
许金凤*（女，挂职）
纪委书记：杨　枫*（女）　张伟娥（女）
人大工委主任：程文秋
人大工委副主任：胡裕强
办事处主任：姜新明
办事处副主任：冯　斌　徐　华　屠征峰
人武部部长：彭鼎顺
派出所所长：张震凯

第二十二篇　统计资料

·2016年吴兴区国民经济和社会发展统计公报·

2016年，面对宏观经济下行压力加大、发展速度整体放缓的严峻形势，在区委、区政府的正确领导下，紧紧依靠全区人民，主动适应发展新常态，持续推进“八大行动”，聚力聚焦“六大战区”，突出创新发展，加快转型升级，攻坚克难，拼搏奋进，圆满完成各项目标任务，全区经济社会发展迈上新台阶。

一、综　合

全区经济平稳运行，结构调整稳步推进。据市统计局初步核算，1—12月，全区实现地区生产总值（GDP）476.54亿元，按可比价计算，比上年增长8.2%，增速居全市第二位，高于全市平均0.7个百分点。分产业看，第一产业增加值20.49亿元，增长2.5%；第二产业增加值200.03亿元，其中工业增加值178.77亿元，分别增长7.1%和7.6%；第三产业增加值256.02亿元，增长9.5%。分产业结构看，一、二、三产结构为4.3：42.0：53.7，经济结构继续优化。人均生产总值104199元，增长8.6%，折合15687美元。

实现公共财政预算总收入43.70亿元，同比增长12.0%，其中地方一般预算收入26.37亿元，增长14.2%，地方财政税收收入23.52亿元，增长12.9%。在地方税收中，实现增值税7.89亿元、营业税4.98亿元、企业所得税2.84亿元、个人所得税1.03亿元，分别增长23.7%、27.5%、1.6%和29.1%。全年公共财政预算支出25.81亿元，增长13.6%，高于财政收入增幅1.6个百分点。其中一般公共服务、公共安全、社会保障和就业、医疗卫生、城乡社区事务支出分别增长13.1%、5.2%、50.8%、20.9%和27.4%。

居民消费价格总指数101.6，其中，医疗保健价格上涨1.2%，娱乐教育文化用品类价格上涨2.2%，烟酒及用品上涨0.6%，衣着价格上涨2.5%，居住价格上涨1.1%，生活用品及服务价格与上年持平，而交通和通讯价格回落1.9%。

二、农业和农村经济

农林牧渔业实现增加值21.61亿元，按可比价计算，增长2.7%。其中：种植业增加值8.97亿元，与上年持平；林业增加值1.61亿元，下降6.2%；牧业增加值2.49亿元，下降1.6%；渔业增加值7.42亿元，增长11.0%；农林牧渔业服务业增加值1.12亿元，增长6.0%。2016年，全区粮食作物播种面积23.60万亩，蔬菜播种面积10.70万亩，与上年基本持平；花卉、观赏和绿化苗木和盆栽类园艺继续保持较快增长，全年花卉苗木种植面积达1.95万亩，增长16.4%。年末生猪存栏4.89万头，同比减少30.8%，水产养殖总面积5.80万亩，增长11.5%，水产品总产量6.67万吨，增长2.5%。

新增市级农业龙头企业2家，市级以上农业龙头企业累计达30家，新注册家庭农场73家、累计达230家，新增农民专业合作社1家、累计达253家，创建合作社联合社2家、累计达6家。

三、工业和建筑业

工业经济运行保持平稳发展的良好态势，全区实现工业增加值178.77亿元，增长7.6%。其中规模以上工业实现工业增加值112.12亿元，增长8.0%。全年，规模以上工业实现总产值633.77亿元，增长6.9%。产业结构优化升级，新兴产业势头强劲，战略性新兴产业实现增加值47.77亿元，增长11.7%，增幅居全市第一，高新技术产业、装备制造业实现增加值 37.93 亿元、33.43 亿元，同比增长 7.4%和9.6%，增幅均居全市第二。节能降耗切实有效，万元工业增加值能耗下降率为 2.8%，七大高耗能行业中有五个行业万元增加值能耗呈下降态势。

年末拥有建筑企业 66 家，完成建筑业总产值423.17 亿元，增长 10.7%，其中建筑工程产值 363.61亿元，增长 12.6%；房屋建筑施工面积 2406.73 万平方米，下降 0.2%，其中新开工面 1264.80 万平方米，增长 29.7%。

四、固定资产投资和房地产

完成固定资产投资 291.92 亿元，增长 13.9%，增速位列全市第一。其中：第二产业投资 107.12 亿元，增长 12.8%，其中现代化技改 87.41 亿元，占全部工业性投入的比重为 81.6%；第三产业增长显著，完成投资额 184.80 亿元，增长 16.6%，其中房地产投资 83.71 亿元，增长 0.9%，基础设施投资 64.77亿元，增长 48.1%。

房地产开发投资 83.71 亿元，增长 0.9%。商品房施工面积 558.39 万平方米，下降 8.2%，商品房竣工面积 113.85 万平方米，下降 6.2%。住宅销售面积139.28 万平方米，增长 60.9%，住宅销售额 95.12 亿元，增长 44.7%，住宅待售面积 15.19 万平方米。

五、国内贸易和对外经济

实现消费品零售总额 305.17 亿元，增长 11.2%，较上年提升 2.2 个百分点。限额以上批发零售业分别实现销售额 641.13 亿元和 197.54 亿元，同比增长28.0%和 12.6%，增幅较上年均有所上升。餐饮业回升明显，实现营业额 7.36 亿元，增幅从上年同期的 –1.4%提升至 23.1%。从限额以上批零贸易业销售分类情况来看，汽车类、金银珠宝类低位增长，分别增长 0.6%和 2.7%。服装、鞋帽、针纺织品类引领消费市场，实现销售额 467.51 亿元，增长 41.5%。

外贸进出口总额 82.10 亿元，同比下降 8.1%，其中：自营出口 68.20 亿元，增长 0.9%，低于全市平均 7.8 个百分点。主要出口产品除机电产品增长19.6%外，纺织原料及其制品、木及木制品、贱金属及其制品分别下降 11.1%、1.4%和 16.7%，亚、欧、北美三大市场出口占比分别为 41.5：24.1：21.4，全年实现进口额 13.91 亿元，下降 35.8%。

六、科学技术和教育

新增高新技术企业 16 家，省级企业研究院 2 家，研发中心 6 家。成功立项省重点科技计划项目 3 项；成功备案国家级众创空间 2 家、省级 3 家，金融客吧获评省级优秀众创空间；新增省“千人计划”6人，浙江金洲管道科技有限公司、浙江晨华科技有限公司等 6 家企业成功入选年度市级领军型创新团队；浙江久立特材科技股份有限公司成功获选全国示范院士专家工作站，新增市级院士专家工作站 3家。

共有各级各类学校 107 所，在校学生 81589 人。其中：小学 20 所，在编教职工 1943 人，专任教师2355 人，在校学生 43227 人，小学入学率和巩固率均为 100%；初中 19 所（含九年一贯制学校），在编教职工 1587 人，专任教师 1301 人，在校学生 13468人，初中入学率和巩固率均为 100%，初中毕业生升学比例达 99.12%；农村成人技术培训学校 9 所，在编教职工 44 人，专任教师 47 人；幼儿园 59 所，在园幼儿 24894 人，在编教职工 233 人，专任教师 1452人。全面推动省教育现代化区的创建推进工作，顺利通过全国中小学校责任督学挂牌督导创新区国家级实地核查；成功创建为省教育技术装备规范化管理示范区。5 所新（扩）建中小学竣工投入使用，6所幼儿园新办开园，8 所新建学校（园）全面启动工程建设，13 所乡镇学校校园综合改造顺利完成。

七、文体、卫生和社会保障

深入推进“文化惠民”，大力推进基础设施建设。每万人拥有公共文化设施建筑面积为 4367.50 平方米，比 2015 年的 4125.88 平方米高出 241.62 平方米。推进文化站免费开放工作，增加文化站功能室；建设 20 个幸福礼堂，增加农村公共文化用房；加快美丽乡村建设，提升公共文化设施建筑面积。新增全民健身路径 360 件，场地面积 7200 平方米；新建笼式足球场 1 个、门球场 1 个，篮球场 16 个、乒乓球桌 62 张，场地面积 17948 平方米；新建省级中心村全民健身广场 1 个，市级中心村健身广场 6 个，场地面积 29000 平方米，合计新增体育场地面积 54148平方米。

成功创建省级卫生应急示范区，进一步健全突发公共卫生事件应急体系，完善应急物资储备，本年度未发生突发公共卫生事件。完成基本建设项目 3个中心、10 个站，总投入 228 万元。继续深化责任医生签约服务工作，全年规范签约 141499 人，规范签约率达 23.0%。逐步开展“双下沉、两提升”工作，进一步健全责任医生全程服务、社区首诊、双向转诊等工作机制。

新增就业17616人，帮扶失业人员再就业5819人，困难人员再就业753人；城镇登记失业率控制在2.8%，“零就业”家庭保持动态归零。组织参加职业技能培训4506人，职业技能鉴定发证3127人。城乡居民基本养老保险参保人数11.87万人，待遇享受人员6.6万人，新增参保2250人，办理老农保待遇人员个账转入415人，落实职保协助代扣3668人；城乡居民基本医疗保险参保33.03万人，参保率达98.7%，累计筹集基金2.77亿元，累计制发、补办社保卡3.1万张，全面实施机关事业单位养老保险制度。

八、城乡建设与社会公共安全

小城镇综合治理全面启动，成功创建省级美丽乡村先进县（区）。优化整合教育资源，大力实施城乡校园综合改造，成功创建全国义务教育发展基本均衡县（区）、全国中小学心理健康教育示范区。医疗卫生体制综合改革全面推进，积极承接中心城区卫生服务职能，城市社区卫生服务中心和服务站扩面提质，区人民医院主体完工。公共文化服务体系不断完善，获批省农村文化礼堂建设先进县（区）。区文体中心加快建设。钱山漾遗址被命名为世界丝绸之源，太湖溇港入选世界灌溉工程遗产名录。社会保障水平逐年提高，区社会福利中心建成启用，城乡社区居家养老照料中心实现全覆盖。城中村改造和保障房建设走在全市前列。

加强基层社会治理，安全生产各项控制指标实现负增长。成功创建省级药品安全示范县（区）。圆满完成G20峰会安保任务，实现“法治吴兴”三连冠、“平安吴兴”四连冠。

九、人口、人民生活和环境保护

全区年末户籍人口45.59万人，其中男性22.44万人，女性23.15万人，分别占总人口的49.2%和50.8%；农业人口20.86万人，非农人口24.73万人，分别占总人口的45.8%和54.2%；全年出生人口4120人，死亡人口2792人，全区自然增长人口为1328人。

城镇居民人均可支配收入47170元，增长8.3%。其中，工资性收入25481元，增长8.5%；经营性收入9119元，增长5.8%。农村居民人均可支配收入27391元，增长8.9%，其中工资性收入20124元、家庭经营收入5421元，分别增长9.2%和6.8%。农村消费能力不断增强，人均消费支出16923元，同比增长8.4%。农村居民收入增幅高于城镇居民收入增幅0.6个百分点，城乡收入差距比进一步缩小。

统筹推进“五水共治”“三改一拆”“四边三化”等工作，加强小砂洗、小印花行业整治。拆除温室龟鳖养殖棚150万平方米，关停整治畜禽养殖场103家。深入推进农村生活污水治理，20个行政村的农村生活污水治理项目全部完工。着力抓好扬尘、废烟、废气治理，完成276家餐饮店油烟净化器安装，查处无牌无证摩托车198辆，淘汰黄标车80辆、小锅炉76台，秸秆综合利用率达95.5%。组织相关企业开展固废、危废申报登记，推进重点危废处置利用项目实施和潜在污染场地排查。

说明：

1. 本公报部分数据为快报数；

2. 生产总值、增加值绝对数按现价计算，增长速度按可比价计算；

3. 人均水平有关数据均按户籍人口计算；人均生产总值按常住人口计算为79953元，折合12037美元；

4. 规模以上工业企业指年销售收入2000万元及以上工业企业；

5. 限额以上贸易企业指年主营业务收入在2000万元及以上的批发贸易企业、年主营业务收入在500万元及以上的零售贸易企业；

6. 固定资产投资指计划总投资500万元及以上的投资项目和全部房地产开发投资；

7. 本公报数据除教育、文化、卫生部分指标外均不含湖州经济技术开发区、湖州太湖旅游度假区

·统计图（表）·

2003—2016年吴兴区生产总值（GDP）一览表

表22-1

年份	2003	2004	2005	2006	2007	2008	2009	2010	2011	2012	2013	2014	2015	2016
实绩（亿元）	105.10	128.20	148.50	173.12	189.58	217.32	233.00	267.46	315.37	347.70	376.03	409.70	439.17	476.54
增幅（%）	16.6	17.2	15.8	15.2	14.4	10.6	10.4	12.2	11.6	9.7	9.0	9.4	8.8	8.2

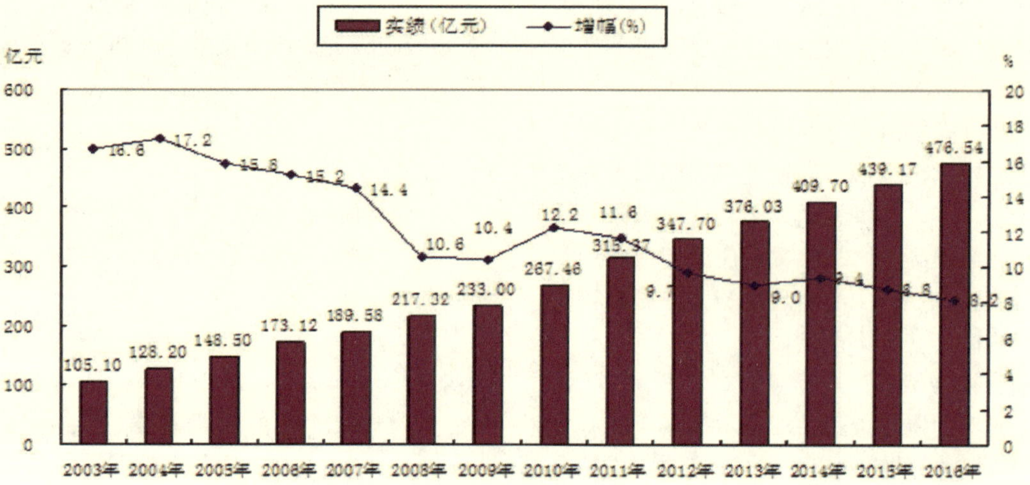

2003—2016年吴兴区生产总值（GDP）图

2003—2016 年吴兴区财政总收入一览表

表 22-2

年 份	2003	2004	2005	2006	2007	2008	2009	2010	2011	2012	2013	2014	2015	2016
实绩（亿元）	6.32	7.90	9.34	11.46	14.21	16.85	18.57	22.19	27.01	28.92	31.62	34.55	39.03	43.70
增幅（%）	29.0	26.5	18.7	22.7	24.0	18.6	10.2	19.5	21.7	7.1	9.3	9.3	9.5	12.0

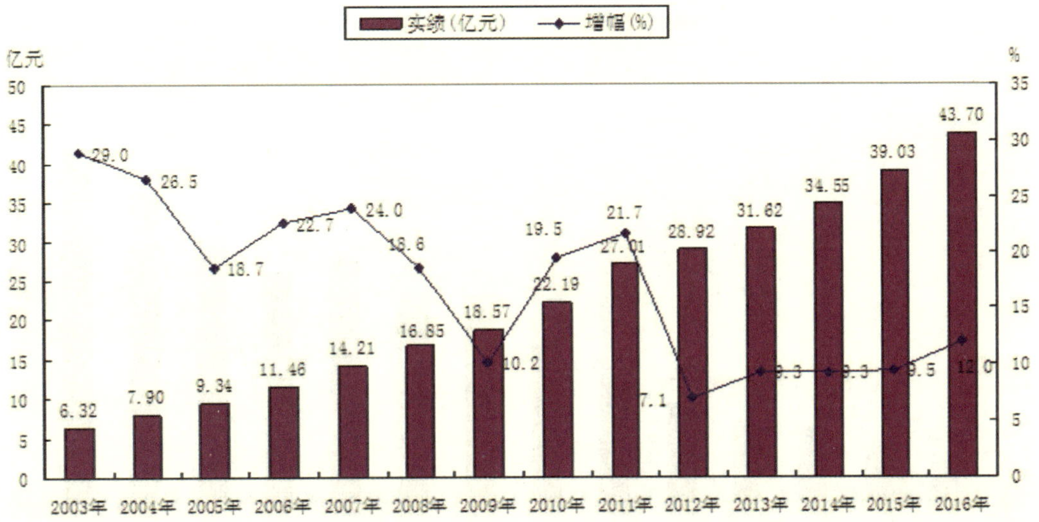

2003—2016 年吴兴区财政总收入图

2003—2016年吴兴区固定资产投资一览表

表22-3

年份	2003	2004	2005	2006	2007	2008	2009	2010	2011	2012	2013	2014	2015	2016
实绩（亿元）	38.89	47.88	59.91	68.79	81.35	97.50	128.67	158.51	167.91	203.89	188.76	221.30	256.38	291.92
增幅（%）	29.7	23.1	25.1	14.8	18.3	19.8	21.6	23.1	23.5	21.1	-1.2	17.2	15.9	13.9

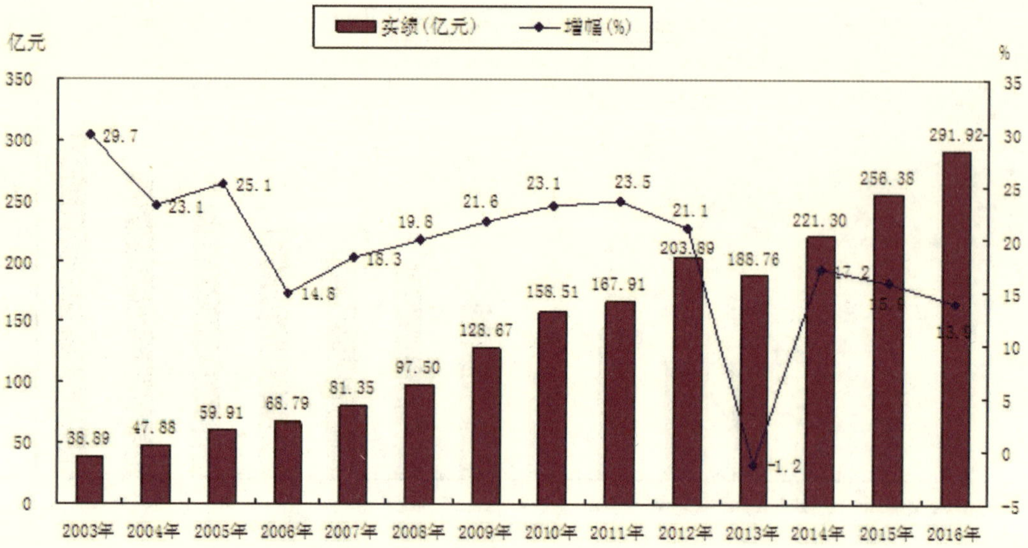

注：2003—2010年统计口径为全社会固定资产投资，2011年开始统计口径为限额以上固定资产投资

2003—2016年吴兴区固定资产投资

2003—2016 年吴兴区城镇居民人均可支配收入一览表

表 22-4

年 份	2003	2004	2005	2006	2007	2008	2009	2010	2011	2012	2013	2014	2015	2016
实绩（元）	12607	13664	15618	17912	20046	21870	23242	25572	29591	33560	36932	40138	43535	47170
增幅（%）	10.7	13.4	14.3	11.3	12.9	9.1	6.5	10.0	15.7	12.4	10.0	8.9	8.5	8.3

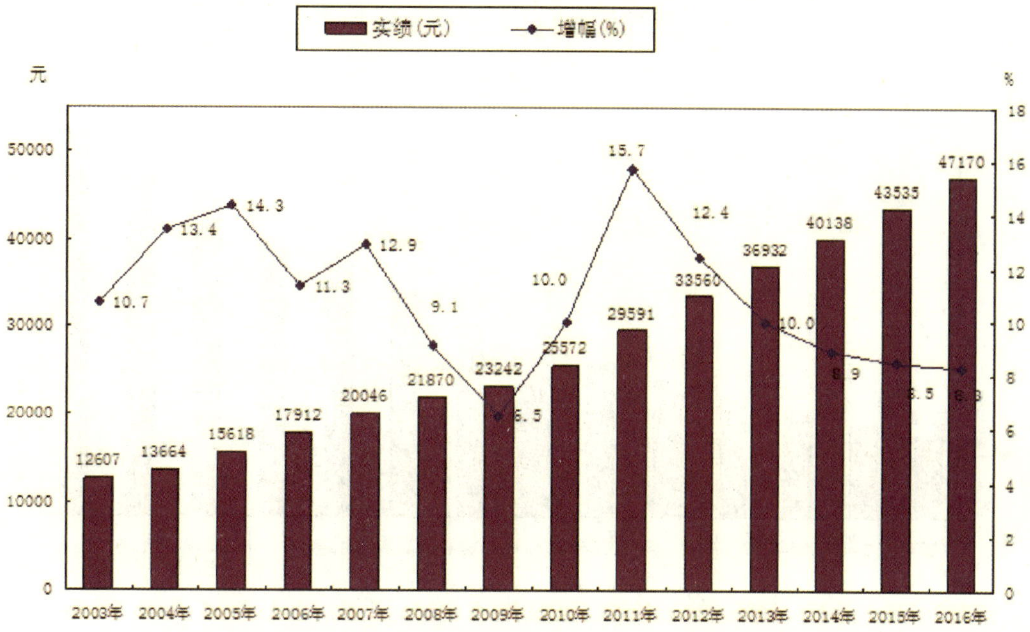

2003—2016 年吴兴区城镇居民人均可支配收入图

2003—2016年吴兴区农村居民人均可支配收入一览表

表22-5

年 份	2003	2004	2005	2006	2007	2008	2009	2010	2011	2012	2013	2014	2015	2016
实绩（元）	5702	6478	7405	8465	9685	10913	11900	13486	15895	17739	19645	23075	25142	27391
增幅（%）	8.6	13.6	14.3	14.3	14.4	12.7	9.0	13.3	17.9	11.6	10.7	10.9	9.0	8.9

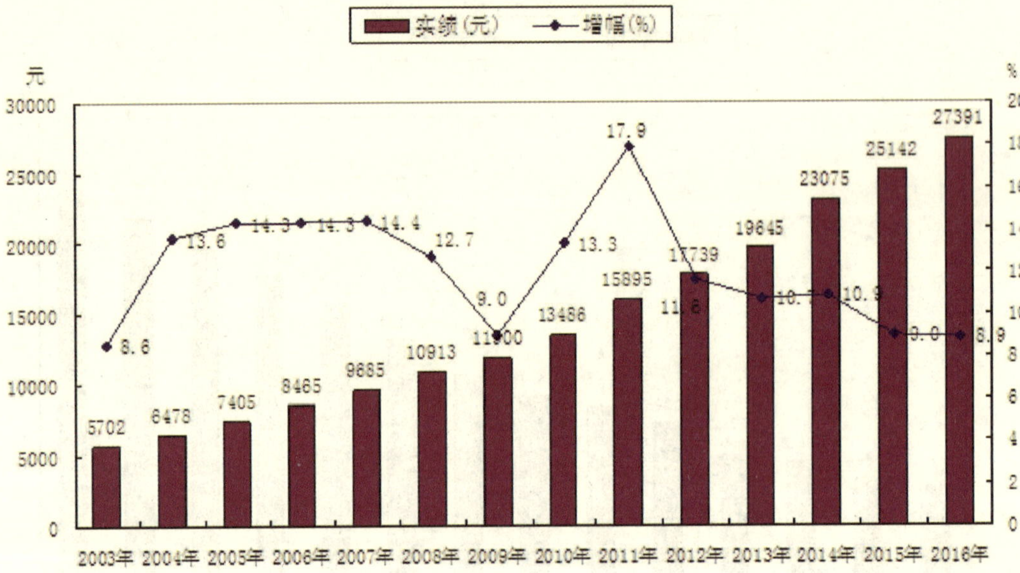

2003—2016年吴兴区农村居民人均可支配收入

2003—2016 年吴兴区社会消费品零售总额一览表

表 22-6

年 份	2003	2004	2005	2006	2007	2008	2009	2010	2011	2012	2013	2014	2015	2016
实绩（亿元）	50.50	58.20	64.32	74.26	86.79	103.80	119.58	123.98	147.23	170.92	220.71	253.83	276.73	305.17
增幅（%）	12.3	15.2	15.5	15.5	16.9	19.6	15.2	18.5	18.8	16.1	14.8	15.0	9.0	11.2

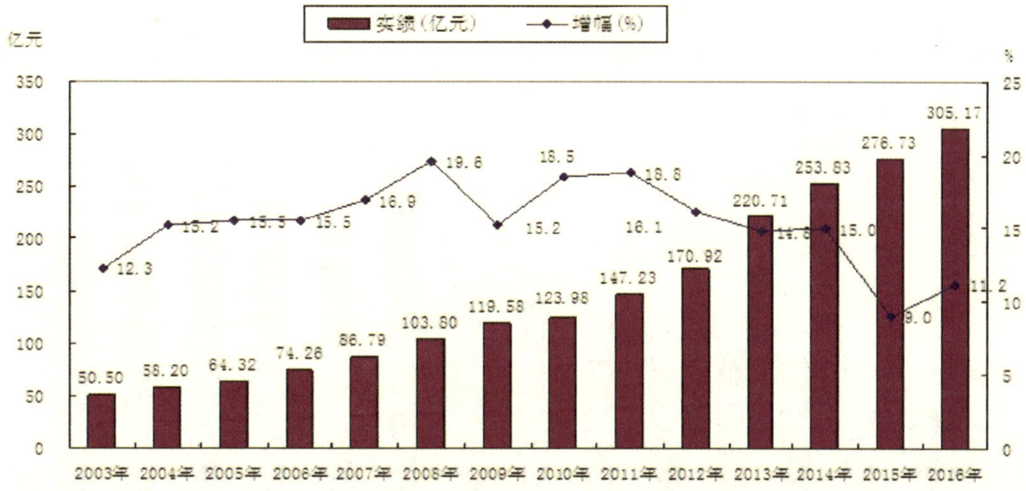

2003—2016 年吴兴区社会消费品零售总额图

2003—2016年城镇职工平均工资一览表

表22-7

年份	2003	2004	2005	2006	2007	2008	2009	2010	2011	2012	2013	2014	2015	2016
实绩（元）	15212	15246	23876	24259	27233	30102	32233	33843	45862	45224	50159	54340	56873	57171
增幅（%）	18.2	0.2	56.6	1.6	12.3	10.5	7.1	5.0	35.5	-1.4	10.9	8.3	4.7	6.2

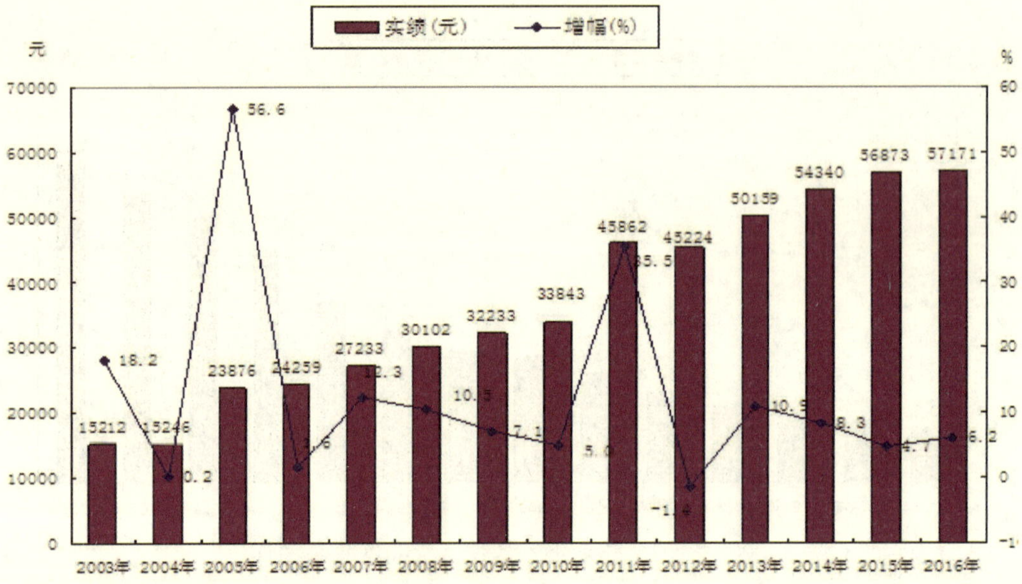

注：2003—2005年统计口径为大吴兴，2006开始统计口径为小吴兴

2003—2016年城镇职工平均工资图

2003—2016 年吴兴区实际利用外资一览表

表 22-8

年份	2003	2004	2005	2006	2007	2008	2009	2010	2011	2012	2013	2014	2015	2016
实绩（亿美元）	0.80	1.17	1.38	1.23	1.50	1.51	1.26	1.88	1.72	1.70	1.89	2.00	2.16	2.24

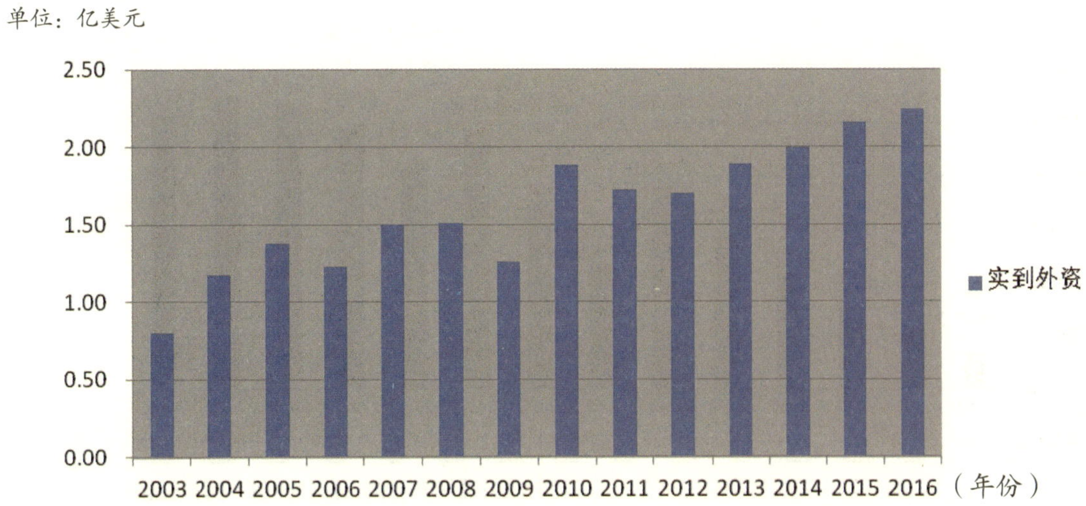

2003—2016年吴兴区外贸出口额一览表

表22-9

年份	2003	2004	2005	2006	2007	2008	2009	2010	2011	2012	2013	2014	2015	2016
出口额（万美元）	13847	22584	30980	43769	57808	75810	46929	77117	97138	85502	98897	107373	109953	102690

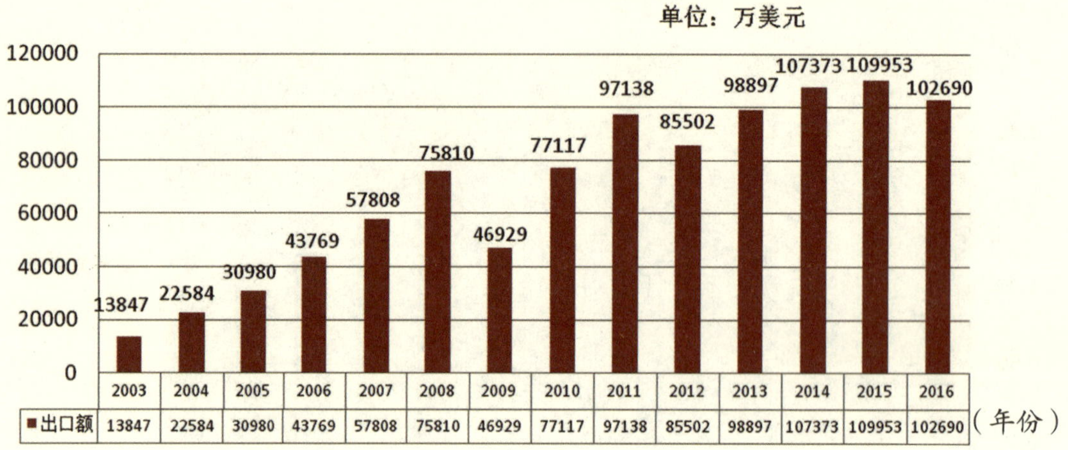

2003—2016年吴兴区外贸出口额图

·统计表（分乡镇街道）·

行政区划

表 22-10

	社区（个）	村民委员会（个）	总户数（户）	总人口（人）
全　区	76	162	150577	455930
高新区	—	26	15832	58539
织里镇	15	34	21660	74741
八里店镇	—	27	12550	43609
道场乡	—	8	4845	15599
妙西镇	—	15	5448	16226
埭溪镇	4	20	13492	35821
东林镇	3	23	9495	32722
环渚街道	4	9	5621	14640
月河街道	13	—	16526	44080
朝阳街道	9	—	11752	31582
爱山街道	8	—	5715	14304
飞英街道	8	—	11072	28871
龙泉街道	12	—	16569	45196

2016年吴兴区国民经济主要指标一览表

表22-11

	单 位	2016年	比上年增长（%）
年末人口（户籍）	万人	45.59	-0.6
#乡村人口	万人	20.86	1.0
全区生产总值	亿元	476.54	8.2
#第一产业	亿元	20.49	2.5
第二产业	亿元	200.03	7.1
第三产业	亿元	256.02	9.5
人均生产总值	元	104199	8.6
公共财政预算总收入	亿元	43.70	12.0
#地方一般预算收入	亿元	26.37	14.2
固定资产投资	亿元	291.92	13.9
#工业性投入	亿元	107.12	12.8
规模以上工业总产值	亿元	633.77	6.9
规模以上工业主营业务收入	亿元	594.23	3.5
规模以上工业利税总额	亿元	45.68	12.5
规模以上工业利润总额	亿元	29.23	21.5
社会消费品零售总额	亿元	305.17	11.2
城镇居民人均可支配收入	元	47170	8.3
农村居民人均可支配收入	元	27391	8.9
进出口总额（海关）	亿美元	12.38	-8.1
自营出口	亿美元	10.27	0.9
合同外资	亿美元	3.67	27.7
实到外资	亿美元	2.24	3.5

说明：年末户籍总人口（大吴兴）为62.24万人，增长0.76%

2016年吴兴区生产总值及增长率一览表

表22-12 单位：万元

	实 绩	增 幅（%）
地区生产总值	4765373	8.2
农林牧渔业	216134	2.7
农、林、牧、渔服务业	11238	6.1
工业	1787658	7.6
开采辅助活动	0	0.0
金属制品、机械和设备修理业	1047	7.7
建筑业	213691	2.6
批发和零售业	919360	9.4
批发业	574123	10.3
零售业	345237	8.0
交通运输、仓储和邮政业	115374	4.8
住宿餐饮业	162671	7.6
住宿业	27070	3.9
餐饮业	135601	8.5
金融业	388081	7.9
房地产业	254225	11.4
K门类房地产业	99800	24.9
自有房地产经营活动	154425	5.0
其他服务业	708179	11.3
营利性服务业	306464	18.6
信息传输、软件和信息技术服务业	59335	26.3
非营利性服务业	401714	6.1
第一产业	204896	2.5
第二产业	2000302	7.1
第三产业	2560175	9.5

2016 年吴兴区农林牧渔业总产值、农作物播种面积一览表（一）

表 22-13

类　别	单　位	数　量	比上年增长%	高新区	织里镇	八里店镇
农林牧渔业总产值	万元	345218	2.3	59382	58458	35983
1.农业产值	万元	122722	0.1	33308	32534	20071
2.林业产值	万元	26175	–6.2	4	1	6
3.牧业产值	万元	70303	–1.6	4454	4224	4034
4.渔业产值	万元	110088	11	19985	19115	10107
5.农林牧渔服务业	万元	15930	6	1631	2584	1765
农民人均可支配收入	元	27391	8.9	29809	33005	28247
粮食播种面积	亩	236016	0.2	55872	56387	29657
油料作物播种面积	亩	33886	–1.1	10565	10125	3811

2016 年吴兴区农林牧渔业总产值、农作物播种面积一览表（二）

表 22-14

类　别	单　位	道场乡	妙西镇	埭溪镇	东林镇	环渚街道
农林牧渔业总产值	万元	21523	32783	35545	81841	19703
1.农业产值	万元	7087	10606	7332	7713	4071
2.林业产值	万元	3747	7577	11531	3306	3
3.牧业产值	万元	6026	11063	10956	27346	2200
4.渔业产值	万元	4658	2494	4023	38440	11266
5.农林牧渔服务业	万元	5	1043	1703	5036	2163
农民人均可支配收入	元	24760	22529	26135	23771	26535
粮食播种面积	亩	16393	24771	24959	21669	6308
油料作物播种面积	亩	1031	2643	1370	4000	350

2016年吴兴区主要农产品产量及畜牧存栏数一览表（一）

表22-15

类 别	单 位	数 量	比上年增长(%)	高新区	织里镇	八里店镇
茶园总面积	亩	18385	-0.9	—	—	—
桑园总面积	亩	33099	-1.5	6796	8075	3929
花卉园艺播种面积	亩	19546	16.4	170	1833	460
蔬菜产量	吨	192042	-0.05	60668	49885	21494
水果产量	吨	28295	-5.7	2339	5977	5536
茶叶产量	吨	367	8.2	—	—	—
蚕茧产量	吨	442	-21.7	78	16	13
水产品产量	吨	66663	2.5	11644	8854	4880
肉类产量	吨	37334	4.9	1303	1181	549
生猪年末存栏数	头	48948	-30.8	3902	5454	126
生猪全年出栏数	头	160988	-7.9	8058	7887	1030
羊年末存栏数	只	63863	-0.3	14943	22986	3286
羊全年出栏数	只	81642	0.1	22583	22737	7935
家禽年末存栏数	万只	219.81	-50.9	5.06	6.03	3.49
家禽全年出栏数	万只	1577.78	8.3	18.67	14.17	21.92

2016年吴兴区主要农产品产量及畜牧存栏数一览表（二）

表22-16

类 别	单 位	道场乡	妙西镇	埭溪镇	东林镇	环渚街道
茶园总面积	亩	1910	7386	8729	360	—
桑园总面积	亩	2202	1980	910	8373	834
花卉园艺播种面积	亩	5640	3973	6690	—	780
蔬菜产量	吨	5981	14014	6003	8627	25370
水果产量	吨	1589	8180	3148	1315	212
茶叶产量	吨	77	46	229	16	—
蚕茧产量	吨	85	96	23	104	27
水产品产量	吨	2790	1432	2318	30501	4245
肉类产量	吨	2669	6405	6880	18240	106
生猪年末存栏数	头	320	4105	22834	12126	81
生猪全年出栏数	头	17352	10685	48917	66164	895
羊年末存栏数	只	3071	2292	6957	9889	439
羊全年出栏数	只	9110	9631	5263	4012	371
家禽年末存栏数	万只	5.09	32.17	36.93	130.12	0.92
家禽全年出栏数	万只	54.82	341.44	223.16	901.25	2.35

2016年吴兴区畜牧业生产一览表

表22-17

指 标 名 称	计量单位	2015年	2016年	增减幅（%）
一、生猪 生猪年末存栏头数	万头	7.59	5.08	-33.07%
能繁殖的母猪	万头	0.71	0.46	-35.21%
其他生猪	万头	6.88	4.62	-32.85%
年内生猪出栏头数	万头	13.83	8.64	-37.53%
全年饲养量	万头	21.42	13.65	-36.27%
二、牛 牛年末存栏头数	万头	0.0043	0.0046	6.98%
年内牛出栏头数	万头	0.0003	0.0012	300.00%
三、羊 羊年末存栏只数	万只	5.32	4.12	-22.56%
年内羊出栏只数	万只	5.37	4.54	-15.46%
四、家禽 家禽年末存栏只数	万只	430.34	272.31	-36.72%
肉禽	万只	389.57	242.7	-37.70%
蛋禽（包括兼用）	万只	40.77	29.61	-27.37%
家禽年内出栏只数	万只	1212.1	933.92	-22.95%
活鸡	万只	1176.04	909.19	-22.69%
活鸭	万只	35.02	23.65	-32.47%
活鹅	万只	1.04	1.09	4.81%
五、兔 兔年末存栏只数	万只	0.53	0.091	-82.83%
兔年内出栏只数	万只	1.27	0.457	-64.02%
六、养蜂年末箱数	箱	300	370	23.33%
七、畜禽产量 肉类产量	万吨	2.95	2.1	-28.81%
猪肉	万吨	1	0.64	-36.00%
牛肉	吨	0.55	2.17	294.55%
羊肉	万吨	0.11	0.09	-18.18%
禽肉	万吨	1.84	1.38	-25.00%
兔肉	吨	19.89	6.22	-68.73%
鸡鸭鹅蛋产量	万吨	0.1	0.3	200.00%

2016 年吴兴区规模以上工业产值一览表（一）

表 22-18 单位：万元

	全 区	比上年增长（%）	高新区	织里镇	八里店镇	道场乡	妙西镇
工业总产值	6337741	6.9	1476812	1373496	1657295	146184	183350
国有企业	7073	1.6	—	—	—	7073	—
股份合作制	3713	-23.4	3713	—	—	—	—
有限责任公司	1852533	11.6	492225	89246	855899	30595	—
股份制企业	604443	-0.4	0	178921	247587	17946	—
私营企业	2887908	4.1	593597	985096	150408	80220	173718
港澳台投资企业	702032	14.9	229622	79258	360498	2338	9632
外商投资企业	280038	4.6	157654	40976	42903	8012	—
#国有控股企业	60385	-17.3	—	—	7103	7073	—
#大中型企业	2535670	3.6	564513	358463	1314711	—	—
#轻工业	2575364	17	411950	538593	563187	68603	26105
#重工业	3762377	1	1064862	834903	1094108	77581	157245

2016 年吴兴区规模以上工业产值一览表（二）

表 22-19

	埭溪镇	东林镇	环渚街道	月河街道	朝阳街道	爱山街道	飞英街道	龙泉街道
工业总产值	623437	543042	237084	16498	—	80543	—	—
国有企业	—	—	—	—	—	—	—	—
股份合作制	—	—	—	—	—	—	—	—
有限责任公司	267562	60068	26920	13270	—	16749	—	—
股份制企业	—	—	159989	—	—	—	—	—
私营企业	343477	446195	48175	3228		63794		
港澳台投资企业	9405	9280	2000	—	—	—	—	—
外商投资企业	2994	27499	—	—	—	—	—	—
#国有控股企业	—	29460	—	—	—	16749	—	—
#大中型企业	18597	38854	159989	—	—	80543	—	—
#轻工业	281622	423732	228326	16498	—	16749	—	—
#重工业	341816	119310	8758	—	—	63794	—	—

2016年规模以上工业主要产品产量一览表（一）

表22-20

产品名称	单位	2016年	2015年	比上年增长（%）
饲料	吨	11576	12026	-3.7
其中：配合饲料	吨	11576	12026	-3.7
鲜、冷藏肉	吨	1074	1041	3.2
酱油	吨	147190	133197	10.5
软饮料	吨	7205	7146	0.8
果汁和蔬菜汁饮料类	吨	7205	7146	0.8
精制茶	吨	20810	16498	26.1
纱	吨	13425	14844	-9.6
棉纱	吨	11066	11648	-5.0
化学纤维纱	吨	2359	3196	-26.2
布	万米	5704	6218	-8.3
其中：棉布	万米	4067	4475	-9.1
化学纤维布	万米	1637	1744	-6.1
印染布	万米	60041	62447	-3.9
绒线（俗称毛线）	吨	879	830	5.8
毛机织物（呢绒）	万米	261	256	2.0
蚕丝	吨	245	413	-40.6
蚕丝及交织机织物（含蚕丝≥50%）	万米	1549	2043	-24.2
化纤长丝机织物	万米	351	374	-6.1
蚕丝被	万条	17	15	10.9
服装	万件	4463	3765	18.5
梭织服装	万件	4301	3588	19.9
其中：羽绒服	万件	55	55	1.5
针织服装	万件	162	177	-8.6
轻革	平方米	1309289	2046511	-36.0
人造板	立方米	59884	54444	10.0
其中：胶合板	立方米	59884	54444	10.0
实木木地板	平方米	956120	982855	-2.7
复合木地板	平方米	2061098	2062188	-0.1
家具	件	97969	91692	6.8
其中：木质家具	件	6816	6811	0.1
金属家具	件	91153	84881	7.4
机制纸及纸板（外购原纸加工除外）	吨	9918	9915	0.0
涂料	吨	3908	4229	-7.6
合成纤维单体	吨	9388	9881	-5.0
合成纤维聚合物	吨	3485	39819	-91.2
其中：聚酯	吨	3485	39819	-91.2

2016年规模以上工业主要产品产量一览表（二）

表 22-21

产品名称	单位	2016年	2015年	比上年增长（%）
化学药品原药	吨	2062	2382	-13.4
化学纤维	吨	1041664	675166	54.3
合成纤维	吨	1041664	675166	54.3
涤纶纤维	吨	1041664	675166	54.3
塑料制品	吨	23748	23755	0.0
水泥	吨	324597	297645	9.1
散装水泥	吨	287083	267886	7.2
商品混凝土	立方米	4166647	3696388	12.7
玻璃纤维纱	吨	3045	4512	-32.5
耐火材料制品	吨	93111	104126	-10.6
钢材	吨	638768	733371	-12.9
冷轧薄板	吨	8054	85206	-90.5
热轧薄宽钢带	吨	0	3837	-100.0
冷轧薄宽钢带	吨	0	12082	-100.0
无缝钢管	吨	86877	70975	22.4
焊接钢管	吨	527133	552893	-4.7
其他钢材	吨	16704	8377	99.4
用外购国产钢材再加工生产的钢材	吨	590454	599464	-1.5
用外购钢材再加工生产钢材	吨	590454	599464	-1.5
铝合金	吨	11054	9542	15.8
铜材	吨	18545	27483	-32.5
铝材	吨	270510	283761	-4.7
钢绞线	吨	35747	38231	-6.5
输送机械（输送机和提升机）	吨	4288	3955	8.4
泵	台	837	658	27.2
机械化农业及园艺机具	台	3620	2749	31.7
收获机械	台	3620	2749	31.7
其中：谷物收获机械	台	3620	2749	31.7
环境污染防治专用设备	台（套）	66	76	-13.2
水质污染防治设备	台（套）	66	76	-13.2
通信及电子网络用电缆	对千米	77406	191838	-59.7
电力电缆	千米	40481	44379	-8.8
太阳能电池	千瓦	413493	367647	12.5
家用吸排油烟机	台	160548	195000	-17.7
灯具及照明装置	套（台、个）	250435	242875	3.1
电子元件	万只	7866	5373	46.4
自来水生产量	万立方米	10511	10449	0.6

2016年吴兴区各乡镇固定资产投资一览表

表22-22 单位：万元

单位	全年累计	比上年增长（%）
全　区	2919196	13.9
高新区	384627	6.7
织里镇	644607	4.7
八里店镇	539767	2.8
道场乡	93120	-8.0
妙西镇	168847	181.9
埭溪镇	239090	100.0
东林镇	163680	-28.0
环渚街道	170008	14.1

2016年吴兴区旅游统计汇总表一览表

表 22-23

<table>
<tr><th rowspan="2">月份</th><th colspan="3">国内旅游（万人次）</th><th colspan="3">入境旅游（人次）</th><th colspan="3">门票收入（万元）</th></tr>
<tr><th>本季度</th><th>累　计</th><th>累计同比增长（%）</th><th>本季度</th><th>累　计</th><th>累计同比增长（%）</th><th>本季度</th><th>累　计</th><th>累计同比增长（%）</th></tr>
<tr><td>1</td><td rowspan="3">349.18</td><td rowspan="3">349.18</td><td rowspan="3">45.39</td><td rowspan="3">28816</td><td rowspan="3">28816</td><td rowspan="3">27.63</td><td rowspan="3">800.15</td><td rowspan="3">800.15</td><td rowspan="3">98.55</td></tr>
<tr><td>2</td></tr>
<tr><td>3</td></tr>
<tr><td>4</td><td rowspan="3">441.18</td><td rowspan="3">790.36</td><td rowspan="3">39.71</td><td rowspan="3">40427</td><td rowspan="3">69243</td><td rowspan="3">39.33</td><td rowspan="3">2076.4</td><td rowspan="3">2876.55</td><td rowspan="3">18.92</td></tr>
<tr><td>5</td></tr>
<tr><td>6</td></tr>
<tr><td>7</td><td rowspan="3">410.42</td><td rowspan="3">1200.78</td><td rowspan="3">53.89</td><td rowspan="3">45094</td><td rowspan="3">114337</td><td rowspan="3">48.57</td><td rowspan="3">691.05</td><td rowspan="3">3567.6</td><td rowspan="3">18.92</td></tr>
<tr><td>8</td></tr>
<tr><td>9</td></tr>
<tr><td>10</td><td rowspan="3">409.48</td><td rowspan="3">1610.26</td><td rowspan="3">29.74</td><td rowspan="3">32654</td><td rowspan="3">146991</td><td rowspan="3">42.11</td><td rowspan="3">0</td><td rowspan="3">3567.6</td><td rowspan="3">18.92</td></tr>
<tr><td>11</td></tr>
<tr><td>12</td></tr>
</table>

说明：全年接待国内游客1610.26万人次，同比增长29.74%，接待入境游客146991人次，同比增长42.11%，门票收入3567.6万元，同比增长18.92%。实现旅游总收入147.11亿元，同比增长63.93%

【2016年吴兴区预算内财政收支情况】 全区实现财政总收入436966万元，比上年增长11.96%，其中一般公共预算收入263656万元，比上年增长14.21%（比营改增调整基数后增长11.30%）；财政支出258016万元，剔除环保局等部门职能下划、离退休和在职人员增资、债务付息等不可比因素，按可比口径计算比上年增长6.65%。今年在立足财税改革的大背景，财政收入实现了稳健的增长，财政支出结构进一步优化，严控一般性支出，保障民生事业支出，尽力实现财政收支平衡。

2016年吴兴区公共预算收入执行情况一览表

表22-24 单位：万元

科目	2015年实绩数	2015年基数调整数	2016年预算数	2016年执行数	完成预算（%）	比上年实绩（±%）	比基数调整（±%）
【预算总收入合计】	390288	390288	423500	436966	103.18	11.96	11.96
一、上划中央收入合计	159437	153397	173015	173310	100.17	8.70	12.98
1.上划中央增值税（75%）	104004	80332	114675	80315	70.04	–22.78	–0.02
2.消费税	1530	1530	1700	936	55.06	–38.82	–38.82
3.企业所得税（60%）	41927	41927	44940	42659	94.92	1.75	1.75
其中：地税企业所得税	11949	11949	14400	12668	87.97	6.02	6.02
国税企业所得税	29978	29978	30540	29991	98.20	0.04	0.04
4.个人所得税（60%）	11976	11976	11700	15459	132.13	29.08	29.08
5.营业税	—	15054	—	12716	—	—	–15.53
6.改征增值税	—	2578	—	21225	—	—	723.31
二、一般公共预算收入合计	230851	236891	250485	263656	105.26	14.21	11.30
（一）税收收入小计	208338	214378	226135	235212	104.01	12.90	9.72
1.增值税（25%）	42689	63784	47325	78908	166.74	84.84	23.71
其中：改征增值税	8021	5444	9100	23465	257.86	192.54	331.02
2.营业税	54075	39020	60000	49758	82.93	–7.98	27.52
3.企业所得税（40%）	27951	27951	29960	28406	94.81	1.63	1.63
其中：地税企业所得税	7966	7966	9600	8412	87.63	5.60	5.60
国税企业所得税	19985	19985	20360	19994	98.20	0.05	0.05
4.个人所得税（40%）	7984	7984	7800	10306	132.13	29.08	29.08
5.城市维护建设税	10638	10638	11500	12711	110.53	19.49	19.49
6.其他地方各税	36902	36902	39200	34759	88.67	–5.81	–5.81

续表 22-24

科　目	2015 年实绩数	2015 年基数调整数	2016 年预算数	2016 年执行数	完成预算（%）	比上年实绩（±%）	比基数调整（±%）
其中：资源税	7453	7453	8200	7198	87.78	−3.42	−3.42
房产税	9695	9695	9800	7586	77.41	−21.75	−21.75
印花税	3697	3697	3898	3392	87.02	−8.25	−8.25
城镇土地使用税	9439	9439	8300	7446	89.71	−21.11	−21.11
土地增值税	6616	6616	9000	9135	101.50	38.07	38.07
车船税	2	2	2	2	100.00	0.00	0.00
7.耕地占用税	4225	4225	6600	922	13.97	−78.18	−78.18
8.契税	23874	23874	23750	19442	81.86	−18.56	−18.56
（二）非税收收入小计	22513	22513	24350	28444	116.81	26.34	26.34
1.专项收入	17251	17251	18970	22422	118.20	29.98	29.98
其中：教育费附加收入	5060	5060	5540	5920	106.86	17.00	17.00
地方教育费附加	3377	3377	3680	3948	107.28	16.91	16.91
地方水利基金[注 2]	6475	6475	7100	5558	78.28	−14.16	−14.16
残疾人就业保障金	2254	2254	2650	2219	83.74	−1.55	−1.55
水资源费收入	85	85	—	66	—	−22.35	−22.35
教育资金收入[注 3]	—	—	—	2775	—	—	—
排污费收入[注 3]	—	—	—	753	—	—	—
森林植被恢复费[注 3]	—	—	—	1183	—	—	—
2.行政性收费收入	679	679	850	285	33.53	−58.03	−58.03
3.罚没收入	4510	4510	4500	5619	124.87	24.59	24.59
4.其他收入	73	73	30	118	393.33	61.64	61.64
附：出口退税（100%部分）	82927	82927	90000	69896	77.66	−15.71	−15.71

说明：1.“营改增”全面推开,按照财政部要求,2015 年同期收入按“营改增”收入划分口径进行相应调整。

2.根据《关于暂停向企事业单位和个体经营者征收地方水利建设基金的通知》（浙财综〔2016〕43 号）文件精神，从 2016 年 11 月 1 日（费款所属期）起,暂停向企事业单位和个体经营者征收地方水利建设基金。

3.根据市对区事权下划相关文件精神,收入相应下划

2016年吴兴区公共预算支出执行情况一览表

表 22-25　　　　单位：万元

科　目	2015年实绩数	2016年预算数	2016年调整预算数	2016年执行数	完成调整预算（%）	比上年实绩（±%）
【公共预算支出合计】	227122	232433	250300	258016	103.08	6.65[注 1]
一、一般公共服务	20037	21891	22665	22665	100.00	13.12[注 2]
二、公共安全	10421	8868	10963	10963	100.00	5.20
三、教育	59634	61824	58433	58433	100.00	6.34[注 3]
教育费附加支出	4756	4980	4937	4937	100.00	3.81
四、科学技术	6812	7471	7654	7654	100.00	12.36
五、文化体育与传媒	1687	1799	2232	2232	100.00	32.31
六、社会保障和就业	18889	25855	27563	28480	103.33	24.39[注 4]
七、医疗卫生与计划生育	25068	26916	28594	30298	105.96	20.86
八、节能环保	7508	8164	8268	10446	126.34	39.13
九、城乡社区支出（含住房保障）	29038	20858	34070	36987	108.56	27.37
十、农林水	25582	28431	27891	27891	100.00	9.03
十一、交通运输	7384	4449	6231	6231	100.00	-15.61[注 5]
十二、资源勘探信息等支出	7801	6695	7629	7629	100.00	-2.20[注 6]
十三、商业服务业等支出	2265	2357	2717	2717	100.00	19.96
十四、其他支出	4996	6855	5390	5390	100.00	7.89

说明：1.剔除环保局等部门职能下划、离退休和在职人员增资、债务付息等不可比因素,按可比口径计算比上年增长 6.65%。
2.实际执行数含根据上级文件精神从 2016 年 7 月 1 日起行政事业单位工资提标。
3.根据机关事业养老金改革要求,原在教育科目中列支的退休教师工资改列支到社会保障和就业科目中。
4. 2015 年实绩数中含新增地方政府债券资金。
5.2015 年实绩数中含中央补助中小企业发展专项

2016年吴兴区进出口总额一览表（一）

表 22-26　　单位：万美元

	2016年	2015年	同比 %
进出口总额	821038	893088	-8.1
出口	681968	676193	0.9
高新区	203064	167607	21.2
织里镇	148364	129808	14.3
八里店镇	45601	52943	-13.9
道场乡	13289	10936	21.5
妙西镇	3681	2517	46.2
埭溪镇	53545	49781	7.6
东林镇	40446	21110	91.6
环渚街道	45871	41374	10.9
其　他	123562	197520	-37.4
亚洲	281181	267511	5.1
东　盟	79103	61118	29.4
孟加拉国	39524	36099	9.5
非洲	47283	61143	-22.7
南　非	5440	9037	-39.8
欧洲	163530	133728	22.3
欧　盟	133687	119270	12.1
北美洲	144964	160058	-9.4
美　国	125280	141612	-11.5
拉丁美洲	31049	41617	-25.4
墨西哥	13393	19563	-31.5
大洋洲	9416	9538	-1.3
澳大利亚	7900	8534	-7.4
纺织原料及其制品	301952	339490	-11.1
机电产品	214774	179605	19.6
杂项制品	57006	54833	4.0
木及木制品	43451	44054	-1.4
贱金属及其制品	37624	45152	-16.7

2016年吴兴区进出口总额一览表（二）

表 22-27 单位：万美元

	2016年	2015年	同比（%）
进口	139070	216695	-35.8
高新区	17056	12690	34.4
织里镇	70795	92396	-23.4
八里店镇	5899	4507	30.9
道场乡	532	549	-3.1
妙西镇	30	158	-81.0
埭溪镇	1480	1386	6.8
东林镇	15586	70339	-77.8
环渚街道	6618	8658	-23.6
其　他	21074	26012	-19.0
亚洲	58970	78627	-25.0
日　本	16295	6018	170.8
东　盟	15981	15919	0.4
非洲	23875	24206	-1.4
刚　果	16145	18079	-10.7
欧洲	18447	76156	-75.8
欧　盟	16448	73902	-77.7
北美洲	15679	8055	94.7
美　国	15230	7935	91.9
拉丁美洲	4281	4916	-12.9
阿根廷	2361	2833	-16.6
大洋洲	17818	24736	-28.0
澳大利亚	17724	24736	-28.4
木及木制品	46057	37729	22.1
羊毛	25762	30831	-16.4
机电产品	21349	72151	-70.4
棉花棉纱	21328	42154	-49.4

2016年吴兴区利用外资情况一览表

表22-28

内 容	单位	2016年	2015年	同比±（%）
外资审批项目				
项目总数	个	32	26	23.1
新批企业	个	16	16	0
增资项目	个	13	9	44.4
减资项目	个	3	1	200
外资项目				
总投资	万美元	63827	45673	39.7
注册资本	万美元	41380	33720	22.7
合同外资	万美元	36653	28702	27.7
实到外资	万美元	22377	21615	3.5
高新区	万美元	8120	8811	-7.8
织里镇	万美元	5766	5300	8.8
八里店镇	万美元	0	5	0
道场乡	万美元	180	0	/
妙西镇	万美元	862	484	78.1
埭溪镇	万美元	1740	721	141.3
东林镇	万美元	0	0	/
环渚街道	万美元	0	182	0
第一产业	万美元	512	816	-37.3
第二产业	万美元	1345	1149	17.1
第三产业	万美元	20520	4980	312.0
香港	万美元	10344	18692	-44.7
英属维尔京	万美元	7950	1219	552.8
韩国	万美元	1740	0	/
全区累计批准外商投资企业				
企业数	个	188	172	9.3
总投资	亿美元	36.17	29.79	21.4
注册资本	亿美元	23.81	19.67	21.0
合同外资	亿美元	19.14	15.47	23.7
实到外资	亿美元	13.54	11.56	19.4

2016年吴兴区城镇居民家庭每百户耐用消费品拥有量一览表

表22-29

项 目 名 称	单位	2016年	增减数
摩托车	辆	23	-3
助力车	辆	98	3
家用汽车	辆	48	7
洗衣机	台	105	0
电冰箱	台	116	1
彩色电视机	台	230	5
家用电脑	台	94	8
组合音响	套	18	-3
摄像机	台	2	0
照相机	架	39	-7
钢琴	架	3	1
其他中高档乐器	件	9	2
微波炉	台	99	-4
空调器	台	225	5
沐浴热水器	台	103	1
消毒碗柜	台	22	0
健身器材	套	43	8
移动电话	部	261	6
固定电话	部	85	-8

2016 年吴兴区农村居民家庭每百户耐用消费品拥有量一览表

表 22-30

项　目　名　称	单位	2016 年	增减数
洗衣机	台	100	1
电冰箱	台	120	2
空调器	台	216	9
抽油烟机	台	102	-6
吸尘器	台	10	2
微波炉	台	83	3
热水器	台	116	0
自行车	辆	81	-8
摩托车	辆	70	-8
汽车	辆	51	6
电话机	架	81	-8
移动电话	架	246	5
彩色电视机	架	231	13
摄像机	架	0	0
影碟机	台	0	0
照相机	架	16	-5
家用电脑	台	89	3
中高档乐器	件	8	0

2016年吴兴区教育事业有关情况一览表（一）

表22-31

学　校	班级数（个）	学生数（人）	教职工数（人）	占地面积（平方米）	建筑面积（平方米）
湖州市第四中学教育集团	59	2802	199	122089	46565
湖州市第十一中学教育集团	45	1822	163	56908	30346
湖州市第十二中学	34	1201	114	30882	16189
湖州市吴兴实验中学	20	752	60	20156	10493
湖州市志和中学	6	241	19	61500	40934
湖州市吴兴区第一中学	12	454	52	54000	12889
湖州市织里镇中学	42	1444	155	66690	25321
湖州市织里镇第二中学	20	747	81	42583	9613
湖州市埭溪镇上强中学	17	594	71	49579	23590
湖州市东林中学	14	477	61	35018	12015
湖州市杨家埠镇弁南中学	10	421	43	16224	5248
湖州市八里店镇戴山学校	27	1084	81	28756	7617
湖州市吴兴区八里店镇常路学校	22	818	77	41240	6971.5
湖州市吴兴区城南实验学校	24	952	91	42331	8252
湖州市环渚学校	37	1292	129	46711	13048
湖州市吴兴区妙西学校	19	681	75	23750	9598.51
湖州市东林镇青山学校	12	260	36	18990	4681
湖州市白雀学校	33	1250	99	47966	8642.9
湖州市爱山小学教育集团	103	4876	243	134397	56387
湖州市湖师附小教育集团	97	4364	229	95939	46036
湖州市湖州月河小学教育集团	52	2260	136	35371	23717
湖州市东风小学	37	1569	89	23000	8675
湖州市龙泉小学	28	1161	71	12054	8346
湖州市新风实验小学教育集团	93	4348	201	74388	30439
湖州市文苑小学	25	1093	62	16549.7	5980
湖州市凤凰小学	26	1167	64	11085	3778
湖州市飞英小学	22	913	53	6703	4386
湖州市吴兴区第一小学	36	1545	92	38278	13054
湖州市织里实验小学教育集团	95	4542	216	95499	65876
湖州市织里镇轧村小学	27	1203	61	23011	6563
湖州市织里镇太湖小学	22	882	50	18243	6836
湖州市织里镇漾西小学	20	838	47	20000	4476

2016 年吴兴区教育事业有关情况一览表（二）

表 22-32

学　校	班级数	学生数	教职工数	占地面积（平方米）	建筑面积（平方米）
湖州市环渚乡塘甸小学	15	590	47	13950	4069
湖州市埭溪镇上强小学	42	1569	105	48780	17834
湖州市东林镇东林小学	18	694	46	18600	4552
湖州市东林镇第二小学	9	260	29	12087	3757
湖州市杨家埠镇弁南小学	17	611	47	24000	6487
湖州市仁皇山小学	28	1201	69	35807	17857
湖州市织里镇成人文化技术学校	—	—	8	3000	3200
湖州市八里店镇成人文化技术学校	—	—	6	3000	3300
湖州市道场乡成人文化技术学校	—	—	7	1268	1088
湖州市环渚乡成人文化技术学校	—	—	6	3335	2500
湖州市妙西镇成人文化技术学校	—	—	5	1533	1720
湖州市埭溪镇成人文化技术学校	—	—	5	15822	643
湖州市东林镇成人文化技术学校	—	—	5	3802	1050
湖州市白雀乡成人文化技术学校	—	—	5	2345	500
湖州市杨家埠镇成人文化技术学校	—	—	3	20000	3000
湖州市实验幼儿园	15	258	69	5093	4426
湖州市第一幼儿园	15	272	70	6164	4690
湖州市第三幼儿园	12	174	57	4003	4562
湖州市蓝天实验幼儿园	20	304	89	8464	5694
湖州市清河幼儿园	8	95	37	7571	4248
湖州市吴兴区浮玉幼儿园	6	80	29	4669	2790
湖州市吴兴区怡和幼儿园	3	26	17	3992	3275
湖州南太湖高新技术产业园区中心幼儿园	25	740	52	4635	2720
湖州市吴兴区织里镇中心幼儿园	61	2075	153	16761	12174
湖州市吴兴区八里店镇中心幼儿园	24	901	63	11928	7809
湖州市吴兴区环渚乡中心幼儿园	16	501	31	3636	1899
湖州市吴兴区道场乡中心幼儿园	6	148	16	1752	830
湖州市吴兴区妙西镇中心幼儿园	10	280	24	7552	2847
湖州市吴兴区埭溪镇中心幼儿园	24	773	54	11108	4600
湖州市吴兴区东林镇中心幼儿园	10	394	31	3200	2005
湖州市仁皇山中心幼儿园	15	472	42	4544	2971
湖州市杨家埠街道新蕾中心幼儿园	10	328	27	2363	744
湖州市吴兴区白雀乡中心幼儿园	9	280	25	3742	3463

第二十三篇　文件选编

·文件选编目录·

序号	文　号	文件题名	日　期
1	吴政发〔2016〕3号	关于规范吴兴区垦造耕地工作的实施意见	2016-02-01
2	吴政发〔2016〕9号	关于印发《吴兴区国民经济和社会发展第十三个五年规划纲》要的通知	2016-05-23
3	吴政发〔2016〕13号	关于加快丝绸小镇建设发展的实施意见	2016-07-21
4	吴政发〔2016〕14号	关于做精做强农业产业加快推进农业现代化的若干政策意见	2016-07-30
5	吴政发〔2016〕19号	关于加快推进残疾人全面小康进程的实施办法	2016-09-08
6	吴政发〔2016〕23号	关于加快特色小镇规划建设的实施意见	2016-11-24
7	吴政办发〔2016〕103号	关于加快推进基层综合性文化服务中心建设的实施意见	2016-09-20
8	吴政办发〔2016〕112号	关于进一步明确2016年区对乡镇财政体制的通知	2016-11-18
9	吴政办发〔2016〕122号	关于推进社区教育工作的实施意见	2016-12-16

·文　件　选　录·

吴兴区人民政府关于规范吴兴区垦造耕地工作的实施意见

吴政发〔2016〕3号

高新区，各乡镇人民政府、街道办事处，区政府各部门，区直各单位：

为认真贯彻落实最严格的耕地保护制度，增加有效耕地面积，确保落实耕地占补平衡法定义务，切实保障我区经济社会发展对土地的需求。根据《浙江省土地整治条例》、湖州市人民政府《关于进一步加强市区垦造耕地管理工作的若干意见》（湖政发〔2015〕13号）精神，结合我区实际，现就规范垦造耕地工作提出如下意见：

一、统一思想，提高垦造耕地的积极性

我区耕地资源相对匮乏，后备资源严重不足，土地供需矛盾十分突出，耕地占补平衡任务重、压力大。近年来，我区的垦造耕地工作虽取得了一定的成效，在增加有效耕地面积、保护粮食综合生产能力、保障经济社会发展等方面发挥了积极的作用，但相对于我区新增建设占用耕地数量的需求和中央关于进一步保护耕地红线质量的要求存在较大差距。继今年市政府提高补充耕地指标统筹价格标准后，各乡镇普遍提高了积极性，至此全区上下必须进一步统一思想认识，加大工作推动力度，特别是强化项目的后续管护，确保耕地保护责任和耕地占补平衡法定义务的落实，实现“占优补优”“占水田补水田”的目标。

二、严格规范，完善垦造耕地的管理程序

（一）科学规划，合理布局

区国土分局要科学规划，高新区管委会、各乡镇人民政府要配合区国土分局对本行政区域内开展耕地后备资源调查工作，进一步摸清家底，划定可整治区域，建立项目库。区国土分局应同时结合土地利用总体规划、城乡建设规划、产业发展规划、林地保护利用规划等相关规划，编制垦造耕地规划，统筹安排实施项目的规模、时序和区域，有计划有步骤依垦造耕地规划组织项目实施。

（二）明确主体，加强管理

1.落实责任主体。垦造耕地的区级主管部门是区国土分局，每年初根据耕地后备资源分布情况编制年度计划，报区人民政府下达到高新区管委会、各乡镇人民政府，项目所在政府为垦造耕地的项目责任主体，对项目选址及项目立项后的组织实施、质量标准、后续耕种等负责。

2.严格项目选址。严格依据土地利用总体规划、城乡建设规划、村镇建设规划和各类专项规划，在实地踏勘基础上，认真做好项目选址，同时充分征求区农林、水利等部门的意见，确保项目符合生态环境、地灾防治及水土保持要求。禁止在坡度25度以上的陡坡地、饮用水源一级保护区和农村饮用水水源保护范围、自然保护区和省级以上公益林、森林公园以及法律、法规、规章禁止的其区域范围实施。

3.严格规划设计。项目必须经有资质的规划设计单位编制规划设计方案和图件，对于地块规模大、地形平坦、水源有保障的，一律按照水田建设标准设计和实施。项目必须严格按照规划设计方案实施施工，不得随意变更，规划设计方案作为项目验收的依据之一。规划设计单位由区国土分局依照招标投标法律、法规规定的条件和程序确定2～4家单位，并由项目组织实施单位自行委托项目设计，费用从资金补助款中列支。

4.严格立项管理。项目立项申请由乡镇人民政府提出，区国土分局收到立项申报材料后组织区造地改田领导小组成员单位进行实地审查、论证，区农林、水利、财政等造地改田领导小组成员单位要各司其职，密切配合，主动服务，对项目规划设计方案进行论证，论证意见作为项目立项、招投标的依据。符合要求的项目报区政府立项。

5.严格招标管理。项目建设必须实行招投标制度。参加项目招投标的单位，必须以规划设计条件进行，不得擅减工程量。确需调整的，资金预算的变化幅度在百分之十以内的，应当报区国土分局批准；资金预算的变化幅度超过百分之十的，应当按原立项审批程序报区人民政府批准。未实行工程招投标的项目不得施工建设，竣工后不予验收。

6.加强实施管理。垦造耕地项目在取得立项批准文件前，不得开工建设。项目由实施主体按照基本建设程序和管理要求，严格执行项目法人制、公告制、合同制、监理制和审计制。监理单位由区国土部门依照招标投标法律、法规规定的条件和程序确定2～4家单位，并由项目组织实施单位自行委托，费用从补助资金中列支。

7.加强验收管理。垦造耕地项目实施完成后，实施主体应进行自行初验，并开展耕地质量等级评定，未达到规划设计预设的质量等级的，不得申请项目验收；认为符合验收条件的向区国土分局申请验收，验收单位由国土、农林、水利、财政等部门组成。对不符合工程建设标准、不按规划设计实施的项目，责令项目主体单位和工程施工单位限期整改；整改不到位的，项目判定为不合格并不予通过。验收合格后，由区造地改田保护耕地领导小组出具验收意见，区国土分局应及时向市国土局申请对已验收的项目进行抽查复核。

8.加强质量管理。加强项目工程质量管理，全面推行建设占用耕地表土剥离再利用工作，垦造耕地项目耕作层原则上使用建设项目占用耕地剥离表土，耕作层应达到20～40厘米，表土剥离再利用所需资金列入供地成本。

9.加强后续管护。垦造耕地项目验收通过后，高新区、各乡镇人民政府及区农林局要进一步加强对项目后续管护工作，开展实施地力提升工程，指导农作物种植，防止闲置耕地抛荒，管护期不少于五年，管护期内原则上种植粮、蔬作物，不得种植多年生经济作物。有条件的由村经济合作社统一流转新垦造耕地项目的经营权。

（三）统筹资金，科学管理

垦造耕地项目由市、区两级政府进行财政补助。

1.资金补助认定

补助面积为通过区级验收并经市级抽查复核确认入库的新增耕地面积。

2.资金补助标准

土地开发：补充耕地指标实行统筹使用，市级每亩补充耕地指标的统筹价为：水田8万元/亩、旱地5万元/亩（含资源补偿费、项目前期政策处理费、工程建设费和项目后期管护补助费）。项目在市级补助的基础上，区政府不再另行补助。

土地复垦：凡列入农村土地综合整治项目（含增减挂钩、工矿废弃地复垦利用项目）中的土地复垦净新增耕地市级按16万元/亩标准补助(含后期管护补助费1万元/亩)，对复垦成水田的再给予1.5万元/亩的奖励，对已验收复垦成旱地的地块改造提升为水田的给予1.5万元/亩的奖励。在市级补助的基础上，区政府对净新增耕地，宅基地复垦补助5万元/亩，工矿用地复垦补助0.5万元/亩。

旱改水：将旱地改造成水田，按验收面积市级补助3万元/亩。

3.资金拨付原则

补助资金必须专款专用，确保资源补偿，工程建设，后期管护工作全面落实到位。

土地开发、土地复垦、旱改水项目市级补助资金除后期管护补助费外，在项目竣工验收入库后一次性拨付。土地开发、复垦项目均预留1万元/亩作为项目后期管护补助费，旱改水项目预留0.5万元/亩做为项目后期管护补助费，项目后期管护费视后期种植情况分五年逐年下拨。

土地复垦区级补助资金在项目立项实施阶段可由项目实施单位申请分批拨付。但项目验收入库前拨付比例不得超过项目应得区级补助款的60%，余额待验收入库后再予拨付。

三、完善机制，不断提升垦造耕地工作水平

（一）实施项目共同管理。高新区、各乡镇政府及相关部门要切实加强组织领导，重视垦造耕地管理工作，建立共同管理机制，国土、财政、农林、水利和各实施主体要各司其职责，明确分工，齐抓共管，加强相互沟通和协作配合，及时协调解决垦造耕地工作中的重大问题，共同做好服务和监管工作，全力推进我区垦造耕地工作。

（二）完善项目监管机制。高新区、各乡镇和相关部门要切实加大垦造耕地监管力度，建立项目全程监管机制，做到项目选址踏勘到位、规划设计论证到位、项目资金投入到位、工程施工招标到位、项目实施监理到位、新增耕地实测到位、项目竣工联合验收到位、后期管护地力提升到位。同时，要加大对工程招投标、测绘、监理和审计等活动的监督管理力度，做到各个工作环节用制度把关、用制度管人。

（三）强化考核奖惩机制。加大对垦造耕地工作的考核力度，将垦造耕地完成情况、项目监管情况纳入对乡镇的综合考核之中，对项目实施积极，成效明显的乡镇年度考核中给予加分，切实提高乡镇垦造耕地工作积极性。

四、本《实施意见》自公布之日起实施。

吴兴区人民政府

2016年2月1日

吴兴区人民政府关于印发
吴兴区国民经济和社会发展第十三个五年规划纲要的通知

吴政发〔2016〕9号

高新区，各乡镇人民政府、街道办事处，区政府各部门，区直各单位：

《湖州市吴兴区国民经济和社会发展第十三个五年规划纲要》已经湖州市吴兴区第三届人民代表大会第五次会议审查批准，现印发给你们，请认真贯彻实施。

吴兴区人民政府

2016年5月23日

吴兴区国民经济和社会发展第十三个五年规划纲要

“十三五”时期是吴兴区经济社会赶超发展和转型提升的关键时期。本规划纲要以省委“八八战略”和“两美”总战略为引领，积极应对经济新常态下的新趋势新要求，是政府履行经济调节、市场监管、社会管理和公共服务职责的重要依据，也是全区人民共同奋斗打造“生态吴兴、经济强区、科技新城、幸福家园”的行动纲领。

一、立足新起点抢抓新机遇谋划新跨越

“十三五”时期是吴兴区高水平全面建成小康社会、全面深化改革、加快转型发展的攻坚时期，必须抓住和用好重要战略机遇期，努力建设“生态吴兴、经济强区、科技新城、幸福家园”。

（一）新常态新特征

1.“十二五”转型发展面貌一新

“十二五”时期，全区上下认真贯彻落实科学发展观，积极应对复杂多变的国际国内环境，努力克服发展瓶颈制约，全区经济社会发展取得重大成就，顺利完成了“十二五”规划确定的主要目标任务（见图表1）。

——迈向高收入水平迎来发展新阶段。“十二五”时期，全区锁定争先进位目标，深入实施“八大行动”，跻身全国综合实力百强市辖区。地区生产总值年均增长9.7%，达到439.17亿元；人均GDP达到95616元，折合15352美元，超过世界银行提出的高收入水平（2013年提出的12746美元）。2015年财政总收入实现39.0亿元，其中地方财政收入达到23.1亿元，分别年均增长12%和13.8%。城乡居民收入年均增速达到11.1%和12.0%，分别高于GDP年均增速1.4和2.5个百分点。社会消费品零售总额年均增长14.7%，增长动力逐步向消费、出口和投资协调拉动转变。

——坚持创新驱动转型发展全面加快。着力产业结构转型升级，三次产业结构由5.6∶50.1∶44.3调整为4.3∶44.4∶51.3，服务业占比首次突破50%，形成“三二一”产业结构。工业结构不断优化，高新技术产业产值占规模以上工业总产值比重达31.2%，比2010年提高18.7个百分点；物流装备产业产值占规上工业比重比2010年提高6个百分点。全区规模以上工业企业达354家，上市挂牌企业达9家，跻身全省工业大区。拓展科技研发平台，企业研发经费占GDP比重达2.31%，新增高层次人才2万人，成功创建两化深度融合国家示范区、省级现代物流装备产业园区、吴兴经济开发区、国家火炬吴兴区现代物流装备特色产业基地。着力加快现代服务业发展，湖州多媒体产业园、织里童装列入省级现代服务业集聚示范区，成功创建吴兴西塞山省级旅游度假区，乡村休闲旅游呈良好发展势头。

——对接主城区新型城镇化全面推进。以东部新城打造、织里小城市培育和美丽乡村建设为重点，提升城镇集聚辐射和带动水平。城市化率从61%提高至65%。东部新城加快崛起，大公建、大公园、大社区、样板路等基本成型。织里镇小城市培育扎实推进，2012 年以来连续三年小城市培育试点考核为优秀，列入中国综合实力百强镇。深入实施“百村示范、千村整治”工程，创建美丽乡村示范村 56 个，5 个村列入省级以上历史文化村落保护名录，成功创建省级美丽乡村先进县区。

——建设幸福吴兴社会民生全面改善。全面推进教育现代化，成功创建全国义务教育发展基本均衡区。卫生服务体系不断完善，区属医疗机构拥有床位 370 张，每千农业人口 1.6 张。深入推进文体惠民，全面提升农村文化“八有”保障工程。社会保障扩面提升，城乡居民医疗、养老保险参保率分别达 98.9%、98.2%。开展“三送一扶”行动，城镇登记失业率控制在 4%以内。“五加五定”居家养老模式被评为全省十大“贴心民政”服务品牌，全区机构养老服务床位数达到 2491 张。统筹推进“四边三化”、治水治气等工作，成功创建国家级生态区。

——着力深化改革发展活力全面增强。政府职能转变、民营经济转型、城乡统筹发展等重点领域关键环节改革取得突破，26 项重大改革列入国家级和省级试点（见表 22-2）。积极创新“四票”机制，全面推进农村产权制度改革。深化户籍制度改革，出台农业转移人口市民化相关政策，启动流动人口积分制管理和 IC 卡居住证试点。推进“四张清单一张网”改革，行政审批事项精简率达 44%。推进行政审批重心下移、窗口前移，在织里镇和八里店镇设立街道及办事处。深化医药卫生体制综合改革，推行医师多点执业、分级诊疗等制度。

吴兴区“十二五”规划主要指标完成情况一览表

表 23-1

分类	序号	指标名称	属性	“十二五”目标	2015 年实绩	进展评价
经济发展	1	地区生产总值（亿元）	预期性	440	439.2	基本完成
	2	人均地区生产总值（元）	预期性	96000	95616	基本完成
	3	财政总收入（亿元）	预期性	46	39.0	未完成
	4	其中：地方财政收入（亿元）	预期性	25	23.1	未完成
	5	固定资产投资（亿元）	预期性	338	256.4	未完成
	6	社会消费品零售总额（亿元）	预期性	247	276.7	完成
	7	进出口总额（亿美元）	预期性	22	14.4	未完成
结构调整	8	服务业增加值占生产总值比重（%）	预期性	46	51.3	完成
	9	高新技术产业产值占规模以上工业产值比重（%）	预期性	30	32	完成
	10	R&D 经费支出占地区生产总值比重（%）	预期性	2.3	2.31	完成
	11	城市化水平（%）	预期性	65	65	完成
民生改善	12	城镇居民人均可支配收入（元）	预期性	41100	43535	完成
	13	农村居民人均纯收入（元）	预期性	22700	25142	完成
	14	城镇登记失业率（%）	约束性	≤4	2.85	完成
	15	五年新增城镇就业数（万人）	约束性	5	5.5	完成
	16	人口自然增长率（‰）	约束性	≤2.5	-0.7	完成
公共服务	17	15 岁以上人口平均受教育年限（岁）	预期性	12	14.3	完成
	18	城镇居民基本医疗保险（%） 新型农村合作医疗覆盖面（%）	约束性	>95 >96	98.9	完成
资源环境	19	耕地保有量（万亩）	约束性	26.23	26.68	完成
	20	非化石能源占能源消费总量比重（%）	预期性	15	15.1	完成
	21	单位地区生产总值综合能耗下降率（%）	约束性	[19.5]	[20]	完成
	22	单位地区生产总值碳排放量下降率（%）	约束性	目标未下	—	—
	23	化学需氧量排放量下降率（%）	约束性	[12.7]	[12.8]	完成
	24	二氧化硫排放量下降率（%）	约束性	[6.1]	[7.1]	完成
	25	氮氧化物排放量下降率（%）	约束性	[1.1]	[1.1]	完成
	26	氨氮排放量下降率（%）	约束性	[10.3]	[10.3]	完成

说明：①[ ]内数据为五年累计数据；②自 2013 年宏观经济发展进入新常态，我区各项指标增速虽有回落，但依然保持在全市前列。未完成规划目标的 4 项指标，增长目标分别高于全市规划目标 5~6 个百分点，也是自我加压

2.新常态催生重大发展机遇

——新常态促进经济结构调整优化。党的十八大以来，经济整体进入“速度放缓、结构调整、质量提升”为主要特征的新常态。服务业和消费领域投资机会大量涌现，“互联网+”、电子商务、智能等新产品、新技术、新业态层出不穷，大众创业万众创局面加速形成，新的增长点不断蓄积力量。有利于吴兴区在全面调整优化增长动力、要素结构和产业结构的同时，“十三五”时期延续“十二五”中高速平稳增长。

——“两山”重要思想和“两美”战略促进生态人文优势崛起。吴兴区素有“鱼米之乡、丝绸之府、文化之邦”美誉，山水林田湖多元要素兼具，是浙北生态屏障的重要组成部分。省委省政府遵循“绿水青山就是金山银山”理念，积极提出“五水共治”和“两美浙江”战略，湖州市实施国家生态文明先行示范区建设的工作要求，形成了美丽湖州和美丽吴兴的建设目标。有利于吴兴区增强生态人文优势，加强生态人文资源保护开发，大力发展生态休闲养生产业，促进生态化发展。

——“一带一路”和长江经济带战略助力开放发展。“一带一路”战略、自贸区建设和长江经济带战略，拉开新一轮更有深度和广度的开放战略调整序幕。长三角一体化和辐射动力增强，浙江在国际国内的战略地位更加凸显。“十三五”时期沪苏湖铁路等重大交通设施将开工建设，区位条件进一步优化。有利于吴兴区进一步发挥生态、人文、智慧制造等组合优势，推动吴兴区参与更大范围更多领域的开放合作。

——特色城镇、滨湖一体化建设助推新型城市化。新一轮浙江省城镇体系规划将湖州定位为省域中心城市，确定了建设现代化生态型滨湖大城市目标，对吴兴区承接城市空间外拓、要素外溢提出要求。同时沪杭都市圈建设深入推进，为吴兴区对接融入、差异发展创造条件。有利于吴兴区发挥区位优势，取得新型城市化、城乡一体化和市区一体化先机，加快县域经济向都市区经济转型。

——全面深化改革和发挥市场决定性作用释放红利。十八届三中全会作出全面深化改革决定，形成改革创新促进转型发展的内在动力。市场化水平将全面提升，推动建立更加公平开放透明的市场规则，破解民间投资制约，扩大民间资本拓展领域。有利于吴兴区进一步激发民间投资活力，发挥政府投资的杠杆作用，撬动更多的民间资本。

3.新常态下若干新挑战

——结构矛盾较大。一是分散型空间结构，西部山区和东部平原经济条件差异较大，行政管理主体过多，统筹协调难度较大。二是传统型产业结构，纺织服装和金属材料两大传统产业比重较高，高技术产业比重较低，新兴产业规模较小。三是不尽合理的人口结构，外来务工人口、老龄人口占比较高，对教育、社保、养老等公共服务形成较大挑战。

——要素制约严峻。一是土地要素保障压力加大，项目建设用地缺口较大，低效用地较多，工业用地亩均增加值和亩均税收不高。二是生态环境保护压力加大，入境水体污染、雾霾和酸雨，以及企业“三废”排放等对生态安全形成较大威胁。三是财政支出压力加大，民生资金需求增长加快与可用财力增长放慢之间的矛盾逐渐凸现。四是人才要素制约压力加大，长期形成的低层次劳动力格局，越来越难以适应经济转型和产业升级需求。

——区域竞争加大。一是发达区域领先压力，上海、杭州、苏州等周边先发地区集聚效应日益增强，对吴兴区形成挤出效应。二是欠发达区域追赶压力，“十二五”时期金衢丽地区的各县区人均GDP年均增速均已超过吴兴区。三是周边区域竞争压力，德清、长兴以及嘉兴的各县区、浙皖交界相关县发展加快。

（二）发展思路

“十三五”时期，全区要高举中国特色社会主义伟大旗帜，以马克思列宁主义、毛泽东思想、邓小平理论、“三个代表”重要思想和科学发展观为指导，深入贯彻习总书记系列重要讲话精神，紧紧围绕“四个全面”战略布局，以创新、协调、绿色、开放、共享五大理念为引领，以省委“八八战略”为总纲，以“干在实处永无止境，走在前列要谋新篇”为新使命，坚持一张蓝图绘到底，打造“生态吴兴、经济强区、科技新城、幸福家园”，加快创新驱动、产城互动、改革推动、开放带动，深入实施“八大行动”，聚力聚焦“六大战区”，科学谋划和统筹推进重大项目、重点工程、重大平台、重点产业、重大政策、重点要素“六重”建设，全面建设创新发展活力区、城乡统筹先行区、生态文明示范区、现代产业集聚区、幸福民生和谐区，着力打造增长极、提高首位度，高质量引领赶超发展，高水平全面建成小康社会。

——坚持创新发展。更加注重以大众创业万众创新为动力，拓展新产业、新技术、新业态和新模式。加快政府职能转变，强化产业扶持引导，充分发挥科技第一生产力和人才第一资源的重要作用，强化体制机制创新，不断增强发展活力和动力。

——坚持协调发展。更加注重以城乡统筹为主攻方向，构建产业新城、美丽乡村各具特色发展格局。优化城乡资源配置，提升城市建设品位，加快农村经济体制改革，激发城乡发展活力，实现城乡二元结构向城乡统筹联动发展转变。

——坚持绿色发展。更加注重以可持续发展为导向，强化经济效益和生态效益协调统一。践行“绿水青山就是金山银山”理念，着力立足、发挥和扩大山水林田湖生态优势，发展生态经济，倡导绿色生活，强化生态对区域经济社会发展的支撑作用。

——坚持开放发展。更加注重以对接城区和融入沪杭大都市为取向，拓展开放合作领域和空间。强化制度建设，推进体制机制创新，着力加强与上海、杭州及周边区域合作，积极融入长三角一体化发展，加快增强国际经济竞争力。

——坚持共享发展。更加注重以人的城市化为核心，着力全体居民共享现代化建设成果。积极有序推进农业转移人口市民化，稳步推进基本公共服务常住人口全覆盖，促进社会公平正义。加快教育卫生文化等社会事业发展，不断提高人口素质。

高质量全面引领赶超发展是吴兴当前面临的首要任务，以打造增长极、提高首位度为目标，强化在区域经济发展中的引领和带动作用。“十三五”，生产总值（增幅）在全市争第一，规模工业冲千亿；高新区争创国家级高新技术园区，织里镇争创国家级新型城镇化建设与综合改革试点；东部新城“两年崛起、五年成型”，打造湖州新型城市化样板区。

（三）发展定位

——努力建设滨湖首美区，打造人文型生态吴兴。坚持不懈抓好五水共治等工作，更大力度推进大气和土壤污染治理；着力推进生态功能区转型发展，加快建设国家级生态区。传承弘扬深厚斑斓的历史文化，推动原生态和源文化融合发展，创新溇港、茶经、丝源等生态养生产业，吴兴西塞山创建国家AAAAA级旅游景区，打造历史文化底蕴与现代江南水乡交融的生态吴兴。

——深度融入沪杭都市圈，打造开放型经济强区。树立增强系统思维和价值共创理念，主动全面接沪融杭，与沪杭大都市形成多元特色发展；借力“一带一路”、长江经济带和上海自贸区，促进更多领域更大范围开放发展；完善市区统筹机制，促进市区一体化发展。着力产城联动、二三融合，大力创建国家级高新区，打造要素共享、设施共建、互利共赢的经济强区。

——着力建设两创大平台，打造众创型科技新城。整合“一港三园”，构建吴兴区科技创新中心“大平台”；积极发掘利用大数据，努力培育发展现代物流、电子商务、智慧制造等“大产业”；探索科技创新激励新举措，优化创业创新“大环境”。聚力整合提升一批高能级创业创新平台，创建国家级众创空间，打造大众创业万众创新的科技新城。

——切实优化社会治理服务，打造均衡型幸福家园。不断提高新城集聚力，小城市、中心镇和特色小镇协调发展，扎实推进美丽城镇和美丽乡村建设，努力促进城乡一体发展；进一步扩面提升就业和社会保障，优质均衡发展教育、卫生、养老等公共服务，深入建设“平安吴兴”，努力创建国家法治建设示范区，切实提高城乡居民生活水平和生活品质，促进人的全面发展，打造物质富裕和精神富有和谐统一的幸福家园。

（四）发展目标

今后五年，要培育发展动力，打造增长极、提高首位度，高质量全面引领赶超发展，确保实现高水平全面建成小康社会。重点实现综合实力、生态文明、城乡统筹、民生福祉、社会治理五大领域的全面提升。

——综合实力全面提升。经济保持中高速增长，地区生产总值年均增长9.5%左右，人均生产总值超过全市、全省平均水平。创新能力显著增强，理论创新、制度创新、科技创新、文化创新等统筹推进，其中R&D经费支出占GDP比重达2.8%。产业层次显著提高，力争在全国率先基本实现农业现代化，投资效率和企业效率明显上升，工业化和信息化深度融合加速。服务业比重提高至53%。

——生态文明全面提升。以国家级生态区建设为抓手的生态环境和资源利用全面向好。到2020年，绿色产业体系初步建立，全社会生态文明理念明显增强，全区环境空气质量明显改善，单位地区生产总值综合能耗和主要污染物排放总量大幅下降，入太湖断面水质全部达标，城乡生活垃圾全部实现无害化处理，林木蓄积量进一步提高。生态文明建设主要指标和各项工作走在前列，初步形成一批可复制、可推广的生态文明制度体系。

——城乡统筹全面提升。以城市化为引领的城乡统筹和美丽城镇美丽乡村建设深入推进。以东部新城、高新区、织里小城市为重点，城市空间优化拓展，丝绸小镇、美妆小镇、童装电商小镇等一批特色小镇建设扎实推进。城市、集镇和农村统筹协调发展机制更加健全，农业转移人口市民化进程加快，全区常住人口城市化率达到 68%左右。美丽乡村布局更加优化，形成“一轴两环三地”新格局，唱响“丝绸乡韵、水墨吴兴”新品牌。

——民生福祉全面提升。完善城乡教育、医疗、文体、就业、社保等公共服务体系，更加强化优质资源合理配置及城乡均衡。至 2020 年，城乡居民人均可支配收入分别年均增长 9%左右和 9.5%左右，分别达到 6.7 万元和 4.1 万元。城乡基本公共服务均等化水平明显提高，形成更加完善的科技创新体系、现代化教育体系、文化体育体系、医疗卫生体系、社会治理体系。社会就业更加充分，社会分配更加公平，覆盖城乡居民的社会保障体系日益完善。居民道德素质、文化素质和健康素质明显提高。

——社会治理全面提升。重要领域和关键环节改革取得决定性成果，治理法制化、制度化、规范化、程序化、信息化水平不断提高。法治政府基本建成，政府制度供给能力进一步提高。平安吴兴、法治吴兴建设全面深化，人民民主更加健全，司法公信力明显提高。

“十三五”时期吴兴区经济社会发展主要目标一览表

表 23-2

类别	序号	指 标 名 称		单位	2015 年	2020 年	年均增长	属性
经济发展	1	地区生产总值		亿元	439.2	700	9.5%左右	预期性
	2	人均地区生产总值	（户籍人口）	元	95616	150000	9.5%左右	预期性
			（常住人口）		74185	115000		
	3	财政收入		亿元	39.0	58	9%左右	预期性
	4	其中：地方财政收入		亿元	23.1	33	9%左右	预期性
	5	固定产投资		亿元	256.4	448	12%左右	预期性
	6	社会消费品零售总额		亿元	276.7	435	10%左右	预期性
	7	对外贸易总额（含服务贸易）		亿美元	10.6	14	6%左右	预期性
	8	实际到位外资		亿美元	[9.2]	[9]以上	—	预期性
	9	第三产业增加值占 GDP 比重		%	51.3	53	[1.7]个百分点	预期性
	10	四大双百亿产业增加值		亿元	—	完成市下达指标		预期性
	11	城市化率	常住人口城市化率	%	65	68	[3]个百分点	预期性
			户籍人口城市化率		53.5	57	[3.5]个百分点	约束性
创新驱动	12	R&D 经费支出占 GDP 比重		%	2.31	2.8	[0.5]个百分点	预期性
	13	高新技术产业产值占规模以上工业产值比重		%	31.2	40	[8.8] 个百分点	预期性
	14	发明专利授权量		项	230	300	[70]项	预期性
	15	互联网普及率		%	65	85	[20]个百分点	预期性
	16	全员劳动生产率		万元/人	12.4	17.5	7.5%左右	预期性
	17	新增高层次人才		万人	2	3.7	13%左右	预期性

续表 23-2

类别	序号	指标名称		单位	2015年	2020年	年均增长	属性
资源环境	18	单位 GDP 能耗降低		%	[20]	完成市下达指标		约束性
	19	非化石能源占一次能源消费比重		%	15.1	完成市下达指标		约束性
	20	万元 GDP 用水量		立方米	61.4	完成市下达指标		约束性
	21	新增建设用地量		万亩	—	≤3	—	约束性
	22	万元 GDP 耗地量		平方米	—	完成市下达指标		约束性
	23	单位 GDP 二氧化碳排放降低率		%	—	完成市下达指标		约束性
	24	主要污染物排放量（化学需氧量、二氧化硫、氨氮、氮氧化物）		万吨	—	完成市下达指标		约束性
	25	全区河流 1～3 类水质断面比例		%	100	100	稳定保持	约束性
	26	森林增长	森林覆盖率	%	40.4	完成市下达指标		约束性
			林木蓄积量	万立方米	95			
民生福祉	27	居民人均可支配收入		元	43535	67000	9%左右	预期性
					25142	41000	9.5%左右	
	28	新增城镇就业人数		万人	[5.5]	[5]	1 万人	约束性
	29	城镇调查失业率		%	2.85	≤4	—	约束性
	30	新增劳动力平均受教育年限		年	14.3	14.8	[0.5]	预期性
	31	城镇保障性安居工程建设		千套	4.3	11	20%左右	约束性
	32	每千人口执业（助理）医师数		人	2.2	2.6	[0.4]	约束性
	33	每千名老年人口拥有养老床位数		张	28	40	[13]	预期性
	34	人均期望寿命		岁	79.2	81	[1.8]	预期性
	35	亿元生产总值生产安全事故死亡率		—	—	完成市下达指标		约束性

说明：[ ]内数据为五年累计数据

二、优化空间布局，构建“三生联动”新格局

实施主体功能区战略，科学布局生产、生活、生态空间，优化形成“三区”分类管制空间结构。着力推进产城联动、城乡一体，完善重大基础设施，促进人口、经济要素合理分布，构建“两城三组团”分类发展空间结构。

（一）推进“两线三区”空间管制

研究确定生态保护底线和城镇增长边线，落实生态控制区、建设发展区和弹性发展区三类区域分类管制，形成主体功能定位清晰、人与自然和谐发展的国土开发格局。

1.科学划定生态保护底线和城镇增长边线。加强生产、生态、生活空间布局梳理，积极推进“多规融合”，统筹土地利用、城乡建设、生态环境功能区、产业发展布局等规划。按照生态严格保护、城市精明增长、预留发展空间的原则，科学划定生态保护底线和城镇增长边线，形成空间管制“一张底图”。在此基础上，构建“一张底图”信息平台，加强规划空间管制效力。

2.禁止建设和加快修复生态保护区。禁止开发河流、山塘水库、湖漾、水源保护区、生态公益林地、山林地，实施高等级公路、铁路、输油输气、特高压走廊等市政公用设施、绿色廊道建设，加强地下文物紫线控制区，规划面积合计 226 平方千米。深入开展生态修复建设及水源涵养，严格控制开发建设活动，加快推进人口、产业向其他区域有序转移，着力构建以环南太湖和北天目山为重点的生态安全格局。

3.重点建设和集约利用城镇建设区。集中力量开发东部新城、高新区南片、织里小城市、埭溪镇区、东林镇区，以及道场集镇，规划面积合计 144.4 平方千米，其中有条件建设用地约 35 平方千米。着力提高土地利用效率，积极盘活存量用地。优化城市空间结构，控制建设用地无序蔓延。完善综合服务和基础设施，增强城镇功能和承载能力，促进人口产业集聚。

4.限制建设和切实保护农业发展区。在永久基本农田基础上，划定低丘缓坡、一般农业为弹性发展区，增强城市拓展、风貌延续的空间支撑，规划面积合计 274.6 平方千米。严格保护永久基本农田，加快建设粮食生产功能区和现代农业园区，进一步优化“两区三带百园”农业发展空间布局，促进全区农业区域化布局、专业化生产和一体化经营，打造农业产业集聚区。弹性控制低丘缓坡用地，根据人口产业发展需求，循序推进开发利用。

（二）打造“两城三组团”区域发展总格局

根据现实基础、资源禀赋、环境容量、发展潜力等开发条件，确立东部新城与中心主城承接发展，滨湖溇港文化组团、西部生态绿色组团和南部一体化组团，特色化、协调化发展的“两城三组团”区域总格局。

1.重点建设东部新城。定位于现代化生态型滨湖大城市新兴增长极，统筹东部新城生活服务、高新区智能装备生产、临港高铁对外开放、织里小城市婴童产业集聚新平台四大功能布局。以建设湖州高铁东站为契机，着力提升城市功能，大力发展商贸、物流、金融、科技、旅游、文化创意、婴童服务等现代服务业。着力提升城市吸引力和承载力，有序推进丝绸小镇、高新区物流谷、吴兴众创空间、婴童产业城等一批重大平台建设，完善社区物业、消防安全、市政养护、环境治理等城市功能。

2.有机提升中心主城。加快推进中心主城由城市管理、社区服务为主向优化管理服务、助推经济发展并重转变。协调提升月河、朝阳、爱山、飞英、龙泉和环渚 6 个街道高端要素集聚承载能力，支持业态创新和商业模式创新，积极发展城市金融、餐饮购物、休闲娱乐、旅游观光、文化演艺于一体的“月光经济”。积极配合整治交通拥堵等“城市病”，全力争取市推进“城中村”、城乡接合部改造和社区更新改造。完善网格化城市管理，深入实施“三改一拆”、“四边三化”，提升城市形象，打造美丽街道、幸福社区、和谐家园。

3.整合打造滨湖溇港组团。定位于太湖溇港文化世界级遗产地，积极培育南太湖文化休闲小镇，建设幻溇社区旅游服务中心、义皋溇港古村落，大力发展生态观光农业和传统文化展示为主体的文化休闲产业。加强农居点整治搬迁，着力生态环境修复治理，加快疏浚 27 条太湖溇港，恢复港汊河网纵横、湖塘罗列，复原田园水乡阡陌风貌，再现“溇港圩田、桑基鱼塘”胜景。

4.科学开发西部生态组团。定位于全国都市山地生态养生胜地，吴兴西塞山争创国家级旅游度假区，有序实施妙峰山、霞幕山、白鹭谷等景区平台开发，多元发展避暑度假、运动康体、文化体验等生态养生业态。加强山林植被建设和景观营造，强化自然和人文景观文化挖掘再造，提升西塞山、陆羽茶经等历史文化的内涵与价值。完善生态养生配套设施，建设集登山健身步道、山地自行车道和旅游景观道为一体的交通体系，引进开发民宿、房车、帐篷酒店等多种形态的度假接待设施，不断满足和激发市场需求。

5.集聚发展南部一体化组团。定位于全区南部先进制造业和生态人居住平台，强化埭溪和东林工业平台统筹规划、一体发展。埭溪创建省级中心镇，东林创建市级中心镇，提升人口集聚水平。埭溪镇重点建设中国美妆小镇，发展美妆全产业链，提升发展机械电器产业，东林镇聚焦现代纺织、装备制造、新型材料三大主导产业。推动两镇空间联动，引导埭溪镇镇区东延北拓，东林镇加快与埭溪形成互动发展格局，统筹建设吴兴经济开发区。

（三）整合建设区域性基础设施

按照“立足吴兴，市区整合”的原则，进一步建设完善综合交通、水利、能源和信息四大网络，加强与中心主城基础设施的共建共享，形成布局合理、设施完备、服务高效的区域基础设施保障网。

1.推进区域城乡综合交通一体化发展。借力高铁湖州东站建设，优化场站和线路设计，全面实现融沪、融杭、融苏发展新格局，强化与长三角东部城市带的联系。构架“三铁三高、七横七纵”交通干线大框架，优化公路出行通道，改善与周边城市交通联系。规划建设湖山大道，推进快速公交体系建设，提高各组团之间的交通运行效率。深入推进区域城乡交通一体化，加快实施美丽乡村道路“四个一万”工程。复原绿道和古道网络，开辟环太湖慢行休闲走廊，开通城际有轨电车旅游专线。完善内河运输体系，结合临港产业发展需求，优化布局建设内河航道、码头等设施，规划建设内河游艇帆船航线，丰富和发展水乡特色交通方式。

2.加强水热电设施网格化建设。提升城乡水利设施，推进自来水厂扩建，完善城市雨污管道，扎实推进太湖取水口和太湖水厂建设，实现污水纳管城乡全覆盖。优化布局和新增完善电力、燃气等基础设施，加强能源供给保障，完善规划变电设施布局，完善超高压电网，加强高压走廊建设和管理。整合燃气设施布局，更好满足天然气使用量增长需求和安全用气要求，进一步提高天然气普及率。

3.深入推进“智慧吴兴”信息化。大力提升信息基础设施规模、容量、技术和服务。加快完善宽带网络和无线网络，实现城市光纤网络全覆盖、自然村通光纤率 100%，实现高校、办公楼宇无线宽带全覆盖，争取公共场所无线宽带覆盖率 80%以上。加快“三网”融合发展，支持发展交互式网络电话、手机电视、有线电视宽带服务等三网融合业务，加强内容资源开发和融合业务创新。加强东部新区智慧城市建设，实现城市管理服务各环节的智能感知、智能控制和智能协同，努力建成“可看、可管、可控、可治”的全国智慧城市示范区。

三、践行“两山”重要思想，彰显美丽吴兴新风貌

发挥我区生态优势，合理开发利用生态资源，积极发展高品质“原生态经济”；传承弘扬地域特色文化，创新发展生态文化产业，建设生态与人文交相辉映的生态家园、美丽吴兴。

（一）提升国家级生态区，造就天蓝水清山绿地净

深入推进“五水共治”，着力大气污染治理，加强节能减排，努力提升生态环境质量和生态承载能力。

1.坚持不懈抓好“五水共治”。以“立足治本、源头治理、倒逼转型”为目标，以河长制为抓手，以 94 条“三河”为重点，进一步落实“三河”的常态长效化管理，深入推进水岸同治、综合施策的区域化治理工作。进一步推进农业面源污染和农村生活污水治理，建立运转正常、监测到位、维护实时、责任到位的运维体系。推进工业污水、城镇生活污水截污纳管和达标排放。至 2020 年，主要水功能区水质达标率达到 92%、交接断面水质稳定保持在Ⅲ类标准以上。强化流域统筹、疏堵并举，启动实施渚溇、利济和太湖圩区管理，解决防汛防台突出问题。加大重大水利工程建设，推进南北横塘区域水系综合治理，做好苕溪清水入湖、太嘉河及环湖河道整治后续工作。强化老虎潭水源地保护和水厂取水口水源保护工作。

2.大力推进“五气共治”。深化大气污染防治，大力推进工业废气、车船尾气、餐饮油烟、秸秆焚烧和建筑扬尘“五气共治”。严格控制煤炭消费总量，大力推进“煤改气”和燃煤锅炉淘汰工作。加强城市烟尘整治，控制施工和道路扬尘。治理农村废气污染，推进农作物秸秆综合利用和矿山粉尘整治。严控温室气体排放，积极应对气候变化。积极加强区域联防联控，携手打造天蓝地净、山清水秀“太湖蓝”。

3.全面促进节能减排。落实能源双控，优化能源消费结构，强化用能管理，推进用能权交易，全面提高能源使用效率。加快天然气、太阳能、地热等清洁能源和可再生能源发展，建设国家级分布式光伏应用示范区，不断提高清洁能源使用比重。持续推进污染物总量减排，优化总量控制目标，开展排污权有偿使用和交易改革，完善环境资源市场化配置政策，倒逼企业节能减排。

（二）创建太湖休闲品牌，建设高端生态休闲养生之地

以南太湖和北天目自然生态资源为依托，以品牌建设为核心，提升传统休闲旅游产品，开发新型生态养生、休闲度假、健身康体等项目，与城市建设和文化传承相融合，打造系列生态休闲养生精品，全面提升南太湖休闲知名度和美誉度。至 2020 年实现门票收入 3200 万元，带动经济收入 200 亿元。

1.做精做靓全域生态健康养生大景区。着力景区大联动，积极整合湖、漾、山、竹、田、村等要素，加强景区线路贯通和联动发展，构建网络化景区景点，形成步步即景、处处风光的全区大景区格局，整合优化“山从天目成群出，水傍太湖分港流”的山水意象。着力构建生态健康养生大本营，以东部新城及织里小城市为重点，优化城市形态，提升城市功能，建设城市景观，充分彰显“行遍江南清丽地，人生只合住湖州”的城市意象，打造成为全区生态休闲养生的服务集散中心和重要景区之一。

2.探索创新生态健康养生多元产品。依托湖光山色、田园风光、传统村落和历史遗存特色资源，着力生态、人文和景观的经济化发展，创新多类型、

多层次生态休闲养生产品。精心策划山水休闲、乡村休闲、文化休闲、都市休闲、野奢度假、体育休闲六类生态养生产品，将健康产业打造成为吴兴重点新兴产业，成为“生态家园·美丽吴兴”的重要支撑。

3.着力打造生态健康养生特色品牌。围绕建设国际旅游休闲度假城市，着力打造和推介“太湖名城　首美吴兴”地域生态养生品牌。充分利用网络媒体，通过网络评价、影视剧作、驴友摄影等媒介，拓展生态健康养生产品营销。积极开展“爱上吴兴—西塞山文化旅游节”系列活动，办好吴兴休闲运动节等系列特色活动，积极申办国际国内会议展览及赛事，着力提升生态健康养生知名度和吸引力。

（三）传承地域人文风情，发展溇港茶经丝源文化产业

聚焦五大特色文化产业，大力实施重点文化工程，努力构建独具吴兴特色的文化产业体系和空间布局，推动文化综合实力和区域竞争力显著增强。至2020年，文化产业增加值占GDP比重达10%以上。

1.加快文化产业转型创新，培育壮大五大特色文化产业。积极应对新型技术和新兴需求，加快传统文化产业转型和新型文化产业培育。大力发展文化创意、文化旅游、文化产品流通、文艺创作和数字动漫等特色文化产业。挖掘传承和丰富发展溇港圩田、陆羽茶经、丝绸之源等标志性地域特色文化，丰富文化创造方式、扩展文化资源内容，创新文化生成手段。

2.完善文化产业布局及平台，形成“一城二区三带”格局。围绕“江南湖城”目标定位，强化东部新城多元文化产业集聚，打造综合性文化产业功能区。围绕培育两新文化增长极，着力提升多媒体文化创意园区和织里童装市场文化服务设计园区文化产业层次，打造新兴文化业态集聚区。传承弘扬旅游文化内涵，特色发展环太湖文化运动体育带、妙新线东吴旅游文化带和钱山漾历史文化带，打造吴越历史人文风情展示区。

3.建立健全文化产业扶持政策，引导社会资本参与发展。建立投资主体多元化和投资方式多样化的新型文化产业投融资机制，引导民营资本投入文化产业。研究出台文化产业重点扶持行业目录和重点扶持企业名录，加快引进一批有实力，有竞争力的行业龙头企业。做好企业品牌孵化工作，培育文化名企名品，支持文化企业走出去。加快与金融机构合作搭建银企合作平台，积极为中小微文化企业提供融资服务。健全现代文化市场体系，推进文化产品交易平台、文化资本市场、文化产权市场建设，创新文化市场综合执法方式和监管模式，优化文化发展环境。

（四）发掘保护历史遗迹，展现悠久璀璨传统文明

加强文化遗产保护传承和利用，展现传播悠久璀璨的历史传统文明，构建主体多元、形式多样、特色鲜明的文化载体。

1.加强历史文化遗产发掘保护。建立动态性的保护工作监督检查机制，抓紧抢救具有重大历史、文化和科学价值且处于濒危状态的文化遗产种类和项目。坚持申报和管理并重，认真做好大型项目建设中新发现的文化遗产保护及考古发掘的抢救工作，推进非物质文化遗产活态传承。至2020年，申报世界灌排工程遗产及省级非物质文化遗产3项。

2.加快历史文化场馆规划建设。鼓励社会资本参与历史文化场馆建设，形成一批现代化的专题、特色博物馆、纪念馆等展示性设施。加强文化展示，建设特色小镇博物馆、古籍博物馆、溇港文化展示馆。加强文化教学，建设湖笔、湖剧、溇港和茶等文化传承等传统文化教学基地。弘扬名人文化，建设潘季驯、凌濛初和唐一庵3个纪念馆。

3.加大历史文化研究传播力度。开展纪念改革开放周年、茶经文化、丝绸之源等题材的优秀作品创作活动，形成一批有较高学术价值和社会效益的优秀成果。至“十三五”期末，编纂完成5部吴兴文化系列丛书。

四、致力转型升级，夯实经济强区新支撑

聚焦转型升级，促进产业互动，加快构建形成竞争力强、可持续发展的现代产业体系，努力打造浙北特色产业高地。

（一）围绕“吴兴智造2025”，集聚提升先进制造业

加快传统制造业转型升级和新兴高端制造业培育发展，加快从“吴兴制造”向“吴兴智造”转变，打造“吴兴智造2025”，把“吴兴智造”作为经济发展主力军和转型升级领头羊。“十三五”期间，全区工业总量达到1500亿元，其中规上工业产值超千亿元。

1.构建“2+2”智造产业体系。大力发展智能装备、节能环保两大资金技术密集型产业，引进和组

织实施一批投资规模大、产业关联强、附加值高的重大项目。改造提升金属新材、现代纺织两大传统优势产业，坚决淘汰落后产能，引导鼓励企业加大科技研发、技术改造投入。

"十三五"吴兴制造业"2+2"重点产业及其布局一览表

表 23-3 单位：亿元

重点产业	发展方向	2015 年产值（预计）	2020 年预期目标产值	重点产业平台
智能装备	工业机器人、自动化仓储装卸设备、特种工程机械、智能控制集成等	102	200	高新区、经济开发区
节能环保	光伏新能源等	15	30	高新区、经济开发区
金属新材	铝合金、板材、金属管道（不锈钢管）等	250	400	临港产业园 经济开发区
现代纺织	品牌童装、高端羊绒、差别化纤维等	150	300	经济开发区 临港产业园 东林工业园

2.优化提升以高新区为引领的"两区三园"工业平台。坚持规划引领，完善功能分区，构建"两区三园"空间布局。做大做强省级现代物流装备高新技术产业园区，整合提升吴兴经济开发区，特色发展临港产业园、东林工业园、道场工业园三大工业园区，提升基础设施，健全服务水平，提升土地综合利用效率，进一步推动工业平台集聚发展、差异发展与竞合发展。

3.积极培育引进龙头骨干企业。实施"金象金牛"龙头企业培育行动，加快形成一批主业突出、核心竞争力强的大企业大集团，一批"专、精、特、新"的行业龙头企业，一批拥有自主知识产权和品牌的创新型企业。鼓励以上市挂牌、并购重组、引进投资基金、股权战略合作、资本市场融资再融资等资本运作方式做强做大企业。支持龙头企业扩散和转移配套项目、加工环节，带动中小企业发展，优化自身产业链和价值链。鼓励支持中小企业成长，扶持发展小微企业。"十三五"末拥有产值超百亿企业5家，上市挂牌企业20家以上。

（二）拓展完善服务体系，创新发展现代服务业

适应产业转型和消费升级趋势，大力发展生产生活服务业，培育"5+N"现代服务业优势产业，优化 "一核两区多点"布局，积极打造成为浙江省区域性现代服务业中心，推动"服务大区"向"服务强区"转变。至2020年，服务业增加值占GDP比重达到53%。

1.围绕产业转型升级，重点发展五大现代服务业。围绕制造业转型升级需求，重点发展电子商务、信息服务、金融服务、健康休闲和创意设计五大服务业，全面提升优势特色产业竞争力。围绕培育新的经济增长点，培育壮大服务外包、现代物流等一批生产性服务业新行业、新业态，促进服务业与制造业在更高水平上有机融合。

2.强化空间集聚互动，形成"一核两区多点"布局。"一核"即东部新城服务业核心区，重点发展文化创意、科技信息、现代物流、金融服务、现代商贸等服务业，使之成为全区发展现代服务业的主阵地。"两区"即中心城区和西部片区，中心城区重点发展现代商贸、楼宇经济、文化旅游等生活性服务业和社区居民、中介服务等公共服务业，提升中心城区对区域服务业发展的带动作用；西南片区重点发展生态旅游、养老服务等新兴服务业，着力打造西部生态型现代服务业片区。"多点"即建设织里童装生产性服务业集聚示范区、湖州多媒体产业园区、总部自由港（EBD）区、众创空间（WMS）区和环渚总部经济区、浙北金融中心等多个现代服务业集聚区。

（三）突出生态循环发展，做精都市型现代农业

以产业大重构、生态大转型、三产大融合为主线加快转变农业发展方式，发展"绿色、高效、精致、融合"的都市型现代农业，优化农业布局，提升农业结构，提高生产水平，力争率先实现农业现代化。至2020年，全区实现农业增加值20亿元以上，农地产出率和农业劳动生产率显著提高。

1.着力完善“两区两镇三带百园”空间布局。深化国家现代农业示范区农业改革与建设、国家农业综合开发现代农业园区两大试点，着力打造“两区两镇三带百园”农业发展空间布局。“两区”即八里店南片、高新区北片两个省级农业产业集聚区，“两镇”即妙西、东林两个特色农业产业强镇。“三带”即滨湖休闲观光农业带、104国道生态高效农业带、妙新线生态休闲农林产业带。“百园”即超百个特色现代农业园区。

2.重点发展六大农业主导产业。加快农业科技和农作制度创新，积极发展现代种植业，大力推广粮经复合、种养结合、生态循环等先进适用技术和模式。加快农业机械化，大力发展设施农业。积极推进农业标准化，减少和控制农药、化肥使用，发展无公害农产品、绿色食品和有机食品，确保农产品质量安全。着力稳定粮油、提升果蔬、优化畜禽、做特水产、做深笋竹、做精花卉苗木，力争主导产业产值占农业总产值比重达到80%以上，构建高产、优质、生态、安全的现代农业产业体系。

3.扎实推进现代农业九大工程。围绕都市型现代农业发展目标，大力实施现代农业九大工程，即平台提升、主体培育、科技支撑、品牌打造、质量安全、产业融合、生态循环、林业屏障、公共服务九大工程。强化农业社会化服务、多元化发展，切实提高农业生产效率和效益，努力成为安全可靠食品园、环境优美生态园和休闲娱乐后花园。

（四）聚焦产业核心竞争力，加快发展四大重点产业

按照“突出重点、融合发展”原则，依托产业发展基础，主动对接国家产业发展导向和省七大万亿级产业（信息、环保、健康、旅游、时尚、金融、高端装备制造），加快发展四大“双百亿”重点产业。

1.信息经济。强化信息经济联动，着力信息化与三次产业融合发展，努力抢占信息经济制高点，努力打造浙北信息经济先行区。推进信息化与工业化深度融合。着力提升制造业整体信息化水平，建设“两化”深度融合国家示范区。实施“机联网”工程，推动设计检测联网、生产设备联网和制造管控联网。实施主导产业信息化工程，引导智能装备、金属新材和现代纺织三大产业优化内部管理，建设全国童装电子商务中心。推进信息化和现代服务业深度融合。积极推进“电商换市”，建设省级电子商务示范区。大力培育云计算和大数据等新兴服务业，完善经营性数据中心等基础设施，建设长三角大数据与云计算产业基地。加快发展智慧物流业，打造智慧物流、智慧仓储示范试点。推进信息化和都市农业深度融合。推广物联网、智能控制、条形码、地理信息等信息技术，提高农业种养过程的自动化、集成化、网络化水平。力争到2020年，智信息经济产业产值达200亿元。

2.智能装备。准确把握信息化、智能化、服务化、集群化的发展趋势，依托现有的产业基础，重点以高端装备的智能化、自动化、成台套化为发展方向，围绕工业机器人、自动化仓储装卸设备、特种工程机械、智能控制集成、智能电梯电机等方面，做大做强一批行业龙头企业，引进建设一批重大智能装备项目，培育鼓励一批专精特强配套企业。努力打造全省一流的现代智能装备产业示范基地。力争到2020年，智能装备制造产业产值达200亿元。

3.健康时尚。围绕提升健康水平，丰富健康产业内涵，将健康产业作为重大战略性新兴产业、国民经济的重要支柱型产业、经济转型升级和跨界融合发展的引领型产业进行重点布局。以时尚化妆品、健康食品等为重点，加快健康制造发展；以医疗卫生服务、健康养生旅游和文化、养老服务、体育健身等为重点，加快健康服务发展。到2020年，基本构建面向未来的高端化、国际化新型健康产业体系，全区健康产业产值达200亿元，成为推动经济社会转型发展的重要力量，打造成为长三角“健康谷”重要组成部分。

4.休闲旅游。重点围绕生态旅游、人文旅游和工业旅游三大重点方向，着力发展休闲度假、保健养生、文化体验等领域，推进生态、文化、休闲、养生、旅游多元一体发展。建设吴兴西塞山国家级旅游度假区，整合“湖漾山林田村”要素，加快景区景点开发和休闲旅游项目建设，优化城市集散、接待、信息化等休闲旅游配套服务，构筑高品质的生态休闲旅游服务环境和体系，着力打造长三角乡村旅游休闲目的地。合理开发建设南郊风景区、老虎潭水库下游等区域，促进休闲旅游多元化发展。到2020年全区累计接待国内游客2000万人次、入境游30万人次、实现门票收入5000万元，旅游及相关产业经济总收入200亿元。

（五）着力转型升级，改造提升两大传统产业

1.创新发展金属新材。金属新材是吴兴区的传统优势产业，企业数量多，经济体量大，已成为吴兴

区最大的产业集群，特种金属管道被认定为国家级特色产业基地。“十三五”时期，重点围绕“产业链、产业集群、产业基地”的产业集聚发展方向，明确铝合金、板材、金属管道（不锈钢管）等重点发展主导行业，鼓励企业采用新工艺，运用新技术，应用新装备，加大技术改造和创新力度，拓展上游压延产品，延伸发展下游制品，培育核心产品，构建以金属管道（不锈钢制品）为主的生产加工体系和以铝合金、板材为主的有色压延加工体系，打造形成全国一流的金属管道生产和加工基地、铝合金加工基地和板材加工基地。力争到2020年金属新材产业产值达400亿元。

2.提升发展现代纺织。现代纺织是吴兴区传统支柱产业，是规模仅次于金属新材产业的第二大产业，在功能纺织以及童装产业等领域已经形成特色集聚优势。“十三五”时期，围绕品牌童装、差别化纤维等重点领域，推进传统纺织工艺技术升级改造，强化自主品牌建设，推进产业链两端延伸；探索纺织业总部基地建设，提升产品技术含量和附加值，建设省级现代纺织产业转型升级示范基地，打造全国最大的品牌童装生产和贸易中心、全省知名的高性能差异化纤维制造基地。

五、强化创业创新，铸就科技新城新动力

加快高新区等重大创业创新平台建设，培育提升总部经济集群和现代产业集群，大力推进科技强区、人才强区建设，强化创业创新要素集聚，打造浙北创业创新中心和智慧型城市。

（一）聚力高新区创新发展，力争创建国家级高新区

紧紧围绕争创国家级高新区总目标，牢牢锁定“1358”总战略，以“高端化、生态化、智慧化”为取向，坚定不移“举物流旗、打太湖牌、走产城路”，坚定不移“改革引领、创新驱动、生态发展”，一二三产协调、南北板块联动，全力打造区域发展“加速器”“增长极”“主引擎”。

1.优化“四区、两轴”空间布局。企业智能物流装备制造区主要生产智能物流成套设备以及物流装备关键零部件，着力打造典型名牌叠加型智能装备制造业群。科研博览示范区包括博览展示馆、教育培训中心、国际物流会议中心，主要集成展示、培训等服务功能。物流高新技术孵化区建设以促进物流科技成果转化、培养物流高新技术企业的科技创业服务区。物流技术应用示范区集聚第三方物流企业，主要服务于园区内成套制造及配套企业，顾城市商业配送的服务功能。湖织大道发展轴和南太湖大道发展轴两侧主要布局公共服务配套设施。

2.实施创建行动六大工程。实施平台拓展与配套完善工程，不断完善“三纵三横”道路框架，整合提升东部污水处理厂。实施高端科研与创新驱动工程，推进高新技术创新平台建设，科学定位浙工大研究院，鼓励浙工大研究院与高新区企业合作。实施战略合作与选商择智工程，严把产业定位、锁定区域方位。实施项目推进与企业科技培育工程，通过大企业示范引领效应带动周边中小物流企业发展。实施品牌推广与园区创建工程，将智能化高端项目集中布局在4平方公里核心区域，与1000亩科创园连片发展，打造高新区品牌和形象，提高对外展示力。实施创新投入与科技成果转化工程，每年新增财力的4%用于逐步提高科技创新投入,促进科技成果转化，增强科技创新能力。

（二）着力聚焦两大集群，引导创业创新要素集聚

坚持“集聚、精准”原则，进一步细化吴兴区创业创新的主攻方向，聚焦总部经济和现代产业两大集群，引导各类要素资源有效集聚，促进产业链式化、高端化、特色化发展。

1.建设一批总部经济集群。按照“轻资产、新业态、大税源”的发展导向，积极培育总部经济集群。重点推进完善东部、环渚和中心城区3大总部经济平台，大力发展商务办公、科技研发、软件与服务外包、文化创意等服务业，完善商业、物流、金融、信息等服务功能，引导民营企业总部集群化发展，努力引进国内大集团、大企业总部，推动吴兴区成为浙北总部经济发展主平台。

2.培育一批现代产业集群。以“小产业、大集群、高附加”为导向，大力培育一批现代产业集群。应对信息经济发展趋势，发挥童装制造及销售优势，大力发展童装电子商务集群。对接高端装备制造发展方向，依托现有产业基础，重点提升智能装备制造集群。把握健康时尚产业发展机遇，发挥珀莱雅等龙头企业引领作用，积极培育美妆产业集群。顺应休闲旅游多元创新格局，推动乡愁旅游产业集群转型提升。

（三）深入建设人才强区，提升人力资本水平

深入实施“人才强区”战略，优化人才队伍结构，健全引进培养机制，提升创新创业环境，着力

构建区域性“大众创业、万众创新”人才高地，强化人才对区域发展的有力支撑。到2020年全区每万人专业技术人员达700人。

1.优化人才队伍结构。建立和完善人才引育政策体系，加强高层次人才、紧缺急需人才引进，优化人才队伍结构，壮大人才队伍基数。以高层次高技能人才队伍建设为重点，统筹推进党政人才、企业经营管理人才、专业技术人才、农村实用人才、社会工作人才和海外留学人才等各类人才队伍建设。人才结构得到进一步优化，高中初级职称人才比例和第一、二、三产业人才比重得到优化调整。

2.健全引进培养机制。坚持以“南太湖精英计划”为抓手，着力抓好国家“千人计划”、省“千人计划”等各类高端科技人才项目引进，强化人才项目引领创新驱动发展，“十三五”期间引进省级以上“千人计划”10人。强化人才资源能力建设，深入实施“民企高管素质提升工程”、“科技领军人才引育工程”、“技术创新能力提升工程”、“‘百千万’技能人才引育工程”、“现代农业人才培育工程”，构建多层次、多渠道、多形式的人才培养体系。探索人才选用方式，鼓励和引导企事业单位创新收入分配制度，建立健全科学、公开、透明的人才评价机制、绩效考核机制、选拔任用机制、激励机制和流动机制。

3.提升创新创业环境。强化人才平台建设，着力抓好五大创业创新载体。发挥企业主体作用，鼓励推进企业院士工作站、博士后工作站和创新团队建设。完善服务保障体系，深入推进行政审批制度改革，简化审批程序，完善服务体系，提升“一站式”服务能力。强化政策资金保障，积极引入市场服务机制，完善创新创业激励政策，着力打造省级人力资源产业园区，改善创业环境，努力营造全社会尊重人才的良好氛围。创新科技经费管理和使用方式，完善人才考评体系，激发科技人员积极性和创造性。

4.营造创业促进创新良好生态。加强创业服务，健全完善创业扶持政策，健全面向人人的创业服务平台。实施青年创业引领计划，加强大学生见习基地、青年创业示范基地建设。实施青年创业培训计划，加强创业能力培养，积极引导高校毕业生（青年）自主创业。实施创业明星引领计划，积极培养创业典型，发挥创业典型的引领作用。加强民营企业后备人才培养，协助本土民营企业家顺利实现代际更替。

（四）完善创业创新体系，提升科技综合实力

大力实施创新驱动战略，以大众创业万众创新为导向，以创业创新载体建设为抓手，积极破除体制机制障碍，全面推进组织、管理和运行模式创新，为建设科技新城奠定坚实基础。

1.大力培育创业创新载体。着力构建浙江湖州现代物流装备研发创业中心、特色小镇、科技创新孵化基地、众创空间、云计算产业园等一批企业孵化、信息服务、科技研发、知识产权、网络电子交易等平台载体，为创业创新主体提供专业化、公共化的高质量服务。积极服务企业共性需求，努力保障企业个性需求，扩大服务范围和能力，形成功能完善、企业需求基本得到满足的创业创新公共服务平台体系。优化平台运作管理，强化平台跨地区、跨部门资源整合。

2.提升企业自主创新能力。建立健全引导创新人才向企业流动的激励机制，壮大企业创新人才团队。努力提高企业战略规划、技术开发等层级的水平，引导鼓励企业家发挥在加强创新中的引领管理作用。引导企业加大创新投入，鼓励支持企业建立技术中心、工程中心、研究中心及研究院，组织实施一批重大技改专项，完善以企业为主体的技术创新投入体系。扩大区级创业投资引导资金规模，撬动多元资本进入创新领域。至2020年全区研究与试验发展经费R&D支出占地区生产总值2.8%。

吴兴区“十三五”五大创业创新载体一览表

表 23-4

名 称	主 要 内 容
浙江湖州现代物流装备研发创业中心	建设以物流装备产业为重点的多层次、全系列的科技型企业集群和重点技术研发机构集聚的创业基地
特色小镇	谋划建设一批特色小镇创业创新平台。丝绸小镇建设丝绸创意产品研发和传统产品优化平台；美妆小镇建设化妆品全产业链研发设计平台；童装电商小镇建设童装产销一体化示范基地、电商孵化楼宇群、童装城电商产业园等电商孵化平台
科技创新孵化基地	总部自由港打造以科技服务为特色的国际知名品牌及企业总部集聚区。吴兴区科创园建设以现代智能装备与新材料科技研发为重点的创业孵化园；多媒体产业园建设以信息服务业与创意设计产业为拓展的孵化平台。加强与高校合作，建立各类高端人才培养机构
众创空间	吴兴众创空间建设面向海内外高层次人才、大学生创业团队或个人，集中导入信息经济、智能装备研发为主的项目及与此相关联的创意设计等创新服务业的创新创业平台。开展校地合作，成立湖州师范学院东部新城创新学院。吴兴梦工厂创业园建设大学生创业印象化基地（环渚）
云计算产业园	建设云计算中心为重点的智慧云计算产业园、创博云计算中心，建设以自主产权软件产品研发为重点的信息技术服务平台

3.深入推进产学研合作。完善产学研协同创新机制，建立健全以政府为引导，中介机构为纽带，企业、科研院所和高校为主体，全方位、多领域的政产学研合作模式。围绕新兴产业发展和传统产业升级，开展共性技术研发，组建相关产业领域协同创新联盟。重点推进人才、信息、科技、资金等创新要素向企业聚集，培育政产学研用结合、上中下游产业衔接、大中小企业协同的良好创新生态。

4.健全创业创新激励保护机制。完善政府科技投入机制，健全绩效评价机制。全面实施知识产权战略，鼓励企业专利申请、创造和应用，提高专利实施率和产业化水平，巩固提升国家级知识产权强区工程示范区的建设成果。加强行政执法体系和司法保护体系建设，发挥法律在保护知识产权过程中的主导作用。鼓励企业参与行业标准、质量管理标准等标准的制定，形成具有自主知识产权的技术及标准。探索在有条件的行业建立知识产权联盟，大力引进知名专利代理服务机构为企业提供服务。

六、推进新型城市化，建设城乡一体新家园

优化城镇布局和形态，提升城市功能和可持续发展能力，整合优化乡村空间，加速城乡一体化发展。

（一）集聚建设东部新城，促进产城融合发展

优化城市空间，推进城市建设，提升城市功能，努力打造高新技术、高端服务和高品质人居环境相融合的城市新区，巩固和提升东部新城辐射带动能力。

1.构建“十字主轴、双心十片”格局，增强空间支撑。优化产城互动，形成“十字主轴、双心十片”功能分区。做好西山漾生态廊道纵轴的生态保护和开发，强化吴兴大道道路横轴的交通通达性及与主城区连接便捷性。梳理现状用地功能，进一步优化功能布局，形成物流装备园区、生态走廊区、高新产业园区、西山核心景区、中央商务片区、创意科技片区、文教居住片区、零碳休闲片区、生态居住片区和高教服务片区。至 2020 年，东部新城建成区面积达 22 平方千米。统筹基础设施配套、重大项目安排布局，促进新城与织里镇的无缝对接、协同发展，进一步理顺八里店、东部新城管委会的管理权限和机制。

2.强化高技术新产业发展，增强产业支撑。重点发展文教、创意、科技、物流和都市生态休闲等新产业、新业态。积极应对科技发展和产业变革新趋势，发挥东部新城创新载体作用，强化科技、教育和人才资源集聚优势，推动东部新城走创新驱动发展道路，创建国家级高新技术产业园区。积极发挥丝绸小镇、多媒体产业园、物联网基地、科创中心等城市创新创业平台作用，充分利用城市规模经济产生的专业化分工效应，降低交易成本，激发发展活力。

3.提升公共服务水平，增强服务支撑。根据常住人口增长和布局特点，统筹布局建设学校、医疗卫生、文化体育等公共服务设施，扎实推进区文体中

心等重大项目建设。优化社区生活设施布局，健全社区养老服务体系，完善便民利民服务网络，打造包括物流配送、便民超市、平价菜店、家庭服务中心等在内的便捷生活服务圈。统筹电力、通信、给排水、供热、燃气等地下管网建设，推行城市综合管廊模式。加强新城停车系统规划，满足东部新城城区停车保障需求。完善“城市家具”，按照环保、节能和人性化的品质要求，美化提升城市景观设施，实施景观亮化美化，提升城市品位。

（二）培育织里小城市，全面打造中国童装之都

继续深入推进小城市培育试点，切实以童装产业转型升级为突破口，全面加快经济社会各领域转型发展，打造中国童装之都，努力率先实现由镇向城转变。

1.优化“双心双轴九区”空间结构及功能分区。建设双心，即以澄海漾和童装城为核心的城市新中心，以吴兴大道与织里路、富民路为核心的城镇服务中心。打造双轴，即吴兴大道发展轴，织里路、富民路生活轴。形成九区，即织西综合工业园区、童装产业区、品牌企业集聚区、城市新中心区、现代商贸居住区、城市综合服务区、现代生活服务区、城市生活新区和轧村童装生产新区。加强三旧改造和新区建设，重现江南水乡城市风貌。统筹基础设施建设，积极构建交通、供水、排污、热力燃气、城市信息、防洪排涝六大网络。

2.培育“3+2”特色产业集群及“一园两区”产业平台。按照“集中、集聚、集约、集成”要求，整合提升织东新区、织西工业区、洋西产业园，加快推进织东新区“二纵七横”主干道路全线贯通。积极引导产业转型升级，打造特色童装、现代纺织、金属新材 3 个特色优势产业集群，培育智能装备、节能环保两个战略性新兴产业集群。大力实施工业创新驱动战略，着力工业平台技术研发中心建设。童装电商小镇争创省级特色小镇。

3.增强生产服务与生活服务功能。围绕工业转型升级，加快推动生产性服务业发展，建设省级童装生产性服务业集聚区；围绕消费升级发展，促进生活服务业提升，建设三大商业综合体，改造三大特色商业街，提升四大专业市场，打造五处商业楼宇集聚区，开发六大品质住宅区。围绕人的全面发展，优质均衡发展教育、文化、医疗、养老等服务。

4.全力创建国家新型城镇化综合试点。围绕建设中国童装之都，坚持以产促城、以城兴业、产城联动、宜业宜居，重点推进产业园区转型、特色制造转型、农民工转型、城市建设投融资转型五大领域改革创新，形成可复制推广的由镇转城改革经验。推进智慧织里示范试点，打造一个城市操作系统、一张协同网络、两级指挥中心、三大感知系统、四大基础数据以及 N 个衍生应用系统，全面提升织里智慧化管理水平。创新社会治理模式，大力建设平安织里。完善行政审批、应急维稳、就业保障和综合执法四大中心服务，提升城市管理服务效能。

（三）加强中心镇建设，促进多元特色发展

加强中心镇规划建设，推动产业向中心镇特色集聚，着力提高中心镇承载能力和城市品位，成为连接城乡的重要节点。

1.着力推进埭溪镇争创省级中心镇。以接轨杭州、引领西部为目标，加快建设生态、富裕、和谐的新型城镇，更好发挥对西部乡镇辐射带动作用。重点抓好开发区建设，加快工业平台拓展；推进镇区有机更新、美妆小镇、老虎潭水库上游生态保护和下游旅游开发等重点工作。

2.加快推动东林镇创建市级中心镇。推动工业转型升级，有序推进南北区两个工业平台拓展，稳妥推进苕溪产业园建设，加强高新产业项目引进。着力彰显以东林山为中心、九条水系放射状布局的“九龙戏珠”山水城镇风貌，打造“特色产业园、生态示范带、和谐新城镇”，增强城镇集聚功能。

3.全力建设吴兴西塞山省级旅游度假区。着力引进战略投资者参与开发，加强西塞山文化、陆羽茶文化、佛教文化等的传承创新，加快旅游度假区开发建设。积极提升妙新线产业带，扎实推进美丽乡村建设，严格生态环境保护，着力打造生态经济示范带和生态旅游休闲城。“十三五”期间，建成 AAAAA 级景区，争创国家级旅游度假区

4.努力建设南郊风景区。坚守环境功能分区红线，以建设特色园、精致镇、大社区、生态带为目标，突出抓好唐南社区建设、施家桥休闲集镇开发，金盖山景区争创 AAAA 级景区，全力打造“活力魅力、宜居宜业”新道场。

（四）深化美丽乡村行动，整合提升乡村空间

优化完善村庄布局，深入推进新农村建设，完善乡村基本公共服务和基础设施。发展村级集体经济，提高农民收入，全面提升乡村人居环境和生活品质，创建省级美丽乡村示范县区。

1.着力优化空间实现乡村布局美。按照撤村改居、重点培育、特色保留和控制发展的要求，推进全区 148 个村庄保留和撤扩并建设，形成“一轴两环三地”布局。新建 40 个新型农村社区，推进其他 108 个村庄撤并。其中 83 个村纳入东部新城或南部一体化组团，19 个纳入特色服务中心，6 个纳入周边新型农村社区。科学开发利用传统特色村落，对传统建筑村落、自然生态村落和民俗特色村落三类实施分类保护开发。

2.着力促进农民增收实现乡村生活美。深入实施千万农民素质提升工程，大力开展现代农业技术和农民务工技能培训，积极引导村民下山、渔民上岸转移就业。积极开展美丽乡村专项行动，大力发展乡村生态旅游，推动休闲观光农业、农家乐、森林旅游和农村服务业提升发展。大力发展乡村精品农业，推进特色专业村建设。发展壮大村级集体经济，增强村级组织服务功能。

3.着力改善村容村貌实现乡村环境美。健全“四边三化”长效管理机制，促进村庄环卫管理常态化。大力开展农村土地综合整治，促进农村人口向中心村镇集聚。进一步推进乡村道路、垃圾处理、污水治理、水环境综合整治、绿化等基础设施建设。建立“区、乡镇、行政村、农户、第三方专业服务机构”五位一体的农村生活污水治理长效运维模式，实现农村生活污水治理设施长期稳定运行。至 2020 年，美丽乡村覆盖率达到 100%，村庄道路硬化率达到 100%，农村生活污水治理覆盖率达 80%以上。

七、加快社会转型，推进幸福吴兴新发展

紧紧围绕促进公平正义和提升人的素质，把保障和改善民生放在更加突出位置，深入推进教育强区、体育强区及公共文化服务标准化县区建设，完善医疗卫生、社会保险、社会福利、社会救助、社会慈善等领域，全力打造公共服务普惠均衡、社会结构协调合理、社会发展和谐有序的幸福家园。

（一）提升教育现代化水平

提高教育普及水平，促进教育优质化、公平化，加快信息化建设，全面实现教育现代化。

1.全面提升各级各类教育水平。持续推进学前教育三年行动，大力推进公办幼儿园和普惠性民办幼儿园建设，推进残疾儿童就近接受学前教育，学前教育等级园覆盖面超过 95%。加快教育资源布局调整，重点推进中心城区、东部新城和织里小城市等重点乡镇学校建设，调整并改善民工子女学校办学条件，全区义务教育标准化学校达 95%以上。全面提升教育信息化水平，80%以上的中小学和 60%以上的幼儿园建成“智慧校园”。强化服务理念，有效拓展职成教育。加强乡镇成校、社区学校和老年大学建设，探索建立基层继续教育和终身教育的公共服务体系。

2.全面提高教育教学质量。切实加强实践教育，加快区青少年综合实践活动中心和各类实践基地的建设。深化对学生人文素养的培养，加强中小学生法治和公共安全教育，多形式组织开展各类科普活动，推进“全国安全教育实验区”建设。切实促进学生身心健康，深化校园阳光体育活动，加快全区心理辅导中心建设，全面提升“全国中小学生心理健康教育示范区”的示范水平。大力建设文化校园，加快推进快乐校园、幸福校园建设。完善教育质量评价体系，建立更加多元的教育质量监测评估机制，形成能促进学生富有个性、健康成长的客观评价。

3.全面提升师资队伍素质。深入开展“最美教师”、“最美师德群体”等系列优秀教师的评选活动，弘扬高尚的师德师风。推进专业发展，建立健全教师分类分层培养机制，开展区内外教师培训基地和学科示范基地建设。实施省市名师、名校长和省特级教师等后备教育高端人才引进和培养计划，扎实推进名校长工作站、名师工作室和名师三带等“三名工程”。完善校长教师管理，着力提高公办幼儿园在编教师配备率，核定并规范公办幼儿园非在编教师使用和管理，深入推进中小学校长教师交流工作，完善教师绩效工资制度。

4.全面深化教育领域综合改革。全面推进中小学课程改革，深入开展“百项微型优秀校本课程”培育行动，建立健全区域学校校本课程体系。积极改革教学方式方法，扎实推进小班化教学和分层走班等教学形式。大力促进社会化办学，设立民办教育发展专项资金，积极引进高质量和高品牌的民办教育。全面实施现代学校制度，建立健全校管委、家委会，创建“全国中小学校责任督学挂牌督导创新示范区”。多形式扩大教育开放，适度引进一批优质合作办学项目，中小学专任教师留学访学达 5%以上，中小学与境外学校结对率达 50%以上。完善教育评价制度，全面深化学生综合素质评价，完善学校发展性评价。

（二）加强公共文化建设

以建设社会主义核心价值体系为统领，大力发展文化事业，增强全民文化素质，加快建设文化强区。

1.加强公益性文体设施建设。按照城乡人口发展和分布，新建和改扩建一批特色鲜明、功能完备的公共文体设施，建成以区级文化综合体为龙头，乡镇（街道）综合文化站为主干，行政村（社区）综合性文化服务中心为补充的三级公共文化设施。整合基层宣传文化、党员教育、科学普及、体育健身等设施，创新运行机制，提高使用效率。深入实施全民健身国家战略，合理规划公园、绿地、广场等公共场所的全民健身器材设置。至2020年，全区公共文化体育基础设施建设达到全省中上游水平。

2.进一步提升公共文化服务供给能力。重点办好唱响吴兴、悦读吴兴、话说吴兴、秀美吴兴、我们的家园等系统群众文化活动。鼓励引导社会力量参与公共文化服务供给，满足人民群众多元化、多层次的精神文化需求。丰富优秀公共文化产品供给，“十三五”期间组织演出下乡500场，送图书（电子书籍）下乡5万册次，文化走亲活动250场。到2020年，吴兴区档案馆建成符合国家标准规范的数字档案馆，有条件的综合档案室建成数字档案室。

3.与时俱进发展和丰富吴兴精神。切实加强公民诚信、社会责任、科学精神教育，组织开展“讲文明、树新风”活动，推进信用吴兴建设，开展爱心吴兴系列活动，促进形成知荣辱、讲正气、促和谐的社会风尚。开展感动吴兴、风云吴商等重大典型宣传活动，大力宣传体现吴兴精神的时代人物。继续开展以书香礼仪、健康雅韵、温馨愉悦、创新激励为主题的“八大校园”建设，将吴兴精神融入校园文化建设和课堂教育。结合各村、社区实际，开展道德花园建设等活动，展现吴兴精神新风貌。

4.深入实施体育惠民工程。开展“健康吴兴”全民健身系列活动，继续办好全区运动会、农民运动会、全民登山比赛和校园足球联赛，推动全民健身纵深发展。按照“体育强区”和“体育现代化街道（乡镇）”标准，加强城市社区、行政村、中心镇公共体育场地建设，推动学校体育设施向社会开放，健全城市社区15分钟健身圈，群众性体育健身设施达到全省上游水平。认真承办第16届省运动会，努力提升全民身体素质和竞技体育水平。

（三）健全医疗卫生服务体系

进一步深化医疗卫生体制改革，进一步促进医疗卫生事业发展，努力提升全体社会成员健康水平。至2020年全区人均期望寿命达到81岁。

1.完善医疗卫生服务体系。加强公立医院建设，按照三级乙等综合性医院标准完成人民医院迁建工程，按照二级甲等中西医结合医院标准完成中西医结合医院改扩建工程。建立健全社区卫生服务网络，优化城区15分钟和农村20分钟医疗服务圈，推进中心城区社区卫生服务网络建设，至2020年建成较为完善的城乡卫生服务体系。鼓励社会资本办医，支持民资举办妇产保健、中医、老年医疗等医疗机构。

2.提升基本公共卫生服务均等化。加强公共卫生服务能力建设，积极实施基本公共卫生服务项目，完善服务内容，拓展服务范围，提升区域范围内常住居民公共卫生服务共享水平。完善公共卫生安全监测、预警和报告信息网络体系建设，提高应对和处置突发性公共卫生事件能力。深入实施基层卫生人才素质提升工程，优化提升医疗卫生服务队伍。坚持计划生育基本国策，适度控制人口数量，促进人口均衡发展。全面实施国家免费孕前优生健康项目，提升计生服务工作水平。

3.提高医疗卫生事业水平。加快推进实施基层首诊，分级诊疗，双向转诊。加大医疗质量监管力度，巩固深化“平安医院”创建工作，切实提高群众医疗服务满意度。巩固全国中医药工作先进示范区创建成果，进一步深入推进中医“三名三进战略”，大力推广基层中医药适宜技术应用。加快推进建设“智慧卫生”，全面加强医学信息化建设。至2020年，国民体质监测合格率达90%以上。

（四）完善城乡社会保障体系

进一步完善社会保险体系，多渠道扩大城乡就业，健全新型社会救助和福利体系，加强外来务工人员、低收入群体、老人、残疾人等弱势群体保护，构建人口全覆盖的社会保障网。

1.多渠道稳定和扩大就业。大力帮扶就业再就业。大力发展服务业和劳动密集型企业，扶持就业型和社区服务型中小企业，进一步拓宽就业岗位。深入开展送政策、送岗位、送技术和帮扶就业“三送一扶”行动，以农村低保户、城镇零就业家庭及高校毕业生等群体为重点，落实更加积极的就业政策，分类采取结对帮扶、政府购买公益性岗位、开发社会就业岗位、发放社保补贴等措施，帮扶困难群体实现就业。至2020年，城镇登记失业率控制在3.5%以内，零就业家庭保持动态归零。加强劳动维权服务，健全劳动争议调处体系，完善劳动维权一站式受理平台，创新劳动争议调处机制。加强企业劳动合同签订管理，切实保障企业和职工合法权益。完善劳动工资增长的三方协调机制。

2.不断推进社会保险扩面提升。完善城乡居民基本养老保险和城乡居民基本医疗保险管理服务机制，健全参保缴费和待遇享受正常调整机制，逐步推进社保制度转换衔接和标准统筹，努力实现参保人群全覆盖，城乡居民养老保险、城乡居民医疗保险参保率保持在 98%以上。健全机关事业单位养老保险管理服务体系，落实机关事业单位养老保险制度。健全城乡居民最低生活保障制度，提升被征地农民基本生活保障，加强社会保障基金运营监管。统筹移民安置房、中低收入保障房、公共租赁房等安居工程建设，多渠道筹措房源，加大住房保障货币化力度。

3.完善社会福利和社会慈善体系。以适度普惠、覆盖城乡为导向，进一步加强老年人、残疾人、流浪儿等社会福利建设。加快各级社会福利中心建设，建设新型社会福利体系。引导敬老院向区域性养老服务中心转型，加快健全政府引导、投资多元，以及“三无、五保”对象集中供养的长效机制。建立乡镇（街道）、社区慈善工作服务站点，建成覆盖城乡的慈善工作网络。探索筹款和服务分离的机构运作模式，加强社会捐赠中心和慈善超市建设，推动慈善捐赠活动制度化、常态化。加强社会优抚制度建设。

4.健全新型社会救助体系。全面实施精准扶贫，完善扶贫规划与城镇化规划统筹协调机制，进一步优化人口产业集聚，建立最低生活保障动态调整机制，切实推动低收入群体持续增收。规范完善医疗救助制度，稳步提高大病医疗救助覆盖面和标准。健全和完善分层分类救助体系，逐步扩大救助范围。开展各类慈善救助活动，实行信息化管理。健全灾害救助应急体系，增强紧急救援能力。

5.加强妇女儿童等权益保护。进一步实现妇女平等就业创业和共享社会资源，提高妇女参与社会事务管理和基层民主政治建设程度。做好妇女教育培训和妇女权益法律保障体系建设。进一步加强妇幼保健工作。重点做好 7 岁以下儿童健康管理工作，加强儿童预防接种。支持残疾人事业发展，加大残疾人扶贫帮困力度，完善残疾人服务机构，帮助支持解决残疾人就业创业。

（五）努力创建多元养老模式

积极应对老龄化社会，按照政府主导、政策扶持、社会参与、市场推动原则，进一步提升养老福利和服务水平，加快发展养老产业，建立完善的城乡养老服务体系。

1.完善多层次养老服务体系。围绕“9643”养老发展目标，全面建成以居家为基础、社区为依托、机构为重点的新型养老服务体系。加快建设公立养老机构，引入社会力量举办医护养学一体的综合型养老服务机构。有序推进公办养老机构改制，加快养老事业社会化运行。依托城市社区居家养老服务站和农村星光老年之家，加快城乡社区养老服务设施建设，实现城乡社区居家养老服务照料中心全覆盖。至 2020 年，全区养老机构床位数达到 4500 张，享受政府提供养老服务补贴老年人比例达 3%以上。

2.创新多元养老模式。创新“医疗+养老”的医养结合模式，提高医疗服务在养老服务中的专业性、连续性和及时性。创新“养生+养老”的游养结合模式，积极吸引投资者开发养生养老项目。探索“房产+养老”的以房养老模式，探索住房逆抵押、售房养老、租房养老等方式，形成持续稳定并延续至终身的现金或其他资本获得。创新智慧养老模式，完善吴兴智慧养老服务信息平台。

3.提升养老服务水平。加大政府购买养老服务力度，推进养老服务扩面提升。加强养老护理人员岗前培训、在职轮训和继续教育，鼓励大中专毕业生到养老机构就业，鼓励志愿者结对养老服务。建立健全养老服务质量评价机制。深化殡葬改革，进一步加强和规范公益性生态墓地建设。

（六）提升社会治理和民主法治

创新社会治理服务，转变社会管理方式，提升社会管理的多元化、民主化和法制化水平。全面推进司法体制改革，促进司法公正。

1.创新社会治理方式。加强社会组织服务中心建设，创新社区社会组织“1+N”创建模式，大力培育社会组织。至 2020 年，每万人社会组织数达到 5 个以上。加强城市社区规范化建设，创新社区服务管理新模式。加强乡镇（街道）社会服务管理中心规范化建设。深化“网格化管理、组团式服务”，推进“一张网”建设。

2.推进“平安吴兴”建设。进一步加强社会治安防控体系建设，提升平安细胞和平安街区打造水准，拓展新型农村社区平安创建覆盖面，提升区域化社会治理水平。进一步加强社会应急联动体系建设，健全完善突发事件应急处置机制，强化社会公共管理能力。进一步完善消防安全责任制，健全社会化消防工作网络，全面提升全区公共消防安全水平。扎实开展第三方稳评工作，有效防范重大不稳定因素。落实综治、信访工作责任制，畅通群众依法表达利益诉求渠道。进一步完善“大调解”工作体系，健全矛盾纠纷多元化解机制。实施食品安全“六大提升工程”，不断完善从田头到餐桌的食品安全全程管控体系。

3.推进“法治吴兴”建设。全面推进政务公开，健全行政监督体系和问责制度，切实推进依法行政，建设法治政府。完善重大决策事项听证会制度，深入推进科学决策、民主决策，出台前要向本级人大常委会报告、听取政协意见。深化基层民主法治建设，强化服务理念，创新基层工作机制。建立公共法律服务体系，抓好法律援助工作，加强司法救助。加强公民法制教育，开展“吴兴普法”行动。

4.加强国防和后备力量建设。坚持以强军目标为统领，建立与全区经济社会发展相适应的国防动员体系。突出全要素、多领域、高效益的军民融合深度发展格局，构建需求牵引与市场运作相统一的工作运行体系，衔接配套、有效激励的政策制度体系。按照新兵役制度，完善相关配套政策措施。优化民兵队伍结构，缩减民兵数量，调整力量布局和编组模式。

（七）优化提升新居民服务和管理

深化新居民户籍及社保改革，努力为新居民提供多层面的服务保障，积极促进新居民融入本地社会。

1.完善新居民事务管理建设。深化居住证制度改革，明确持证流动人口在教育、医疗、社保、就业、维权等方面的待遇。构建新居民综合信息网，加强新居民民主政治建设，实施新居民参政议事制度。至 2020 年新居民接受法制教育、文明素养教育达95%以上。

2.提升新居民教育医疗和就业保障。全面实现新居民子女义务教育全覆盖，其中符合随迁子女入学条件的学生进入公办中小学就学率稳定在 90%以上，全面提高新居民子女学校办学质量。新居民儿童计划免疫疫苗接种率、儿童和孕产妇保健覆盖率，以及新居民育龄妇女计生服务率，三项指标均达95%以上。

3.加强新居民社会保险和住房保障。加大新居民保障力度，提高新居民参加医疗保险比例，完善新居民困难救济救助办法。出台落实新居民纳入公租房保障实施办法。至 2020 年，新居民子女医疗保险参保率翻一番，新增新居民住房面积 100 万平方米以上。

八、全面深化改革，推动重点领域关键环节新突破

着力破解深层次体制机制矛盾，从供给侧改革入手加快制度建设，全面实施县（区）域经济体制综合改革，统筹推进各领域改革，激发区域作战主体发展活力，促进社会需求。

（一）以市场决定为导向，推进资源要素差别化改革

深化资源要素市场化配置改革试点，完善企业综合评价、要素分层定价、市场化交易等制度，促进各类要素集约节约利用和畅通流转，全面提高资源要素利用效率。

1.深化土地要素配置机制改革。积极推进低效用地再开发，加快闲置土地盘活，探索建立土地产出效益与土地持有成本挂钩、节约集约用地与新增建设用地计划指标分配挂钩等机制。推进工业用地弹性管理制度改革，建立低效利用土地市场化退出机制。研究集体经营性建设用地出让、租赁、入股具体办法，开展与国有土地同等入市试点。

2.深化水电气等能源要素配置改革。完善用电、用气、用水阶梯式价格机制，实行新增用能量有偿申购、超限额差别加价收费等制度。深化水资源配置改革，全面建立城市居民阶梯水价、非居民超计划用水累进加价、居民天然气累进加价制度，探索建立中水回用和再生水利用激励机制。

3.深化生态环境损害成本内部化改革。坚持使用资源付费原则，坚持谁污染谁付费。完善水资源合理配置和有偿使用制度，健全区域内污染物排放指标有偿分配机制，建立健全温室气体碳排放交易机制。

（二）以人的城市化为要求，建立新型城市化机制

统筹推进人口管理、土地管理、财税金融等重点领域和关键环节改革，形成有利于城镇化健康发展的体制机制。至 2020 年全区常住人口城市化率达到 68%。

1.全面推进“三权到人、权随人走”改革。开展农村地籍调查和农房调查，落实土地承包经营权、农户宅基地用益物权、农村集体资产股份权确权登

记发证等工作。实施集体资产量化到人、农民合作社扩员扩股、集体物业经济参股、土地承包经营权入股等改革。探索建立农村“三权”抵质押、转让、置换、退出、继承等活权运转机制。

2.深入推进户籍制度改革。在全区范围内取消农业户口与非农业户口区分，消除依附于原有户籍制度上各项政策差异，实现城乡标准的接轨和统一。建立与城乡户口登记制度相适应的教育、卫生计生、就业、社保、住房、土地及人口统计制度，逐步实现跨部门、跨地区信息整合和共享。以“合法稳定职业及住所”为条件，全面放开建制镇和小城市落户限制。

3.稳妥推进农村土地制度改革。坚持土地公有性质不变，开展土地征收制度改革试验，建立健全土地增值收益在国家与集体之间、集体经济组织内部的分配办法和相关制度安排。改革完善农村宅基地制度，探索进城落户农民在本集体经济组织内部自愿有偿退出或转让宅基地。在符合规划和用途管制前提下，稳妥推进农村土地承包经营权有偿流转机制改革。

4.有序推进农民转移就业。整合职业教育和培训资源，全面提供政府补贴职业技能培训服务。强化企业开展农民岗位技能培训责任，足额提取并合理使用职工教育培训经费。鼓励各类职业院校和培训机构积极开展职业教育和技能培训，推进职业技能实训基地建设。鼓励农民取得职业资格证书和专项职业能力证书。加大农民创业政策扶持力度，健全农民劳动权益保护机制。

（三）以金融创新为抓手，推进投融资体制改革

深入推进地方金融创新、资本市场改革和省级民间融资管理试点等工程，按照适度公开、规范有序、保护保障原则，创新民间融资组织、方式和管理。

1.深化完善政府投融资体制。深化政府投融资改革，健全政府性项目投资决策机制，深化政府投融资体制改革，创新多元化筹资机制，大力推进政府与社会资本合作机制（PPP），推动政府和社会资本合作向规范化、优质化、纵深化发展。整合政府建设资金，清理盘活存量资金，吸引社会资本，共同创建城镇化基金；探索实现资产证券化；控制与化解地方政府债务风险。

2.创新民间资本投入机制。深入推进省民间融资创新试点，健全专业企业经营、信息机构撮合、中心平台服务、政府部门监管的新型民间融资管理机制，积极发挥民间融资资金公司、民间小额贷款公司、民间融资信息服务公司、民间转贷平台等作用，不断加强民间融资机构对实体经济的支持。探索建立民间投资“负面清单”，打破市场壁垒，有效降低准入门槛，积极引导民间资本参与城镇化建设。健全信用吴兴体系，发挥信用评价制度作用。

3.创新发展地方金融产业。鼓励地方金融机构组建各类银证企融资合作平台，创新小微企业、三农产业、重点项目等贷款品种，进一步加大信用贷款创新和投放力度。加快培育引进金融控股集团、民间融资组织等金融新业态机构。加快多层次资本市场建设，鼓励更多企业上市挂牌和直接融资，拓宽基金投入、股权合作、私募融资等融资渠道。

（四）以四张清单一张网为突破，推动政府转型

围绕政府治理现代化，厘清政府职责权限，切实转变政府治理方式，提升政府治理能力。

1.深化“四张清单一张网”改革。进一步梳理各部门职责和权力事项，清晰权力边界，优化权力配置，强化权力监督。深入推动行政权力网上公开透明运行，建立专项资金逐步退出竞争性领域，并改进分配方式，减少行政性分配，引入市场化运作模式，引导带动社会资本增加投入。透明化管理政府非税收入，完善政府非税收入执收目录、涉企行政事业性收费目录清单，推进政府治理体系和治理能力现代化。

2.深化行政审批制度改革。积极推进减少审批部门、审批事项、审批环节和审批时间的“四减少”审批制度改革，大力推行电子政务和网上审批等制度，提高行政运行效率。推进审批中介服务配套改革，健全中介服务目录管理和公平准入制度，完善行业监管和行业自律体系。加快落实事中事后监管措施，强化现场监管、协同监管和综合执法。

3.推进政府购买服务改革。积极发挥市场作用，推进政府向行业协会（商会），以及其他社会机构购买服务改革。完善向社会力量购买服务指导目录，健全政府购买服务工作协调机制，明确履约主体、购买方式、需求管理及各部门职责，规范有序开展政府购买服务的招投标、资金管理和绩效评估机制。

4.深化公共财政体制改革。实行中期财政规划管理，建立跨年度预算平衡机制，建立公开透明的全

口径政府预算管理机制。加大政府性基金预算、国有资本经营预算与一般公共预算的统筹力度，进一步加强财政拨款结转资金管理，完善结转资金清理机制。健全公共财政收入预期目标管理与实现机制。建立规范有序的财政支出分配机制，完善权责匹配的区对乡镇财政体制。加快建立政府产业基金，引导新兴产业集聚，促进经济转型升级。深化投融资改革，构建财政资金与金融资本、社会资本之间的系统联动机制，提高防范和化解财政风险的能力。

5.创新区域统筹体制机制。建立全区一体化的规划机制，研究制定全区多规融合总体规划，形成区镇衔接、层次分明、功能互补、有机统一的规划体系。建立城乡设施一体化建设机制。按照全区一体化要求，统筹区域城乡基础设施和公共服务设施建设，实现共建共享。加快推进东部新区“区镇合一”管理体制，逐步理顺八里店、东部新区管委会管理机制体制，完善东部新区“一站式”审批服务。推进强镇扩权改革，深化织里小城市培育试点，完善与之相适应的土地、规划、财政、行政管理等制度。

九、融入对接共赢，开创开放发展新局面

加快实施开放带动战略，紧紧抓住国家“一带一路”和长江经济带的长期战略发展机遇，积极参与长三角都市圈、环太湖经济圈和沪杭都市圈建设，着力发挥吴兴比较优势，强化区域合作，提升对内对外开放水平，构建全方位开放新格局。

（一）深度接沪融杭，打造沪杭都市圈新增长极

按照上海、杭州都市圈建设发展要求，明确功能定位，强化工作协调，深化合作交流，对接交通基础设施和公共服务，推进与沪杭产业发展、要素配置和政策环境合作。

1.融链——融入沪杭产业链。发挥吴兴资源要素、生态环境、城区功能等优势，立足现有产业基础，合理调整、顺应区域分工，坚持差异化竞争，借力发展特色产业、优势产业。加强与上海张江高科技园、杭州高新技术开发区等高端制造平台对接，着力引进培育智慧物流、云计算、软件研发、信息技术、化妆品等垂直分工行业。大力发展信息经济、智能装备、健康时尚等重点产业。

2.联网——联入沪杭服务交通等网络。主动与沪杭医保机构衔接沟通，稳步推进医疗保险代办服务，推动医保卡刷卡结算。推动市民卡在公共交通领域的互通使用。加强交通电子网络建设，实现与长三角城市交通一卡通服务。推动沪杭固定电话、移动通信等设施在部分区域覆盖及取消漫游费。加快社会保障、社会事业等与沪杭逐步融合，加快基础信息网络、重大专业信息平台的互联共享。

3.共赢——创造吴兴和沪杭利益新格局。强化对接机制建设，建立健全常态化、制度化的对接机制，营造良好发展环境，处理好竞合关系，引导行为主体将各自的“短板”补齐、通力合作，促成整体优势的充分发挥。强化多元定位、分工合作，最大限度发挥各自优势，打破自成体系的大而全、小而全的发展格局，打破地区之间资源和要素流动障碍，因地制宜、优势互补、各取所长、互利共赢，建立健全沪杭资源向吴兴扩散辐射的长效机制。

（二）对接“一带一路”，积极推进境内外合作交流

抓住国家实施“一带一路”和长江经济带战略契机，发挥丝绸文化、综合交通等优势，更加主动、更大范围、更高层次参与全球开放合作。

1.战略支点一：以“世界丝绸之源”为载体对接“一带一路”。加快推进以丝绸小镇为重点的文化商旅项目建设，大力发展文化创意、电子商务、工业旅游、绿色制造等产业，培育打造丝绸全产业链。优化全域项目布局和度假休闲线路安排，做好项目整体包装和宣传推介，构建高度开放、国际化的丝绸文化旅游名城品牌。着力拓展海内外旅游市场，努力争取加入国际文化旅游促进会，积极承办国际文化旅游节，提高知名度和美誉度，不断拓展全球休闲旅游市场。

2.战略支点二：以跨区域物流合作为依托对接长江经济带。积极参与沿长江区域的港口共建共享的协调机制、政策对接机制、多元化协作机制，鼓励码头间的联合经营方式。加快启动高铁湖州东站建设，加强与上海、杭州的互联互通；规划建设二类通用机场，加强与上海机场深度合作。

3.战略支点三：以交流合作为抓手促进　区域间联动互利发展。加强与其他地区的交流合作，积极组织企业参加国内区域性重要经贸活动，有计划地组团到市外、省外开展项目推介、招商引资和招才引智。认真做好对口帮扶工作，进一步加强与对口区域的联络沟通，拓展合作交流领域。完善对外交通网络，强化与长三角东部城市带的联系，并作为长三角门户窗口积极对接皖江城市带。

（三）优化营商环境，培育高度国际化市场

主体

推动引进来和走出去相结合，更好利用国际国内两个市场、两种资源，构建开放型经济新格局。

1.推动外贸增长方式转型。鼓励出口企业通过技术引进、消化吸收与创新，逐步实现向设计研发和自有品牌转变。鼓励企业出口由纺织等劳动密集型产品为主转向相对高附加值产品为主，逐步提高高新技术产品出口比重。以区位要素等优势，加大对物联网、软件和节能环保等新兴产业招商力度，大力争取跨国公司高新技术项目和研发中心。鼓励发展服务贸易。

2.构建对外投资服务促进体系。创新投资服务促进机制，加强境外投资事后管理和服务。加大对“走出去”企业的财政和金融支持，提高财政专项扶持资金的使用效益，发展多层次对外投资合作发展基金。探索境外投资风险防控监管机制、安全风险预警机制和突发事件应急处理机制，增强企业抗风险能力。

3.进一步扩大投资领域对外开放。积极在金融服务、商贸服务、专业服务、文化服务以及社会服务领域扩大开放，减少或取消部分准入限制措施，营造有利于各类投资者平等准入的市场环境。提高行政透明度，完善体现投资者参与、符合国际规则的信息公开机制。完善投资者权益有效保障机制，实现各类投资主体的公平竞争。

十、致力实现规划目标，构建高效推进保障新体系

把“六重”（重大项目、重点工程、重大平台、重点产业、重大政策、重点要素）作为实施“十三五”规划的有力抓手，加强统筹协调，强化责任落实，健全规划体系，全面推进各项工作积极展开，打好“十三五”规划实施攻坚战。

（一）加强组织领导，凝聚全区合力

建立吴兴区“十三五”规划纲要实施领导小组，发挥牵头抓总作用，重点对纲要实施过程中的重大改革突破、重大政策处理、重大项目遴选、重大工程推进，开展研究决策和综合指导。主动接受区委、人大、政协对纲要的指导监督作用。建立党委领导、政府主导、部门协同、社会参与的纲要推进机制，形成多方联动、密切配合、携手共进的强大合力。

（二）加强多规融合，完善规划体系

完善以“十三五”规划纲要为统领、专项规划为支撑的规划体系。依据“十三五”规划纲要，组织编制相关区域、重点产业、重大项目、重大改革等专项规划，细化落实规划纲要提出的各项目标任务。推进多规融合体制改革，建立“多规融合”技术对接平台，强化规划衔接工作机制和协调保障机制。统筹经济社会发展规划、城乡规划、土地利用规划和生态环境功能区规划，形成一级政府、一本规划、一张蓝图。

（三）加强规划管理，健全推进机制

科学编制年度计划，制定产业、投资、土地等相配套的政策，分解落实规划纲要提出的目标和任务。健全规划中期评估和后评估工作制度，完善规划修订调整机制，提高规划纲要的有效性。针对相关情况重大变化，科学提出规划调整议案，并相应修订专项规划。加强各类规划实施监督。

（四）加强要素保障，夯实发展支撑

加强用地保障，积极推进“多规融合”框架下的土地利用规划修编工作，优先安排“十三五”重大项目落地。加强资金保障，优化投融资环境，加大吸引社会资本参与力度，注重引进各类战略投资者。加强人才保障，优化人才发展环境，加快高层次紧缺型人才培育及引进。进一步争取中央和省级政策、资金、用地等的支持，为实现“十三五”规划目标提供有力支撑。

“十三五”规划纲要是坚持四个全面，确保高水平全面建成小康社会的重要规划。全区人民要更加紧密地团结在以习近平为总书记的党中央周围，在中共浙江省委、湖州市委和吴兴区委领导下，适应引领新常态、把握利用新机遇，积极应对新挑战，努力再创新优势，为圆满完成“十三五”规划纲要确定的各项目标任务，建设“生态吴兴、经济强区、科技新城、幸福家园”升级版而努力奋斗！

附件：1.吴兴区“十三五”规划“六重”清单

吴兴区“十三五”规划“六重”清单

表 23-5

1.重大项目清单

单位：亿元

序号	项目名称	实施主体	项目阶段	建设地点	起止年限	建设内容和规模	项目总投资	其中：“十三五”计划投资
合计			291				3097.25	1334.79
一、产业转型领域			138				2087.13	840.71
1	吴兴区贝能渔光互补光伏发电项目	湖州吴兴贝能新能源有限公司	实施	吴兴区	2016—2018	建设 200 兆瓦渔光互补光伏发电项目	20	20
2	信业 ICC 项目	湖州创鸿房地产开发有限公司	实施	吴兴区	2016—2018	项目总建筑面积 62000 平方米，项目共 40 层，楼高 150 米	5.74	5.74
3	红旗景都项目	湖州房地产物业总公司	实施	吴兴区	2016—2020	总建筑面积 39530 平方米	3.38	3.38
4	鲜绿多宅配	湖州鲜绿多农产品有限公司	实施	吴兴区	2013—2018	建设 7940 平方米的农产品流通基地	1.12	0.9
5	灵粮农业项目	敏实集团	实施	高新区	2016—2019	本项目将规划为新型社区生态农场，集旅游、观光、休闲、度假、商务和培训于一体的大型现代农业项目。总用地面积 1727 亩，其中 70%为生态农业区、20%为水域面积、10%为道路及停车。农场将规划四大区域，分别为生态艺术学校区、生态休闲娱乐区、生态农业区、旅游地产区	2	2
6	上禾佳农业项目	台湾（湖州）上禾佳农业公司	实施	高新区	2016—2019	项目规划用地 1800 亩，主要建设农产品加工用厂房、仓库、检测房、道路、绿化、环境改造及相关配套设施，发展农业观光旅游业，实施台湾风情民宿建设 28 亩	1.2	1.2
7	南太湖国家农业综合开发现代农业园区基础提升工程	湖州南太湖现代农业综合区开发有限公司	实施	高新区	2016—2019	园区内基础道路工程、农田水利基础设施项目等	0.7	0.7
8	中节能（湖州）节能环保设备吴兴生产基地项目	中节能（湖州）环保科技有限公司	实施	高新区	2015-2019	总用地 640 亩，计划建设 52 万平方米的厂房、研发中心及生产中心	30	28

续表 23-5

序号	项目名称	实施主体	项目阶段	建设地点	起止年限	建设内容和规模	项目总投资	其中："十三五"计划投资
9	吴兴童装配套产业园项目	湖州新港环保生态园区经营管理有限公司	实施	高新区	2015—2017	项目用地面积为 233 亩，总建筑面积为 335637 平方米。包括企业车间、水资源优化网络、生产废水综合处理、淘汰燃煤锅炉及集中供热管网建设、合同能源管理模式屋顶分布式光伏发电和智慧能源互联网及能管中心建设等内容。集中砂洗、印染企业，淘汰落后，减少排放	9.8	5
10	先登高科新能源汽车电机用特种电磁线项目	先登高科电气有限公司	实施	高新区	2013—2017	总用地 147 亩，年产 2 万吨新能源汽车电机用特种电磁线	6	4
11	朗奥物流科技项目	浙江朗奥物流科技有限公司	实施	高新区	2014—2017	年产 100 台（套）高端物流设备项目	5	3
12	旺能环保型设备产业化项目	浙江旺能环保科技有限公司	实施	高新区	2014—2017	环保型设备产业化项目	5.9	4
13	石油天然气开采用耐蚀合金管及高端精密管国产化技术开发及产业化项目	浙江久立特材股份有限公司	实施	高新区	2015—2018	总用地 159 亩，新建厂房建筑面积 12.76 万平方米，年产耐腐蚀合金管 7000 吨和高端精密管 3000 吨	7	6
14	老恒和酿造产业基地项目	湖州老恒和酿造有限公司	实施	高新区	2016—2022	总用地面积大约 854 亩。新建生产及配套用房 70 万平方米	56	20
15	高端物流装备项目	上海精星物流设备有限公司	实施	高新区	2016—2018	高端物流货架及物流装备项目	15	15
16	智慧云计算产业园	深圳华为软件技术有限公司	实施	高新区	2016—2020	建设以云计算数据中心为主的产业园区，以华为上下游产业链，组建一个云计算中心为核心的高端云计算产业园	30	30
17	彩虹精化华东产业园项目	深圳市彩虹精细化工股份有限公司	实施	高新区	2016—2018	1.建设 100 兆瓦光伏电站建设；2.建设 100 亩新材料生产基地建设；3.建设彩虹公司华东总部基地	30	30

续表 23-5

序号	项目名称	实施主体	项目阶段	建设地点	起止年限	建设内容和规模	项目总投资	其中："十三五"计划投资
18	浙江湖州现代物流设备研发创业中心工程	湖州申太建设发展有限公司	实施	高新区	2015—2025	用地面积 1000 亩，总建筑面积 100 万平方米，主要建设物流设备研发创业中心，集聚、孵化现代物流装备企业机械设计研发、现代装备及信息管理系统、物联网技术等专业技术，培植科技创新型大企业、成长型科技型企业和重点技术研发机构	50	30
19	织里童装产业示范园区项目	湖州织里童装园区经营管理有限公司	实施	织里镇	2014—2022	规划面积约 2000 多亩，规划为集童装研发设计、生产制造、展览展示、信息服务、人才孵化，并配套住宿、生活、娱乐等功能为一体的专业化、现代化产业园区	70	50
20	东尼电子数据线项目	湖州东尼电子有限公司	实施	织里镇	2016—2020	东尼电子项目，计划用地 500 亩，位于织东平台，生产用于电子信息、通信行业等领域的电源线、极细同轴线、USB 数据传输线等	25	25
21	英锋智能物流设备项目	湖州英锋机器人有限公司	实施	织里镇	2016—2017	英锋智能物流设备项目，用地 43.6 亩，建设智能物流设备生产基地	1.5	1.5
22	中尚设计研发及电商总部项目	湖州中尚供应链管理有限公司	实施	织里镇	2016—2017	中尚设计研发及电商总部项目：用地 80 亩，建设中尚全国总部及设计、研发、展示、电商中心及相关产品生产	3	3
23	财富广场项目	湖州振祥房地产开发有限公司	实施	织里镇	2013—2016	占地面积 21378 平方米，新建酒店、办公、服务性商业项目，总建筑面积约 82100 平方米	4	0.6
24	富民路地下商贸街项目	湖州中防盛昱投资有限公司	实施	织里镇	2014—2016	拟利用织里镇富民路部分路段地下（兴盛路至吴兴大道）建设大型地下设施，并综合开发利用，建设集购物、休闲、娱乐为一体的地下商贸街	3	0.5
25	织里民丰世纪广场商业综合体项目	湖州民丰置业有限公司	实施	织里镇	2014—2017	项目总建筑面积为 52901 平方米，其中地上建筑面积 32401 平方米，地下建筑 20500 平方米，建设商业、娱乐、餐饮、酒店等设施	6.5	2.5

续表 23–5

序号	项目名称	实施主体	项目阶段	建设地点	起止年限	建设内容和规模	项目总投资	其中：“十三五”计划投资
26	织里利济文化公园项目	湖州织里城市建设发展有限公司	实施	织里镇	2014—2016	建设以利济禅寺、布金禅寺、织里商业中心、文化广场、凌蒙初纪念馆、江南拱桥等各个景观节点为具体项目，为周边居民服务的综合性城市公园	1.08	0.4
27	米皇国际商业广场项目	湖州米皇房地产开发有限公司	实施	织里镇	2015—2017	总用地 21 亩，总建筑面积 38936 平方米，主要包括商业、娱乐、餐饮、酒店等设施	1.42	0.4
28	湖州织里星火百货大楼项目	湖州星火百货有限公司	实施	织里镇	2016—2017	总建筑面积为 52901 平方米，主要包括商业、娱乐、餐饮、酒店等设施	3	3
29	正祥澄海洋项目	湖州正祥房地产开发有限公司	实施	织里镇	2016—2018	项目总建筑面积 59660 平方米，集餐饮、娱乐、住宿等功能为一体的商贸旅游项目	5	5
30	织里中国童装城二、三期项目	湖州市织里国际童装城股份有限公司	实施	织里镇	2016—2018	总建筑面积 68 万平方米，分三期开发	20	20
31	爱家二期项目	湖州爱家房地产有限公司	实施	织里镇	2017—2019	总建筑面积约 26 万平方米	7	7
32	智能交通项目	织里镇	实施	织里镇	2015—2017	安装道路违停自动抓拍系统、高清电子警察、信号灯、指路诱导系统、智能停车诱导系统、交警中心机房管理平台建设等	0.5	0.4
33	高档汽车零部件物流中心项目	上海嘉进物流有限公司	实施	织里镇	2015—2017	新建 40000 平方米的标准厂房及辅助用房（部分层高大于 8 米），建设东风本田等品牌全系列车型汽车物流中心	6	5.5
34	织里世贸商业城	天源置业	实施	织里镇	2016—2019	总面积 49573 平方米，其中净用地面积 39946 平方米	5.5	5.5
35	八里店南片现代农业提升项目	八里店镇常路街道	实施	八里店镇	2016—2020	巩固提升省级现代农业综合区三个万亩园区，着力现代农业观光旅游发展	6	6
36	上实湖州花园酒店	湖州湖源投资发展有限公司	实施	八里店镇	2014—2017	总用地面积 128283 平方米，总建筑面积 48000 平方米	5.5	2

续表 23-5

序号	项目名称	实施主体	项目阶段	建设地点	起止年限	建设内容和规模	项目总投资	其中：“十三五”计划投资
37	金洲临港工业园	金洲集团	实施	八里店镇	2012—2019	年产45万吨高等级石油天然气管和10万吨	18	10
38	飞华临港工业园	浙江飞华科技股份有限公司	实施	八里店镇	2012—2020	年产10万吨高压钢管塔及15万吨钢棒	12	7
39	华祥（中国）高纤差别化涤纶丝项目	华祥（中国）高纤有限公司	实施	八里店镇	2011—2020	年产80万吨POY及FDY差别化纤维	35	15
40	年产100万台汽车交流发电机生产项目	浙江德宏汽车电子电器股份有限公司	实施	八里店镇	2015—2017	项目用地约77亩，新建总建筑面积约43591平方米，形成新增年产100万台汽车交流发电机的生产能力	1.9	1.7
41	年产200台高速数控滚齿机及工业机器人项目	浙江日创机电科技有限公司	实施	八里店镇	2016—2017	年产200台（套）高速数控滚齿机及工业机器人	1.5	1.5
42	经编集中工业区建设	八里店镇常路街道	实施	八里店镇	2016—2018	建设符合经编产业发展特点的，集经编生产企业入驻、经编产品销售、经编产业配套交易等为一体的经编产业集中工业区	1	1
43	木线条产业集聚区	八里店镇常路街道	实施	八里店镇	2016—2018	配合新农村及“四边三化”创建，集中建设木线条产业集聚区	0.5	0.5
44	万达广场商业综合体项目	湖州万达商业广场有限公司	实施	八里店镇	2016—2018	项目规划用地75亩，建设集休闲、购物、文化娱乐于一体的大型城市综合体，包括大型购物中心、国际影城、室内商业步行街等业态。总面积约16.46万平方米	20	20
46	湖州富力城	湖州富力房地产开发有限公司	实施	八里店镇	2015—2017	新建总建筑面积450266.941平方米（其中地上建筑面积361739.4平方米，地下建筑面积88527.541平方米），主要包括高层、排屋、沿街商业及配套生活服务等设施	24	20
47	富力社区商业中心	湖州联富房地产开发有限公司	实施	八里店镇	2016—2017	项目总用地面积50亩，总建筑面积13万平方米，建成后将引进现代商务金融、高端体验式商业以及大型购物中心等业态，着力打造集高端商务配套、金融服务、休闲娱乐、便利购物等为一体的现代商业中心	5	5

续表 23-5

序号	项目名称	实施主体	项目阶段	建设地点	起止年限	建设内容和规模	项目总投资	其中："十三五"计划投资
48	天朗项目地块	湖州天泰置业有限公司	实施	八里店镇	2016—2020	项目主要包括高层、花园洋房、沿街商业及生活配套设施。项目总用地面积95086平方米，总建筑面积190729平方米，其中地上建筑面积142629平方米，地下建筑面积48100平方米	40	40
49	天鸿地产（HD49-1-2原天朗项目盘活）	天鸿地产诺德置业	实施	八里店镇	2016—2018	占地476亩，开发建设约50万平方米商品房	35	35
50	创博云计算中心	湖州创博云信息技术有限公司	实施	八里店镇	2015—2017	拟租用八里店多媒体产业园8000平方米，致力于计算机系统软件开发及通信电子产品开发应用，以自主产权软件产品研发为核心，同时提供IT信息服务、软件产品开发与系统解决方案的高科技服务、智能营销终端产品等云信息技术服务等	1.5	1.2
51	物联网芯片研发产业园	湖州浩成投资有限公司	实施	八里店镇	2015—2017	项目总用地143亩，新建总建筑面积15万平方米，主要建设核心网络数据采集中心、芯片研发设计、程序写入与系统测试中心、封装中心、数字仪表适配性研发及外挂终端制造中心、技术支持和综合服务中心等	10	9
52	碧桂园滨湖城	湖州碧桂园房地产有限公司	实施	八里店镇	2014—2019	新建商品房建筑面积约251800平方米	9.1	7.1
53	湖州市农产品物流集散中心（一期）	浙江紫金桥农产品股份有限公司	实施	八里店镇	2016—2020	项目主要建设集交易、运输、配送、加工、储藏等功能于一体的大型现代化农副产品物流集散中心。总用地面积约600亩，新建总建筑面积63.62万平方米。，主要包括农副产品交易区、商业配套区及后勤配套区三大区块	22.8	22.8
54	永聚20兆瓦光伏发电项目	湖州永聚新能源有限公司	实施	道场乡	2016	租地600亩，建设为20兆瓦农光互补并网发电系统	1.6	1.6
55	湖州天和机械工程	湖州天和机械有限公司	实施	道场乡	2016—2017	占地20亩，输送机械生产项目	0.6	0.6

续表 23-5

序号	项目名称	实施主体	项目阶段	建设地点	起止年限	建设内容和规模	项目总投资	其中："十三五"计划投资
56	灿鸿鼎坛文化项目	上海合则发商贸发展有限公司	实施	道场乡	2016—2018	总用地约 100 亩。1.利用道场乡闲置房屋建设"卢银涛鼎文化艺术馆"；2.建总高 99 米"千手观音坛"和总高 30 米的"中国梦鼎"，鼎内建设"中国梦"成果博物馆或成果展示馆。周边建设 500 罗汉园	5.5	5.5
57	30 兆瓦地面光伏发电项目	浙江阿波西禾光伏科技有限公司	实施	妙西镇	2016	建设规模为 30 兆瓦的地面光伏电站，安装太阳能电池组件，逆变器、输配电等光伏发电设备	5	5
58	20 兆瓦分布式光伏发电及生态观光农业循环一体化示范项目	宁夏贝盛	实施	妙西镇	2016	建设 20 兆瓦光伏电站项目，项目年均发电约 2100 万千瓦时，年均节约标煤约 6900 吨，年均减少二氧化碳排放 1.7 万吨	2	2
59	年产 8000 万平方米瓦楞纸生产线项目	湖州茂恒包装有限公司	实施	妙西镇	2016	项目总用地 38 亩,建筑面积 17000 平方米,年产 8000 万平方米瓦楞纸生产线	0.8	0.8
60	妙西龙山生态旅游区	湖州妙西旅游开发有限公司	实施	妙西镇	2013—2017	建设集商务会所、休闲娱乐、综合运动设施、餐饮购物、生态文化体验、温泉酒店、高温SPA、登山运动、瓜果采摘等满足游客多样化需求的大型旅游度假区	7.5	4
61	妙峰山国际乡村度假示范园	西塞山旅游投资开发有限公司	实施	妙西镇	2015—2020	集商业房产、旅游、休闲度假为一体商旅文综合体	50	45
62	知了国际帐篷露营地	湖州知了旅游开发有限公司	实施	妙西镇	2016—2018	土地面积约为 1200 亩，主要建设帐篷酒店、帐篷露营、房车基地、户外俱乐部、户外品牌发布地、竹林马场、亲子体验、露天剧场、竹创意设计基地、休闲茶座、竹林餐厅、竹林泳池等	20	20
63	浙江高端紧固件产业园项目	浙江高端紧固件产业园管委会	实施	埭溪镇	2015—2017	用地约 1400 亩，引进紧件固产业大好高的优质企业，仅限于航天航空、军事装备、汽车、海洋运输、医药和核电（风电）等六类紧固件生产企业	30	30
64	国仁包装新材料综合产业园项目	湖州国仁包装新材料产业园有限公司	实施	埭溪镇	2013—2017	总用地 150 亩，园区主要包括生产、研发设计、仓储物流等 6 大功能区块包装材料产业园	5.3	3

续表 23–5

序号	项目名称	实施主体	项目阶段	建设地点	起止年限	建设内容和规模	项目总投资	其中："十三五"计划投资
65	骏融年产 350 万根凸轮轴项目	浙江骏融汽车零部件有限公司	实施	埭溪镇	2015—2017	总用地 40 亩，新增建筑面积 34700 平方米	4	2.5
66	百博年产 600 套精密锯片加工设备项目	浙江百博机械科技有限公司	实施	埭溪镇	2013—2016	总用地约为 47 亩，新增建筑面积 3100 平方米	1.2	0.7
67	力聚扩建年产 600 台套真空热水机组生产线项目	浙江力聚热水机有限公司	实施	埭溪镇	2015—2016	总用地约为 20 亩，新增建筑面积 15579 平方米	0.5	0.3
68	美浓年产 6000 吨环保油墨涂料系列产品生产线项目	浙江美浓材料科技有限公司	实施	埭溪镇	2014—2016	总用地 37 亩，新增建筑面积 20310 平方米	1.1	0.6
69	楚成年产 10000 吨塑胶制品项目	楚成塑胶制品（湖州）有限公司	实施	埭溪镇	2013-2017	总用地 83 亩，新增建筑面积 56000 平方米	1.3	0.5
70	德马现代智能物流装备项目	浙江德马科技有限公司	实施	埭溪镇	2016—2018	总用地 45 亩，生产现代智能物流装备	1.3	1.3
71	韩佛化妆品项目（外资）	韩佛化妆品株式会社	实施	埭溪镇	2016—2018	总用地 50 亩，新建化妆品生产项目	1.5	1.5
72	U2B 化妆品项目	杭州优图碧化妆品有限公司	实施	埭溪镇	2016—2018	总用地 30 亩,新建全新成套产品生产线，生产专业彩妆化妆品	1.05	1.05
73	香水项目	杭州翔鸣化妆品有限公司	实施	埭溪镇	2016—2018	总用地 20 亩，新建香水生产线	0.7	0.7
74	合盛包装	浙江合盛新材料有限公司	实施	埭溪镇	2016—2017	总用地 47 亩，新建化妆品塑料包装生产线项目	1.52	1.52
75	华田包装	浙江华田包装材料有限公司	实施	埭溪镇	2016—2018	总用地 20 亩，新建化妆品外包装生产线项目	0.7	0.7
76	楚成包装扩建项目	楚成塑胶制品（湖州）有限公司	实施	埭溪镇	2016—2019	总用地约 35 亩,新建生产厂房和引进国外先进自动流水线生产设备，年产 10000 吨塑胶制品生产能力	1.1	1.1
77	科技孵化园	杭州紫月亮实业有限公司	实施	埭溪镇	2016—2020	总用地 20 亩，在 5 ~ 8 年内培育国内一线品牌化妆品 2 ~ 4 只，打造国内化妆品企业成长的众创空间	3.6	3.6

续表 23-5

序号	项目名称	实施主体	项目阶段	建设地点	起止年限	建设内容和规模	项目总投资	其中："十三五"计划投资
78	研发检测中心	化妆品投资有限公司	实施	埭溪镇	2016—2019	作为基地主要商务写字楼，入驻国家级化妆品研发技术中心、第三方检测中心、互联网创业中心等公共建设项目	1	1
79	美妆文化园	珀莱雅化妆品有限公司	实施	埭溪镇	2016—2020	美妆小镇核心文化旅游项目，总用地 30 亩，建设"中国香料植物园"、"化妆品博物馆"和"小镇客厅"（AAA 级以上景点）；香料植物园是香料植物展示示范基地、种子基地，以及具有较高经济效益、适应湖州气候品种的香料植物种植基地	5.5	5.5
80	凤凰山森林康养旅游综合体开发项目	浙江央中汇鑫旅游开发有限公司	实施	埭溪镇	2016—2020	项目用地约 200 亩，初步规划有凤凰眼景区、百花庵景区、凤凰山森林康养景区、西部庄园、生态农业等	8	8
81	江南美墅商品房二期项目	锦溪房地产开发公司	实施	埭溪镇	2016—2017	建造 7.5 万平方米店面房及商品房	3.5	3.5
82	狮子村乡村休闲旅游基地	湖州心因旅游文化发展有限公司	实施	埭溪镇	2015—2018	总用地约 700 亩,以汽车运动作为产业引擎,形成农业、农产品加工和乡村旅游三大产业融合发展的创新模式	1.6	0.8
83	九天谷　浙北健康生态产业园项目	浙江九天谷观光农业有限公司	实施	埭溪镇	2015—2018	占地面积约 1680 亩（其中建设用地约 237 亩，集农业生产、农产品加工体验、生态休闲、养生度假、科普教育于一体的综合性休闲观光农业园区	8	7
84	新凤鸣低碳超仿真纤维项目	新凤鸣集团湖州中石科技有限公司	实施	东林镇	2013—2018	48 万吨低碳仿真纤维和 90 万吨功能性、共聚共混改性纤维	37.8	18
85	新凤鸣自动化生产项目	新凤鸣集团湖州中石科技有限公司	实施	东林镇	2016	大容量熔体直纺长丝自动化生产线技改	0.8	0.8
86	汉邦机电装备产业园项目	浙江汉邦机电装备集团	实施	东林镇	2015—2017	年产 500 台套拉丝机及 100 套相关生产线设备	10	10
87	盛顺高档纺织项目	浙江盛顺纺织科技有限公司	实施	东林镇	2016	年产 17000 吨高档纺织织物及弹丝	1.52	1.52

续表 23–5

序号	项目名称	实施主体	项目阶段	建设地点	起止年限	建设内容和规模	项目总投资	其中："十三五"计划投资
88	新能源休闲观光一体化示范项目	陕西贝能新能源有限公司	实施	东林镇	2013—2025	利用商林漾及周边鱼塘水域建设"新能源休闲观光一体化示范项目"，租赁用地 3600 亩，新征 105 亩	15	10
89	金属制品项目	桐乡市华能铁塔厂	实施	东林镇	2016—2017	用地约 50 亩，主营各种热镀锌加工产品、电力铁附件、 紧固件、路灯、新型材料外贸加工产品等	3	3
90	永辉城市生活广场	福建永辉集团	实施	环渚街道	2016—2018	占地面积 100 亩，建筑面积 15 万平方米	16	16
91	东风日产（风神物流）产业基地项目	湖州风神领航物流有限公司	实施	高新区	2014—2018	总用地 410 亩，建立东风日产华东区域汽车零部件统一配送中心	15	10
92	中国化妆品生产基地·湖州	中国化妆品产业基地（湖州）投资发展有限公司	实施	埭溪镇	2016—2025	总用地 3000 亩，依托杭州打造中国化妆品总部之机，与珀莱雅为核心，引进一批高端化妆品终端、产业链配套企业	105	30
93	莫干山大青川生态旅游区项目	湖州艺滔旅游开发有限公司	实施	埭溪镇	2015—2018	总占地面积 5500 亩，建设用地 600 亩,建设集休闲观光、度假养身、农业观光、森林运动等为一体的休闲旅游项目	20	19
94	韩束化妆品项目	上海韩束化妆品有限公司	实施	埭溪镇	2016—2018	总用地 100 亩，新建化妆品生产项目	3.5	3.5
95	新凤鸣差别化纤维深加工项目	新凤鸣集团湖州中石科技有限公司	实施	东林镇	2016—2018	年产 26 万吨差别化纤维深加工项目	10.5	10.5
96	飞剑节能高性能特高压电力器材项目	浙江飞剑电力器材有限公司	实施	东林镇	2016—2017	年产 10000 吨节能高性能特高压电力器材	1	1
97	高鸿–宝钢合作不锈钢装饰板与精密产品 PVD 镀膜加工项目	浙江高鸿不锈钢有限公司	预备	高新区	2014—2016	年产不锈钢装饰板 4.8 万吨、精密产品 PVD 镀膜加工 6500 万件	5	待定
98	丝绸之路旅游综合体项目	待定	预备	吴兴区	2016—2020	建设集休闲旅游、文化创意、现代商贸为一体的大型旅游综合体项目	150	待定

续表 23-5

序号	项目名称	实施主体	项目阶段	建设地点	起止年限	建设内容和规模	项目总投资	其中："十三五"计划投资
99	高新区国家农业公园	湖州南太湖现代农业综合区开发有限公司	预备	高新区	2016—2019	通过罗溇港、北横塘、太嘉河等主要河道水系贯通，沿河两岸布局农业精品园六家，特色产业示范区4个，集现代农业、观光旅游、科研服务于一体	15	待定
100	盈创3D打印项目	盈创集团	预备	高新区	2016—2020	3D打印研发体验产业园	5	待定
101	湖州南太湖云谷项目	天安投资（深圳）有限公司	预备	高新区	2016—2020	天安数码城是中国领先的城市产业地产综合运营商，拟在高新区建立集科研、办公、商务、交流、生活等综合业态于一体的企业生态环境项目，总用地350亩	30	待定
102	唯品会华东电子商务基地项目	唯品会（中国）有限公司	预备	高新区	2016—2020	在湖州建立华东电子商务基地打造以电子商务、货物运输、仓储配送、交易结算为主的现代化物流中心，并建设办公楼、员工餐厅、公寓等配套设施。项目规划用地2000亩，其中一期面积1000亩，二期预留1000亩	50	待定
103	中电（浙江）电子信息产业园项目	中国电子科技开发有限公司	预备	高新区	2016—2020	1.产业园项目总用地3000亩，一期1000亩主要规划建设检验检测中心、产品展示中心、孵化中心以及配套商住、生活服务设施等；2.项目导入。引进集团及集团其他子公司相关的电子信息产业项目和科研机构入驻	100	待定
104	大钱区域开发建设项目	中国城市建设控股集团有限公司	预备	高新区	2016—2025	大钱港两侧滨湖区域13.12平方公里的整体开发建设，打造成国家级的会展中心和都市型现代服务业版块	150	待定
105	湖州能源交易中心项目	宁波中基集团有限公司	预备	高新区	2016—2020	建设成品油现货市场的国家战略框架下成立的集油品定价、现货交易、资讯、金融和供应链管理于一体的国家级、国际化交易平台	50	待定
106	童装三中心之一的电商孵化中心项目	待定	预备	织里镇	2016—2020	总用地100亩，实施电商培训孵化等	3	待定

续表 23-5

序号	项目名称	实施主体	项目阶段	建设地点	起止年限	建设内容和规模	项目总投资	其中："十三五"计划投资
107	太阳能光伏组件边框铝型材项目	浙江创盛光能源有限公司	预备	织里镇	2016—2018	用地 166 亩，建设太阳能边框生产线项目	5	待定
108	硕大汽车核心零部件项目	上海硕大电子科技有限公司	预备	织里镇	2016—2017	硕大汽车核心零部件项目，用地 50 亩，建设汽车核心零部件生产基地	5	待定
109	自动缝纫设备生产项目	苏州澳拓美盛自动化设备有限公司	预备	织里镇	2016—2017	自动缝纫设备项目，用地 30 亩，建设自动化大型缝纫设备生产基地	1.5	待定
110	金龙国际商务中心项目	湖州织里三长房地产开发有限公司	预备	织里镇	2016—2018	新增总建筑面积 13504.31 平方米	1	待定
111	国际电子商务产业园项目	颐高集团	预备	织里镇	2016—2018	规划用地约 330 亩，建设集智慧城市线上平台和电商大厦、网货博览城等线下平台于一体的电子商务产业园	30	待定
112	童装产业示范园商业配套项目	待定	预备	织里镇	2016—2017	占地 50 亩	2	待定
113	上实誉华地块及 BLD35-2 地块	上实集团	预备	八里店镇	2017—2020	房地产开发建设	20	待定
114	中德产业园项目	待定	预备	八里店镇	未定	引进德国中小企业落户，努力促其成为全省有地位、全国有影响的外资企业集聚区	30	待定
115	拉风集团西山影视基地	湖州拉风影视文化有限公司	预备	八里店镇	2016—2020	规划用地 328 亩，另租用林地面积约 700 亩。依托西山景区现有山林、矿坑、河漾等地形，建设集城市影视拍摄区、大型摄影棚区等为一体的大型影视基地	10	待定
116	移沿山景区	湖州移沿山生态景区发展有限公司	预备	八里店镇	2016—2022	湿地景区、旅游开发	10	待定
117	吴兴汽车商贸城	江苏三江森茂汽车城投资有限公司	预备	八里店镇	2016—2020	建设集购车消费、汽车品牌 4S 店、汽车贸易展示、汽车多品牌大型展厅和汽配、装潢、汽车租赁、金融保险、休闲娱乐等各项服务功能等于一体的专业汽车市场	20	待定

续表 23-5

序号	项目名称	实施主体	项目阶段	建设地点	起止年限	建设内容和规模	项目总投资	其中："十三五"计划投资
118	浙北精品石材商城项目	福建南安市水头中闽石材商城有限公司	预备	八里店镇	2016—2020	建设用地 150 亩，新建集石材销售、加工为一体的大型专业石材交易市场	6	待定
119	总部自由港国际名品交易中心项目	待定	预备	八里店镇	2016—2018	收购总部自由港商业、商务楼及其辅助设施约 22 万平方米，计划引进 150 个左右的国际知名品牌，打造国际名品中心	20	待定
120	汉唐综合物流园区	待定	预备	八里店镇	2017—2020	规划用地 1000 亩，主要建设集码头、仓储中心、配送中心、公路配载中心、信息中心等功能为一体的综合物流园区	15	待定
121	幸福企联绿色食品深加工基地项目	好幸福食品股份有限公司	预备	道场乡	2016—2018	项目总用地 700 亩，新建总建筑面积 56.1 万平方米，形成年产方便米饭 20 万吨，米浆 125 万吨	30.6	待定
122	大师智慧谷	上海九一投资有限公司	预备	妙西镇	2016—2018	总面积约为 398 亩，其中建设用地约为 73 亩，打造长三角地区最具创意智慧的艺术家创作集聚地	5	待定
123	原乡霞幕度假村	德清华盛达集团	预备	妙西镇	2016—2017	古村落宅基地 25 亩，建成休闲度假中心	6.1	待定
124	妙栖·璞琨居	上海凌疆投资有限公司	预备	妙西镇	2016—2018	依托妙西人文、自然生态基地，融入历史、宗教、中医、茶文化等本地特色资源，打造特色休闲、养生养心、文化创意、高端度假、山地体验等一体的国际生态乡村旅游度假区	5	待定
125	白鹭谷度假养生养老项目	银山资本基金公司	预备	妙西镇	2016—2020	精品养生养老度假基地	100	待定
126	美之源香水	美之源化妆品有限公司	预备	埭溪镇	2017—2019	总用地 100 亩，新建化妆品生产项目	3.5	待定
127	衍宇包材项目（外资）	韩国衍宇包材株式会社	预备	埭溪镇	2016—2018	总用地 50 亩，新建化妆品包材生产项目	2	待定
128	科玛化妆品	韩国科玛化妆品株式会社	预备	埭溪镇	2016—2018	总用地 100 亩，新建化妆品生产项目	4	待定

续表 23-5

序号	项目名称	实施主体	项目阶段	建设地点	起止年限	建设内容和规模	项目总投资	其中："十三五"计划投资
129	托尼茉莉化妆品	韩国托尼茉莉化妆品株式会社	预备	埭溪镇	2016—2019	总用地 40 亩，新建化妆品生产项目	1.4	待定
130	澎泰包材项目	韩国澎泰包材株式会社	预备	埭溪镇	2017—2020	总用地 30 亩，新建化妆品包材生产项目	1	待定
131	上强商业综合体		预备	埭溪镇	2017—2020	打造 5 万平方米商业综合体	2	待定
132	新型纺织产业园	湖州市东林经济发展有限公司	预备	东林镇	2017—2022	总用地 300 亩，建设高端、环保纺织园区，综合整治全镇低小散纺织企业	20	待定
133	上海建工 PC 构件项目	上海建工集团	预备	东林镇	2016—2025	总用地 1000 亩，建设 PC 智能环保构件项目	50	待定
134	南山养生小村	东林镇	预备	东林镇	2016—2020	综合开发水库、寺庙、种植园等资源，打造观光、养生、休闲为一体的旅游综合体	2	待定
135	电气传动、电力电源设备研发生产项目	浙江东华信息控制技术有限公司	预备	东林镇	2016—2017	总用地约 100 亩，电气传动、电力电源设备生产	5	待定
136	新型纺织项目	浙江尤夫高新纤维股份有限公司	预备	东林镇	2016—2017	总用地约 100 亩，生产高端纺织项目	5	待定
137	保戈线现代农业示范区建设	东林镇	预备	东林镇	2016—2020	沿保戈线建设高效生态农业示范带，东林片以高效种植业为主拓展面积 5000 亩，锦山片以生态养殖业为主面积 5000 亩，重点突出建设特色精品园 2 个	0.5	待定
138	青山旅游集散中心	东林镇	预备	东林镇	2016—2020	立足东林区位优势和文化环境优势，连接吴兴西南部旅游区与中心城区，建立集观光旅游、交通中转等功能为一体的旅游集散中心	0.8	待定
二、基础设施领域 58							342.79	175.39
1	国家级分布式光伏示范区项目	吴兴工业园区	实施	吴兴区	2015—2017	计划建设规模为 120 兆瓦的地面光伏电站	7.8	7
2	南太湖大道改建工程	待定	实施	吴兴区	2016—2019	按照二级公路标准建设约 16.5 千米	5	5

续表 23-5

序号	项目名称	实施主体	项目阶段	建设地点	起止年限	建设内容和规模	项目总投资	其中："十三五"计划投资
3	连接新老 318 国道至湖苏沪高铁站接线工程	湖州吴兴南太湖建设投资有限公司	实施	吴兴区	2016—2019	按照二级公路标准建设约 3.65 千米	4	4
4	清水入湖河道整治项目后续工程（吴兴段）	湖州吴兴区水利投资发展有限公司	实施	吴兴区	2016—2020	郭西湾排涝站、埭溪排涝站更新改造	1.8	1.8
5	太嘉河及环湖河道后续工程	湖州市水利投资发展有限公司	实施	吴兴区	2016—2020	南横塘、北横塘干流综合整治	10	10
6	水库除险加固工程	东林镇、埭溪镇、妙西镇	实施	吴兴区	2016—2020	9 座水库除险加固项目	0.45	0.45
7	河道清淤工程	高新区及各乡镇	实施	吴兴区	2016—2020	600 千米河道清淤工程	1.07	1.07
8	南北横塘水系综合治理	高新区、织里镇、八里店镇	实施	吴兴区	2017—2025	整治面积 194 平方千米	2.2	2.2
9	法院信息化建设（"天平工程"）	区法院	实施	吴兴区	2016—2020	包括档案电子化扫描、高清数字法庭改造、数字法庭庭审记录改革、新大楼机房建设、新大楼集控中心建设、执行单兵系统等	0.3	0.3
10	318 国道连接线跨长湖申大桥工程	湖州吴兴南太湖建设投资有限公司	实施	吴兴区	2016—2017	路线全长 1240 米，其中桥梁全长 385 米，道路连接线 855 米	1.5	1.5
11	杭宁高速公路吴兴段		实施	吴兴区	2016—2019	吴兴区范围内长约 21.12 千米	6.95	6.95
12	申嘉湖高速公路鹿山至孝源段工程		实施	吴兴区	2016—2020	吴兴区范围内长约 6.84 千米	11.38	11.38
13	104 国道长兴李家巷至湖州施家桥段改建工程		实施	吴兴区	2016—2018	吴兴区范围内长约 8 千米	8.78	8.78
14	"四个一万"等级提升工程	各乡镇人民政府	实施	吴兴区	2016—2020	等级提升约 195.7 千米	8.78	8.78
15	湖州湖织大道快速路改造提升及连接线工程	湖州申太建设发展有限公司	实施	高新区	2014—2016	建设长 11860 米的快速路和总长 3043 米的 2 条连接线（经七路、澄海路）	18	18
16	湖州南太湖大道北段快速路工程	湖州申太建设发展有限公司	实施	高新区	2016	南起湖织大道，北至滨湖大道，路线全长 5817 米	7.86	7.86

续表 23-5

序号	项目名称	实施主体	项目阶段	建设地点	起止年限	建设内容和规模	项目总投资	其中："十三五"计划投资
17	工兴大道	湖州申太建设发展有限公司	实施	高新区	2016—2025	按照二级公路标准建设约 12.3 千米	3.5	3
18	高新区农村公路延伸工程（粮油路东延、大港路北延、织太路北延）	湖州申太建设发展有限公司	实施	高新区	2016—2018	约 7 千米	1.2	1.2
19	高新区工业功能区（环渚片区）路网工程	湖州申太建设发展有限公司	实施	高新区	2016—2020	"二横四纵"路网建设，涉及中东路、田板路、杨水路、常溪路、外溪路、树庄路。	2.6	2.6
20	湖州南太湖高新区戴山片区基础设施路网工程	湖州申太建设发展有限公司	实施	高新区	2016—2020	"三横五纵"路网建设，经五路北延、经七路北段、经六路北延、塔山路、纬七路、经八路、经九路	4	4
21	高新区产业东区基础设施路网工程	湖州申太建设发展有限公司	实施	高新区	2016—2020	姚家田路（横二路—湖织线）长 821 米，宽 18 米；富民路（横二路—湖织线）长 690 米，宽 32 米；同心路（外环北路—湖织线）长 824 米，宽 20 米；浒金路（外环北路—湖织线）长 1018 米，宽 16 米；横三路（澄海路—富民路）长 1539 米，宽 24 米；区间道路（栋梁路—珍贝路），长 945 米，宽 9 米；澄海路（横二路至外环北路）长 370 米，宽 50 米；栋梁路北延（至外环北路）长 412 米，宽 32 米	4	4
22	诸娄圩区	高新区	实施	高新区	2016—2018	整治圩区 3.26 万亩	0.7	0.7
23	太湖圩区	高新区	实施	高新区	2017—2019	整治圩区 2.37 万亩	0.4	0.4
24	高新区水生态环境综合整治	湖州南太湖现代农业综合区开发有限公司	实施	高新区	2011—2016	环湖河道、北横塘、太嘉河等主要河道水系环境整治及贯通	6.05	4.25
25	织东产业园路桥工程项目	湖州织里城市建设发展有限公司	实施	织里镇	2012—2017	包括腾飞路、长安路、利济路、富康路东延、中华路、康泰路、晟舍路、吴兴大道等工程建设	8	2
26	镇区道路改造提升工程	湖州织里城市建设发展有限公司	实施	织里镇	2014—2016	（长安路、利济路、织里路），织里路南段 2800 米道路、管线、绿化景观综合改造建设	5	4

续表 23-5

序号	项目名称	实施主体	项目阶段	建设地点	起止年限	建设内容和规模	项目总投资	其中：“十三五”计划投资
27	利济圩区	织里镇	实施	织里镇	2018—2020	整治圩区 3.04 万亩	0.5	0.5
28	湖织大道拓宽改造工程	湖州织里城市建设发展有限公司	实施	织里镇	2016—2018	湖织大道 4.5 千米道路拓宽改造工程	5	5
29	三环东路南延		实施	八里店镇	2016—2020	按照一级公路标准建设约 2.1 千米	1.8	1.8
30	吴兴区区府路南延（前村大桥）	八里店镇人民政府	实施	八里店镇	2016—2019	按照二级公路标准建设约 2.1 千米	1.65	1.65
31	湖苏沪高铁		实施	八里店镇	2016—2020	吴兴区范围内长约 23 千米	30.67	30.67
32	湖苏沪高铁湖州东站项目	待定	实施	八里店镇	2016—2018	含站房及站前广场，占地 200 亩，其中建设站房 2 万平方米	2.5	2.5
33	318 国道南浔至吴兴段改建工程（吴兴区段）	八里店镇常路街道	实施	八里店镇	2013—2017	按照一级公路标准建设约 6.3 千米	3.8	1.8
34	湖州鹿山至双林公路吴兴八里店段	八里店镇常路街道	实施	八里店镇	2014—2016	按照一级公路标准建设约 12.2 千米	2.27	0.6
35	道场乡施家桥单元云巢街区云山西路等道路建设工程	湖州春申旅游发展有限公司	实施	道场乡	2015—2017	项目主要建设 5 条道路，总长 1661.63 米，包括道路工程、给排水管道工程和桥梁工程等	0.25	0.22
36	道场乡施家桥单元会家山街区（城南工业园）配套道路工程	湖州吴兴道场城乡建设发展有限公司	实施	道场乡	2015—2017	项目主要包括 6 条道路，总长 4782.76 米，包括主干路 3 条，次干路 3 条	0.63	0.33
37	道场烈士陵园至 104 国道（施家桥）公路改建工程	湖州春申旅游发展有限公司	实施	道场乡	2016	12.5 公里，6.5 米宽	0.3	0.3
38	环老虎滩水库景观线	埭溪镇人民政府	实施	埭溪镇	2017—2020	道路总长 20 千米，路面拓宽为 8 米	5	5
39	妙新线-104 国道	埭溪镇人民政府	实施	埭溪镇	2017—2018	道路总长 4 千米，路面拓宽为 6.5 米	0.5	0.5
40	埭芳线（104 国道至妙新线段）	埭溪镇人民政府	实施	埭溪镇	2016—2017	新建道路 4 千米，路面宽 6.5 米	0.6	0.6

续表 23-5

序号	项目名称	实施主体	项目阶段	建设地点	起止年限	建设内容和规模	项目总投资	其中：“十三五”计划投资
41	长茅线	湖州吴兴西部新农村建设开发投资有限公司	实施	埭溪镇	2015—2020	项目总建设 6.5 千米，其中新建长 4.5 千米，路面宽 6.5 米，改造提升 2 千米，路面拓宽为 6.5 米	0.3	0.3
42	东林镇外环线建设	东林镇	实施	东林镇	2016—2017	建成东林镇外环线，总长 15.6 千米	2.1	2.1
43	百丈港片圩区	东林镇	实施	东林镇	2019—2020	圩区整治 1.32 万亩	0.3	0.3
44	规划 302 省道（213 省道至 215 省道段）连接线工程		预备	吴兴区	2017—2022	按照二级公路标准建设	2.7	待定
45	原规划 208 省道（织里至菱湖段）改建工程	待定	预备	吴兴区	2017—2020	按照一级或二级公路标准建设约 14.4 千米，桥梁按实际情况设置	7.1	待定
46	中兴大道东西拓展工程	待定	预备	吴兴区	2016—2018	长约 900 米，宽约 40 米	1	待定
47	东部新区主要道路面层提升	待定	预备	吴兴区	2016—2020	东部新城范围内 16 条道路路面细沥青摊铺，路面病害处理，沿路平侧石提升等，道路总长约 5.3 万米，细粒式沥青厚约 6 厘米	1.5	待定
48	吴兴区 1400 兆瓦抽水蓄能电站	待定	预备	吴兴区	2017—2021	为日调节纯抽水蓄能电站，安装 4 台单机容量 350 兆瓦的可逆式水泵水轮电动发电机组，总装机规模为 1400 兆瓦。设计年抽水用电量 31.29 亿千瓦时，年发电量 21.1 亿千瓦时	56	待定
49	吴兴区西南热力供应工程	待定	预备	吴兴区	2016—2019	结合锅炉大气治理，为吴兴西南工业区统一供热，建设 4×75 吨/日循环流化床锅炉，配 2×12 兆瓦汽轮发电机组的热电联产企业	3	待定
50	G50 戴山立交互通工程	湖州申太建设发展有限公司	预备	高新区	2016—2020	待定	待定	待定
51	湖州外环北路快速路工程	待定	预备	高新区	2016—2020	西起三环东路，东至珍贝路，路线全长 9600 米	3	待定
52	高新区申苏浙皖高速公路织里出口和湖州出口连接线工程	湖州申太建设发展有限公司	预备	高新区	2016—2020	连接线长 12 千米，宽 32 米	3	待定

续表 23-5

序号	项目名称	实施主体	项目阶段	建设地点	起止年限	建设内容和规模	项目总投资	其中："十三五"计划投资
53	湖州航空产业城项目	中航工业集团	预备	高新区	2016—2018	主要建设航空基地，由中航工业集团投资建设水上飞机项目。	50	待定
54	华能风力发电项目	华能国际电力股份有限公司	预备	妙西镇	2016—2018	建设规模为 30 兆瓦的大型风电场	5	待定
55	菱埭线升级配套工程	东林镇	预备	东林镇	2016—2017	清淤 50 万立方米，砌石护岸 3000 米，航道等级从 6 级提升为 5 级	0.2	待定
56	百丈港圩区建设	东林镇	预备	东林镇	2017—2020	对圩区内堤防、水闸等进行全面改造，涉及 6 个行政村，整治面积 1.5 万亩	0.3	待定
57	东苕溪仓储物流集散中心建设	东林镇	预备	东林镇	2016—2020	在东苕溪西岸工业北区建设大型仓储物流集散中心	0.5	待定
58	吴兴苕溪产业园	苕溪经济发展公司	预备	东林镇	2016—2030	规划总面积 10000 亩，以新型建筑材料为产业定位，打造吴兴区苕溪产业园	20	待定
三、城乡统筹领域 31							333.11	95.96
1	丝绸小镇	南太湖建设投资管理有限公司	实施	吴兴区	2015—2018	集丝绸产业、历史遗存、生态旅游为一体的产城融合的"复合型小镇"	51	41
2	吴兴区美丽乡镇建设	各行政村	实施	吴兴区	2016—2020	创建市级美丽乡村和精品村各 20 个左右	1.1	1.1
3	湖山大道吴兴段	湖州市市北建设投资有限公司	实施	吴兴区	2016—2020	按照一级公路标准建设 16.7 千米	20	20
4	织里镇污水总管改造	城发公司	实施	织里镇	2016—2017	长度 6 千米	0.5	0.5
5	漾西绕镇公路项目	湖州市织里镇漾西工业园区建设发展有限公司	实施	织里镇	2016—2018	道路长 2.3 千米，宽 19 米	0.5	0.5
6	织里镇义皋村古建筑、古道修复工程	湖州织里环湖新农村建设有限公司	实施	织里镇	2016—2020	织里镇义皋村古建筑、古道修复工程；市政配套设施工程	2	2

续表 23–5

序号	项目名称	实施主体	项目阶段	建设地点	起止年限	建设内容和规模	项目总投资	其中："十三五"计划投资
7	二环南路（318 国道改建）	湖州吴兴东部新农村建设投资有限公司	实施	八里店镇	2015—2017	4.6 千米长，60 米宽交通道路建设	1	0.9
8	外环南路西延段	湖州吴兴东部新农村建设投资有限公司	实施	八里店镇	2015—2017	1.8 千米长交通道路建设	0.3	0.25
9	南太湖大道南延	湖州吴兴东部新农村建设投资有限公司	实施	八里店镇	2016—2018	南太湖大道南延主干道建设，按照长约 600 米，宽约 60 米的城市一级公路标准建设，同时完善绿化，亮化等	0.8	0.8
10	经五路南延	湖州吴兴东部新农村建设投资有限公司	实施	八里店镇	2016—2019	3 公里长交通道路建设	0.58	0.58
11	叶堤漾路、姚山路改造工程	八里店社区管理服务中心	实施	八里店镇	2016	对叶堤漾路、姚山路约 3.32 千米的道路市政、绿化实施立面改造提升	0.5	0.5
12	八里店尹家圩农民社区二期	湖州吴兴东部新农村建设投资有限公司	实施	八里店镇	2016—2018	9 万平方米的社区建设	2.53	2.53
13	施家桥特色小镇	湖州春申旅游发展有限公司	实施	道场乡	2017—2020	打造生态旅游有新特色，集合住宿、商业、养生、健康、休闲旅游为一体特色小镇	8	8
14	妙西美丽乡村建设	各行政村	实施	妙西镇	2016—2020	渡善、后沈埠、王村、楂树坞村、潘村 6 个村的美丽乡村建设	0.25	0.25
15	埭溪镇城镇三横三纵道路网建设工程	湖州吴兴西部新农村建设开发投资有限公司	实施	埭溪镇	2015—2018	新建与拓展包括建设路、环镇南路、振兴路、上强路、直街路、外环南路六条道路网架建设，建设与拓展原有城镇道路网架总长度 8 千米	1	0.85
16	城镇外环道路工程	湖州吴兴西部新农村建设开发投资有限公司	实施	埭溪镇	2017—2018	道路总长 7 千米，路面 12 米	2	2

续表 23-5

序号	项目名称	实施主体	项目阶段	建设地点	起止年限	建设内容和规模	项目总投资	其中：“十三五”计划投资
17	吴兴经济开发区埭溪分区小羊山区域道路工程	埭溪镇	实施	埭溪镇	2016—2020	创业大道（小羊山路—高速青山出口段）：长 1560 米、宽 26 米；小羊山路（创业大道—国道北路段）：长 400 米、宽 18 米；平地路（创业大道—国道北路段）：长 434 米、宽 18 米；下沈路（创业大道—国道北路段）：长 538 米、宽 14 米；创新路（小羊山路—下沈路段）：长 742 米、宽 18 米；国道北路（小羊山路—高速青山出口段）：长 1600 米、宽 9 米；包括路基、路面、地下管网、绿化、亮化等	2	2
18	吴兴经济开发区埭溪分区阳山坞区域道路工程	埭溪镇	实施	埭溪镇	2016—2020	阳山坞路：长 1650 米、宽 24 米；纬一路：长 396 米、宽 18 米；纬二路：长 436 米、宽 18 米；纬三路：长 526 米、宽 18 米；纬四路：长 503 米、宽 18 米；包括路基、路面、地下管网、绿化、亮化等	1.5	1.5
19	吴兴经济开发区埭溪分区临港区域道路工程	埭溪镇	实施	埭溪镇	2016—2020	临港大道：长 800 米、宽 18 ~ 23.5 米；纬一路：长 700 米、宽 18 米；包括路基、路面、地下管网、绿化、亮化等	1.2	1.2
20	吴兴经济开发区埭溪分区场平工程	埭溪镇	实施	埭溪镇	2016—2020	北拓区域：阳山坞 700 亩；东延区域：小羊山 1800 亩；包括土地征用、农房拆迁、坟墓搬迁、场地平整等	3	3
21	联山新村建设工程	湖州吴兴西部新农村建设开发投资有限公司	实施	埭溪镇	2014—2017	小区总用地面积 50 万平方米，建设住宅建筑面积 30 万平方米，公共建筑及商业建筑面积 6 万平方米	7.5	4.5
22	小羊山新村建设	湖州吴兴西部新农村建设开发投资有限公司	实施	埭溪镇	2015—2017	小区总用地面积 15 万平方米，建设住宅建筑面积 10 万平方米	2.5	2
23	吴兴区东部新城污水管网等基础设施提升改建工程及维护项目	待定	预备	吴兴区	2016—2018	整个东部新区污水管网的提升改建（具体项目按东部新城污水管网建设计划）；整个东部新区所有已建成污水管网的修缮、疏通等维护工程	1	待定

续表 23-5

序号	项目名称	实施主体	项目阶段	建设地点	起止年限	建设内容和规模	项目总投资	其中："十三五"计划投资
24	戴山众创小镇	待定	预备	高新区	2016—2020	高新区经五路以东，经九路以西，湖织大道以北，外环北路以南区域4个平方千米整体运作开发	120	待定
25	幻溇风情小镇整体开发建设项目	待定	预备	高新区	2016—2020	幻溇风情小镇整体开发	30	待定
26	电商小镇	湖州织里小城市建设投资有限公司	预备	织里镇	2016—2020	电商小镇整体开发	50.3	待定
27	妙西特色小镇	待定	预备	妙西镇	2016—2020	打造生态旅游有新特色、产业兴镇有新发展、项目建设有新突破、新农村建设有新进展、党的建设有新局面的"宜居、宜业、宜游"新妙西	0.5	待定
28	振兴路北延	待定	预备	埭溪镇	2018—2020	建设长度为2.5米，路面宽为32米。包括路基、路面、地下管网、绿化、亮化等	0.35	待定
29	东林镇美丽乡村建设（四大社区、中心村、新农村建设）	湖州东林新农村建设投资有限公司	预备	东林镇	2016—2024	集镇周边建四大社区，总建设面积100多万平方米，使全镇90%以上农房通过10年进行更新；锦山、青山2个中心村建设；10个美丽小村（设计18个行政村）新农村建设	20	待定
30	东林镇自来水城乡一体化供水工程	待定	预备	东林镇	2016—2020	纳入全市城乡一体化供水，自来水管网系统全线改造，新建大型配水站1座和5千米供水总管，改造全镇供水管网240多千米	0.6	待定
31	镇东社区综合配套和设施工程	待定	预备	东林镇	2016—2024	项目主要建设内容：社区服务中心、卫生服务中心、农贸市场、幼儿园、社区配套商业中心、文体设施等，总建筑面积预计22000平方米	0.6	待定
四、生态环保领域 11							102.6	91.5
1	吴兴工业园区循环化改造项目	吴兴工业园区	实施	吴兴区	2015—2019	计划实施资源综合利用、节能减排技改、能源资源共享设施等51项循环化改造项目	81.7	81
2	全区印染行业整治提升工程	15家印染企业	实施	吴兴区	2014—2016	对全区15家印染企业按照省环保标准整治提升	4	1.5

续表 23-5

序号	项目名称	实施主体	项目阶段	建设地点	起止年限	建设内容和规模	项目总投资	其中："十三五"计划投资
3	织里农村水网改造	织里镇	实施	织里镇	2016—2018	织里农村水网改造	5	5
4	漾西铝合金行业整治提升工程	25 家洋西铝合金企业	实施	织里镇	2014—2016	对 25 家铝合金企业熔铝炉进行废气污染物整治提升，并建设 16.96 千米污水管网，将污水排入东郊污水处理厂	3	2.5
5	浒金港等河道综合整治及沿线景观建设	织里镇	实施	织里镇	2016—2017	河道清淤、驳岸整治、水体洁化、沿岸绿化及市政环卫配套	0.5	0.5
6	东林镇温室龟鳖养殖场拆除项目	东林镇	实施	东林镇	2014—2016	拆除东林镇温室龟鳖养殖场 2600 个约 169 万平方米	2.5	1
7	东部新城湖漾水质净化工程（一期）	待定	预备	吴兴区	2016—2018	西山漾、草荡漾、南荡漾及塔荡漾水质净化提升工程，水域面积及沟通水系约 2500 亩	1	待定
8	上强废弃矿山区治理	埭溪镇	预备	埭溪镇	2016—2018	涉及上强区 4 个废弃矿山，达约 900 亩面积矿山治理	2	待定
9	下沈河河道整治、健康步道	埭溪镇	预备	埭溪镇	2015—2016	埭溪下沈河约 7 公里河道整治，堤岸加固、绿地美化、修建健康步道	1.2	待定
10	东林土地综合整治项目	东林镇	预备	东林镇	2016—2018	龟鳖整治后农业设施用地整治 1000 亩，废弃土地开发 1000 亩，宅基地复垦 1000 亩，矿山整治 1000 亩，耕地垦造 1000 亩，高标准农田建设 1000 亩	1.2	待定
11	菱埭线支流河道综合整治	东林镇	预备	东林镇	2016—2020	对菱埭线支流河道进行综合整治，重点整治保国—镇区沿保戈公路 10 条及环东林山 9 条河道，进行坡岸整治、清淤、生态修复计 50 千米，达到景观及净水双重效果	0.5	待定
五、公共服务领域 53							231.62	131.23
1	吴兴区中西医结合医院新建住院大楼	吴兴区中西医结合医院	实施	吴兴区	2016—2017	新建住院大楼，计划建筑面积 2 万平方米，新增床位 300 张	0.5	0.5
2	爱山小学高新区校区建设工程	湖州申太建设发展有限公司	实施	高新区	2016—2017	占地约 75 亩，36 班，建筑面积约 4 万平方米	3	3

续表 23-5

序号	项目名称	实施主体	项目阶段	建设地点	起止年限	建设内容和规模	项目总投资	其中：“十三五”计划投资
3	常溪农民社区安置房（三期）工程	湖州南太湖现代农业综合区开发有限公司	实施	高新区	2016	总建筑面积 16.2 万平方米	5	5
4	戴山农民社区安置房（二期）工程	湖州申太建设发展有限公司	实施	高新区	2016—2018	总建筑面积 17.5 万平方米	7	7
5	郑港农民社区安置房工程	湖州南太湖现代农业综合区开发有限公司	实施	高新区	2016—2020	总建筑面积 11 万平方米	5.7	5.7
6	大港新农村建设	湖州申太建设发展有限公司	实施	高新区	2016—2020	总建筑面积 15 万平方米	6	6
7	常溪农民社区安置房（一期）工程	湖州申太建设发展有限公司	实施	高新区	2013—2016	总建筑面积 19 万平方米	7	2
8	常溪农民社区安置房（二期）工程	湖州申太建设发展有限公司	实施	高新区	2014—2016	总建筑面积 27 万平方米	9	3
9	织里轧村新农村建设项目	湖州织里城市建设发展有限公司	实施	织里镇	2016—2018	工程内容主要包括安置住房、公共服务配套用房、道路与景观绿化工程等。工程总建筑面积 20 万平方米	6	6
10	流动人口登记外包服务项目	织里镇政府新居民事务所	实施	织里镇	2015—2016	织里新居民登记管理	0.4	0.4
11	八里店紫金桥农民社区二期	湖州吴兴东部新农村建设投资有限公司	实施	八里店镇	2015—2017	3 万平方米的社区建设	0.6	0.5
12	吴兴区人民医院项目	吴兴区人民医院	实施	织里镇	2015—2018	建设二甲综合医院，按 600 张床位规模的综合性医院标准进行建设，新建总建筑面积 108974 平方米。远期规划建成 900 张床位的三乙综合医院	5.2	4.9
13	织西安置房	湖州织里小城市建设投资有限公司	实施	织里镇	2016—2019	总用地面积 93226.66 平方米，总建筑面积 176764.75 平方米	5	5
14	晟舍小学扩建项目	织里镇	实施	织里镇	2016	扩建 2500 平方米的教学楼	0.17	0.17

续表 23-5

序号	项目名称	实施主体	项目阶段	建设地点	起止年限	建设内容和规模	项目总投资	其中："十三五"计划投资
15	织里镇校园综合改造项目	织里镇	实施	织里镇	2015—2017	对现有校园综合改造和校园文化建设	0.25	0.18
16	义皋综合整治项目	湖州织里环湖新农村建设有限公司	实施	织里镇	2013—2017	总建筑面积 149631 平方米的安置用房、公共服务配套用房、道路与景观绿化工程等	3.7	3
17	织南模式转换新型安置小区建设	湖州织里小城市建设投资有限公司	实施	织里镇	2015—2017	总建筑面积 136880 平方米的安置用房	4.5	2.6
18	吴兴区文体中心	吴兴南太湖建设投资管理有限公司	实施	八里店镇	2015—2018	内部将设 2500 座体育馆、文化馆（800 座剧场、城市规划馆）、图书馆（以少儿图书功能为主）各一座，室外体育场地若干片，并配套建设星级酒店一座及休闲商业街。地块总用地面积约 9.3 公顷（140 亩），总建筑面积约 10 万平方米	12	11.5
19	湖州市实验幼儿园东部园区	南太湖建设投资管理有限公司	实施	八里店镇	2016—2017	用地面积 40 亩，建设 24 班幼儿园	1	1
20	吴兴实验中学（西湖漾）	南太湖建设投资管理有限公司	实施	八里店镇	2015—2017	初中及青少年特色实践活动中心	2.65	2.65
21	吴兴区第二社会福利中心	区民政局	实施	八里店镇	2016—2018	占地面积约 30 亩，计划建成 500 张床位的养老机构	1	1
22	湖州枫叶国际学校	南太湖建设投资管理有限公司	实施	八里店镇	2016—2017	由区政府与大连枫叶教育集团合作办学，总用地面积约 120 亩，总建筑面积约 5 万平方米，总投资约 3 亿元。学校采用中西教育优化结合的办学模式，设幼儿园、小学、中学，开设中加两国课程，中加两国学分互认，毕业获中加两国文凭	3	3
23	湖州浮玉花园居住小区建设工程	湖州市东苕溪建设公司	实施	道场乡	2011—2018	总建筑面积 3.6 万平方米，其中高层住宅 1.3 万平方米，多层住宅 13.3 万平方米，建成浮玉花园安置小区	17.9	9
24	道场乡社区建设	湖州春申旅游发展有限公司	实施	道场乡	2016—2020	施家桥社区、红里山社区、钱山下社区等道路网架与景观绿化工程	0.5	0.5

续表 23-5

序号	项目名称	实施主体	项目阶段	建设地点	起止年限	建设内容和规模	项目总投资	其中："十三五"计划投资
25	妙西中学扩建	妙西镇	实施	妙西镇	2016	扩建至 29 班九年一贯制学校	0.3	0.3
26	联山新村二期工程	湖州吴兴西部新农村建设开发投资有限公司	实施	埭溪镇	2015—2017	新建设多层住宅建筑面积 15 万平方米，公共建筑及商业建筑面积 6 万平方米	3.5	3.2
27	小羊山新村二、三期工程	湖州吴兴西部新农村建设开发投资有限公司	实施	埭溪镇	2015—2017	小区总用地面积 15 万平方米，建设住宅建筑面积 10 万平方米	2.5	2
28	官泽新村三期工程	湖州吴兴西部新农村建设开发投资有限公司	实施	埭溪镇	2015—2016	小区总用地面积 2 万平方米，建设住宅建筑面积 4 万平方米	1	0.85
29	莫家栅新村二期工程	湖州吴兴西部新农村建设开发投资有限公司	实施	埭溪镇	2015—2016	小区总用地面积 120 亩，建筑面积 5 万平方米	0.9	0.6
30	上强新村三期工程	湖州吴兴西部新农村建设开发投资有限公司	实施	埭溪镇	2016—2017	小区总用地面积 120 亩，建筑面积 5 万平方米的农民社区	1	1
31	埭溪镇社会福利中心	埭溪镇	实施	埭溪镇	2015—2016	新建一建筑面积为 6400 方米，用地面积 7200 平方米的敬老院，建成后拥有 200 张床位，设施功能配套齐全	0.4	0.28
32	上强小学扩建工程	埭溪镇	实施	埭溪镇	2015—2016	新建上强小学风雨操场一幢，建筑面积为 2481 平方米	0.2	0.1
33	埭溪镇第二幼儿园	埭溪镇	实施	埭溪镇	2016—2017	新建埭溪第二幼儿园建设工程，建筑面积 5000 平方米	0.3	0.3
34	东林镇南山颐养园项目	湖州仕华养老服务有限公司	实施	东林镇	2016—2017	以养老、医疗、休闲为主要特色，打造吴兴南山颐养园	3	3
35	市北 33 号安置小区、市北 28 号保障房小区	环渚街道	实施	环渚街道	2016—2018	建筑面积 31 万平方米 35 万平方米保障房小区建设	18	18
36	浙北医学中心	湖州市市北建设投资有限公司	实施	环渚街道	2016—2019	占地面积 320 亩，建筑面积 20 万平方米	18	18

续表 23-5

序号	项目名称	实施主体	项目阶段	建设地点	起止年限	建设内容和规模	项目总投资	其中："十三五"计划投资
37	戴山学校改造	湖州申太建设发展有限公司	预备	高新区	2016—2020	占地 75 亩，九年一贯制学校	3	待定
38	南塘中学	高新区	预备	高新区	未定	36 班初中	1.5	待定
39	常溪农民社区安置房（四期）工程	湖州申太建设发展有限公司	预备	高新区	2016—2020	总建筑面积 25 万平方米	7.8	待定
40	戴山农民社区安置房（三期）工程	湖州申太建设发展有限公司	预备	高新区	2016—2020	总建筑面积 13 万平方米	5.2	待定
41	幻溇二期	湖州申太建设发展有限公司	预备	高新区	2016—2020	总建筑面积 15 万平方米	6	待定
42	幻溇养老中心	湖州申太建设发展有限公司	预备	高新区	2016—2020	新建 6700 平方米养老中心	0.2	待定
43	吴兴实验小学	织里镇	预备	织里镇	2016—2018	拟新建一所 36 个班的小学	2	待定
44	织里社会福利中心项目	织里镇	预备	织里镇	2017—2018	占地 100 亩	1	待定
45	吴兴区公共卫生中心	待定	预备	八里店镇	2016—2018	建筑面积 12000 平方米	0.65	待定
46	普仁湖州妇女儿童医院	中国普仁集团	预备	八里店镇	2015—2018	用地约 210 亩，总投资 10 亿元，主要打造医疗、康复、体检"三大中心"，建成集医疗、妇幼保健、康复、体检、科研、VIP 病房、配套商务、宾馆于一体，多功能、复合型、中高端的国际妇婴儿童医院	10	待定
47	湖州国际健康产业园	武汉锦绣长江实业集团有限公司	预备	道场乡	2016—2018	总用地约 1200 亩，建设用地 250 亩。拟建设成为长三角一流的国际健康产业综合体	35	待定
48	埭溪镇文体中心	埭溪镇	预备	埭溪镇	2016—2017	新建集成校、党校、科协、展示厅、室外游泳池、电影院为一体的埭溪镇文体中心，占地 50 亩，建筑面积为 10000 平方米	0.5	待定
49	埭溪镇第二农贸市场	埭溪镇	预备	埭溪镇	2017—2018	新建埭溪镇第二农贸市场工程，占地 20 亩，建筑面积为 5000 平方米	0.4	待定

续表 23-5

序号	项目名称	实施主体	项目阶段	建设地点	起止年限	建设内容和规模	项目总投资	其中："十三五"计划投资
50	东林镇幼儿园改造提升工程	东林镇	预备	东林镇	2017—2022	24 个班幼儿园	0.5	待定
51	东林镇社区卫生服务中心及服务站改造提升工程	东林镇	预备	东林镇	2017—2022	东林镇社区卫生服务中心搬迁及青山等站提升	0.5	待定
52	东林三个集镇改造提升项目	东林镇	预备	东林镇	2016—2020	涉及东林、锦山、青山三个集镇城镇改造提升：东林集镇东林山公园建设、集镇服务性休闲型基础设施建设；锦山、青山集镇道路、市政等改造，整体功能提升	0.5	待定
53	青山职业教育培训中心	东林镇	预备	东林镇	2016—2020	建立集职业专业技能培训、农业技术培训等功能为一体的职业教育培训中心，为实现主城区与南部新镇教育资源的无缝对接	0.7	待定

说明：着眼于对推进社会建设、加强生态环保、保障改善民生作用显著的重要领域，按照产业项目原则上 5000 万元以上，基础设施、城乡统筹、生态环保领域项目原则上在 2000 万元以上，公共服务领域项目原则上在 1000 万元以上，提出 291 个重大项目，"十三五"期间投资 1334.79 亿元

续表 23-5

2.重点工程清单

单位：亿元

序号	工程名称	工程概况	“十三五”计划投资	预期目标及战略意义
1	信息经济发展工程	实施《吴兴区加快发展信息经济三年行动计划（2015—2017年）》，重点发展智慧物流产业，提升电子信息及软件服务业，培育云计算产业，加快建设湖州现代物流设备研发创业中心、唯品会华东电子商务基地、智慧云计算产业园等一批重大项目	230	建设省级“两化”深度融合示范区，建成全省智慧物流产业核心区、湖州信息服务产业核心区、国家智慧城镇示范区、全国童装电子商务中心，成为信息经济特色区
2	智能装备发展工程	重点以高端装备的智能化、自动化、成台套化为发展方向，发展工业机器人、自动化仓储装卸设备、特种工程机械、智能控制集成、智能电梯电机等方向，加快建设上海精星仓储、朗奥物流科技等一批重大项目	200	努力打造全省一流的现代智能装备产业示范基地。力争到2020年，智能装备制造产业产值达200亿元
3	健康时尚产业发展工程	制定实施《吴兴区健康产业发展“十三五”规划》，积极发展诊断医疗、养老康复、养生旅游及医药相关产业，创新发展健康食品、特色化妆品。扎实推进普仁湖州妇婴儿童国际医院、老恒和健康酿造产业基地、中国化妆品长三角生产基地等重大项目建设	100	到2020年，基本构建面向未来的高端化、国际化新型健康产业体系，全区健康产业产值达200亿元，在全市“一谷、四中心”建设中发挥重要作用
4	休闲旅游发展工程	制定实施《吴兴区休闲旅游发展“十三五”规划》，大力发展乡村旅游与滨湖度假，进一步打响西塞山休闲度假品牌。着力推进知了国际帐篷露营地、妙峰山国际乡村度假精品示范园等一批重大项目建设	220	重点建设西塞山省级旅游度假区，打造成长三角自由式深度体验旅游目的地，国际生态休闲度假目的地。到2020年全区累计接待国内游客2000万人次、入境游30万人次、实现门票收入5000万元，旅游及相关产业经济总收入200亿元
5	传统产业提升工程	加快金属新材、现代纺织等传统产业改造提升。明确铝合金、板材、金属管道（不锈钢管）等重点发展主导行业；重点发展品牌童装、丝绸羊绒高端服装、差别化纤维等领域，推进传统纺织工艺技术升级改造，强化自主品牌建设，推进产业链两端延伸	150	打造形成全国一流的金属管道生产和加工基地、铝合金加工基地和板材加工基地，到2020年金属新材产业产值达500亿元；打造全国最大的品牌童装生产和贸易中心、全国品牌羊绒制品基地、全省知名的高性能差异化纤维制造基地。
6	特色小镇建设工程	深入挖掘乡镇特色优势，加快规划建设一批产业、文化和旅游功能叠加的特色小镇。加快推进丝绸小镇建设，打造美妆小镇、童装电商小镇，谋划物流谷小镇、溇港小镇、野奢度假小镇、湿地农旅小镇等一批特色小镇	100	按照“个性做特、布局做优、功能做强、效益做高”的要求，务实推进一批省、市、区级特色小镇建设，推动全区经济转型升级和城乡统筹发展
7	滨湖一体化发展工程	根据《湖州南太湖滨湖区域一体化发展规划》，重点建设大钱港两侧滨湖区、南太湖生态农业科技示范园区。实施东部绿廊保护合理开发，调节城市微气候，调蓄城市雨洪，提供城市休憩空间，改善滨湖城市空气质量	80	将滨湖区域建设成为吴兴践行“美丽中国”的典范之地，加快建设现代化生态型滨湖大城市

续表 23-5

序号	工程名称	工程概况	“十三五”计划投资	预期目标及战略意义
8	生态文明示范工程	按照吴兴区实施方案，加快推进农村人居环境改善、水生态文明建设、绿色生态屏障建设、工矿废弃地复垦利用等示范工程建设；结合省重大工作部署，继续推进“五水共治”、“三改一拆”、“四边三化”、清洁能源、大气治理等工程	100	到 2020 年，生态文明建设水平全国领先，为形成可复制、可推广的生态文明建设“湖州模式”积累经验、提供示范
9	综合交通建设工程	推进湖苏沪高铁及湖州东站综合枢纽、航空产业城项目。建设“七纵七横”快速通道及市区美丽乡村路工程。加快保税物流园区临港码头建设，大力助推长湖申航道西延工程航道整治工程	90	进一步完善吴兴区对内对外交通网络，巩固提升吴兴区区域节点枢纽区位优势，大力构建公铁水空一体化综合交通网络
10	幸福民生建设工程	大力推进就业、医疗卫生、社会保险、社会福利、社会救助、社会慈善等领域发展。加快建设吴兴实验中学迁建、吴兴区人民医院、吴兴区第二福利中心等重大项目，深入推进保障性安居住房建设	130	构建新时期的公共服务体系，全力打造公共服务普惠均衡、社会结构协调合理、社会发展和谐有序的幸福吴兴
合计			1400	

说明：着眼于对经济发展和结构调整全局带动性强的重要领域，提出十大工程，分别为信息经济发展工程、智能装备发展工程、健康时尚产业发展工程、休闲旅游发展工程、传统产业提升工程、特色小镇建设工程、滨湖一体化发展工程、生态文明示范工程、综合交通建设工程、幸福民生建设工程，“十三五”期间计划投资 1400 亿元

续表 23-5

3.重大平台清单

类别	平台名称	等级	现有基础	“十三五”发展目标
1	国家现代农业示范区	国家级	2013 年，被列为国家首批农业改革与建设试点县区；2015 年，在农业改革与建设试点绩效评价中取得全国第一名。重点区域包括南太湖现代农业综合区、八里店现代农业综合区等。市级以上农业龙头企业 31 家	打造“两区两镇三带百园”农业发展空间布局。即八里店南片、高新区北片两个省级农业产业集聚区，妙西、东林两个特色农业产业强镇；滨湖休闲观光农业带、104 国道生态高效农业带、妙新线生态休闲农林产业带；超百个特色现代农业园区
2	现代物流装备高新技术产业园区	国家级	2015 年被列为国家级现代物流装备特色产业基地，2014 年获得省级现代物流装备高新区授牌，创立中国物流谷。现有物流装备及关联企业 23 家，其中全国制造业 500 强 4 家；省级物流装备企业研究院 4 家，新引进东风日产风神物流、朗奥自动化等物流装备企业 10 余家	以产业高端、高端产业为导向，发展高新产业，完整产业链，推进重点产业建设。重点发展仓储物流装备领域、装卸搬运装备领域、智能化系统集成领域、关键零部件及配套领域。争创国家级高新技术产业园区
3	西塞山省级旅游度假区	国家级	总占地面积约 48 平方千米，度假区可研报告已通过省级联席审查会	打造长三角自由式深度体验旅游目的地，国际生态休闲度假目的地，创建国家 AAAAA 级旅游景区
4	科技城	国家级	初步形成“一港三园”（总部自由港、吴兴科技创业园、多媒体产业园、现代物流装备特色产业基地高新技术产业园）科技创新中心平台格局。进一步整合区域内相关产业平台及东部新城核心区教育、医疗、休闲资源	突出智能制造和信息经济两大主导产业，开展校地合作，成立湖州师范学院东部新城大学科技创业园；打造国家级众创空间，建设集研发创新、高新产业、现代服务、生态居住于一体的现代化的“智慧吴兴”，成为“长三角知名、全国有影响”的科技魅力之城、创新活力之城、生态宜居之城
5	吴兴经济开发区	省级	在吴兴工业园基础上，整合毗邻的埭溪分区，设立浙江吴兴经济开发区，形成总面积为 19 平方千米的“一区两片”发展的新格局，区块共有 253 家工业企业入驻，其中规模以上工业企业 104 家	改造提升纺织服装、金属新材两大传统优势产业，大力培育高端装备制造、时尚产业、特种新材料和电子信息四大新兴产业，强化产业链和产业集群打造，到 2020 年，园区实现工业产值 600 亿元，财政收入超 30 亿元。逐步向东拓展，整合东林分区，争创国家级特色产业园
6	特色小镇	省级	每个特色小镇规划面积 3 平方千米左右。湖州丝绸小镇（西山漾片区）列入省级特色小镇首批创建名单。美妆小镇、童装电商小镇正在申报第二批	加快推进省市区级特色小镇谋划争取工作，规划建设一批产业、文化和旅游功能叠加的特色小镇。每个特色小镇 3 年完成固定资产投资 50 亿元
7	信息产业平台	省级	列入全省首批两化融合综合性示范区试点，建成湖州多媒体产业园、吴兴童装电子商务产业园、总部经济园等重点信息产业平台，引进华为、创博等信息产业重点项目	建设浙江省两化融合示范区，形成以智慧物流、软件研发、云计算服务、电子商务等为主导的信息产业体系，培育信息产业龙头企业，建设特色鲜明的信息产业集聚区

续表 23–5

类别	平台名称	等级	现有基础	“十三五”发展目标
8	长三角健康谷示范区	省级	健康酿造工旅基地、妙西生态养生度假基地	打造成为湖州长三角“健康谷”重要组成部分，在现有基地基础上，谋划大钱文博养生基地、新城医疗康复基地等，全区健康产业产值达 200 亿元
9	浙北金融中心（民间融资服务）	省级	依托东吴　国际广场，积极培育和引进传统金融、新金融、类金融企业及各类金融中介，加快金融产业集聚。目前已引进保险、财富管理、基金管理等各类金融企业二十家，总面积已超过 15000 平方米，另有十余家金融企业在谈	通过东吴·国际广场组建浙北金融中心，在培育期内（2015 年至 2020 年），实现入驻企业 100 家，引进金融人才 3000 名，实现营业收入 300 亿元，利税 30 亿元
10	吴兴区 12349 社区便民服务中心	区级	以现代信息化和呼叫中心为支撑，提供生活服务、政策咨询、投诉转办、教育服务等四大类百余项服务，是为民办实事的一个公益平台。至今服务已拓展到开发区及周边乡镇等	实施“互联网+12349”平台提升工程。开发“智慧社区”软件系统，创新管理模式，使管理与服务更上一个台阶，创造更多的社会价值。推进“智慧养老”服务平台，打造“科技助老,智慧养老”服务新模式，大力构建创新的智慧养老生态圈

说明：着眼于产业发展、科技创新、开放合作、公共服务等重点领域，在整合梳理现有各类平台基础上，研究提出 10 个重大平台。其中，农业平台 1 个、工业平台 3 个、服务业平台 3 个，科技创新、开放合作、公共服务平台各 1 个。国家级平台 1 个、省级平台 7 个，市级、区级平台各 1 个

续表 23-5

4.重点产业清单

序号	产业名称	发展方向（增长点）	重点布局	“十三五”预期目标
1	信息经济	重点发展智慧物流产业，提升电子信息及软件服务业，培育云计算产业，建设省级“两化”深度融合示范区	湖州多媒体产业园，环渚现代服务业集聚区，织里童装电商小镇	推进“互联网+”，加快培育新一代移动互联网、云计算等新兴信息经济，促进织里童装传统产业通过电子商务模式转型升级。力争到 2020 年，信息经济产业产值达 200 亿元
2	智能装备	重点以高端装备的智能化、自动化、成台套化为发展方向，发展工业机器人、自动化仓储装卸设备、特种工程机械、智能控制集成、智能电梯电机等	现代物流装备高新技术产业园区	努力打造全省一流的现代智能装备产业示范基地。力争到 2020 年，智能装备产业产值达 200 亿元
3	健康时尚	积极发展诊断医疗、养老康复、养生旅游及医药相关产业，创新发展健康食品、时尚化妆品	健康酿造工旅基地、美妆小镇、西塞山省级旅游度假区	到 2020 年，基本构建面向未来的高端化、国际化新型健康产业体系，在全市“一谷、四中心”建设中发挥重要作用；全区健康产业产值达 200 亿元，成为推动经济社会转型发展的重要力量
4	休闲旅游	推进生态、文化、休闲、养生、旅游多元一体发展。整合“湖漾山林田村”要素，加快景区景点开发和休闲旅游项目建设，优化城市集散、接待、信息化等休闲旅游配套服务，构筑高品质的生态休闲旅游服务环境和体系	吴兴西塞山省级旅游度假区（一核三区）	着力打造长三角乡村旅游休闲目的地，到 2020 年全区累计接待国内游客 2000 万人次、入境游 30 万人次、实现门票收入 5000 万元，旅游及相关产业经济总收入 200 亿元
5	金属新材	构建以金属管道（不锈钢制品）为主的生产加工体系和以铝合金、板材为主的有色压延加工体系	吴兴经济开发区	打造形成全国一流的金属管道生产和加工基地、铝合金加工基地和板材加工基地。力争到 2020 年金属新材产业产值达 400 亿元
6	现代纺织	重点发展品牌童装、丝绸羊绒高端服装、差别化纤维等领域，推进传统纺织工艺技术升级改造，强化自主品牌建设，推进产业链两端延伸	吴兴经济开发区、丝绸小镇、临港工业园、东林工业园	建设省级特色纺织产业转型升级示范基地，打造全国最大的品牌童装生产和贸易中心、全省知名的高性能差异化纤维制造基地。力争到 2020 年现代纺织产业产值达 300 亿元
7	金融服务	推进传统金融机构加快金融业务创新，做优做强主力金融，推动惠普金融、小微金融和农业金融创新；培育发展金融新业态机构，完善金融产业体系；推进多层次资本市场建设，加快企业上市挂牌和直接融资；推进民间融资管理创新，扩大民间融资规模，推动民间资本投入	主城区、东部新区、织里镇	“十三五”期间，累计新增各类金融企业（独立法人）150 家，金融服务业增加值累计达 160 亿元；新增上市挂牌企业 20 家

续表 23-5

序号	产业名称	发展方向（增长点）	重点布局	“十三五”预期目标
8	文化创意	充分发挥吴兴地域人文风情，发掘保护历史遗迹，传承弘扬和创新丰富溇港茶经丝源文化。加快发展工业设计、服装设计、艺术创作和文化休闲等产业	丝绸小镇、多媒体产业园	着力打造创意能力突出、辐射能力较强的综合性文化创意平台。力争到 2020 年文化创意产业产值达 100 亿。
9	现代农业	提升壮大 6 大主导产业，着力稳定粮油、提升果蔬、优化畜禽、做特水产、做深笋竹、做精花卉苗木	“两区两镇三带百园”：八里店南片、高新区北片省级农业产业集聚区；妙西、东林两个特色农业产业强镇；滨湖休闲观光农业带、104 国道生态高效农业带、妙新线生态休闲农林产业带；超百个特色现代农业园区	全面实施“22369”工程，优化农业布局，提升农业结构，提高生产水平，力争率先实现农业现代化。至 2020 年，全区实现农业增加值 20 亿元以上，主导产业产值占农业总产值比重达到 80%以上

说明：着眼于四大重点产业和传统优势产业，按照“突出重点、融合发展”原则，研究提出我区九个方面的重点产业。信息经济、智能装备、健康时尚、休闲旅游为重点发展的四大产业；金属新材、现代纺织等传统产业实行改造提升、高端化发展；同时大力发展金融服务、文化创意、现代农业等产业。除此之外，为现代物流等目前规模不大，但发展前景好的产业留出发展空间

续表 23-5

5.重大政策清单

类别	序号	政策名称	主要依据	重点内容	预期目标
重大举措	1	推进东部新区产城融合一体化发展	作为湖州中心城市副中心，东部新城集聚了近5万人口，一批基础设施相继建成；湖州多媒体产业园、众创空间等集聚作用进一步显现。新城与织里镇的无缝对接、协同发展水平还有待提高	围绕“一路一带一心”，优化产业布局，东部新城的二产在外围的南、北、东三大工业平台，生产性和生活性服务业主要规划布局在新城。统筹全区基础设施配套、重大项目安排布局，与织里镇形成联动发展格局。借势高铁经济效应，着力提升城市功能。进一步理顺八里店、东部新城管委会管理权限、机制	实现新城与织里镇无缝对接，促进东部新区人口、产业进一步集聚，辐射带动作用进一步增强。努力打造高新技术、高端服务和高品质人居环境相融合的城市新区
	2	打响“世界丝绸之源”品牌	钱山漾文化遗址因发现了世界上最早的绸片而被正式命名为“世界丝绸之源”	重点推进对外宣传、丝绸文化研究、丝绸小镇建设，大力发展丝绸文化产业，推进丝绸工业转型升级，发展丝绸特色旅游	打造集丝绸产业、历史人文、生态旅游为一体的“东方丝绸之都”，成为全省参与“一带一路”建设的战略支点
	3	加快推进生态文明示范区建设	关于印发《浙江省湖州市生态文明先行示范区建设吴兴区实施方案》的通知(吴委发〔2014〕89号)	深入推进湖州市生态文明先行示范区建设在吴兴的实践，探索生态文明建设有效模式，提升生态文明建设水平，充分发挥示范区建设对吴兴的引领带动作用，加快打造“生态家园、幸福吴兴”	建成国家生态文明先行示范区，为形成可复制、可推广的生态文明建设“湖州模式”提供示范、积累经验
	4	建立浙北金融中心	《浙江省关于加快金融改革发展的若干意见》(浙委〔2012〕83号)、《湖州市关于加快培育发展金融新业态的实施意见》(湖政办发〔2015〕37号)、《湖州市人民政府关于同意吴兴区组建浙北金融中心的批复》	依托东吴•国际广场组建浙北金融中心，加快金融产业集聚，重点培育和引进传统金融、新金融、类金融企业及各类金融中介。通过企业宣传、政府平台推介，组建专业招商团队，加大对外宣传力度，增强集聚能力；制定扶持政策，用于入驻企业创业扶持、购房（租房）补贴以及人才奖励；建立协调领导小组，派专人为入驻企业手续办理提供全程代理服务	在培育期内（2015年至2020年），实现入驻企业100家，引进金融人才3000名,实现营业收入300亿元，利税30亿元
	5	实施东部绿廊保护合理开发	《湖州市城市总体规划》《浙江省湖州市生态文明先行示范区建设方案》	规划面积27.24平方千米，纵向长度14.6千米，是连接太湖水系生态系、莫干山高地生态系的重要低地生态走廊。以拥抱太湖生态、盛享溇港农情为愿景，对现有生态资源、历史文化及旅游资源进行合理开发，提出了“创造一条带，带动一座城”的规划方针	建立多功能生态廊道主体框架，有效平衡和协调城市经济和自然生态关系，带动新城多方位发展。调节城市微气候，调蓄城市雨洪，提供城市休憩空间，改善城市空气质量

续表 23-5

类别	序号	政策名称	主要依据	重点内容	预期目标
重大改革	6	区级体制机制改革	随着扩权强区改革的不断推进，省市不断扩大区级经济社会管理权限，但由于机构、编制总、责权利界限等原因，部分事权不能很好承接，对经济社会发展存在制约	一是进一步明确职权实施区域范围要，实行属地管理提高管理服务水平。二是按照区域面积、人口、经济总量和管理服务职能设定机构编制核定标准，按照“人随事走”的原则，下划相应人员编制，尤其是专业人员的力量，以确保下放职能事权能很好承接和履行	体制机制进一步理顺，发展活力有效激发，市本级经济社会发展得到加快
	7	城乡一体化改革	织里国家新型城镇化建设与综合改革。“新型城镇化”是城镇发展模式转变的系统性工程，除了城镇物质形态上的转变外，更多的是不断完善城镇化体制机制，突破阻碍城镇化健康发展的体制机制障碍	以实现人的城市化为核心，以提高城市化质量为目标，统筹小城市培育试点工作，探索创新，系统推进织里镇规划建设、土地整治、产权交易、户籍制度、政府治理等重点领域改革	努力破除制约发展的体制机制障碍，加快产城融合、城乡一体，着力将织里打造成为宜居宜业宜商的“中国国际童装之都、太湖南岸工贸新区”，再造织里发展新优势
			农村产权改革和农业金融创新试点。按照十八届五中全会精神要求，加快改革和完善农村产权制度，创新金融支农举措	深化完善“房票 “米票” “股票” “地票”四票机制，加快农村产权“确权、赋权、流转、抵押、置换、征收、入市”，实现全覆盖入网流转交易。深化财政资金撬动金融资金试点，优化整合财政资金和工商资本，创新金融支农举措，加速农村产权从资产变资本	让农民享收益、领口粮、分股份、拥房产，激活农村“沉睡资本”，农村产权流转交易使死物变动产、活权生活钱，让一处处山林、田地、农房、村产源源不绝地滋养出真金白银
			新居民服务管理优化提升。实施《居住证暂行条例》	实行服务管理网格化、管理平台信息化、管理方式亲情化、管理机制系统化、公共服务均等化的“五化”服务管理	享受与城镇居民同等劳动保障，子女教育，医疗卫生，申请入户，户口迁移等公共服务，实现基本公共服务全覆盖
重大改革	8	在公共服务领域推广运用PPP模式	《浙江省人民政府办公厅关于推广运用政府和社会资本合作模式的指导意见》（浙政办发〔2015〕9 号）和《湖州市人民政府办公室关于促进社会资本进入公共设施建设领域的实施意见》（湖政办发〔2015〕69 号）	推动建立全区统一的 PPP 项目库，实现区与乡镇分级负责、分级实施，将通过物有所值评估和财政承受能力论证的项目，纳入项目库管理，并及时报送省级部门备案，争取纳入中央、省市 PPP 试点项目库，在资金、政策上得到支持。按照“增量先行、存量跟进、分步实施”的原则，推动政府和社会资本合作向规范化、优质化、纵深化发展	促进社会资本进入公共服务领域建设，创新投融资机制，盘活社会存量资本，激发民间投资活力；推动各类资本相互融合、优势互补，促进投资主体多元化，发展混合所有制经济

续表 23–5

类别	序号	政策名称	主要依据	重点内容	预期目标
重大改革	9	资源要素市场化配置改革	《关于在24个县（市、区）推广开展资源要素市场化配置综合配套改革的复函》（浙政办函〔2014〕87号）、《吴兴区资源要素市场化配置综合配套改革总体方案》吴政发〔2014〕30号	落实差别化的土地、电价、水价、土地使用税。完善投资效益产出评价体系，不断提高重点项目投资强度，进一步提高亩均税收。强化金融机制创新，引导金融新业态发展，完善民间融资体系，壮大金融产业，加强金融保障。健全市场化的退出机制，建立提升发展的倒逼机制。深化行政审批制度改革，全面建立企业投资项目高效审批制度	土地、能源、资金、环境容量等要素配置中的体制性障碍取得实质性突破，基本形成集约、高效的资源要素市场化配置机制
重大改革	10	深化医药卫生体制改革	贯彻落实国家深化医药卫生体制改革工作电视电话会议精神，大力推进各项重点领域改革，加快基本医疗卫生制度建设	破除以药养医，完善医保支付制度，发展社会办医，开展分级诊疗，加大县级公立医院综合改革，加快城乡基层医疗机构服务能力建设，实施城乡居民大病保险制度等	以方便群众就医、减轻看病用药负担上取得更大实效，不断提高医疗卫生服务能力，提升医疗保障水平，满足人民群众的健康需求

说明：着眼于对解决突出矛盾、营造公平环境、激发社会活力有力有效的重要领域，提出推进东部新区产城融合一体化发展、打响“世界丝绸之源”品牌、加快推进生态文明示范区建设、建立浙北金融中心、实施东部绿廊保护合理开发五个“重大举措”； 区级体制机制改革、城乡一体化改革、在公共服务领域推广运用 PPP 模式、资源要素市场化配置改革、深化医药卫生体制改革等五个“重大改革”

续表 23-5

6.重点要素清单

要素类别	序号	要素名称	“十二五”供给情况（含供给途径）	“十三五”需求预测	重点任务
人才	1	党政人才	新增 400 人	新增 300 人	大力实施党政领导人才培养工程
	2	经营管理人才	新增 8200 人	新增 8700 人	实施紧缺急需人才引进工程、优秀企业家培养工程、创新团队培育工程、6S 管理及精细化管理示范企业创建工程等
	3	专业技术人才	新增 1.2 万人，其中“国千”3 人，“省千”5 人，“南太湖精英计划”59 人，特聘专家 28 人	新增 1.8 万人，其中拟引进“国千”人才 5 人，“省千”人才 10,人，“南太湖精英计划”80 人	进一步创新工作载体，落实有效举措，在充分排摸人才需求的基础上，加快“国千”、“省千”、“南太湖精英计划”创新人才引进
	4	高技能额人才	新增 8000 人	新增 1 万人	大力引进专业技能人才培训机构，规范高技能人才社会化培训，建设好技能大师工作室和技能人才培训基
	5	农村实用人才	新增 6000 人	新增 6000 人	实施“美丽乡村建设带头人”培育计划、新农村建设人才支撑工程
土地	1	规划空间	“十二五”期间通过指标奖励、盘活存量、计划下达等方式，全区累计新增建设用地 9132 亩	新增建设用地需求约 33683 亩，估算“十三五”剩余空间 20210 亩，全区平均保障比率为 60%	调整完善好全区及乡镇的土地利用总体规划，积极向上争取用地规划空间
	2	计划指标		省下达计划指标约 1 万亩，仅能保障 30%用地需求，其余需通过农村土地综合整治周转、城镇低效利用和批而未供挖潜等解决	对上积极争取各类建设用地指标，对内严格控制、努力挖潜，提高节约集约水平。努力落实耕地占补平衡
资金	1	财政性专项资金	总规模 6.5 亿元	总规模 5 亿元	针对重点支持领域建立和完善相应的政府性专项。对竞争性领域专项资金，逐步转入产业基金，采取基金管理等市场化运作模式
	2	产业发展（创业）投资基金	总规模 10 亿元，其中财政性资金 2.3 亿元	到 2020 年，产业基金总规模 20 亿元，其中财政性资金 5 亿元	形成规模效应的政府产业基金，建立产业子基金，吸引社会、民间资本参与，市场化规范运作
	3	直接融资	已有上市公司 6 家，新三板挂牌企业 3 家，区域股交中心挂牌企业 55 家。累计实现直接融资近 180 亿元	新增直接融资达 200 亿元左右，新增上市（挂牌）企业 20 家	积极培育优势企业和科技型创新企业，积极扶持和指导企业按照上市公司要求规范运作，通过境内外上市、挂牌以及发行企业债券等方式实现股权融资和债券融资，进一步提高直接融资比重

续表 23-5

要素类别	序号	要素名称	“十二五”供给情况（含供给途径）	“十三五”需求预测	重点任务
资金	4	间接融资	新增本外币贷款额 140 亿元左右	新增本外币贷款额 100 亿元左右	按照国家相关政策，拓宽技术创新多元化融资渠道
	5	其他社会资本	引进浙商回归资金 101 亿元，引进外资 9.31 亿美元	引进浙商回归资金 200 亿元，引进外资 8 亿美元以上	进一步规范我区招商引资奖励政策，加快招商引资步伐，结合我区实际情况，制定具体办法
能源	1	电	全社会用电量 204 亿千瓦时，最高负荷为 87.7 万千瓦	2020年全社会用电量将达到215亿千瓦时，最高负荷为 92 万千瓦	完善电网框架，大力发展新能源，2020 年力争非水可再生能源发电装机容量达到 200 兆瓦
	2	天然气	6.1 亿立方米	9.98 亿立方米	加快管网建设，提高天然气在一次能源消费中的比重，力争 2020 年达到 10%
	3	煤炭	212 万吨	185 万吨	到 2020 年，煤炭消费占一次能源比重降低到 50%，散煤消费量得到有效控制
	4	油品	187 万吨	200 万吨	积极向上争取增加油库项目，增加我区油库库容

说明：围绕人才、土地、资金、能源等重点要素，着眼于内部整合挖潜、外部对上争取，按照“十三五”期间我区 GDP 年均增长 9.5%左右的目标，倒推要素需求量，谋划提出相关工作举措建议

吴兴区人民政府关于加快丝绸小镇建设发展的实施意见

吴政发〔2016〕13 号

高新区管委会，各乡镇人民政府、街道办事处，区府各部门，区直各单位：

湖州丝绸小镇于 2015 年 6 月经浙江省特色小镇规划建设工作联席会议审核通过，并经省政府同意，成功列入全省第一批省级特色小镇创建名单。为加快丝绸小镇建设发展，根据《浙江省人民政府关于加快特色小镇规划建设的指导意见》(浙政发〔2015〕8 号)及《湖州市人民政府关于加快特色小镇培育创建的实施意见》(湖政发〔2016〕6 号)等文件精神，经区政府同意，现提出如下实施意见：

一、总体要求

（一）重要意义。丝绸产业是我区历史经典产业，并以“丝绸之府”享誉内外。丝绸小镇是积极响应省政府关于建设一批“产业定位上‘特而强’、功能布局上‘聚而合’、建设形态上‘精而美’、体制机制上‘新而活’”的特色小镇，同时结合吴兴实际打造的重要产业平台，有利于资源要素整合、产业集聚融合，是加快吴兴经济转型升级和统筹城乡发展的重要载体。

（二）发展思路。以传承发展和创新发展为主线，抢抓“互联网+”和“一带一路”发展契机，按照原料基地化、技术高新化、品牌国际化、产业文化一体化的要求，打造集丝绸研发设计、生产交易、文化展示、工业旅游、人才孵化等为一体的全产业链，加快我区丝绸产业中高水平发展，推动历史经典延续和重塑辉煌。

（三）主要目标。以我区丝绸自身发展历史和特点，突出特色性、统筹性、市场性，确定以“世界丝源　天下绸都”为总体目标，结合丝绸小镇规划控制区、边界拓展区和辐射带动区为主要内容的空间特点，合理规划布局、借力高端资源、做强项目招引，打造集丝绸产业、历史遗存、生态旅游为一体的特色丝绸小镇。

二、工作举措

（一）加强规划引领。以《丝绸小镇总体规划》为引领，做好西山漾片区的具体规划布局。小镇规划以产业项目为核心，以文化、休闲、旅游为延伸配套，确保小镇建设发展的整体性、统一性。

（二）健全工作机制。建立健全工作机制，发挥我区“丝绸小镇（西山漾景区）管委会”牵头实施主体作用。明确工作职责，分解细化组织协调、统计监测、招商引资和项目推进等重点工作任务，建立重大问题协调、产业准入审核、重点项目推进等管理机制，确保小镇建设有序推进。

（三）强化选商择资。积极与全球范围内丝绸行业知名企业、专家、协会等开展合作，同时依托本地传统企业资源，创造招商引资地方优势。继而围绕丝绸小镇产业定位，强化人才、资本、项目等的招引，推动研发设计、文化创意、时尚展示等现代服务业集聚发展。

三、政策支持

对从事研发、设计、新媒体、品牌策划、丝绸贸易等泛丝绸企业入驻我区丝绸小镇，依法注册并办理税务登记的公司，区政府将采取以下政策支持：

（一）金融支持。由吴兴南太湖建设投资有限公司、丝绸小镇（湖州）产业服务有限公司等为载体，广泛建立与各类银行金融机构或基金投资机构的合作，开发针对丝绸小镇建设发展的融资产品及产业基金，通过增加授信额度、降低贷款利率、加大创业投资或股权投资等方式优先给予新引进丝绸小镇项目信贷支持。

（二）财政支持。根据入驻企业实际缴纳税金，自注册登记日起，前三年奖励其财政收入地方所得部分（省级及以下）的 90%；后两年奖励财政收入地方所得部分（省级及以下）的 45%。丝绸小镇规划范围内项目，同时可根据实际条件享受区其他财政专项支持政策。

四、本实施意见 2016 年 8 月 20 日起施行。

吴兴区人民政府

2016 年 7 月 21 日

吴兴区人民政府关于做精做强
农业产业加快推进农业现代化的若干政策意见

吴政发〔2016〕14号

高新区管委会，各乡镇人民政府、街道办事处，区府各部门，区直各单位：

为深入贯彻落实党的十八大及十八届历次全会、中央和省、市农村工作会议、区委三届九次全体（扩大）会议等精神，根据《国务院办公厅关于加快转变农业发展方式的意见》（国办发〔2015〕59号）、《浙江省人民政府办公厅关于加快转变农业发展方式的若干意见》（浙政办发〔2016〕58号）等文件精神以及国家现代农业示范区农业改革与建设等试点工作要求，为加快农业产业化发展，率先全面实现农业现代化，特制定如下政策意见。

一、总体原则

1.突出重点，转型发展。按照产出高效、产品安全、资源节约、环境友好、融合发展、绿色富民的要求，突出产业发展重点区域和主导产业，对特色主导产业、农民增收带动力强的项目或企业给予重点扶持，切实加快转变农业发展方式。

2.统筹资金，提高绩效。按照“保重点、提绩效“的原则，整合各级农林、水利、农业综合开发、国土等涉农项目资金，统筹用于现代农业平台打造和特色精品农业扶持培育，切实加大财政对农业产业转型发展的支持力度，着力提高资金使用绩效。

3.创新方式，奖补结合。按照“聚焦点、优结构”的原则，创新农业发展基金扶持方式，采取项目补助与以奖代补、直接奖补与金融扶持相结合的多种扶持方式，更好地发挥资金效益，促进农业可持续发展。探索建立以产业为导向的农业投资发展基金，引导社会资本、金融资本投入现代农业建设。

4.明确导向，持续扶持。按照“保基本、强产业”原则，除上级规定的农业产业政策配套外，对重点区域内科技含量高、经济效益高、示范带动作用强、符合区域产业发展导向的项目和企业给予集中和持续的政策扶持。

二、着力转变农业生产方式，打造产业发展新平台

5.全力保障粮食生产稳定。认真落实中央提出“藏粮于地、藏粮于技”的粮食安全战略，加强土壤环境保护和综合治理，加大粮食生产功能区和永久基本农田示范区内种植水稻生态补偿和耕地地力保护补贴力度。对新建连片300亩以上的粮食生产型园区，达到市级立项要求的，除市财政补助外，区财政在水稻生态补贴中再安排每亩500元配套补助。

6.支持农业主体生产用地。对直接用于生产的畜禽舍、工厂化作物栽培或水产养殖等生产设施用地以及因生产需要建造简易仓（机）库、生产管理用房等附属设施用地和其他配套设施用地，按照《关于进一步完善设施农用地使用和管理意见的通知》（吴土资发〔2015〕33号）文件精神执行。非农建设用地，在符合土地利用规划、城市规划和农业相关规划的前提下，由土地管理部门优先安排用地指标，依法办理用地手续。

7.大力培育农业产业集聚区。加强全产业链建设，培育、集聚若干个上规模、有实力的农业龙头企业和一批具有市场竞争活力的新型经营主体，加快发展农产品加工、流通业，形成集生产、加工、流通等为一体的农业产业集聚区。鼓励经营主体积极参与产业集聚区建设，对参与农业产业集聚区建设的建设主体给予项目资金扶持。

8.大力培育现代特色农业强镇。突出农业主导产业发展，大力推进农业产业与自然、生态、人文、历史等相关优势资源融合发展，深度开发农业的休闲、观光、旅游、养生、教育、体验、文化传承等多种功能，做强“一村一品”、“一乡一业”，建设产业特色鲜明、设施装备先进、公共服务配套、农旅深度融合的现代特色农业强镇。对参与农业强镇建设的主体给予项目资金扶持。

9.支持温室龟鳖整治后转产转型。大力支持温室龟鳖养殖重点乡镇开展转产转业工作，对土地整治后连片流转面积200亩以上且流转年限10年以上的村集体经济组织，以以奖代补的形式，每亩每年给予300元的补助，最长补助三年。

三、着力转变农业经营方式，发展现代农业新业态

10.大力发展休闲观光农业。优化特色产业空间布局和品种结构，强化农事景观设计、体验活动创意、农耕文化开发，建设一批具有生产、观赏、体验、游乐功能等配套服务的休闲农业园区。鼓励农业经营主体参与休闲农业风情带建设，对符合申报条件的建设主体在农业种养殖、农事体验、农耕文化宣传展示的基础设施建设等方面给予项目资金扶持。对于游客接待设施完善、产业带动力强的园区，根据年游客接待量、年销售收入和园区知名度等标准，通过市级以上验收或经区认定的，区财政给予20～50万元奖励。

11.强化农业品牌营销服务。实施农业品牌战略，积极开展农业品牌塑造培育、推介营销和社会宣传，着力打造一批有影响力、有文化内涵的农业品牌，对获得省级名牌或著名商标的农产品生产主体，按照市定政策给予奖励。大力培育农产品营销服务组织，拓宽农产品销售渠道。鼓励农业经营主体参加由农业行政主管部门组织的农产品展示、展销、产品推介活动，并给予经营主体展示、展销活动费用补助。

12.支持农业电子商务发展。积极扶持区内外资本投资新建本地农产品电商平台，鼓励农业龙头企业和各类主体拓展农产品电子商务、连锁经营、直供配送等新型流通业态，对投资金额较大的项目给予一定补助；对具有自主电商品牌、农产品电商交易额较大（且纳入统计的）或者农产品电商销售占比较高的经营主体给予一定的奖励。

13.强化农业文化挖掘推广工作。积极鼓励农业经营主体挖掘本地农耕文化，依托各类媒体开展多种形式的宣传活动和组织举办农事节庆活动，对有活动策划、宣传效果强并向区申报、经审核认可的，给予一定的活动经费补助。对列入重要农业文化遗产的项目，给予项目资金补助。

14.加大金融保险支持农业力度。建立完善农业担保贷款风险补偿基金，鼓励担保机构支持现代农业发展，按照《吴兴区农业金融创新发展专项资金暂行管理办法》规定，对农业经营主体在农村创新型贷款及直接融资等方面给予贴息补助及奖励。加快发展农业政策性保险事业，实现水稻、大小麦、生态公益林等政策性保险参保面全覆盖，开展商品林火灾保险。以项目形式开展湖羊、生猪、设施蔬菜、蚕桑等主导产业特色保险。鼓励支持农业企业上市挂牌，在境内外证券市场、全国股份转让系统（新三板）、区域性股权交易市场成功上市挂牌的农业企业，享受上市挂牌鼓励政策。

四、着力转变农业管理方式，培育现代农业新主体

15.大力支持农业招商引资。积极鼓励农业“大好高”项目的引进和建设，对于固定资产投资规模较大的新建（改、扩）农业产业化项目，以及国际、国内知名的农业企业公司总部、生产基地及研发中心入驻我区的，采取“一企一策”、“一事一议”的办法给予政策支持。

16.做精做强农业龙头企业。鼓励市级以上重点农业龙头企业积极参与农业“两区”、全产业链、休闲农业建设，对用于基础设施建设、技术改造等新增贷款给予3%的财政贴息（当年已享受财政贴息补贴的单位不再重复安排）。对当年认定的国家级、省级农业龙头企业，区财政分别给予10万元、5万元奖励。

17.扶持发展农产品加工企业。鼓励扶持浙商（湖商）和其他社会资本投资农产品加工企业，凡在规划区内建设农产品加工企业的，缴纳耕地占用税、土地契税后，按市定政策给予补助。对新办的年销售收入1000万元以上的农产品加工企业，自投产之日起5年内按市定政策给予所得税补助。积极鼓励农产品加工企业利用本区域农产品从事精深加工，对设施装备、物流设备、仓储等投入给予一定的补助，并按农产品收购额给予一定比例的补贴。

18.加快家庭农场、农民专业合作社规范化建设。鼓励家庭农场、农民专业合作社进行创新发展和规范化建设，对依法登记、规范运作、有一定规模的示范性家庭农场和农民专业合作社，从项目、贷款、科技、服务等方面给予扶持。支持和鼓励农民专业合作社组建联合社，并在项目资金安排上给予倾斜。

19.加快培育新型职业农民。整合农民素质提升、农村人才培育等资源，根据特色产业发展需求，推进“技能化、专业化、职业化”的新型职业农民培育工作。强化政策导向，支持大学生、农村青年、返乡农民工和退役军人等加入职业农民队伍，成为农业现代化的新生力量。鼓励农业经营主体招引全日制大学生，按市定政策给予补助。

五、着力强化农业科技创新，推广应用农业新技术

20.支持农业科技创新平台建设。鼓励发展农业科技企业和企业研究院，支持企业加强技术研发和升级，对新认定的省级农业科技企业、农业企业研发中心和院士、博士工作站，每个给予一定奖励。加强与省、市农科院农业科技战略合作和人才引进培育工作，每年安排不少于 100 万元资金，用于农业主体、农业园区的农业科技成果引进和转化应用。进一步完善农推联盟体系建设，落实农推联盟特聘专家和农技推广经费，发挥科技对现代农业发展的支撑作用。

21.加快推进现代种业发展。加大对名优水产、畜禽、瓜果蔬菜等地方特色品种的种质资源保护利用力度，鼓励建设以引进、繁育、示范、推广新品种、新技术和提供社会化服务为核心的“育繁推”一体化农业种子种苗基地，提升种业创新能力。经区认定，根据基地规模大小和社会化服务程度给予 1～3 年的扶持期、每年给予 10 万～20 万元的资金扶持。

22.提升农业企业信息化水平。大力开展“智慧农业”建设，对农业企业、农业园区当年新建成的农业生产智能控制系统，以项目形式给予 50%的补助。

六、着力改善资源利用方式，打造绿色农业新格局

23.加快现代生态循环农业建设。加快推进生态循环农业示范区建设，按照“一控两减四基本”的总体要求，持续推进生态循环农业整建制建设，鼓励生态循环农业示范主体创建，对经市级验收合格的生态循环农业示范主体给予一定的奖励。深入推进秸秆还田、“三沼”综合资源化利用技术，加大重金属等土壤环境质量指标监测防治和农业投入品废弃包装物回收处置力度。加快实施秸秆规模化收储体系建设，对秸秆收购的生产经营主体，按相关政策给予补助。加快推进病死动物无害化处理，建立完善无害化处理运行体系和工作机制，无害化处置经费按规定比例承担。

24.加强农产品质量安全体系建设。建立健全农产品质量安全监控体系，加强农产品质量安全监管能力建设，鼓励农业企业及农民专业合作社推广农产品产地环境质量评价和标准化生产技术。对获得国家级、省级、市级标准化示范场（美丽牧场）的；获得国家绿色食品、无公害农产品认证的以及续转的绿色食品、复查换证的无公害农产品，按照市定政策给予奖励。

25.加强动植物疫病防控体系建设。建立完善与重大动植物疫病防控相适应的机构和体系，健全区、乡镇和村动物疫病防控网络。进一步落实动植物疫病防控工作的各项经费，确保重大动植物疫病防治所需经费纳入财政预算。

本意见自 2016 年 9 月 1 日起施行。

吴兴区人民政府

2016 年 7 月 30 日

吴兴区人民政府关于加快推进残疾人全面小康进程的实施办法

吴政发〔2016〕19 号

高新区管委会，各乡镇人民政府、街道办事处，区府各部门，区直各单位：

为加快推进我区残疾人全面小康进程，根据《国务院关于加快推进残疾人小康进程的意见》（国发〔2015〕7 号）、《国务院关于全面建立困难残疾人生活补贴和重度残疾人护理补贴制度的意见》（国发〔2015〕52 号）、《浙江省人民政府关于加快推进残疾人全面小康进程的实施意见》（浙政发〔2015〕50 号）以及《湖州市人民政府关于加快推进残疾人全面小康进程实施办法（湖政发〔2016〕16 号）等文件精神，结合我区实际，现提出如下实施办法：

一、总体目标

坚持普惠与特惠相结合，兜底保障与就业增收相结合，政府扶持、社会帮扶与残疾人自强自立相结合，统筹兼顾与分类指导相结合，不断强化残疾人权益保障和公共服务，大力促进残疾人就业增收和融合发展，加快推进残疾人全面小康进程。到2020年，建成比较完善的残疾人社会保障和基本公共服务体系，促进残疾人共享全区经济社会发展成果、共享全面小康。

二、进一步加强残疾人基本民生保障

（一）加大残疾人社会救助力度。对符合城乡最低生活保障条件的残疾人家庭，确保应保尽保。对依靠家庭供养的成年重度残疾人和成年三、四级精神、智力残疾人，可按照单人户纳入低保范围，并享受与低保家庭同等的和个人直接相关的专项社会救助政策。对低保、低保边缘家庭中的未成年重度残疾人和未成年三、四级精神、智力残疾人，参照社会散居孤儿的养育标准发放基本生活补贴，同时不再重复享受最低生活保障金。低保家庭残疾人初次就业、再就业的，3年内所获得的就业收入可不计入家庭收入。做好残疾人医疗救助工作，提高医疗救助标准，对不能通过基本医疗保险支付医疗费用的残疾人，优先给予医疗救助；对纳入医疗救助的精神残疾人门诊服用基本抗精神病药物个人自负部分实行全额保障。设立精神残疾康复医疗专项救助资金，加大精神疾病患者康复医疗救助救治力度。加强严重精神障碍患者服务管理和落实以奖代补监护责任。（牵头单位：区民政局、区综治办，配合单位：区人力社保局、区卫生计生局、区残联；实施时间：2017年1月1日起）

（二）加大残疾人基本医疗康复保障。将残疾儿童、精神残疾人和“三瘫一截”等成年重度残疾人纳入基层责任医师签约服务范围，对服务费个人承担部分给予全额补助。在居民健康档案中增加残疾人类别、级别、致残原因、康复情况等内容，对可康复对象提供转介、辅具借用和社区康复“直通车”等免费服务。（牵头单位：区卫生计生局，配合单位：区残联）

（三）健全残疾人福利补贴制度。整合残疾人共享小康工程相关政策，建立完善残疾人生活、护理、康复和社会保险等补贴制度，并实行补贴标准的动态调整。

1.困难残疾人生活补贴。主要补助残疾人因残疾产生的额外生活支出，对象为生活困难的残疾人。对家庭人均收入在低保标准150%以下的残疾人或本人收入在低保标准150%以下的劳动年龄阶段残疾人，按照区低保标准的30%发放生活补贴。残疾人家庭收入的核对、认定工作，由区民政局按照社会救助家庭经济状况认定办法组织实施。（牵头单位：区民政局，配合单位：区财政局、区残联；实施时间：2016年1月1日起）

2.重度残疾人护理补贴。主要补助残疾人因残疾产生的额外长期照护支出，对象为残疾等级被评定为一级、二级且需要长期照护的重度残疾人以及非重度智力、精神残疾人，逐步推动形成面向所有需要长期照护残疾人的护理补贴制度。按生活完全不能自理、基本不能自理、部分不能自理三档，分别给予每人每月500元、250元、125元的补贴。对符合条件的在机构集中托养的残疾人，护理补贴可在上述标准基础上分别上浮50%。补贴标准根据护理支出变化情况适时调整。残疾人生活自理能力的认定工作，由残联会同民政及卫生计生部门组织实施。（牵头单位：区民政局，配合单位：区财政局、区残联、区卫生计生局；实施时间：2016年1月1日起）

3.残疾人康复补贴。主要补助残疾人因残疾而产生的额外康复支出。加大康复救助力度，调整项目设置，扩大受益覆盖面。健全残疾儿童康复救助制度，对0～6周岁视力、听力、言语、智力（孤独症）、肢体残疾儿童提供免费实施手术、配置辅助器具和康复训练等基本服务；对7～18周岁残疾儿童少年提供基本养护服务。（牵头单位：区残联，配合单位：区民政局、区卫生计生局）

4.残疾人社会保险补贴。主要补助残疾人因残疾而产生的额外风险支出。落实残疾人参加基本养老和基本医疗等各项扶持政策。残疾人参加城乡居民基本养老保险，个人缴费部分按区最低缴费标准给予全额补贴。低保和低保边缘家庭残疾人、重度残疾人及精神、智力残疾人参加城乡居民基本医疗保险，个人缴费部分给予全额补贴。对个体就业和自谋职业的残疾人，参加职工基本养老保险缴费有困难的，按区最低缴费标准给予50%补贴。推动建立残疾人补充保险制度，残疾人参加意外伤害保险由区财政给予全额补助，对残疾人集中就业单位、残疾人专业服务机构参加综合责任保险，给予一定的补助。（牵头单位：区残联，配合单位：区人力社保

局；实施时间：2017 年 1 月 1 日起）

符合条件的残疾人，可同时申领以上四类残疾人福利补贴。对既符合困难残疾人生活补贴和重度残疾人护理补贴，又符合因公致残、离休等生活补贴（津贴）、护理补贴（津贴）条件的残疾人，可择高申领其中一类生活补贴（津贴）、护理补贴（津贴）。享受儿童福利基本生活保障政策的残疾儿童不享受困难残疾人生活补贴，可享受重度残疾人护理补贴。领取工伤保险生活护理费、纳入特困人员供养保障的残疾人不享受困难残疾人生活补贴和重度残疾人护理补贴。享受养老服务补贴的残疾人不享受重度残疾人护理补贴。以上四类补贴不计入城乡低保和低保边缘家庭的收入。

（四）保障和改善残疾人住房。进一步完善残疾人住房长效救助机制，对符合住房保障条件的城镇残疾人家庭，优先提供公共租赁住房或发放住房租赁补贴；实施农村危旧房改造时，对符合救助条件的困难残疾人家庭予以优先安排，减免相关费用。对符合《吴兴区人民政府关于扶持救助残疾人的意见》（吴政发〔2006〕2 号）文件规定的困难残疾人家庭，继续按规定标准执行，由建设部门统一纳入危旧房改造计划并实施改造，建立“发现一户、改造一户”的长效机制。（牵头单位：区住建局，配合单位：区残联）

三、全力推进残疾人就业创业

（一）稳定发展集中就业。全面落实残疾人集中就业税费减免、社会保险补贴等优惠政策，在同等条件下，政府优先采购残疾人集中就业单位的产品和服务。对福利企业超比例安置残疾人就业的，每多安置 1 人，每年按不低于本地 1 个月最低工资的标准予以奖励，并对残疾人职业技能培训、无障碍设施改造给予补助。对残疾人辅助性（庇护性）就业机构，除根据规模给予一次性开办补助经费外，每安置 1 人，每年按不低于本地 2 个月最低工资的标准予以补助，并对场地（所）租赁、技能培训、康复器材（设备）配置、无障碍设施改造给予补助。对盲人按摩机构等其他残疾人集中就业机构，按照安置残疾人人数给予 50%社保缴费补助。（牵头单位：区民政局，配合单位：区国税局、区人力社保局、区残联）

（二）依法推进按比例就业。建立用人单位按比例安排残疾人就业公示制度，将安置残疾人就业情况纳入企业信用信息公示范围。除创业 3 年内、在职职工总数不超过 20 人的小微企业外，对未达到规定安置比例的用人单位，严格依法征缴残疾人就业保障金；对超比例安置残疾人就业的企业，每多安置 1 人，每年按不低于本地 4 个月最低工资的标准予以奖励。党政机关、事业单位、国有企业应带头招录（聘）和安置残疾人就业，未达到安置比例的，应当优先招录（聘）残疾人，组织人事和编制部门应下达按比例招录（聘）残疾人的计划。到 2018 年，区政府残工委成员单位要安排一定数量的岗位用于残疾人就业，区残联安排 1～2 名残疾人干部或职工。每年举办 1 次残疾人专场招聘会，国有和国有控股企业应设定或预留适合残疾人就业的岗位。公办医疗、康复机构应当积极吸纳符合条件的盲人医疗按摩人员就业。（牵头单位：区残联，配合单位：区财政局、区人力社保局、区编委办、区地税分局；实施时间：2017 年 1 月 1 日起）

（三）促进残疾人多渠道就业创业。全面落实促进残疾人就业的相关优惠政策，并对其从事个体经营、自主创业、灵活就业所需的场地（所）租赁、启动资金、设施设备购置等予以补助。推动建立残疾人“创客空间”、残疾人实训基地、残疾人文化创意基地，积极培育残疾人创业孵化机制。推进残疾人电子商务就业，对安置残疾人就业的电子商务企业，每安置 1 人，每年按不低于本地 2 个月最低工资的标准予以奖励。推动建立残疾人创业孵化机制，鼓励电子商务产业基地增设残疾人创业孵化区，对依托大众创业孵化平台或利用现有残疾人服务设施创办的残疾人创业孵化基地，可给予场地租赁、无障碍设施改造、设施设备购置补助。政府开发的公益性岗位优先安排残疾人和困难残疾人家庭成员就业。有条件的乡镇（街道）残疾人工作专管员（残疾人专职委员）工资待遇可参照社区工作者标准执行，村（社区）残疾人专职委员岗位可按当地最低工资标准一定比例予以补助。（牵头单位：区残联，配合单位：区人力社保局、区商务局、团区委）

（四）推进农村残疾人增收。把农村低收入残疾人作为重点扶持对象纳入精准扶贫工作机制和贫困监测体系，将其生活水平提高和数量减少情况纳入新农村建设考核指标。加大农村残疾人扶贫开发支持力度，符合条件的农村残疾人优先享受产业扶贫、就业扶贫、小额信贷扶贫、异地搬迁等财政专项扶贫政策。鼓励农业龙头企业、种养业大户或经济合作社等吸纳低收入残疾人就业，按其安置残疾人数予以奖励，可同时享受就业补助等其他政策。保障残疾人土地承包经营权和土地流转合法收益。（牵头单位：区农办，配合单位：区残联、区农林局、区金融办）

（五）加强残疾人就业援助和服务。残疾人就业服务机构和公共就业服务机构要免费向残疾人提供职业指导、职业介绍等就业服务，对符合条件的残疾人提供就业援助。加强残疾人就业服务信息网络建设。加大残疾人职业技能培训力度，建立培训成效与补助资金挂钩的绩效考核制度，积极参加残疾人职业技能竞赛。用人单位招工时不得设置歧视残疾人的录用标准。加强劳动保障监察，依法查处侵害残疾人劳动权益的违法行为。对残疾人自主参加职业培训，符合条件的给予培训费用补助。（牵头单位：区人力社保局、区残联，配合单位：区财政局、区金融办、区民政局）

四、加快推进残疾人基本公共服务

（一）增强残疾人康复服务能力。推进残疾人康复服务设施建设，加强和优化康复资源整合与配置，建立医疗机构与康复机构的合作机制，实现机构间转诊转介有效对接。鼓励社会力量参与残疾人康复，探索政府购买服务或公建民营、公办民营等运行模式。加强社区康复服务，在基层医疗卫生工作中增加对社区康复的考核。提高儿童福利机构的康复服务能力，鼓励和扶持社会力量兴办残疾儿童康复服务机构。建立中高级专业人才引进激励机制，落实从事残疾人康复工作的高等院校和中等职业学校毕业生入职奖补政策。在临床住院医师规范化建设中强化医疗康复方面的内容。完善0～6周岁儿童残疾筛查工作，普及残疾预防知识，提高公众残疾预防意识。（牵头单位：区残联，配合单位：区发改委、区财政局、区住建局、区国土分局、区卫生计生局、区教育局）

（二）提高特殊教育发展水平。完善残疾儿童学前教育布局，特教学校普遍开展学前教育，对家庭经济困难残疾儿童的学前教育训练和生活费给予补贴。支持儿童福利机构特殊教育学校（班）建设。规范送教上门，完善随班就读，全面推行全纳教育，探索个性化和医教结合的特教模式，提高残疾儿童义务教育入学率和教学质量。到2020年，基本普及残疾少年儿童15年教育。进一步提高对残疾学生和困难残疾人家庭子女的资助水平，生源地在本区的残疾学生特殊学习用品、教育训练、交通费等按每人每学期不低于500元标准给予补助。（牵头单位：区教育局，配合单位：区残联、区人力社保局；实施时间：2017年3月1日起）

（三）强化残疾人服务设施建设和管理。加快推进残疾人服务设施建设，将残疾人专业服务设施、无障碍设施改造等纳入区政府为民办实事项目，给予重点扶持。到2020年，平均每百名残疾人的康复和集中托养床位达到3张以上。人口在1万人以上的乡镇（街道）至少建有1家残疾人庇护机构，鼓励、扶持村（社区）建立残疾人庇护照料机构。规范服务设施管理，制定残疾人康复、托养、庇护服务与评估标准。整合乡镇（街道）、村（社区）养老助残资源，为精神、智力和重度残疾人提供托养照料、居家安养服务。对民营机构开展残疾人康复、托养、庇护、教育、文化、体育等服务，参照养老服务业相关优惠政策执行。（牵头单位：区残联，配合单位：区发改委、区财政局、区住建局、区民政局）

（四）全面推进城乡无障碍环境建设。推动无障碍环境区建设，继续实施“无障碍设施进家庭”建设项目，加快公共交通、公共场所和设施的无障碍改造，在公共停车区设置残疾人专用停车泊位，进一步提高公共场所出入口的坡道平整覆盖率。残疾人免费乘坐城市公交车。公共服务建设项目无障碍设施竣工验收时，应吸收残联组织和残疾人代表参加。逐步推进政府信息以无障碍方式发布、影像制品加配字幕、食品药品添加无障碍识别标识。（牵头单位：区住建局，配合单位：区发改委、区规划分局、区行政执法局、区市场监管局、区交通旅游局、区残联、区广电中心）

（五）发展残疾人文化体育。公共文化体育设施建设和广播电视村村通、文化信息资源共享等文化惠民工程，要为残疾人参与提供便利。公共文化体育设施和公园等公共场所对残疾人免费或优惠开放，并配备适合残疾人的文体活动器材。残疾人集中就业、康复托养、庇护照料等场所，配备适合残疾人康复健身的文体设施和用品，并定期组织开展文体活动。对残疾人文体人才的就学、就业、创业给予优先安排和政策扶持，对做出突出贡献的残疾人文体人才给予奖励。到2020年，至少建成1个残疾人文体活动示范点和示范基地，残疾人社区文体活动参与率达到65%以上。（牵头单位：区残联，配合单位：区文体局、区广电中心）

五、充分发挥社会力量和市场机制作用

（一）积极推动政府购买服务。建立以残疾人康复、托养、护理、无障碍改造、文化体育、法律维权等服务为重点的政府购买残疾人服务指导性目录，加大政府购买服务力度，规范服务标准，健全监管机制，实现政府购买服务对残疾人服务供给的放大效应。（牵头单位：区财政局，配合单位：区残联、区民政局、区卫生计生局、区人力社保局）

（二）大力发展残疾人慈善事业。鼓励和支持社会公众、社会组织通过捐款捐物、扶贫开发、助学助医等方式，为残疾人奉献爱心，提供慈善帮扶。鼓励支持服务残疾人的各类公益慈善组织发展，采取公益创投等多种方式，在资金、场地（所）、设备、管理、岗位购买、人员培训等方面给予扶持，引导和规范其健康发展。倡导社会力量兴办以残疾人为服务对象的公益性医疗、康复、特殊教育、托养照料、社会工作服务等机构及设施。（牵头单位：区民政局，配合单位：区卫生计生局、区残联、区慈善总会、区红十字会）

（三）广泛开展志愿助残活动。突出需求导向和精准服务，健全志愿助残的招募注册、服务对接、服务记录、组织管理、评价激励、权益维护等制度。积极搭建志愿助残服务平台，广泛开展助残志愿者“阳光行动”，组织干部职工、大学生、专业技术人员到残疾人服务机构、扶贫基地等开展志愿助残服务。到2020年，全区助残志愿者注册人数达到1000名以上。（牵头单位：区残联，配合单位：团区委）

（四）加大残疾人事业宣传力度。区级广播、报刊、电视和网站等主要新闻媒体要开设残疾人专版专栏专题，每年定期刊登播放助残公益广告。在“全国助残日”、“国际残疾人日”等残疾人重大节日期间，广泛开展特色主题宣传活动。对维护残疾人合法权益、促进残疾人事业发展、为残疾人服务等方面做出突出贡献的单位和个人给予鼓励，在全社会营造理解、尊重、关心、帮助残疾人的良好氛围。（牵头单位：区委宣传部，配合单位：区残联、区广电中心）

六、加强推进残疾人全面小康进程的组织领导

（一）健全组织领导机制。各级政府要将加快推进残疾人全面小康纳入重要议事日程，列为政府目标管理和绩效考核内容，主要领导负总责，分管领导具体负责。区政府每年签订残疾人工作重点任务责任书。区政府残疾人工作委员会要进一步完善工作机制，切实发挥统筹协调作用，明确各成员单位工作职责，对其年度残疾人工作重点任务完成情况进行考核和通报。加强对残疾人全面小康进程的监测和评估，向社会公布结果并作为考核评价高新区、各乡镇街道、各部门工作和领导干部实绩的依据。健全区残疾人专门协会。

（二）完善工作保障机制。建立完善多渠道、全方位资金筹措机制，保障残疾人事业发展所需经费。区财政要建立完善稳定的残疾人事业经费保障机制，按照支出责任合理安排推进残疾人全面小康进程所需的经费。各项目资金按现有财政分担机制落实。确保区福利彩票公益金本级使用部分10%以上用于为残疾人服务的福利设施、设备。加强残疾人就业保障金征收、使用和管理。加强信息化建设，建立完善民政、人力社保、卫生计生、教育、公安、税务、市场监管、残联等单位之间相关数据信息的互通共享机制。

（三）完善残疾人权益保障机制。将残疾人权益维护纳入区“平安建设”考核内容，加强对残疾人权益保障工作的督促检查。区政府和有关部门研究制定重要政策和实施重大建设时，涉及残疾人权益的，要征询残联组织和残疾人代表的意见和建议。健全区残疾人法律救助工作站，加强对残疾人的司法保护，严肃查处侵害残疾人合法权益的违法行为。建立残疾人信访接待制度，开通网上信访工作平台，畅通残疾人合法利益诉求渠道。

高新区、各乡镇街道和区级有关部门要按照本实施办法的要求，及时制定出台相关的实施细则和配套措施。区政府残疾人工作委员会将开展检查，督促本办法的全面实施。

区政府已有规定与本实施办法不一致的，按本实施办法执行。

本实施办法自2016年10月10日起施行。

吴兴区人民政府

2016年9月8日

吴兴区人民政府关于加快特色小镇规划建设的实施意见

吴政发〔2016〕23号

高新区管委会，各乡镇人民政府、街道办事处，区级有关部门：

为进一步加快我区特色小镇规划建设，根据《浙江省人民政府关于加快特色小镇规划建设的指导意见》（浙政发〔2015〕8号）及《湖州市人民政府关于加快特色小镇培育创建的实施意见》（湖政发〔2016〕6号）等文件精神，结合我区实际，经区政府同意，现提出如下实施意见：

一、总体要求

（一）功能定位。特色小镇是位于相对集中区域，区别于产业园区，具有明确产业定位、文化内涵、旅游和一定社区功能的发展空间平台。

（二）产业选择。对接省七大万亿元产业和历史经典产业，结合本区特色，主要围绕信息经济、智能装备、健康时尚、休闲旅游等新兴产业，同时兼顾丝绸等历史经典产业，推进产业、文化、旅游“三位一体”和生产、生活、生态融合发展。每个产业原则上只规划建设一个特色小镇。鼓励和引导有条件的乡镇（街道、园区）以特色小镇理念改造提升各类产业平台。

（三）建设规模。特色小镇规划面积一般控制在3平方千米左右，其中建设面积一般控制在1平方千米左右。特色小镇原则上3年内要完成固定资产投资50亿元左右（不含住宅和商业综合体项目），信息经济、金融、旅游类特色小镇投资额不低于30亿元，其中产业投资占比不低于70%。特色小镇要建设成为AAA级以上旅游景区，旅游产业类特色小镇要按AAAAA级旅游景区标准建设。

（四）运作方式。坚持政府引导、企业主体、市场化运作，既凸显企业主体地位，充分发挥市场在资源配置中的决定性作用，又加强政府引导和服务保障。每个特色小镇要明确投资建设主体，由企业为主推进项目建设。

二、申报创建程序

（一）自愿申报。由各乡镇（街道、园区）向区特色小镇培育创建工作联席会议办公室报送创建特色小镇书面材料，制订创建方案，明确特色小镇的四至范围、产业定位、投资主体、投资规模、建设计划，并附特色小镇发展规划。

（二）组织审核。根据申报创建特色小镇的具体产业定位，由区特色小镇创建工作联席会议办公室组织区相关部门进行初审，选定初步名单报联席会议研究审定。

（三）省、市级申报。申报列入省、市级创建名单的特色小镇，原则上在区级特色小镇名单中选择。由区特色小镇创建工作联席会议办公室按照申报要求，向省、市特色小镇规划建设工作联席会议办公室提交申报材料。

三、工作举措

（一）强化规划引领。按照“产业、文化、旅游‘三位一体’和生产、生活、生态融合发展”的要求，高起点、高标准编制好特色小镇建设发展规划。加强与土地利用规划、城市建设规划和环境功能区划的衔接，因地制宜、体现特色。同时加强规划的刚性实施，确保规划目标实现。

（二）完善管理机制。建立区特色小镇培育创建工作机制，设立办公室，负责统筹协调特色小镇建设的相关组织协调、统计监测、招商引资和项目推进等工作。建立特色小镇重大问题协调、产业准入审核、重点项目推进、文化内涵挖掘、生态环境保护等方面的管理机制，确保特色小镇建设有序推进。

（三）狠抓选商择资。围绕特色小镇特色优势，锁定区域、锁定产业，加大选商择资力度。既要引进一批优质产业项目，也要加大对文化创意、研发设计、时尚展示等服务业项目的引进力度。要着力引进培育一批符合特色小镇产业导向的名企、名品、名家。同时要借助创新创业平台，积极吸引“国千、省千”人才，以及大学生、大企业高管、科技人员创业者、留学归国人员入驻小镇。

四、政策措施

列入省、市培育创建名单的特色小镇除享受省、市级相关政策，还享受以下八个方面的政策支持。

（一）财政政策支持。特色小镇在创建期间及验收命名后，其规划空间范围内的新增财政收入上交区财政部分，前 3 年全额返还、后 2 年返还一半给特色小镇所在镇使用。

（二）用地规划调整支持。结合土地利用总体规划调整完善工作，将特色小镇建设用地纳入城镇建设用地扩展边界内。

（三）用地指标支持。鼓励和支持特色小镇按照节约集约用地的要求，充分利用存量建设用地。特色小镇 1 平方公里建设面积范围内需新增建设用地的，由区级保障土地指标，确有困难的，积极向省、市争取相关用地指标。

（四）金融需求支持。鼓励特色小镇创建乡镇（街道、园区）组建特色小镇扶持引导基金，享受区级产业基金相关政策，专项用于特色小镇发展。对列入省级特色小镇创建名单的，区政府对其创建乡镇（街道、园区）给予融资支持。鼓励银行金融机构与特色小镇建立信贷合作关系，增加授信额度，降低贷款利率，加大对特色小镇的信贷支持。

（五）主导产业发展支持。积极引导产业基金、金融资本和社会资本优先投入特色小镇主导产业，尤其是我区重点发展的信息经济、智能装备、健康时尚、休闲旅游等四大产业及历史经典产业，推动产业技术创新和转型升级。

（六）项目审批支持。区招商引资、新建“大好高”产业项目和科技项目，符合特色小镇主导产业定位的，优先落户特色小镇。对特色小镇基础设施建设项目依法合理简化审批程序，并给予优先立项。

（七）项目重点推荐支持。特色小镇规划范围内的基础设施和特色主导产业项目，在同等条件下，优先列入区重点工程，并优先推荐省、市重点建设项目和重大产业项目。

（八）其他方面的支持。对特色小镇建设发展需要的各类专业、适用人才要优先保障，加快引进，优先办理各项手续，落实各项人才政策。科技、人才、文化、旅游等项目建设，按有关政策执行，对旅游产业类特色小镇，按照 AAAAA 级旅游景区标准建设的，经旅游部门认定后，享受 AAAAA 级旅游景区有关政策。

五、组织领导

（一）建立协调机制。加强对特色小镇规划建设工作的组织领导和统筹协调，成立区特色小镇培育创建工作联席会议，区政府分管领导担任召集人，区有关部门主要负责人为成员。联席会议办公室设在区发改委，承担相关日常工作。

（二）推进责任落实。各特色小镇创建乡镇（街道、园区）是特色小镇培育创建的责任主体，要建立实施推进工作机制，搞好规划建设，加强组织协调，按特色小镇建设规划要求规范有序推进，取得实实在在的成效。

（三）加强动态监测。各特色小镇创建乡镇（街道、园区）要按季度向区特色小镇培育创建工作联席会议办公室报送特色小镇创建工作进展和形象进度情况，联席会议办公室加强定期督查和年度考核工作，考核结果与政策兑现挂钩。

本意见自 2016 年 12 月 25 日起施行。

吴兴区人民政府

2016 年 11 月 24 日

吴兴区人民政府办公室关于加快推进基层综合性文化服务中心建设的实施意见

吴政办发〔2016〕103 号

高新区管委会，各乡镇人民政府、街道办事处，区府各部门，区直各单位：

为进一步完善基层公共文化设施网络，提升基层公共文化设施建设、管理和服务水平，根据《浙江省人民政府办公厅关于推进基层综合性文化服务中心建设的实施意见》（浙政办发〔2016〕55 号）精神，经区政府同意，现就加快推进基层综合性文化服务中心建设提出如下实施意见。

一、工作目标

（一）总体目标。到2020年，全区乡镇（街道）和村（社区）普遍建成基层综合性公共文化设施中心（包括综合文化站、文化礼堂、文化活动室等场所），形成布局合理、功能齐全、服务规范、保障有力、群众满意度较高的基层综合性文化服务中心网络，建立规范有序、科学高效的运行管理机制，培养具有较高专业素养、扎根基层的专兼职文化队伍，使基层综合性文化服务中心成为我区现代公共文化服务体系建设的重要阵地、建设“幸福”吴兴的综合公共服务平台。

（二）年度目标。2016 年年底前，全区所有乡镇（街道）综合性文化服务中心（综合文化站）实施改造提升工程，达到省级评估标准；2017 年年底全区 80%以上的村（社区）建成综合性文化服务中心。2018 年年底前，村（社区）综合性文化服务中心基本达到全覆盖，并实现常态化运行。2019 年查遗补缺。2020 年完善提升，形成较为完善的基层综合性文化服务中心网络体系。

二、标准要求

（一）建设标准

1.乡镇（街道）综合文化站建设管理以《国务院办公厅关于推进基层综合性文化服务中心建设的指导意见》（国办发〔2015〕74 号）、《浙江省人民政府办公厅关于推进基层综合性文化服务中心建设的实施意见》（浙政办发〔2016〕55 号）为基本依据。

2.行政村、社区综合性文化服务中心建设管理以《湖州市关于加快构建现代公共文化服务体系的实施意见》（湖委办〔2016〕45 号）文件中《湖州市基本公共文化服务标准（2016—2020 年）》为基本依据。

（二）功能配置

1.乡镇（街道）综合文化站建设重在完善服务功能和提升服务水平，配套建设面积、功能达到相应标准。乡镇（街道）综合文化站需独立建制，站舍面积500平方米以上，设有“两厅三室”（多功能厅、展示厅、培训教室、图书阅览室和共享工程活动室），每周开放时间42小时以上。

2.村（社区）综合性文化服务中心在明确产权归属、保证服务质量的基础上进行集合建设，村（社区）建设综合性文化服务中心面积不低于 100 平方米，文化礼堂面积不低于 200 平方米。配套建设文体广场，并建有阅报栏、健身路径、健身器材、灯光、有源音响等必要配套设施设备。文体广场面积不低于 500 平方米。逐步推进社区文化家园建设，鼓励城市社区因地制宜利用自有资源或社会资源建设24小时图书馆。

三、重点工作

（一）合理规划布局。基层综合性文化服务中心建设主要采取盘活存量、调整置换、集中利用等方式，不搞大拆大建。结合经济社会发展总体规划，按照均衡配置、规模适当的要求，对基层综合性文化服务中心进行科学规划布局，提升综合性文化服务中心辐射面和利用率，实现城乡“15～20分钟公共文化服务圈”，打通公共文化服务“最后一公里”。

（二）整合公共资源。将宣传文化、党员教育、科学普及、普法教育、体育健身等纳入基层综合性文化服务中心，提升基层公共文化服务效能。推进广播电视户户通，提供应急广播、广播电视器材设备维修、农村数字电影放映等服务。整合区域内公共图书资源，提高图书利用率，有效推进全民阅读。

（三）丰富服务内容。挖掘地方特色文化，打造基层文化品牌，形成一镇一品、一村一色的群众特色文化格局。传承优秀传统文化，推进民间文化艺术之乡、传统戏剧之乡等建设。开展艺术普及、全民阅读、科学普及、普法教育、就业技能培训等。为特殊群体提供有针对性的特色文化服务。乡镇街道每年组织开展公益性文化活动6场及以上，村（社区）每年开展综合性文化活动5场及以上。

（四）创新服务方式。基层综合性文化服务中心实行错时免费开放，提高使用效率。引导社会力量参与基层综合性文化服务中心建设和管理。利用互联网应用平台，设置文化产品及服务“菜单”，采取“订单”服务方式，实现供需有效对接。推广文化体育志愿服务，壮大文化志愿者和城乡社会体育指导员队伍，加大公共文化服务结对帮扶力度。

四、保障措施

（一）发挥政府主导作用。高新区、各乡镇街道作为推进基层综合性文化服务中心建设的责任主体，要结合当地实际，按照本实施意见制定具体落实方案，细化责任目标。区文体局要发挥牵头作用，加强协调指导，及时研究解决工作中遇到的困难和问题。各有关部门要立足职责、分工合作，共同推动工作落实。

（二）加大财政支持力度。根据实际需要和相关标准，区级财政要加大投入力度，整合资金补齐短板。每年对建设管理良好的镇村（街、社区）予以资金补助。发挥政府投入的带动作用，落实社会力量参与公共文化服务的各项优惠政策，吸引社会资金支持基层综合性文化服务中心建设与管理。

（三）加强服务队伍建设。每个乡镇（街道）综合文化站配备编制人员 1～2 名，规模较大的乡镇（街道）适当增加。村（社区）综合性文化服务中心由村委会或社区居委会确定 1 名专（兼）职工作人员。鼓励“三支一扶”大学生、大学生村官、志愿者等专兼职从事基层综合性文化服务中心管理服务工作，探索实施文化员下派制度，带动提升基层宣传文化队伍整体水平。

（四）健全考核评价制度。把基层综合性文化服务中心建设纳入对政府公共文化服务的考核指标。区文体局会同有关部门建立动态监测和评价机制，要对基层综合性文化服务中心建设、使用和管理情况加大监督检查力度，每半年进行调度督查并通报工作进展情况，将年度工作考核完成情况作为财政奖补依据。做好经验总结和问题研究，确保各项工作顺利推进。

此《实施意见》自 2016 年 10 月 20 日起正式实施。

吴兴区人民政府办公室
2016 年 9 月 20 日

吴兴区人民政府办公室关于进一步明确 2016 年区对乡镇财政体制的通知

吴政办发〔2016〕112 号

高新区管委会，各乡镇人民政府、街道办事处，区府各部门，区直各单位：

鉴于上一轮区对高新区、各乡镇（环渚街道）的财政管理体制执行时间为 2 年（即 2014—2015 年），2016 年已经到期。考虑到今年 5 月份开始全面实施“营改增”改革，相关中央与地方各级财政的分成尚未正式明确，为保持政策的精准性及稳定性，现对 2016 年区与乡镇的财政体制明确如下：

一、对现行区与高新区、织里镇、各乡镇（环渚街道）的财政管理体制延续一年

现行区对高新区、各乡镇（环渚街道）的财政管理体制，在《吴兴区人民政府关于建立新一轮高新区财政体制的通知》（吴政发〔2014〕34 号）、《吴兴区人民政府关于建立织里镇（小城市培育试点镇）财政管理体制的通知》（吴政发〔2014〕35 号）、《吴兴区人民政府关于建立新一轮乡镇（环渚街道）财政管理体制的通知》（吴政发〔2014〕36 号）总体不变的情况下，延续一年，至 2016 年 12 月 31 日。其中，收入基数在原体制的基础上按原确定的增长比例进行计算，增值税、营业税地方分成比例按中央、省、市正式明确后同步调整。

二、调整高新区、织里镇、各乡镇（环渚街道）有关支出基数

（一）调整一般行政事业单位转移支付支出基数。由于 2016 年已全面实行机关养老金改革，行政事业离退休人员经费不再安排，相应调减。高新区管委会行政事业经常性支出仍由区财政按区级部门预算标准核定。

（二）调整教育支出基数。新增的乡镇补贴、特岗津贴（交通补贴）、误餐补贴、工会疗休养、保安经费按区级标准全部由区级承担纳入支出基数;2016 年养老保险及职业年金比上轮支出基数中养老保险费新增部分纳入基数，全部由区级承担;上轮支出基数中离、退休补助经费不再安排，相应调减。

（三）社救、优抚等民政事业费支出按 2016 年初区民政部门核定的支出基数确定。

（四）城市维护费维持不变。

（五）新支出基数由区财政局按标准核定后另行下达，并从 2017 年 1 月 1 日起开始执行。

三、其他有关事项保持不变，具体由区财政局负责解释

吴兴区人民政府办公室
2016 年 11 月 18 日

吴兴区人民政府办公室关于推进社区教育工作的实施意见

吴政办发〔2016〕122号

高新区管委会，各乡镇人民政府、街道办事处，区府各部门，区直各单位：

为深入贯彻党的十八大提出的“完善终身教育体系，建设学习型社会”精神，现根据《国家中长期教育改革和发展规划纲要（2010～2020年）》、《教育部等九部门关于进一步推进社区教育发展的意见》，以及省教育厅等七部门《关于推进学习型城市建设的实施意见》《浙江省教育厅办公室关于印发浙江省社区教育实验区建设标准和浙江省社区教育示范区建设标准的通知》等要求，结合我区实际，就推进社区教育提出如下实施意见。

一、指导思想

全面贯彻落实党的十八大和习近平总书记系列重要讲话精神，牢固树立创新、协调、绿色、开放、共享的发展理念，按照推进“四个全面”战略布局的要求，以促进全民终身学习、形成学习型社会为目标，以提高国民思想道德素质、科学文化素质、身心健康素质和职业技能为宗旨，充分整合、利用和拓展各类教育资源，统筹发展城乡社区教育，为建设“生态吴兴、经济强区、科技新城、幸福家园”做出贡献。

二、总体目标

——健全“党政统筹领导，教育部门牵头，有关部门配合，社会积极支持，社区自主活动，群众广泛参与”的社区教育管理体制。构建以“吴兴区社区教育学院为龙头、乡镇（街道）社区教育中心为骨干、村（居）社区教育工作站为基础”的社区教育网络体系。

——2016年年底，乡镇（街道）均设立社区教育中心、村（居）社区教育工作站。2020年前，乡镇（街道）社区教育中心标准化创建率达80%；村（居）社区教育工作站标准化创建率达80%。

——到2020年，社区教育内容形式更加丰富，教育资源融通共享，服务能力显著提高，发展环境更加优化，居民参与率和满意度显著提高，基本形成具有吴兴特色的社区教育发展模式。2017年争创浙江省社区教育实验区。2020年争创全国社区教育实验区。

三、工作原则

1.整体性原则。发挥党委政府的推动引导作用，把社区教育切实纳入区域经济社会发展总体规划。动员所有力量整合各类社区教育资源，建立起纵向一体、横向联合的全区社区教育新体系。

2.普惠性原则。以学习者为中心，以学习需求为导向，为社区内不同年龄层次、不同文化程度、不同收入水平的居民提供多样化教育服务。体现社区教育的普惠性，促进社会公平。

3.持续性原则。建立有利于社区教育可持续发展的管理体制和运行机制，既能满足新形势下农民转移就业、企业职工技能提升的现实需要，又能满足新常态下社区居民的整体素质提高的长远需要。

4.特色性原则。立足城乡社区的当地历史、人文资源和经济发展状况，因地制宜、因势利导开展富有当地特色的社区教育活动。

四、重点工作

1.完善教育网络。建立城乡一体的区、乡镇（街道）、村（社区）三级社区教育办学网络。依托吴兴区职业教育与成人教育中心，设立吴兴社区教育学院，下设城区分院和新城分院。各乡镇依托成校，设立乡镇社区教育中心，在行政村设立社区教育工作站。各中心城街道，依托街道综合文化站，设立街道社区教育中心，在各社区委员会设立社区教育工作站。部分受场地限制的中心城社区，可实行区域联合设立社区教育工作站。吴兴区社区教育学院负责业务指导、课程开发、理论研究、统筹协调等工作。城区分院负责协调中心城街道的社区教育，新城分院负责协调各乡镇的社区教育。乡镇（街道）社区教育中心负责组织实施社区教育活动，指导村（社区）教育工作站的工作。村（社区）教育工作站为居民提供灵活便捷的教育服务。

2.整合教育资源。在各级社区教育领导小组的统筹协调下，充分利用本辖区内现有的教育、文化、体育、科技、民政等场所设施，为提升社区居民思想道德素质、普及文化科学常识和加强社区文化建设提供平台，为社区成员提供全方位、多层次的社区教育服务。本辖区内的图书馆、科技馆、文化馆、博物馆和体育场馆等各类公共设施免费或低收费为社区教育提供服务。注重社区教育机构与社区综合文化服务中心等机构的设施统筹、信息共享、服务联动。充分利用现代远程教育体系，结合或依托社区公共服务综合信息平台建设，建立覆盖城乡、开放便捷的社区数字化学习公共服务平台及体系，为居民提供线上线下多种形式的学习支持服务。加快乡镇成人文化技术学校的转型发展，鼓励其成为社区教育的重要载体。推动普通中小学有序向社区居民提供适宜的教育服务。

3.配备师资队伍。建设一支专职管理人员为骨干、兼职人员和志愿者为主体的社区教育工作者队伍。按照常住人口万分之一的标准配备社区教育人员，区社区教育学院配备 6 名专（兼）职人员，各乡镇（街道）社区教育中心配备 1～2 名专（兼）职管理人员，村（居）社区教育工作站配备 1 名联络员。根据各级社区教育机构的培训需要，聘请区内外各个领域有较高理论知识、有较强专业技能，并愿意为社区教育工作出力的专业技术人员或理论研究员为社区教育兼职教师，开展教学指导工作。制定社区教育工作者队伍建设规划，定期组织开展社区教育管理者、教师、志愿者队伍培训，培训率达60%以上。

4.开展各类培训。结合各类人群的素养提升，广泛开展公民素养、诚信教育、人文艺术、科学技术、职业技能、早期教育、运动健身、养生保健、生活休闲等教育活动，力争每年社区教育培训总人次占常住人口的 60%以上。城市社区：登记在册的下岗待业失业人员和进城务工人员的培训率分别达到 50%以上和 40%以上；农村社区：农民实用技术培训率达 40%以上，农村劳动力外出转移培训率达40%以上；社区教育机构有专门服务未成年人、老年人的场所和主题教育活动，未成年人、老年人参与社区教育活动的比例分别不低于 50%、40%；企业职工年培训率不少于 40%。社区成员对社区教育的知晓率、认同率达 80%以上；对接受社区教育服务的满意率达 70%以上。

5.强化项目实施。各乡镇（街道）社区教育中心通过校企合作、校校合作、校团（社会团体、民办非企业等社会组织）合作等形式，抓好项目的研发及过程的管理工作。尤其要强化社区教育项目申报→计划制定（包括项目实施形式、经费预算、师资来源、培训教材等）→项目实施（包括教学管理、实习实训、经费管理等）→考核验收（包括成绩考核、论文心得、证书管理、财务报表等）等一系列环节，并做到“六个有”（即项目实施有计划、学员信息有名册、参与项目有签到、实施过程有资料、经费管理有账册、考核检查有记录），确保项目实施的质量。区社区教育学院要加强对乡镇（街道）社区教育中心项目实施的理论指导与策划宣传等工作。

五、保障机制

1.加强组织领导。成立区社区教育工作领导小组，区委宣传部长、分管副区长任组长，区府办分管主任、教育局局长、民政局局长任副组长，各相关部门（单位）和各乡镇（街道）组成成员单位。领导小组下设办公室，办公室设在教育局，教育局局长任办公室主任，局分管领导任办公室副主任，区职业教育与成人教育中心相关人员任成员。各乡镇（街道）成立相应的社区教育工作领导小组。

2.健全投入机制。区、乡（镇）两级财政均把社区教育经费纳入预算，并设立专项经费。区财政按照全区常住人口每人每年不少于 2 元的标准安排社区教育专项经费，主要用于中心城街道居民开展社区教育培训所需费用，以及标准化社区教育中心、标准化社区教育工作站创建评估补助。乡（镇）按照常住人口每人每年不少于 2 元的标准安排专项经费，主要用于本辖区居民接受社区教育所需费用。区社区教育学院及各乡镇（街道）社区教育中心，在组织开展公益性教育活动的同时，积极筹措社会资金，通过有偿、低偿办学，推进社区教育的良性发展。

3.深化创建评比。以创建全国、省级社区教育实验区（示范区）为目标，全力开展社区教育主题实践活动及系列评创活动，努力营造全民学习、全员创建的良好氛围。以创建学习型机关（单位）、学习型社区（村）、学习型家庭为导向，组织开展全民终身教育学习活动周、读书节、学习开放日等富有区域特色、居民喜闻乐见的主题活动，推动学习型城市建设。以开展社区教育优秀项目评比为抓手，开发并做强“一镇（街道）一品”的社区教育特色项目，实现社区教育品牌打造的新突破。同时，依托传统媒体、新兴媒体，加强社区教育宣传力度，营造良好的社区教育氛围。

4.加强管理评估。建立督查、例会、考核、评估等四项制度。“督查制”：区社区教育领导小组每年组织1～2次社区教育工作督查，全面了解全区社区教育工作推进情况，将督查情况及整改意见通报到各社区教育中心。“例会制”：区社区教育领导小组定期召开例会，听取各乡镇（街道）社区教育工作汇报，以及区社区教育领导小组办公室的督查情况汇报。“考核制”：每年年初，区社区教育领导小组给各乡镇（街道）社区教育中心下达年度社区教育工作任务。每年年底，区社区教育领导小组抽调相关人员组成考核组或委托第三方，对各乡镇（街道）社区教育中心的年度社区教育工作进行全面考核，考核结果纳入区委区政府对各乡镇（街道）年度考核指标。“评估制”：区级相关部门联合出台乡镇（街道）社区教育中心、村（社）社区教育工作站标准化建设评估细则，分步推进标准化社区教育中心、标准化社区教育工作站创建评估工作。对于通过评估的，分别给予5万元和2万元的经费补助。

5.本实施意见，开发区、度假区参照执行。

附件：吴兴区社区教育领导小组名单及成员单位工作职责

吴兴区人民政府办公室

2016年12月16日

附件

吴兴区社区教育领导小组名单及成员单位工作职责

组　长：茅利荣　朱建豪　王　青

副组长：李学林　陆安华　唐于建

成　员：胡卫东（区编办）　陆宝根（区科技局）
沈国强（区财政局）
张惠新（区人力社保局）
胡旋波（区农林局）　蒋立敏（区文体局）
陈　伟（高新区）　宁　云（织里镇）
张学民（八里店镇）　叶惠虎（道场乡）
蔡滨斌（妙西镇）　戚斌斌（埭溪镇）
陆　敏（东林镇）　朱新民（环渚街道）
姜　菊（月河街道）　傅宇晨（朝阳街道）
俞海屏（爱山街道）　费　斌（飞英街道）
姜新明（龙泉街道）

领导小组下设办公室，办公室设在教育局，陆安华任办公室主任，应玲素任办公室副主任，曹积龙、王莉萍为办公室成员。

区社区教育领导小组负责指导、协调、督促全区社区教育工作，指导并督促各级社区教育业务机构的组建；区社区教育领导小组办公室负责全区社区教育工作的管理和组织实施，统筹协调各系统、各部门及有关单位的教育资源开展社区教育。

区编办负责落实全区社区教育教师编制；区教育局要把开展社区教育纳入教育发展整体规划，主动联系有关部门，牵头做好社区教育发展规划、相关政策的制定和完善工作，建立目标责任和考核机制，确保社区教育改革发展目标落实到位；区科技局要将《中华人民共和国科学技术普及法》《全民科学素质行动计划纲要》的实施及国家科普能力建设与开展社区教育工作紧密结合起来；区民政局要把社区教育作为街道管理创新、乡镇服务型政府建设和城乡社区建设的重要内容，纳入城乡社区服务体系建设规划；区财政局要逐步加大对社区教育的支持力度，确保社区教育经费保障到位；区人力社保局要结合工作实际，充分发挥社区教育在职业技能培训中的重要作用；区农林局要把农民实用技术培训、新型农民职业培训等与社区教育结合起来；区文体局要通过公共文化服务体系为社区教育提供必要支撑，将《全民健身条例》的实施与开展社区教育工作紧密结合起来。各乡镇、街道负责本辖区社区教育中心和社区教育工作站的建设、管理、督导，整合本辖区各类教育资源，推动开展居民素质提升、文化道德建设、各类职业技能等培训。

第二十四篇　光荣榜

·中央、部、委、局、群众团体命名、表彰的先进集体·

荣誉称号	获奖集体	授证单位
全国示范性“青年之家”综合服务平台	吴兴区爱山商圈青少年综合服务中心	团中央
全国“最美志愿服务社区”	月河街道马军巷社区	中宣部　央组部 中央文明办民政部等部门
组织系统2016年度信息报送先进单位	吴兴区委组织部	中组办
全国科普日特色活动优秀单位	织里镇科学技术协会	全国科协
全国科普日活动优秀单位	吴兴区科协	中国科协
全国产业集群区域品牌建设童装产业试点地区	织里镇	工业和信息化部
中国品牌羊绒服装名镇	织里镇	中国纺织工业联合会 中国毛纺织行业协会
中国童装名镇	织里镇	中国纺织工业联合会 中国服装协会
纺织产业集群地区发展服务优秀奖（2014-2016）	中国织里童装设计中心	中国纺织工业联合会
中国产学研合作创新示范镇	织里镇	中国产学研合作促进会
全国社区侨务工作明星社区	朝阳街道碧浪湖社区	国务院侨务办公室
全国优秀法院	吴兴区法院	最高人民法院
第六届全国先进基层检察院	吴兴区人民检察院	最高人民检察院
全国百佳检察门户网站	吴兴区人民检察院	正义网《检察日》报网络信息中心
全国综合减灾示范社区	朝阳街道碧浪湖社区	民政部
	飞英街道竹翠园社区	
全国模范调委会	区司法局八里店司法所	司法部
2015—2016年度群众满意的乡镇卫生院	八里店镇卫生院	国家卫计委
	东林镇卫生院	
全国安全生产监管监察系统先进集体	吴兴区安监局	人社部　国家安监总局
国家级生态区	吴兴区	环保部
优秀共产党员服务队	吴克忠共产党员服务队	国网公司党组

·中央、部、委、局、群众团体命名、表彰的先进个人·

荣誉称号	获奖个人	授证单位
全国残疾人工作先进个人	孙延强（道场乡）	国务院残疾人工作委员会
全国计划生育协会先进个人	吴德利（环渚街道）	中国计划生育协会
2016年全国五一劳动奖章	王建荣（吴兴区总工会）	中华全国总工会
全国消防部队优秀共产党员	徐　刚（吴兴区消防大队）	公安部消防局

·省、委、厅、局、群众团体命名、表彰的先进集体·

荣誉称号	获奖集体	授证单位
2015年度全省“五水共治”工作先进集体	高新区	省委　省政府
在服务保障 G20 杭州峰会工作中做出突出贡献的集体	吴兴区委政法委	省委　省政府
浙江省文明区	吴兴区	省委　省政府
浙江省服务保障G20杭州峰会先进集体	吴兴区委政法委	省委　省政府
浙江省美丽乡村示范乡镇	妙西镇	省委　省政府
法治浙江建设十周年工作先进集体	吴兴区司法局八里店司法所	省委
浙江省第二届“河姆渡杯”粮食生产先进铜奖单位	吴兴区	省政府
全省“百日维稳攻坚大会战”先进集体	吴兴区委政法委	省委办　省府办
表彰先进团级单位党委	吴兴区人武部党委	省军区
浙江省红十字工作示范县（市、区）	吴兴区红十字会	省红十字会
全省G20峰会维稳安保工作先进集体	吴兴区法院	省高院
2016年度浙江“最美家庭”	林景平家庭（朝阳街道） 徐维丽家庭（织里镇）	省委宣传部　省文明办 省妇联
浙江省农村文化礼堂建设先进县（市、区）	吴兴区	省委宣传部 省农村文化礼堂建设工作领导小组
省模范职工之家	湖州吴兴皇冠大酒店工会	省总工会
2015年度省级先进团委	织里镇团委	团省委
2015年度全省农村基层团示范乡镇	织里镇团委	团省委
浙江省志愿服务优秀集体	吴兴区志愿者协会	团省委
“青创农场”试点	吴兴团区委	团省委

荣誉称号	获奖集体	授证单位
2016年省级绿色家庭	钱万成家庭（东林镇） 高惠明家庭（高新区）	省妇联 省环保厅
	陈红霞家庭（织里镇）	
第九批浙江省基层科普示范单位	爱山街道　上下塘社区　利民社区 狮子巷社区	省科协办
浙江省低碳城镇试点	织里镇	省发改委
省级新型工业化产业示范基地（先进制造业基地）	吴兴现代物流装备	省经济和信息化委员会 省财政厅
2013—2015年度全省科技工作先进集体	吴兴区科技局	省科技厅
二等功	吴兴区公安分局	省公安厅
	八里店派出所	
	龙泉派出所	
2015年度全省队伍正规化建设优秀单位	吴兴区公安分局	省公安厅
2015年度全省公安机关执法质量优秀单位	吴兴区公安分局	省公安厅
G20杭州峰会安保先进集体	吴兴区公安分局	省公安厅
2015年度全省优秀公安基层单位	八里店派出所	省公安厅
2015年度基层建设标兵单位	吴兴区消防大队	省消防总队
2015年度基层建设先进中队	吴兴区消防大队吴兴中队	省消防总队
第二届世界互联网大会消防安全保卫先进单位	吴兴区消防大队	省消防总队
2016年度基层建设先进大队	吴兴区消防大队	省消防总队
2016年度基层建设先进中队	吴兴区消防中队	省消防总队
先进基层党组织	吴兴区消防中队党支部	省消防总队
集体三等功	织里消防大队织里中队	省消防总队
2015年度多种形式消防队伍建设全省先进单位	吴兴区八里店镇乡镇消防综合应急救援队	省消防总队
2015年度全省民政事业统计工作优秀单位	吴兴区民政局	省民政厅
2016年度浙江省水库移民工作考核优秀县(市、区)	吴兴区民政局	省水库移民管理办公室
四星级规范化司法所	高新区司法所	省司法厅
五星级规范化司法所	八里店司法所	省司法厅
《浙江财政年鉴（2016卷）》组稿工作先进单位	吴兴区财政局	省财政厅
2016年度财政信息工作先进单位	吴兴区财政局	省财政厅办公室
2016年度会计管理工作县级优秀单位	吴兴区财政局	省财政厅办公室
2016年度全省财政系统国有资产管理工作县级优秀单位	吴兴区财政局	省财政厅办公室
2016年度全省财政系统县级法治财政建设优秀单位	吴兴区财政局	省财政厅办公室
2016年度全省财政综合工作目标县（市、区）级优秀单位	吴兴区财政局	省财政厅办公室
全省首批劳动人事争议示范仲裁庭	吴兴区劳动人事争议仲裁院	省人社厅

荣誉称号	获奖集体	授证单位
第六批浙江省技能大师工作室	闵黎明技能大师工作室 （浙江大东吴汽车电机有限公司）	省人社厅
浙江省地税系统先进集体	地税吴兴分局	省人社厅　省地方税务局
“十二五”期间农田水利标准化建设工作先进县名单	吴兴区水利局	省水利厅
2016 年度多种形式消防队伍建设先进单位	埭溪镇森林消防综合应急救援队	省公安消防总队
2016 年度全省社区戒毒康复师范单位	东林镇	省禁毒委员会
首批特色小镇文化建设示范点	丝绸小镇（吴兴片区）	省文化厅
浙江省卫生应急工作示范县（市、区）	吴兴区卫计局	省卫计委
浙江省优生优育优教指导中心省级示范点	东林镇	省卫计委办
浙江省三星级规范化预防接种门诊	埭溪镇中心卫生院	省卫计委办
	环渚龙泉街道社区卫生服务中心	
优生优育优教指导中心省级示范点	飞英街道优生优育优教指导中心	省卫计委办
浙江省浙西片区运动会“优秀组织奖”	飞英街道米行街社区	省体育局
2016 年度省体育宣传工作优胜奖	吴兴区文体局	省体育局
2016 年度全省县级防震减灾工作先进单位	吴兴区科技局	省地震局
2016 年度全省劳动人事争议处理工作基层调解优秀单位	织里镇劳动争议调解委员会	省劳动人事争议仲裁委员会
2016 年度全省劳动争议基层调解优秀单位	吴兴区织里镇劳动争议调解委员会	省劳动人事争议仲裁委员会
2016 年度全省劳动争议案件处理工作优秀单位	吴兴区劳动人事争议仲裁委员会	省劳动人事争议仲裁委员会
全省法治浙江建设十周年先进集体	八里店镇司法所	省委法制办
世界灌溉工程遗产	太湖溇港	国际灌排委员会
浙江省卫生先进单位	飞英街道　米行街社区墙壕里社区	省爱国卫生运动委员会
全省综合减灾示范社区	朝阳街道车站社区	省减灾委员会
	环渚街道玉堂桥社区	
G20 杭州峰会森林消防安保工作先进单位	吴兴区农林局	省人民政府森林消防指挥部
		省林业厅
2016 年度浙江省美丽乡村特色精品村	妙西镇妙山村　埭溪镇大冲村 东林镇南山村	省“千村示范，万村整治”工作协调小组
浙江省卫生镇	埭溪镇	省爱国卫生运动委员会
2016 年浙江省卫生先进单位	吴兴区埭溪医院	省爱国卫生运动委员会
	朝阳街道闻波社区居民委员会	
	朝阳街道车站社区居民委员会	
	飞英街道米行街社区居民委员会	
	龙泉街道大通桥社区居民委员会	
	龙泉街道紫云社区居民委员会	
浙江省卫生计生综合监督行政执法微课大赛三等奖	吴兴区卫生监督所	省卫生监督所

荣誉称号	获奖集体	授证单位
2016 年度全省智慧城管工作先进集体	吴兴区执法局	省城建城管协会
2011—2015 年全省质监系统法治宣传教育先进单位	吴兴区市场监督管理局	省质量技术监督局
G20 峰会食品药品安全保障工作先进集体	吴兴区市场监督管理局	省食品监督管理局
2015 年度小微企业三年成长计划工作优秀县区	吴兴区市场监督管理局	省小微企业三年成长计划工作领导小组
2015 年省级文明号	吴兴区国家税务局办税服务厅	省青年文明号活动组委会
G20 杭州峰会电力保障二等功臣	国网湖州供电公司客户服务中心	省电力公司省公司工会
2015 年度浙江省巾帼文明岗	湖州市吴兴区天使幼儿园 月河小学教育集团吉山数学教组	省巾帼建功和双学双比活动协调小组办公室
“2016 走千家、访万户、共成长” ——助力“双创”弘扬普惠劳动竞赛活动先进单位评选“三等奖”	吴兴农村合作银行	省农信联社
浙江省财贸系统模范职工之家	吴兴农村合作银行工会委员会	省财贸工会
巾帼标兵岗	国网湖州供电公司客户服务中心吴兴营业厅	省电力工委会
先锋党支部	国网湖州供电公司客户服务中心第四党支部	省电力公司党组
第十一届浙江省消费者信得过单位	中国移动吴兴分公司	省消保委
浙江省分行 2016 年度个人金融机构贡献奖	中国银行湖州吴兴支行	中国银行省分行
2016 年度先进党支部	中行湖州吴兴支行党支部	中共中国银行省分行委员会

·省、委、厅、局、群众团体命名、表彰的先进个人·

荣誉称号	获奖个人	授证单位
浙江省 G20 杭州峰会工作先进个人	舒国锋（高新区）	省委　省政府
	何　良（织里镇）	
	林新法（八里店镇）	
	沈应华（道场乡）	
	陶文斌（妙西镇）	
	杨国志（埭溪镇）	
	施学文（东林镇）	
	费屹巍（环渚街道）	
	冯耀宗（月河街道）	
	厉云燕（朝阳街道）	
	陈晓华（爱山街道）	
	罗水琴（飞英街道）	

荣誉称号	获奖个人	授证单位
浙江省G20杭州峰会工作先进个人	程文秋（龙泉街道） 沈　冰（吴兴区委政法委） 沈阿山（吴兴区信访局） 闵人杰（吴兴区委宣传部） 郭士忠（吴兴区安监局） 邹志通（吴兴区消防大队） 陈　瑾（吴兴区市场监管局） 吴国民（吴兴区交通旅游局） 唐建兴（吴兴区委政法委） 张育明（吴兴区教育局） 王振宇（吴兴区发改委） 吴水方（吴兴区住建局） 方　冲（吴兴区民政局） 朱海江（吴兴区人力社保局） 姚树勤（吴兴区卫计局） 程建国（吴兴区文体局） 黄　帆（吴兴区司法局）	省委　省政府
在服务保障G20杭州峰会工作中做出突出贡献的个人	沈　冰（吴兴区委政法委） 沈阿山（吴兴区信访局） 朱培勇（吴兴区公安分局） 沈连根（吴兴区公安分局） 顾建清（吴兴区公安分局） 陈金峰（吴兴区公安分局） 徐江舟（吴兴区公安分局）	省委　省政府
法治浙江建设十周年工作先进个人	李清华（吴兴区委办公室）	省委
全省优秀共产党员	林新法（吴兴区司法局八里店司法所）	省委
浙江省畜牧业转型升级先进个人	曹红伟（埭溪镇农业综合服心）	省委办 省府办
2011—2015年全省法治宣传教育先进个人	陈　佳（吴兴区司法局）	省委办　省府办
全省“百日维稳攻坚大会战”先进个人	甘世宏（吴兴区公安分局）	省委办　省府办
全省信访督查“百千万”专项行动先进个人	陆莉萍（吴兴区信访局）	省信访领导小组 省委组织部
G20杭州峰会工作先进个人	叶桢杰（东林镇） 王建国（东林镇）	省信访工作联席会议办公室 省委省政府信访局
2016年最美妇女主任	曹桂凤（织里镇大河村）	省妇女联合会
浙江省红十字事业突出贡献个人	费海华（吴兴区红十字会）	省红十字会
全省G20峰会维稳安保工作先进个人	吴嘉晖（吴兴区法院）	省高级人民法院

荣誉称号	获奖个人	授证单位
个人二等功	施　辰（吴兴区法院）	省高级人民法院
全省检察机关平安护航 G20 先进个人	杨建华（吴兴区检察院）	省检察院
	沈　璋（吴兴区检察院）	
浙江省第五届优秀检察官	魏冠卿（吴兴区检察院）	省检察院
全省检察机关侦查监督办案能手	沈　璋（吴兴区检察院）	省检察院
全省检察机关优秀侦查员	崔　鹏（吴兴区检察院）	省检察院
浙江省优秀共产党员	林新法（八里店镇司法所）	省委组织部
2016 年度全省宣传信息工作先进个人	杨　勇（吴兴区委宣传部）	省委宣传部
2015—2016 年度全省政法系统先进个人	沈　冰（吴兴区委政法委） 魏冠卿（吴兴区检察院）	省委政法委 省人社厅
	林新法（八里店镇司法所）	
全省机构编制系统先进个人	吴　玮（吴兴区编委办）	省机构编制委员会办公室
首届浙江 119 消防奖	陈根生（埭溪镇）	省公安厅
全省司法行政系统第五届十大最具影响力人物	林新法（八里店镇司法所）	省司法厅
G20 杭州峰会森林消防安保工作先进个人	钱新江（埭溪镇） 陈金学（东林镇）	省人民政府森林消防指挥部　省林业厅
	薛　剑（吴兴区农林局）	
	石志伟（吴兴区农林局）	
省级防震减灾工作先进个人	梁海红（吴兴区科技局）	省地震局
浙江省第二十四届“绿叶奖”	陈　伟（高新区）	省人民教育基金会
G20 峰会安保工作成绩突出个人	王　勇（吴兴区公安分局）	省公安厅
	吴安根（吴兴区公安分局）	
	黄　洋（吴兴区公安分局）	
	徐江舟（吴兴区公安分局）	
	徐律至（吴兴区公安分局）	
	赵洪涛（吴兴区公安分局）	
	姚新龙（吴兴区公安分局）	
	罗明强（吴兴区公安分局）	
G20 杭州峰会安保先进个人	周　迅（吴兴区公安分局）	省公安厅
	戴凯荣（吴兴区公安分局）	
	徐律至（吴兴区公安分局）	
	丁　楠（吴兴区公安分局）	
	赵洪涛（吴兴区公安分局）	
	黄　洋（吴兴区公安分局）	
	罗　凯（吴兴区公安分局）	

荣誉称号	获奖个人	授证单位
个人二等功	梅旗华（吴兴区公安分局） 朱海金（吴兴区公安分局） 周卫民（吴兴区公安分局） 敖伟杰（吴兴区公安分局） 王彦顺（吴兴区公安分局） 王　勇（吴兴区公安分局） 姚新龙（吴兴区公安分局）	省公安厅
全省禁毒情报综合应用典型案例优秀奖	许文伟（吴兴区公安分局）	省公安厅
第二届世界互联网大会消防安全保卫先进个人	冯益锋（吴兴区消防大队） 袁　鼎（织里消防大队）	省消防总队
2015年度优秀警官	邹志通（吴兴区消防大队） 俞　高（织里消防大队） 徐一峰（吴兴区消防大队） 沈　超（吴兴区消防大队） 李　禄（织里消防大队）	省消防总队
个人三等功	徐　刚（吴兴区消防大队） 方盛荣（织里消防大队） 陈振一（吴兴区消防大队）	省消防总队
个人嘉奖	吕　雷（吴兴区消防大队）	省消防总队
2016年度优秀警官	蒋　挺（吴兴区消防大队） 冯益锋（吴兴区消防大队） 郑　文（吴兴区消防大队） 蒋　超（织里消防大队） 郭　威（织里消防大队） 袁　鼎（织里消防大队）	省消防总队
全省消防部队G20杭州峰会消防安保非现役先进个人	薛湘钰（织里消防大队）	省消防总队
全省司法行政系统做好G20峰会维稳安保工作通报表扬个人	顾　毅（吴兴区司法局）	省司法厅
浙江省首届明星司法所长	林新法（吴兴区司法局八里店司 法所） 茅泉江（吴兴区司法局妙西司法所）	省司法厅
全省司法行政系统第五届十大最具影响力人物	林新法（吴兴区司法局八里店司法所）	省司法厅
全省司法行政系统第五届百名优秀人物优秀人民调解员	林新法（吴兴区司法局八里店司法所）	省司法厅
全省司法行政系统第五届百名优秀人物优秀法律援助工作者	范晓云（吴兴区司法局）	
浙江省地税系统先进工作者	沈鸿宾（地税分局）	省人社厅　省地方税务局

荣誉称号	获奖个人	授证单位
2015 年度全省文化市场综合行政执法先进个人	胡晓军（吴兴区文化市场行政执法大队）	省文化厅
2016 年浙江省基层卫生岗位练兵和技能竞赛“全科医生农村组二等奖”	张志云（吴兴区杨家埠镇社区卫生服务中心）	省卫计委
“十二五”全省计生协工作先进个人	周秋芬（吴兴区计生协）	省计生协会
2015 年度全省国税系统新闻信息先进个人	薛夏瑜（吴兴区国税局）	省国税局
在省局征管规范 1.1 版编写工作中表现突出	宋国良（吴兴区国税局）	省国税局
在“两个责任”制度建设及检查考核工作中表现突出	沈　珏（吴兴区国税局）	省国税局
2011—2016 年全省法治宣传教育先进个人	林新法（吴兴区司法局八里店司法所）	省普法领导小组
最美“人社人”	莫小燕（吴兴区人社局）	省人力资源和社会保障厅
全省 2016 年度水政监察工作先进个人	车琦辉（吴兴区水利局）	省水政监察总队
2016 年度浙江省水利建设工程质量监督先进个人	叶国良（吴兴区水利局）	省水利水电工程质量与安全监督管理中心
浙江省实施妇女儿童发展规划先进个人	姚树勤（吴兴区卫计局）	省人民政府妇女儿童工作委员会
2016 年度全省智慧城管工作先进个人	杨国荣（吴兴区执法局）	省城建城管协会
第十届浙江省文明家庭	潘觉明家庭（高新区）	省精神文明建设委员会
	邹淦林家庭（八里店镇）	
	邱根芳家庭（道场乡）	
	王　琴家庭（妙西镇）	
	许良国家庭（埭溪镇）	
	沈国峰家庭（东林镇）	
	褚月美家庭（环渚街道）	
	姜新明家庭（飞英街道）	
	陆文芳家庭（爱山街道）	
2016 年度全省农信系统信息新闻工作先进个人	吴梦刚（吴兴农村合作银行）	省农信联社
2016 年度个人金融优秀基层管理者	刘　倩（中行吴兴支行）	中国银行省分行
2016 年度“中银卓越员工”	乌丽丽（中行吴兴支行）	中国银行省分行

·中共湖州市委、市政府命名、表彰的先进集体·

荣誉称号	获奖集体	授证单位
湖州市双拥模范单位	朝阳街道	市委　市政府　军分区
服务保障全国培育新型经营主体发展农业适度规模经营座谈会先进集体	高新区	市委　市政府

荣誉称号	获奖集体	授证单位
服务保障G20杭州峰会先进集体	吴兴区委宣传部	市委　市政府
	市公安局吴兴区分局	
	市公安局织里分局	
	吴兴区安全监管局	
	高新区	
	织里镇	
	八里店镇	
2016年度湖州市十大工业强镇	八里店镇	市委　市政府
2016年度农村生活污水治理运维管理先进集体	道场乡	市委　市政府
湖州市2016年度劳动保障监察工作目标管理成绩突出单位	吴兴区妙西镇劳动保障监察中队	市委　市政府
“十二五”全市人口和计划生育工作先进集体	吴兴区卫计局 吴兴区民政局	市委　市政府
	东林镇	
	环渚街道	
	飞英街道	
市美丽乡村示范乡镇	妙西镇	市委　市政府
第六批市美丽乡村	织里镇　常乐村	市委　市政府
	道场乡　菰城村	
	妙西镇　王村村	
	东林镇　青联村　泉益村	
	埭溪镇　茅坞村　芳山村	
2016年度农村生活污水治理先进集体	道场乡　东林镇	市委　市政府
2016年度农村生活污水运维管理先进集体	道场乡	市委　市政府
2016年度农村综合产权改革先进集体	八里店镇　妙西镇	市委　市政府
第九批农村工作指导员工作优秀乡镇	东林镇	市委　市政府
爱国拥军模范单位	月河街道	市委　市政府
市级文明单位	湖州市杨家埠镇弁南小学	市委　市政府
	湖州市福利中心发展有限公司	
	上海浦东发展银行股份有限公司湖州支行	
	湖州市吴兴区八里店镇中心幼儿园	
	湖州市吴兴区艺术幼儿园（华丰）	
	中国建设银行织里支行	
	湖州市吴兴区环渚乡中心幼儿园	
	浙江剑盾保安服务有限公司	
	湖州吴兴皇冠大酒店有限公司	
	吴兴区农村合作银行城中支行	

荣誉称号	获奖集体	授证单位
市级文明村	高新区　联漾村　沈漤村　北塘桥村	市委　市政府
	树庄村　戴北村	
	织里镇　汤漤村　秦家港村　轧村村	
	八里店镇　田庄村　曹报村 尹家圩村　移沿山村	
	道场乡　红里山村	
	妙西镇　稍康村　杨湾村	
	埭溪镇　乔溪村　茅坞村	
	东林镇　青山村　三合村	
	环渚街道　朱洪村	
2016 年度平安乡镇（街道）	高新区　织里镇　八里店镇	市委　市政府
	道场镇　妙西镇　埭溪镇	
	东林镇	
	环渚街道　月河街道	
	朝阳街道　爱山街道	
	飞英街道　龙泉街道	
2016 年度平安创建优秀乡镇（街道）	环渚街道　东林镇	市委　市政府
2016 年度市级平安创建示范单位（社会治安综合治理先进集体）	东林镇　环渚街道　飞英街道 吴兴区教育局　吴兴区公安分局	市委　市政府
	织里镇晟舍村	
	八里店镇升山村	
	爱山街道安定书院社区	
2016 年度平安家庭创建示范单位	吴兴区妇联	市委　市政府
2015 年度平安边界创建示范单位	吴兴区民政局	市委　市政府
2015 年度全市社会管理综合治理先进集体	吴兴区司法局	市委　市政府
湖州市 2016 年度大气污染防治工作先进集体	吴兴区住建局	市委　市政府
湖州生态市创建工作先进集体	吴兴区住建局	市委　市政府
2016 年度全市新农村建设工作优胜单位	吴兴区	市委　市政府
湖州市 2016 年度矿山综合治理工作先进集体	国土资源局吴兴区分局	市委　市政府
湖州市生态市创建工作先进集体	吴兴区环保局	市委　市政府
市先进党组织	织里镇陆家湾村党总支 妙西镇五星村党支部	市委
	东林镇东华村党总支	
	月河街道马军巷社区党总支	
	飞英街道塔下街社区党委	

荣誉称号	获奖集体	授证单位
市先进党组织	织里童装商会党委	市委
	爱山商圈党委	
	市公安局吴兴区分局八里店派出所党支部	
爱国拥军模范单位	吴兴区民政局	市委
	朝阳街道	
	爱山街道	
	月河街道	
拥政爱民模范单位	吴兴区人武部	市委
2016年度开放型经济工作先进县区	吴兴区	市政府
2016年度商务工作先进县区	吴兴区	市政府
农村工作指导员优秀派出单位	湖州银行	市政府
湖州市2016年度金融支持地方经济发展综合优秀奖	湖州银行	市政府
2011—2015年全市普法与依法治理先进集体	吴兴区委宣传部	市委办　市府办
湖州市绿化先进集体	八里店镇	市府办

·中共湖州市委、市政府命名、表彰的先进个人·

荣誉称号	获奖个人	授证单位
湖州市服务保障G20杭州峰会先进个人	徐　虹（吴兴区纪委）	市委　市政府
	黄宝明（吴兴区纪委）	
	张美中（吴兴区信访局）	
	陆继龙（吴兴区委办公室）	
	沈荣臻（吴兴区人大常委会办室）	
	赵振媛（吴兴区政府办公室）	
	蒋旭锋（吴兴区政协办公室）	
	潘　迪（吴兴区委组织部）	
	蔡仕辉（吴兴区委统战部）	
	丁家荣（吴兴区委政法委）	
	付文桥（吴兴区委政法委）	
	朱乐鸣（吴兴区委政法委）	
	梁元柱（吴兴区编委办）	
	沈方林（吴兴区科技局）	
	方传江（吴兴区公安分局）	
	刘　亮（吴兴区公安分局）	

荣誉称号	获奖个人	授证单位
湖州市服务保障G20杭州峰会先进个人	张　翼（吴兴区公安分局）	市委　市政府
	吴鑫滨（吴兴区公安分局）	
	陈　浩（吴兴区公安分局）	
	叶俊辰（吴兴区公安分局）	
	沈峰市（吴兴区公安分局月河派出所）	
	王曦霞（吴兴区公安分局）	
	严方明（吴兴区公安分局）	
	李　凯（吴兴区公安分局）	
	姚平平（吴兴区公安分局）	
	施江明（吴兴区公安分局）	
	许小龙（吴兴区公安分局朝阳派出所）	
	胡　刚（吴兴区公安分局飞英派出所）	
	沈燕春（吴兴区公安分局东林派出所）	
	俞燕超（吴兴区公安分局环渚派出所）	
	朱小枫（吴兴区公安分局妙西派出所）	
	章　华（吴兴区公安分局埭溪派出所）	
	周兴强（织里公安分局）	
	黄新伟（织里公安分局）	
	吴雪松（织里公安分局）	
	陆　旻（织里公安分局）	
	陈伟强（织里公安分局）	
	陆荣荣（吴兴区公安分局）	
	刘玉锋（织里公安分局）	
	杨卫华（吴兴区财政局）	
	钦　青（吴兴区国土分局埭溪所）	
	娄显堂（吴兴区河道所）	
	钱轶毅（吴兴区农林局）	
	沈　佳（吴兴区商务局）	
	顾　军（吴兴区审计局）	
	郑焦光（吴兴区环保局）	
	杨国荣（吴兴区执法局）	
	吴　频（吴兴区执法支队）	
	范丽华（吴兴区机关事务局）	
	谈　波（吴兴区金融办）	
	章豪杰（吴兴区人民法院织里庭）	

荣誉称号	获奖个人	授证单位
湖州市服务保障G20杭州峰会先进个人	杨建华（吴兴区检察院）	市委　市政府
	高群峰（吴兴区广电中心）	
	唐一凡（吴兴区总工会）	
	丁百川（共青团吴兴区委）	
	李　岚（吴兴区妇联）	
	楼小波（吴兴区国网湖州供电公司客服中心）	
	赵江峰（吴兴区人武部）	
	俞　高（织里消防大队）	
	郑云林（高新区）	
	王鉴华（高新区）	
	蔡建新（织里镇）	
	沈国强（吴兴区信访局）	
	王敏文（八里店镇）	
	黄　蓉（八里店镇）	
	叶惠虎（道场乡）	
	茅泉江（妙西镇）	
	陈勇杰（埭溪镇）	
	费云峰（埭溪镇）	
	汤应东（东林镇）	
	朱新民（环渚街道）	
	钱燕丽（月河街道）	
	费利强（朝阳街道）	
	张新华（爱山街道）	
	罗水琴（飞英街道）	
	姜新明（龙泉街道）	
2016年度市级平安湖州守护者（社会治安综合治理先进个人）	王鉴华（高新区）	市委　市政府
	施林忠（道场乡）	
	施维鹏（妙西镇）	
	冯耀宗（月河街道）	
	姚卫国（朝阳街道）	
	张志宏（龙泉街道）	
	陆　芸（吴兴区委政法委）	
	蔡永祥（吴兴区安监局）	
	章　垈（吴兴区公安分局）	
	翟舟东（吴兴区公安分局）	
	陆培荣（织里公安分局）	

荣誉称号	获奖个人	授证单位
2015年度“水利工作先进个人”	褚屹东（高新区）	市委　市政府
2011—2015年全市普法与依法治理先进个人	卢云旗（织里镇）	市委　市政府
“五水共治”工作先进个人	薄国欣（道场乡）	市委　市政府
2015年度社会管理综合治理先进个人	陶文斌（妙西镇）	市委　市政府
2016年度农村生活污水治理先进个人	胡旋波（吴兴区农林局）	市委　市政府
	沈　波（织里镇）	
	钱水中（东林镇）	
2016年度农村生活污水治理运维管理工作先进个人	王恒丰（吴兴区住建局）	市委　市政府
	杨万恒（东林镇）	
2016年度农村综合产权改革先进个人	朱　伟（吴兴区农林局）	市委　市政府
	沈明亮（妙西镇）	
2016年度优秀农村工作指导员	张新荣（湖州银行吴兴支行）	市委　市政府
	陈汉明（东林镇）	
“十二五”期间全市人口和计划生育工作先进工作者	叶　青（吴兴区财政局） 顾国英（吴兴区卫计局）	市委　市政府
	陆怡哲（吴兴区人民法院）	
	张志宏（龙泉街道）	
	戚斌斌（埭溪镇）	
	沈丹芬（高新区）	
	吴彩英（朝阳街道）	
	厉　萍（道场乡）	
	张志美（妙西镇）	
	周红华（东林镇）	
	吴德利（环渚街道）	
	沈旭芬（月河街道）	
	邢莉萍（朝阳街道）	
	陈晓晓（织里镇）	
	钱苗芬（爱山街道）	
	胡小梅（八里店镇）	
2016年度湖州市“美丽乡村建设带头人”	刘仲民（东林镇）	市委 市政府
	范法林（高新区树庄村）	
湖州市见义勇为先进人物	陈连进（埭溪镇东红村）	市政府　军分区
湖州市优秀共产党员	林新法（八里店镇）	市委
	张小强（织里镇）	
	林顺春（东林镇南山村）	

荣誉称号	获奖个人	授证单位
湖州市优秀共产党员	刘长林（妙西镇妙山村）	市委
	孙新江（八里店镇尹家圩村）	
	陈根英（埭溪镇盛家坞村）	
	毛　艳（朝阳街道红丰社区）	
	施汉荣（爱山街道）	
	施春慧（龙泉街道）	
	沈爱华（浙江美欣达印染集团股份有限公司）	
	杨美怡（吴兴区公安分局龙泉派出所）	
	李　辉（人民法院织里法庭）	
	夏迎军（市场监督管理局市场稽查大队一中）	
	徐伯荣（教育局）	
	汪振伟（吴兴农村合作银行）	
市优秀党务工作者	包永良（妙西镇）	市委
	蒋立新（东林镇）	
	范法林（高新区树庄村）	
	闵锦水（织里镇晟舍村）	
	邱根芳（道场乡施家桥）	
	张敏敏（朝阳街道）	
	徐元星（龙泉街道）	
	吴静华（飞英街道）	
爱国拥军模范个人	朱阶立（飞英街道）	市委
	费利强（朝阳街道）	
	俞仕华（织里镇）	
	曹　蓉（朝阳街道）	
	毛　艳（朝阳街道）	
2016年度湖州市重点建设工作先进个人	张佩方（东林镇）	市政府
湖州市见义勇为先进分子	闵建荣（织里镇）	市政府
	张　奇（经济开发区凤凰街道）	
2016年度湖州市矿山综合治理工作先进个人	汤应东（东林镇） 钱哲人（吴兴区矿质办）	市委办　市府办
2016年度全市大气污染防治工作考核先进个人	王振宇（吴兴区发改委） 蔡伟荣（吴兴区公安分局）	市委办　市府办
	臣磊杰（吴兴区环保局）	

荣誉称号	获奖个人	授证单位
2016年度全市“五水共治”工作先进个人	郁培荣（吴兴区水利局）	市委办　市府办
	张　韬（吴兴区水利局）	
	施云飞（织里镇）	
	于建华（八里店镇）	
湖州市“生态市”创建工作先进个人	席桂平（吴兴区水利局）	市委办　市府办
	陈　涌（妙西镇）	
	周　李（吴兴区环保局）	
	杨晓秋（吴兴区环保局）	
	吴旭东（吴兴区环保局）	
湖州市绿化先进个人	钱铁毅（吴兴区农林局）	市府办
	顾人杰（吴兴区政府办公室）	
湖州市优秀林业工作者	陈建明（埭溪镇）	市府办
	章德友（妙西镇）	
市“三改一拆”及“无违建乡镇（街道）”创建工作先进个人	张建忠（道场乡）	市府办
重点建设和重大项目前期工作先进个人	杨元江（吴兴区发改委）	市府办
个人三等功	邹志通（吴兴区消防大队）	市消防支队
	王鹏帅（吴兴区消防大队）	
	张叶杉（织里消防大队）	

·中共湖州市吴兴区委、区政府命名、表彰的先进集体·

荣誉称号	获奖集体	授证单位
吴兴区服务保障G20杭州峰会先进集体	高新区社会管理局	区委　区政府
	织里镇振兴街道	
	织里镇妇联	
	八里店镇升山村	
	道场乡唐南村	
	妙西镇综治办	
	埭溪镇政法信访办	
	东林镇综治信访办	
	环渚街道后庄村	
	月河街道南园社区	
	朝阳街道	
	飞英街道吉山四社区	

荣誉称号	获奖集体	授证单位
吴兴区服务保障 G20 杭州峰会先进集体	龙泉街道白鱼潭社区	区委　区政府
	区信访局	
	区法院立案庭	
	区发改委	
	区金融办	
	区民政局	
	区司法局埭溪司法所	
	区人力社保局	
	区建设工程质量安全监督站	
	区交通旅游局	
	区文体局	
	区环保局环境监察大队	
	区行政执法局	
	区市场监管局	
	区总工会	
	团区委	
	区消防大队	
	织里消防大队	
	湖州市水务集团有限公司	
	湖州市爱山小学教育集团	
	区人民医院	
2016 年度吴兴区平安（综治）工作先进集体	高新区社会管理局	区委　区政府
	道场乡综治办	
	妙西镇	
	埭溪镇	
	月河街道	
	朝阳街道	
	龙泉街道　西白鱼潭　市陌六社区	
	区委宣传部	
	区法院	
	区司法局八里店司法所	
	区人力社保局	
	区住建局	
	区执法局	
	区市场监管局	
	区消防大队	
	织里公安分局织北派出所	
	织里消防大队	

荣誉称号	获奖集体	授证单位
2016年度高新区、各乡镇、环渚街道综合考核一等奖	高新区　织里镇　八里店镇	区委　区政府
二等奖	东林镇　妙西镇　埭溪镇　环渚街道	
2016年度中心城街道综合考核一等奖	爱山街道　飞英街道	区委　区政府
二等奖	朝阳街道　月河街道　龙泉街道	
2016年度党群部门综合考核一等奖	区委组织部　区委政法委　区委宣传部	区委　区政府
二等奖	团区委　区编委办　区妇联　区委统战部 区总工会	区委　区政府
2016年度政府部门A类综合考核一等奖	区发改委　区财政局　区商务局 区市场监管局	区委　区政府
二等奖	区科技局　区住建局　区人力社保局 区农林局　区水利局　区金融办 区环保局　区交通旅游局　区执法局	区委　区政府
2016年度政府部门B类综合考核一等奖	区教育局　区安监局	区委　区政府
二等奖	区民政局　区卫计局　区管理局 区文体局　区审计局　区司法局 区执法支队	区委　区政府
2016年度垂直部门综合考核一等奖	区公安分局　区消防大队	区委　区政府
二等奖	区国税局　区国土分局　区地税分局 国网湖州市区供电服务中心　区广电中心 区规划分局	区委　区政府
2016年度金融机构综合考核一等奖	湖州银行吴兴支行　吴兴合作银行 农业银行吴兴支行　中国银行吴兴支行 工商银行吴兴支行	区委　区政府
二等奖	建设银行吴兴支行　交通银行吴兴支行 农业银行织里支行　建设银行织里支行 交通银行织里支行	区委　区政府
三等奖	工商银行织里支行　邮储银行吴兴支行 华夏银行织里支行　南浔银行织里支行 台州银行织里支行　泰隆银行织里支行 南浔银行前村支行　嘉兴银行织里支行	区委　区政府
2016年度“四边三化”工作考核优胜单位	埭溪镇	区委
2016年度“五水共治”工作考核优胜单位	东林镇	区委
吴兴区先进基层党组织	高新区欣安村党支部 高新区五新村党支部 湖州老恒和酿造有限公司党支部	区委

荣誉称号	获奖集体	授证单位
吴兴区先进基层党组织	浙江三一装备有限公司党委	区委
	织里镇东湾兜社区党总支	
	织里镇今海岸社区党总支	
	织里镇朱湾村党支部	
	织里镇轧村村党总支	
	织里镇义皋村党总支	
	湖州金洁集团党总支	
	织里镇庙兜村党总支	
	八里店镇成人文化技术学校党支部	
	八里店镇诸墓村党总支	
	八里店镇计家湾村党支部	
	道场乡施家桥花卉苗木党支部	
	道场乡红里山村党总支	
	道场乡城南实验学校党支部	
	妙西镇后沈埠村党总支	
	妙西镇楂树坞村党总支	
	妙西镇五星村党支部	
	埭溪镇芳山村党支部	
	埭溪镇余山村党支部	
	吴兴公安分局埭溪派出所党支部	
	东林镇泉庆村党总支	
	东林镇东明村党总支	
	东林镇青山村党总支	
	湖州市环渚学校党支部	
	环渚街道玉堂桥社区党支部	
	湖州市皇冠大酒店党支部	
	南太湖居家养老服务中心党支部	
	月河街道南园社区党总支	
	月河街道铁路社区党总支	
	朝阳街道都市家园社区党总支	
	朝阳街道闻波社区党总支	
	爱山商圈党委	
	爱山街道蚂蚁公益党支部	
	爱山街道狮子巷社区党总支	
	飞英街道竹翠园社区党总支	

荣誉称号	获奖集体	授证单位
吴兴区先进基层党组织	飞英街道蓝海物业管理有限公司党支部	区委
	浙江剑盾保安服务有限公司党支部	
	龙泉街道西白鱼潭社区党总支	
	浙江新屹建设集团党支部	
	龙泉街道紫云社区党总支	
	月河小学教育集团党总支	
	吴兴实验中学党支部	
	区国税局第一党支部	
	区市场监督管理局直属分局党支部	
	区安全生产监督管理局机关党支部	
2016 年度纳税十强企业	美欣达集团有限公司	区政府
	金洲集团有限公司	
	浙江栋梁新材股份有限公司	
	久立集团股份有限公司	
	珀莱雅化妆品股份有限公司	
	浙江大东吴集团有限公司	
	湖州老恒和酿造有限公司	
	浙江振兴阿祥集团有限公司	
	浙江东尼电子股份有限公司	
	浙江飞剑控股有限公司	
2016 年度单位面积税收贡献先进企业一等奖	浙江东尼电子股份有限公司	区政府
	湖州老恒和酿造有限公司	
二等奖	浙江力聚热水机有限公司	区政府
	珀莱雅化妆品股份有限公司	
	浙江栋梁新材股份有限公司	
	金洲集团有限公司	
三等奖	湖州莱斯奥美家用电器有限公司	区政府
	浙江全美实业有限公司	
	湖州恒久机械有限公司	
	美欣达集团有限公司	
	湖州绿色新材股份有限公司	
	浙江中新毛纺织有限公司	
	浙江灵通道路设施有限公司	
2016 年度上市挂牌先进企业	浙江德宏汽车电子电器股份有限公司	区政府
	浙江汉邦科技股份有限公司	

荣誉称号	获奖集体	授证单位
2016年度上市挂牌先进企业	浙江爱诺药业股份有限公司	区政府
	湖州绿色新材股份有限公司	
	浙江奥奇食品股份有限公司	
2016年度吴兴区政府质量奖企业	浙江大东吴集团建设有限公司	区政府
	湖州绿色新材股份有限公司	
	浙江东尼电子股份有限公司	
2016年度两化融合示范企业	湖州太德汇印刷器材有限公司	区政府
	浙江力聚热水机有限公司	
	浙江爱诺药业股份有限公司	
	湖州倍格曼新材料股份有限公司	
	湖州今童王制衣有限公司	
	湖州新南海织造厂	
2016年度“机器换人”（技术改造）先进企业	浙江久立特材科技股份有限公司	区政府
	新风鸣集团湖州中石科技有限公司	
	浙江东达光伏有限公司	
	浙江创盛光能源有限公司	
	汇大机械制造（湖州）有限公司	
	浙江东尼电子股份有限公司	
	浙江金洲管道科技股份有限公司	
	湖州久鼎电子有限公司	
	浙江德宏汽车电子电器股份有限公司	
	浙江日创机电科技有限公司	
2016年度6S管理十佳企业	湖州久鼎电子有限公司	区政府
	先登高科电气有限公司	
	湖州今童王制衣有限公司	
	浙江东达光伏有限公司	
	浙江久立特材科技股份有限公司	
	浙江全美实业有限公司	
	湖州锐格物流科技有限公司	
	湖州新开元碎石有限公司	
	浙江创盛光能源有限公司	
	浙江德瑞摩擦材料有限公司	
2016年度6S管理示范企业	湖州老恒和酿造有限公司	区政府
	浙江三一铸造有限公司	
	浙江宝鸿新材料股份有限公司	

荣誉称号	获奖集体	授证单位
2016 年度 6S 管理示范企业	湖州立方实业有限公司	区政府
	湖州美新数码印花有限公司	
	浙江奥奇食品股份有限公司	
	湖州安格尔农业装备有限公司	
	浙江大东吴集团建设新材料有限公司	
2016 年度 6S 管理试点企业	湖州市华曼化工有限公司	区政府
	浙江七幸实业有限公司	
	湖州南太湖热电有限公司	
	浙江格林特木塑材料有限公司	
	湖州友邦电器有限公司	
	浙江聚源正食品有限公司	
	德尔法电梯有限公司	
	浙江大东吴绿家木业有限公司	
2016 年度科技创新先进企业一等奖	浙江金洲管道科技股份有限公司	区政府
	浙江东尼电子股份有限公司	
二等奖	浙江德马科技股份有限公司	区政府
	浙江大东吴集团有限公司	
	浙江久立特材科技股份有限公司	
三等奖	浙江晶日照明科技有限公司	区政府
	浙江三一装备有限公司	
	浙江德宏汽车电子电器股份有限公司	
	湖州久鼎电子有限公司	
	浙江美欣达印染集团股份有限公司	
2016 年度科技撑场企业	湖州绿色新材股份有限公司	区政府
	浙江晶泉水处理设备有限公司	
	浙江华宝油墨有限公司	
	浙江格林特木塑材料有限公司	
	湖州汇能新材料科技有限公司	
2016 年度进出口贸易先进企业	浙江贝盛光伏股份有限公司	区政府
	浙江美欣达印染集团股份有限公司	
	浙江三一装备有限公司	
	新风鸣集团湖州中石科技有限公司	
	浙江杰诚威林产品有限公司	
	湖州四友旅游用品有限公司	
	浙江富立电缆有限公司	
	湖州埭溪振华工贸有限公司	

荣誉称号	获奖集体	授证单位
2016年度重点建设立功竞赛先进集体	中节能（湖州）环保科技有限公司	区政府
	中建五局华东建设有限公司	
	湖州万达投资有限公司	
	成道建设（中国）有限公司	
	新风鸣集团湖州中石科技有限公司	
2016年度工业发展先进乡镇	高新区　东林镇　织里镇　埭溪镇	区政府
2016年度科技创新先进乡镇	高新区　织里镇　八里店镇	区政府
2016年度招商引资先进乡镇	织里镇　高新区　埭溪镇　妙西镇	区政府
2016年度对外贸易工作先进单位	东林镇　高新区　织里镇	区政府
2016年度平台拓展先进行政村	高新区　欣安村　戴山村	区政府
	织里镇　大郸村　东兜村	
	埭溪镇　小羊山村　官泽村	
	东林镇　东明村　青山村	
2016年度突出贡献奖	侯军呈（珀莱雅化妆品股份有限公司董事长）	区政府
	杨元江（吴兴区发展改革和经济委员会）	
	湖州万达投资有限公司	
2016年度领军高层次人才	廖越峰（浙江德宏汽车电子电器股份有限公司）	区政府
	渡边充广（浙江东尼电子股份有限公司）	
	陈锦华（湖州久鼎电子有限公司）	
	王泽峰（湖州思达机械制造有限公司）	
	宋国文（浙江蓝天海纺织服饰科技有限公司）	
2016年度农村改革工作考核优胜单位	织里镇　埭溪镇	区政府
2016年度现代农业发展工作考核优胜单位	高新区　八里店镇	区政府
2016年度十大“最美村庄”	高新区　杨溇村	区政府
	织里镇　伍蒲村	
	道场乡　菰城村	
	妙西镇　龙山村　秒山村	
	埭溪镇　大冲村　山背村	
	东林镇　泉益村　青山村	
	环渚街道　瑶台村	
2016年度省级示范性家庭农场	吴兴金硕果家庭农场	区政府
	吴兴阿中家庭农场	
	吴兴青龙岗家庭农场	
	吴兴铭丽家庭农场	
	吴兴财新家庭农场	

荣誉称号	获奖集体	授证单位
2016年度省级示范性家庭农场	湖州织里吴强家庭农场	区政府
	吴兴溢丰家庭农场	
	吴兴妙西宝良家庭农场	
	吴兴孔雀山庄家庭农场	
	吴兴星敏家禽养殖家庭农场	
2016年度市级示范性家庭农场	吴兴锦辉家庭农场	区政府
	湖州织里创盈家庭农场	
	吴兴圆凯家庭农场	
	吴兴亿梅家庭农场	
	吴兴育英家庭农场	
	湖州织里宋凤祥家庭农场	
	吴兴古梅家庭农场	
	吴兴妙西坤山家庭农场	
	吴兴一成家庭农场	
	吴兴新卫家庭农场	
吴兴区劳动模范集体	浙江东尼电子股份有限公司金刚线设备维修班组	区政府
	帕罗羊绒制品有限公司套口班组	
	织里镇晟舍村村民委员会	
	湖州新南海织造厂生产质量管理班组	
	湖州方路茶业有限公司机电科	
	湖州里鱼山矿业有限公司	
	浙江中曼制冰系统有限公司	
	新凤鸣集团湖州中石科技有限公司聚酯车间热煤工段	
	月河街道公共安全监督管理中心	
	朝阳街道北齐巷社区	
	爱山街道狮子巷社区	
	浙江佳成建设有限公司援疆项目部	
	吴兴区综合行政执法局龙泉中队	
	湖州市第四中学教育集团	
	吴兴区八里店镇卫生院戴山社区责任医生签约团队	
	湖州市公安局吴兴区分局刑事侦查大队	
	吴兴区劳动监察大队	
	吴兴区国家税务局织里税务分局	
2016年度信访工作先进集体	朝阳街道	区委办　区府办

·中共湖州市吴兴区委、区政府命名、表彰的先进个人·

荣誉称号	获奖个人	授证单位
吴兴区服务保障G20杭州峰会先进个人	蔡占强（高新区树庄村）	区委　区政府
	胡建军（高新区大溇村）	
	唐荣华（高新区大钱村）	
	沈建勤（高新区北塘桥村）	
	王良福（高新区）	
	舒忠明（织里镇利济街道）	
	朱林法（织里镇漾西办事处）	
	陆阿根（织里镇轧村办事处）	
	薄海华（织里镇晟舍街道）	
	侯于红（织里镇平安志愿者）	
	厉海斌（八里店镇）	
	沈小新（八里店镇安监中心）	
	邱立明（八里店派出所）	
	王琴英（八里店镇长荡漾社区）	
	芮逢祥（八里店镇平安志愿者）	
	唐金荣（道场乡）	
	陆巍彪（道场乡）	
	毛孙伟（道场乡）	
	姚文军（道场乡平安志愿者）	
	赵允明（妙西镇消防中队）	
	黄根初（妙西镇关山村）	
	张新芳（妙西镇后沈埠村）	
	朱平年（妙西镇平安志愿者）	
	陈根生（埭溪镇综合救援队）	
	吴　琨（埭溪镇公共安监中心）	
	林型松（埭溪镇太平桥村）	
	戴建荣（埭溪镇莫家栅村）	
	王　锋（埭溪镇平安志愿者）	
	梅继章（东林镇）	
	姚娟萍（东林镇）	
	施炳江（东林镇胜利村）	
	韩　芮（东林镇）	

荣誉称号	获奖个人	授证单位
吴兴区服务保障 G20 杭州峰会先进个人	邹旭敏（环渚街道）	区委　区政府
	姚建中（环渚街道）	
	周连芬（环渚街道金龙家苑社区）	
	陈　伟（环渚街道平安志愿者）	
	沈建文（月河街道马军巷社区）	
	张小惠（月河街道月河社区）	
	丁　媛（月河街道东湖家园社区）	
	朱柳芳（月河街道平安志愿者）	
	曹　蓉（朝阳街道都市家园社区）	
	孙惠斌（朝阳街道潮音社区）	
	姚卫国（朝阳街道）	
	严建明（朝阳街道平安志愿者）	
	卢鲍佳（爱山街道）	
	王　侃（爱山街道）	
	沈敏华（爱山街道衣裳街、右营基社区）	
	黄芳蔚（爱山街道平安志愿者）	
	陈　敏（飞英街道吉北社区）	
	曹汉兴（飞英街道竹翠园社区）	
	吴健萍（飞英街道塔下街社区）	
	朱火火（飞英街道平安志愿者）	
	谈国琴（龙泉街道）	
	彭鼎顺（龙泉街道）	
	姚荣梅（龙泉街道）	
	沈江敏（龙泉街道平安志愿者）	
	方红英（区委办）	
	施国斌（区委办）	
	朱平良（区人大办）	
	蔡宏杰（区府办）	
	唐　晖（区纪委）	
	吴　霜（区政协办）	
	许剑辉（区委两新工委）	
	姜　斌（区委宣传部）	
	戴国新（区委统战部）	
	周新冰（区委政法委）	
	叶　云（区委政法委）	

荣誉称号	获奖个人	授证单位
吴兴区服务保障G20杭州峰会先进个人	石春伟（区委政法委）	区委　区政府
	贾林坤（区委政法委）	
	褚　敏（区平安建设信息中心）	
	唐平平（区事业单位登记管理局）	
	周　鹏（区信访局）	
	叶　凯（区信访局）	
	胡喆渊（区信访局）	
	朱　翔（区人武部）	
	章豪杰（区法院）	
	吴家晖（区法院）	
	杨建华（区检察院八里店检察室）	
	周洪伟（区发改委）	
	王振宇（区发改委）	
	朱荣国（区金融办）	
	张　云（区金融办）	
	舒　童（区教育局）	
	沈华庆（区教育局）	
	朱颖燕（湖州四中平安志愿者）	
	唐玉荣（湖师附小平安志愿者）	
	陈　锋（环渚学校平安志愿者）	
	周敏旭（区科技局）	
	姚新芳（区民政局）	
	喻锦锦（区民政局）	
	巩玉虎（区司法局织里司法所）	
	王永琴（区司法局东林司法所）	
	倪志伟（区财政局）	
	孙一兵（区劳动监察大队）	
	唐　玮（区人力社保局）	
	曹建强（区住建局）	
	朱　崴（区住建局）	
	陈永强（区公路管理局）	
	湛晨斌（区交通工程质量安全监督站）	
	姚荣伟（区水利局）	
	沈少杰（区农林局农业执法大队）	
	焦晨康（区商务局）	

荣誉称号	获奖个人	授证单位
吴兴区服务保障 G20 杭州峰会先进个人	邱震远（区文体局）	区委　区政府
	王　奕（区文体局办公室）	
	杨　波（区卫计局办公室）	
	张美强（埭溪镇社区卫生服务中心）	
	顾　军（区审计局）	
	陆　峰（区环保局监察大队）	
	杨仲亮（区环保局监察大队）	
	蔡永祥（区安监局）	
	施毛云（区执法局执法大队）	
	杨政伟（区执法局织里分局）	
	俞昌平（区执法局织里分局）	
	钟　敏（区执法局埭溪镇执法中队）	
	钱建荣（区执法局八里店镇执法中队）	
	张连根（区执法局妙西镇执法中队）	
	侯永胜（区执法支队月河大队）	
	姚旭东（区执法支队朝阳大队）	
	辛宏斌（区执法支队爱山大队）	
	沈旭清（区执法支队飞英大队）	
	徐　佳（区执法支队龙泉大队）	
	程　增（区执法支队）	
	钱红兵（区市场监督管理局）	
	沈魏华（区市场监督管理局）	
	徐利志（区国税局）	
	潘凯凯（区总工会）	
	张晓平（区总工会区职工维权帮扶中心）	
	吴美鹰（区青少年活动中心）	
	谈晓春（埭溪镇）	
	石红梅（区妇联）	
	沈旭芬（月河街道）	
	宾　斌（区机关事务管理局）	
	蔡伟荣（区公安分局警公办）	
	季　陈（区公安分局网警大队）	
	陈生江（区公安分局国保大队）	
	阮　亮（区公安分局刑侦大队）	
	郑跃特（区公安分局刑侦大队）	

荣誉称号	获奖个人	授证单位
吴兴区服务保障G20杭州峰会先进个人	卜加湖（区公安分局预审大队）	区委　区政府
	杨卫新（区公安分局治安大队）	
	莘火根（区公安分局治安大队）	
	莘　洪（区公安分局巡特警）	
	张　俊（区公安分局交警大队）	
	徐　晟（区公安分局交警大队）	
	熊　峰（区公安分局刑侦二大队）	
	万　亿（区公安分局环渚派出所）	
	孙　丹（区公安分局月河派出所）	
	仝　飞（区公安分局月河派出所）	
	张　臻（区公安分局朝阳派出所）	
	郑秀明（区公安分局朝阳派出所）	
	严　飞（区公安分局爱山派出所）	
	王将信（区公安分局爱山派出所）	
	沈根法（区公安分局飞英派出所）	
	张宏远（区公安分局飞英派出所）	
	费海荣（区公安分局龙泉派出所）	
	章巍奇（区公安分局龙泉派出所）	
	潘力平（区公安分局高新园区派出所）	
	潘一鸣（区公安分局高新园区派出所）	
	姚　涛（区公安分局八里店派出所）	
	施明锋（区公安分局八里店派出所）	
	陶　震（区公安分局道场派出所）	
	沈新根（区公安分局妙西派出所）	
	黄　超（区公安分局埭溪派出所）	
	程　杰（区公安分局埭溪派出所）	
	李纪荣（区公安分局东林派出所）	
	王　军（区公安分局东林派出所）	
	费洪杰（织里公安分局交巡警大队）	
	陆培荣（织里公安分局交巡警大队）	
	杨忠民（织里公安分局交巡警大队）	
	闵中杰（织里公安分局交巡警大队）	
	俞水梅（织里公安分局）	
	张利锋（织里公安分局织北派出所）	
	龚茂江（织里公安分局织北派出所）	

荣誉称号	获奖个人	授证单位
吴兴区服务保障 G20 杭州峰会先进个人	朱强强（织里公安分局织北派出所）	区委　区政府
	张一峰（织里公安分局织南派出所）	
	项　轶（织里公安分局织南派出所）	
	李冰峰（织里公安分局织南派出所）	
	张国兴（织里公安分局织东派出所）	
	吕　雷（区消防大队）	
	郑　文（区消防大队飞英中队）	
	杨传芳（织里消防大队）	
	柏庆收（织里消防大队）	
	杨祯宇（区地税分局）	
	薛文其（区国土分局高新区分局）	
	沈　珏（区规划分局）	
	徐建良（国网湖州供电公司客服中心）	
	章永建（区广电中心）	
吴兴区平安（综治）工作先进个人	刘满凤（高新区社会管理局）	区委　区政府
	潘淦荣（织里镇振兴街道）	
	姚明海（织里信访分局）	
	韦旭康（八里店镇司法所）	
	叶佩丽（八里店镇信访办）	
	魏惠华（东林镇司法所）	
	王惠英（环渚街道综治办）	
	许昌斌（爱山街道）	
	山丹凤（飞英街道竹翠园社区）	
	王国强（区委办公室）	
	万祥羽（区信访局）	
	王唯栋（区公安分局）	
	沈慧良（区检察院）	
	黄逸伦（区民政局）	
	张羽雷（区文体局）	
	沈少卿（区环保局）	
	许文伟（区公安分局）	
吴兴区优秀共产党员	金建明（高新区大港村）	区委
	宋玉健（浙江乔兴建设集团）	
	章会忠（浙江久立特材科技股份有限公司）	
	王伯勤（高新区元通桥村）	

荣誉称号	获奖个人	授证单位
吴兴区优秀共产党员	蔡阿琴（高新区毛家桥村）	区委
	沈　静（高新区后林村）	
	高树林（高新区）	
	姚　琴（高新区）	
	杨辰笛（吴兴科技发展公司）	
	徐水荣（织里镇香圩墩村）	
	闵锦水（织里镇晟舍村）	
	褚国群（织里镇曹家簖村）	
	汤根荣（织里镇乔溇村）	
	宋松元（织里镇伍浦村）	
	俞仕华（织里镇）	
	姚阿明（织里镇）	
	金国兴（吴兴区人民医院）	
	沈国强（区信访局）	
	王建新（浙江布衣草人服饰有限公司）	
	王　敏（浙江振兴阿祥集团有限公司）	
	汪拥军（湖州吴兴常绿现代农业发展有限公司）	
	林新法（八里店镇）	
	周凤花（八里店镇紫金桥村）	
	张春香（华祥（中国）高纤有限公司）	
	陆战美（升浙建设集团有限公司）	
	童建方（湖州吴兴东仁针纺有限公司）	
	费纪明（吴兴区第一中学）	
	芮建林（八里店镇）	
	吴　荣（浙江飞英电力器材有限公司）	
	张明芳（道场乡唐南村）	
	陈新龙（道场乡菰城村）	
	孙延强（道场乡）	
	何炎桥（湖州城区天顺化工厂）	
	施洪泉（湖州驼山坞矿业有限公司）	
	施益忠（妙西镇龙山村）	
	张新芳（妙西镇后沈埠村）	
	刘长林（妙西镇妙山村）	
	蔡宝明（妙西镇龙山村）	
	沈新根（吴兴公安分局妙西派出所）	

荣誉称号	获奖个人	授证单位
吴兴区优秀共产党员	唐金法（埭溪镇）	区委
	陈有才（埭溪镇乔溪村）	
	方银桥（埭溪镇庄上村）	
	杨木根（埭溪镇官泽村）	
	方红斌（埭溪医院）	
	蔡建国（埭溪镇上强中学）	
	游鑫荣（湖州思达机械制造有限公司）	
	王建申（东林中学）	
	沈　娟（东林镇）	
	陈永林（东林镇保健村）	
	嵇国新（东林镇泉益村）	
	薛学忠（东林镇星联村）	
	何钻荣（东林小学）	
	任水乔（东林镇）	
	杨新权（湖州荣达特种水产专业合作社）	
	倪红梅（环渚街道）	
	郝春林（环渚街道水产村）	
	张　波（环渚街道）	
	吴旭红（环渚街道）	
	沈建林（环渚街道万安村）	
	徐军伟（环渚街道朱洪村）	
	顾小林（月河街道）	
	沈海忠（月河街道）	
	凌泉根（浙江中屹建设集团有限公司）	
	朱柳芳（月河街道）	
	李云华（月河街道）	
	黄力英（月河街道）	
	杨宗华（吴兴公安分局月河派出所）	
	卢　静（朝阳街道）	
	羊印红（朝阳街道）.	
	陈月芳（朝阳街道）	
	孙惠斌（朝阳街道）	
	沈如琴（朝阳街道）	
	裘国伟（朝阳街道）	
	卢鲍佳（爱山街道）	

荣誉称号	获奖个人	授证单位
吴兴区优秀共产党员	崔庆峰（爱山街道）	区委
	吴炳法（湖州观凤商城）	
	俞　进（国药控股湖州有限公司）	
	费　鹰（飞英街道）	
	陈备先（飞英街道）	
	唐峰芬（飞英街道）	
	翟小红（飞英街道）	
	蔡伯鹿（飞英街道）	
	柳　强（华泰财产保险有限公司）	
	朱学清（浙江新屹建设集团有限公司）	
	沈江敏（龙泉街道）	
	陈壮丽（龙泉街道）	
	杨香儿（龙泉街道）	
	叶伟强（吴兴农村合作银行）	
	徐忠勤（吴兴农村合作银行）	
	宦丽华（湖州市第十一中学教育集团）	
	张利亚（湖州市爱山小学教育集团）	
	姚建华（湖州市第三幼儿园）	
	何庆华（湖州市飞英小学）	
	魏云祥（区人民检察院）	
	孙一兵（区劳动监察大队）	
	邵　渊（区城市管理行政执法支队）	
	朱荣国（区金融办）	
	李　辉（区人民法院织里法庭）	
	夏迎军（区市场监督管理局）	
	杨美怡（吴兴公安分局龙泉派出所）	
吴兴区优秀党务工作者	袁应江（高新区双丰村）	区委
	柏治中（高新区杨溇村）	
	陆晓良（太湖小学）	
	杨金娣（高新区戴北村）	
	吴培坤（织里镇大河村）	
	罗玉花（湖州大家园职业技能培训学校）	
	杨万青（织里镇）	
	钱悦和（湖州金洁实业有限公司）	
	刘美娟（织里镇）	

荣誉称号	获奖个人	授证单位
吴兴区优秀党务工作者	张国亮（吴兴区第一小学）	区委
	沈梅芳（八里店镇宜船湾村）	
	吕珍凤（八里店镇）	
	孙峥艳（浙江德宏销售公司）	
	王益强（道场乡南墩村）	
	包永良（妙西镇）	
	林金江（妙西学校）	
	刘传良（浙江中轴物流设备有限公司）	
	吴春波（埭溪镇企业服务中心）	
	江艺芬（浙江德马科技股份有限公司）	
	陈百年（埭溪镇）	
	戴建荣（埭溪镇莫家栅村）	
	莘灿芳（东林镇东升村）	
	姚国荣（东林镇星敏村）	
	陈小樵（东林镇第二小学）	
	刘红艳（湖州广东温氏畜牧有限公司）	
	丁巧生（环渚街道大东村）	
	沈剑烽（环渚街道华丰村）	
	沈美芳（月河街道）	
	金琴琴（月河街道）	
	张小惠（月河街道）	
	戴社平（月河街道湖州第二建设工程有限公司）	
	陆根芳（月河街道）	
	陈　敏（朝阳街道）	
	欧阳柳梅（朝阳街道北齐巷社区）	
	曹　蓉（朝阳街道都市家园社区）	
	李　勤（爱山街道红丰西村社区）	
	俞建芳（湖州市鸿丰实业公司）	
	沈　健（湖州德泰恒大药房连锁有限公司）	
	丁平峰（飞英街道塔下街社区）	
	施其林（飞英街道新华苑）	
	吴海斌（浙江蓝海物业管理有限公司）	
	王丽英（吴兴区 12349 社区便民服务中心）	
	陈　岚（龙泉街道潜庄米兰社区）	
	徐来潮（湖州市第四中学教育集团）	

荣誉称号	获奖个人	授证单位
吴兴区优秀党务工作者	章　旭（湖州市文苑小学）	区委
	沈建斌（吴兴农村合作银行机）	
	汪振伟（吴兴农村合作银行）	
	陈家荣（区发改委）	
吴兴区劳动模范	王月芳（月河街道南园社区）	区政府
	方红斌（吴兴区埭溪镇中心卫生院）	
	方银桥（埭溪镇庄上村）	
	方敦钿（湖州立方金属制品有限公司）	
	叶建华（高新区幻溇村）	
	史　羿（龙泉街道大通桥）	
	朱新江（浙江米皇羊绒股份有限公司）	
	刘长林（妙西镇妙山村）	
	吴永法（爱山街道公共安全监管中心）	
	吴连琴（八里店镇谈家扇村）	
	吴淑英（浙江大东吴集团有限公司）	
	吴静华（飞英街道余家漾社区）	
	沈　璋（吴兴区人民检察院）	
	沈旭荣（湖州吴兴农村商业银行股份有限公司）	
	沈松强（湖州织里长和热电有限公司）	
	宋玉健（浙江乔兴建设集团有限公司）	
	张　勇（吴兴区综合行政执法局爱山中队）	
	陆建会（东林镇东方村）	
	陈继明（埭溪镇总工会）	
	陈新龙（道场乡菰城村）	
	范晓云（吴兴区法律援助中心）	
	孟华兵（吴兴区农林技术推广服务中心）	
	俞仕华（织里镇社会事务管理办公室）	
	钱小青（织里镇农业农村办公室）	
	徐水荣（织里镇香圩墩村）	
	徐炳林（八里店镇陆旺村）	
	唐金法（埭溪镇政法信访办）	
	曹　蓉（朝阳街道都市家园社区）	
	蔡应法（东林镇人力社保就业中心）	
	潘忠妹（织里镇中心幼儿园）	

·2016 年度吴兴区教育奖项及获奖名录·

荣誉称号	获奖（单位）个人	授证单位
2016 年第十五届中国电视艺术新星展播暨 CCTV 国际综艺盛典春节联欢晚会最佳组织奖	区教育局	团中央等
浙江省教育技术装备规范管理示范区	吴兴区	省教育技术中心
浙江省中小学教师“县管校聘”管理改革试点地区	吴兴区	省教育厅
2011—2015 年全省法治宣传教育先进集体	区教育局	省委　省政府
浙江省教育系统先进工会组织	区教育局	省教育工会
湖州市社会管理综合治理先进集体	区教育局	市委　市政府
全国农村老年教育先进单位	八里店成校	中国成人教育协会农村成人教育专业委员会
全国学校体育工作示范校	新风实验小学教育集团	教育部
全国青少年校园足球特色学校	文苑小学	教育部
全国中小学知识产权教育试点学校	吴兴实验中学	教育部
第十五届中国电视艺术新星展播暨 CCTV 国际综艺盛典春节联欢晚会最佳组织奖	凤凰小学	团中央 中华全国妇女联合会 教育部
全国心理健康教育卓越人才校长	俞月琳（湖州十二中）	中国高等教育学会教师教育分会学校心理健康教育委员会
全国科学课程教学论文评比一等奖	莫月丰（东风小学）	中国教育学会科学教育分会
	胡承铖（新风实验小学教育集团）	
第九届全国小学数学优化课堂教学录像课评比二等奖	宋健泳（凤凰小学）	中国教育学会小学数学教学专业委员会
第十九届全国成人游泳锦标赛女子 25～29 周岁组 50 米仰泳第一名	沈家丽（湖师附小教育集团）	第 19 届全国成人游泳锦标赛组委会
第十四届“全国中小学信息技术创新与实践活动”决赛　人形机器人舞台剧展演赛一等奖	唐宇哲（湖师附小教育集团） 袁舣航（湖师附小教育集团） 何昌贤（新风实验小学教育集团） 吴越晨风（新风实验小学教育集团）	中央电化教育馆 中国教育技术协会 中国发明协会
全国数码探科学大赛二等奖	崔育垚（飞英小学）	中国教育技术协会
首届全国学生“学宪法讲宪法”活动二等奖	姬子轩（文苑小学）	教育部
浙江省企业职工培训示范基地	八里店成校	省教育厅　省财政厅
浙江省幼儿体育特色学校	八里店镇中心幼儿园	省体育总会　省幼儿体育协会
浙江省书香校园	月河小学教育集团	省教育厅
浙江省中小学美丽校园	新风实验小学教育集团	省教育厅
浙江省绿色学校	飞英小学	省教育厅　省环境保护厅
	吴兴一小	
	第一幼儿园	

荣誉称号	获奖（单位）个人	授证单位
浙江省农村义务教育 2012—2016 年度先进集体	塘甸小学 轧村小学	省教育学会农村义务教育分会
浙江省少先队先进集体	新风实验小学教育集团大队 塘甸小学大队 织里实验小学教育集团六（5）中队	团省委　省教育厅省少工委
浙江省青少年集邮活动示范基地	文苑小学	省集邮协会
浙江省农村教育突出贡献奖	王建申（东林中学）	省教育厅　省人社厅 省财政厅
浙江省中小学师德楷模	吴　芳（龙泉小学）	省教育厅　省人社厅 省财政厅
浙江省春蚕奖	钱　俐（湖州四中教育集团） 管信妹（上强小学） 褚学琴（蓝天实验幼儿园）	省人民教育基金会
浙江省优秀民办教师	王赞凤（金艺幼儿园）	省民办协会
浙江省优秀少先队辅导员	许　敏（月河小学教育集团） 叶　聪（仁皇山小学）	团省委　省教育厅　省少工委
浙江省优秀少先队员	陈信诺（龙泉小学）	团省委　省教育厅 省少工委
第八批省市优秀援疆干部人才	章小华（爱山小学教育集团）	新疆维吾尔自治区人民政府
浙江省中小学生艺术节小学组一等奖	爱山小学教育集团	省中小学生艺术节组委会
浙江省青少年学生阳光体育啦啦操比赛项目第一名	新风实验小学教育集团	省教育厅　省体育局
“希望杯”浙江省校园足球联赛总决赛小学女子甲组一等奖	文苑小学	省教育厅　省体育局
ZSFL 浙江省第七届中小学生乒乓球联赛总冠军	湖州四中教育集团	省教育厅　省体育局
浙江省中小学班主任基本功大赛一等奖	王美虹（湖州十二中） 周惜蓓（湖师附小教育集团）	省教育厅
浙江省青少年击剑锦标赛第一名	张　媛（新风实验小学教育集团）	省教育厅 省体育局
浙江省少年儿童短式网球锦标赛第一名	李依凡（龙泉小学） 蒋彦博（龙泉小学）	省教育厅 省体育局
浙江省青少年学生阳光体育武术套路比赛初级剑术第一名	张一帆（月河小学教育集团）	省教育厅